MY HERO ACADEMIA

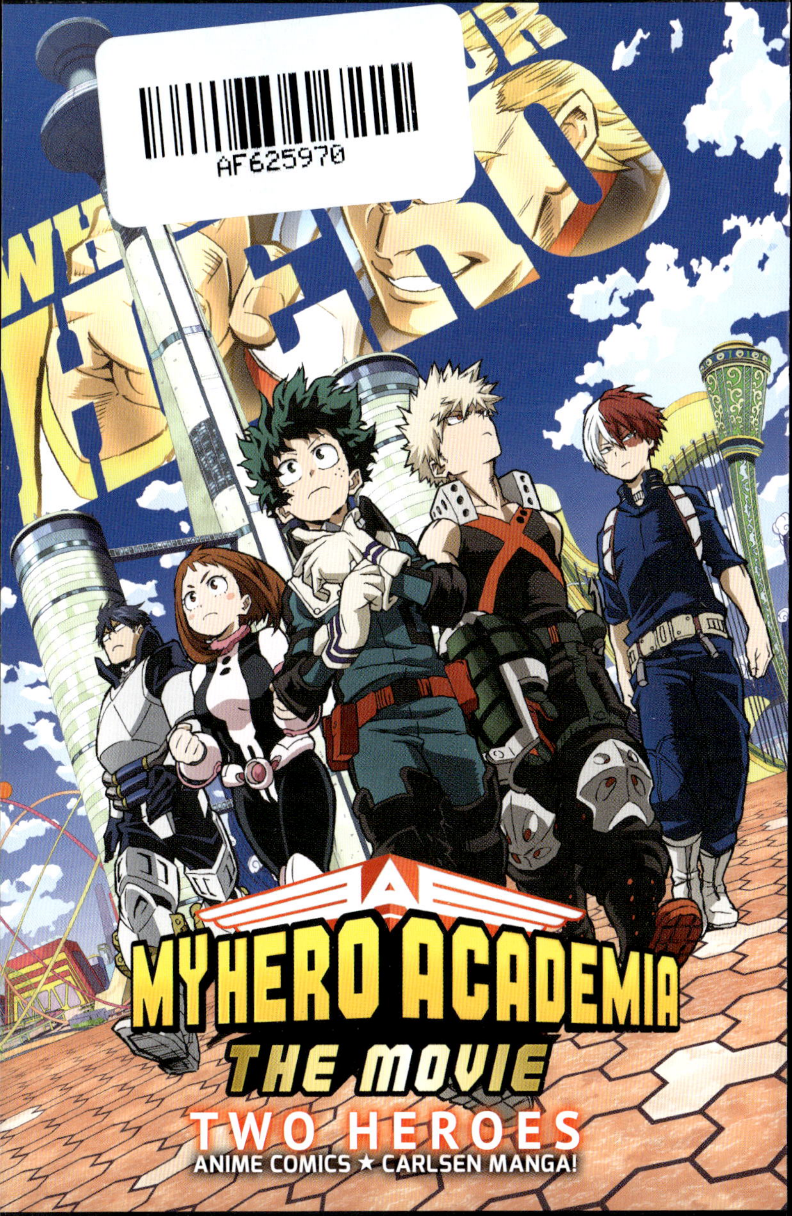

CHARACTER

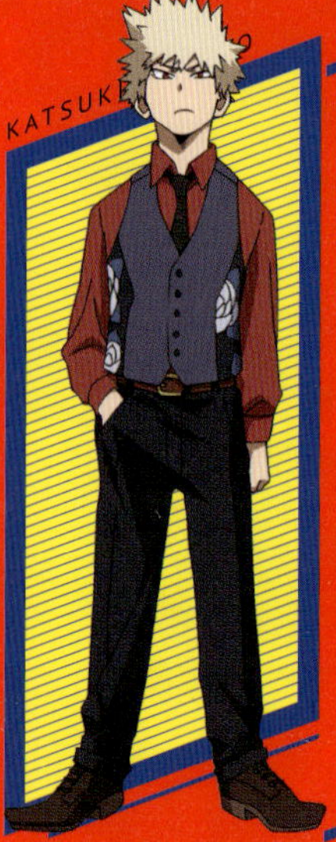

KATSUKI BAKUGO

Macke: Explosion

Izukus Kindheitsfreund. Die Schweißdrüsen seiner Hände sondern eine Nitroglycerin-ähnliche Substanz ab, die er explodieren lassen kann.

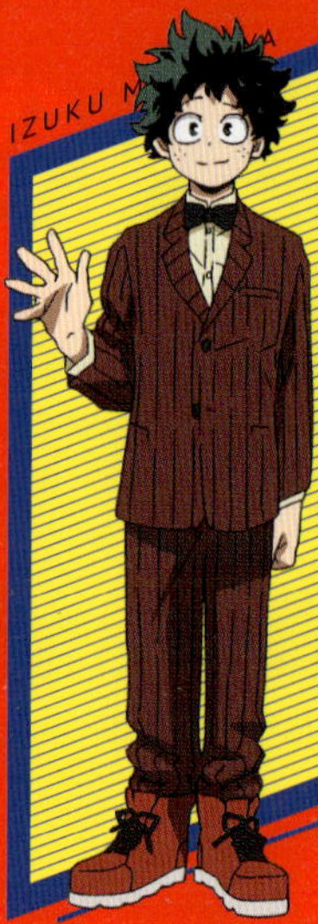

IZUKU MIDORIYA

Macke: One For All

Hat seine Macke von All Might übernommen. Geht auf die U.A. High School, um Profiheld zu werden.

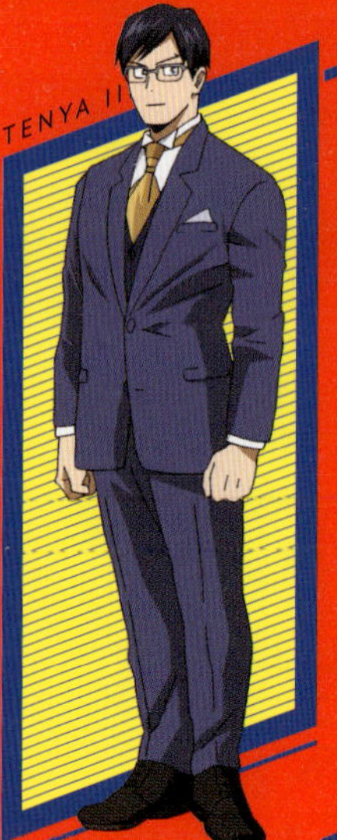

TENYA IIDA

Macke: Engine

Izukus Klassenkamerad und Klassensprecher. Seine Waffen sind Tritte und superschnelle Fortbewegung durch die Motoren an seinen Waden.

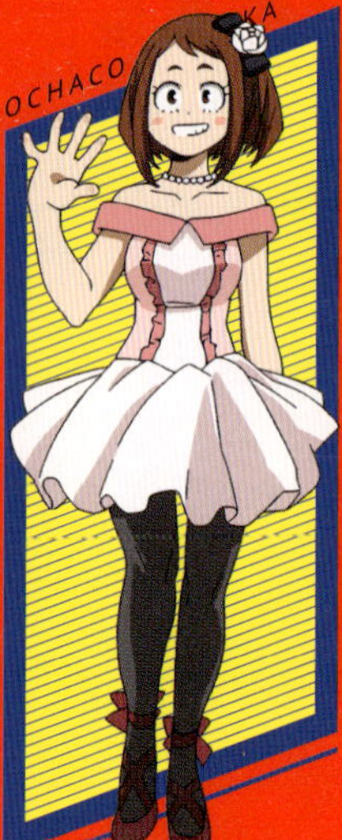

OCHACO URARAKA

Macke: Zero Gravity

Kann Dinge durch Berührung mit ihren Fingerkuppen schwerelos machen. Sie ist ein fröhliches Mädchen mit einem guten Draht zu Izuku.

HAAAALT!!!

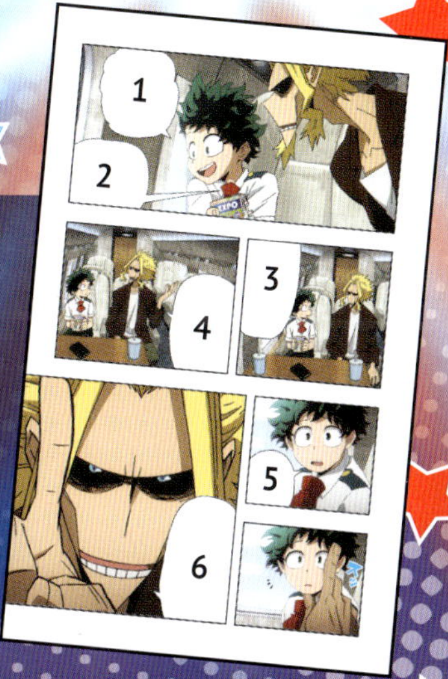

My Hero Academia THE MOVIE ist eine japanische Serie, die originalgetreu von »hinten« nach »vorne« und von rechts nach links gelesen wird! Schlagt das Taschenbuch also »hinten« auf und blättert Seite für Seite nach »vorne« weiter!
Auch die Bilder und Sprechblasen auf jeder Seite werden von rechts oben nach links unten gelesen, wie es in der Grafik gezeigt wird!
Ihr seid alle Helden!

CARLSEN MANGA
© 2024 Carlsen Verlag GmbH, Völckersstraße 14 -20, 22765 Hamburg
Aus dem Japanischen von Antje Bockel

BOKU NO HERO ACADEMIA THE MOVIE -FUTARI NO HERO-
ANIME-COMICS

First published in 2019 by HOME-SHA Inc., Tokyo.
German translation rights in Germany, Austria, Luxembourg and German-speaking Switzerlandarranged by SHUEISHA Inc. through VME PLB SAS, France.

Redaktion: Anne Berling
Textbearbeitung: Steffen Haubner
Grafik: Sonnenfisch Production, Laura Bartels
Produktionsmanagement: Derya Yildirim
Alle deutschen Rechte vorbehalten
ISBN: 978-3-551-73989-6

WAKANA OKAMURA
KAZUAKI KISHIDA
RYO SHIMOYAMA
TOMOKO SHIRAISHI
ATSUSHI TAKESHIGE
AKIHIRO TAKEDA
RYOJI TANAKA
CHIAKI BABA
SHOICHI HAYASHIBARA
KAZUSHIGE HISHINUMA
YASUHIRO YAMAGUCHI

AUSLANDSKOORDINATOREN
AKIHIRO TAKEDA
HIROKI GOUKON
ZHANG JING
EN NAKAGAWA
EMI HARAGUCHI
TAKAAKI NAKAZAWA
MAI ONO
KAREN MISAWA

MERCHANDISE-KOORDINATOREN
GAKU SAITO
SATOSHI OSAKO

KOPRODUKTION
KEI KUSHIYAMA
KOZUE KANANIWA

PRODUKTIONSASSISTENZ
GO INAGAKI

PLANUNG IN KOOPERATION MIT
SHUEISHA WEEKLY SHONEN JUMP REDAKTION
HIROYUKI NAKANO
KOHEI ONISHI
KENGO MONJI
RYOSUKE YORITOMI

„MY HERO ACADEMIA THE MOVIE"-PRODUKTIONSAUSSCHUSS
TOHO
HIKARU ONODA
DAISUKE MINAMI
NAKA USUI
AKIHIRO OMURA
TAICHI UEDA
TAKAYUKI OSHIMA
MASAKI FUJITA
KAZUTAKA YAMANAKA
TOSHIMASA OURA
SATOMI ARIMA

YOMIURI TV
KAZUO TANI
YUJI KIKUKAWA
SHINICHI NAGAE
MARI YOSHIKAWA
KANA SASAKI
MITSUNORI SENOO
TORU UMEMOTO
ANNA KOBAYASHI

YOMIURI-TV 60TH ANNIVERSARY FILM

SHUEISHA
MAKOTO OYOSHI
SUSUMU HIEDA

BONES
JUNKO SUENAGA
ITSUKA TANAKA
SHINYA MIYOSHI

NTV
HIBIKI ITO
NOZOMU TAKAHASHI
NOBYUKI INUMA
NAOKI IWASA
MAYUMI HIRAKATA

DENTSU
KAZUHIKO ABIRU
YOSUKE IMAI
TETSUYA ENDO
KASUKE TAKINO
HAYATO SAGA

SONY MUSIC ENTERTAINMENT
SHOW MIURA
RIE MURATA

MOVIC
AIKA AKIMOTO

ANIMATION PRODUKTION
BONES

REGIE
KENJI NAGASAKI

TAKAYUKI SHIBASAKI

UNTERSTÜTZUNG
TOKYO LABORATORY LTD

LEITUNG HERSTELLUNG
TAKASHI KOIKE

SETTING PRODUKTION
KENTO TOMITA

PRODUKTIONSVERWALTUNG
AYAKA IGARI
ERIKO TAKA

PRODUKTIONSORGANISATION
MASAYO KUSHIDA
KAZUMA KOMATSU
MASAYUKI OTSUKI
MASAHITO TAKEMOTO

ANIMATIONSPRODUKTION IN ZUSAMMENARBEIT MIT
SNOWDROP
HISAO FUKE

WERBEPRODUKTION
SHOICHI HAYASHIBARA
RYO SHIMOYAMA

WERBUNG
KEISUKE ITO
HIROKI MIURA
KEISUKE KAWAI
YASUHIRO YAMAGUCHI
SHINTA ISHIHARA
NOZOMU KITAGAWA
RISA KITSUNAI
RIEKO MATSUKI
MIYUKA KIDACHI
HIDETOSHI TSUJITSUGU
TAKUJI OKUDA
HIROAKI TAMAMUSHI
MIREI TSUMURA
AYA SHIBATA
RIKA UCHIYAMA

TRAILER REGIE
HIDEKI SANAMOTO

TRAILER PRODUKTIONSORGANISATION
ETSUKO KATO
MEI TOKUTAKE

WERBUNG ART DESIGN
NORIMICHI KOBAYASHI
TATSUNORI HAYASHIDA

PRODUKTION OFFIZIELLE WEBSITE
KUNIHIRO GOTO
YUSUKE SATO
AYA ARAI

U.A HIGHSCHOOL FAKULTÄT WERBUNG
STAINLESS
RIVER
WATABACHI
BACHIRYU
MEME
HIYOTO
SHINY
COOKIE GRANDMA
MIRICHASOFU.
KARU
SAYU
NOZOMI
FORTISSIMO
OCEAN BOOWY
NAOSAKU
MISA-MISA-
PAPURUPIPO
RAD LEFT
TIM

PUBLIKATION & WERBUNG IN ZUSAMMENARBEIT MIT
SHUEISHA "JUMP J BOOKS" REDAKTION
YUSUKE SATO
KAYO CHIBA

SHUEISHA "MIRAI BUNKO" REDAKTION
KOZUE SATAKE
TAKAHIRO FUJIWARA

KATSUHIRO SASAOKA
SATOSHI HAMAOKA
MASATO KATOU

„BESTIMMT IST JEDER FÜR IRGENDJEMANDEN EIN HELD",
SERIE IN DER WEEKLY SHONEN JUMP
YOKO AKIYAMA

WEDGE HOLDINGS
YASUTSUGU TAKAHASHI

BANANA GROVE STUDIO
RYOJI ABE

„MY HERO ACADEMIA"-KONFERENZ
KENJI OTA
MINAMI ICHIKAWA
HIROYASU MATSUOKA
YOSHIHIRO FURUSAWA

3DCG
TAKUMA MIYAKE
DAISUKE HOSOKAWA
YUKI OGURI
MAIKO TOMISAWA
JUNG DA EUN

SPEZIALEFFEKTE
SHIN INOIE

VERWENDETE FONTS
FONTWORKS
MORISAWA

CHARAKTERDESIGN SUPPORT
YUKI HAYASHI

DREHBUCH SUPPORT
STUDIO ORPHEE
HITOSHI NAGAI

TONAUFNAHME REGIE
MASAFUMI MIMA

TONAUFNAHME
YUJI TAGAMI (AOI STUDIO)

SOUND EFFECTS
TOMOKAZU MII (SOUND BOX)
SHIZUO KURAHASHI (SOUND BOX)
SACHIKO NISHI (SOUND BOX)

AUFNAHME ASSISTENZ
SAE MIYOSHI (AOI STUDIO)

AUFNAHMESTUDIO
AOI STUDIO

AUFNAHMELEITUNG TON
TOMOKO NAKASHIMA (TECHNO SOUND)

TONAUFNAHMEN
TECHNO SOUND
AKIKO TAIRADATE

GAST-SYNCHRONSTIMMEN CASTING
SATOSHI MASUDA (UNIQUE BRAINS)

MUSIK
YUKI HAYASHI

MUSIK PRODUZENT
TATEKI KOBAYASHI

TONTECHNIK UND MIXING
MITSUNORI AIZAWA

MUSIK PRODUKTION
TOHO MUSIC
YASUSHI HORIGUCHI (LEGENDOOR)

MUSIK PRODUKTION IN ZUSAMMENARBEIT MIT
HAJIME SAKAI (LEGENDOOR)
ARISA FUKAMI
TAKAHIRO OBATA
DAIKI OKUNO

TITELSONG
"LONGHOPE PHILIA"
MASAKI SUDA
WRITTEN, COMPOSED & ARRANGED BY
HIROMU AKITA (AMAZARASHI)
(EPIC RECORDS JAPAN)

TITELSONG PRODUKTION
HIROAKI SANO

SCHNITT
KUMIKO SAKAMOTO

SCHNITTASSISTENZ
MASAHIRO UMEKOSHI

SCHNITTSTUDIO
JAY FILM

ONLINE SCHNITT
SONY PCL
JIN HONAMI
NATSUMI NAKANO

DCP MASTERING
GLOVISION

MANAMI SASA
YUKARI KUNO
MAYA KUSUMOTO
MISATO KANEKO
MIKI SHIMIZU
NOZOMI ANDO

ASSISTANT INK & PAINT CHECKERS
MAYUMI HIRAIDE
NAOKO SUNAHARA
YOKO CHIBA
RIEKO UMEMURA
HITOMI YAMASE
SAEKO KUSHIMA
ATSUKO ITO
EMIKO OKUI

SCAN & PAINT
WISH
SHINYA TERASHIMA
YOSUKE AMAMOTO
TAKAAKI IZUMI
KOTA SHUTO
JUN UCHIDA
SHOKO YAMADA
TERUKA TANAKA
AYAKA KAWAKUBO
YUMIKA UENO
RYO TABA
TERUMI YAMADA
MAYU KYOTA
RUNA TAKANIWA
HARUKA KOJIMA
NAOMI HIRATA
MAI YUZAWA
MIKIO OTSUKA
HIKARU TAKIGAWA

FINE COLORS
TOMOKO KOYAMA
SAKIE SUZUKI
ARISA KOMATSU
NOZOMI ANDO
CHIHIRO IRIE
MICHINO FUJIWARA
AKINO HIGA
NAO HONUCHI
KAORI INOUE
MAI KABATANI

CREATORS IN PACK JAKARTA
TAIKAN ANIME
MSJ
TAP

ENDVERARBEITUNG LEITUNG
NAOKI ISHIKAWA

AUFNAHMELEITUNG
MASATAKA IKEGAMI

AUFNAMEN
BONES FILMTEAM
GO KANBAYASHI
MAYUKO FURUMOTO
SATOMI RYUKAKU
KOTA SASAKI
YURIKO HINO
TAKAFUMI SAWA
EIEI CHO
SHINTARO SARUWATARI
FUMA TAKAGI

MADBOX
YUKI KAWASHITA
AKANE FUSHIHARA
TETSUYA KASAJIMA
JUNKO SAKAI
CHINATSU HASEGAWA

MONITOR GRAFIK
SHINTARO SARUWATARI
EIEI CHO

2D DESIGN
SAYAKA MORIKAWA

AUFNAHME SUPPORT
ASSEZ FINAUD FABRIC
KANAE OUCHI
ATSUKO OKUI
YOSHIAKI KAYABA
YUTA NAKAMURA
SHOKO FUJIMAKI
EMI SAKURAI
FUMITO NARIBA

SHAFT
REI EGAMI
TAKAYUKI AIZU
KOJI TSUCHIYA
NAOKI ETO
MIKI KASAI
HIYORI HASHIMOTO
RIO KUROKAWA
MIZUHO ISHIKAWA
KAZUI FUJITA

P.R.A FILMTEAM
AKIO HAYASHI
ATSUSHI KANO
KANADE HIRAHASHI
KAZUYA MATSUMOTO
KIMIYA NOBUKAWA

STUDIO VIV
YUKI SHIINA
YURI TAMURA
KAZUKI TAKADA

CG DIRECTOR
YOTA ANDO

MODELLING & RIGGING
DAISUKE HOSOKAWA
YUKI OGURI

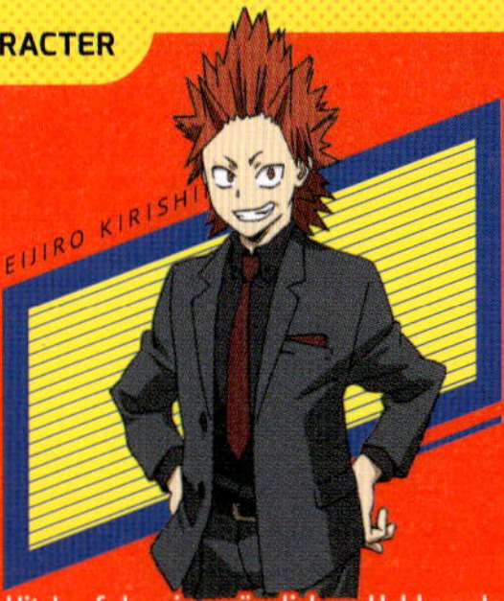

EIJIRO KIRISHIMA

Macke: Härtung

Hitzkopf, der ein »männlicher« Held werden will. Kann seinen ganzen Körper härten und dies für Angriff und Verteidigung nutzen.

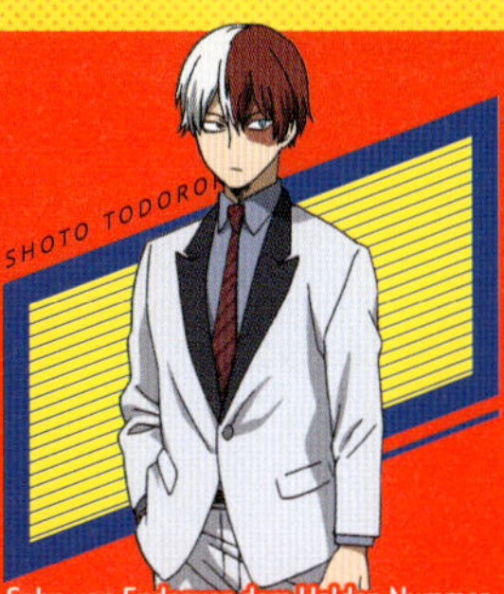

SHOTO TODOROKI

Macke: Eis und Feuer

Sohn von Endeavor, dem Helden Nummer 2. Kann im Kampf Eis und Hitze beliebig einsetzen.

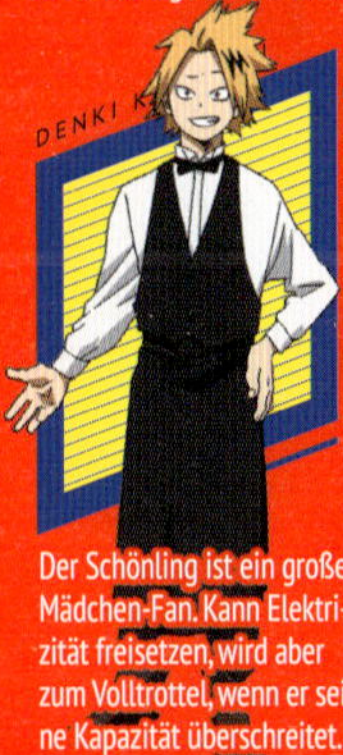

DENKI KAMINARI

Macke: Elektrisierung

Der Schönling ist ein großer Mädchen-Fan. Kann Elektrizität freisetzen, wird aber zum Volltrottel, wenn er seine Kapazität überschreitet.

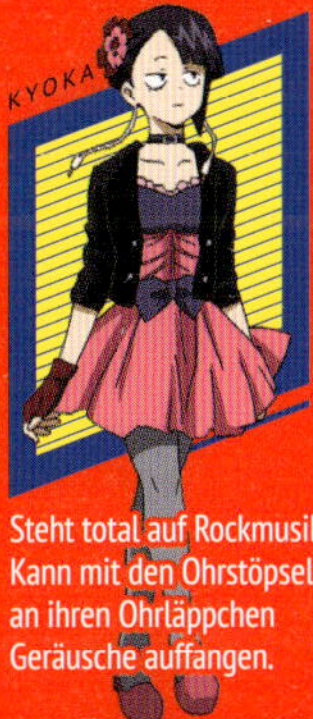

KYOKA JIRO

Macke: Earphone Jack

Steht total auf Rockmusik. Kann mit den Ohrstöpseln an ihren Ohrläppchen Geräusche auffangen.

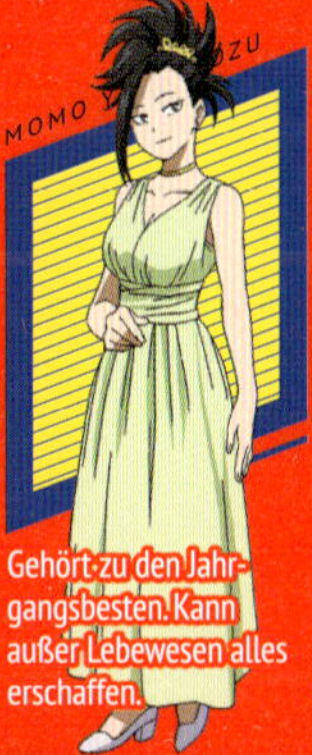

MOMO YAOYOROZU

Macke: Kreation

Gehört zu den Jahrgangsbesten. Kann außer Lebewesen alles erschaffen.

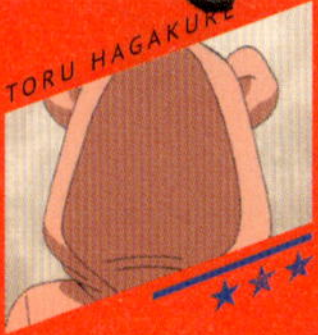

TORU HAGAKURE

Macke: Unsichtbarkeit

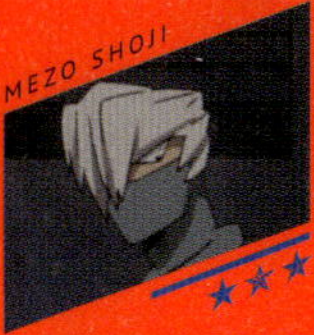

MEZO SHOJI

Macke: Replikats-Arme

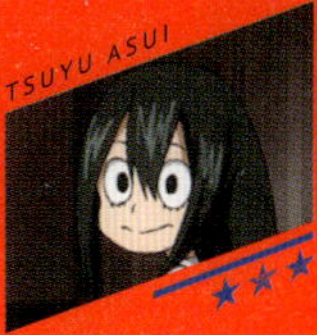

TSUYU ASUI

Macke: Frosch

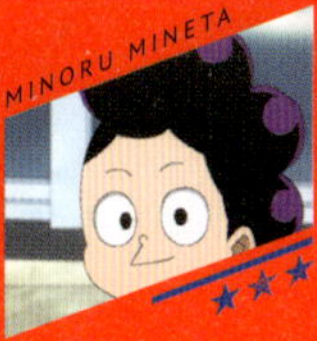

MINORU MINETA

Macke: Plopp

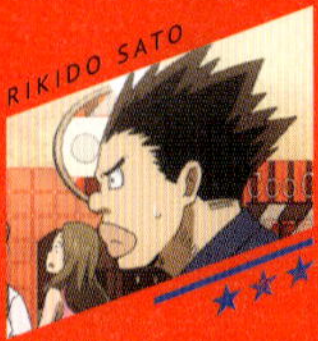

RIKIDO SATO

Macke: Zuckerrausch

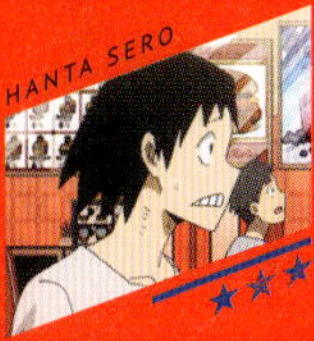

HANTA SERO

Macke: Tape

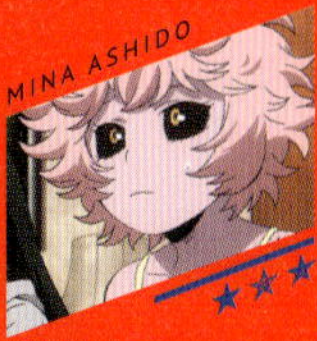

MINA ASHIDO

Macke: Säure

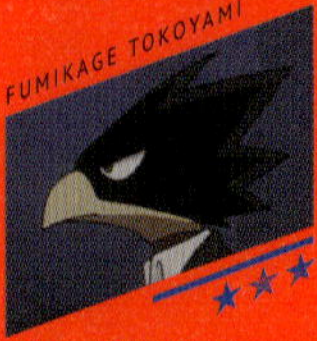

FUMIKAGE TOKOYAMI

Macke: Dark Shadow

DAVID SHIELD

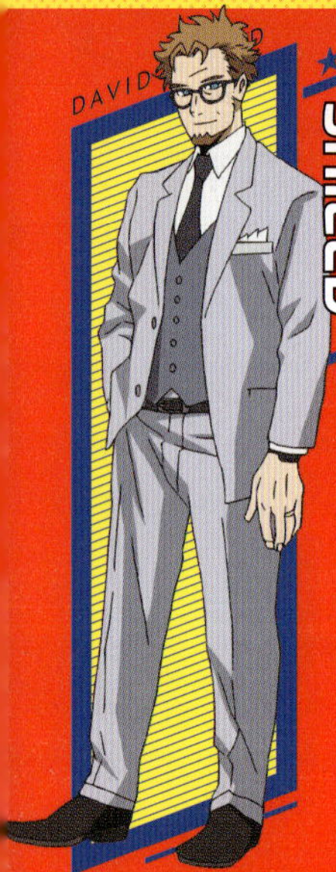

Guter Freund von All Might. Wissenschaftler von Weltrang. Hat All Mights Heldenkostüme entwickelt.

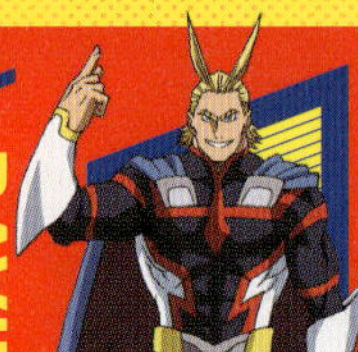

All Might Young Age

Der junge All Might in unverändertem Zeichenstil. Während eines Auslandsaufenthalts in Amerika war er dort als Held aktiv.

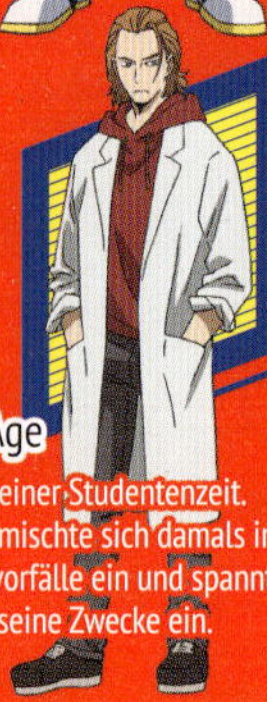

David Young Age

David in seiner Studentenzeit. All Might mischte sich damals in Schurkenvorfälle ein und spannte David für seine Zwecke ein.

ALL MIGHT

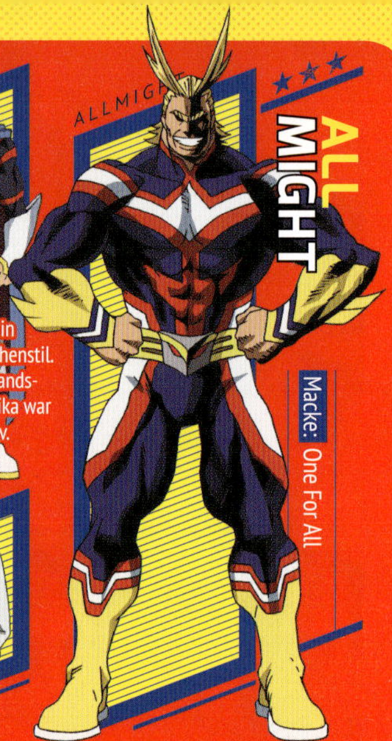

Macke: One For All

Der Held Nummer 1 ist in der ganzen Welt als »Symbol des Friedens« bekannt und hat Izuku zu seinem Nachfolger gewählt.

SAM

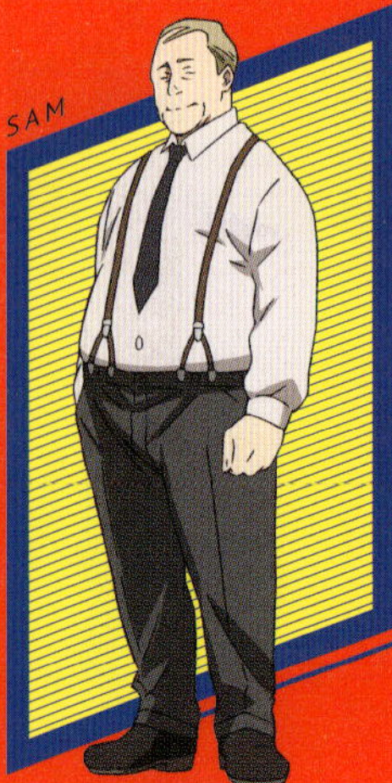

Davids sanftmütiger und zuverlässiger Assistent. Auch Melissa vertraut ihm blind.

MELISSA SHIELD

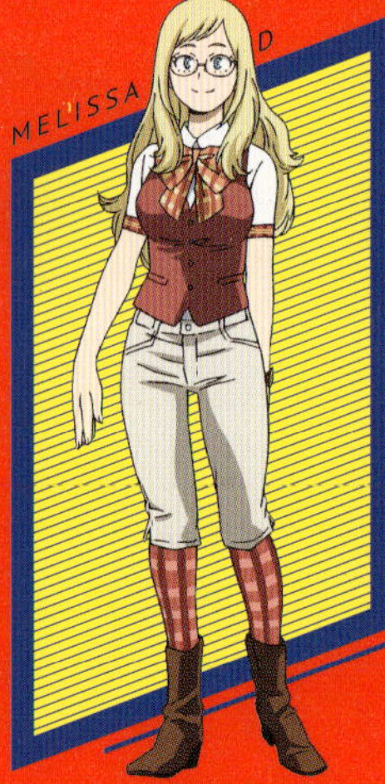

Mackenloses Mädchen, das fleißig lernt, um in die Fußstapfen ihres Vaters David zu treten.

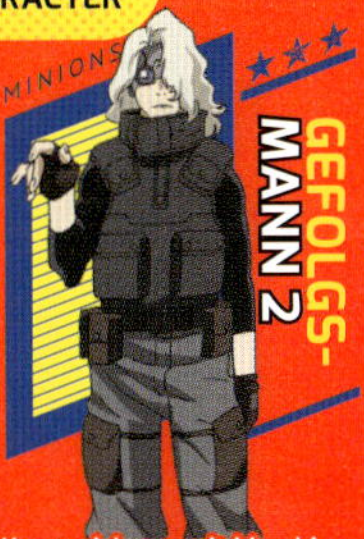

GEFOLGSMANN 2

Kennt sich gut mit Maschinen aus, beherrscht das Hacken von Computern und kann Fahrzeuge steuern.

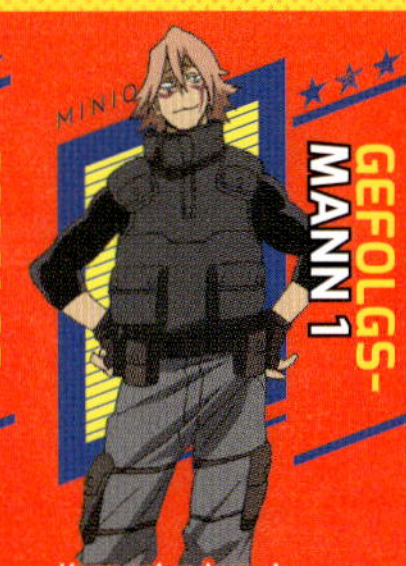

GEFOLGSMANN 1

Kann seine Arme in Schwerter verwandeln. Sein Name ist Swordkil.

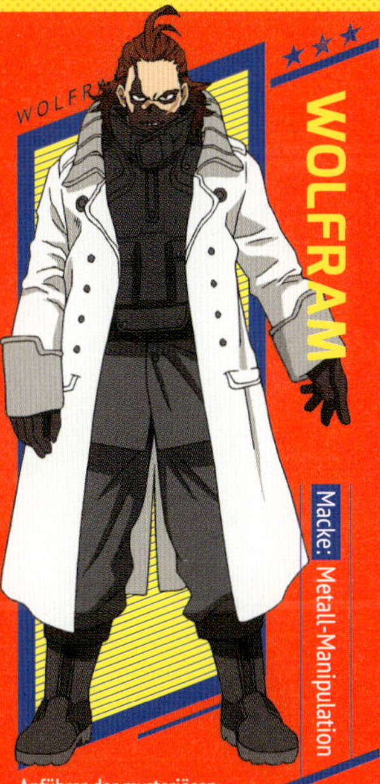

WOLFRAM

Macke: Metall-Manipulation

Anführer der mysteriösen Schurkenbande, die in I-Island eingedrungen ist. Er ist extrem verschlagen und verfolgt kaltblütig seine Ziele. Kann Metall beliebig manipulieren.

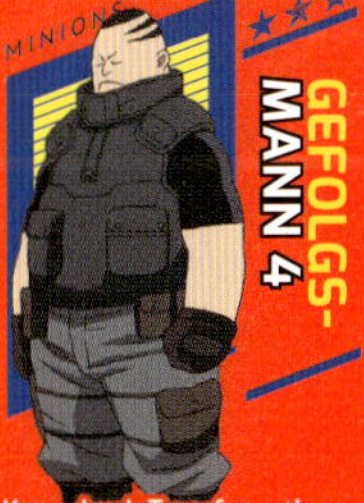

GEFOLGSMANN 4

Kann durch Transformation seines Körpers seine Kraft stufenweise verstärken.

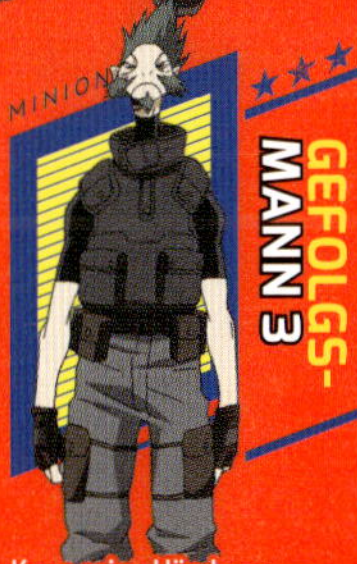

GEFOLGSMANN 3

Kann seine Hände zu Schaufeln vergrößern und damit die Luft oder auch Dinge aushöhlen.

DIE PROFIHELDEN VON »I-ISLAND«!

Aus aller Welt werden Profihelden nach I-Island zur I-Expo eingeladen, einer Messe, auf der die modernsten Errungenschaften aus Wissenschaft und Technik ausgestellt werden. Dadurch wird die Insel zur Bühne eines wertvollen Meinungsaustauschs, bei dem man mit Helden aus aller Herren Länder in Kontakt kommen kann.

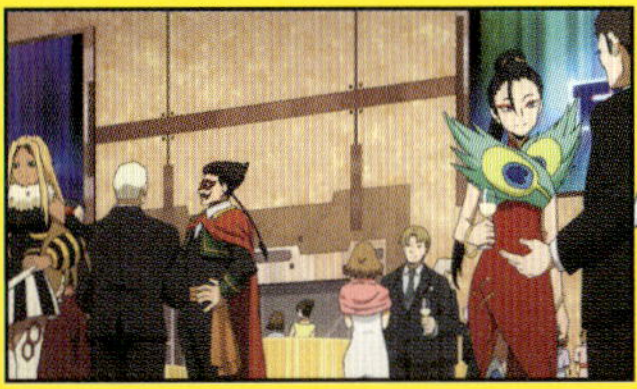

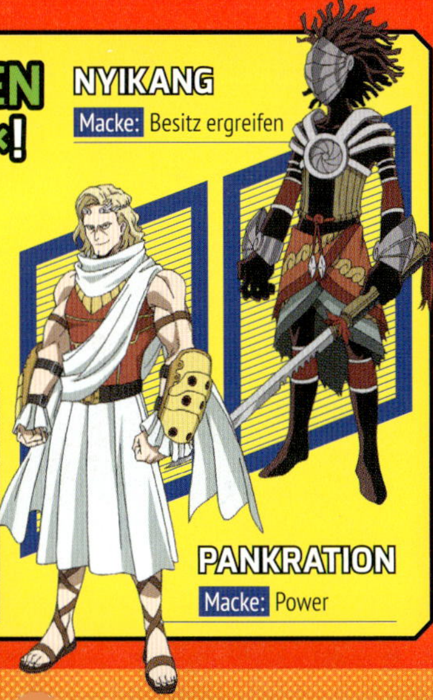

NYIKANG

Macke: Besitz ergreifen

PANKRATION

Macke: Power

MY HERO ACADEMIA THE MOVIE
TWO HEROES
ANIME COMICS

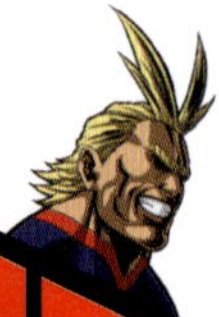

CONTENTS
INHALT

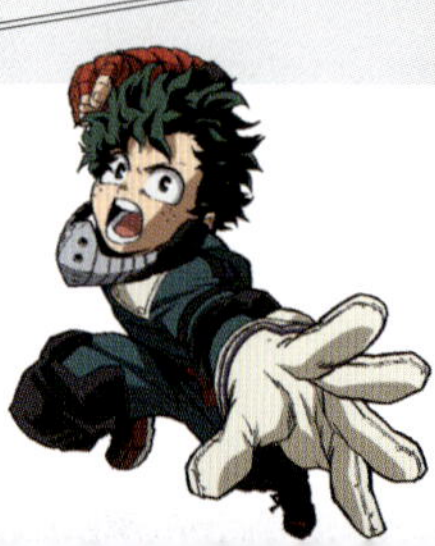

Chapter 1

WIEDERSEHEN MIT EINEM FREUND

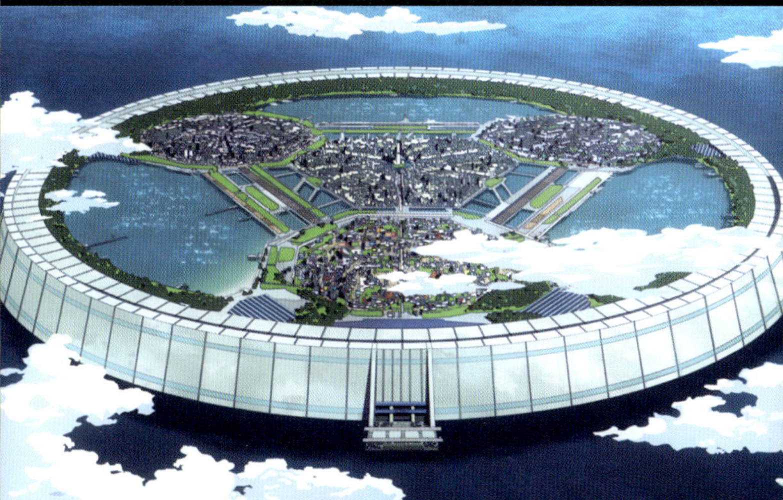

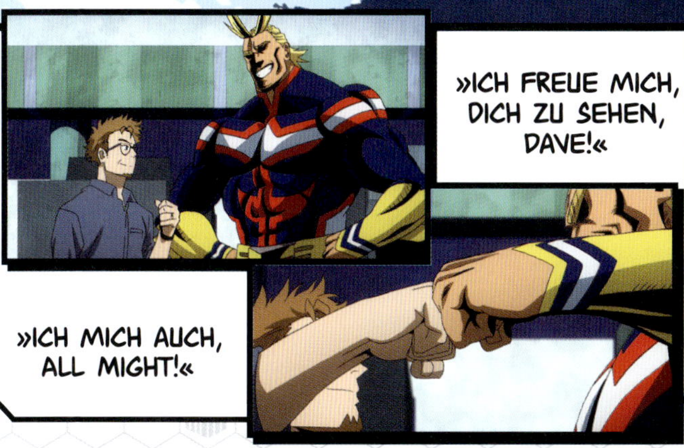

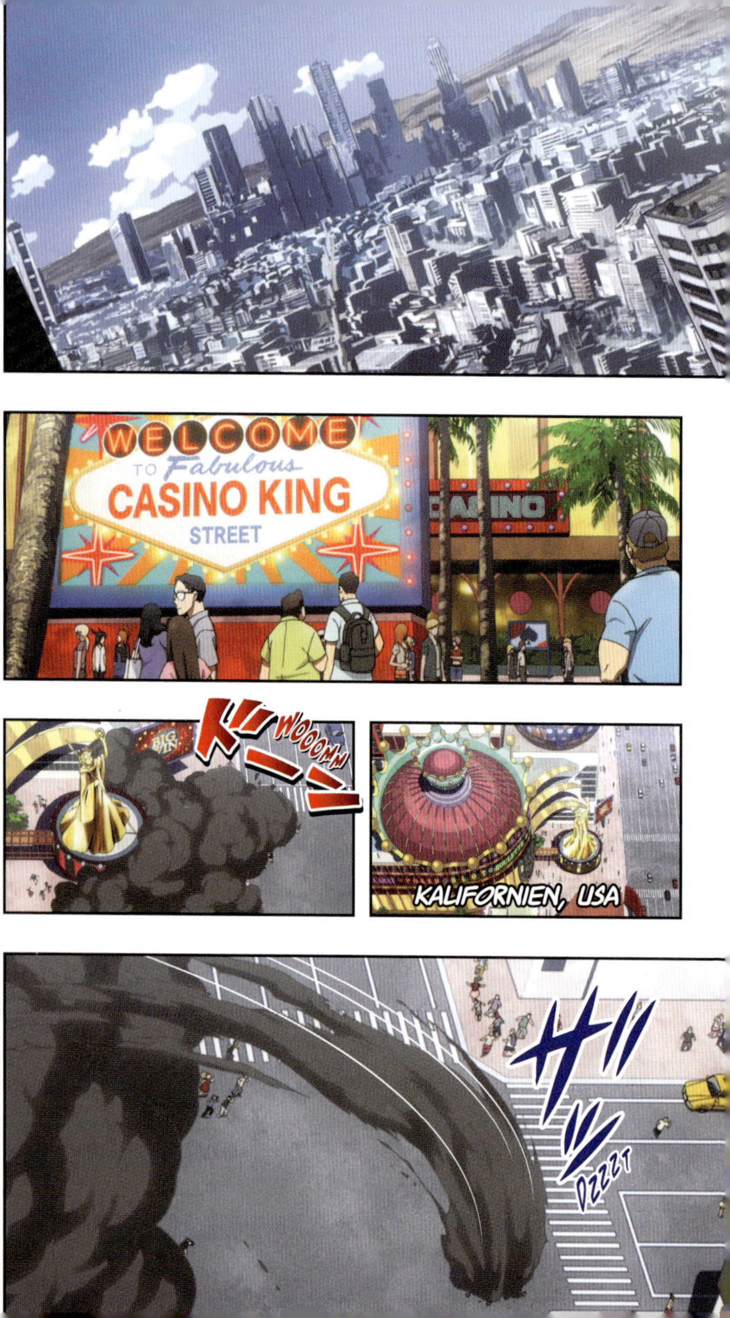
WELCOME
TO Fabulous
CASINO KING
STREET
CASINO
BIG WIN
WOOOMM
KALIFORNIEN, USA
DZZZT

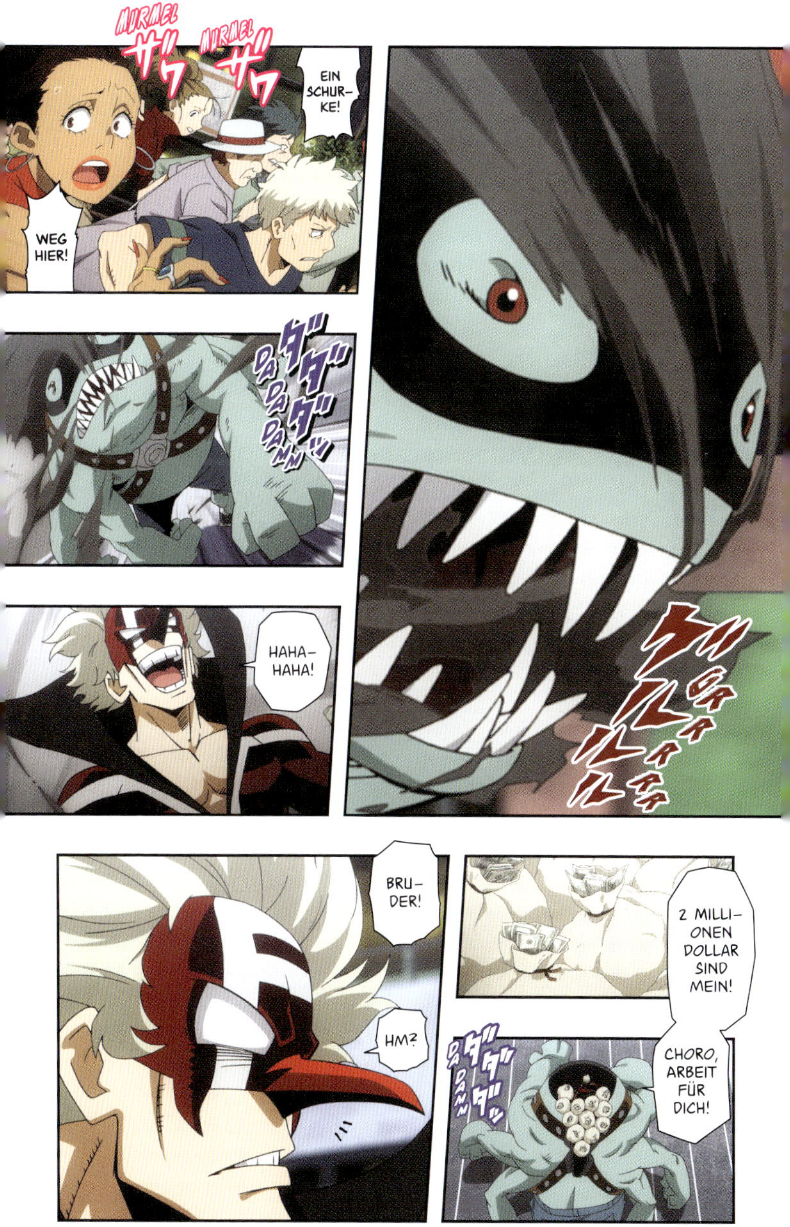
MURMEL
MURMEL
EIN SCHURKE!
WEG HIER!
DADADAMM
HAHAHAHA!
GRRRRRR
2 MILLIONEN DOLLAR SIND MEIN!
CHORO, ARBEIT FÜR DICH!
DADAMM
BRUDER!
HM?

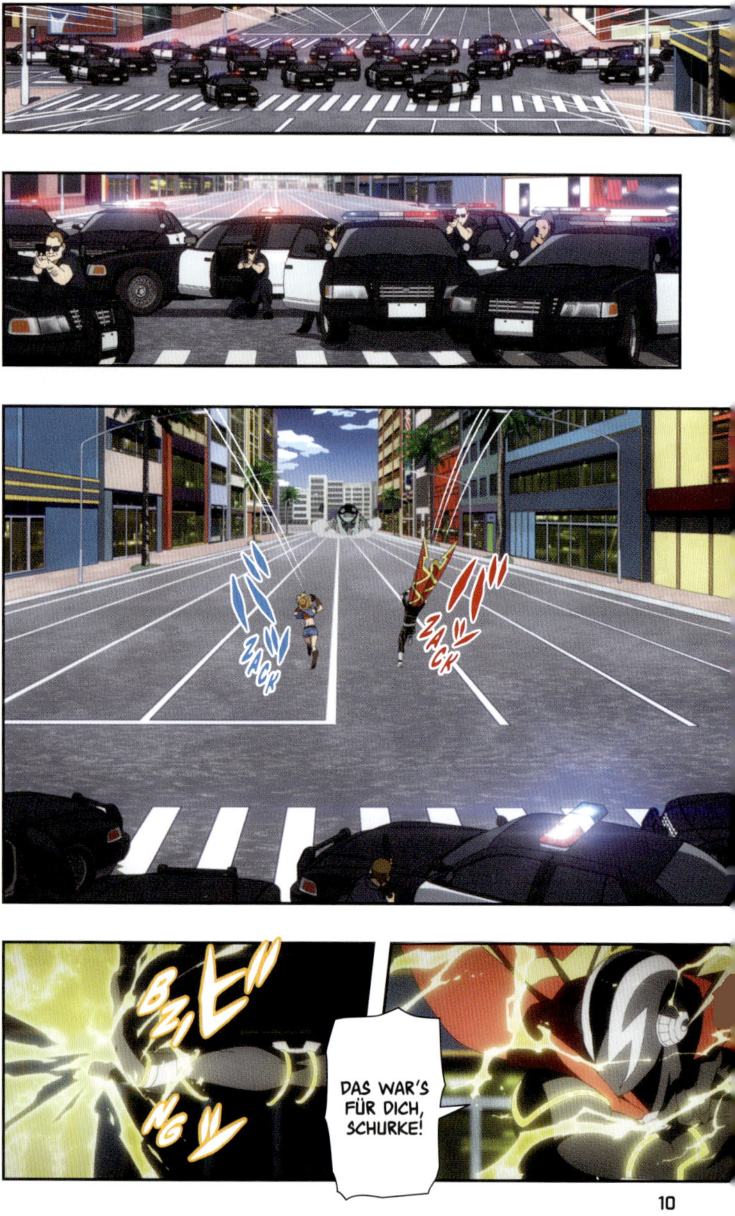
ZACK
ZACK
BZZZT
DAS WAR'S FÜR DICH, SCHURKE!

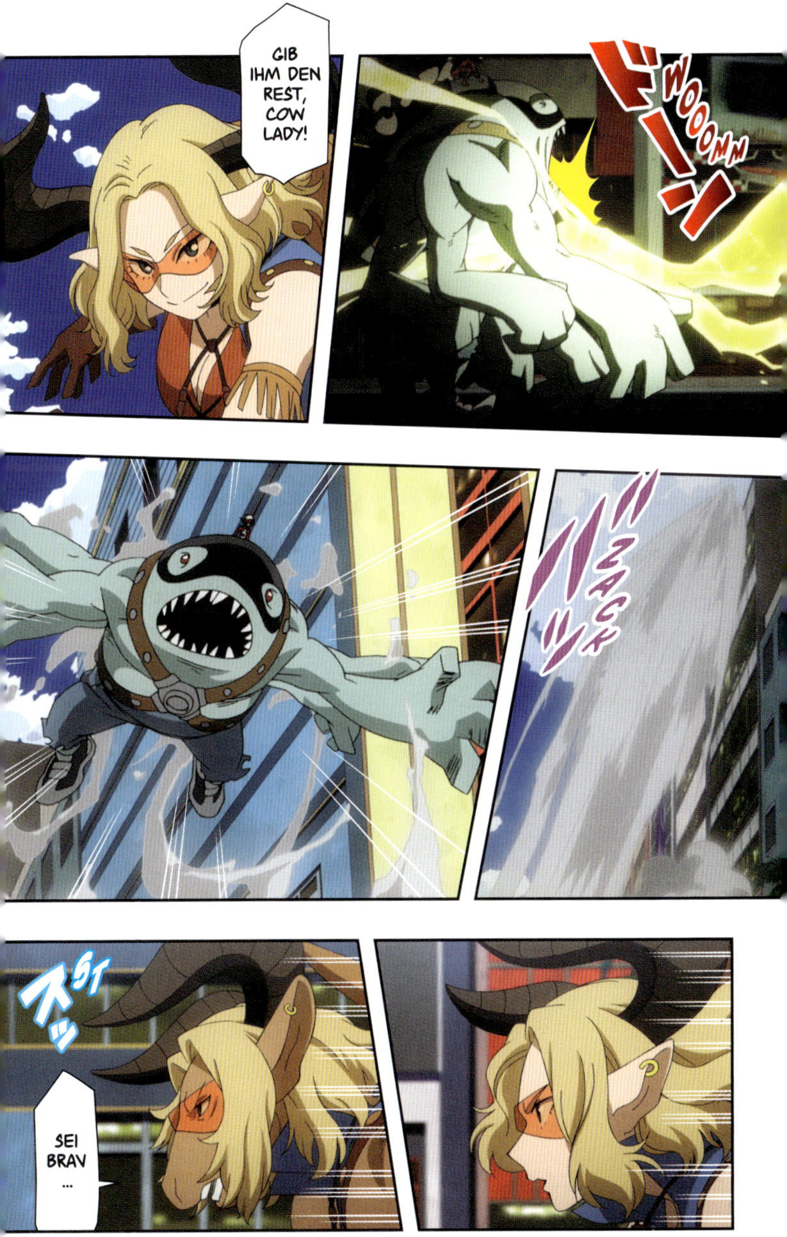
GIB IHM DEN REST, COW LADY!
WOOOMM
ZACK
ST
SEI BRAV ...

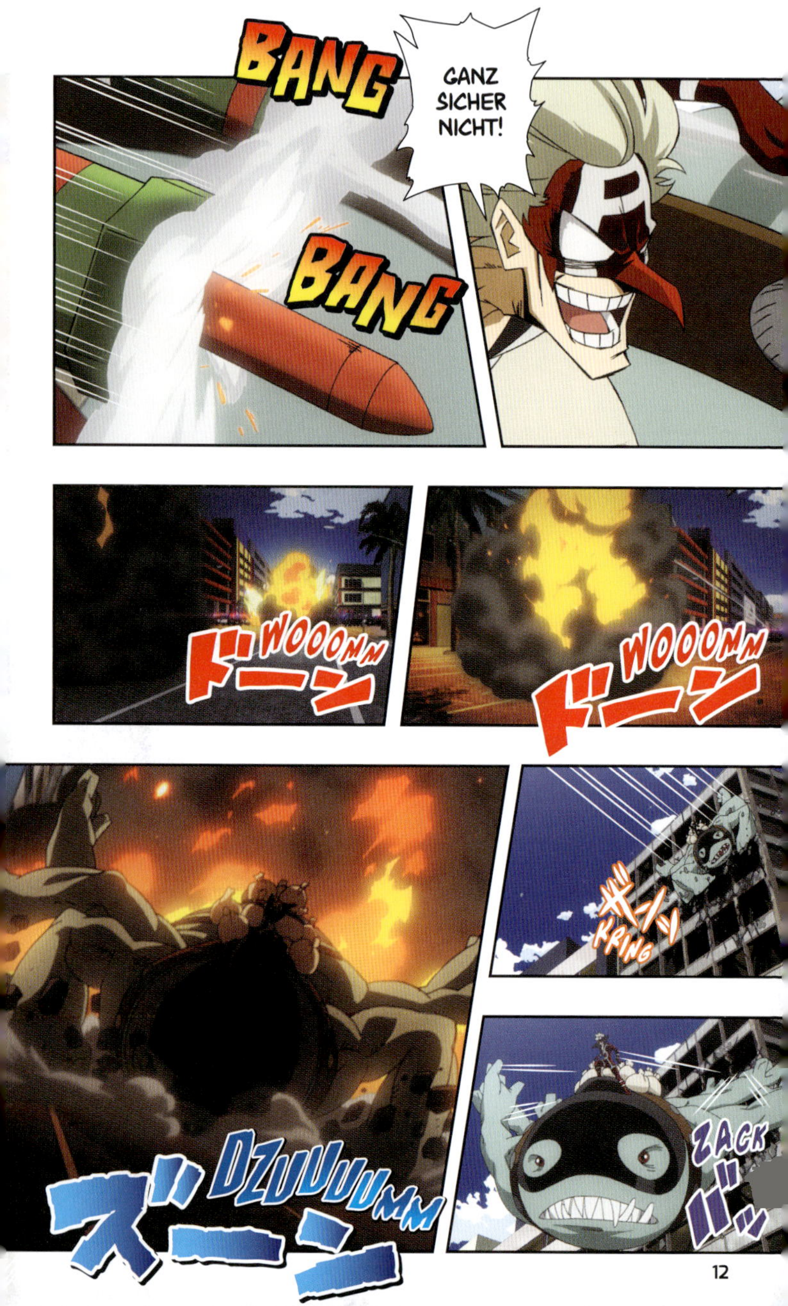
BANG
GANZ SICHER NICHT!
BANG
WOOOMM
ドーン
WOOOMM
ドーン
KRING
ZACK
DZUUUUMM
ズーン

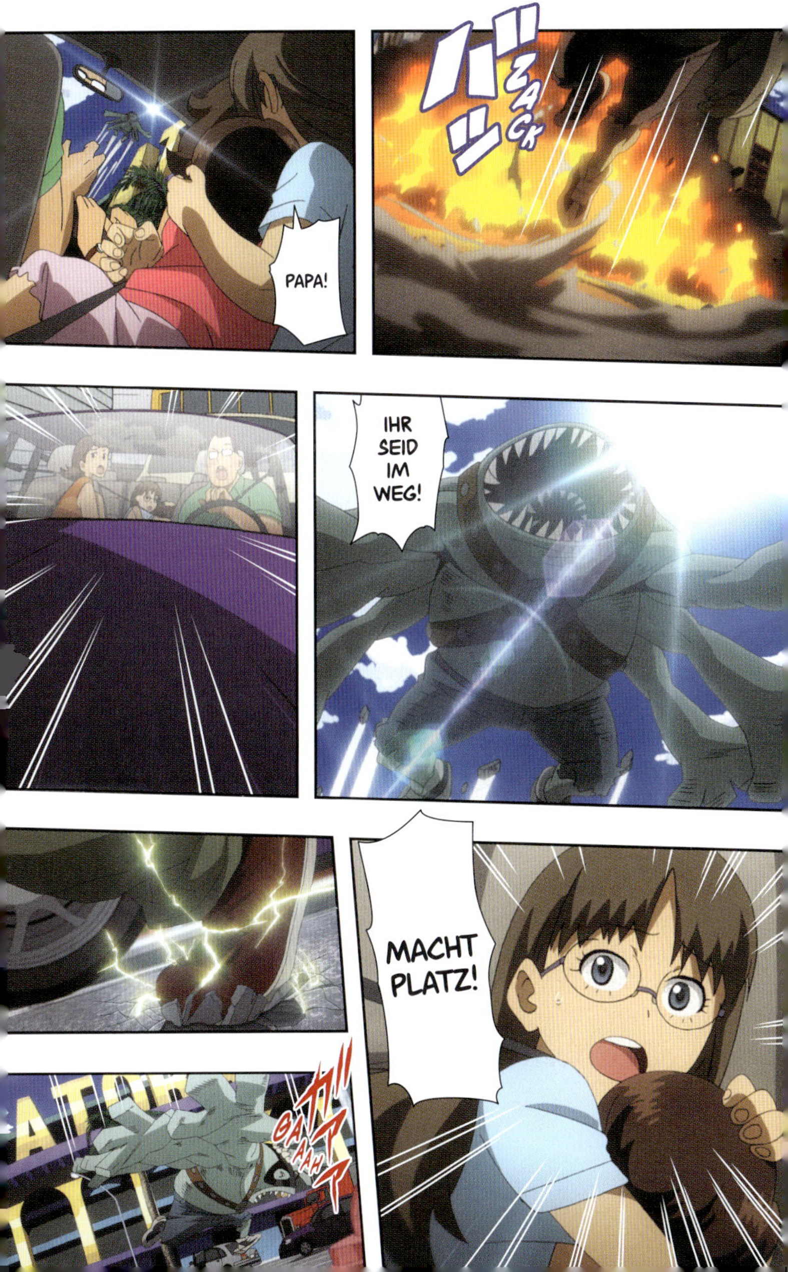
PAPA!
ZACK
IHR SEID IM WEG!
MACHT PLATZ!
GAAAAH

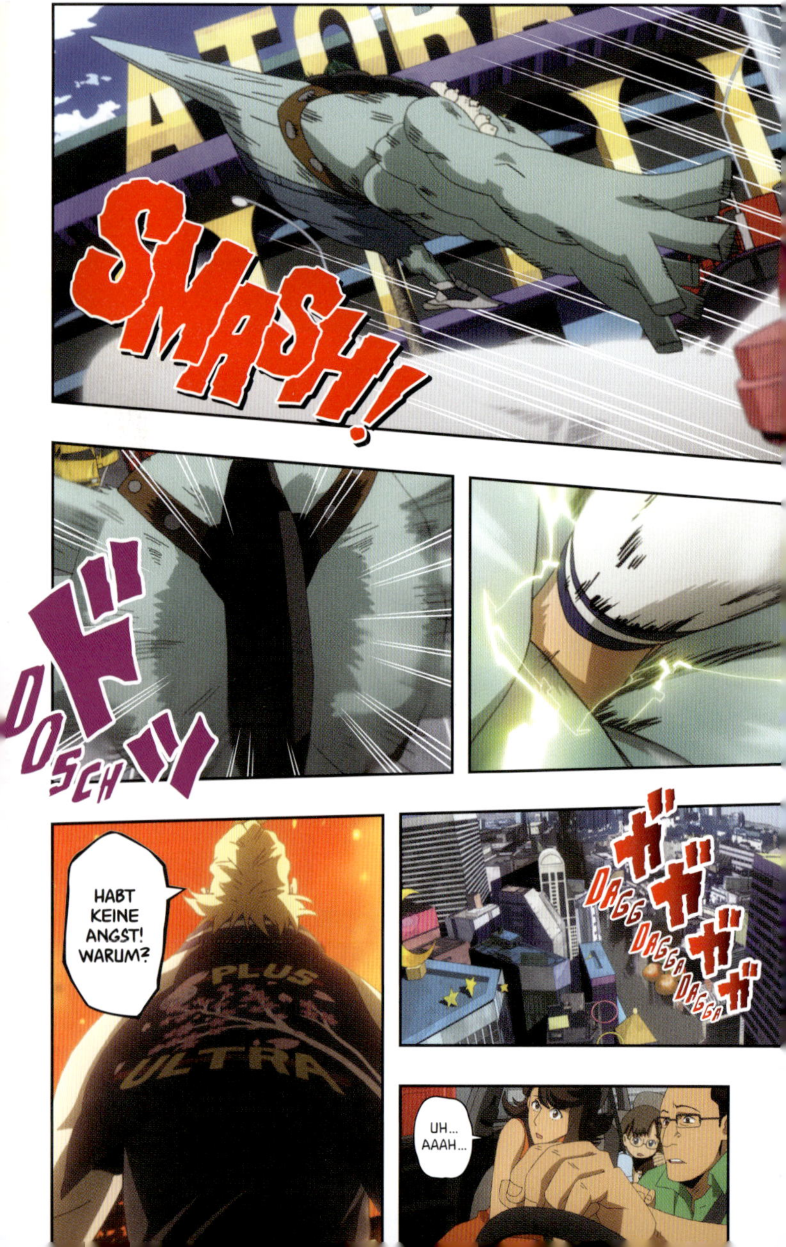
SMASH!
ドッ
DOSCH
ガガガガ
DAGG DAGGA DAGGA
HABT KEINE ANGST! WARUM?
UH... AAAH...

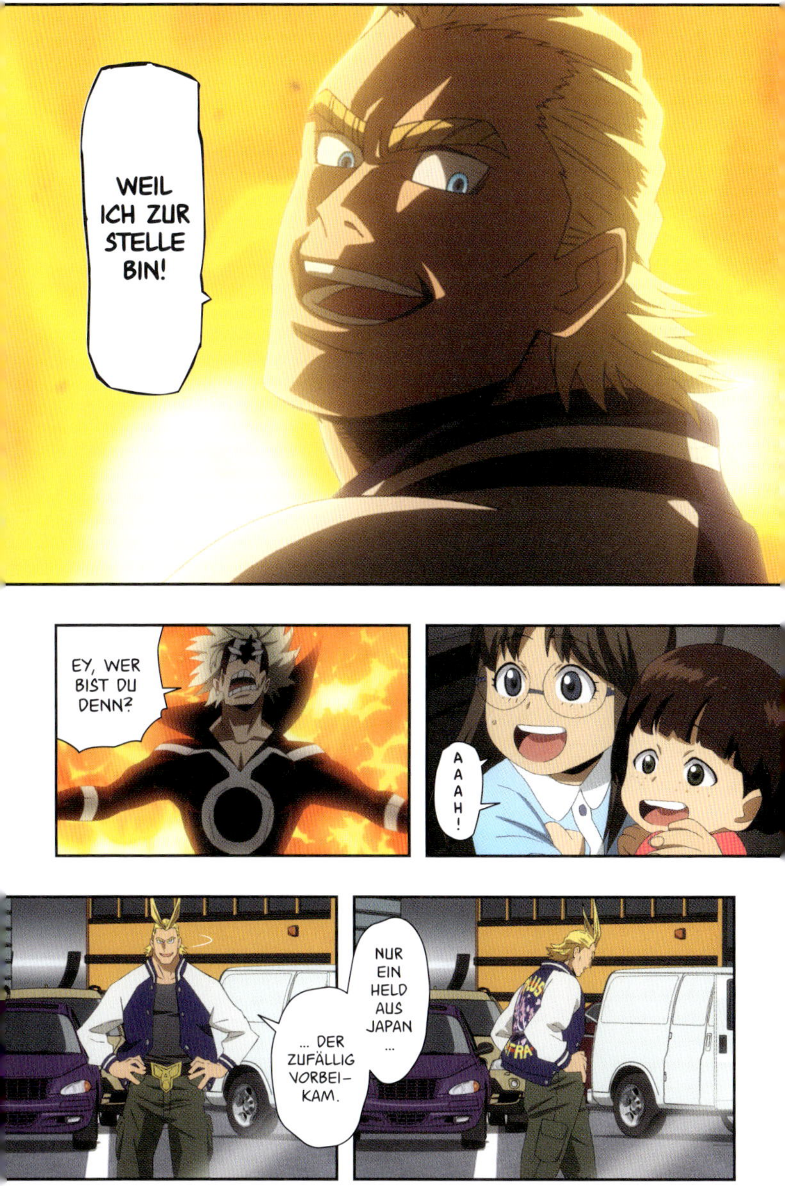
WEIL ICH ZUR STELLE BIN!
AAAAH!
EY, WER BIST DU DENN?
NUR EIN HELD AUS JAPAN ...
... DER ZUFÄLLIG VORBEI-KAM.

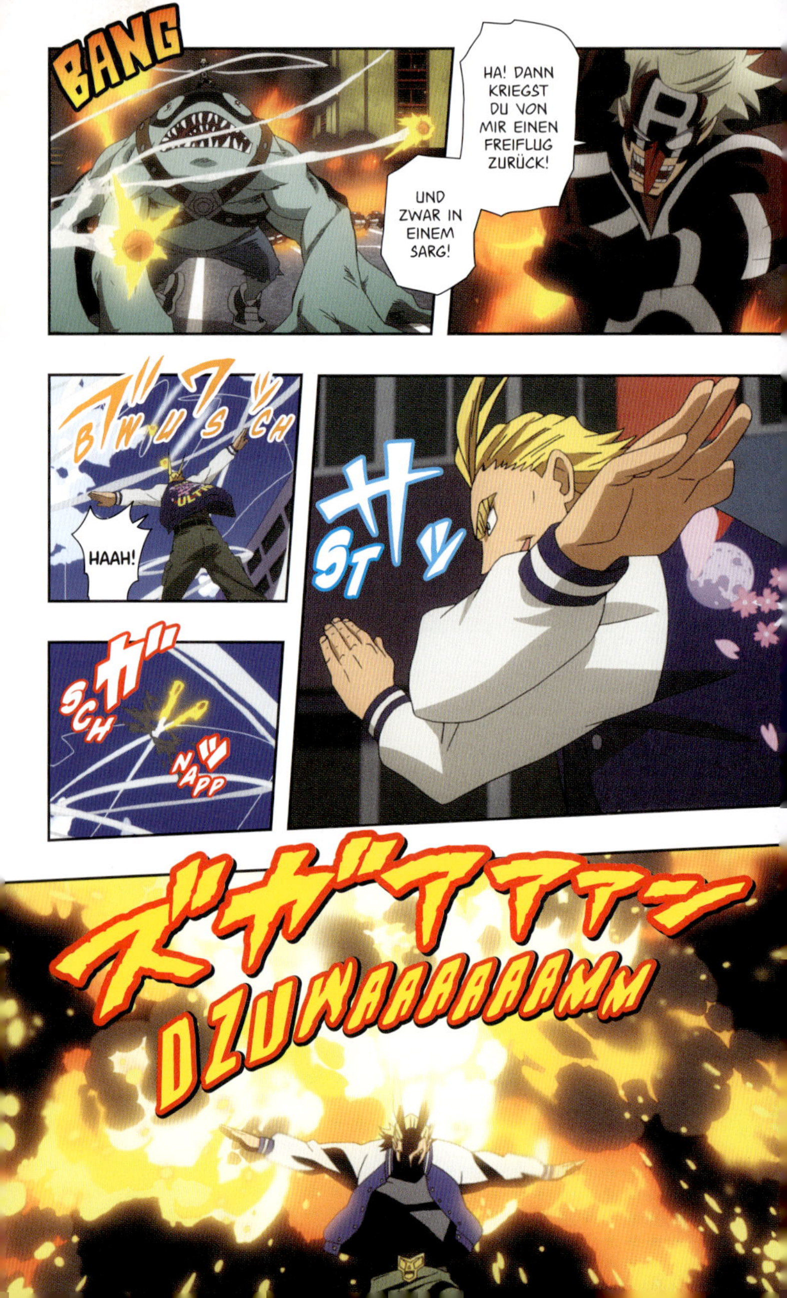
BANG
HA! DANN KRIEGST DU VON MIR EINEN FREIFLUG ZURÜCK!
UND ZWAR IN EINEM SARG!
BWUSCH
HAAH!
ST
SCH
NAPP
ズガアアアン
DZUWAAAAAAAMM

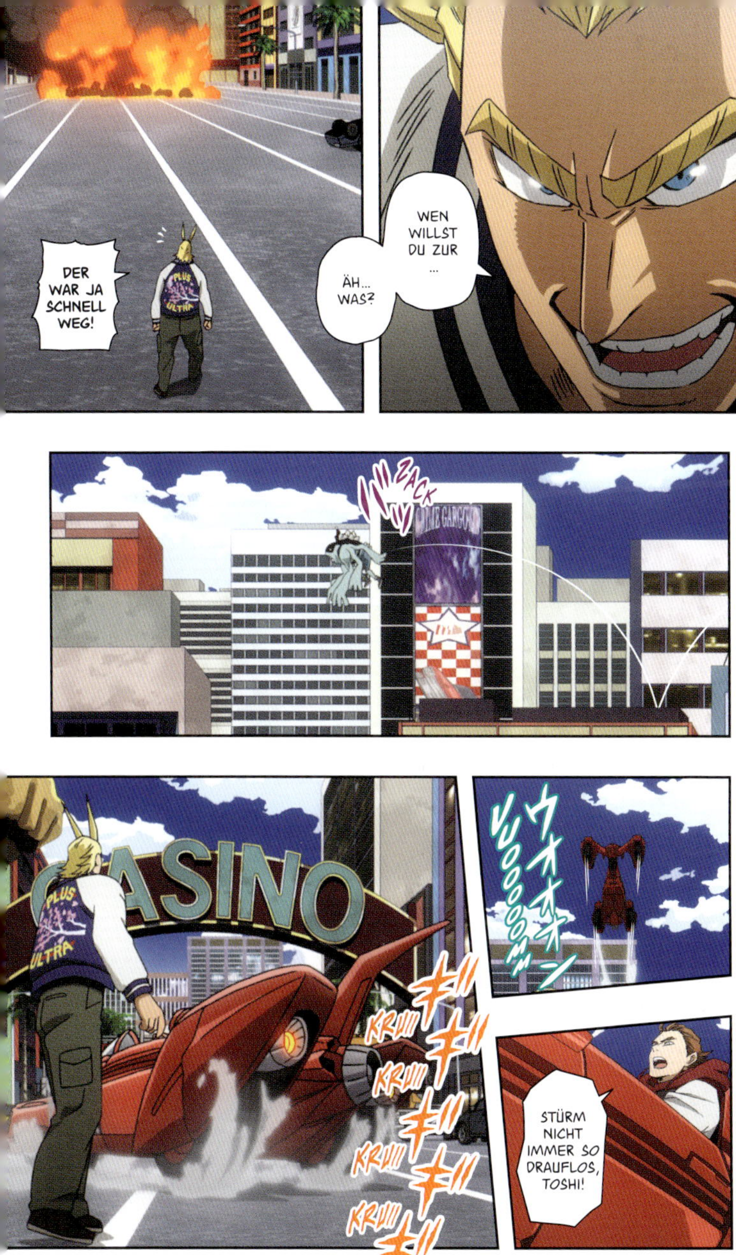
WEN WILLST DU ZUR ...
ÄH... WAS?
DER WAR JA SCHNELL WEG!
ZACK
VUOOOOOMM
STÜRM NICHT IMMER SO DRAUFLOS, TOSHI!
KRIII
KRIII
KRIII
KRIII

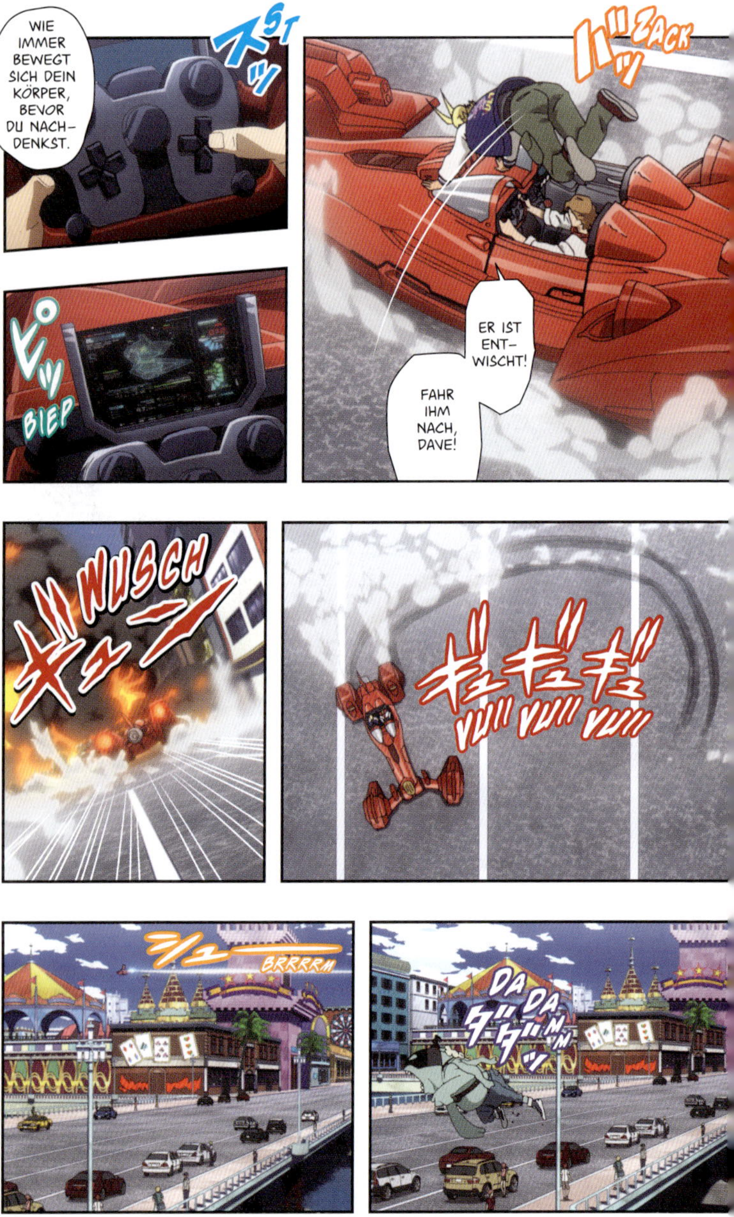
WIE IMMER BEWEGT SICH DEIN KÖRPER, BEVOR DU NACH-DENKST.
ST
BIEP
ZACK
ER IST ENT-WISCHT!
FAHR IHM NACH, DAVE!
WUSCH
VUII VUII VUII
BRRRRM
DA DA MMM

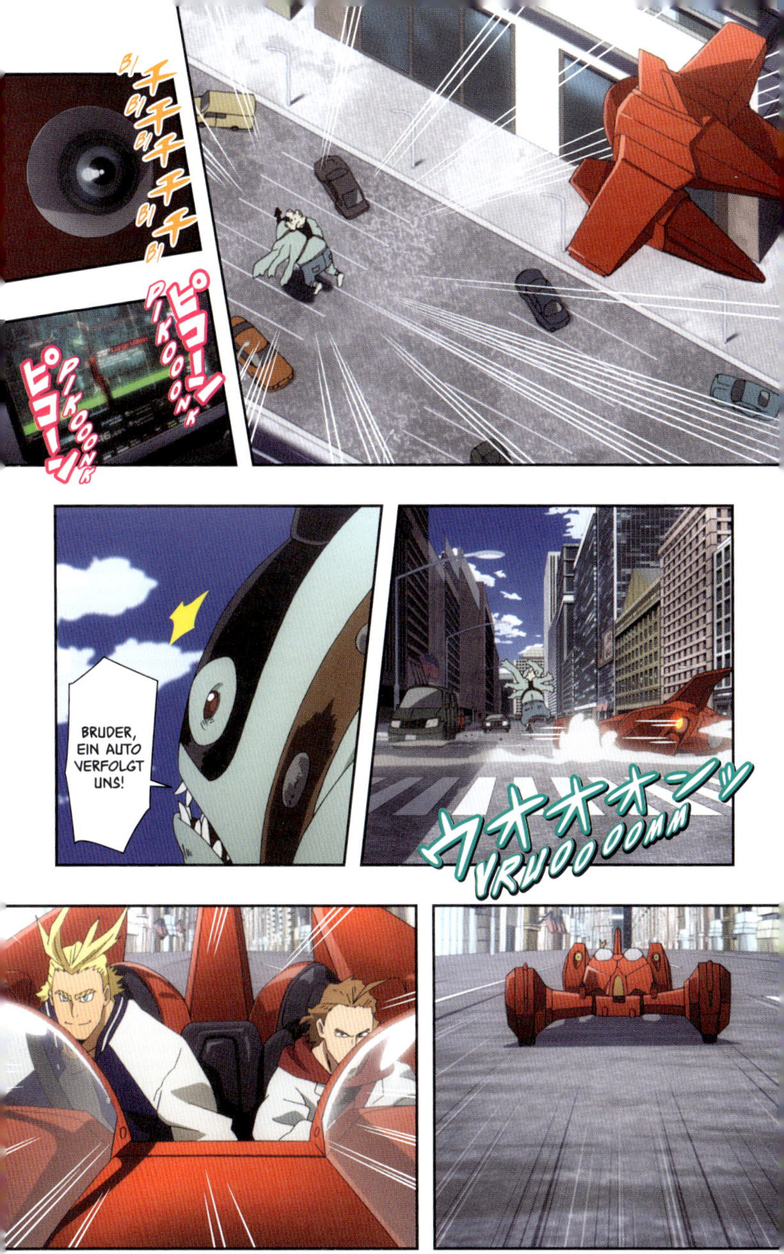
BI BI BI BI BI BI
チチチチチ
ピコーン
PIKOOOONK
ピコーン
PIKOOOONK
ウオオオーンッ
VRUOOOOOMM
BRUDER, EIN AUTO VERFOLGT UNS!

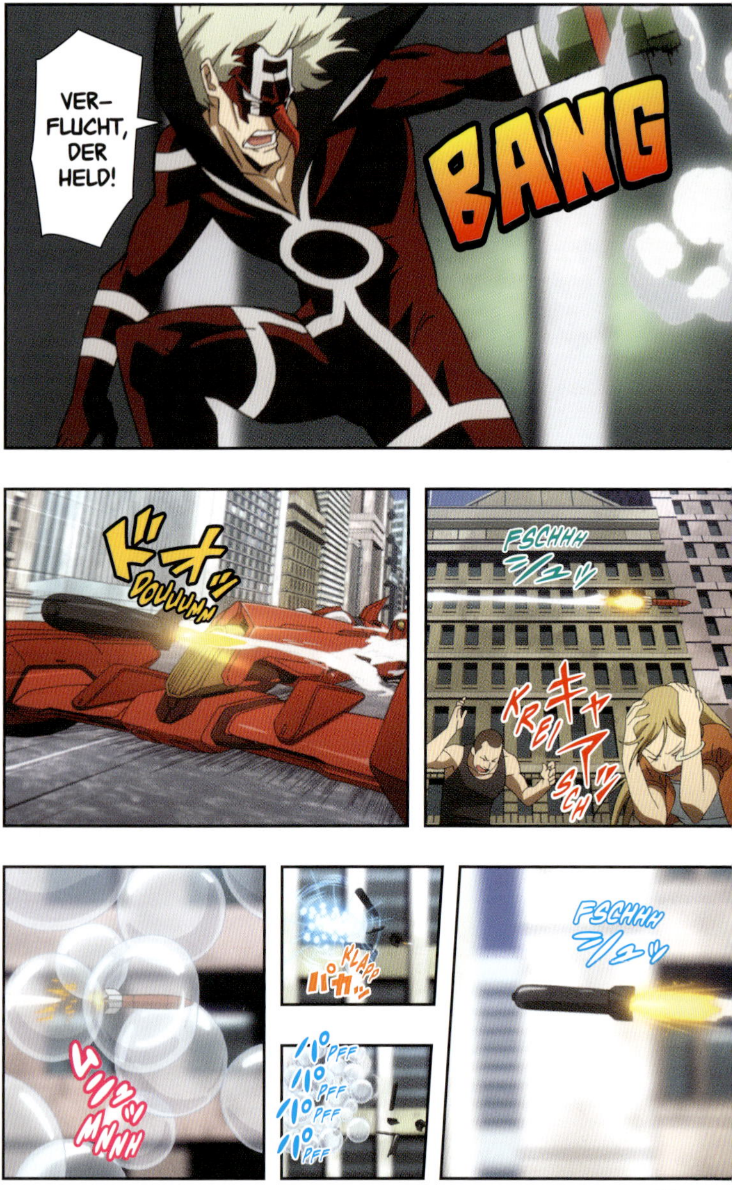

VER-
FLUCHT,
DER
HELD!
BANG
ドォッ
DOUUUMM
FSCHHH
シュッ
KREISCH
キャアッ
ムニュ
MNNH
KLAPP
パカッ
パ PFF
パ PFF
パ PFF
パ PFF
FSCHHH
シュッ

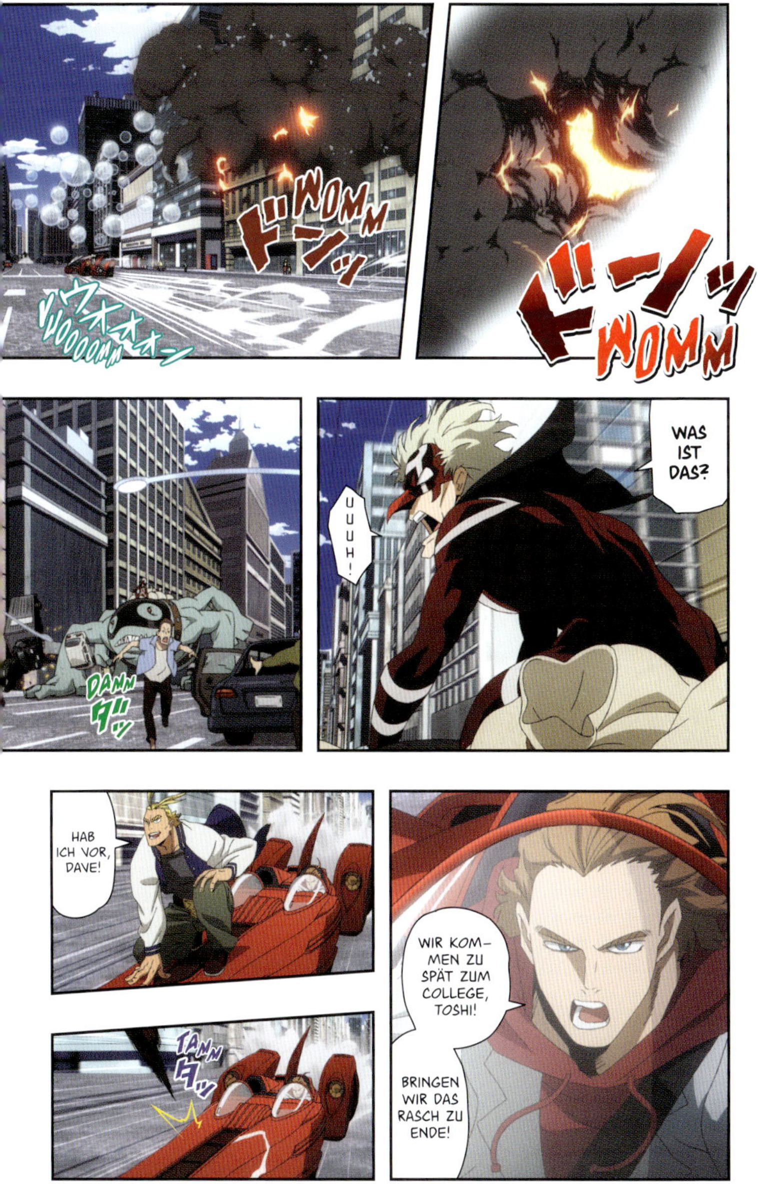
ドーンッ
WOMM
ドーンッ
WOMM
ウォオオオン
WAS IST DAS?
UUUH!
DAMN
ダッ
WIR KOMMEN ZU SPÄT ZUM COLLEGE, TOSHI!
BRINGEN WIR DAS RASCH ZU ENDE!
HAB ICH VOR, DAVE!
TANN
タッ

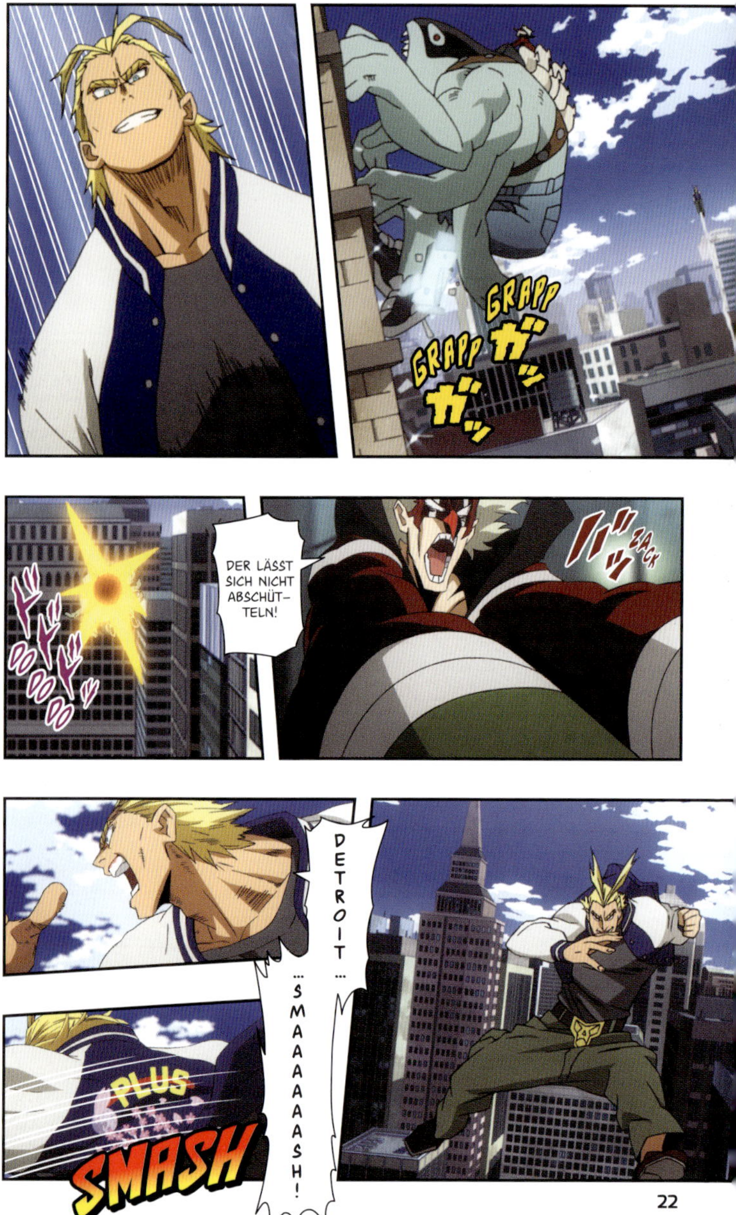
GRAPP
GRAPP
ガッ
ガッ
DER LÄSST SICH NICHT ABSCHÜT-TELN!
バッ
ZACK
DETROIT ...
... SMAAAAAAASH!
PLUS
SMASH

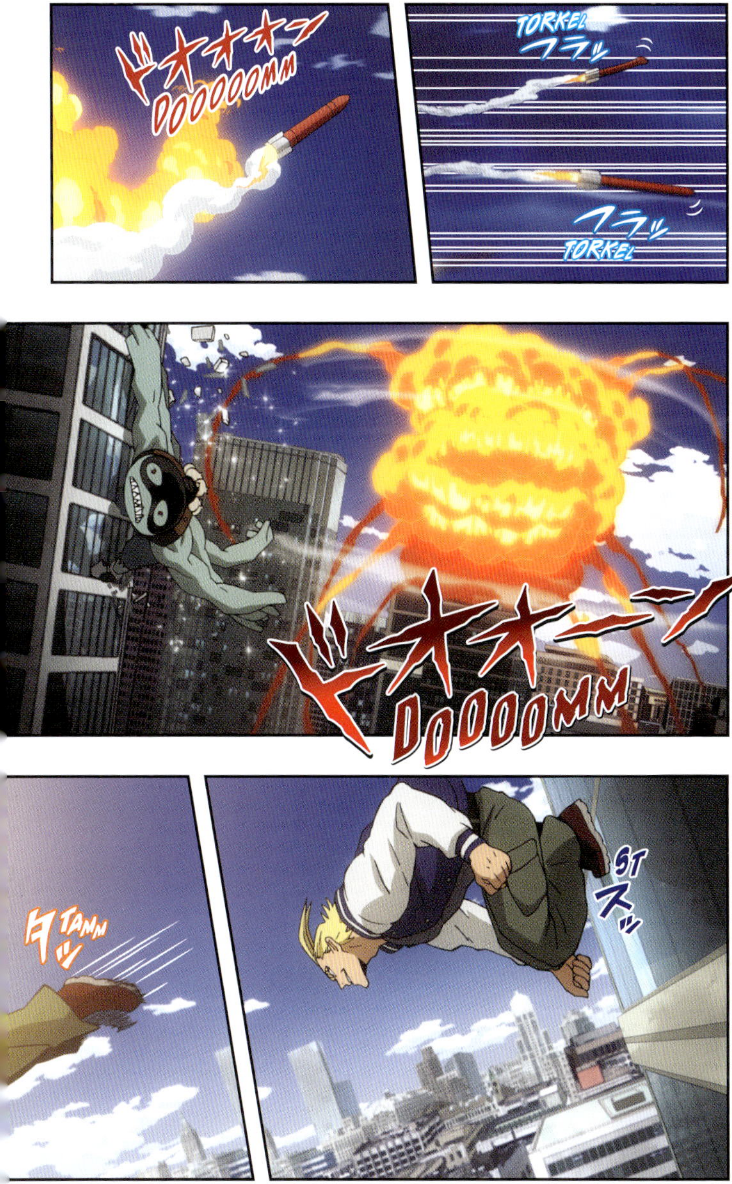

ドオオオン
DOOOOOMM
TORKEL
フラッ
フラッ
TORKEL
ドオオーン
DOOOOMM
タッ
TAMM
ST
スッ

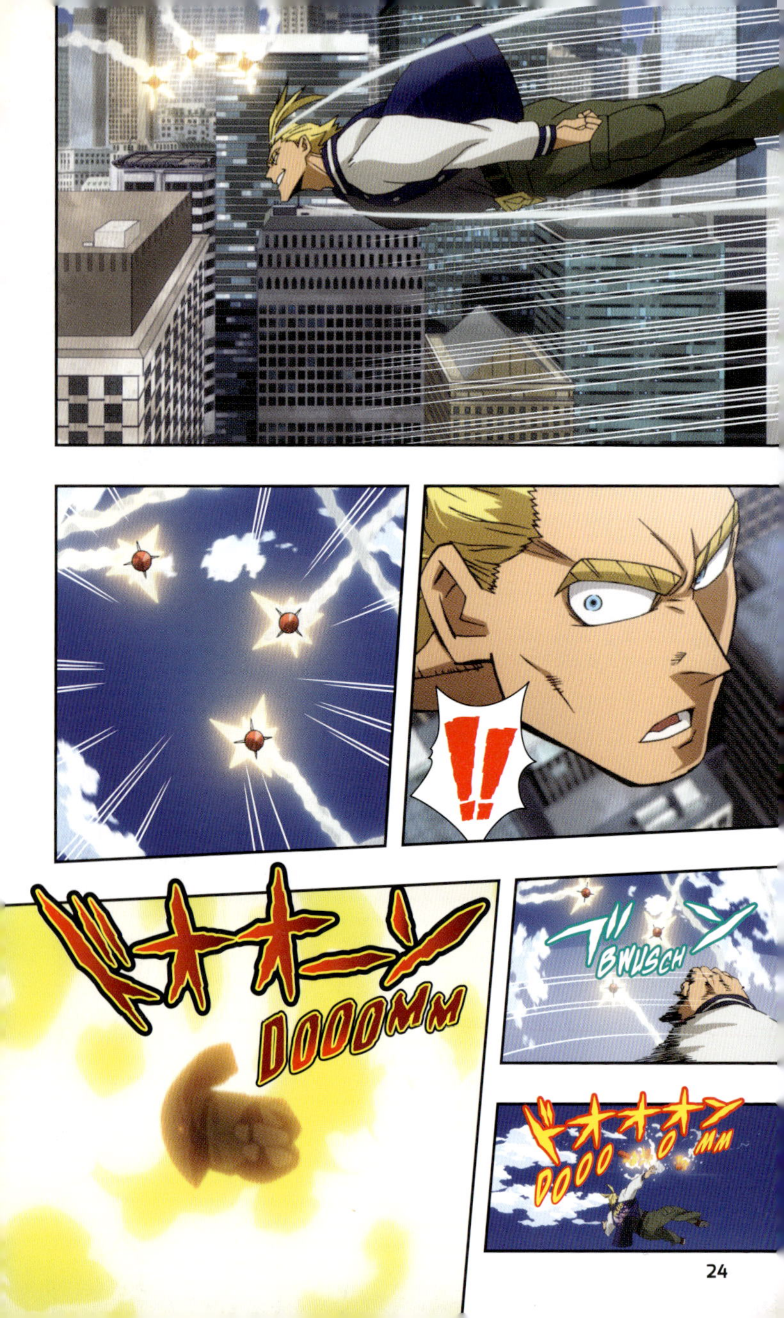
!!
ドオオーン
DOOOMM
ブゥン
BWUSCH
ドオオオン
DOOOOMM

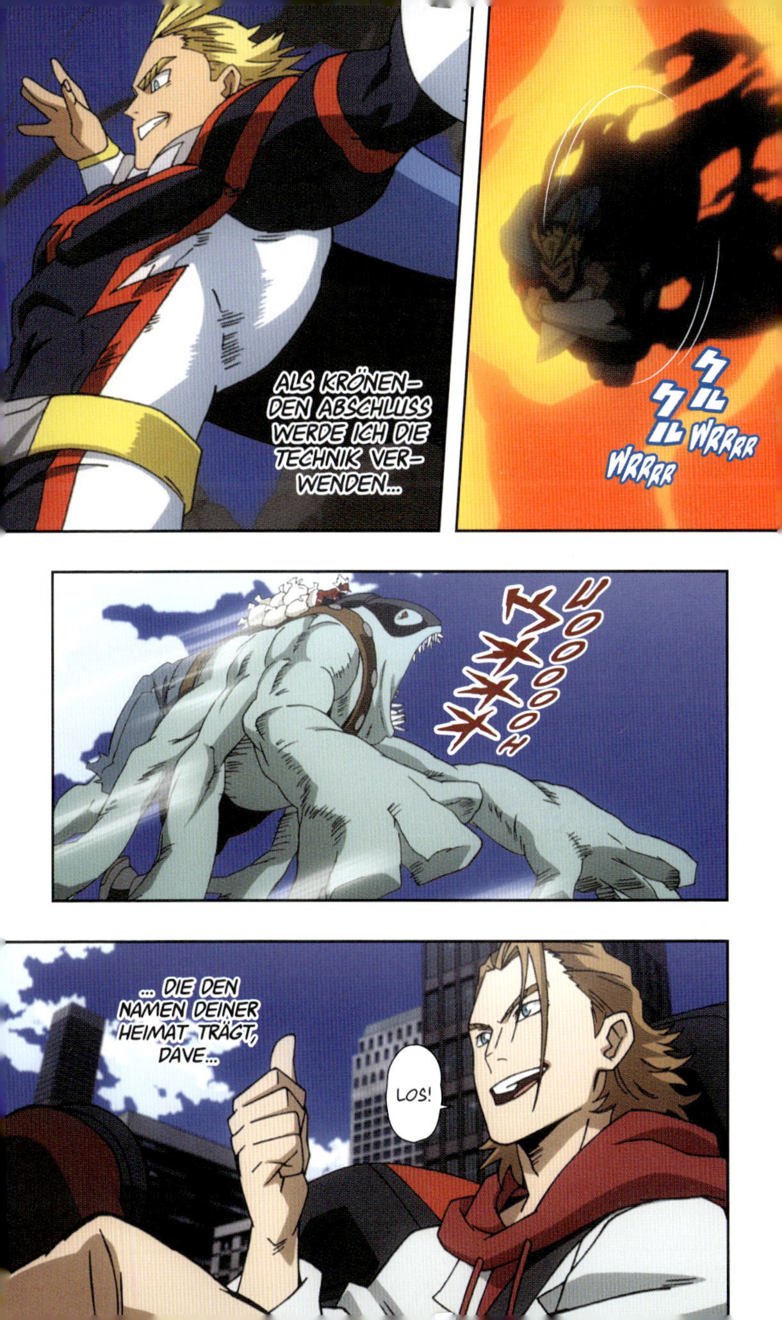
ALS KRÖNENDEN ABSCHLUSS WERDE ICH DIE TECHNIK VERWENDEN...
クルクル
WRRRR
WRRRR
ウオオオオ
UOOOOOOH
... DIE DEN NAMEN DEINER HEIMAT TRÄGT, DAVE...
LOS!

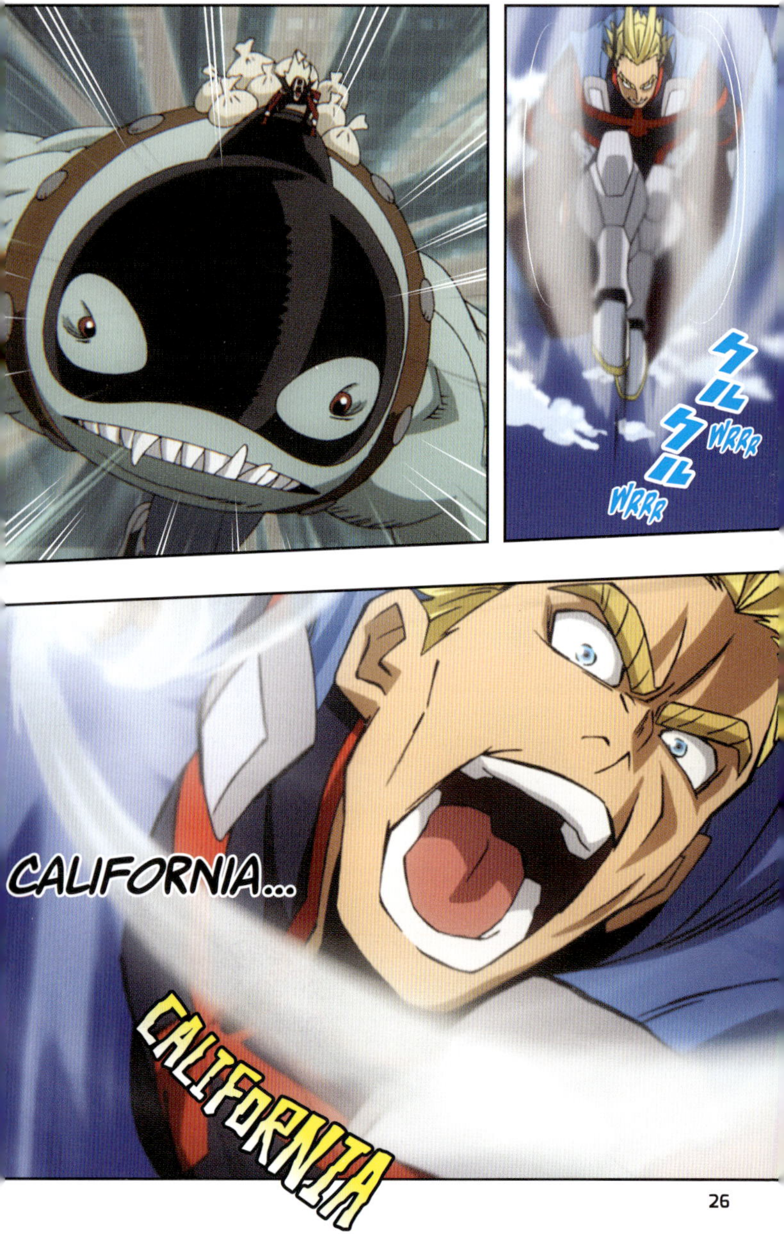
クル
WRRR
クル
WRRR
CALIFORNIA...
CALIFORNIA

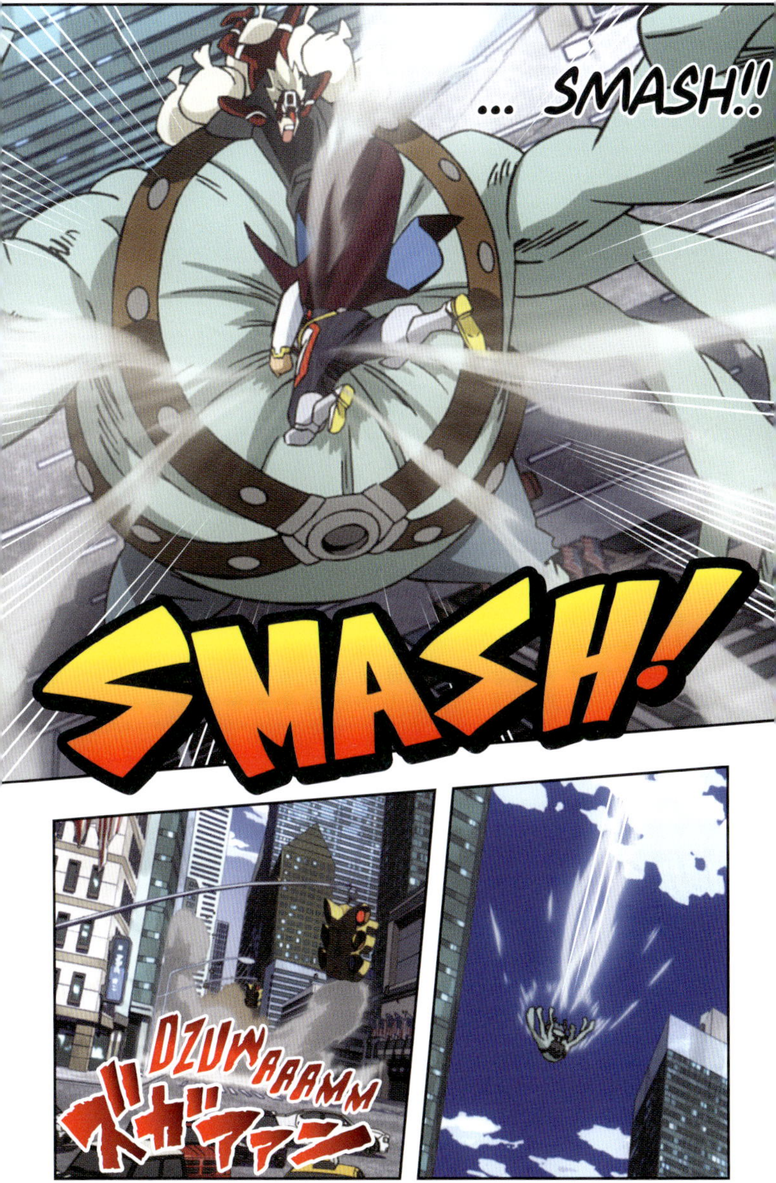
... SMASH!!
SMASH!
DZUWAAAAMM
ズガァァン

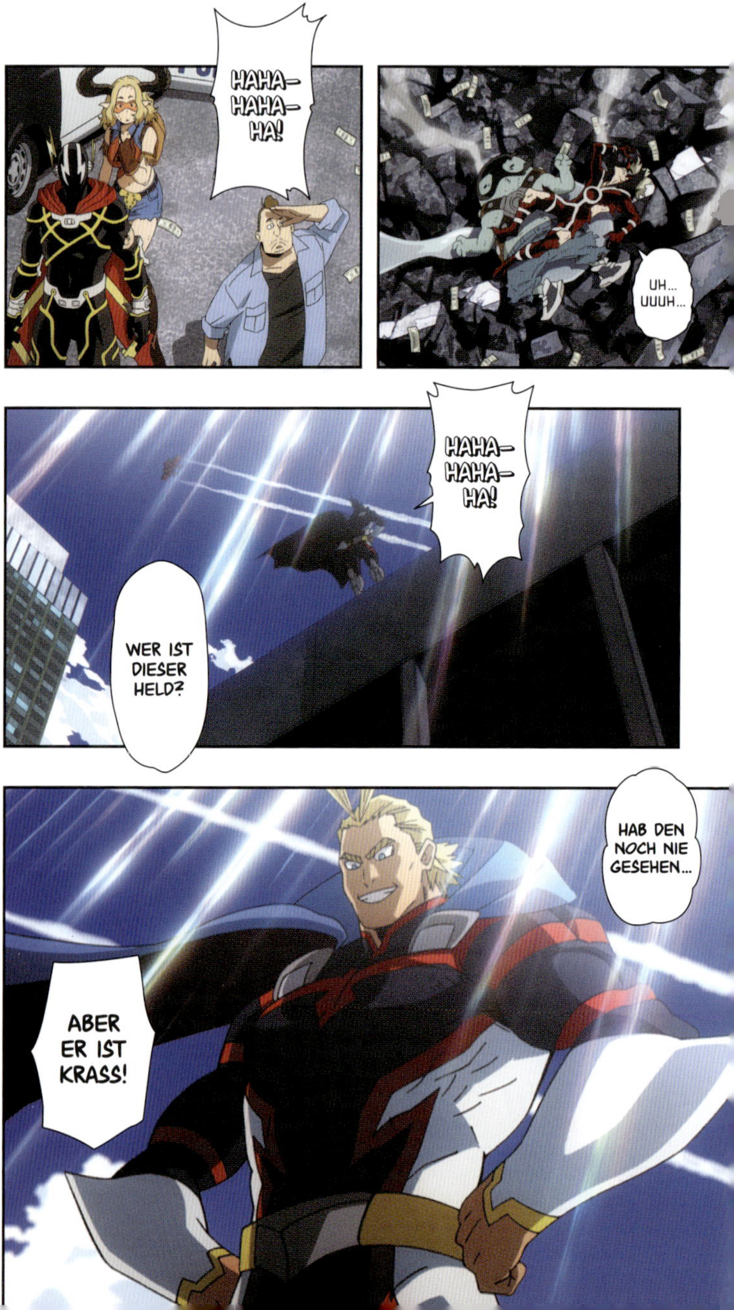
HAHA-
HAHA-
HA!
UH...
UUUH...
HAHA-
HAHA-
HA!
WER IST
DIESER
HELD?
HAB DEN
NOCH NIE
GESEHEN...
ABER
ER IST
KRASS!

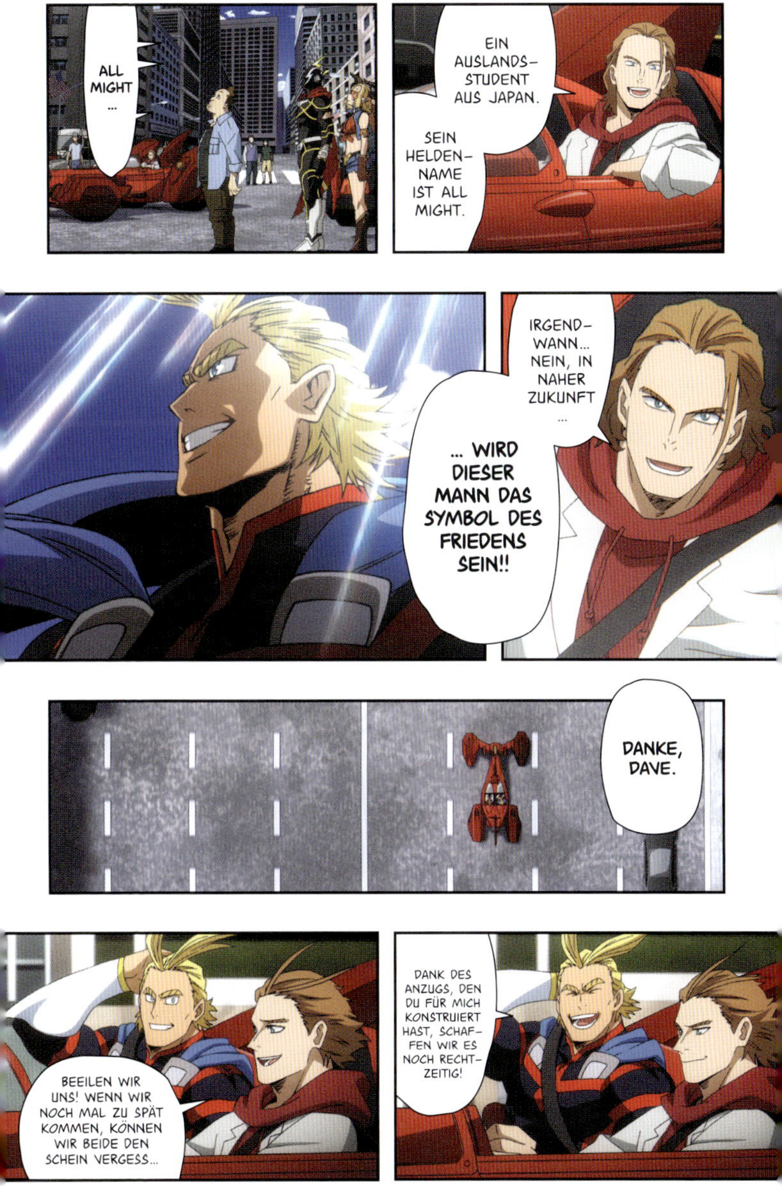

ALL MIGHT ...
EIN AUSLANDS-STUDENT AUS JAPAN.
SEIN HELDEN-NAME IST ALL MIGHT.
IRGEND-WANN... NEIN, IN NAHER ZUKUNFT ...
... WIRD DIESER MANN DAS SYMBOL DES FRIEDENS SEIN!!
DANKE, DAVE.
DANK DES ANZUGS, DEN DU FÜR MICH KONSTRUIERT HAST, SCHAF-FEN WIR ES NOCH RECHT-ZEITIG!
BEEILEN WIR UNS! WENN WIR NOCH MAL ZU SPÄT KOMMEN, KÖNNEN WIR BEIDE DEN SCHEIN VERGESS...

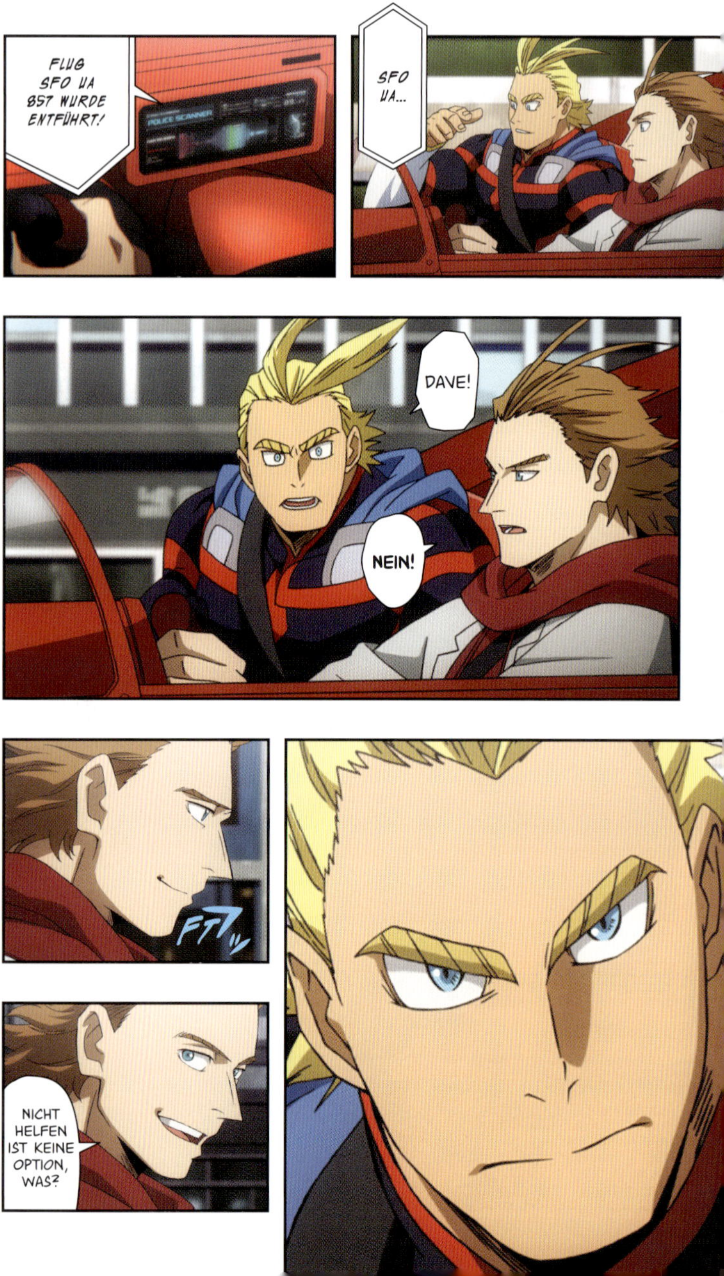
FLUG SFO UA 857 WURDE ENTFÜHRT!
POLICE SCANNER
SFO UA...
DAVE!
NEIN!
FT
NICHT HELFEN IST KEINE OPTION, WAS?

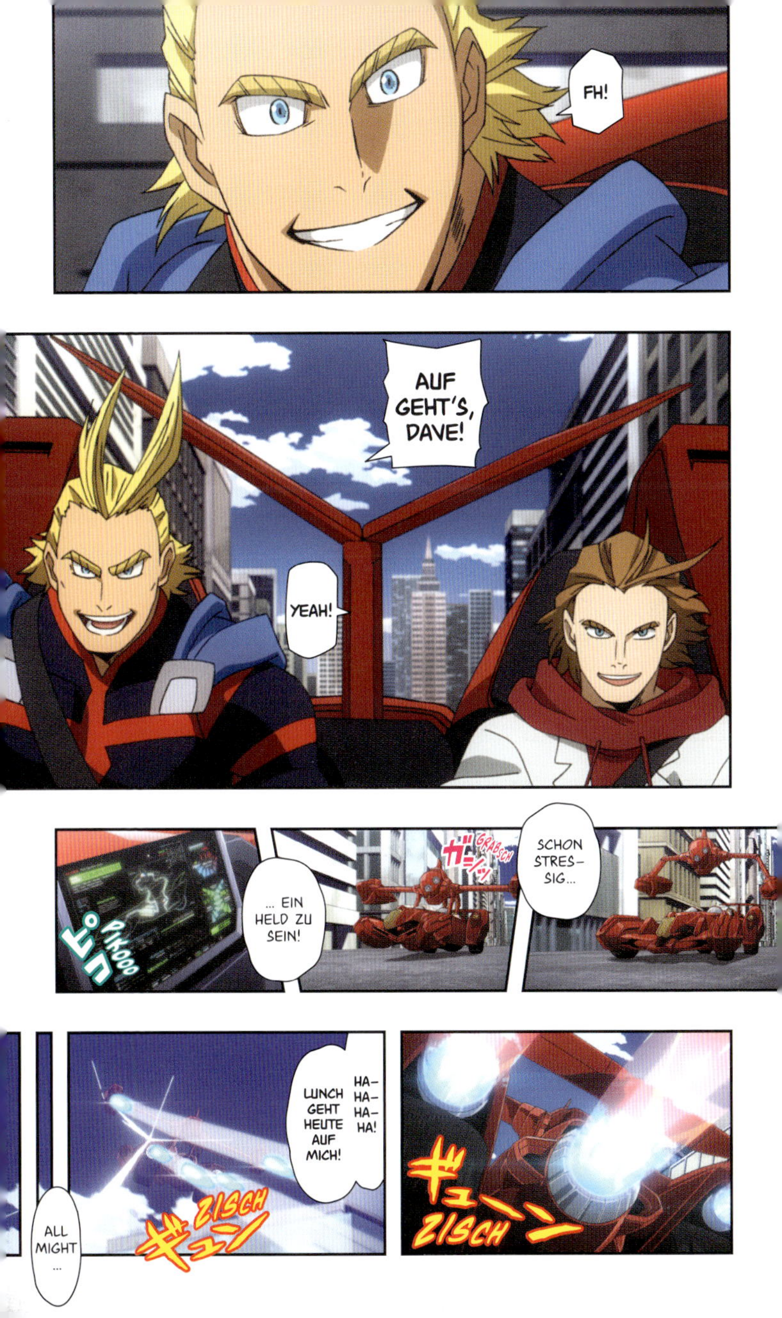

FH!
AUF GEHT'S, DAVE!
YEAH!
SCHON STRES-SIG...
GRABSCH
... EIN HELD ZU SEIN!
PIKOOO
ZISCH
HA-HA-HA-HA!
LUNCH GEHT HEUTE AUF MICH!
ZISCH
ALL MIGHT ...

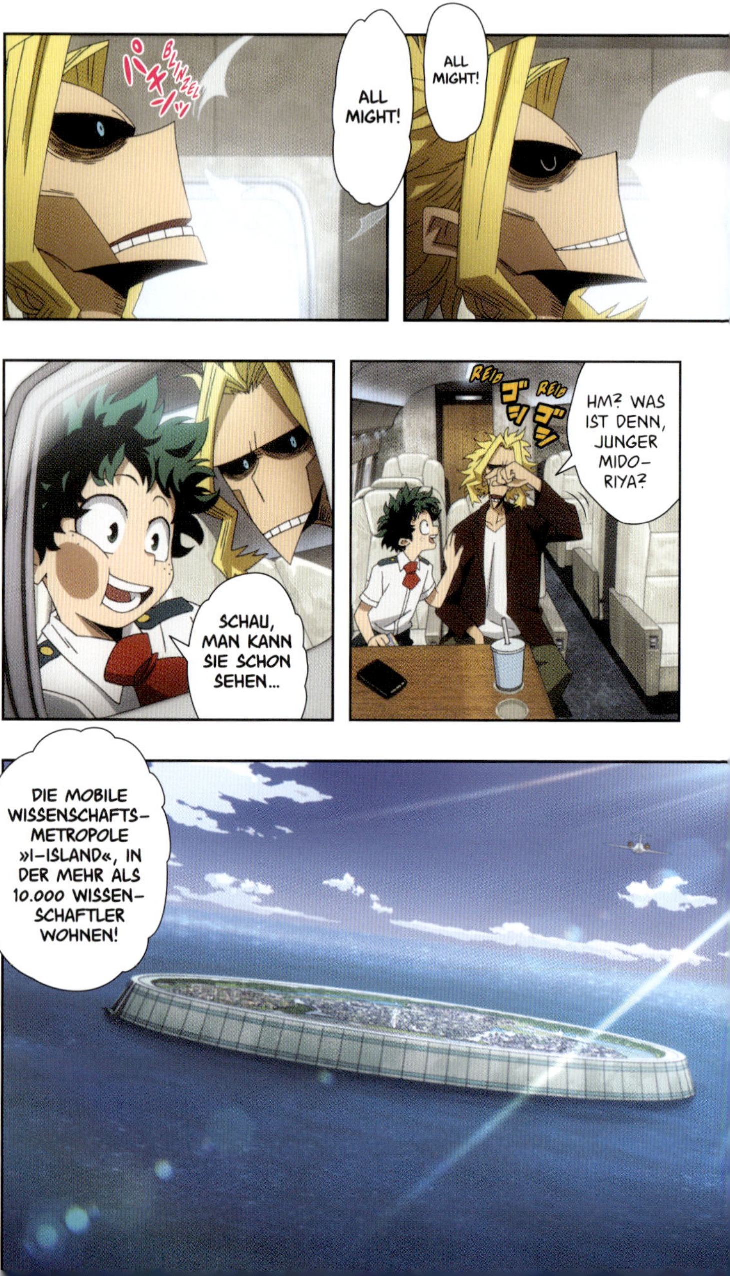
ALL MIGHT!
ALL MIGHT!
パチッ BLINZEL
REIB ゴシ REIB ゴシ
HM? WAS IST DENN, JUNGER MIDO-RIYA?
SCHAU, MAN KANN SIE SCHON SEHEN...
DIE MOBILE WISSENSCHAFTS-METROPOLE »I-ISLAND«, IN DER MEHR ALS 10.000 WISSEN-SCHAFTLER WOHNEN!

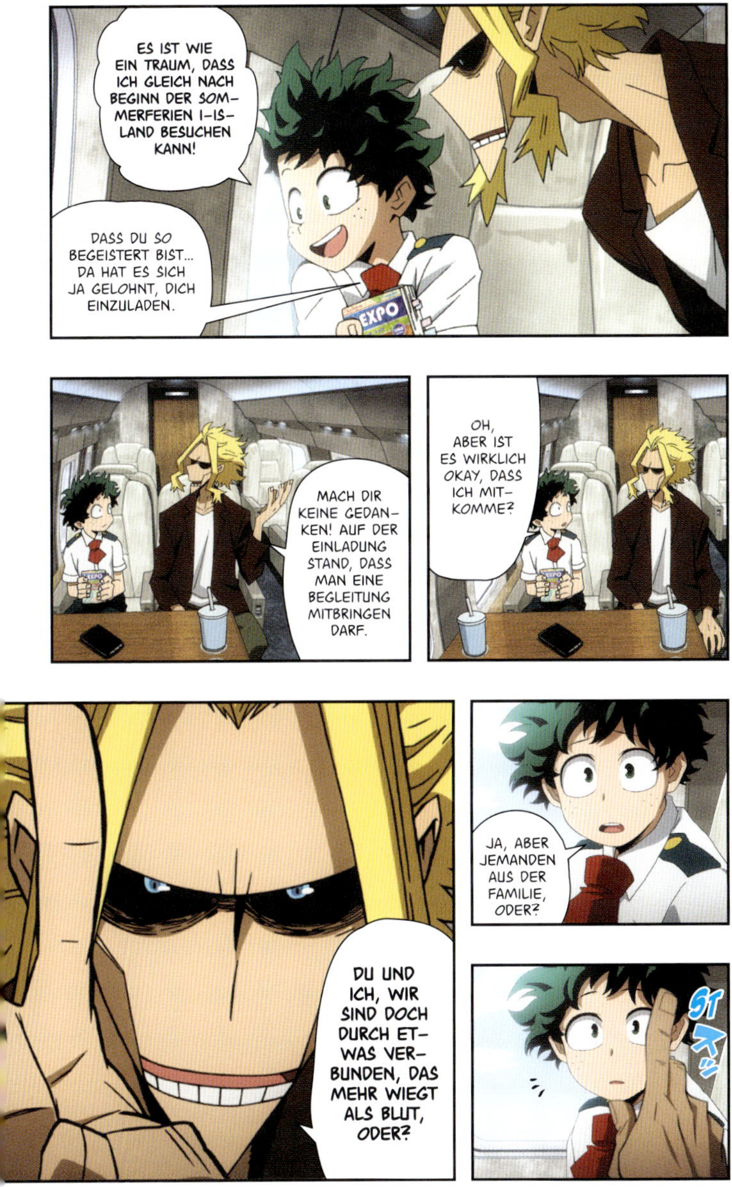
ES IST WIE EIN TRAUM, DASS ICH GLEICH NACH BEGINN DER SOMMERFERIEN I-ISLAND BESUCHEN KANN!
DASS DU SO BEGEISTERT BIST... DA HAT ES SICH JA GELOHNT, DICH EINZULADEN.
EXPO
OH, ABER IST ES WIRKLICH OKAY, DASS ICH MITKOMME?
MACH DIR KEINE GEDANKEN! AUF DER EINLADUNG STAND, DASS MAN EINE BEGLEITUNG MITBRINGEN DARF.
JA, ABER JEMANDEN AUS DER FAMILIE, ODER?
DU UND ICH, WIR SIND DOCH DURCH ETWAS VERBUNDEN, DAS MEHR WIEGT ALS BLUT, ODER?
ST

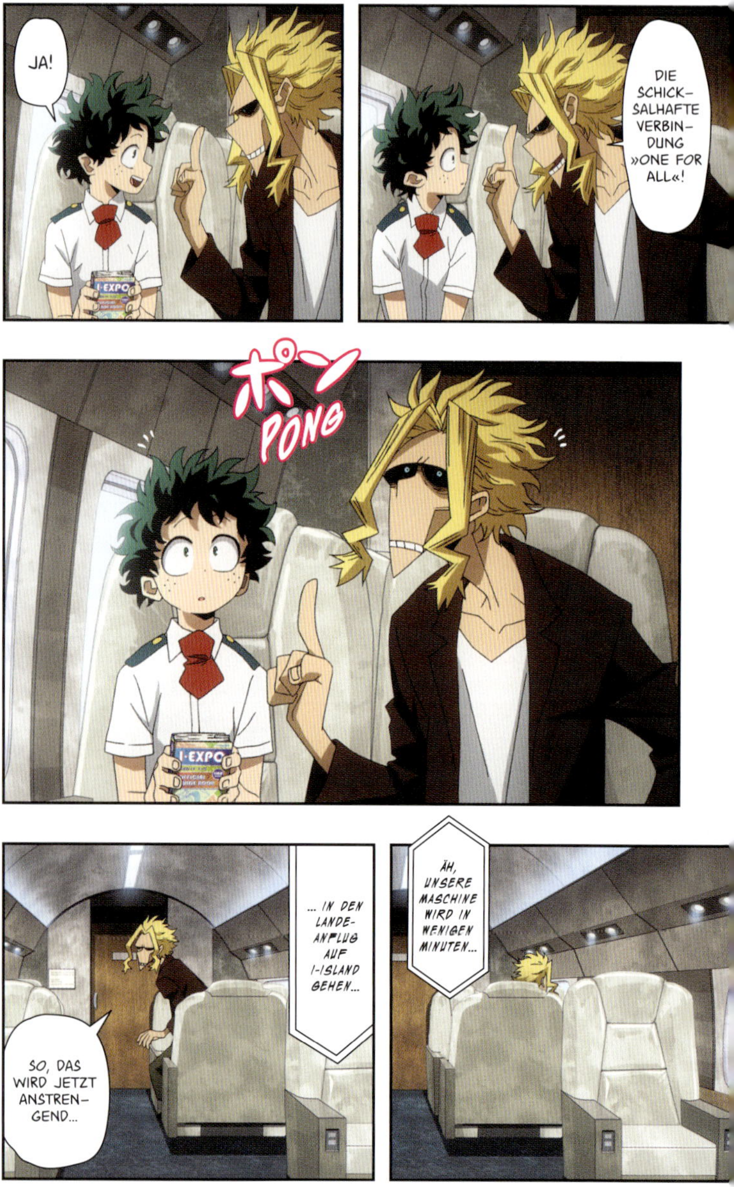
DIE SCHICK-SALHAFTE VERBIN-DUNG »ONE FOR ALL«!
JA!
ポン
PONG
ÄH, UNSERE MASCHINE WIRD IN WENIGEN MINUTEN...
... IN DEN LANDE-ANFLUG AUF I-ISLAND GEHEN...
SO, DAS WIRD JETZT ANSTREN-GEND...

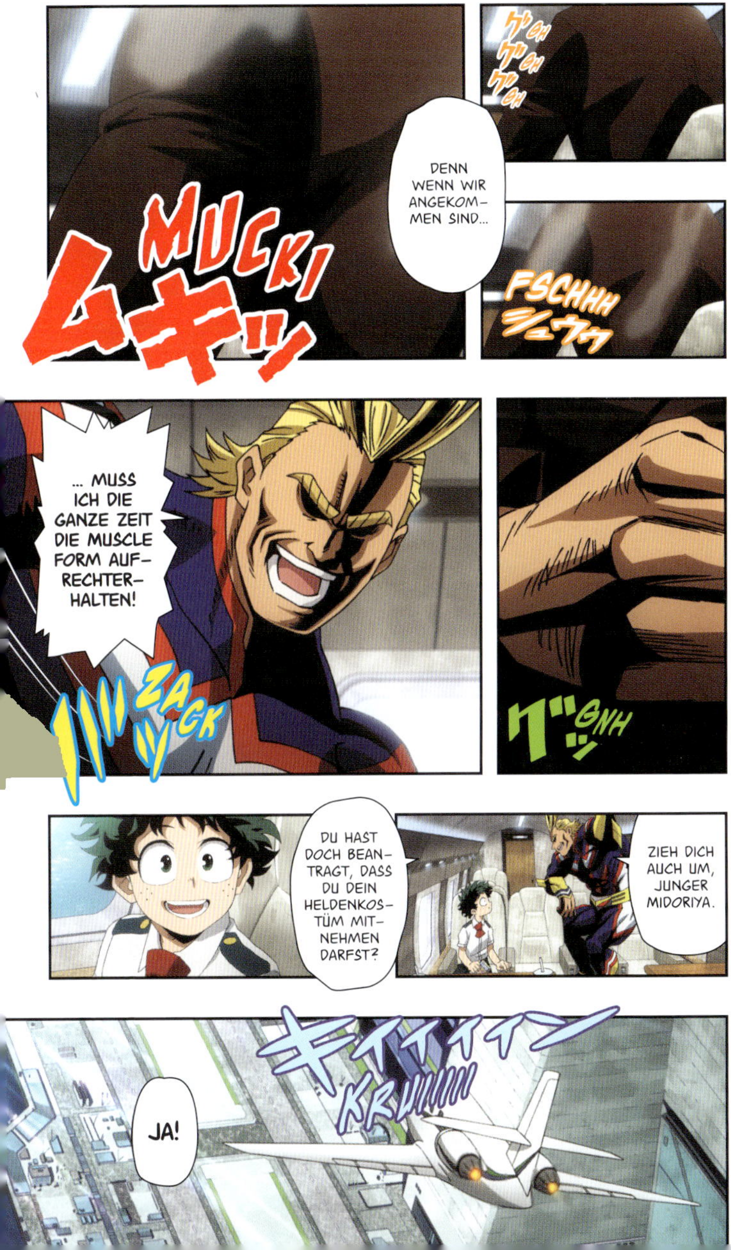

GH GH GH
DENN WENN WIR ANGEKOM-MEN SIND...
MUCKI
FSCHHH
GNH
... MUSS ICH DIE GANZE ZEIT DIE MUSCLE FORM AUF-RECHTER-HALTEN!
ZACK
ZIEH DICH AUCH UM, JUNGER MIDORIYA.
DU HAST DOCH BEAN-TRAGT, DASS DU DEIN HELDENKOS-TÜM MIT-NEHMEN DARFST?
KRUIIIIII
JA!

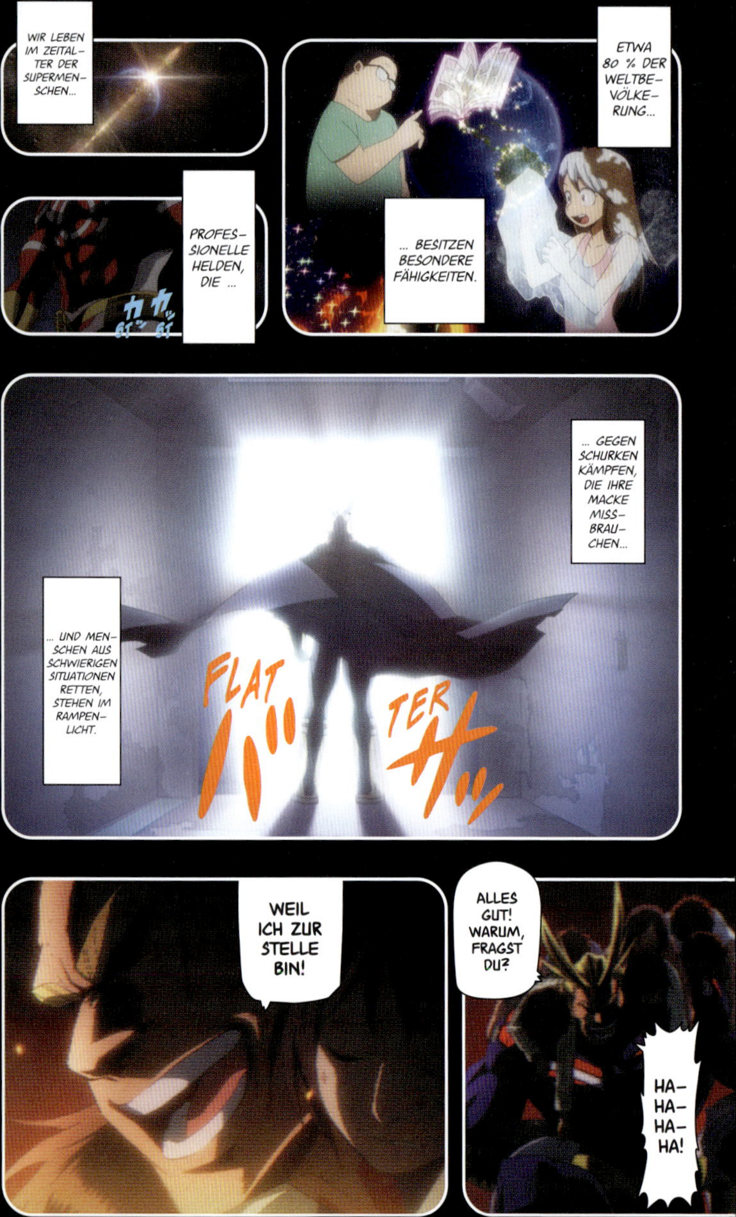
WIR LEBEN IM ZEITALTER DER SUPERMENSCHEN...
ETWA 80 % DER WELTBEVÖLKERUNG...
... BESITZEN BESONDERE FÄHIGKEITEN.
PROFESSIONELLE HELDEN, DIE ...
カッ カッ
... GEGEN SCHURKEN KÄMPFEN, DIE IHRE MACKE MISSBRAUCHEN...
... UND MENSCHEN AUS SCHWIERIGEN SITUATIONEN RETTEN, STEHEN IM RAMPENLICHT.
FLAT
TER
ALLES GUT! WARUM, FRAGST DU?
WEIL ICH ZUR STELLE BIN!
HA-HA-HA-HA!

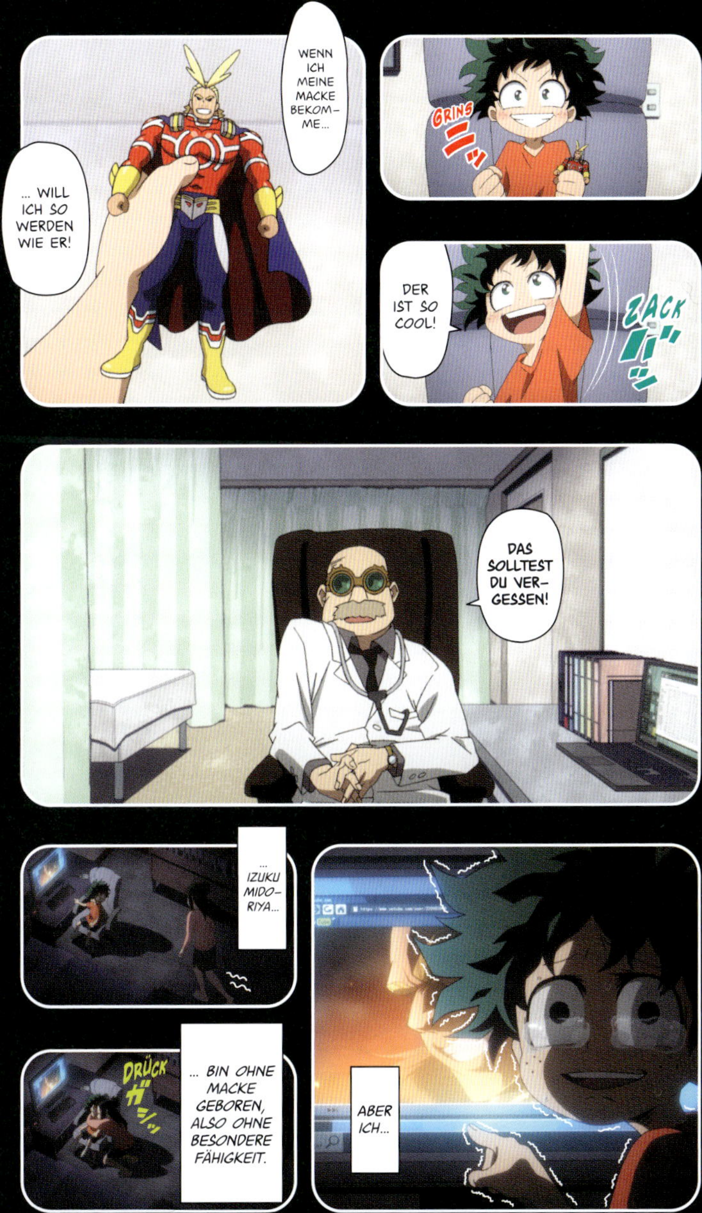

WENN ICH MEINE MACKE BEKOM-ME...
... WILL ICH SO WERDEN WIE ER!
GRINS
DER IST SO COOL!
ZACK
DAS SOLLTEST DU VER-GESSEN!
... IZUKU MIDO-RIYA...
DRÜCK
... BIN OHNE MACKE GEBOREN, ALSO OHNE BESONDERE FÄHIGKEIT.
ABER ICH...

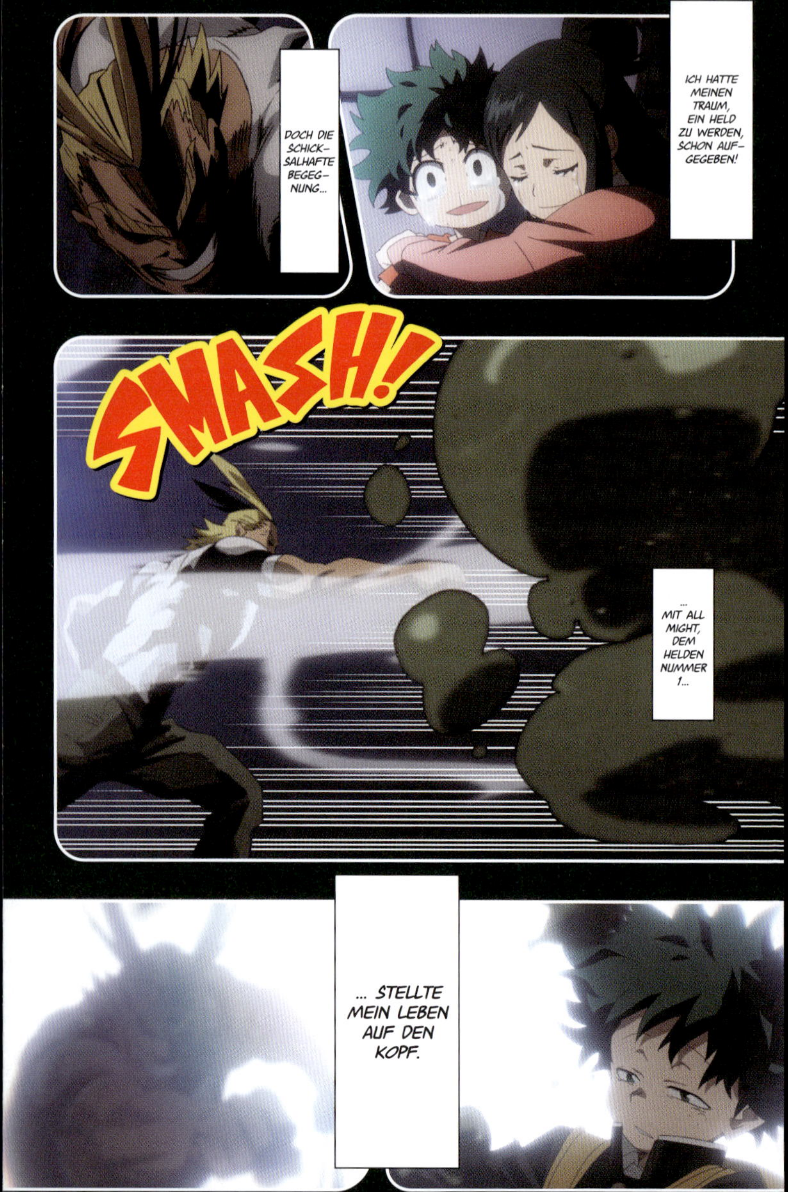
ICH HATTE MEINEN TRAUM, EIN HELD ZU WERDEN, SCHON AUF-GEGEBEN!
DOCH DIE SCHICK-SALHAFTE BEGEG-NUNG...
SMASH!
... MIT ALL MIGHT, DEM HELDEN NUMMER 1...
... STELLTE MEIN LEBEN AUF DEN KOPF.

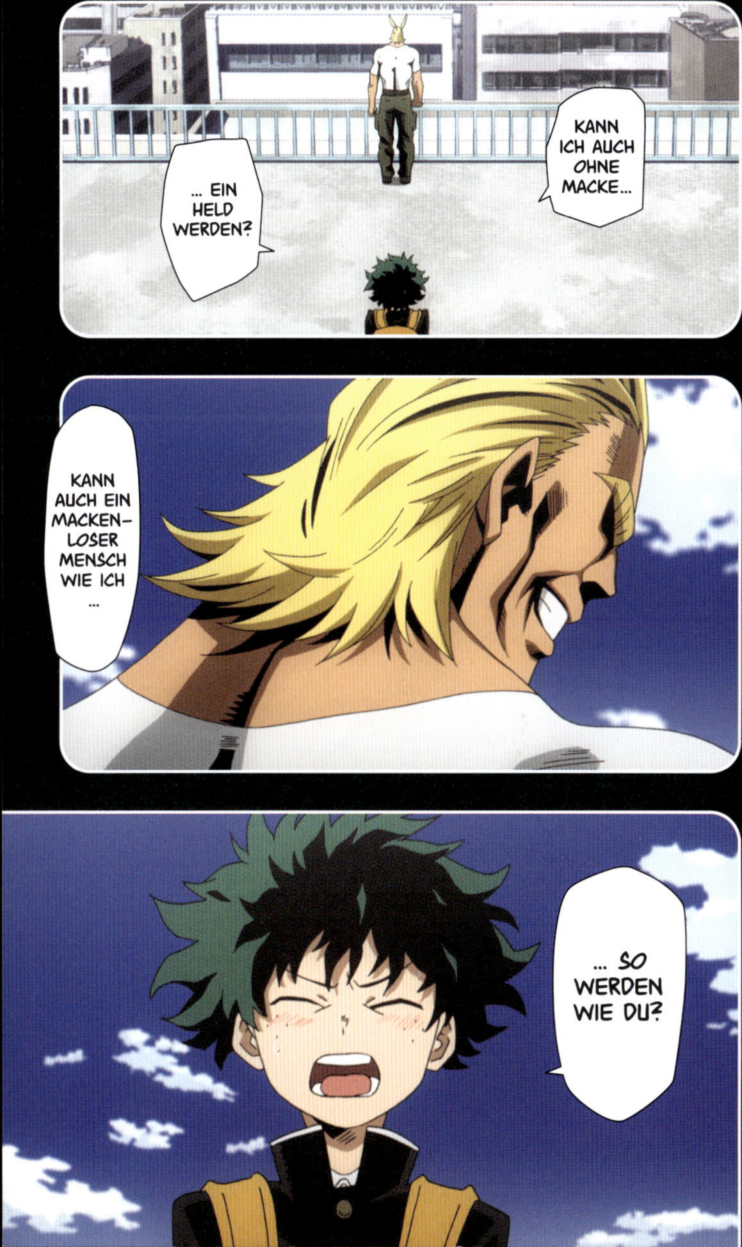
KANN ICH AUCH OHNE MACKE…
… EIN HELD WERDEN?
KANN AUCH EIN MACKEN-LOSER MENSCH WIE ICH …
… SO WERDEN WIE DU?

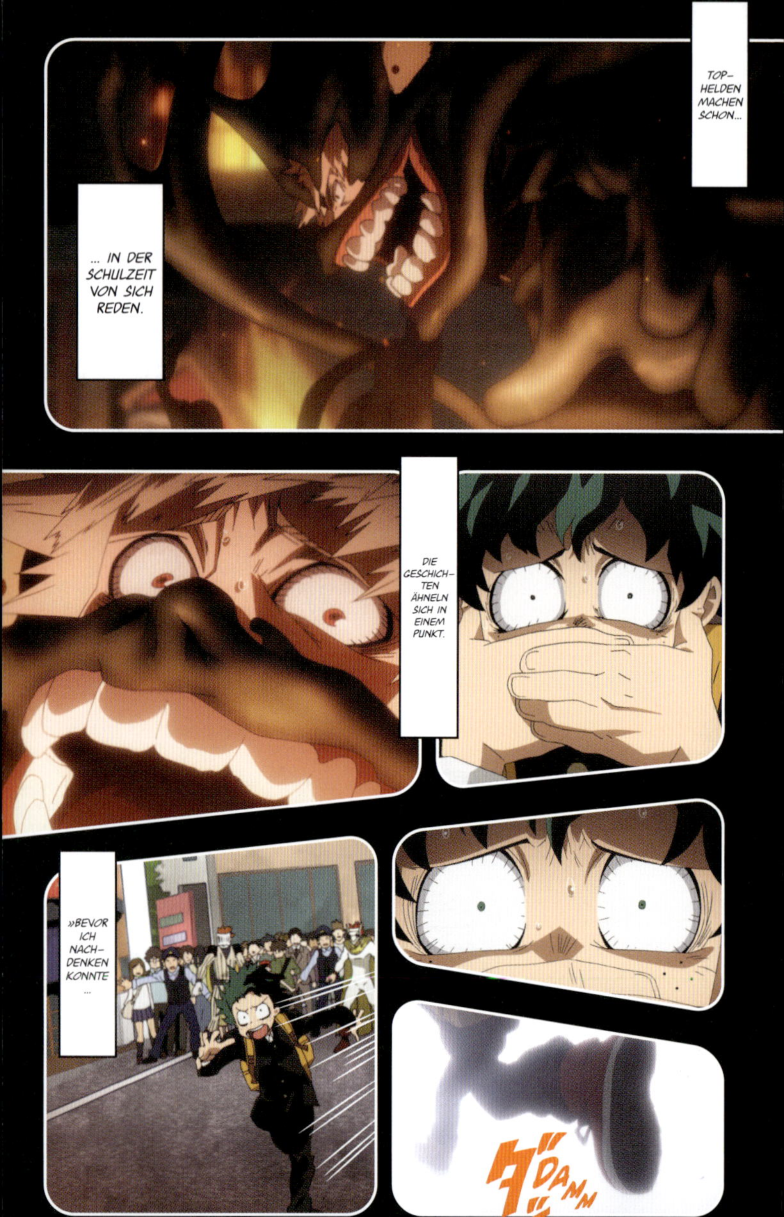
TOP-HELDEN MACHEN SCHON...
... IN DER SCHULZEIT VON SICH REDEN.
DIE GESCHICHTEN ÄHNELN SICH IN EINEM PUNKT.
»BEVOR ICH NACHDENKEN KONNTE ...
DAMM

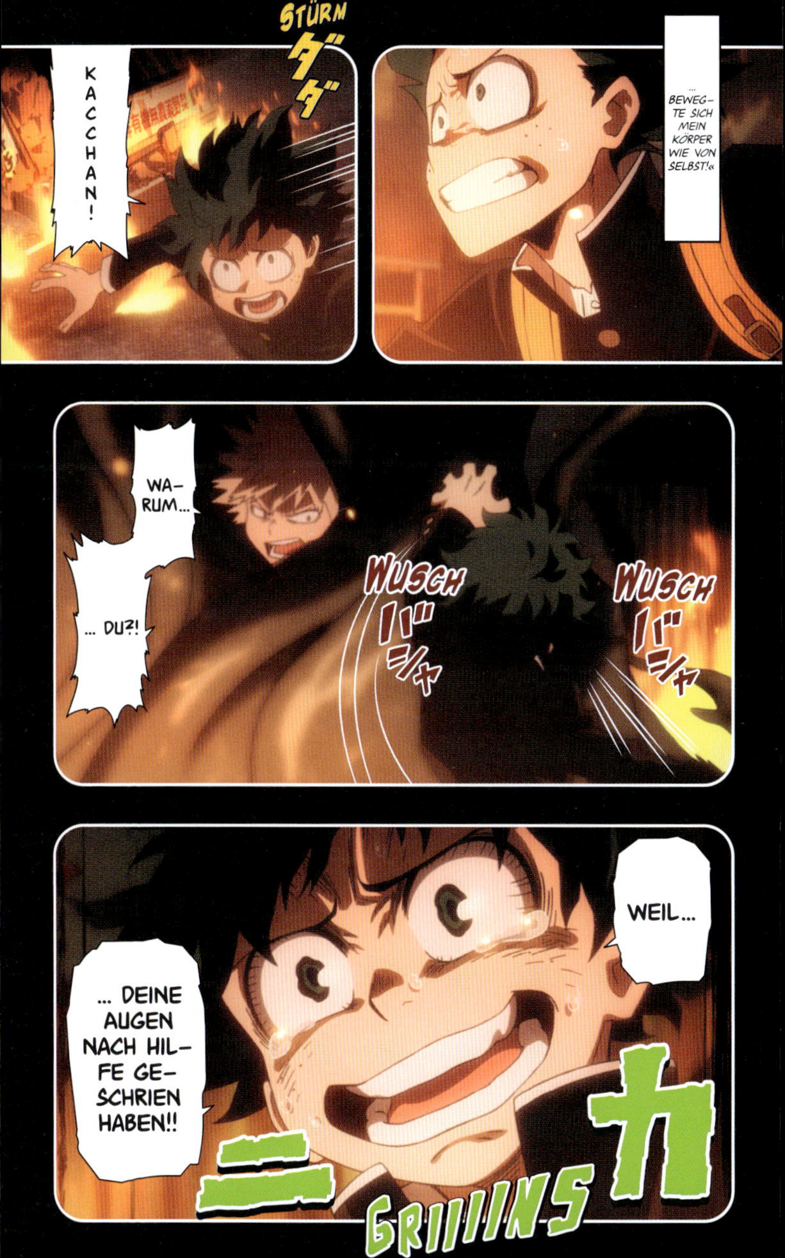

... BEWEGTE SICH MEIN KÖRPER WIE VON SELBST!«
STÜRM
ダダ
KACCHAN!
WARUM...
... DU?!
WUSCH
バシャ
WUSCH
バシャ
WEIL...
... DEINE AUGEN NACH HILFE GESCHRIEN HABEN!!
ニカ
GRIIIINS

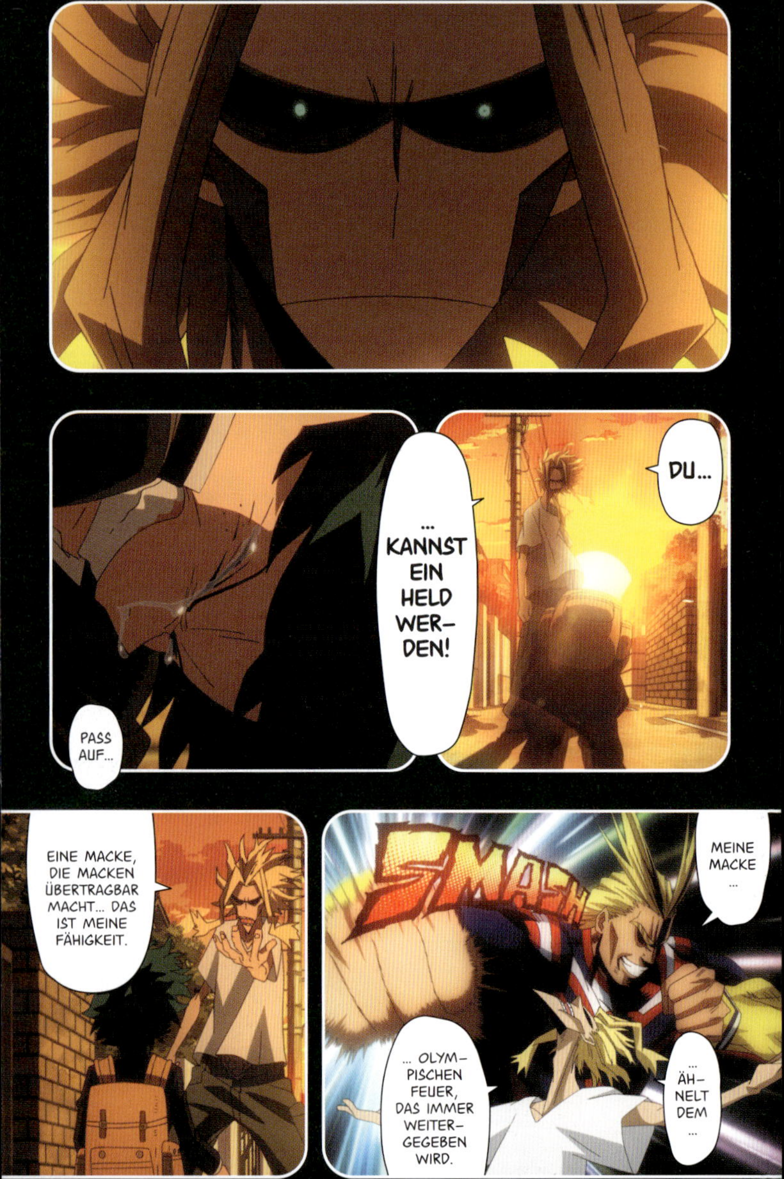
DU...
... KANNST EIN HELD WER- DEN!
PASS AUF...
EINE MACKE, DIE MACKEN ÜBERTRAGBAR MACHT... DAS IST MEINE FÄHIGKEIT.
SMASH
MEINE MACKE ...
... ÄH- NELT DEM ...
... OLYM- PISCHEN FEUER, DAS IMMER WEITER- GEGEBEN WIRD.

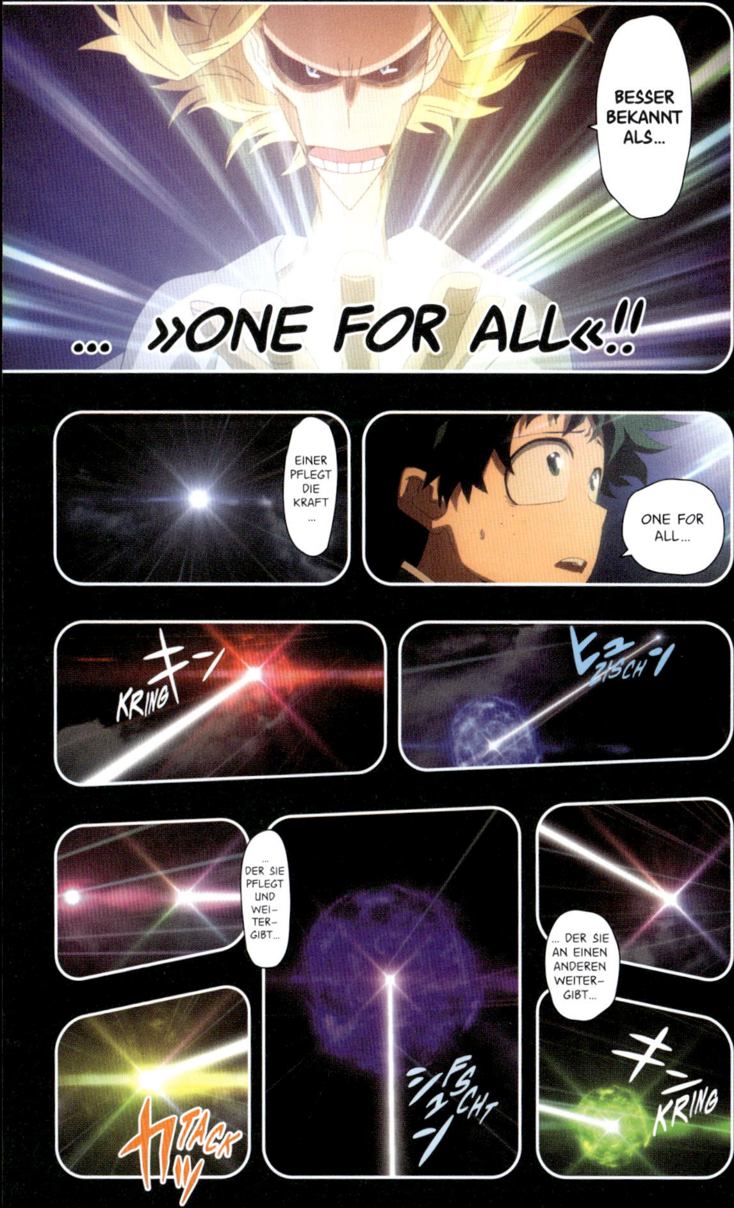
BESSER BEKANNT ALS...
... »ONE FOR ALL«!!
EINER PFLEGT DIE KRAFT ...
ONE FOR ALL...
KRING
ZISCH
... DER SIE PFLEGT UND WEI-TER-GIBT...
... DER SIE AN EINEN ANDEREN WEITER-GIBT...
TACK
FSCH
KRING

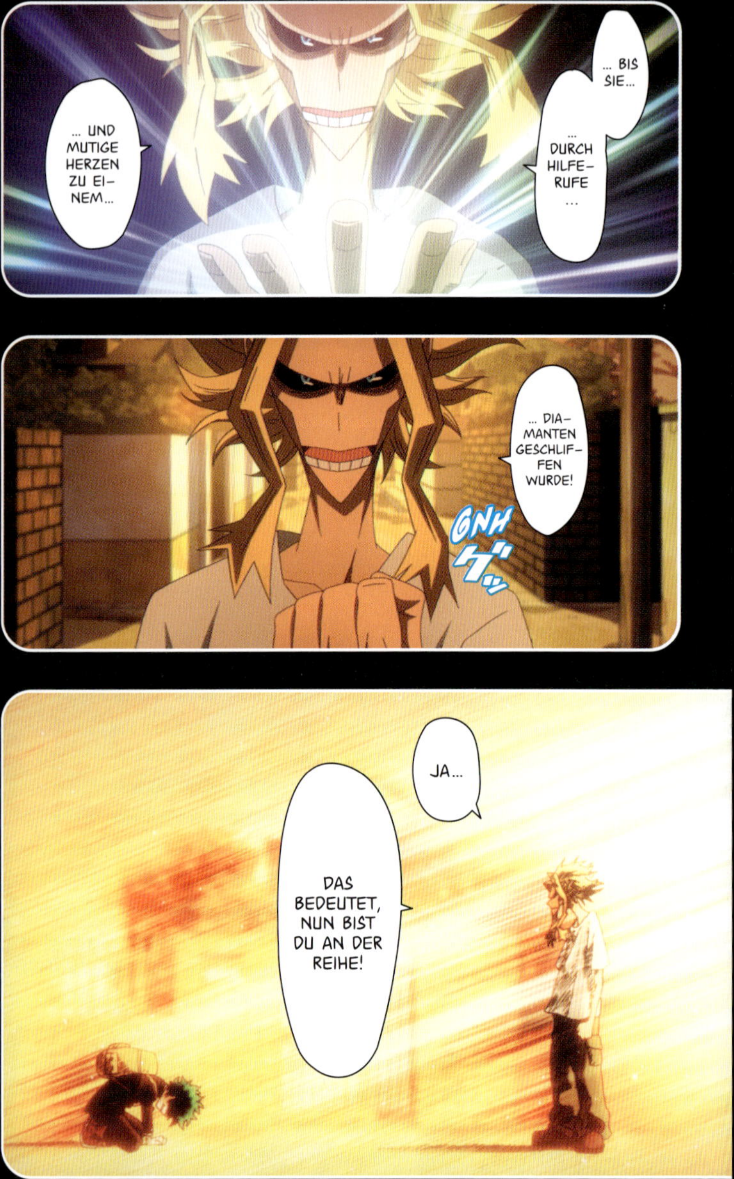
... BIS SIE...
... DURCH HILFE-RUFE ...
... UND MUTIGE HERZEN ZU EI-NEM...
... DIA-MANTEN GESCHLIF-FEN WURDE!
GNH
JA...
DAS BEDEUTET, NUN BIST DU AN DER REIHE!

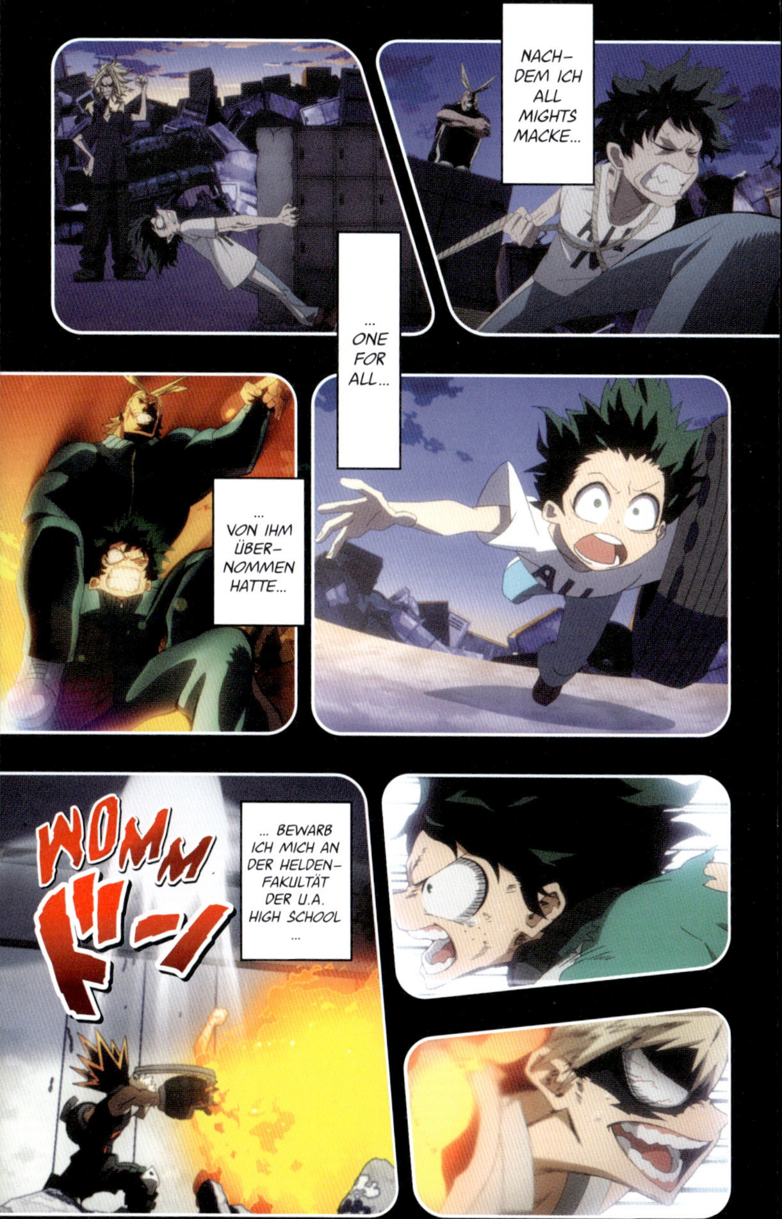
NACH-DEM ICH ALL MIGHTS MACKE…
… ONE FOR ALL…
… VON IHM ÜBER-NOMMEN HATTE…
WOMM
ドーン
… BEWARB ICH MICH AN DER HELDEN-FAKULTÄT DER U.A. HIGH SCHOOL …

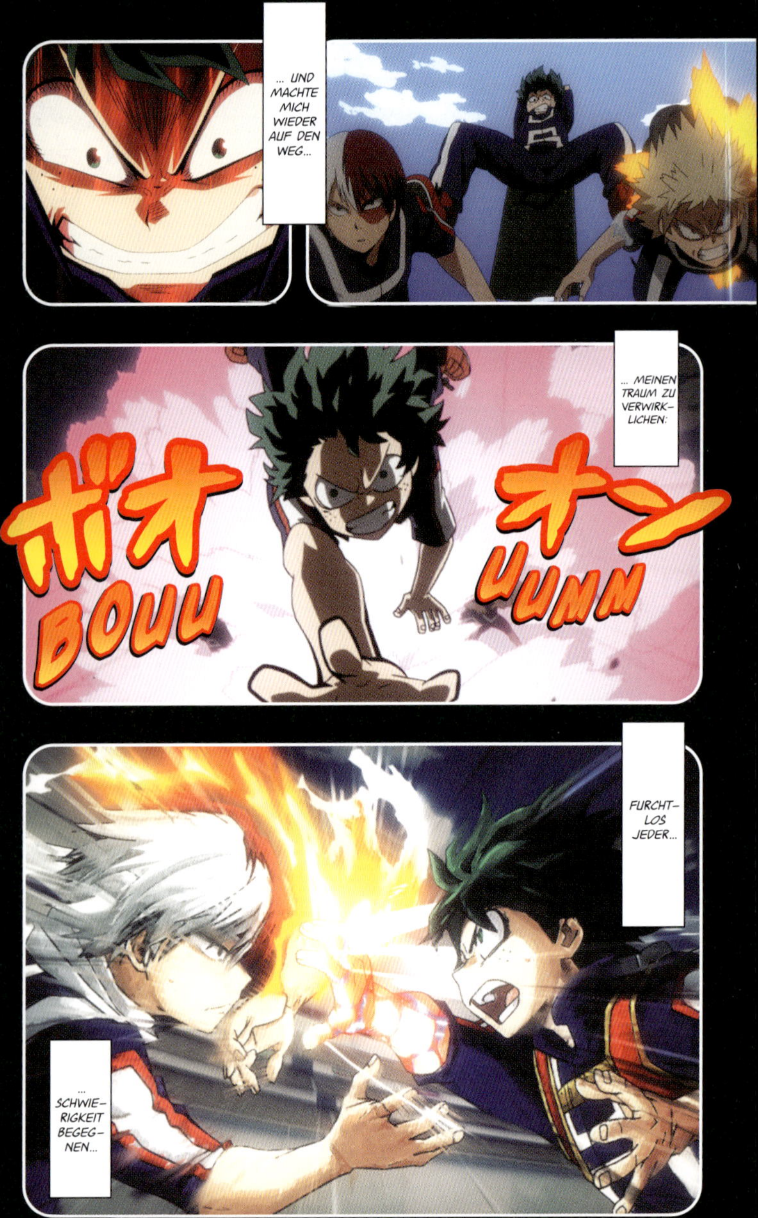

... UND MACHTE MICH WIEDER AUF DEN WEG...
... MEINEN TRAUM ZU VERWIRK-LICHEN:
ボオオン
BOUUUUMM
FURCHT-LOS JEDER...
... SCHWIE-RIGKEIT BEGEG-NEN...

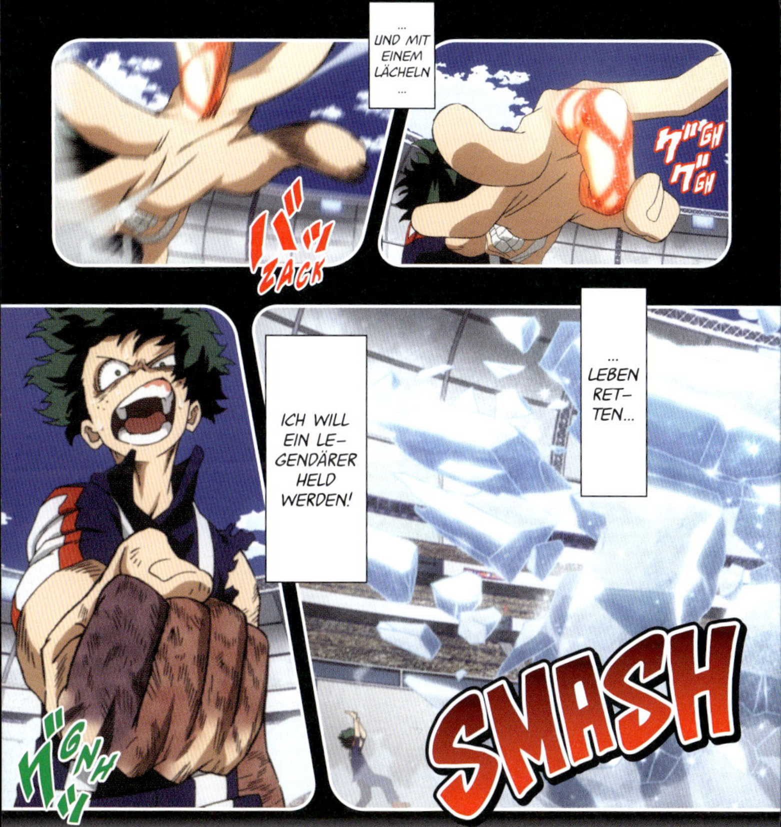

MY HERO ACADEMIA
THE MOVIE
TWO HEROES

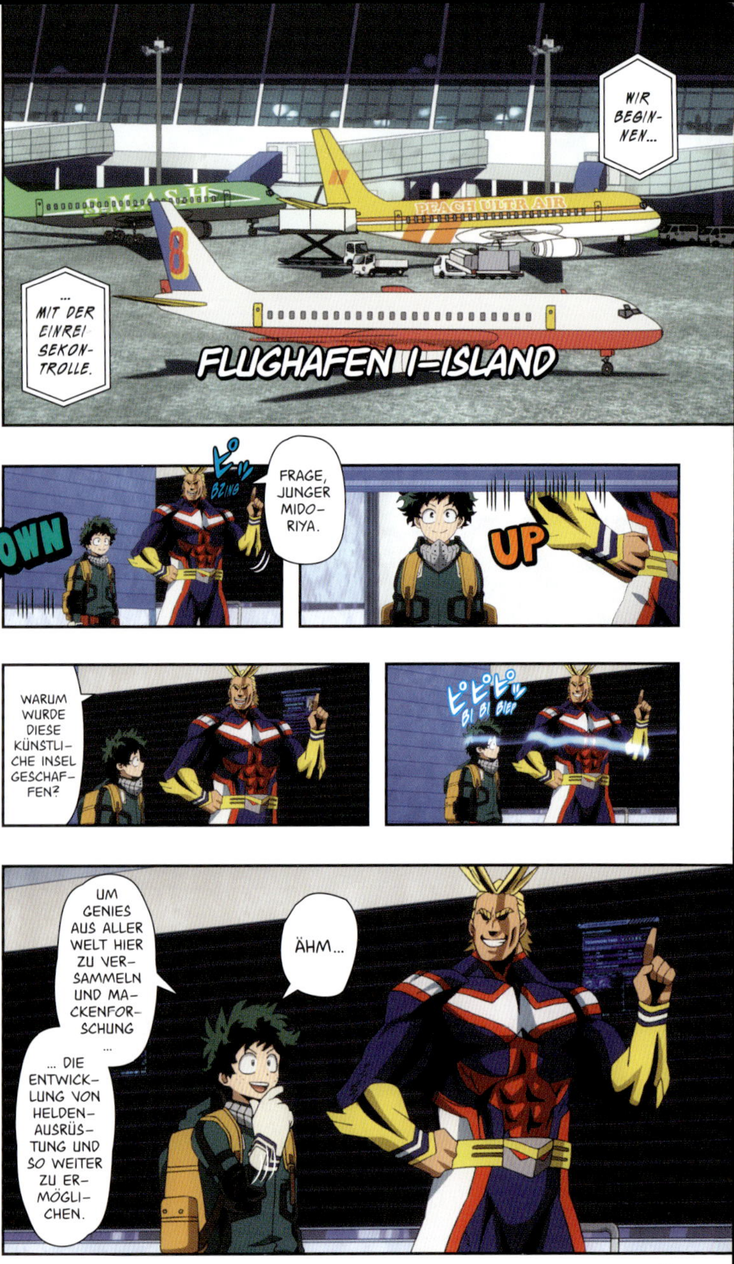
WIR BEGINNEN …
… MIT DER EINREISEKONTROLLE.
FLUGHAFEN I-ISLAND
SMASH
PEACH ULTR AIR
BZING
FRAGE, JUNGER MIDORIYA.
DOWN
UP
WARUM WURDE DIESE KÜNSTLICHE INSEL GESCHAFFEN?
BI BI BIEP
UM GENIES AUS ALLER WELT HIER ZU VERSAMMELN UND MACKENFORSCHUNG …
ÄHM …
… DIE ENTWICKLUNG VON HELDENAUSRÜSTUNG UND SO WEITER ZU ERMÖGLICHEN.

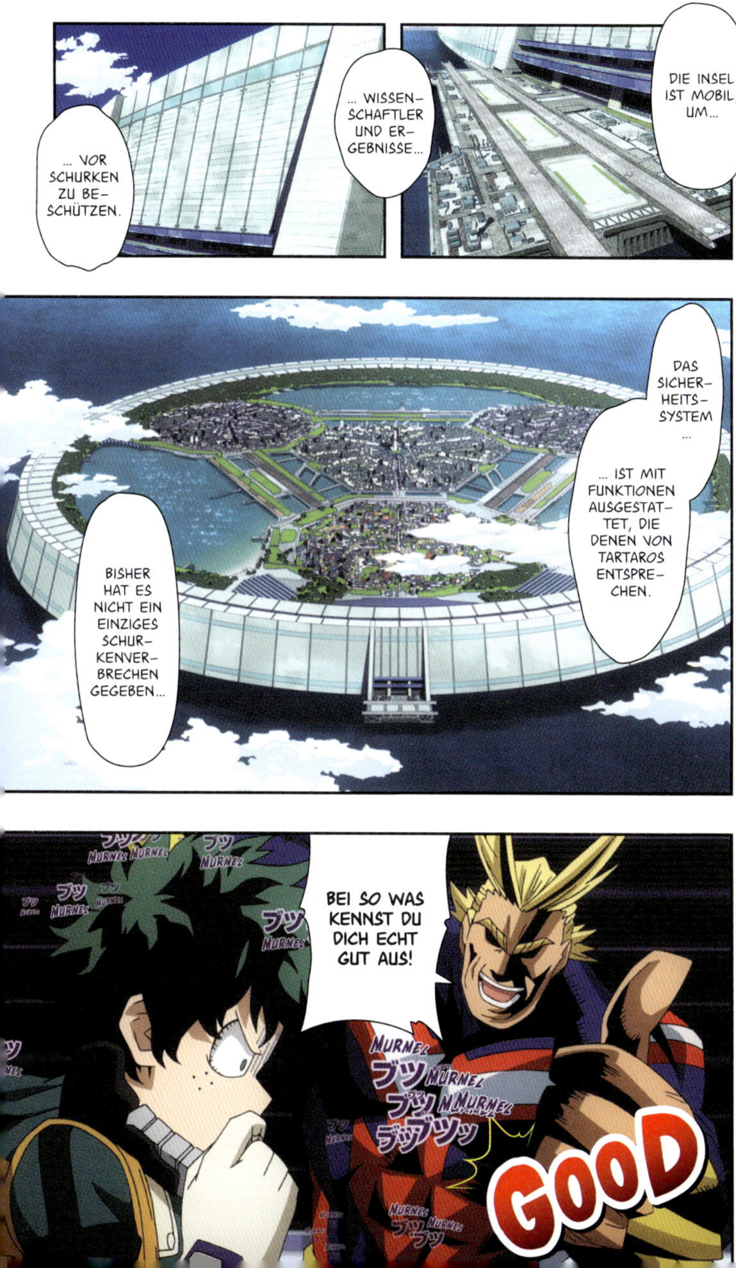
DIE INSEL IST MOBIL, UM...
... WISSENSCHAFTLER UND ERGEBNISSE...
... VOR SCHURKEN ZU BESCHÜTZEN.
DAS SICHERHEITSSYSTEM ...
... IST MIT FUNKTIONEN AUSGESTATTET, DIE DENEN VON TARTAROS ENTSPRECHEN.
BISHER HAT ES NICHT EIN EINZIGES SCHURKENVERBRECHEN GEGEBEN...
BEI SO WAS KENNST DU DICH ECHT GUT AUS!
MURMEL
ブツ
GOOD

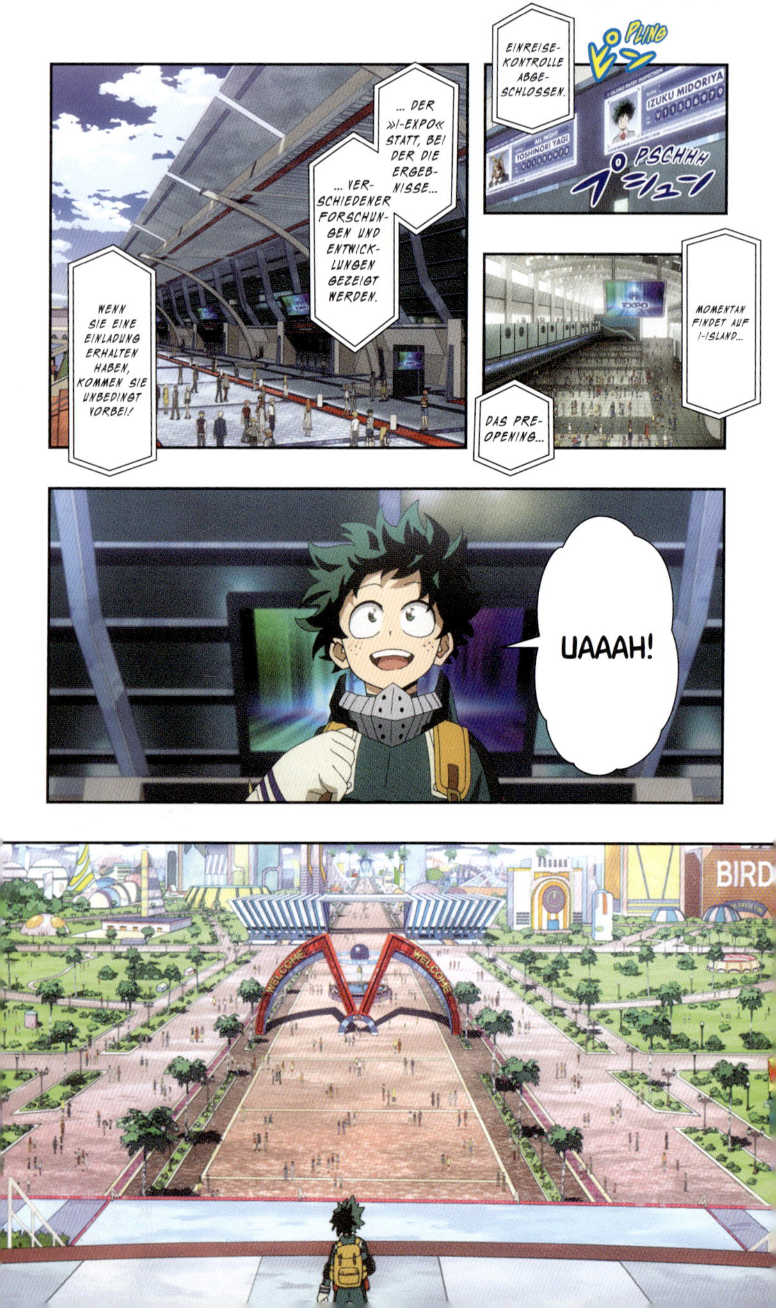
PLING
EINREISE-KONTROLLE ABGE-SCHLOSSEN.
IZUKU MIDORIYA
TOSHINORI YAGI
PSCHHH
MOMENTAN FINDET AUF I-ISLAND...
DAS PRE-OPENING...
... DER »I-EXPO« STATT, BEI DER DIE ERGEB-NISSE...
... VER-SCHIEDENER FORSCHUN-GEN UND ENTWICK-LUNGEN GEZEIGT WERDEN.
WENN SIE EINE EINLADUNG ERHALTEN HABEN, KOMMEN SIE UNBEDINGT VORBEI!
UAAAH!
WELCOME
WELCOME
BIRD

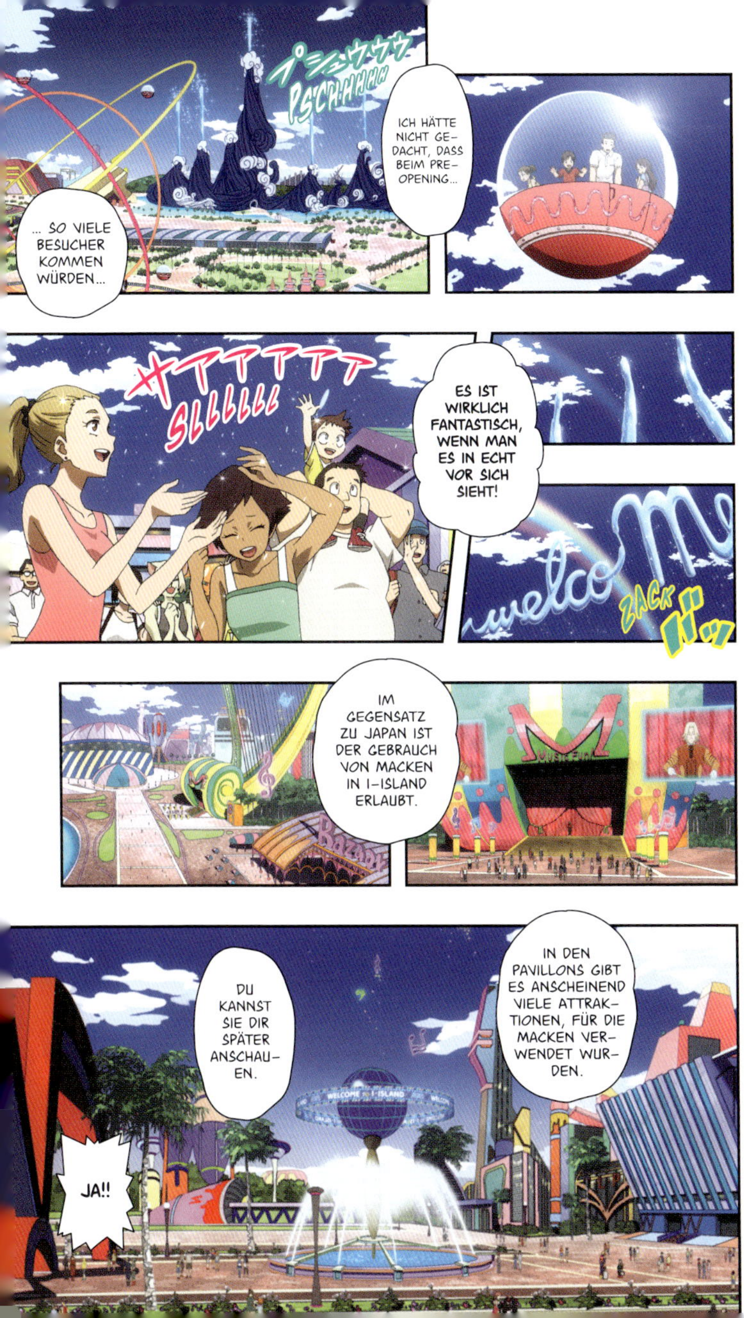
ICH HÄTTE NICHT GEDACHT, DASS BEIM PRE-OPENING...
プシュウウウ
PSCHHHHH
... SO VIELE BESUCHER KOMMEN WÜRDEN...
ES IST WIRKLICH FANTASTISCH, WENN MAN ES IN ECHT VOR SICH SIEHT!
welcoMe
ZACK
SLLLLLL
IM GEGENSATZ ZU JAPAN IST DER GEBRAUCH VON MACKEN IN I-ISLAND ERLAUBT.
IN DEN PAVILLONS GIBT ES ANSCHEINEND VIELE ATTRAKTIONEN, FÜR DIE MACKEN VERWENDET WURDEN.
DU KANNST SIE DIR SPÄTER ANSCHAUEN.
WELCOME I-ISLAND
JA!!

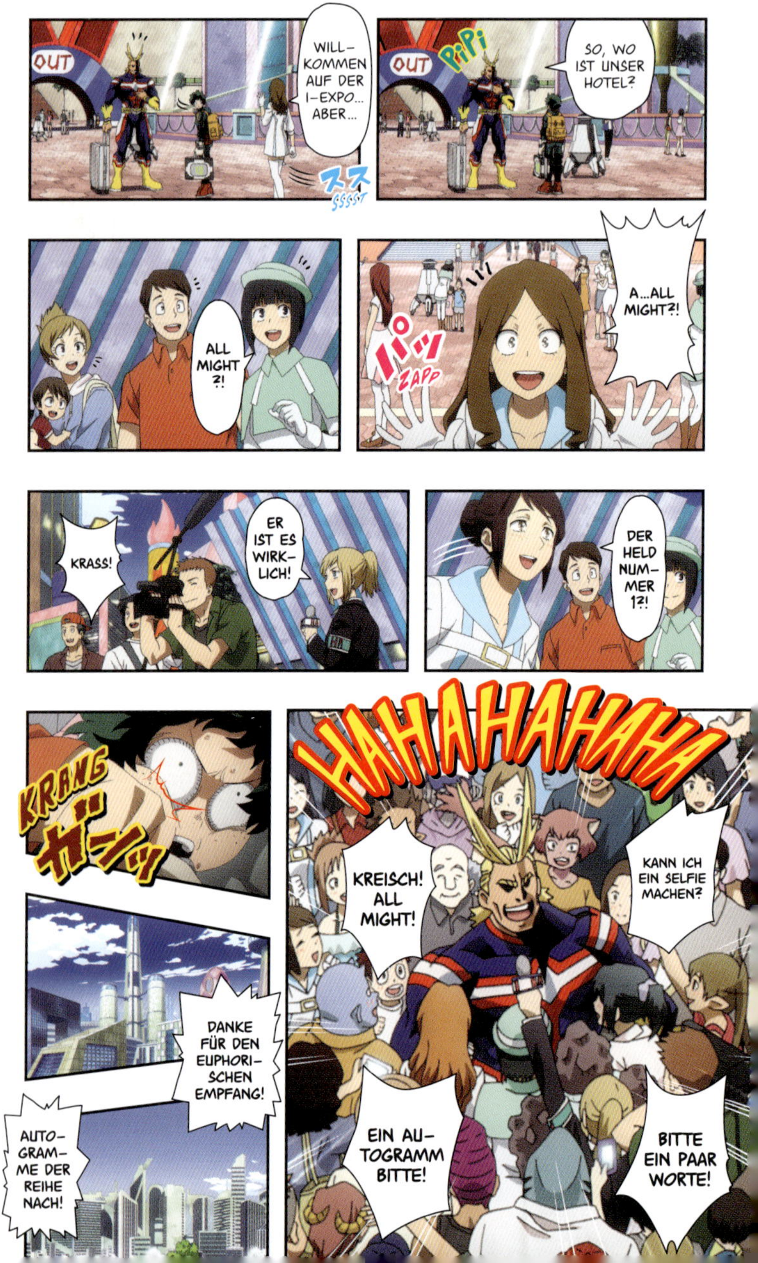
PiPi
SO, WO IST UNSER HOTEL?
WILL-KOMMEN AUF DER I-EXPO... ABER...
SSSSST
A...ALL MIGHT?!
ZAPP
ALL MIGHT?!
DER HELD NUM-MER 1?!
ER IST ES WIRK-LICH!
KRASS!
HAHAHAHAHA
KANN ICH EIN SELFIE MACHEN?
KREISCH! ALL MIGHT!
BITTE EIN PAAR WORTE!
EIN AU-TOGRAMM BITTE!
KRANG
DANKE FÜR DEN EUPHORI-SCHEN EMPFANG!
AUTO-GRAM-ME DER REIHE NACH!

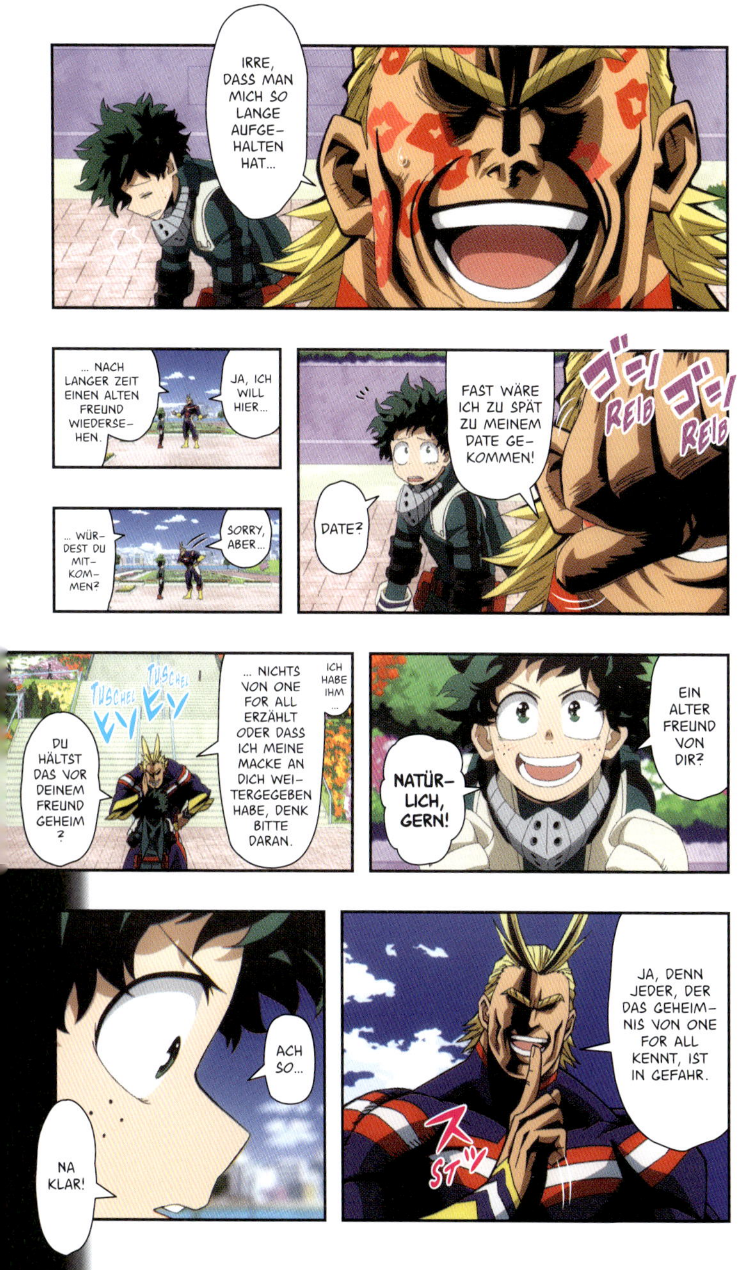
IRRE, DASS MAN MICH SO LANGE AUFGEHALTEN HAT...
FAST WÄRE ICH ZU SPÄT ZU MEINEM DATE GEKOMMEN!
REIB
REIB
DATE?
JA, ICH WILL HIER...
... NACH LANGER ZEIT EINEN ALTEN FREUND WIEDERSEHEN.
SORRY, ABER...
... WÜRDEST DU MITKOMMEN?
EIN ALTER FREUND VON DIR?
NATÜRLICH, GERN!
ICH HABE IHM ...
... NICHTS VON ONE FOR ALL ERZÄHLT ODER DASS ICH MEINE MACKE AN DICH WEITERGEGEBEN HABE, DENK BITTE DARAN.
TUSCHEL
TUSCHEL
DU HÄLTST DAS VOR DEINEM FREUND GEHEIM?
JA, DENN JEDER, DER DAS GEHEIMNIS VON ONE FOR ALL KENNT, IST IN GEFAHR.
ST
ACH SO...
NA KLAR!

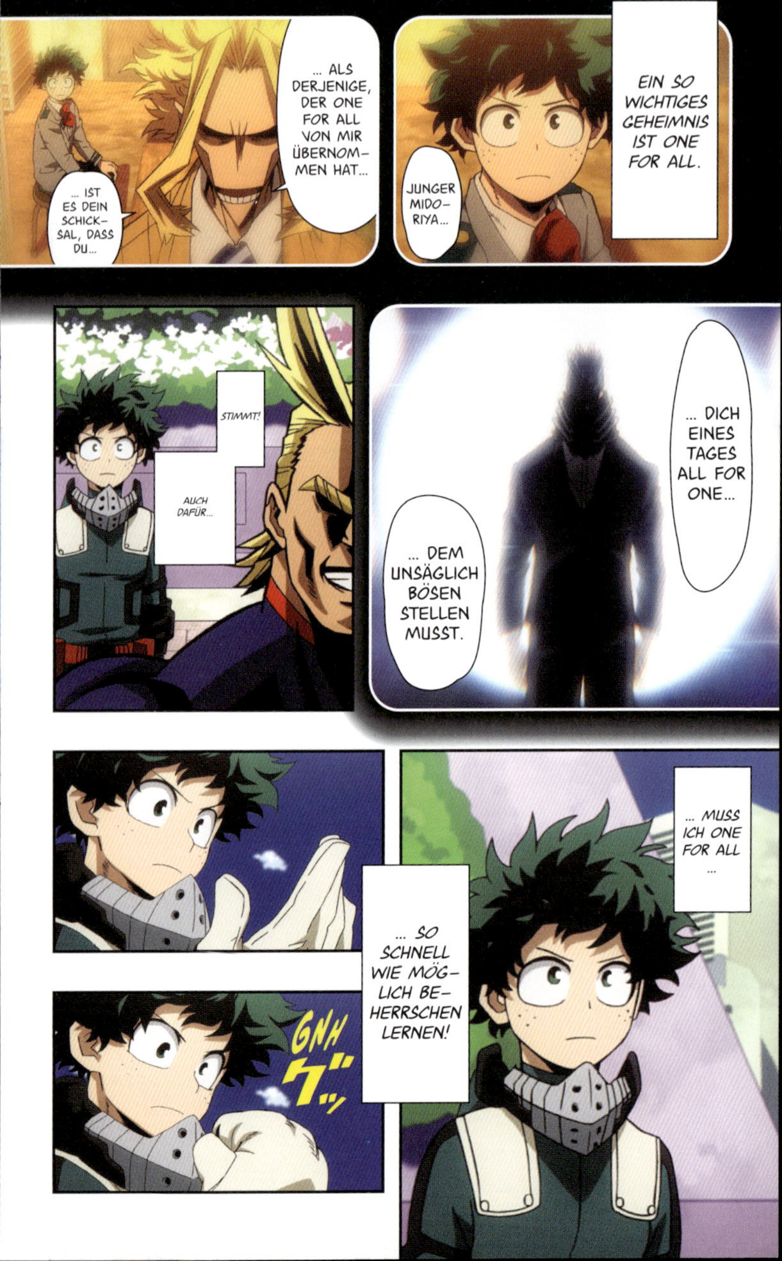
EIN SO WICHTIGES GEHEIMNIS IST ONE FOR ALL.
JUNGER MIDORIYA...
... ALS DERJENIGE, DER ONE FOR ALL VON MIR ÜBERNOMMEN HAT...
... IST ES DEIN SCHICKSAL, DASS DU...
... DICH EINES TAGES ALL FOR ONE...
... DEM UNSÄGLICH BÖSEN STELLEN MUSST.
STIMMT!
AUCH DAFÜR...
... MUSS ICH ONE FOR ALL ...
... SO SCHNELL WIE MÖGLICH BEHERRSCHEN LERNEN!
GNH

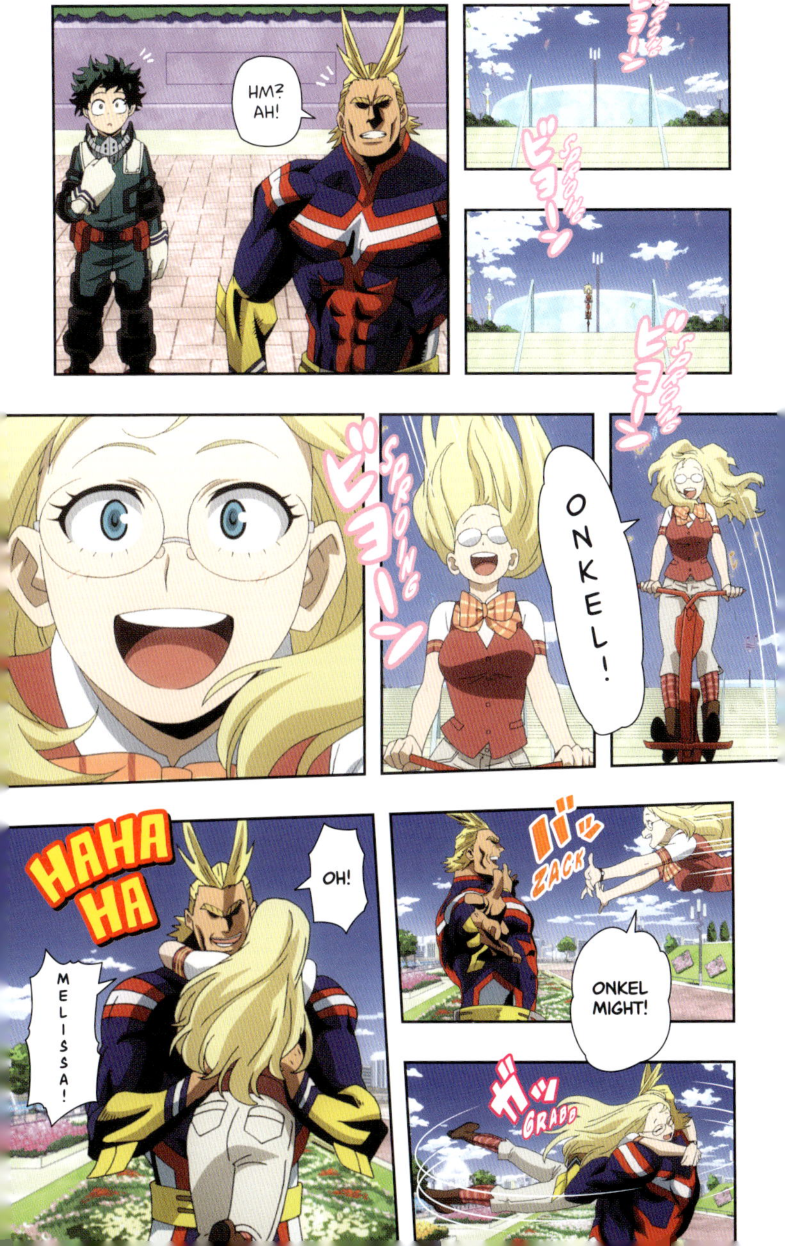
SPROING ビョーン
SPROING ビョーン
HM? AH!
SPROING ビョーン
ONKEL!
SPROING ビョーン
ZACK バッ
ONKEL MIGHT!
GRABB ガッ
OH!
HAHA HA
MELISSA!

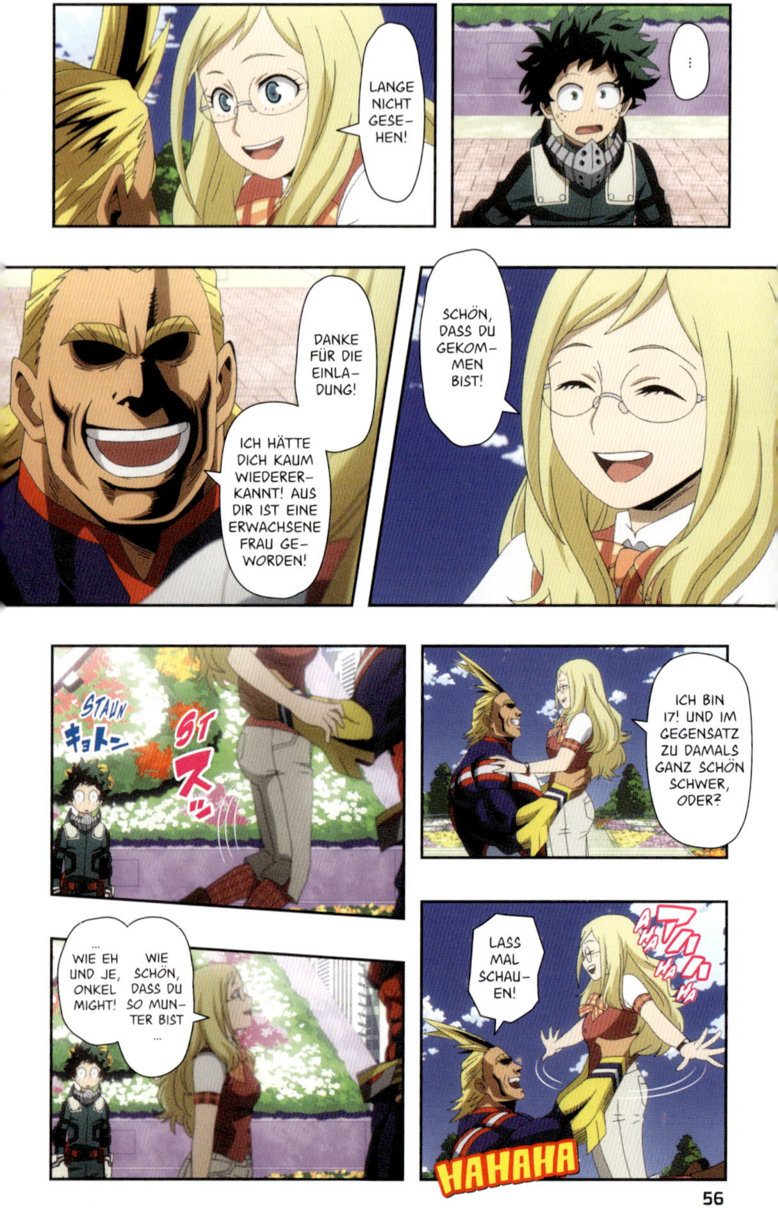
LANGE NICHT GESE-HEN!
...
DANKE FÜR DIE EINLA-DUNG!
ICH HÄTTE DICH KAUM WIEDERER-KANNT! AUS DIR IST EINE ERWACHSENE FRAU GE-WORDEN!
SCHÖN, DASS DU GEKOM-MEN BIST!
STAUN
キョトン
SI
スッ
ICH BIN 17! UND IM GEGENSATZ ZU DAMALS GANZ SCHÖN SCHWER, ODER?
... WIE EH UND JE, ONKEL MIGHT!
WIE SCHÖN, DASS DU SO MUN-TER BIST ...
LASS MAL SCHAU-EN!
AHAHA
アハハ
HA HA
HAHAHA

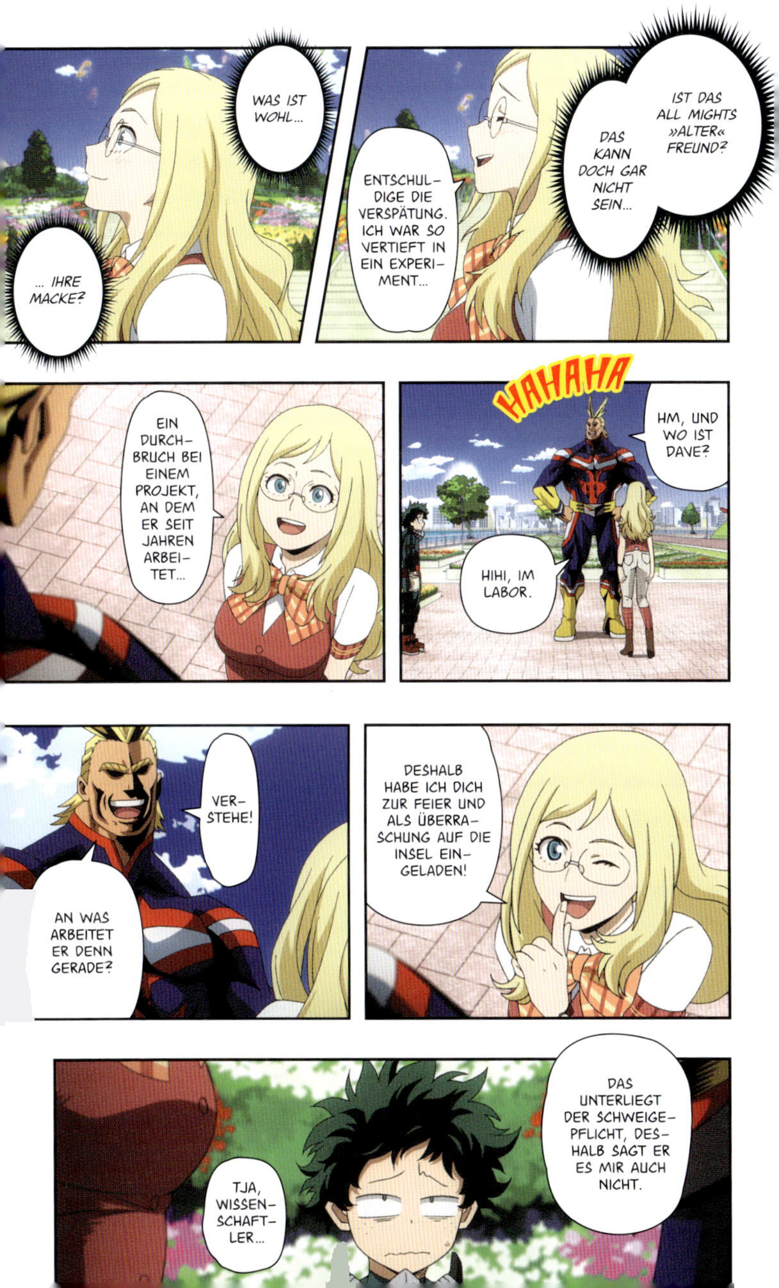
IST DAS ALL MIGHTS »ALTER« FREUND?
DAS KANN DOCH GAR NICHT SEIN...
ENTSCHULDIGE DIE VERSPÄTUNG. ICH WAR SO VERTIEFT IN EIN EXPERIMENT...
WAS IST WOHL...
... IHRE MACKE?
HAHAHA
HM, UND WO IST DAVE?
HIHI, IM LABOR.
EIN DURCHBRUCH BEI EINEM PROJEKT, AN DEM ER SEIT JAHREN ARBEITET...
DESHALB HABE ICH DICH ZUR FEIER UND ALS ÜBERRASCHUNG AUF DIE INSEL EINGELADEN!
VERSTEHE!
AN WAS ARBEITET ER DENN GERADE?
DAS UNTERLIEGT DER SCHWEIGEPFLICHT, DESHALB SAGT ER ES MIR AUCH NICHT.
TJA, WISSENSCHAFTLER...

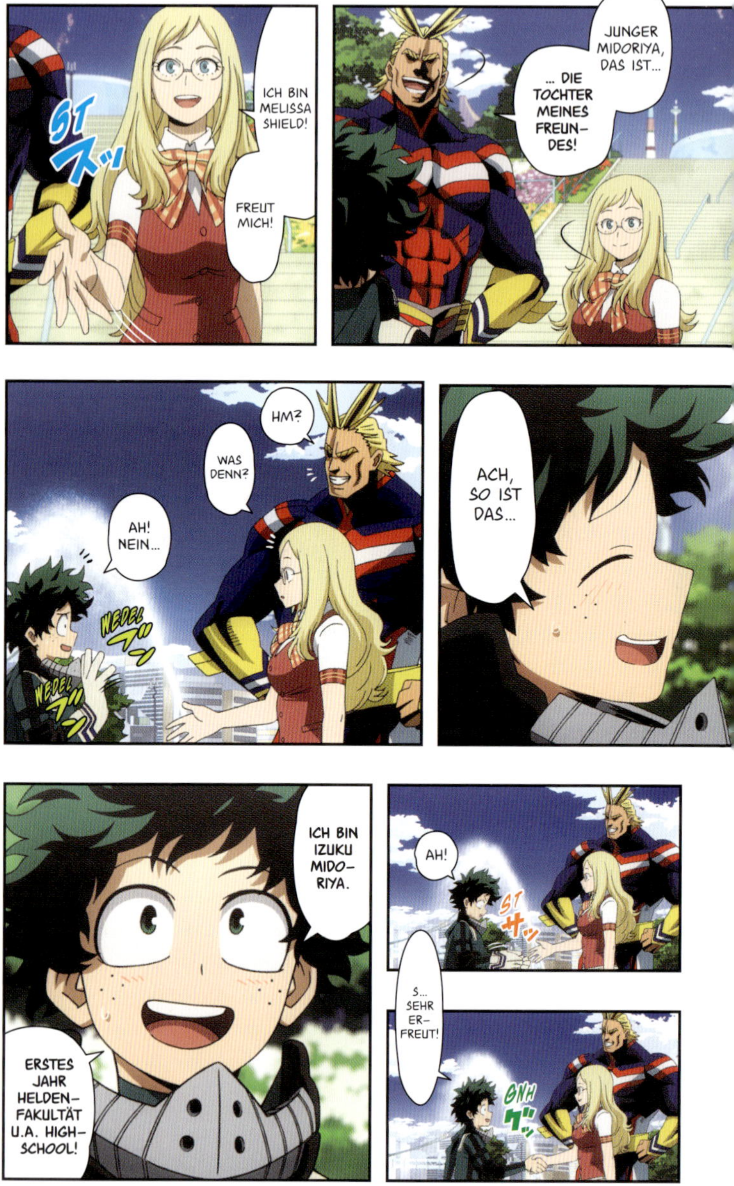
JUNGER MIDORIYA, DAS IST...
... DIE TOCHTER MEINES FREUN-DES!
ICH BIN MELISSA SHIELD!
FREUT MICH!
ST
ACH, SO IST DAS...
HM?
WAS DENN?
AH! NEIN...
WEDEL
WEDEL
ICH BIN IZUKU MIDO-RIYA.
ERSTES JAHR HELDEN-FAKULTÄT U.A. HIGH-SCHOOL!
AH!
ST
S... SEHR ER-FREUT!
GNH

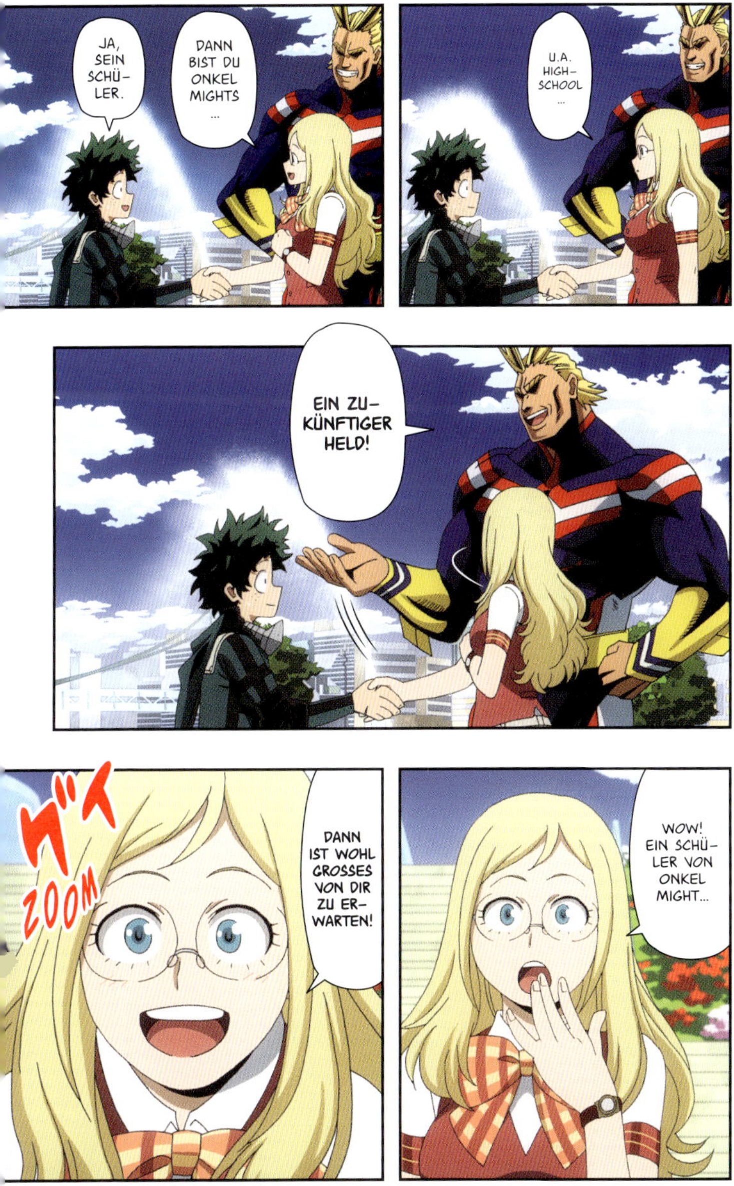
U.A. HIGH-SCHOOL ...
DANN BIST DU ONKEL MIGHTS ...
JA, SEIN SCHÜLER.
EIN ZUKÜNFTIGER HELD!
WOW! EIN SCHÜLER VON ONKEL MIGHT...
ZOOM
DANN IST WOHL GROSSES VON DIR ZU ERWARTEN!

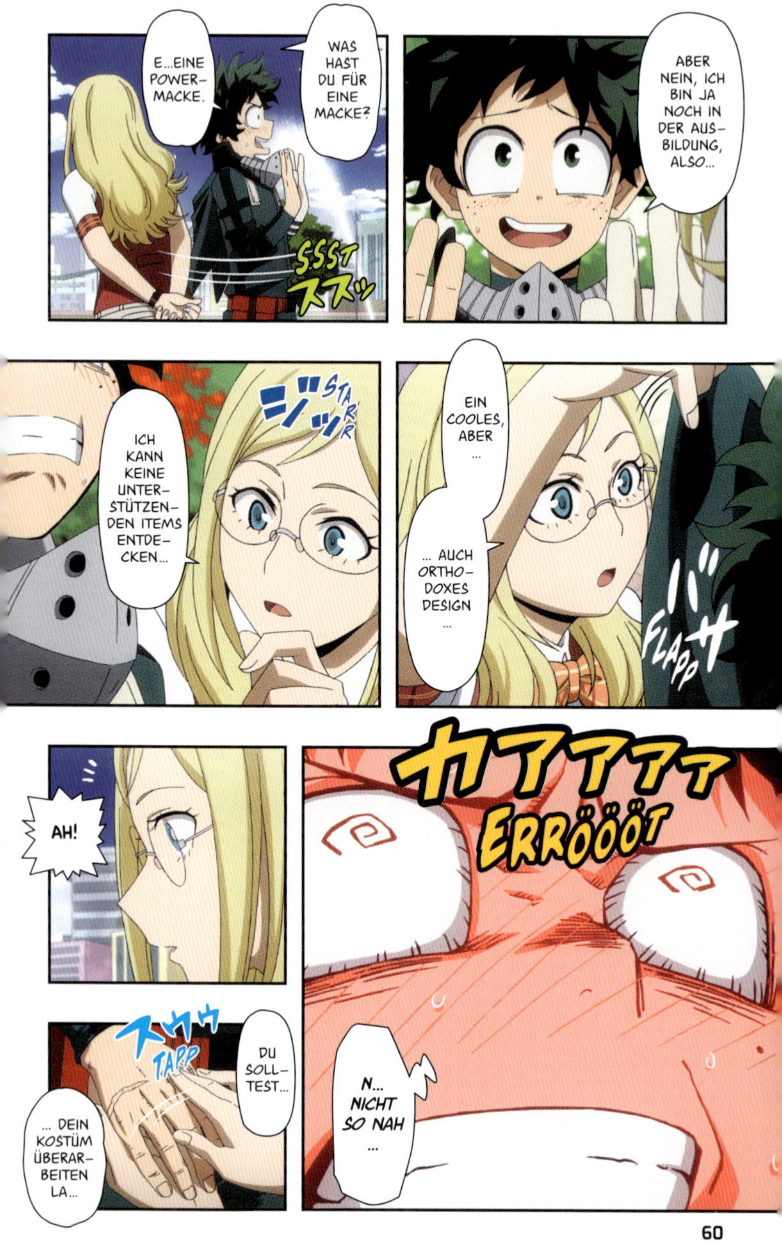
ABER NEIN, ICH BIN JA NOCH IN DER AUS-BILDUNG, ALSO...
WAS HAST DU FÜR EINE MACKE?
E...EINE POWER-MACKE.
SSST
EIN COOLES, ABER ...
... AUCH ORTHO-DOXES DESIGN ...
FLAPP
STARR
ICH KANN KEINE UNTER-STÜTZEN-DEN ITEMS ENTDE-CKEN...
TAPP
DU SOLL-TEST...
... DEIN KOSTÜM ÜBERAR-BEITEN LA...
ERRÖÖÖT
N... NICHT SO NAH ...
AH!

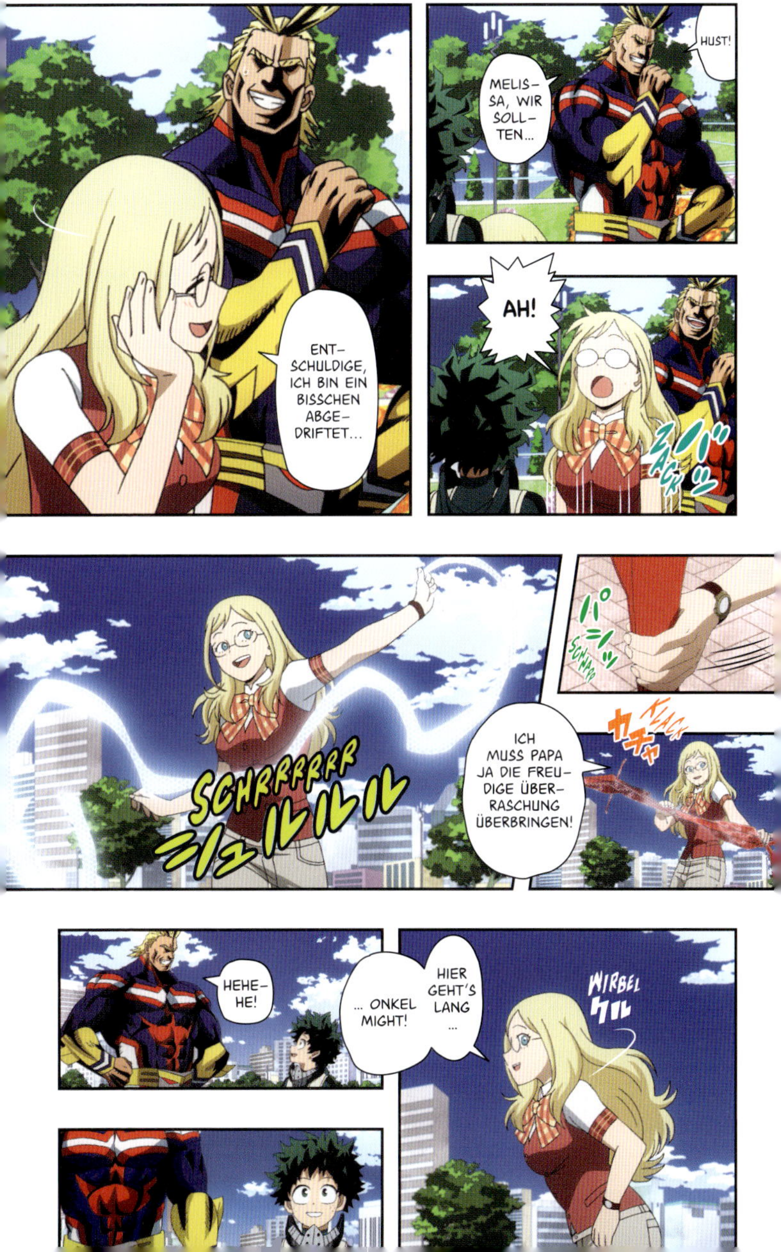
HUST!
MELIS-SA, WIR SOLLTEN...
ENT-SCHULDIGE, ICH BIN EIN BISSCHEN ABGE-DRIFTET...
AH!
ZACK
パ
SCHWAPP
パ
KLACK
カチャ
ICH MUSS PAPA JA DIE FREU-DIGE ÜBER-RASCHUNG ÜBERBRINGEN!
SCHRRRRRR
ビュルルル
WIRBEL
クル
HIER GEHT'S LANG ...
... ONKEL MIGHT!
HEHE-HE!

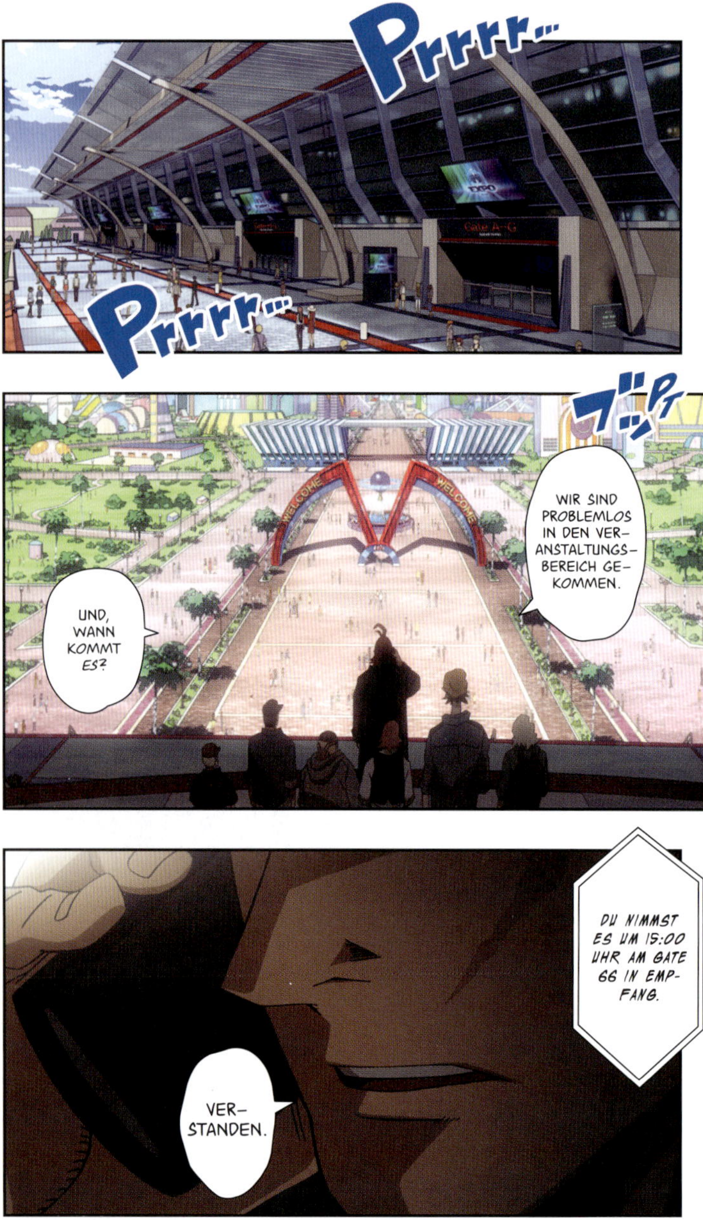
Prrrr...
Prrrr...
Gate A-G
EXPO
WELCOME
WELCOME
Pt
WIR SIND PROBLEMLOS IN DEN VERANSTALTUNGSBEREICH GEKOMMEN.
UND, WANN KOMMT ES?
DU NIMMST ES UM 15:00 UHR AM GATE 66 IN EMPFANG.
VERSTANDEN.

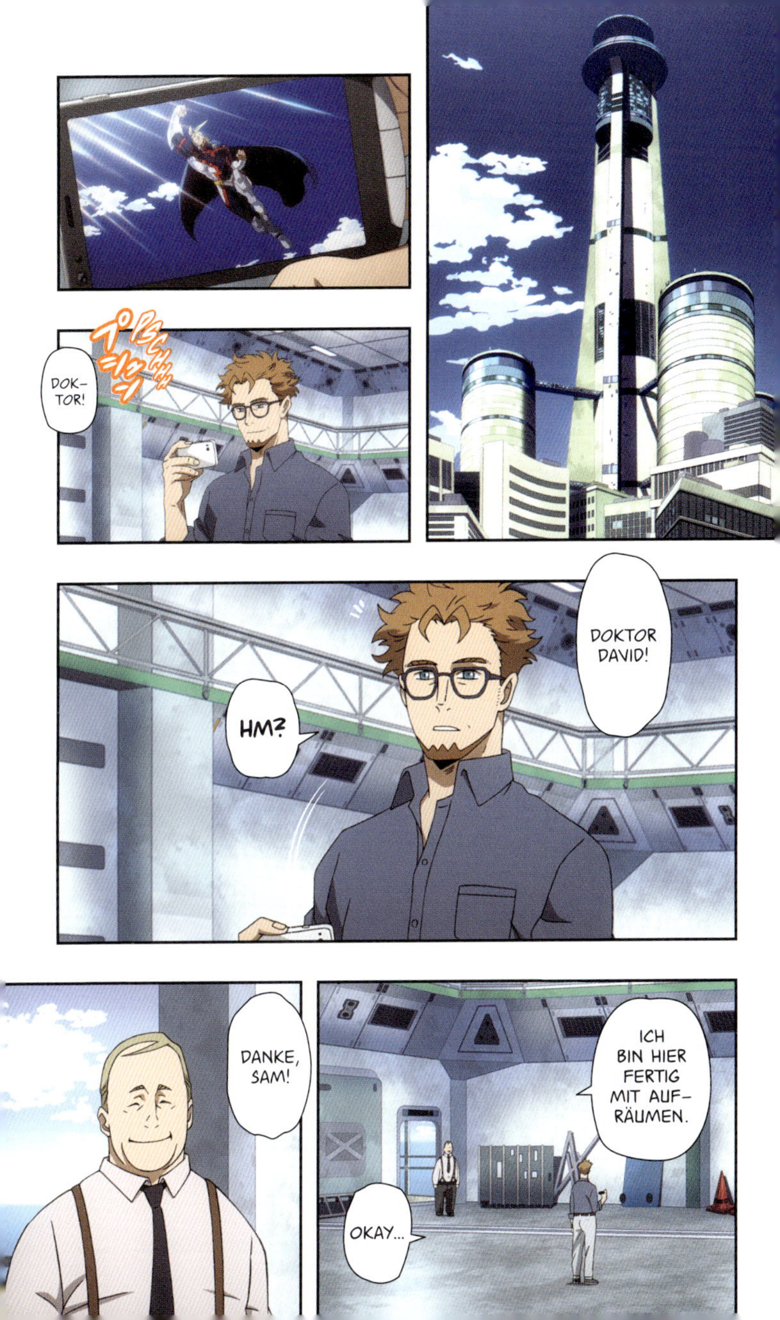
PSCHHH
DOK-
TOR!
DOKTOR
DAVID!
HM?
ICH
BIN HIER
FERTIG
MIT AUF-
RÄUMEN.
DANKE,
SAM!
OKAY...

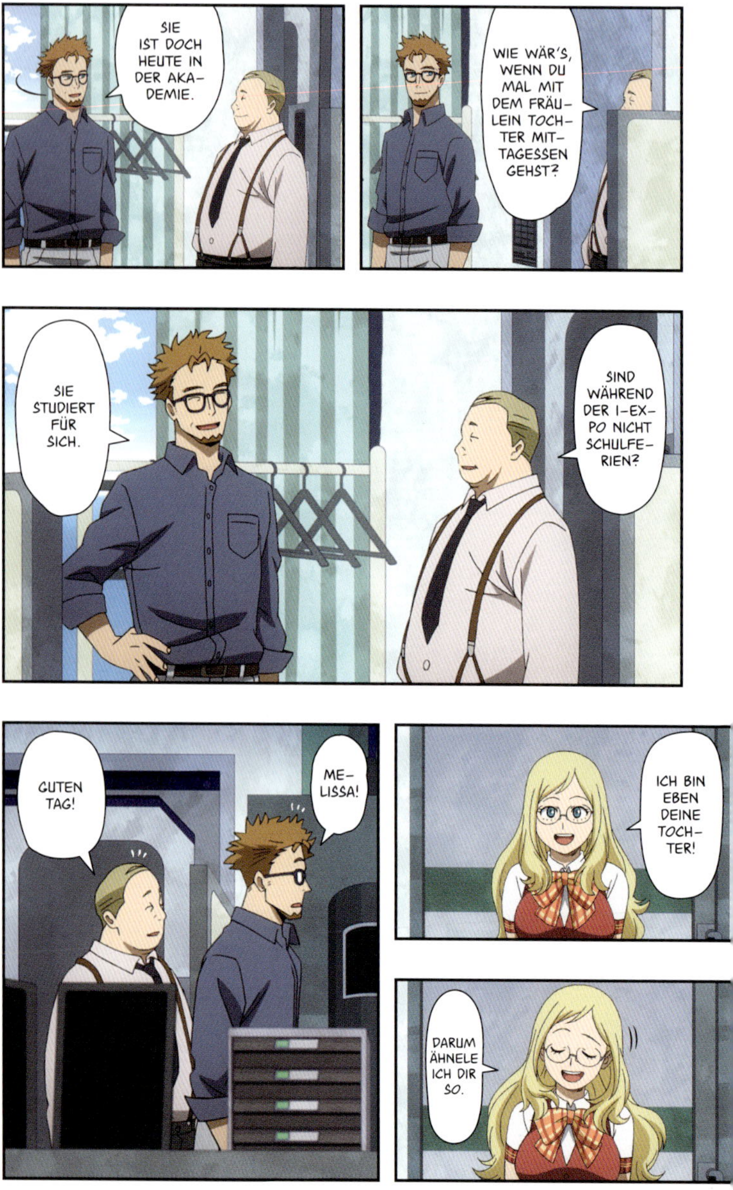
SIE IST DOCH HEUTE IN DER AKADEMIE.
WIE WÄR'S, WENN DU MAL MIT DEM FRÄULEIN TOCHTER MITTAGESSEN GEHST?
SIE STUDIERT FÜR SICH.
SIND WÄHREND DER I-EXPO NICHT SCHULFERIEN?
GUTEN TAG!
MELISSA!
ICH BIN EBEN DEINE TOCHTER!
DARUM ÄHNELE ICH DIR SO.

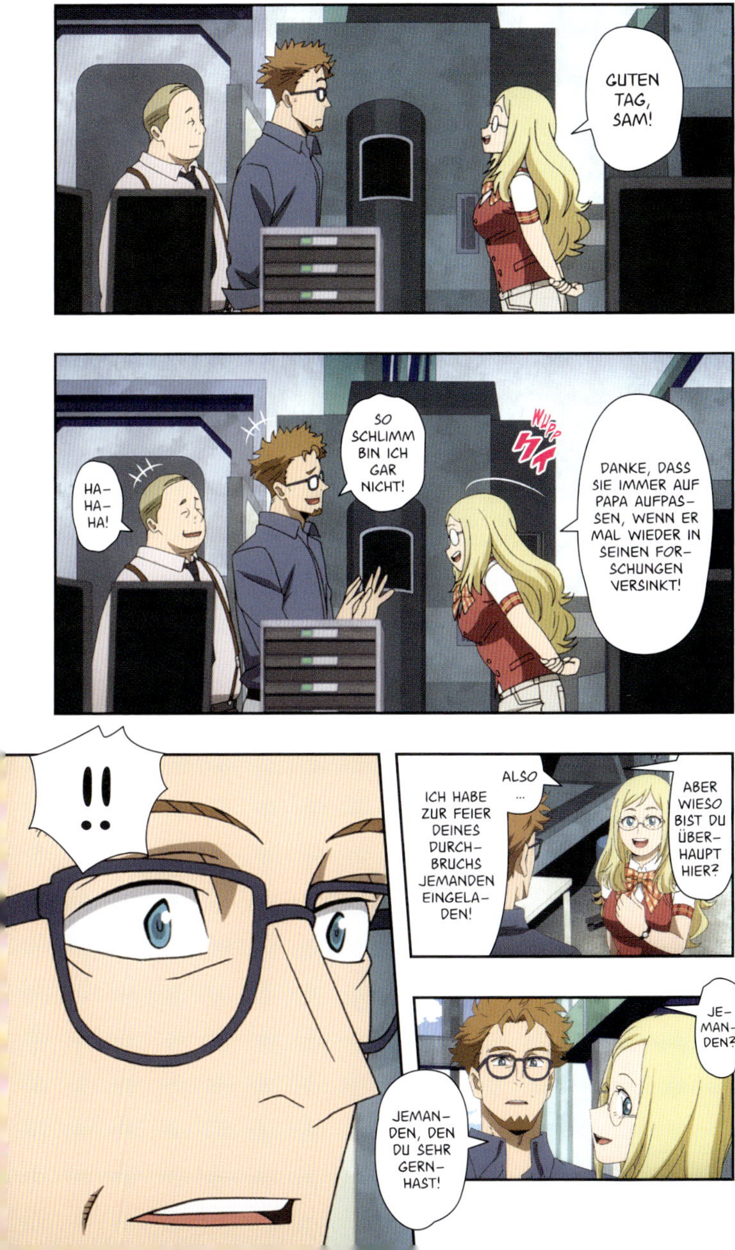
GUTEN TAG, SAM!
DANKE, DASS SIE IMMER AUF PAPA AUFPASSEN, WENN ER MAL WIEDER IN SEINEN FORSCHUNGEN VERSINKT!
WUPP
SO SCHLIMM BIN ICH GAR NICHT!
HAHAHA!
!!
ABER WIESO BIST DU ÜBERHAUPT HIER?
ALSO ...
ICH HABE ZUR FEIER DEINES DURCHBRUCHS JEMANDEN EINGELADEN!
JEMANDEN?
JEMANDEN, DEN DU SEHR GERNHAST!

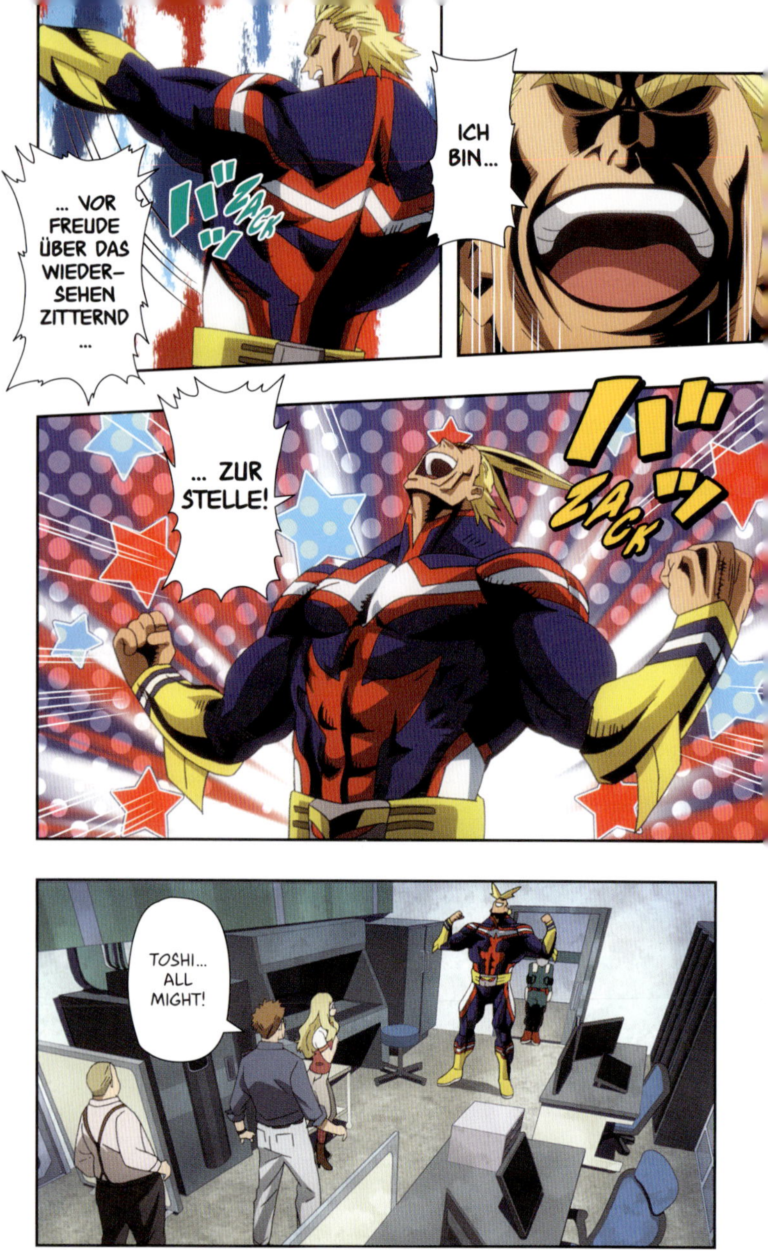
ICH BIN...
... VOR FREUDE ÜBER DAS WIEDER-SEHEN ZITTERND ...
ZACK
... ZUR STELLE!
ZACK
TOSHI... ALL MIGHT!

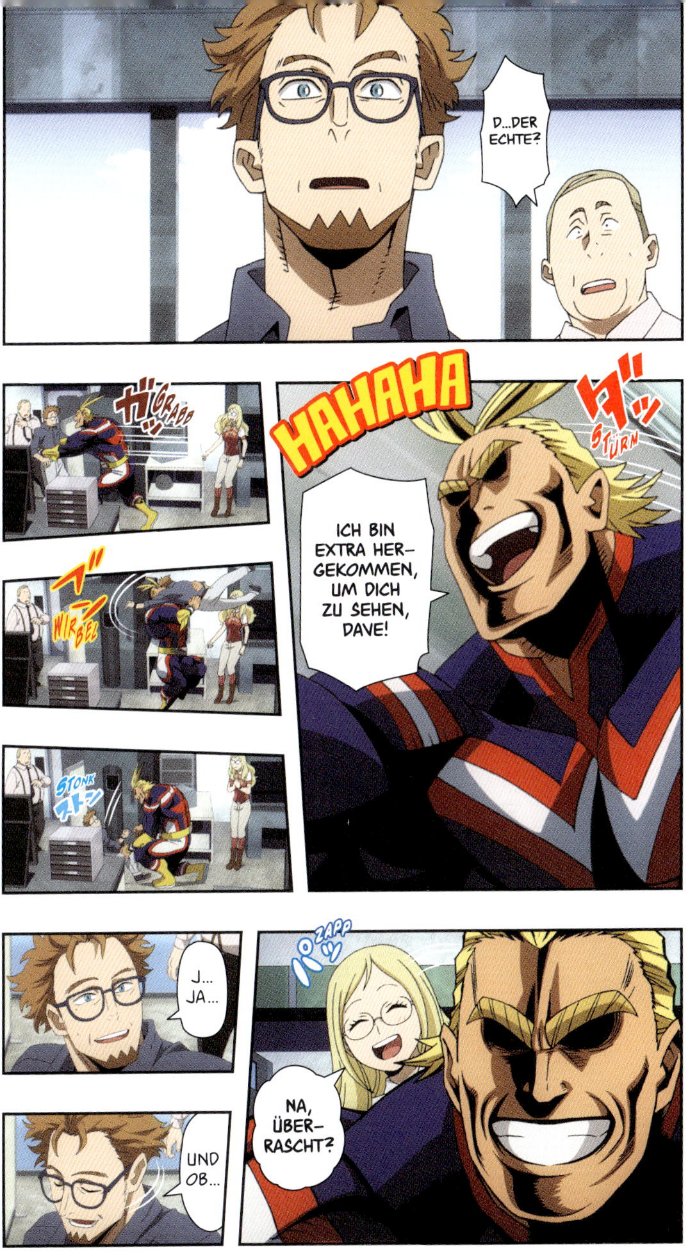
D...DER ECHTE?
HAHAHA
STÜRM
ICH BIN EXTRA HER-GEKOMMEN, UM DICH ZU SEHEN, DAVE!
GRABB
WIRBEL
STONK
ZAPP
NA, ÜBER-RASCHT?
J... JA...
UND OB...

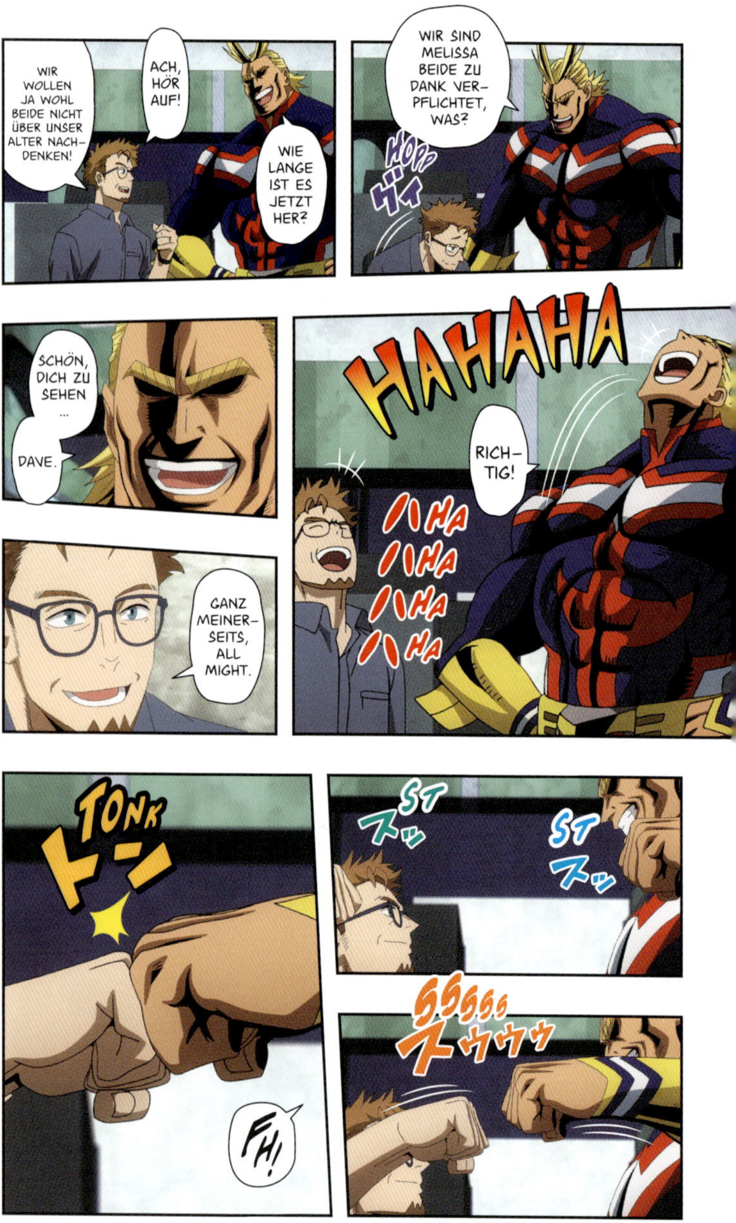
WIR SIND MELISSA BEIDE ZU DANK VER-PFLICHTET, WAS?
HOPP
ヴィ
ACH, HÖR AUF!
WIE LANGE IST ES JETZT HER?
WIR WOLLEN JA WOHL BEIDE NICHT ÜBER UNSER ALTER NACH-DENKEN!
HAHAHA
RICH-TIG!
HA HA HA HA
SCHÖN, DICH ZU SEHEN ...
DAVE.
GANZ MEINER-SEITS, ALL MIGHT.
ST
スッ
ST
スッ
SSSSSS
スウウウ
TONK
トン
FH!

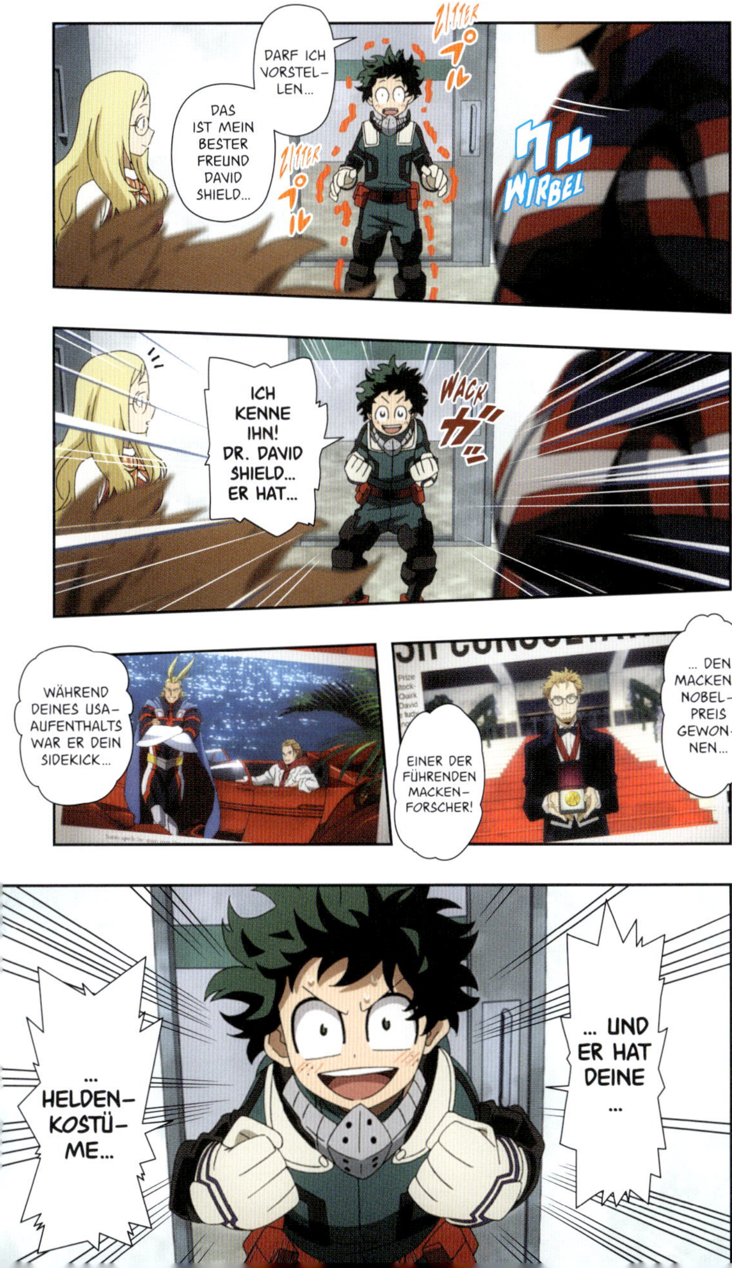

ZITTER
プル
DARF ICH VORSTEL-LEN...
DAS IST MEIN BESTER FREUND DAVID SHIELD...
ZITTER
プル
クル
WIRBEL
WACK
ガッ
ICH KENNE IHN! DR. DAVID SHIELD... ER HAT...
EINER DER FÜHRENDEN MACKEN-FORSCHER!
... DEN MACKEN-NOBEL-PREIS GEWON-NEN...
WÄHREND DEINES USA-AUFENTHALTS WAR ER DEIN SIDEKICK...
... UND ER HAT DEINE ...
... HELDEN-KOSTÜ-ME...

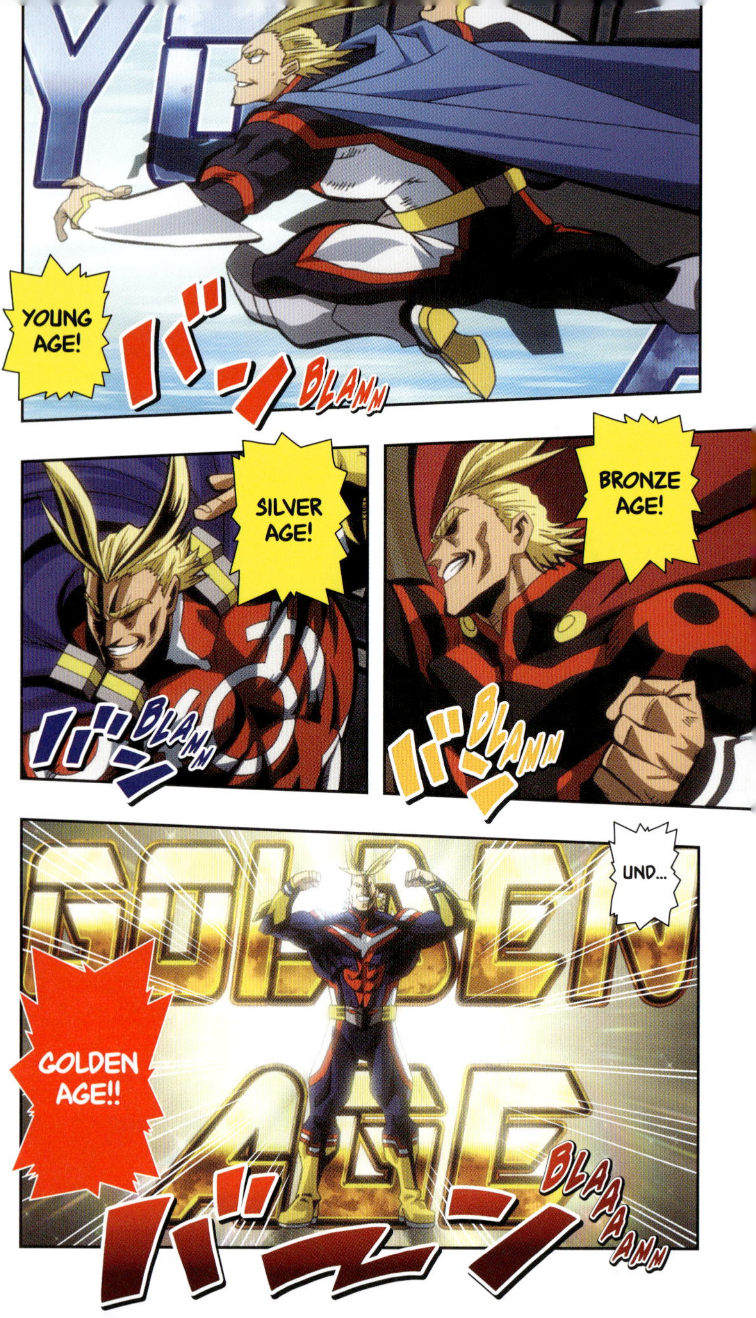
YOUNG AGE!
バーン
BLAMM
SILVER AGE!
バーン
BLAMM
BRONZE AGE!
バーン
BLAMM
UND...
GOLDEN AGE!!
バーン
BLAAAAMM

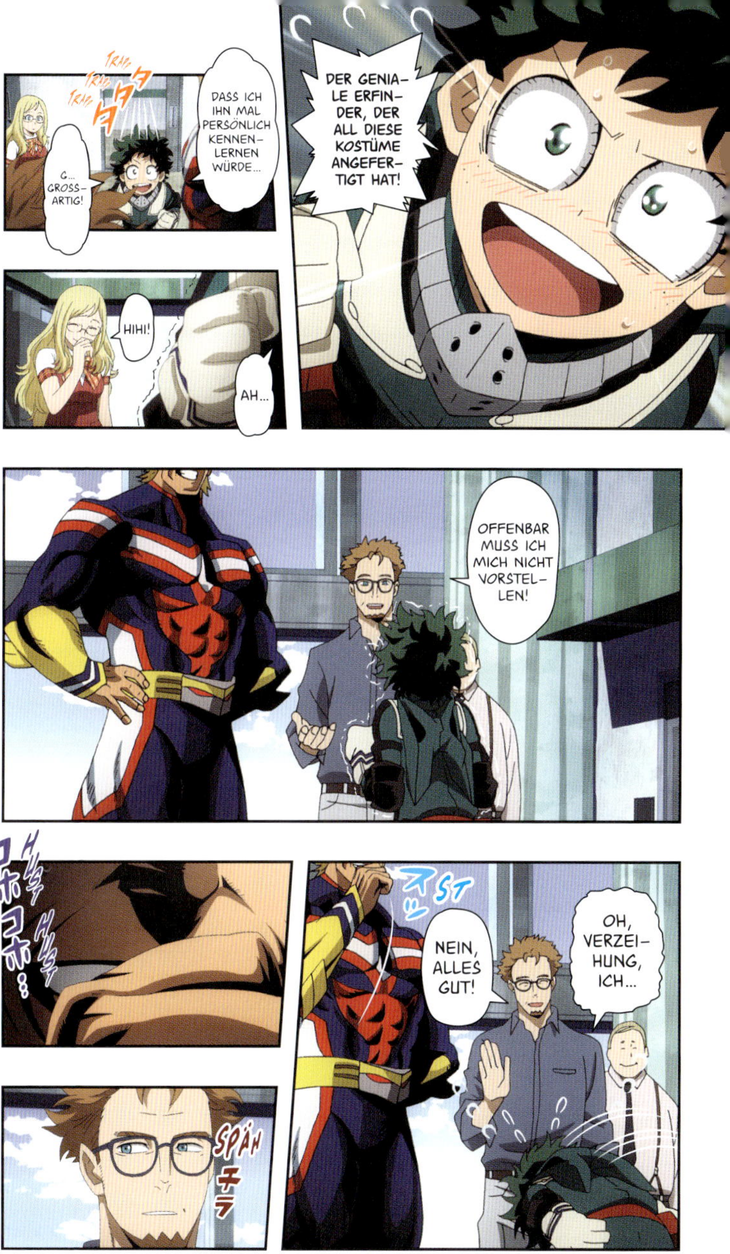
DER GENIALE ERFINDER, DER ALL DIESE KOSTÜME ANGEFERTIGT HAT!
DASS ICH IHN MAL PERSÖNLICH KENNENLERNEN WÜRDE...
G... GROSSARTIG!
AH...
HIHI!
OFFENBAR MUSS ICH MICH NICHT VORSTELLEN!
OH, VERZEIHUNG, ICH...
NEIN, ALLES GUT!
ST
SPÄH

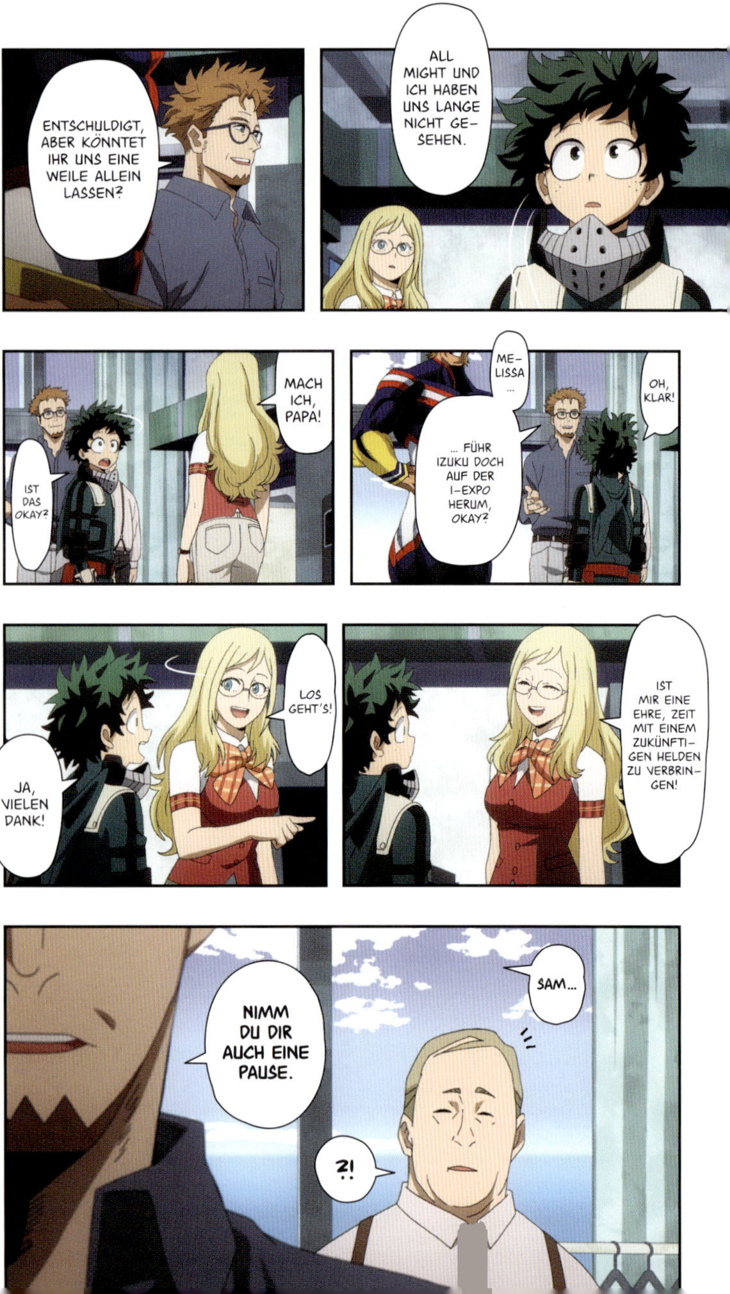
ALL MIGHT UND ICH HABEN UNS LANGE NICHT GESEHEN.
ENTSCHULDIGT, ABER KÖNNTET IHR UNS EINE WEILE ALLEIN LASSEN?
OH, KLAR!
MELISSA ...
... FÜHR IZUKU DOCH AUF DER I-EXPO HERUM, OKAY?
MACH ICH, PAPA!
IST DAS OKAY?
IST MIR EINE EHRE, ZEIT MIT EINEM ZUKÜNFTIGEN HELDEN ZU VERBRINGEN!
LOS GEHT'S!
JA, VIELEN DANK!
SAM ...
NIMM DU DIR AUCH EINE PAUSE.
?!

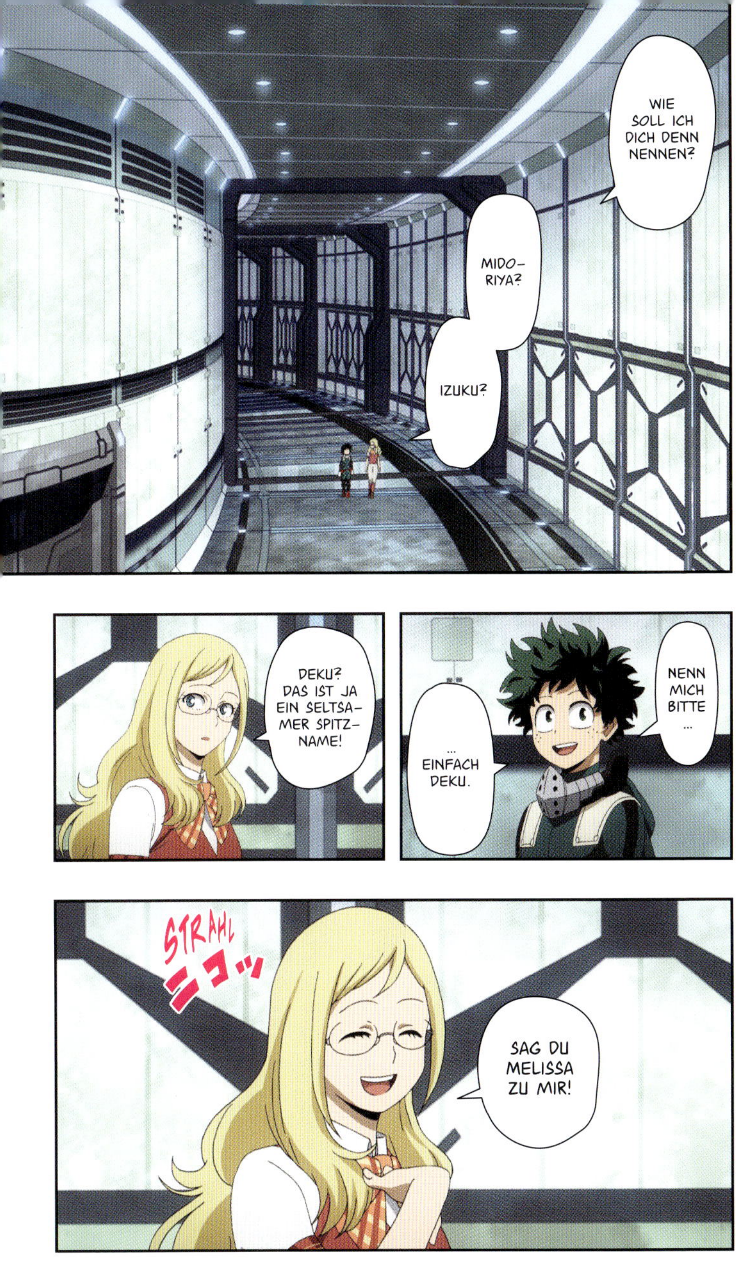
WIE SOLL ICH DICH DENN NENNEN?
MIDO-RIYA?
IZUKU?
NENN MICH BITTE ...
... EINFACH DEKU.
DEKU? DAS IST JA EIN SELTSA-MER SPITZ-NAME!
STRAHL
ニコッ
SAG DU MELISSA ZU MIR!

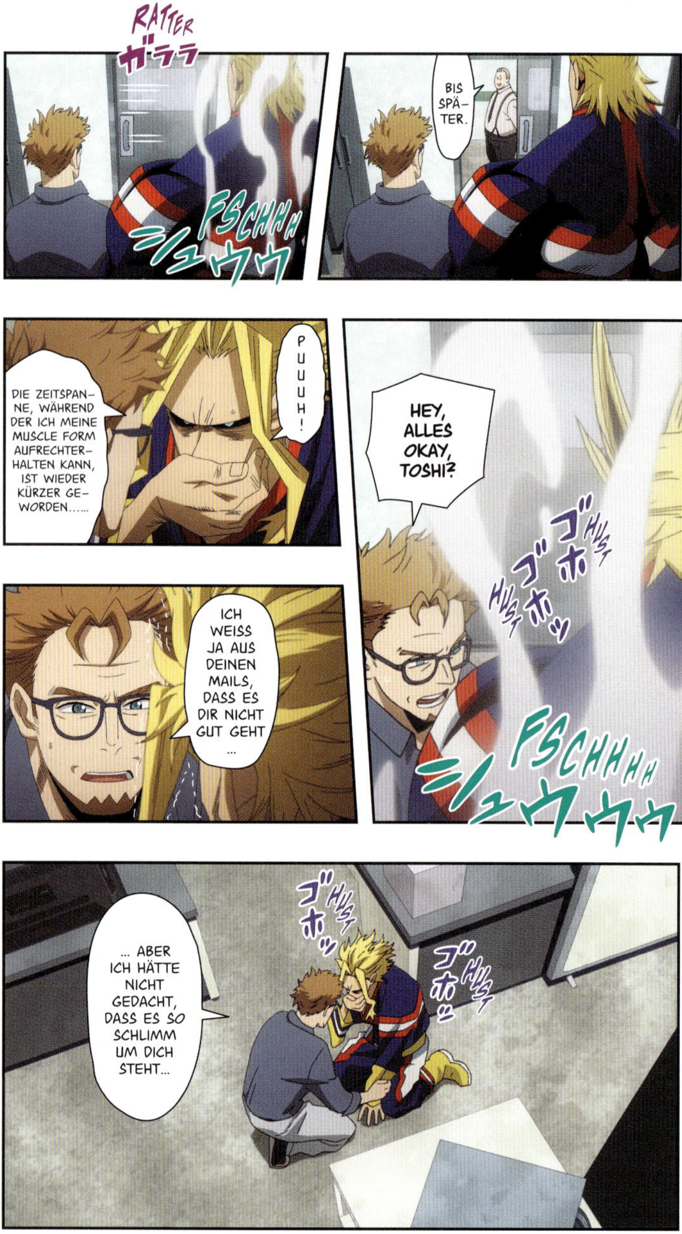
RATTER ガララ
FSCHHH シュウウ
BIS SPÄTER.
DIE ZEITSPANNE, WÄHREND DER ICH MEINE MUSCLE FORM AUFRECHTERHALTEN KANN, IST WIEDER KÜRZER GEWORDEN......
PUUUH!
HEY, ALLES OKAY, TOSHI?
HUST ゴホ
HUST ゴホッ
ICH WEISS JA AUS DEINEN MAILS, DASS ES DIR NICHT GUT GEHT ...
FSCHHHH シュウウウウ
HUST ゴホッ
HUST ゴホッ
... ABER ICH HÄTTE NICHT GEDACHT, DASS ES SO SCHLIMM UM DICH STEHT...

Chapter 2

DIE »I-EXPO«

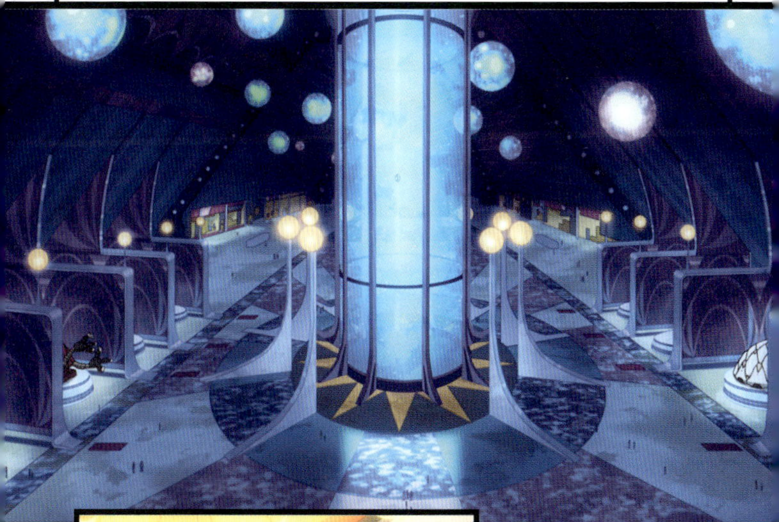

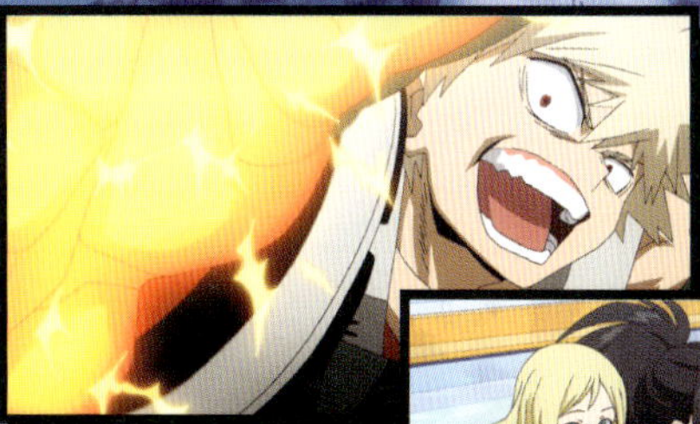

»IHR SEID ALLE GROSSARTIG!

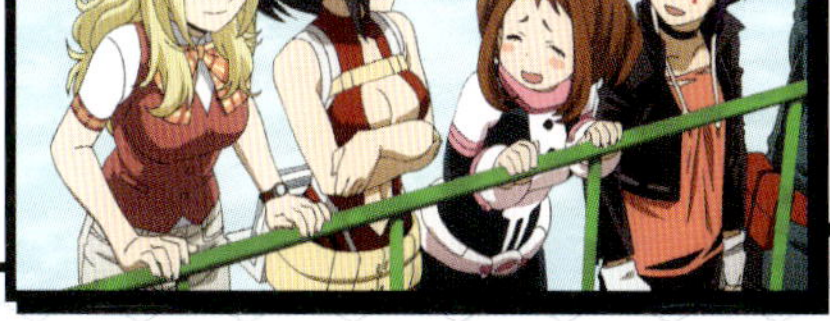

MAN MERKT GLEICH, DASS IHR NACHWUCHS-HELDEN SEID!«

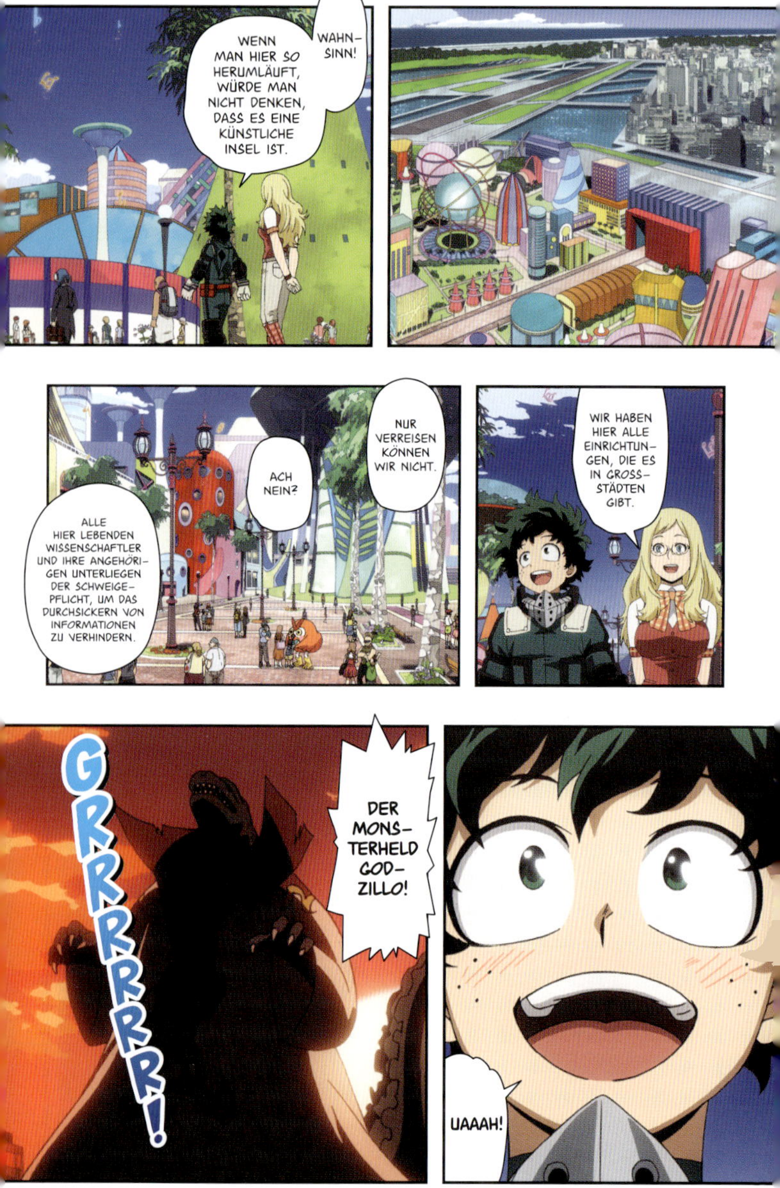
WAHN-
SINN!
WENN
MAN HIER SO
HERUMLÄUFT,
WÜRDE MAN
NICHT DENKEN,
DASS ES EINE
KÜNSTLICHE
INSEL IST.
WIR HABEN
HIER ALLE
EINRICHTUN-
GEN, DIE ES
IN GROSS-
STÄDTEN
GIBT.
NUR
VERREISEN
KÖNNEN
WIR NICHT.
ACH
NEIN?
ALLE
HIER LEBENDEN
WISSENSCHAFTLER
UND IHRE ANGEHÖRI-
GEN UNTERLIEGEN
DER SCHWEIGE-
PFLICHT, UM DAS
DURCHSICKERN VON
INFORMATIONEN
ZU VERHINDERN.
UAAAH!
DER
MONS-
TERHELD
GOD-
ZILLO!
GRRRRRRR!

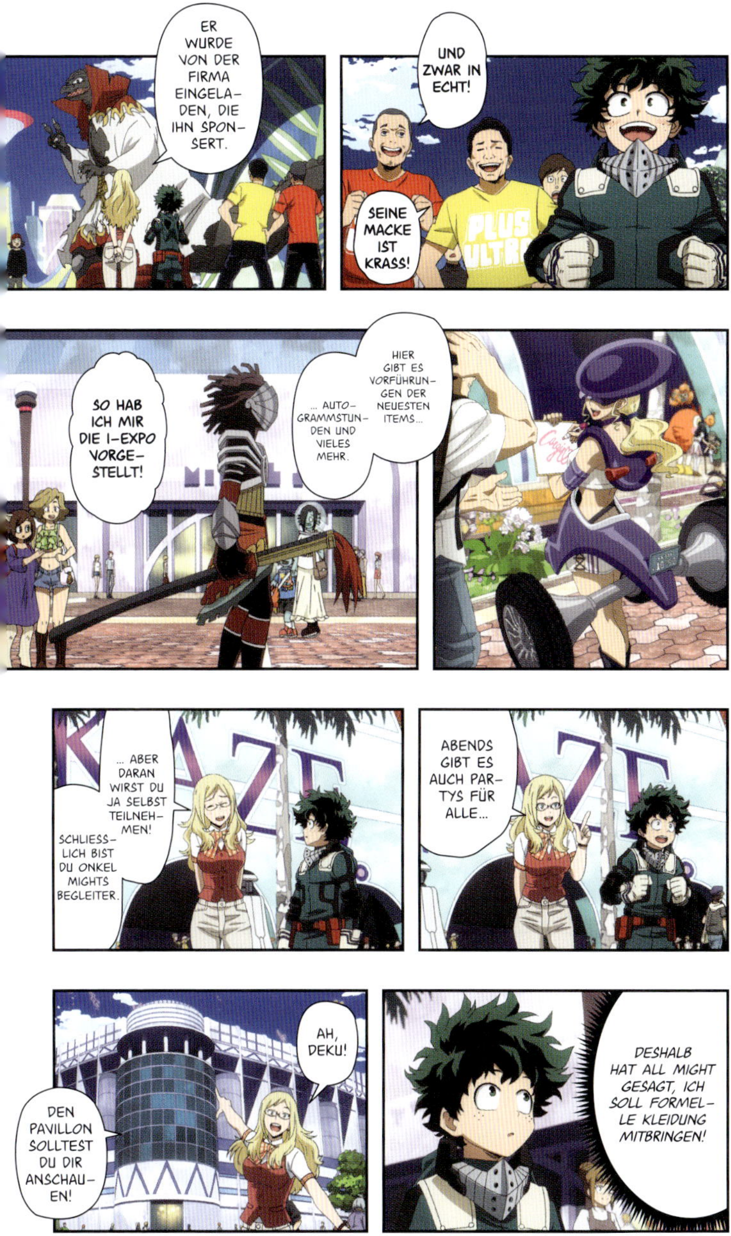
ER WURDE VON DER FIRMA EINGELADEN, DIE IHN SPONSERT.
UND ZWAR IN ECHT!
SEINE MACKE IST KRASS!
SO HAB ICH MIR DIE I-EXPO VORGESTELLT!
HIER GIBT ES VORFÜHRUNGEN DER NEUESTEN ITEMS ...
... AUTOGRAMMSTUNDEN UND VIELES MEHR.
ABENDS GIBT ES AUCH PARTYS FÜR ALLE ...
... ABER DARAN WIRST DU JA SELBST TEILNEHMEN!
SCHLIESSLICH BIST DU ONKEL MIGHTS BEGLEITER.
AH, DEKU!
DEN PAVILLON SOLLTEST DU DIR ANSCHAUEN!
DESHALB HAT ALL MIGHT GESAGT, ICH SOLL FORMELLE KLEIDUNG MITBRINGEN!

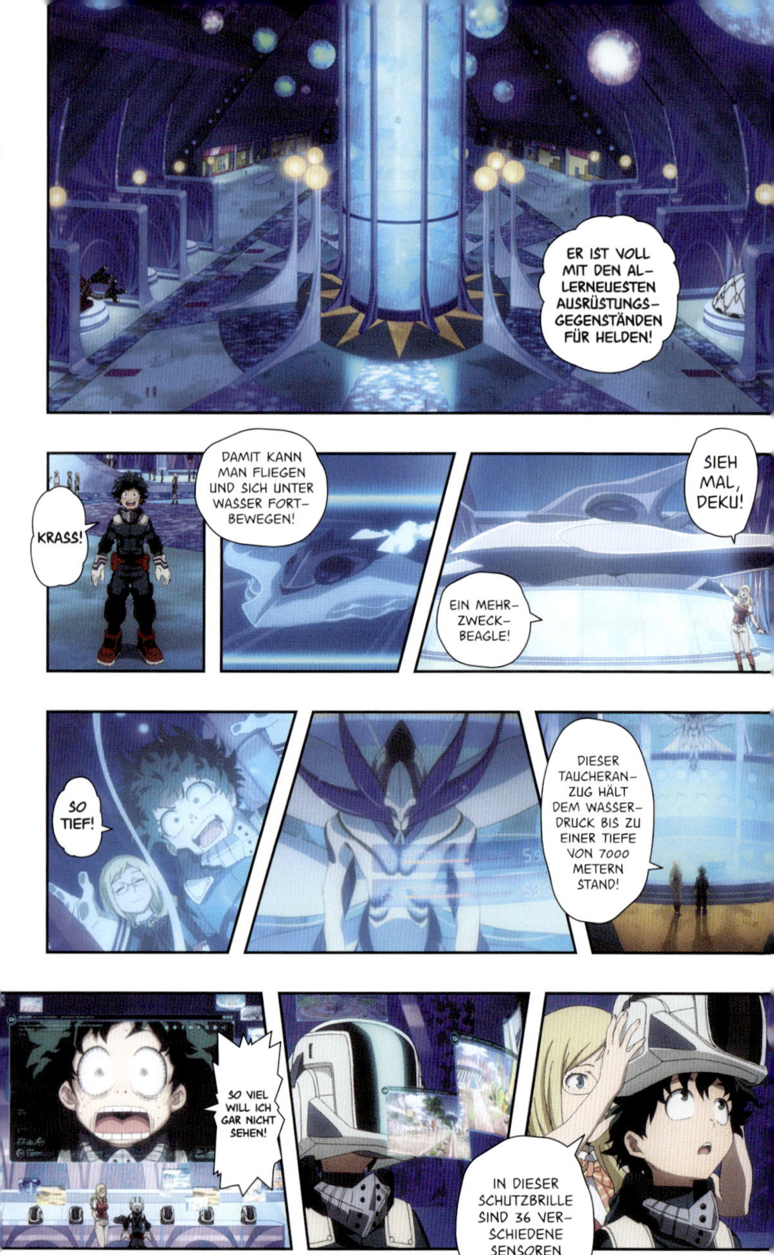
ER IST VOLL MIT DEN ALLERNEUESTEN AUSRÜSTUNGSGEGENSTÄNDEN FÜR HELDEN!
KRASS!
DAMIT KANN MAN FLIEGEN UND SICH UNTER WASSER FORTBEWEGEN!
SIEH MAL, DEKU!
EIN MEHRZWECK-BEAGLE!
SO TIEF!
DIESER TAUCHERANZUG HÄLT DEM WASSERDRUCK BIS ZU EINER TIEFE VON 7000 METERN STAND!
SO VIEL WILL ICH GAR NICHT SEHEN!
IN DIESER SCHUTZBRILLE SIND 36 VERSCHIEDENE SENSOREN VERBAUT!

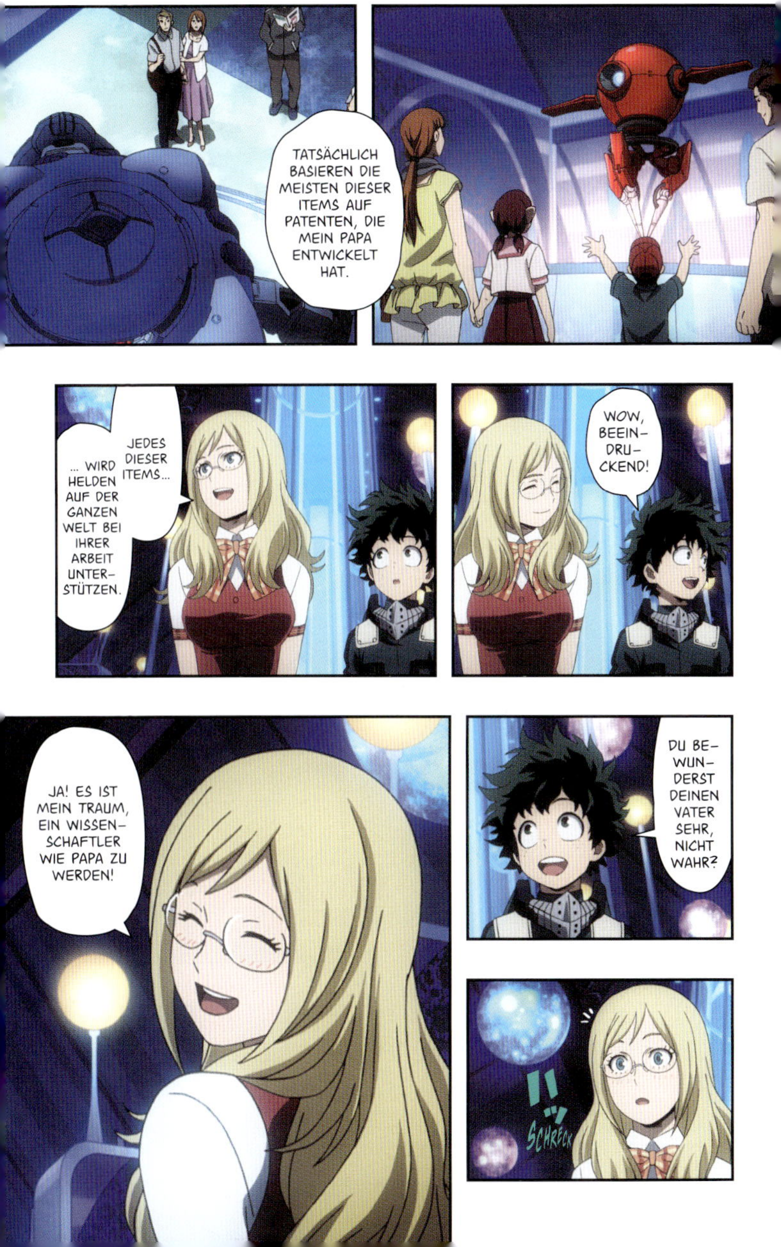
TATSÄCHLICH BASIEREN DIE MEISTEN DIESER ITEMS AUF PATENTEN, DIE MEIN PAPA ENTWICKELT HAT.
WOW, BEEIN-DRU-CKEND!
JEDES DIESER ITEMS ...
... WIRD HELDEN AUF DER GANZEN WELT BEI IHRER ARBEIT UNTER-STÜTZEN.
DU BE-WUN-DERST DEINEN VATER SEHR, NICHT WAHR?
SCHRECK
JA! ES IST MEIN TRAUM, EIN WISSEN-SCHAFTLER WIE PAPA ZU WERDEN!

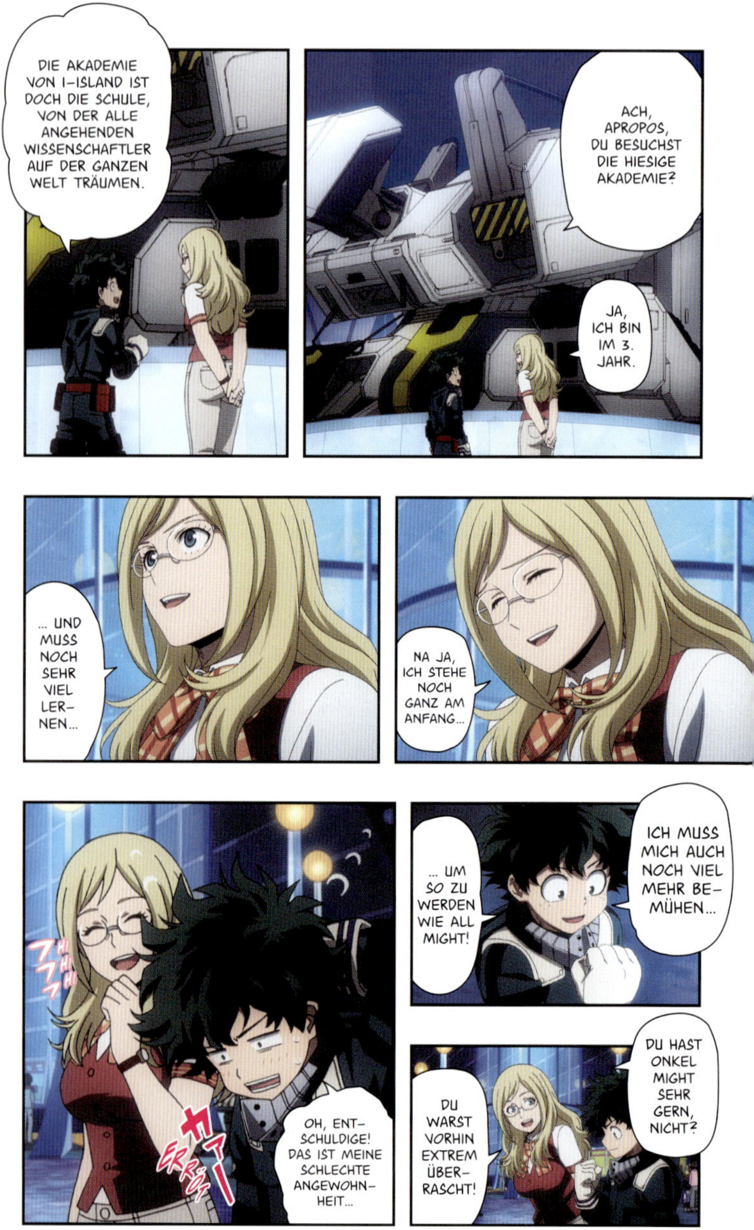
ACH, APROPOS, DU BESUCHST DIE HIESIGE AKADEMIE?
JA, ICH BIN IM 3. JAHR.
DIE AKADEMIE VON I-ISLAND IST DOCH DIE SCHULE, VON DER ALLE ANGEHENDEN WISSENSCHAFTLER AUF DER GANZEN WELT TRÄUMEN.
NA JA, ICH STEHE NOCH GANZ AM ANFANG...
... UND MUSS NOCH SEHR VIEL LER-NEN...
ICH MUSS MICH AUCH NOCH VIEL MEHR BE-MÜHEN...
... UM SO ZU WERDEN WIE ALL MIGHT!
DU HAST ONKEL MIGHT SEHR GERN, NICHT?
DU WARST VORHIN EXTREM ÜBER-RASCHT!
HI HI HI
ERRÖT
OH, ENT-SCHULDIGE! DAS IST MEINE SCHLECHTE ANGEWOHN-HEIT...

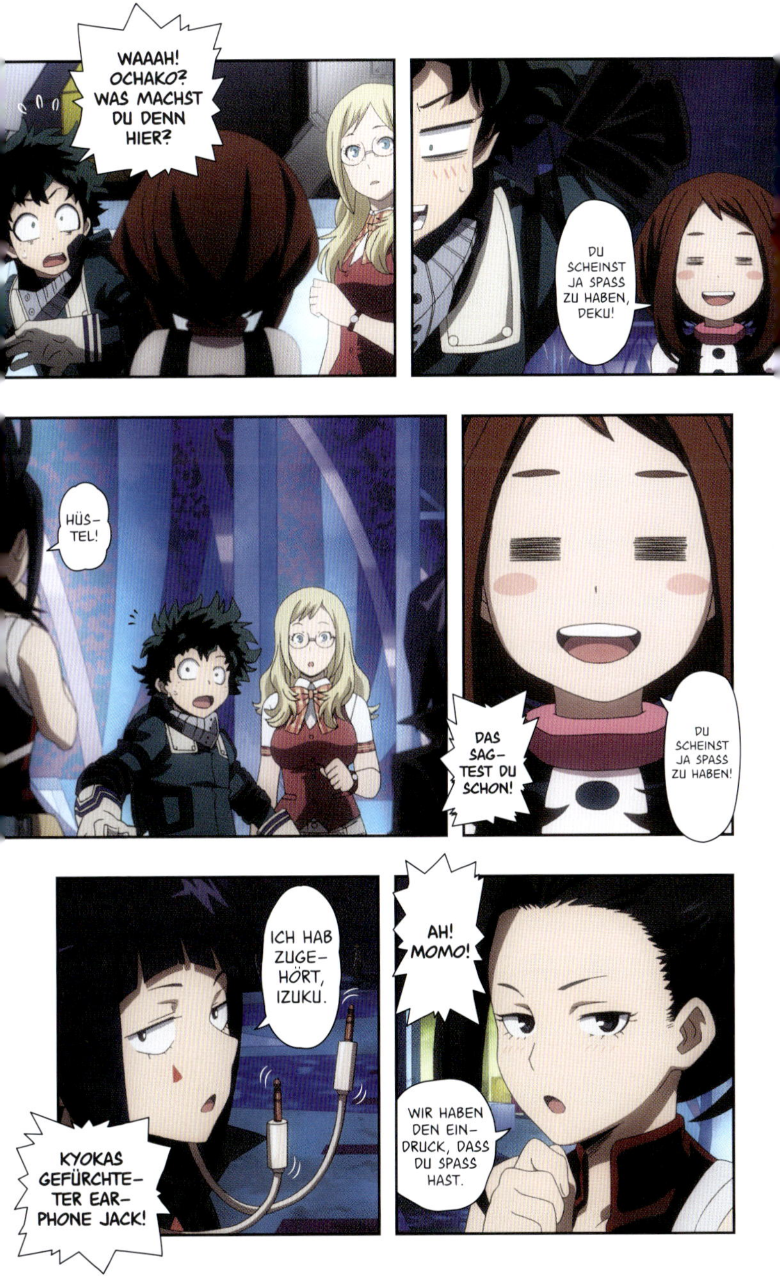
WAAAH! OCHAKO? WAS MACHST DU DENN HIER?
DU SCHEINST JA SPASS ZU HABEN, DEKU!
HÜS-TEL!
DAS SAG-TEST DU SCHON!
DU SCHEINST JA SPASS ZU HABEN!
ICH HAB ZUGE-HÖRT, IZUKU.
KYOKAS GEFÜRCHTE-TER EAR-PHONE JACK!
AH! MOMO!
WIR HABEN DEN EIN-DRUCK, DASS DU SPASS HAST.

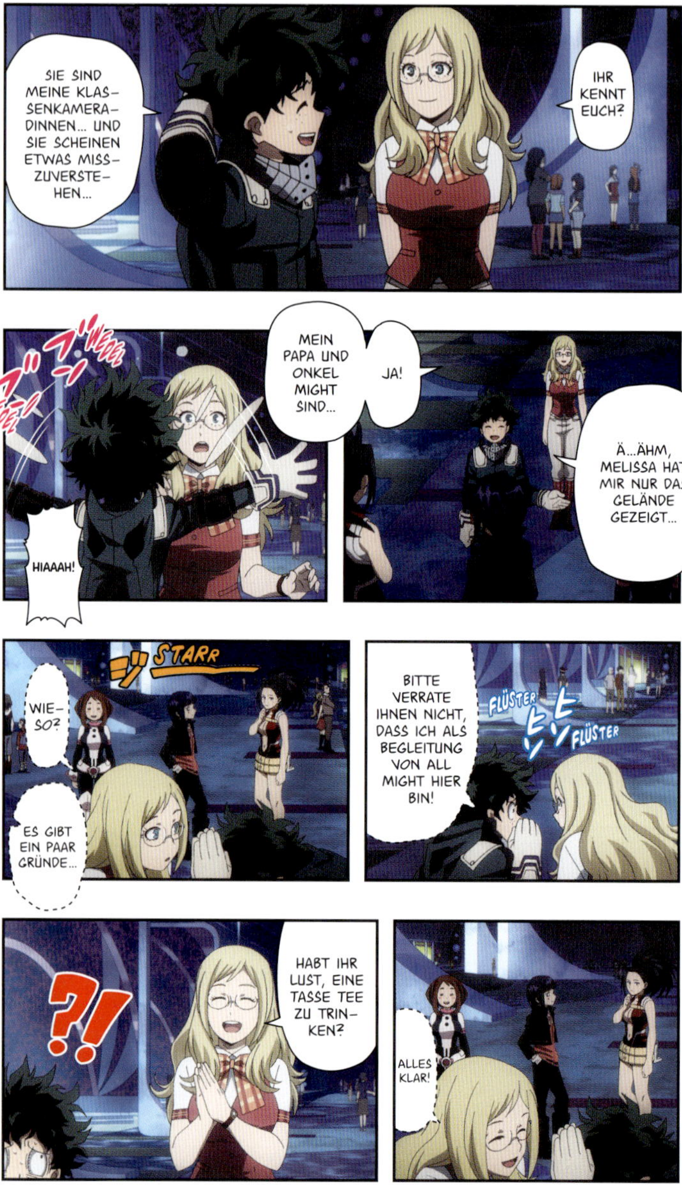
IHR KENNT EUCH?
SIE SIND MEINE KLASSENKAMERADINNEN... UND SIE SCHEINEN ETWAS MISSZUVERSTEHEN...
Ä...ÄHM, MELISSA HAT MIR NUR DAS GELÄNDE GEZEIGT...
JA!
MEIN PAPA UND ONKEL MIGHT SIND...
WEDEL
WEDEL
HIAAAH!
BITTE VERRATE IHNEN NICHT, DASS ICH ALS BEGLEITUNG VON ALL MIGHT HIER BIN!
FLÜSTER
FLÜSTER
STARR
WIESO?
ES GIBT EIN PAAR GRÜNDE...
ALLES KLAR!
HABT IHR LUST, EINE TASSE TEE ZU TRINKEN?
?!

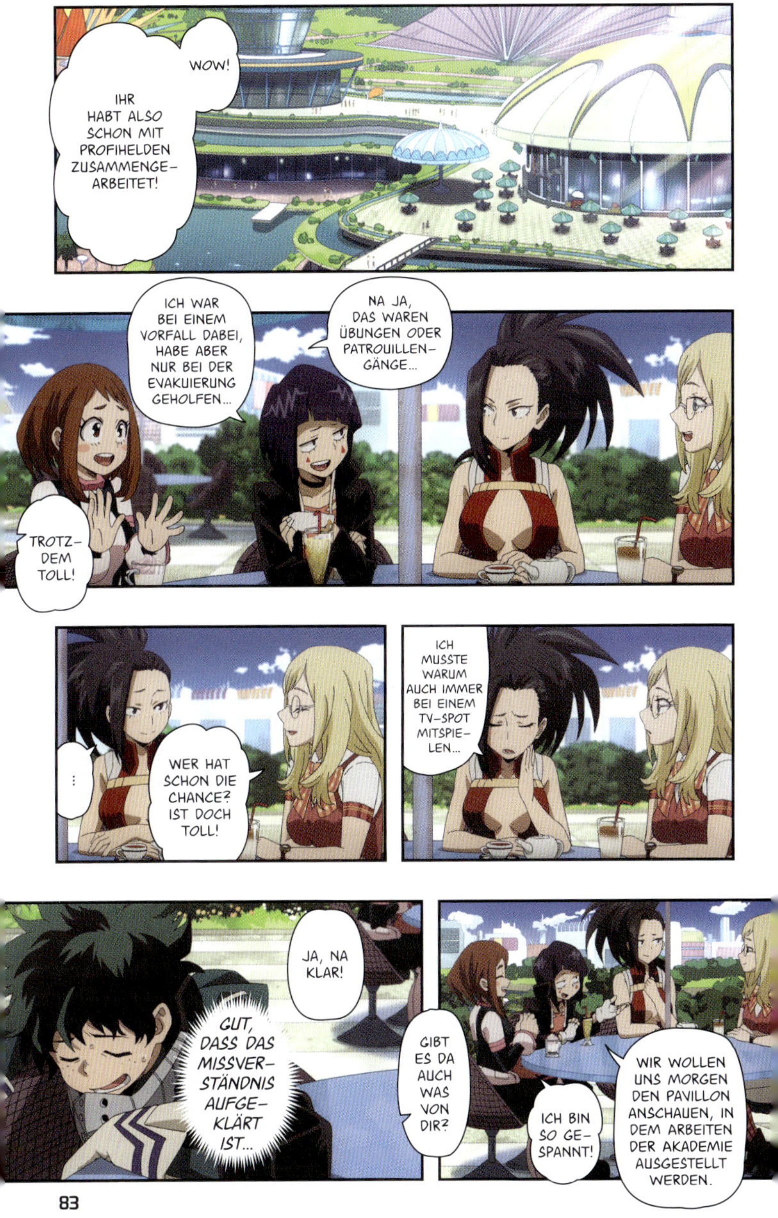
WOW!
IHR HABT ALSO SCHON MIT PROFIHELDEN ZUSAMMENGE-ARBEITET!
NA JA, DAS WAREN ÜBUNGEN ODER PATROUILLEN-GÄNGE...
ICH WAR BEI EINEM VORFALL DABEI, HABE ABER NUR BEI DER EVAKUIERUNG GEHOLFEN...
TROTZ-DEM TOLL!
ICH MUSSTE WARUM AUCH IMMER BEI EINEM TV-SPOT MITSPIE-LEN...
WER HAT SCHON DIE CHANCE? IST DOCH TOLL!
...
JA, NA KLAR!
GUT, DASS DAS MISSVER-STÄNDNIS AUFGE-KLÄRT IST...
WIR WOLLEN UNS MORGEN DEN PAVILLON ANSCHAUEN, IN DEM ARBEITEN DER AKADEMIE AUSGESTELLT WERDEN.
ICH BIN SO GE-SPANNT!
GIBT ES DA AUCH WAS VON DIR?

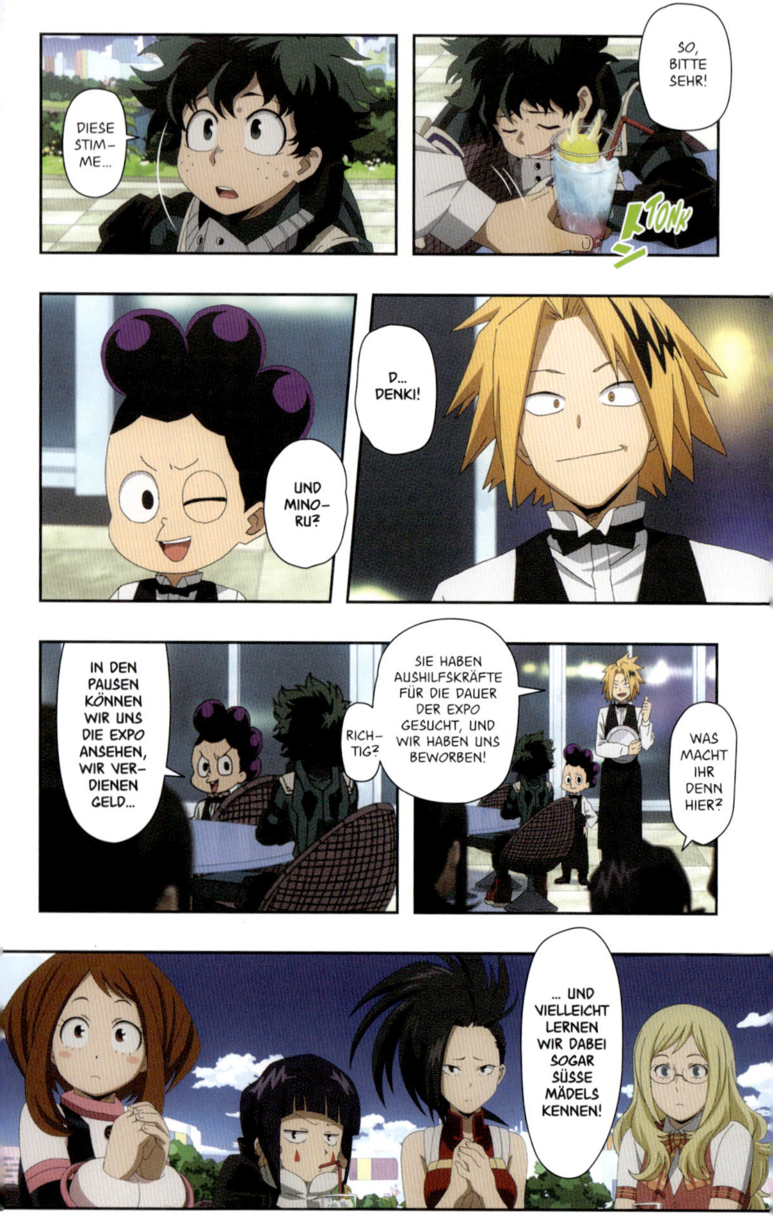
SO, BITTE SEHR!
TONK
DIESE STIM-ME…
D… DENKI!
UND MINO-RU?
WAS MACHT IHR DENN HIER?
SIE HABEN AUSHILFSKRÄFTE FÜR DIE DAUER DER EXPO GESUCHT, UND WIR HABEN UNS BEWORBEN!
RICH-TIG?
IN DEN PAUSEN KÖNNEN WIR UNS DIE EXPO ANSEHEN, WIR VER-DIENEN GELD…
… UND VIELLEICHT LERNEN WIR DABEI SOGAR SÜSSE MÄDELS KENNEN!

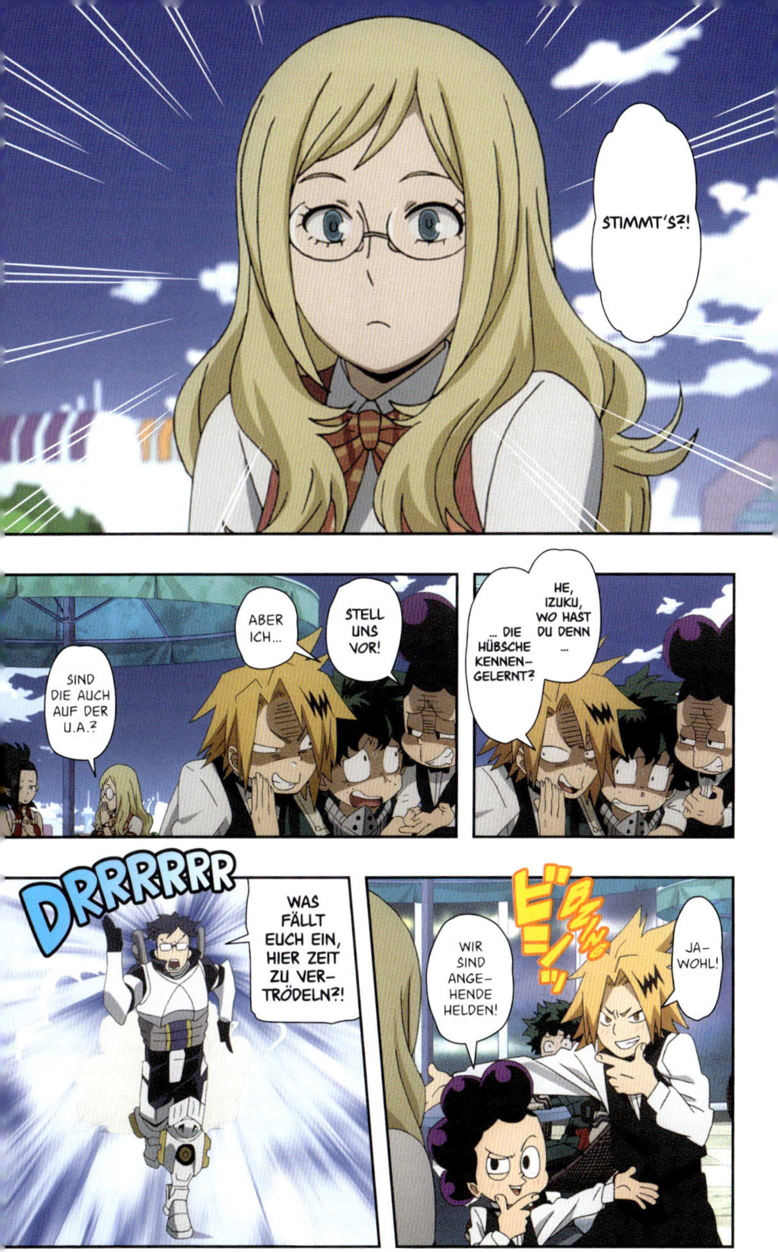
STIMMT'S?!
HE, IZUKU, WO HAST DU DENN ...
... DIE HÜBSCHE KENNENGELERNT?
STELL UNS VOR!
ABER ICH...
SIND DIE AUCH AUF DER U.A.?
JAWOHL!
ビシッ
WIR SIND ANGEHENDE HELDEN!
WAS FÄLLT EUCH EIN, HIER ZEIT ZU VERTRÖDELN?!
DRRRRRR

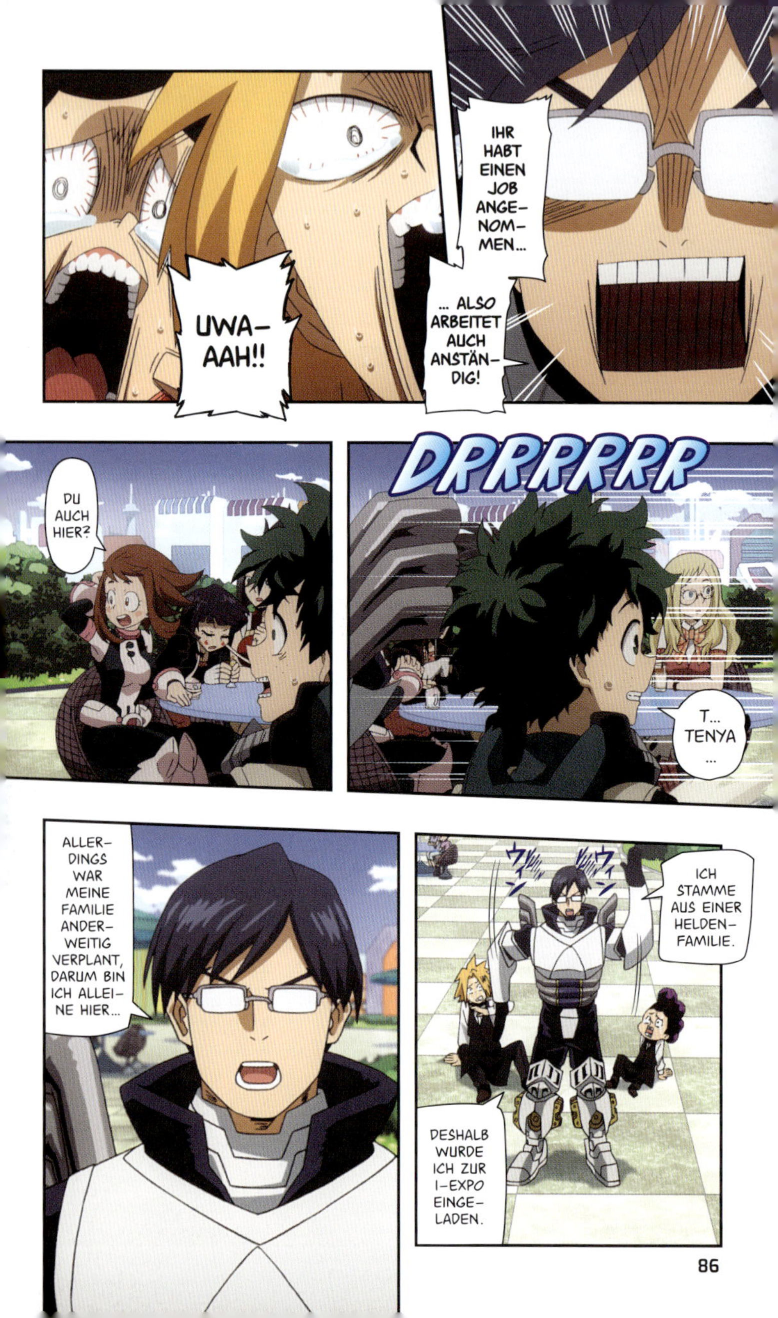
IHR HABT EINEN JOB ANGE-NOM-MEN...
... ALSO ARBEITET AUCH ANSTÄN-DIG!
UWA-AAH!!
DRRRRRR
T... TENYA ...
DU AUCH HIER?
ICH STAMME AUS EINER HELDEN-FAMILIE.
DESHALB WURDE ICH ZUR I-EXPO EINGE-LADEN.
ALLER-DINGS WAR MEINE FAMILIE ANDER-WEITIG VERPLANT, DARUM BIN ICH ALLEI-NE HIER...

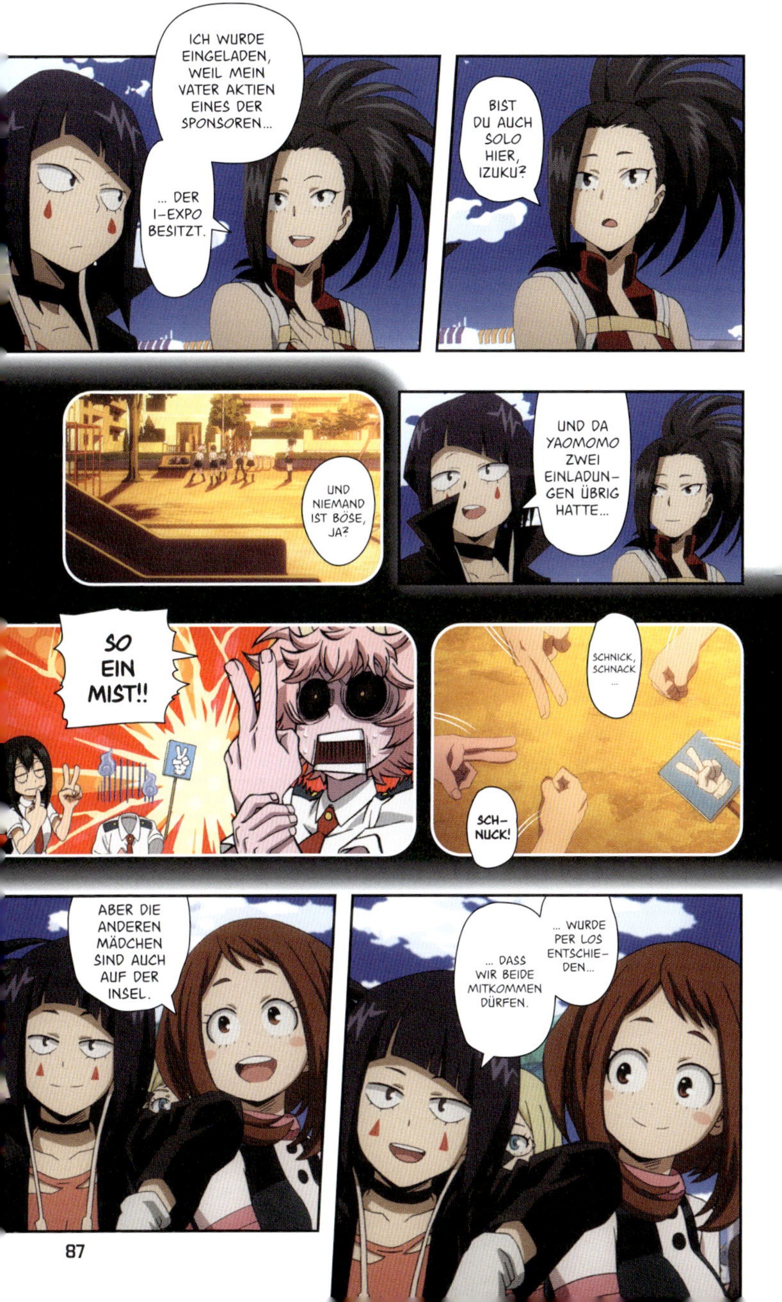
ICH WURDE EINGELADEN, WEIL MEIN VATER AKTIEN EINES DER SPONSOREN...
... DER I-EXPO BESITZT.
BIST DU AUCH SOLO HIER, IZUKU?
UND DA YAOMOMO ZWEI EINLADUNGEN ÜBRIG HATTE...
UND NIEMAND IST BÖSE, JA?
SCHNICK, SCHNACK ...
SCH-NUCK!
SO EIN MIST!!
ABER DIE ANDEREN MÄDCHEN SIND AUCH AUF DER INSEL.
... WURDE PER LOS ENTSCHIEDEN...
... DASS WIR BEIDE MITKOMMEN DÜRFEN.

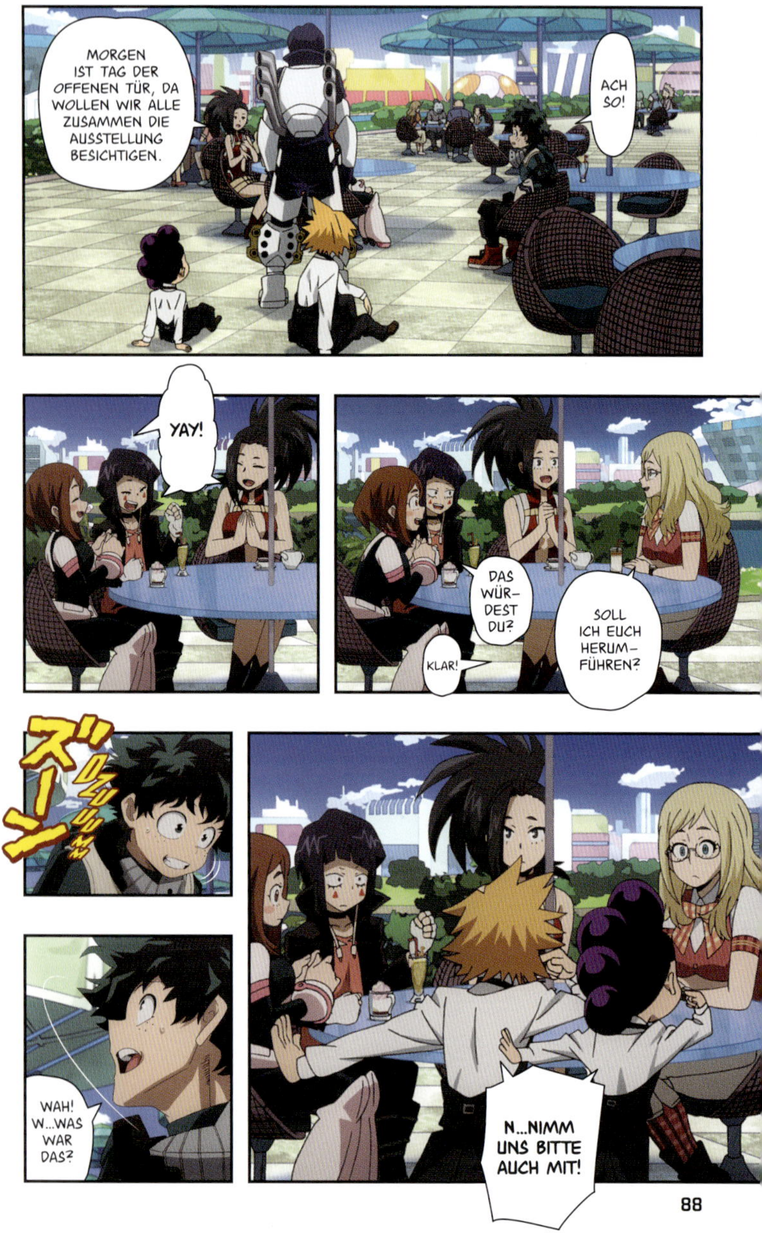
MORGEN IST TAG DER OFFENEN TÜR, DA WOLLEN WIR ALLE ZUSAMMEN DIE AUSSTELLUNG BESICHTIGEN.
ACH SO!
YAY!
DAS WÜR-DEST DU?
KLAR!
SOLL ICH EUCH HERUM-FÜHREN?
DZUUUM
WAH! W...WAS WAR DAS?
N...NIMM UNS BITTE AUCH MIT!

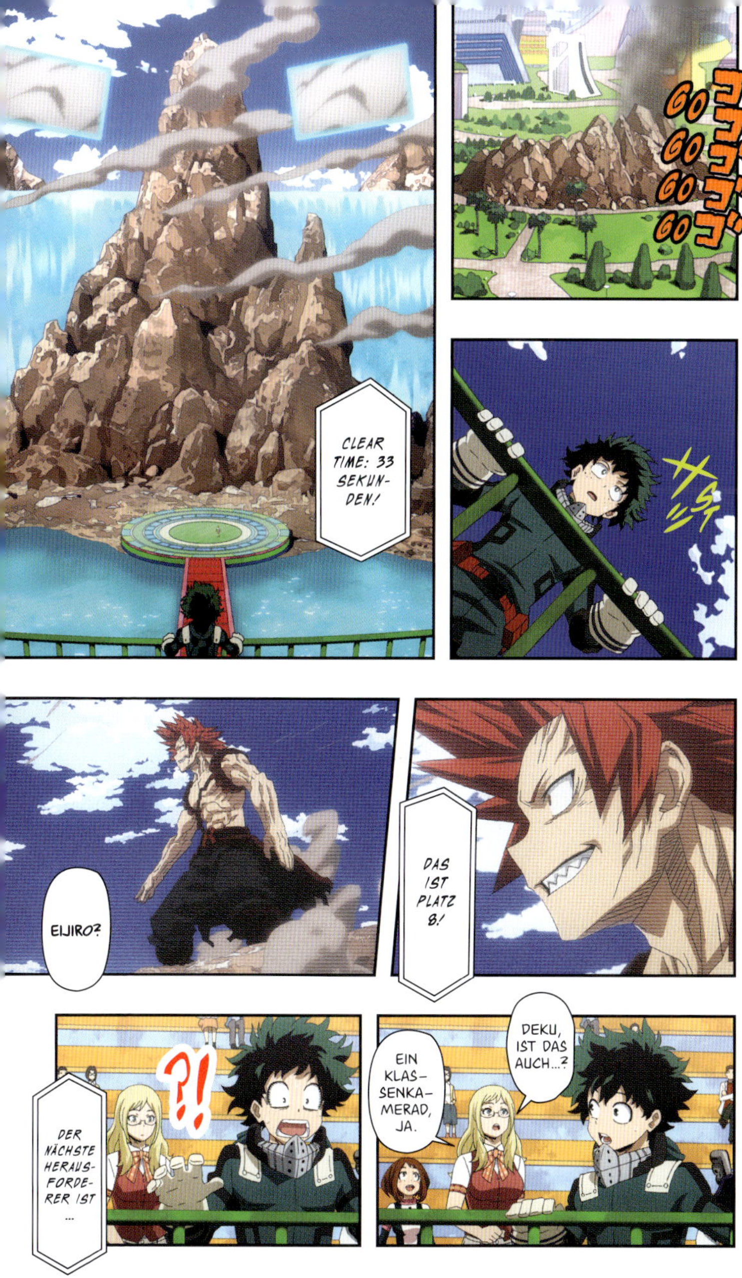
GO GO GO GO
CLEAR TIME: 33 SEKUNDEN!
DAS IST PLATZ 8!
EIJIRO?
DEKU, IST DAS AUCH...?
EIN KLASSENKAMERAD, JA.
?!
DER NÄCHSTE HERAUSFORDERER IST ...

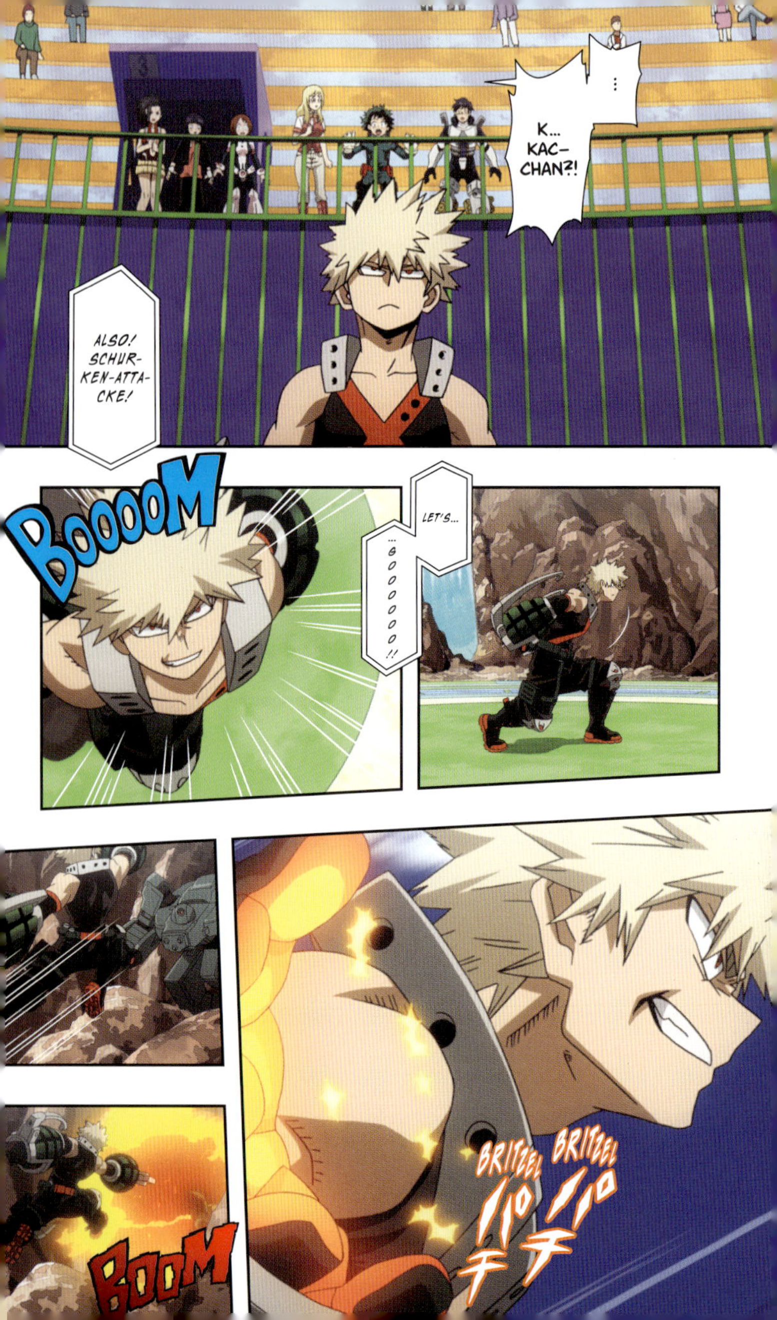
...
K... KAC-CHAN?!
ALSO! SCHUR-KEN-ATTA-CKE!
LET'S...
...GOOOOOOO!!
BOOOOM
BOOM
BRITZEL BRITZEL

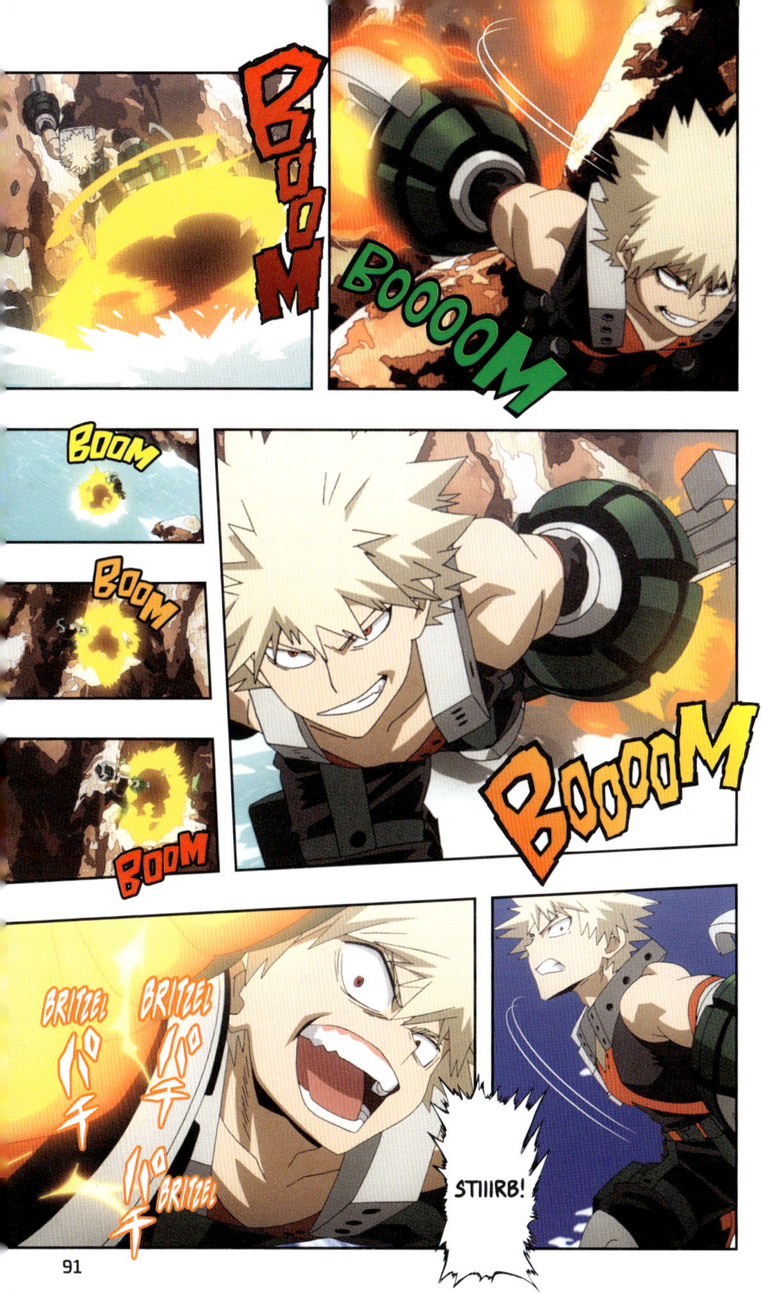
BOOOOOM
BOOM
BOOOOM
BOOM
BOOM
BOOM
STIIIRB!
BRITZEL
パチ
BRITZEL
パチ
パチ
BRITZEL

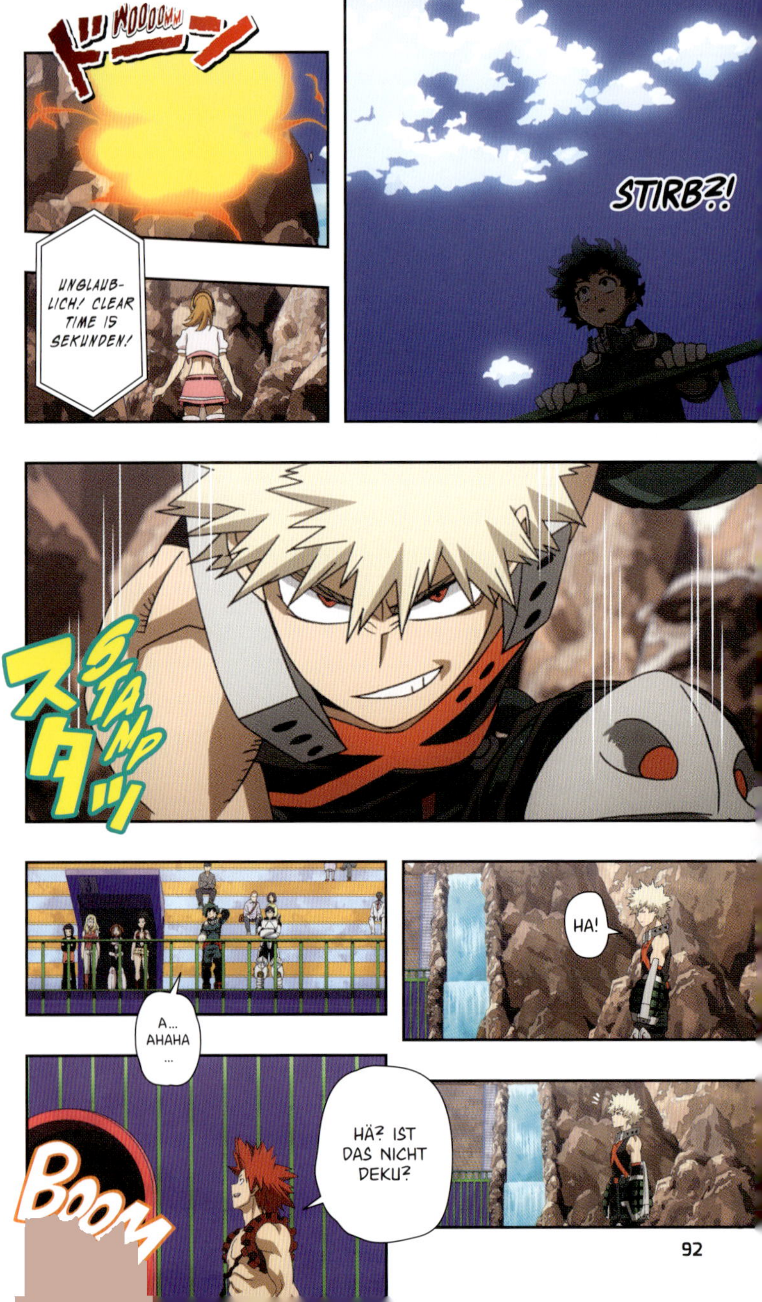
STIRB?!
ドーン WOOOOMM
UNGLAUBLICH! CLEAR TIME IS SEKUNDEN!
スタッ STAMP
HA!
A... AHAHA ...
HÄ? IST DAS NICHT DEKU?
BOOM

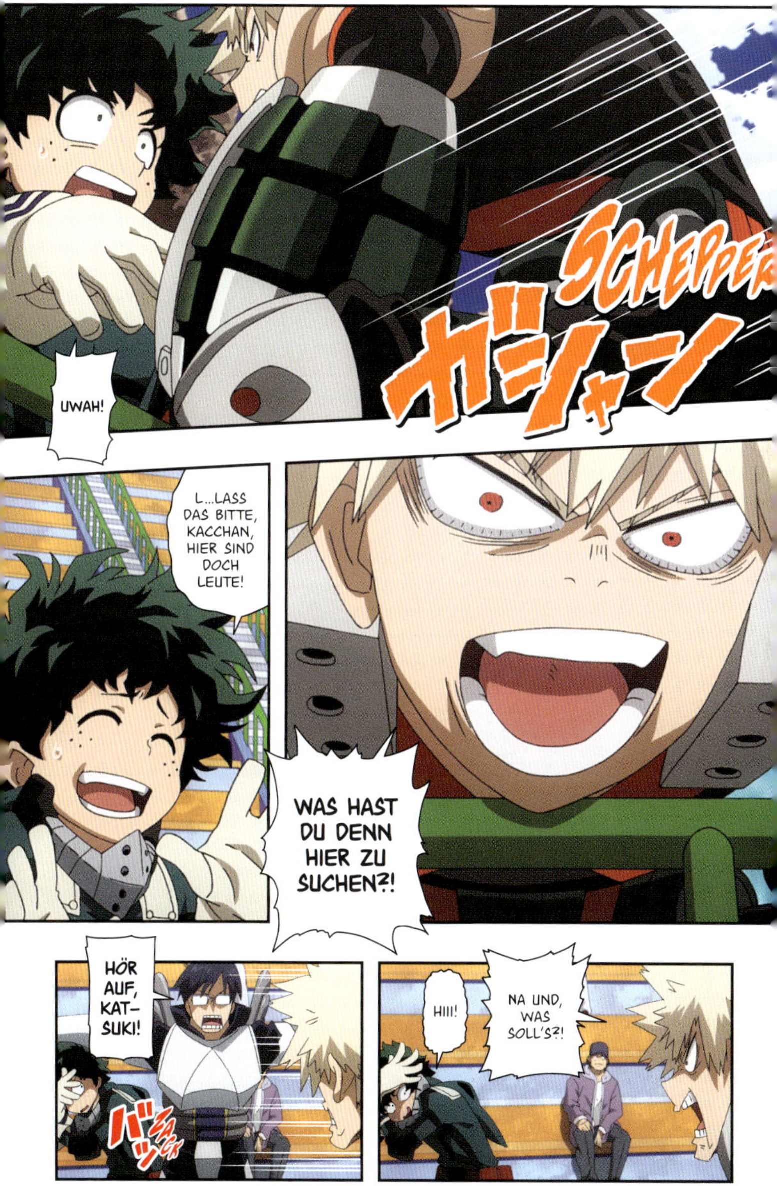
SCHEPPER
ガシャン
UWAH!
WAS HAST DU DENN HIER ZU SUCHEN?!
L...LASS DAS BITTE, KACCHAN, HIER SIND DOCH LEUTE!
NA UND, WAS SOLL'S?!
HIII!
HÖR AUF, KAT-SUKI!
ZACK
バッ

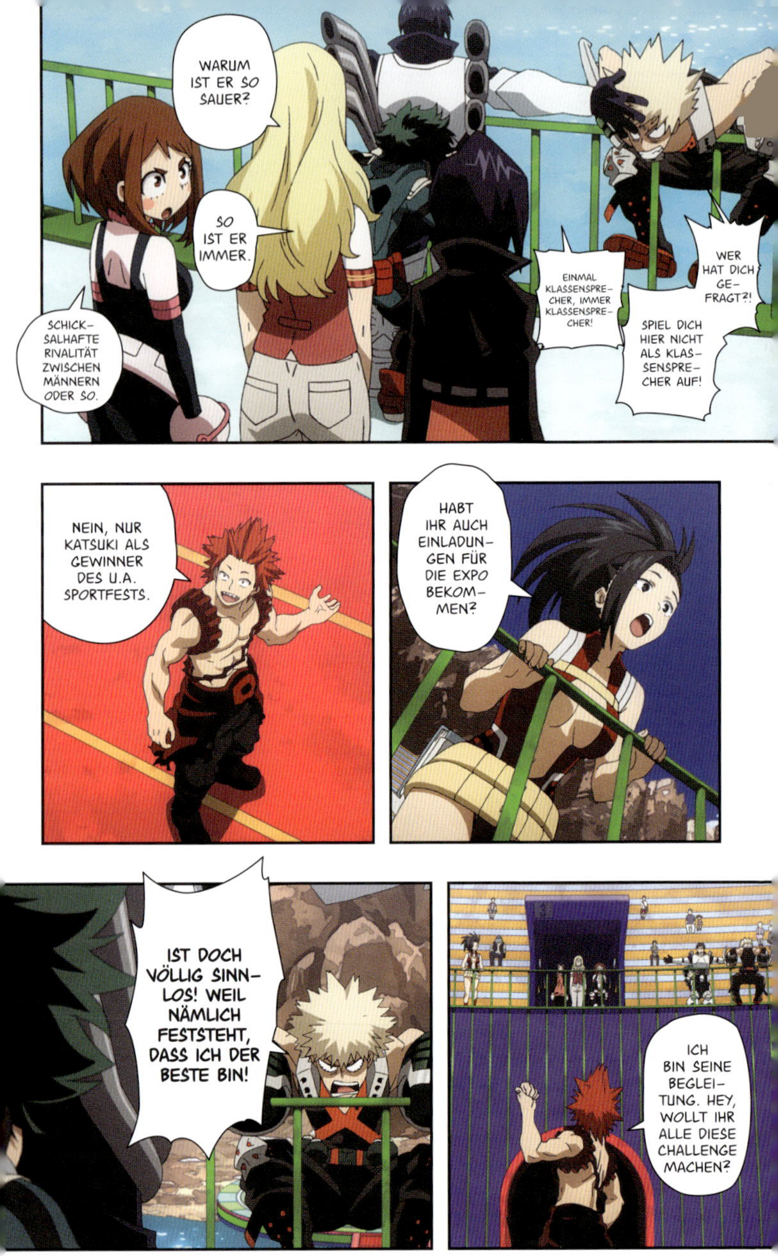
WER HAT DICH GEFRAGT?!
SPIEL DICH HIER NICHT ALS KLASSENSPRECHER AUF!
EINMAL KLASSENSPRECHER, IMMER KLASSENSPRECHER!
WARUM IST ER SO SAUER?
SO IST ER IMMER.
SCHICKSALHAFTE RIVALITÄT ZWISCHEN MÄNNERN ODER SO.
HABT IHR AUCH EINLADUNGEN FÜR DIE EXPO BEKOMMEN?
NEIN, NUR KATSUKI ALS GEWINNER DES U.A. SPORTFESTS.
ICH BIN SEINE BEGLEITUNG. HEY, WOLLT IHR ALLE DIESE CHALLENGE MACHEN?
IST DOCH VÖLLIG SINNLOS! WEIL NÄMLICH FESTSTEHT, DASS ICH DER BESTE BIN!

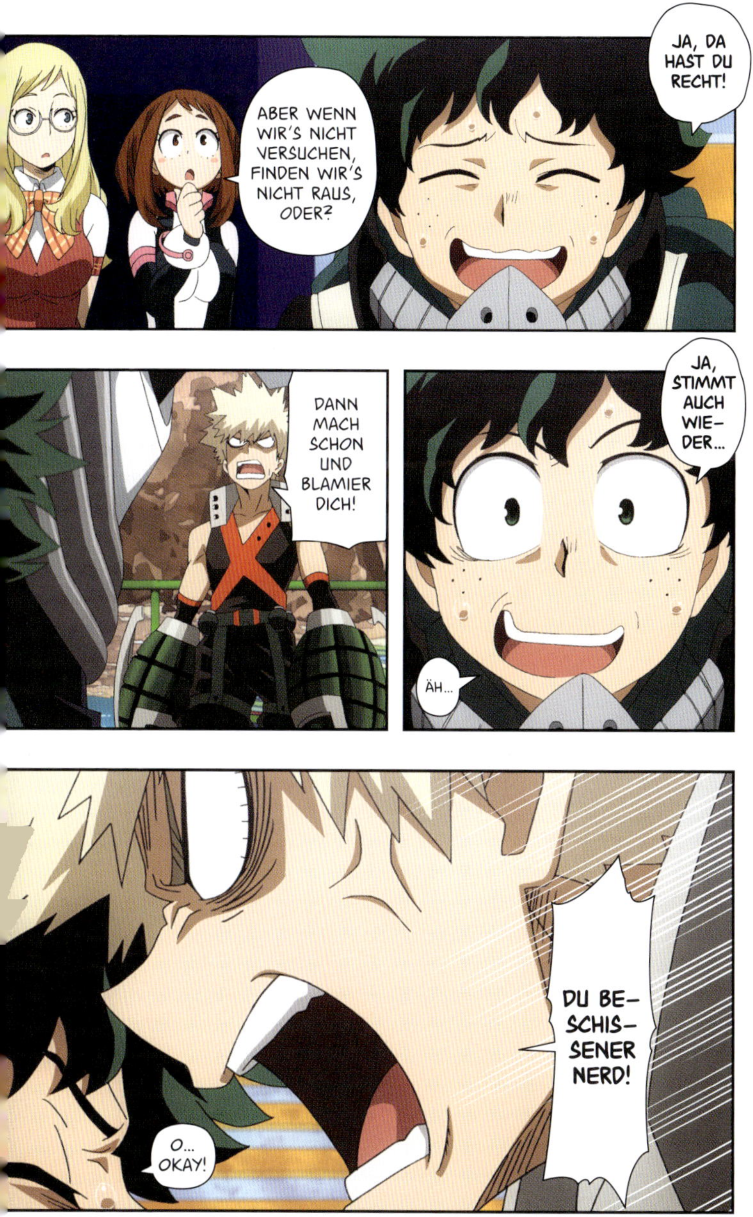
JA, DA HAST DU RECHT!
ABER WENN WIR'S NICHT VERSUCHEN, FINDEN WIR'S NICHT RAUS, ODER?
JA, STIMMT AUCH WIE-DER...
ÄH...
DANN MACH SCHON UND BLAMIER DICH!
DU BE-SCHIS-SENER NERD!
O... OKAY!

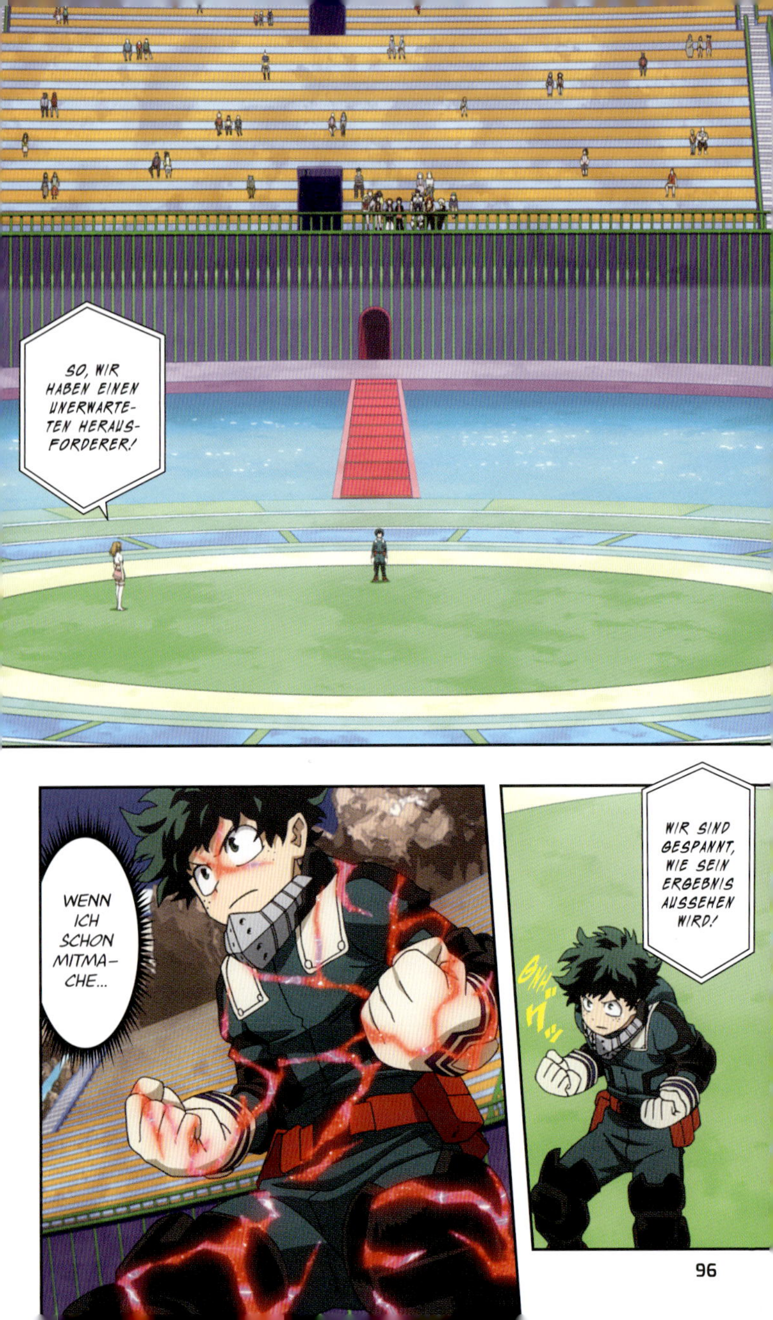
SO, WIR HABEN EINEN UNERWARTETEN HERAUSFORDERER!
WIR SIND GESPANNT, WIE SEIN ERGEBNIS AUSSEHEN WIRD!
WENN ICH SCHON MITMACHE...

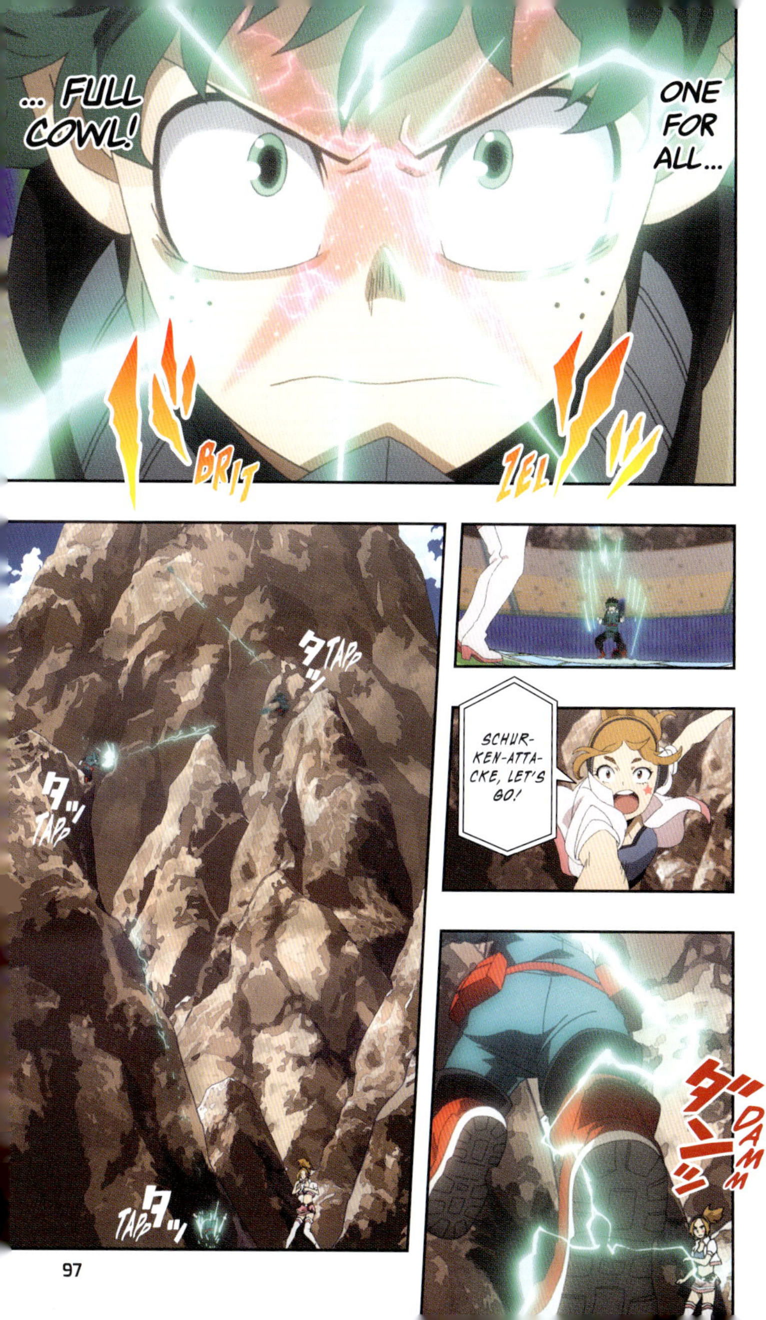
ONE FOR ALL...
... FULL COWL!
BRIT
ZEL
TAPP
TAPP
TAPP
SCHUR-KEN-ATTA-CKE, LET'S GO!
DAMM

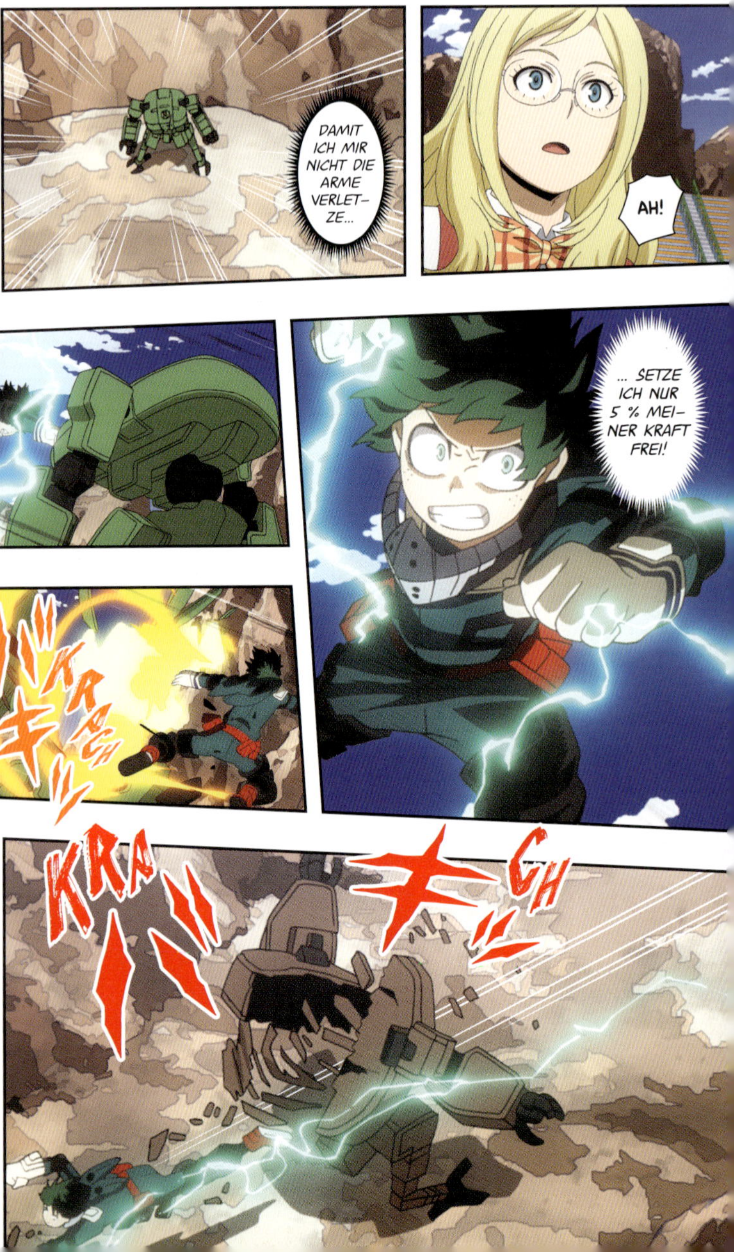
AH!
DAMIT ICH MIR NICHT DIE ARME VERLET-ZE...
... SETZE ICH NUR 5 % MEI-NER KRAFT FREI!
KRACH
KRA
CH

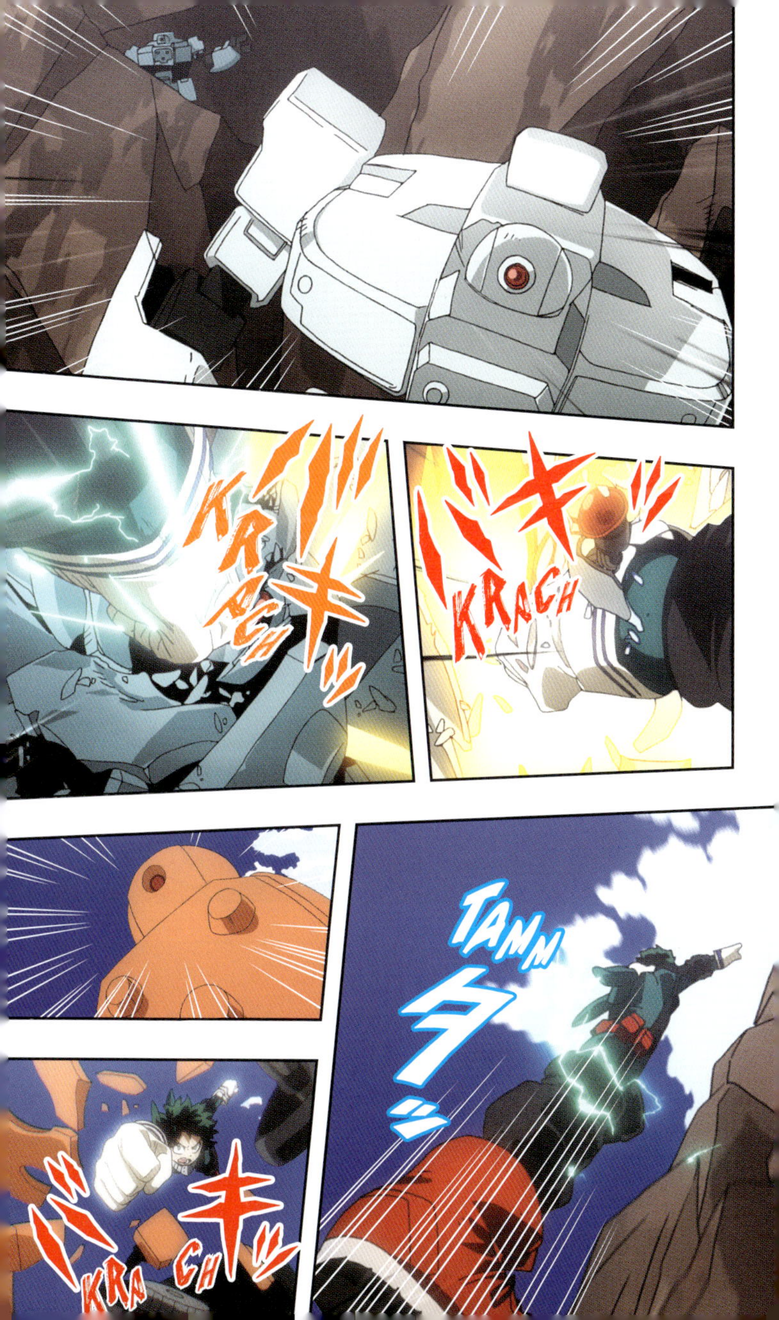

KRACH
バキッ
バキッ
KRACH
タンッ
TAMM
バキッ
KRACH

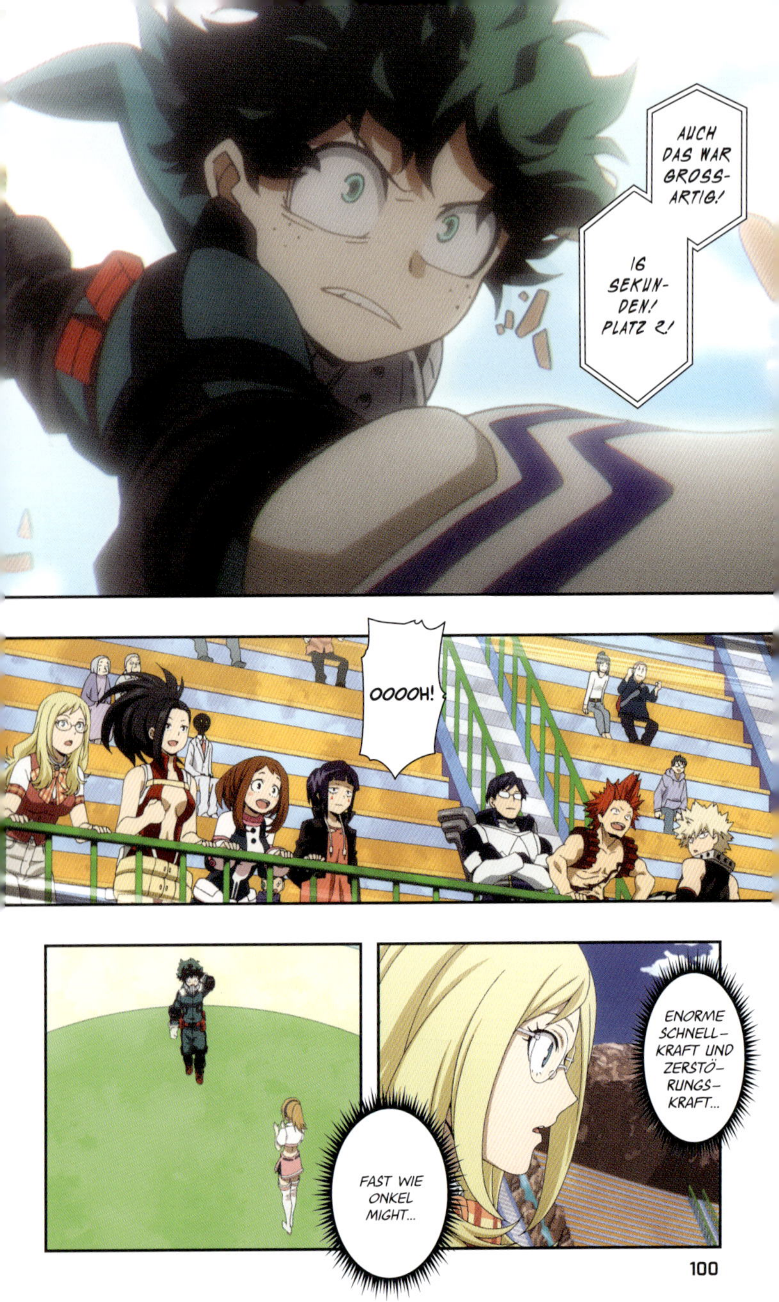
AUCH DAS WAR GROSS-ARTIG!
16 SEKUN-DEN! PLATZ 2!
OOOOH!
ENORME SCHNELL-KRAFT UND ZERSTÖ-RUNGS-KRAFT...
FAST WIE ONKEL MIGHT...

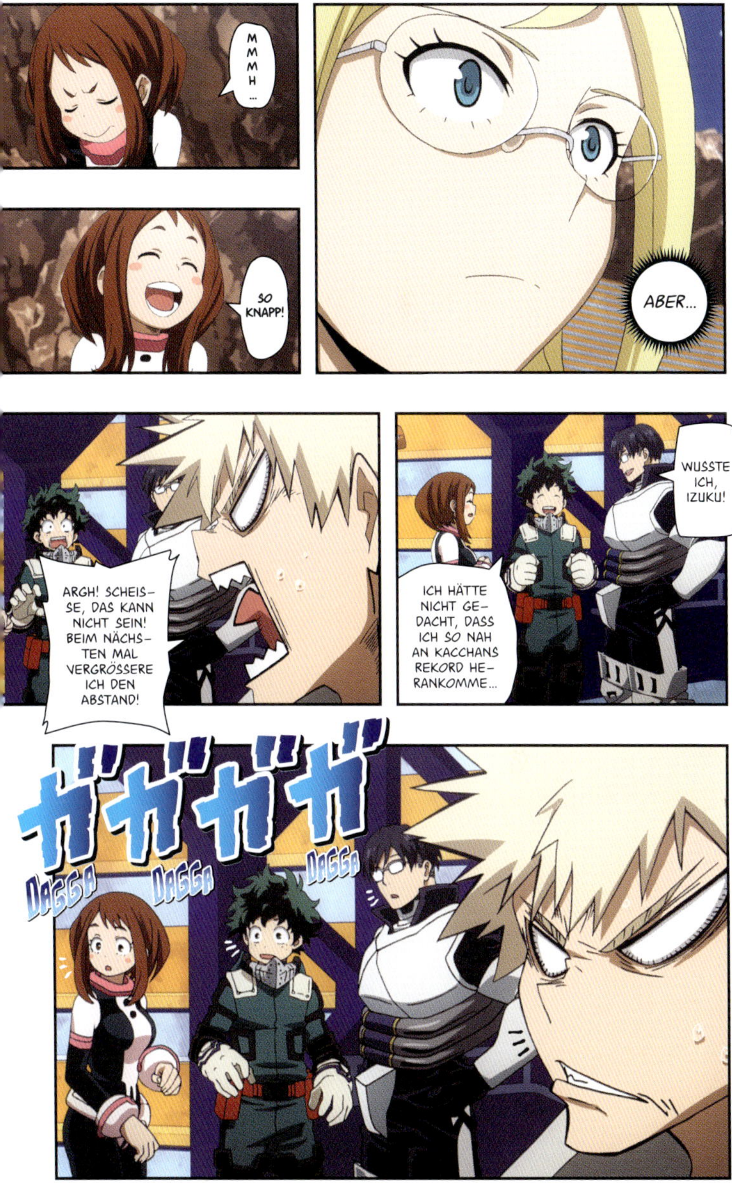
ABER…
MMMH…
SO KNAPP!
WUSSTE ICH, IZUKU!
ICH HÄTTE NICHT GEDACHT, DASS ICH SO NAH AN KACCHANS REKORD HERANKOMME…
ARGH! SCHEISSE, DAS KANN NICHT SEIN! BEIM NÄCHSTEN MAL VERGRÖSSERE ICH DEN ABSTAND!
ガガガガ
DAGGA
DAGGA
DAGGA

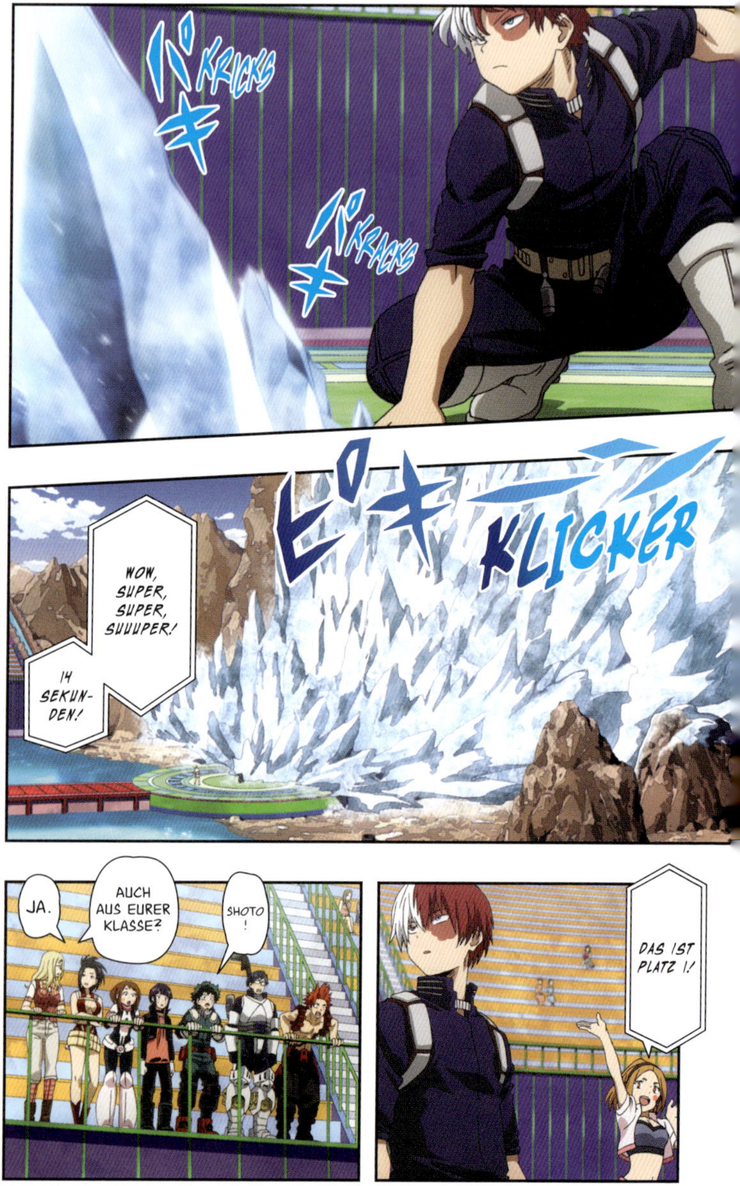
KRICKS
KRACKS
KLICKER
WOW, SUPER, SUPER, SUUUPER!
14 SEKUNDEN!
SHOTO!
AUCH AUS EURER KLASSE?
JA.
DAS IST PLATZ 1!

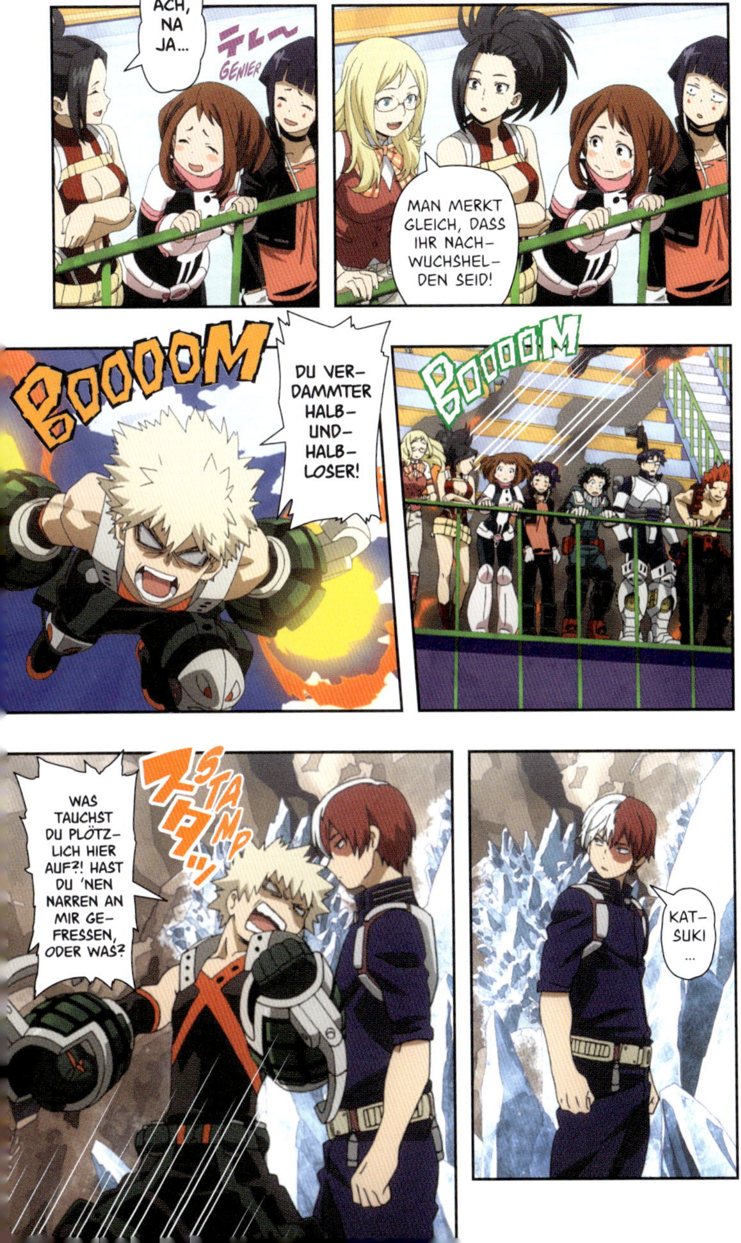
MAN MERKT GLEICH, DASS IHR NACHWUCHSHELDEN SEID!
ACH, NA JA ...
テレ～ GENIER
BOOOOM
BOOOOM
DU VERDAMMTER HALB-UND-HALB-LOSER!
KATSUKI ...
スタッ STAMP
WAS TAUCHST DU PLÖTZLICH HIER AUF?! HAST DU 'NEN NARREN AN MIR GEFRESSEN, ODER WAS?

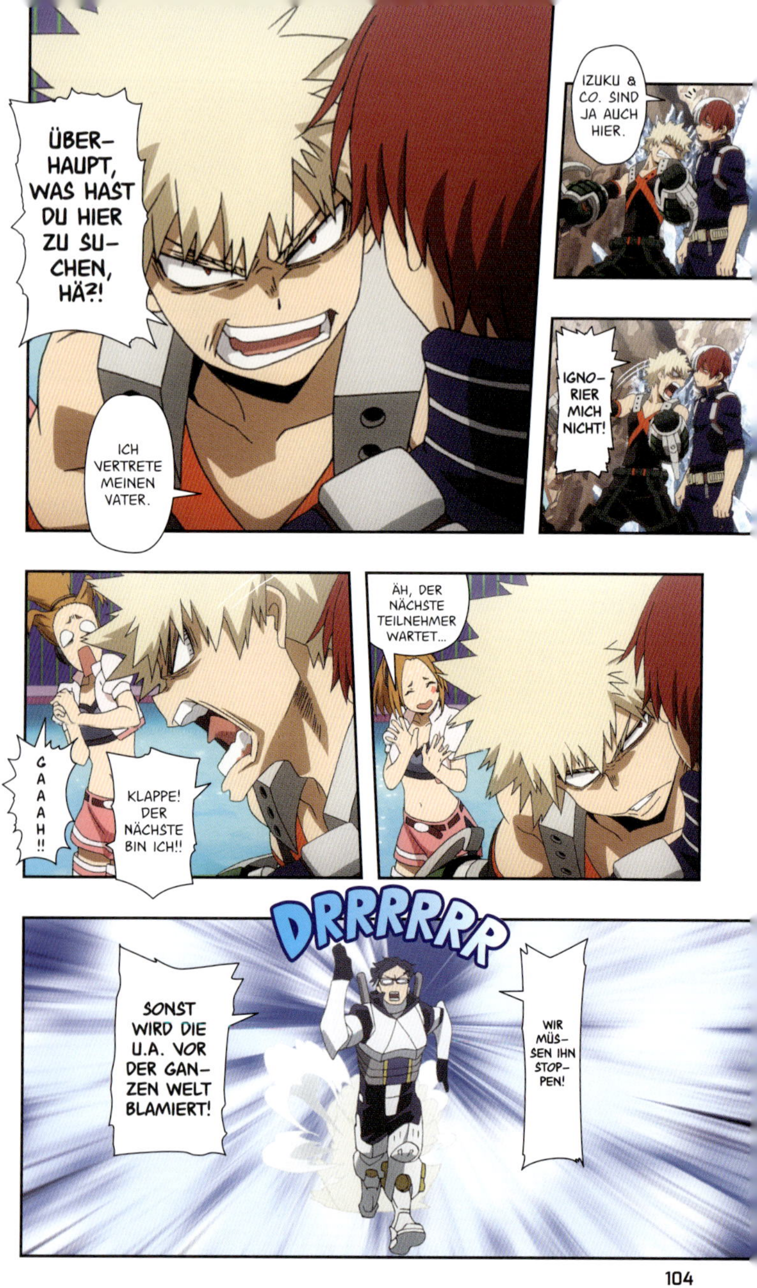
IZUKU & CO. SIND JA AUCH HIER.
ÜBER-HAUPT, WAS HAST DU HIER ZU SU-CHEN, HÄ?!
ICH VERTRETE MEINEN VATER.
IGNO-RIER MICH NICHT!
ÄH, DER NÄCHSTE TEILNEHMER WARTET...
KLAPPE! DER NÄCHSTE BIN ICH!!
GAAAH!!
DRRRRRR
WIR MÜS-SEN IHN STOP-PEN!
SONST WIRD DIE U.A. VOR DER GAN-ZEN WELT BLAMIERT!

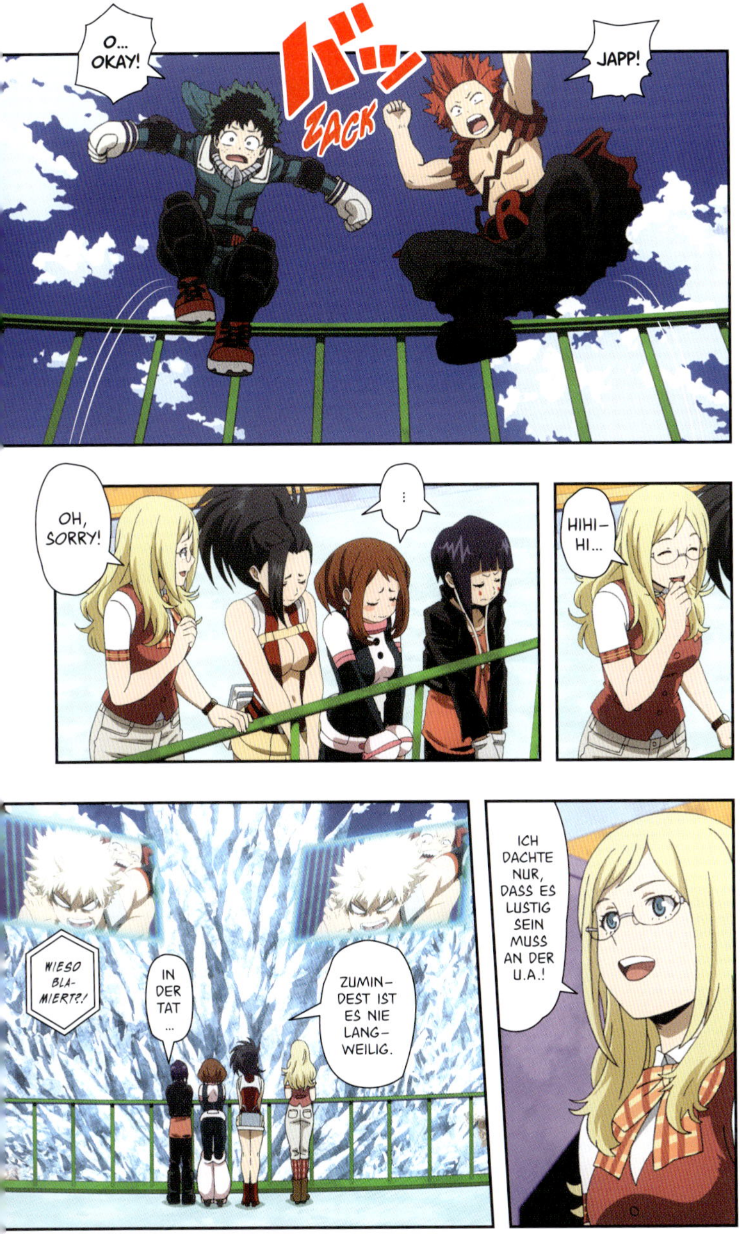
JAPP!
バッ
ZACK
O... OKAY!
HIHI-HI...
...
OH, SORRY!
ICH DACHTE NUR, DASS ES LUSTIG SEIN MUSS AN DER U.A.!
ZUMIN-DEST IST ES NIE LANG-WEILIG.
IN DER TAT ...
WIESO BLA-MIERT?!

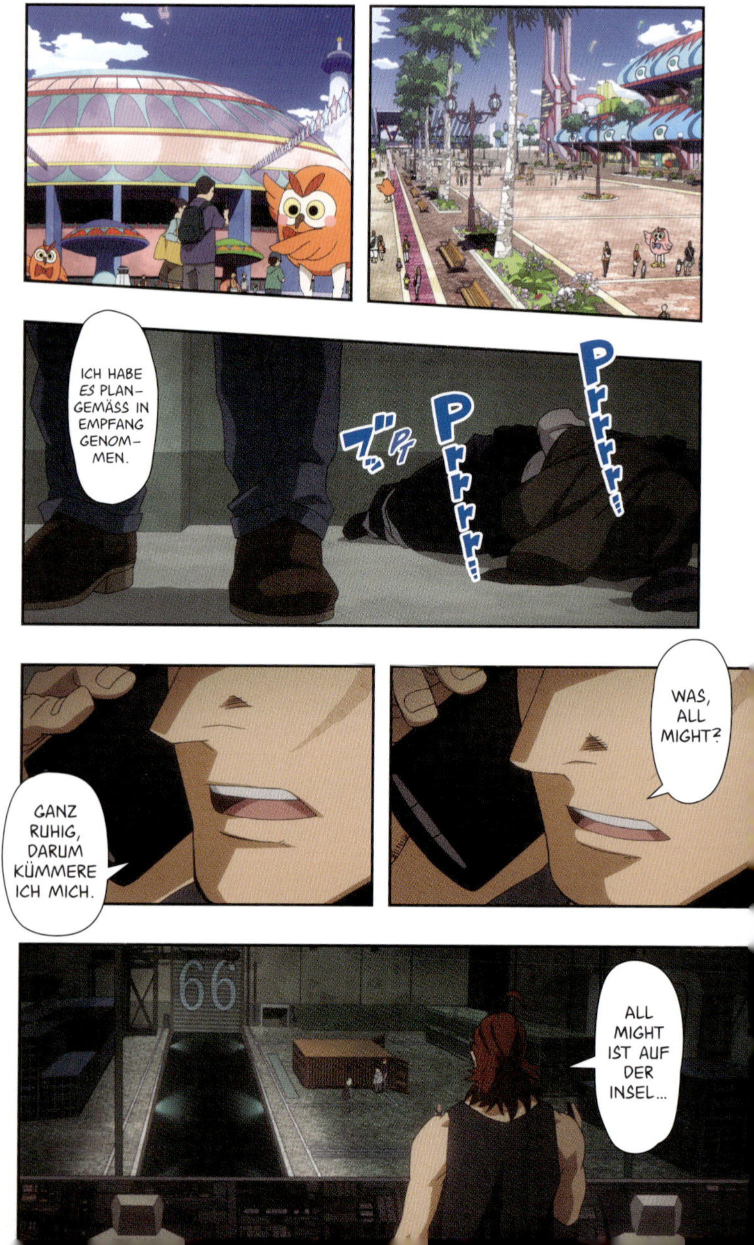

Prrrr..
Prrrr..
ブッ
ICH HABE ES PLAN-GEMÄSS IN EMPFANG GENOM-MEN.
WAS, ALL MIGHT?
GANZ RUHIG, DARUM KÜMMERE ICH MICH.
ALL MIGHT IST AUF DER INSEL...

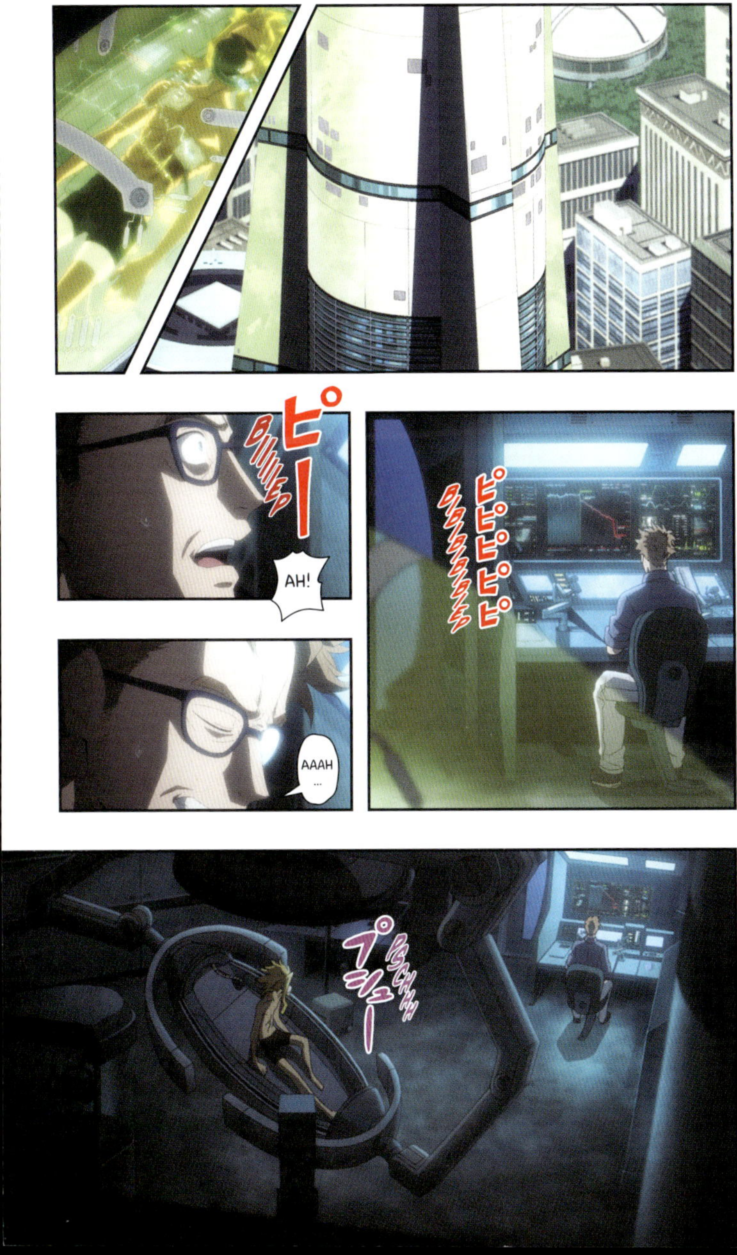
ピピピピピ
ピー
BIIIIEEP
AH!
AAAH
...
プシュー
PSCHHH

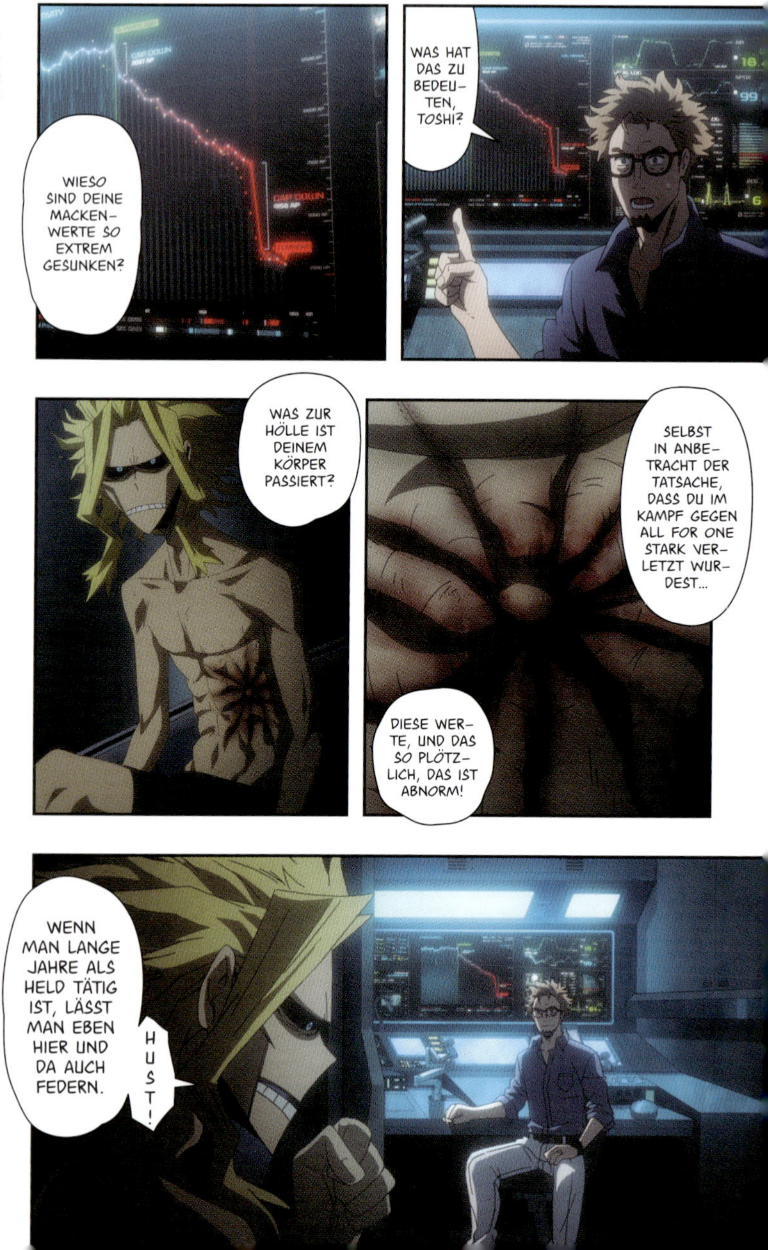
WIESO SIND DEINE MACKEN-WERTE SO EXTREM GESUNKEN?
WAS HAT DAS ZU BEDEU-TEN, TOSHI?
WAS ZUR HÖLLE IST DEINEM KÖRPER PASSIERT?
SELBST IN ANBE-TRACHT DER TATSACHE, DASS DU IM KAMPF GEGEN ALL FOR ONE STARK VER-LETZT WUR-DEST...
DIESE WER-TE, UND DAS SO PLÖTZ-LICH, DAS IST ABNORM!
WENN MAN LANGE JAHRE ALS HELD TÄTIG IST, LÄSST MAN EBEN HIER UND DA AUCH FEDERN.
HUST!

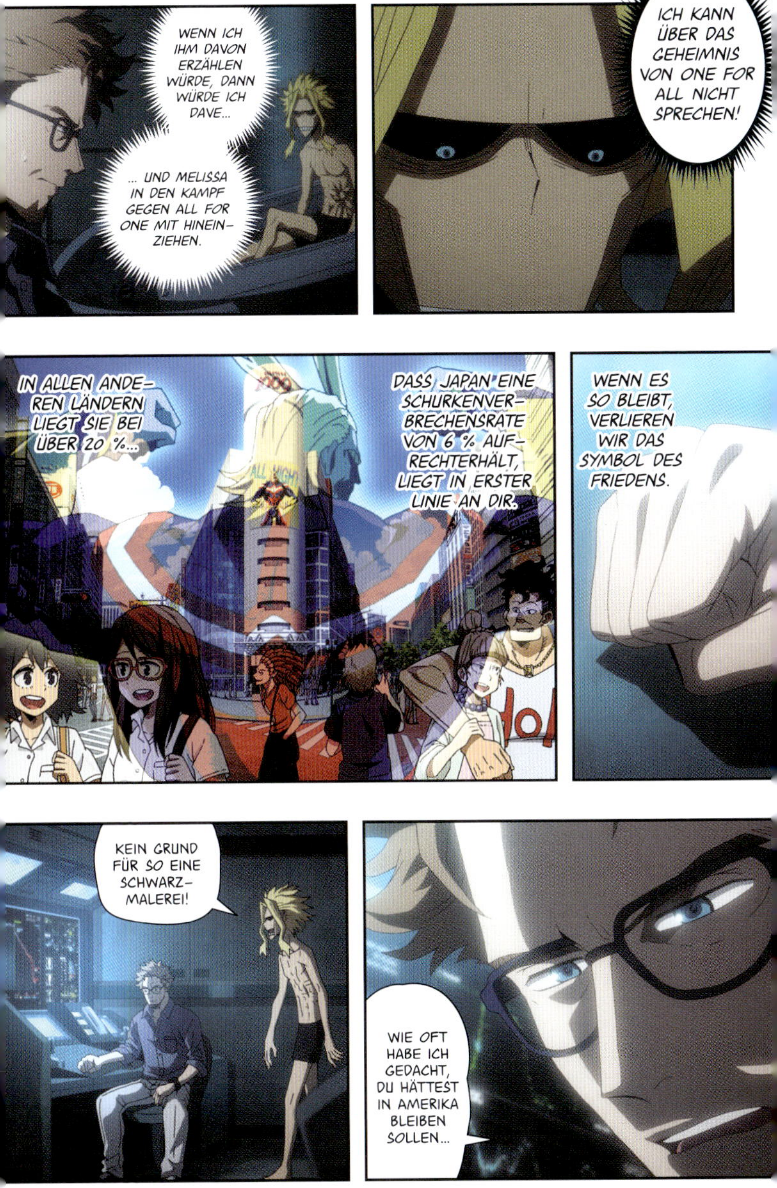
ICH KANN ÜBER DAS GEHEIMNIS VON ONE FOR ALL NICHT SPRECHEN!
WENN ICH IHM DAVON ERZÄHLEN WÜRDE, DANN WÜRDE ICH DAVE ...
... UND MELISSA IN DEN KAMPF GEGEN ALL FOR ONE MIT HINEIN-ZIEHEN.
WENN ES SO BLEIBT, VERLIEREN WIR DAS SYMBOL DES FRIEDENS.
DASS JAPAN EINE SCHURKENVER-BRECHENSRATE VON 6 % AUF-RECHTERHÄLT, LIEGT IN ERSTER LINIE AN DIR.
IN ALLEN ANDE-REN LÄNDERN LIEGT SIE BEI ÜBER 20 % ...
WIE OFT HABE ICH GEDACHT, DU HÄTTEST IN AMERIKA BLEIBEN SOLLEN ...
KEIN GRUND FÜR SO EINE SCHWARZ-MALEREI!

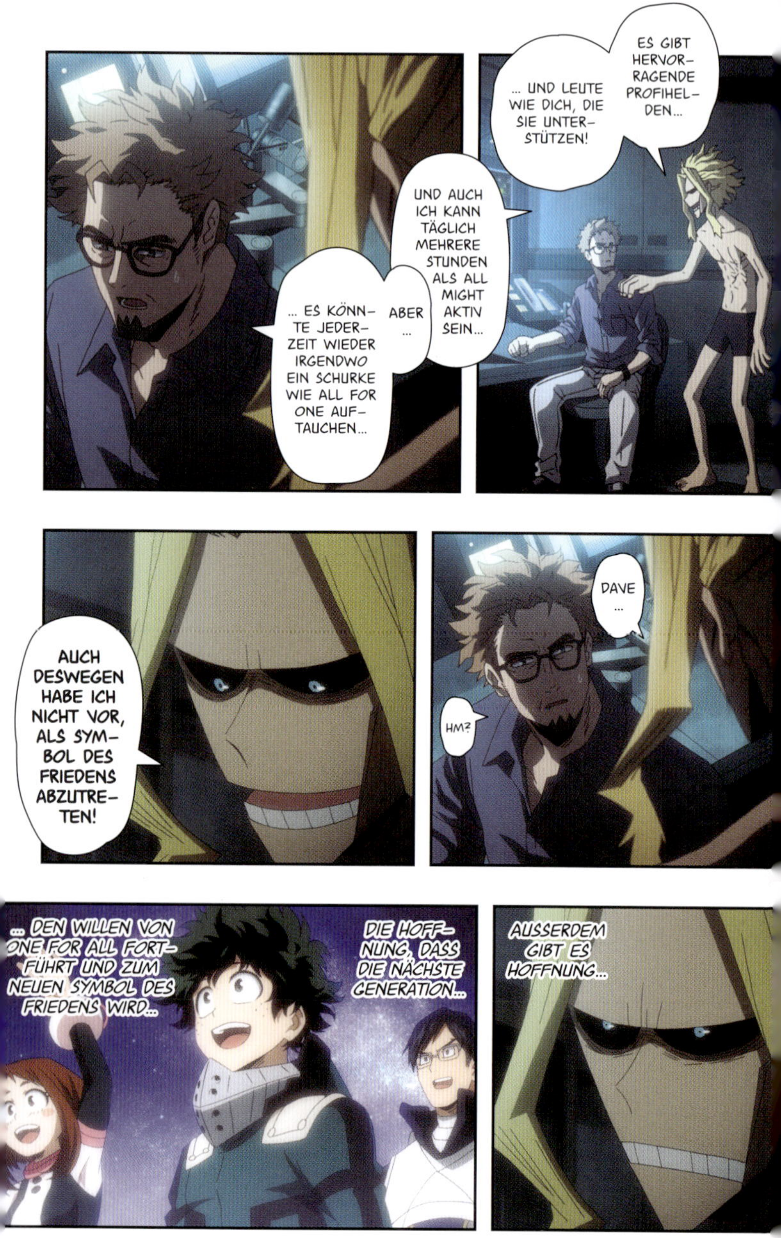
ES GIBT HERVORRAGENDE PROFIHELDEN ...
... UND LEUTE WIE DICH, DIE SIE UNTERSTÜTZEN!
UND AUCH ICH KANN TÄGLICH MEHRERE STUNDEN ALS ALL MIGHT AKTIV SEIN ...
ABER ...
... ES KÖNNTE JEDERZEIT WIEDER IRGENDWO EIN SCHURKE WIE ALL FOR ONE AUFTAUCHEN ...
DAVE ...
HM?
AUCH DESWEGEN HABE ICH NICHT VOR, ALS SYMBOL DES FRIEDENS ABZUTRETEN!
AUSSERDEM GIBT ES HOFFNUNG ...
DIE HOFFNUNG, DASS DIE NÄCHSTE GENERATION ...
... DEN WILLEN VON ONE FOR ALL FORTFÜHRT UND ZUM NEUEN SYMBOL DES FRIEDENS WIRD ...

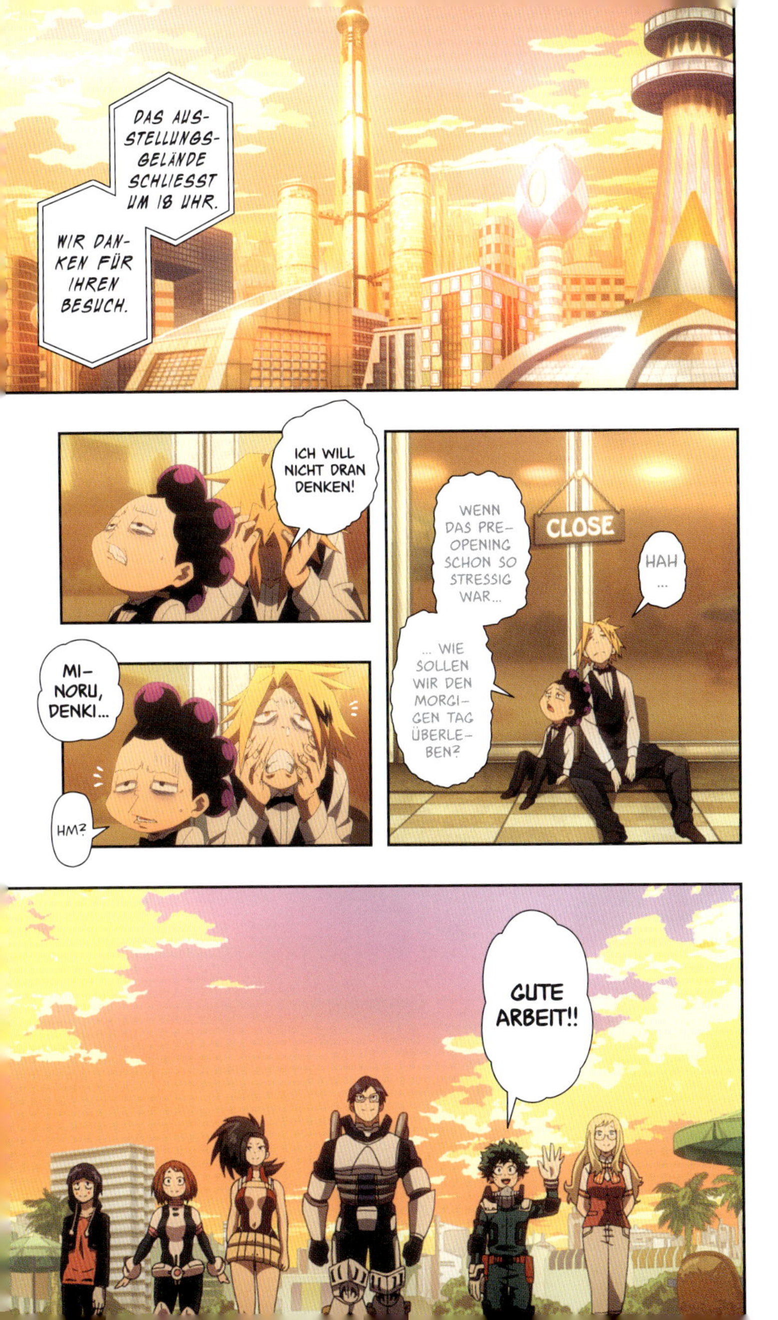
DAS AUS-STELLUNGS-GELÄNDE SCHLIESST UM 18 UHR.
WIR DAN-KEN FÜR IHREN BESUCH.
HAH ...
CLOSE
WENN DAS PRE-OPENING SCHON SO STRESSIG WAR ...
... WIE SOLLEN WIR DEN MORGI-GEN TAG ÜBERLE-BEN?
ICH WILL NICHT DRAN DENKEN!
MI-NORU, DENKI ...
HM?
GUTE ARBEIT!!

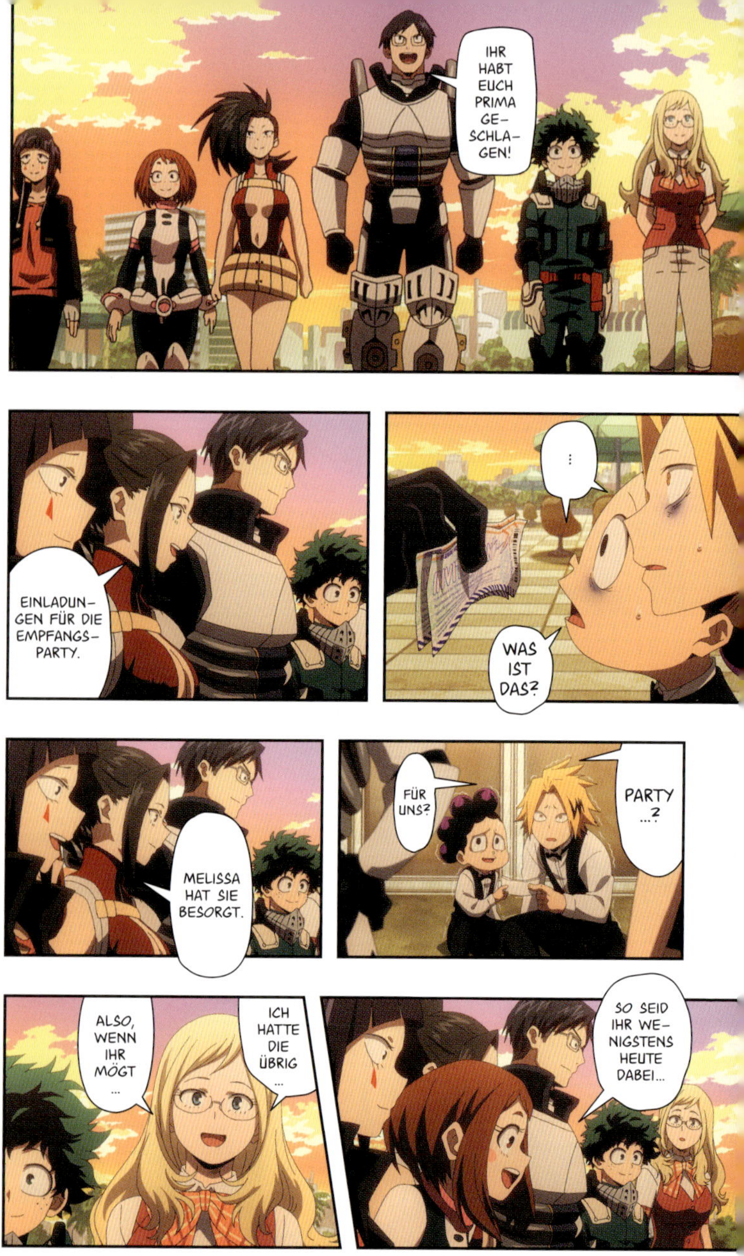

IHR HABT EUCH PRIMA GESCHLAGEN!
…
WAS IST DAS?
EINLADUNGEN FÜR DIE EMPFANGSPARTY.
PARTY …?
FÜR UNS?
MELISSA HAT SIE BESORGT.
SO SEID IHR WENIGSTENS HEUTE DABEI…
ICH HATTE DIE ÜBRIG …
ALSO, WENN IHR MÖGT …

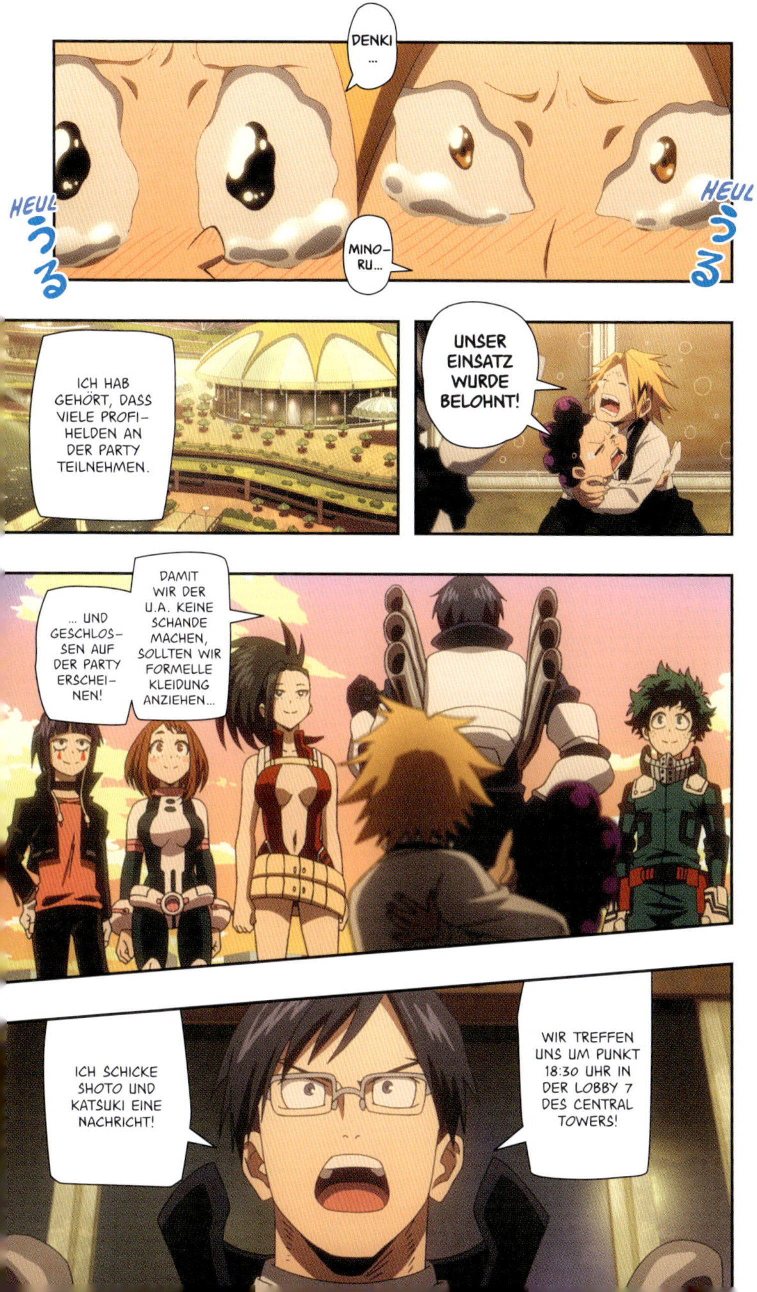
HEUL
うる
DENKI ...
MINO-RU...
HEUL
うる
UNSER EINSATZ WURDE BELOHNT!
ICH HAB GEHÖRT, DASS VIELE PROFI-HELDEN AN DER PARTY TEILNEHMEN.
DAMIT WIR DER U.A. KEINE SCHANDE MACHEN, SOLLTEN WIR FORMELLE KLEIDUNG ANZIEHEN...
... UND GESCHLOS-SEN AUF DER PARTY ERSCHEI-NEN!
WIR TREFFEN UNS UM PUNKT 18:30 UHR IN DER LOBBY 7 DES CENTRAL TOWERS!
ICH SCHICKE SHOTO UND KATSUKI EINE NACHRICHT!

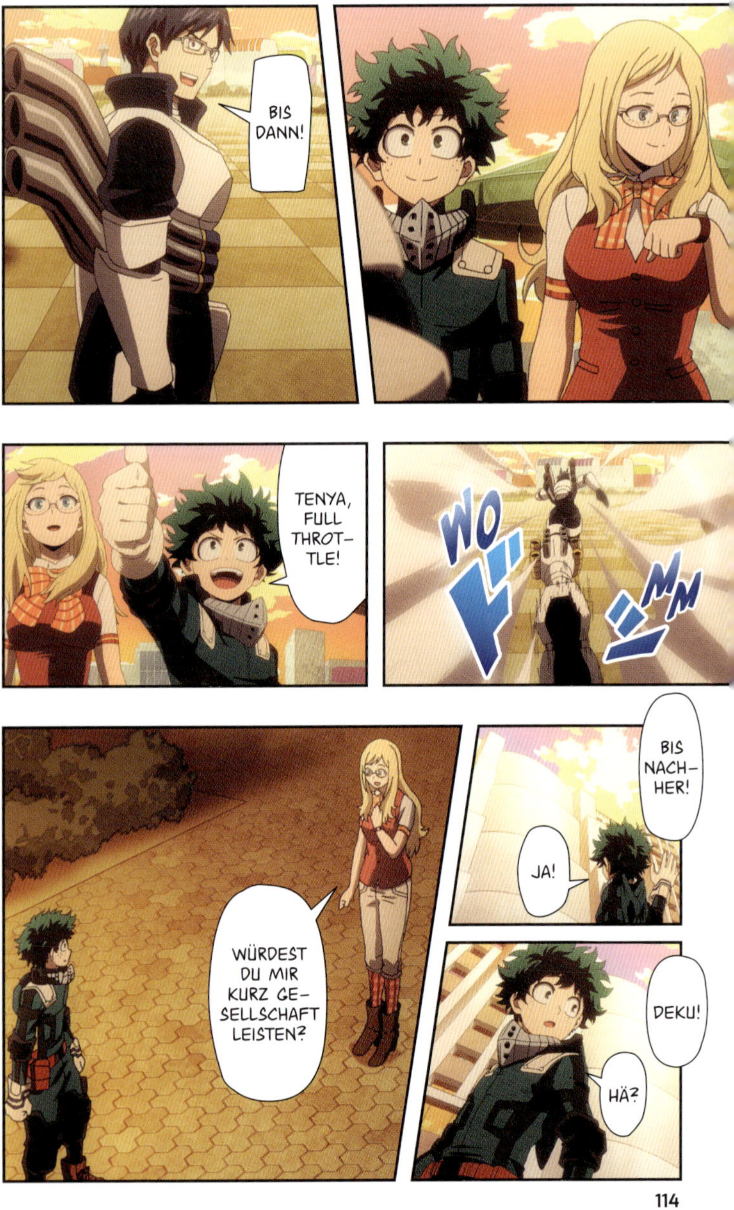
BIS DANN!
WO
MM
TENYA, FULL THROT-TLE!
BIS NACH-HER!
JA!
DEKU!
HÄ?
WÜRDEST DU MIR KURZ GE-SELLSCHAFT LEISTEN?

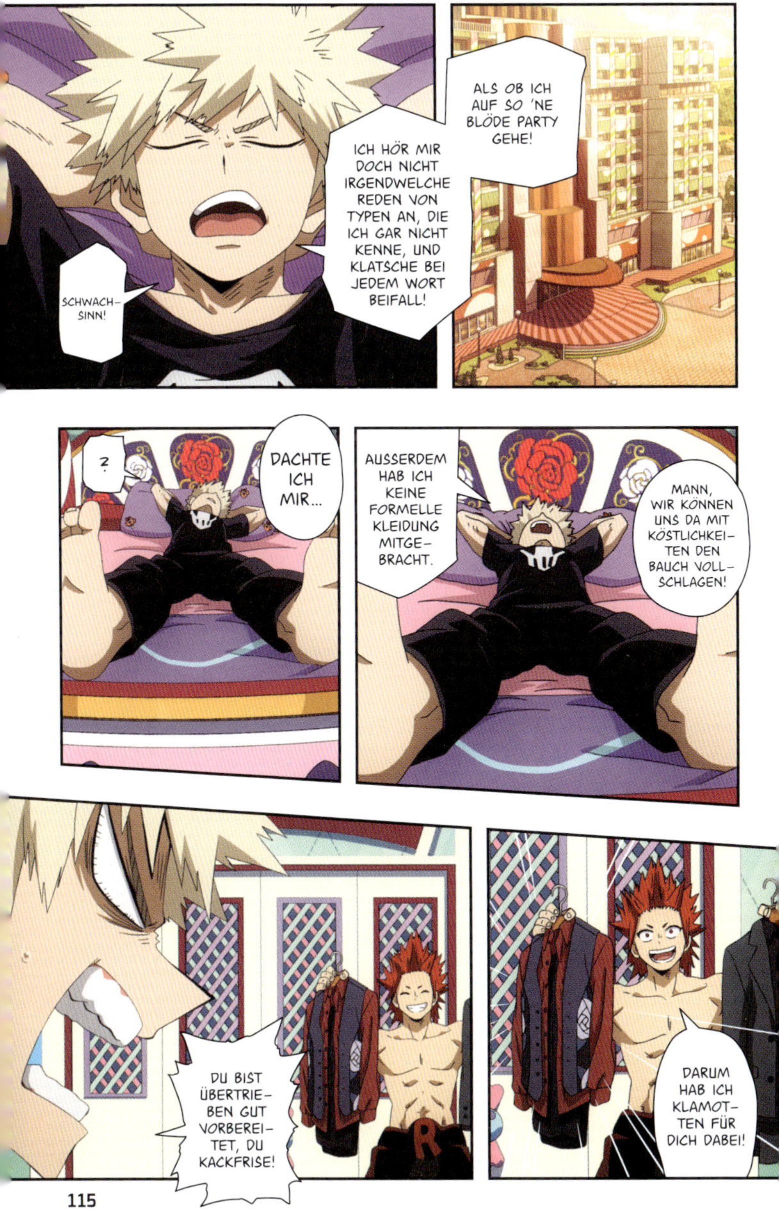
ALS OB ICH AUF SO 'NE BLÖDE PARTY GEHE!
ICH HÖR MIR DOCH NICHT IRGENDWELCHE REDEN VON TYPEN AN, DIE ICH GAR NICHT KENNE, UND KLATSCHE BEI JEDEM WORT BEIFALL!
SCHWACH-SINN!
MANN, WIR KÖNNEN UNS DA MIT KÖSTLICHKEI-TEN DEN BAUCH VOLL-SCHLAGEN!
AUSSERDEM HAB ICH KEINE FORMELLE KLEIDUNG MITGE-BRACHT.
DACHTE ICH MIR...
?
DARUM HAB ICH KLAMOT-TEN FÜR DICH DABEI!
DU BIST ÜBERTRIE-BEN GUT VORBEREI-TET, DU KACKFRISE!

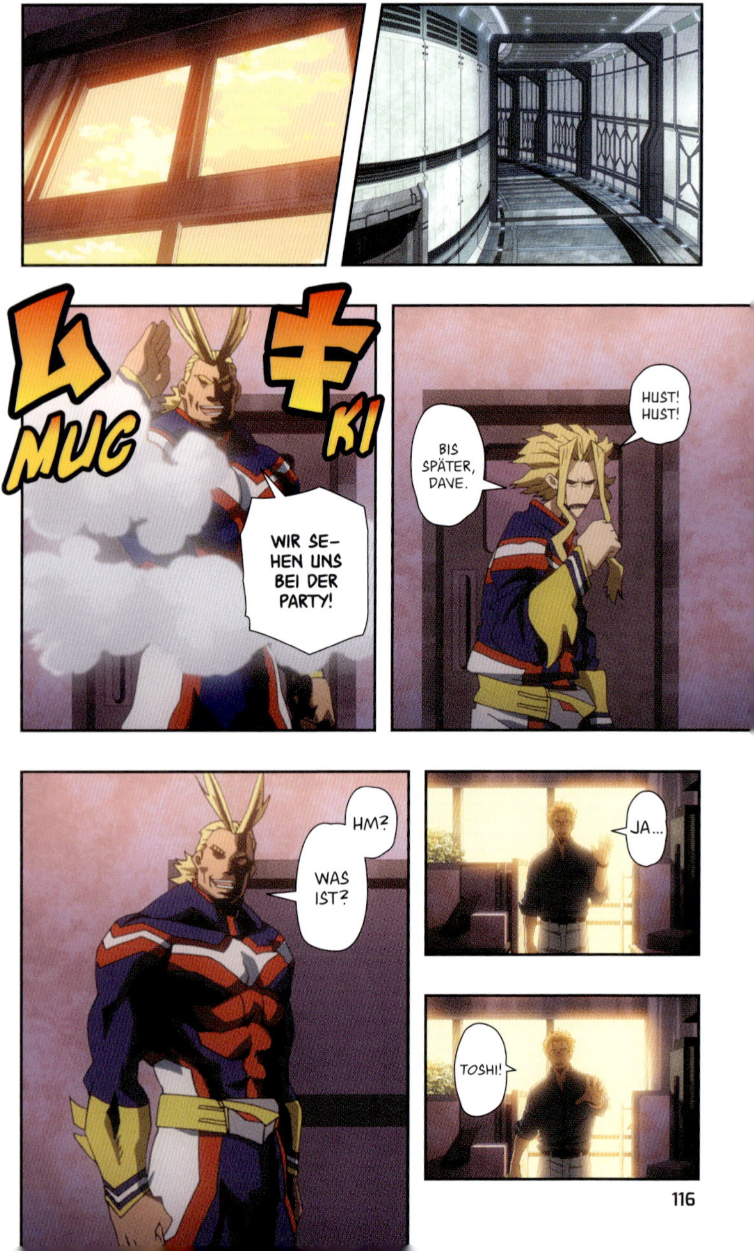
HUST! HUST!
BIS SPÄTER, DAVE.
ムキ
MUC KI
WIR SEHEN UNS BEI DER PARTY!
JA...
TOSHI!
HM?
WAS IST?

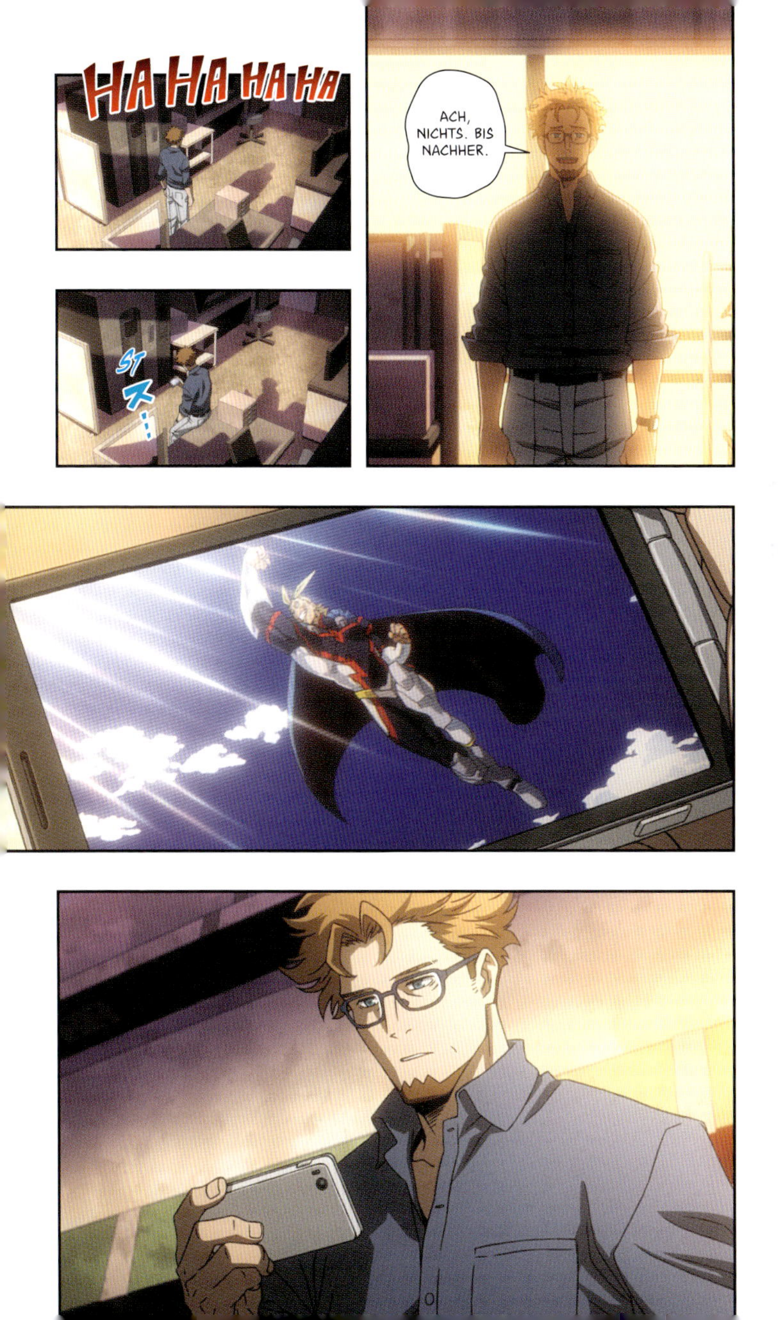
ACH, NICHTS. BIS NACHHER.
HA HA HA HA
ST
ス…

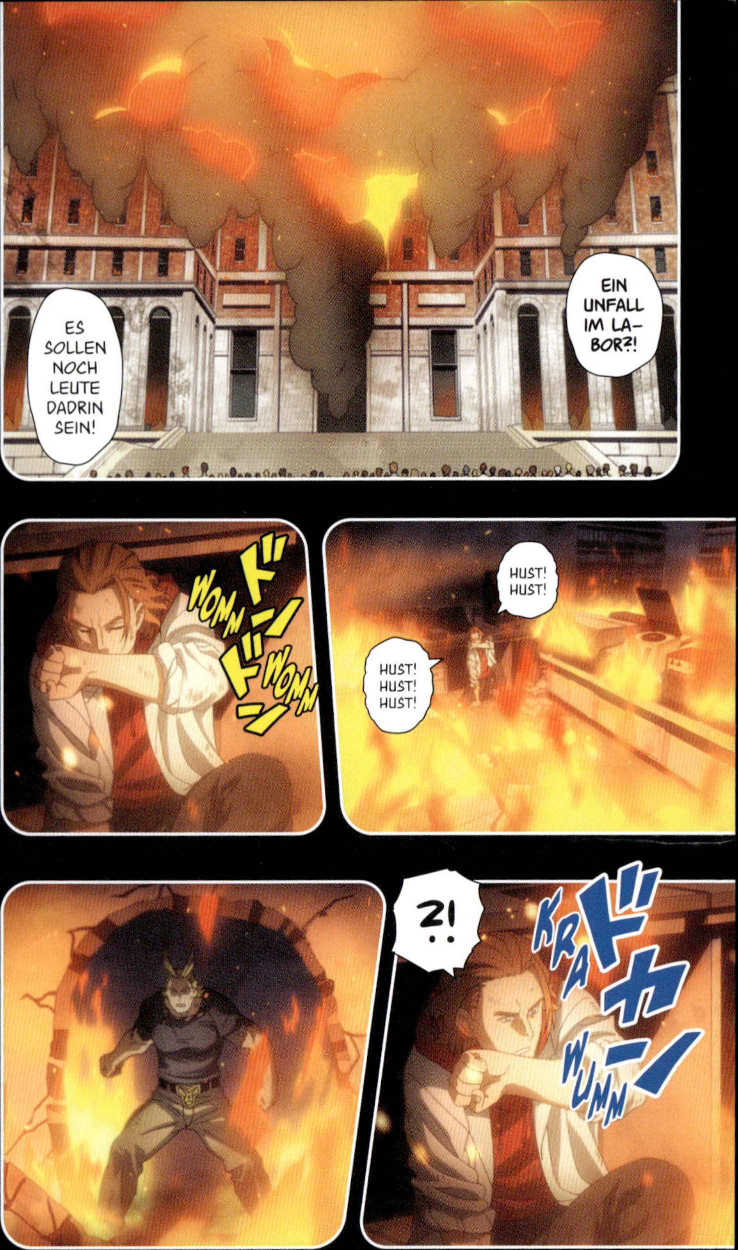
EIN UNFALL IM LABOR?!
ES SOLLEN NOCH LEUTE DADRIN SEIN!
WOMM
WOMM
HUST! HUST!
HUST! HUST! HUST!
KRA
WUMM
?!

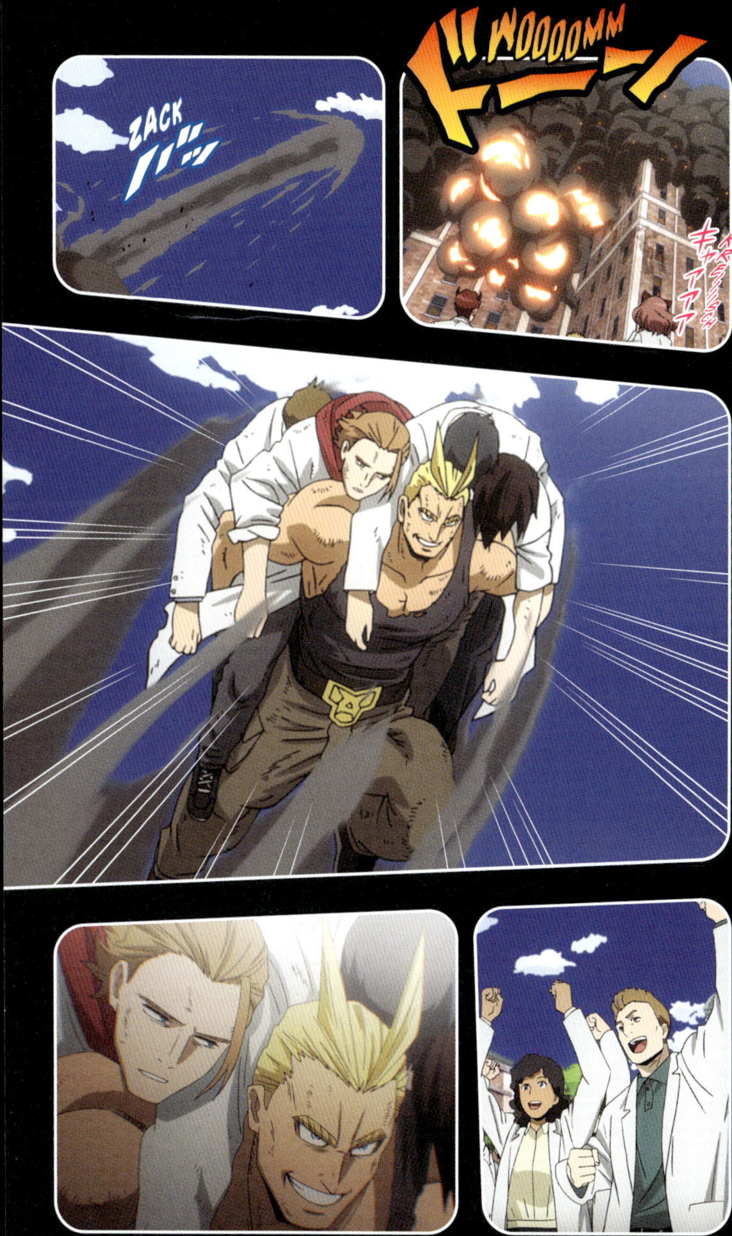

WOOOOMM
ドーン
KREISCH
キャアアア
ZACK
バッ

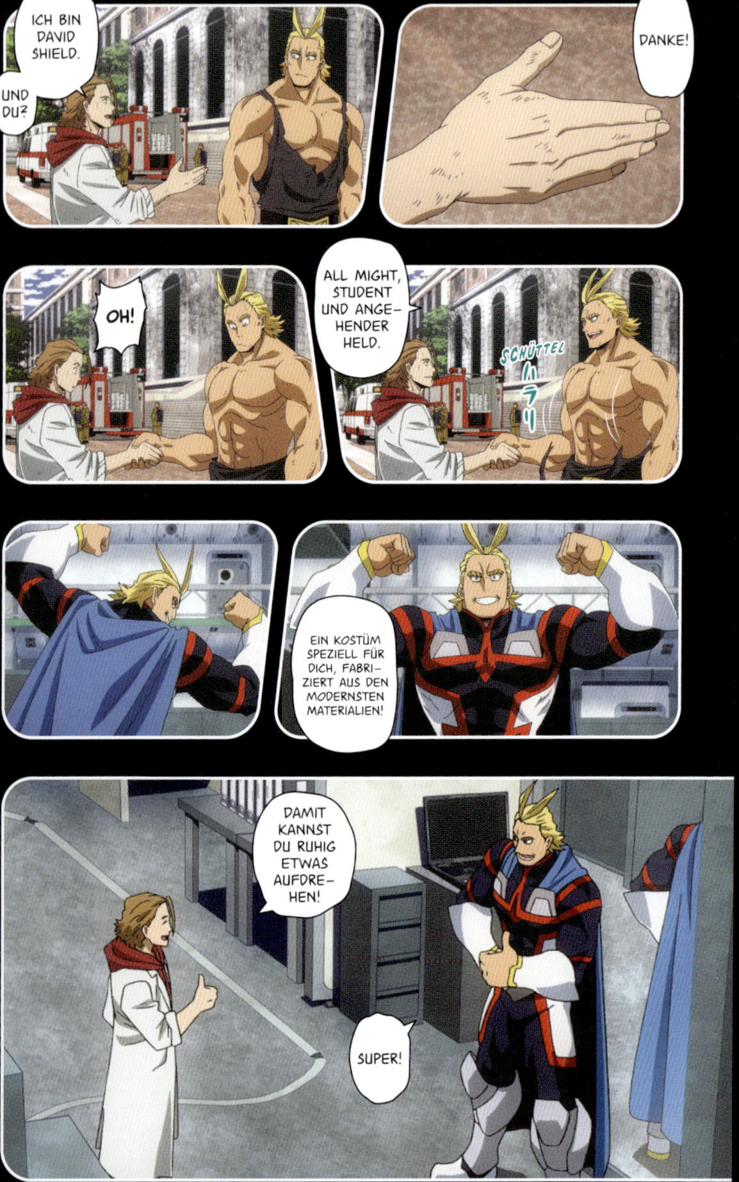
ICH BIN DAVID SHIELD.
UND DU?
DANKE!
OH!
ALL MIGHT, STUDENT UND ANGE-HENDER HELD.
SCHÜTTEL
EIN KOSTÜM SPEZIELL FÜR DICH, FABRI-ZIERT AUS DEN MODERNSTEN MATERIALIEN!
DAMIT KANNST DU RUHIG ETWAS AUFDRE-HEN!
SUPER!

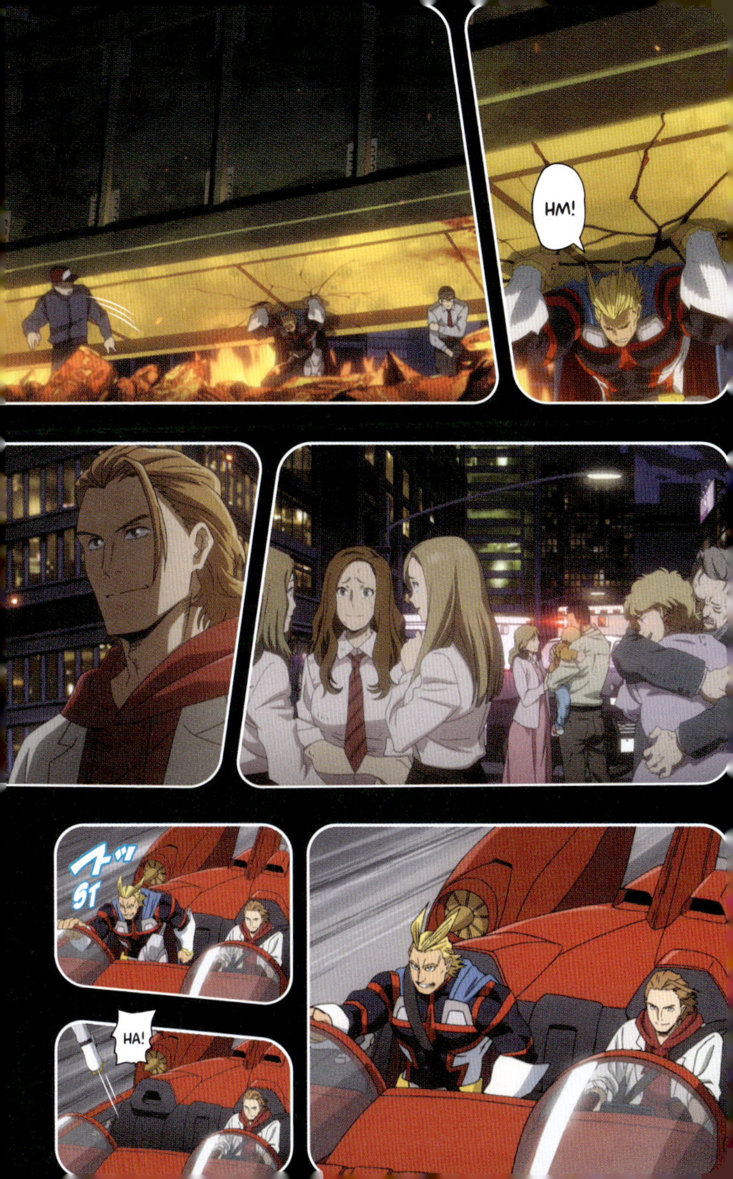
HM!
ズッ
ST
HA!

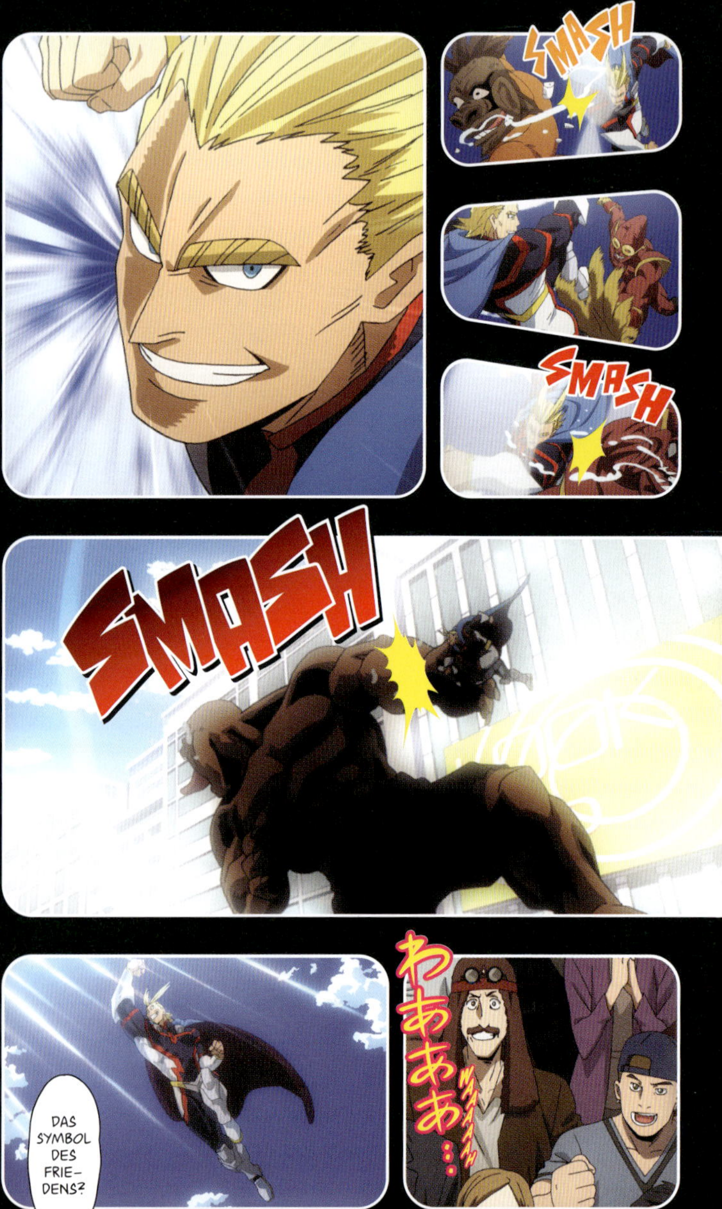
SMASH
SMASH
SMASH
わあああ…
WAAAAAAH
DAS SYMBOL DES FRIE-DENS?

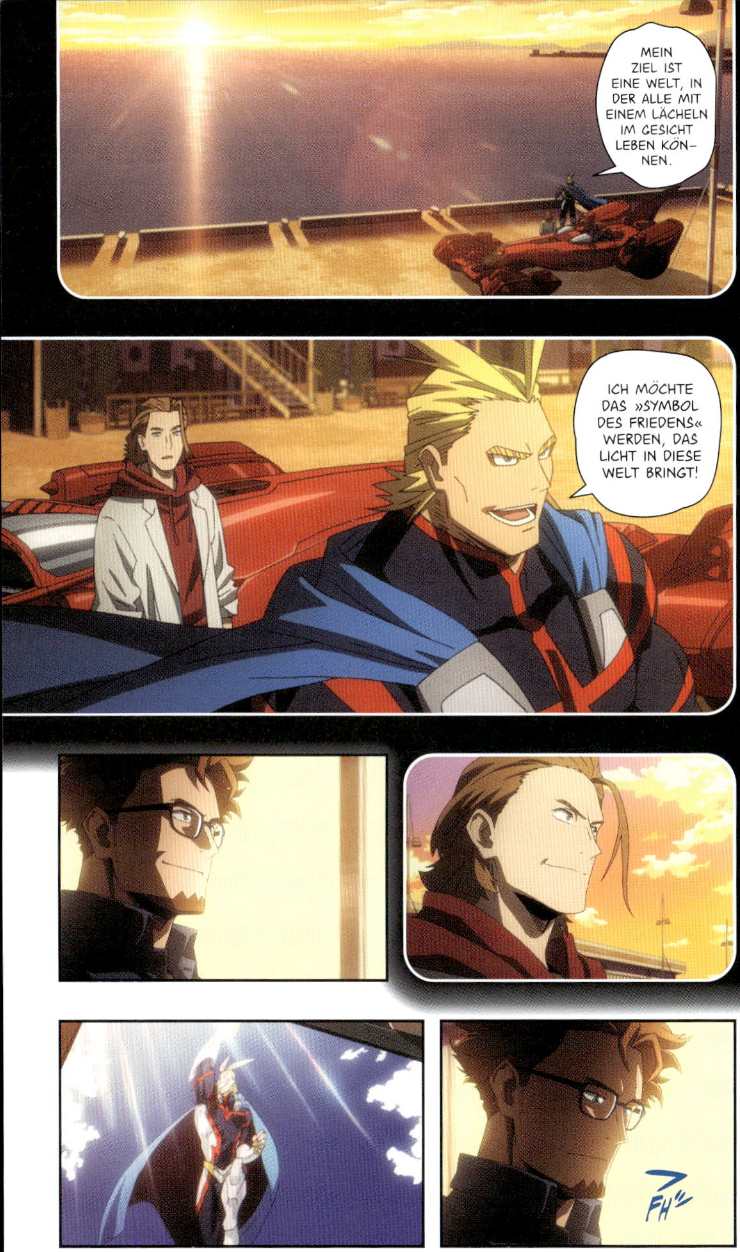
MEIN ZIEL IST EINE WELT, IN DER ALLE MIT EINEM LÄCHELN IM GESICHT LEBEN KÖN-NEN.
ICH MÖCHTE DAS »SYMBOL DES FRIEDENS« WERDEN, DAS LICHT IN DIESE WELT BRINGT!
FH

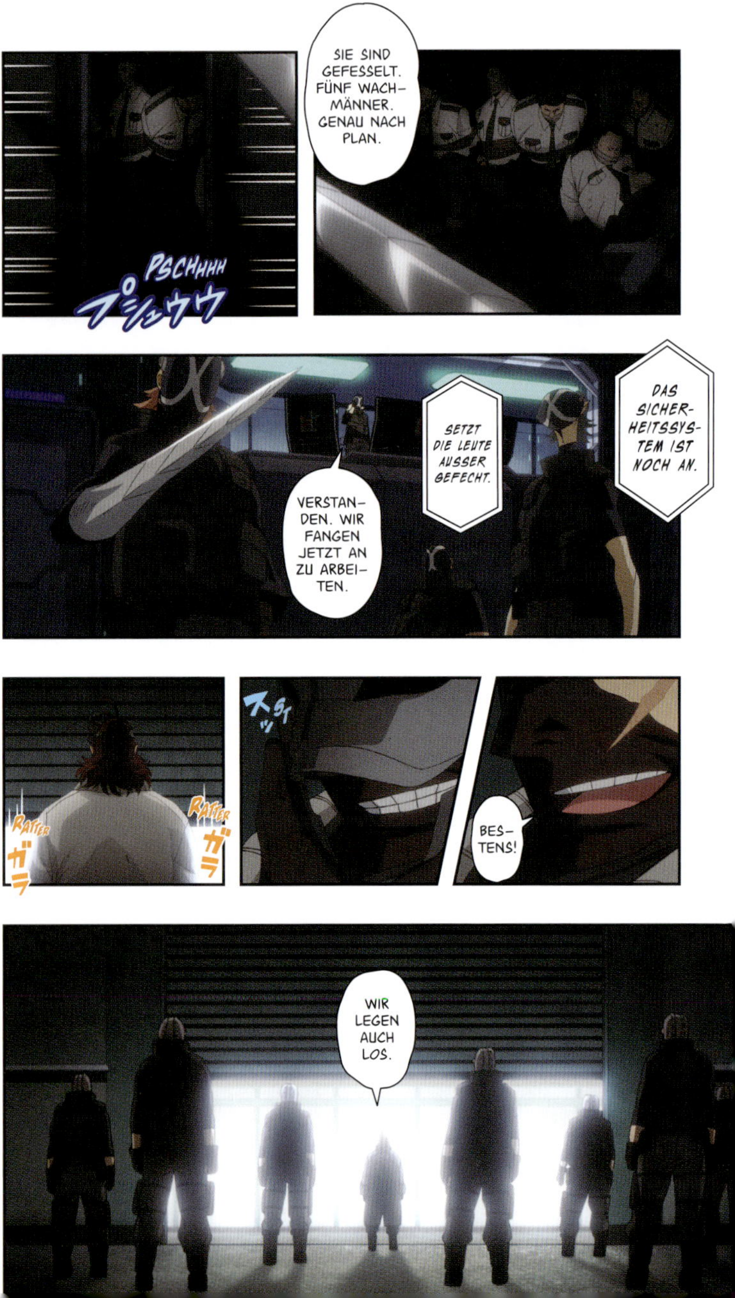
SIE SIND GEFESSELT. FÜNF WACH-MÄNNER. GENAU NACH PLAN.
PSCHHHH
プシュウウ
DAS SICHER-HEITSSYS-TEM IST NOCH AN.
SETZT DIE LEUTE AUSSER GEFECHT.
VERSTAN-DEN. WIR FANGEN JETZT AN ZU ARBEI-TEN.
BES-TENS!
SSI
スッ
RATTER
ガラ
RATTER
ガラ
WIR LEGEN AUCH LOS.

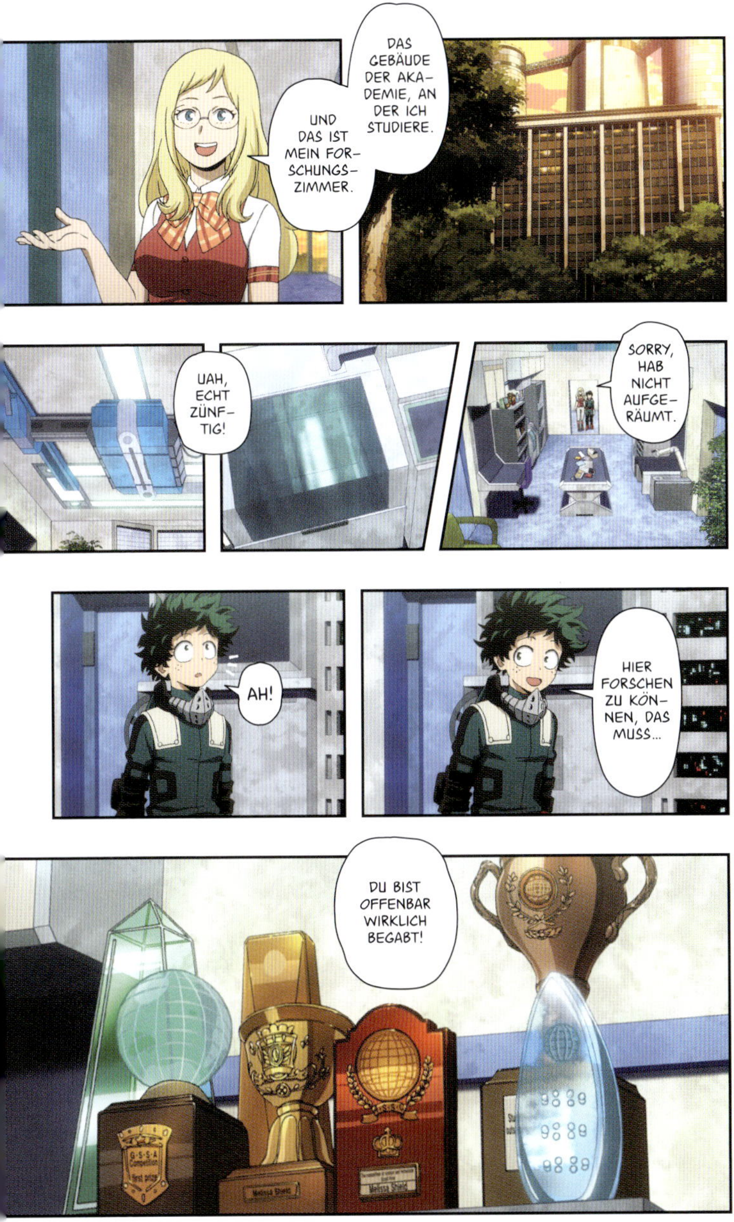
DAS GEBÄUDE DER AKADEMIE, AN DER ICH STUDIERE.
UND DAS IST MEIN FORSCHUNGSZIMMER.
SORRY, HAB NICHT AUFGERÄUMT.
UAH, ECHT ZÜNFTIG!
HIER FORSCHEN ZU KÖNNEN, DAS MUSS...
AH!
DU BIST OFFENBAR WIRKLICH BEGABT!

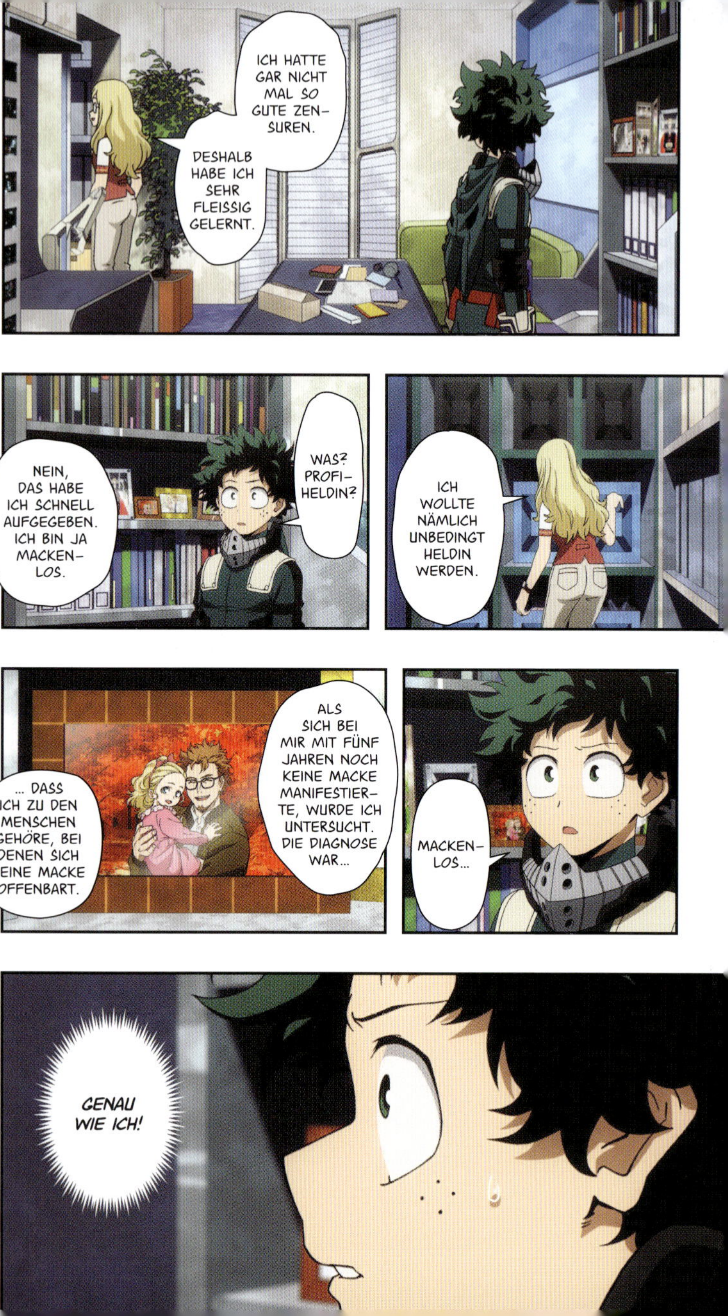

ICH HATTE GAR NICHT MAL SO GUTE ZEN-SUREN.
DESHALB HABE ICH SEHR FLEISSIG GELERNT.
NEIN, DAS HABE ICH SCHNELL AUFGEGEBEN. ICH BIN JA MACKEN-LOS.
WAS? PROFI-HELDIN?
ICH WOLLTE NÄMLICH UNBEDINGT HELDIN WERDEN.
... DASS ICH ZU DEN MENSCHEN GEHÖRE, BEI DENEN SICH KEINE MACKE OFFENBART.
ALS SICH BEI MIR MIT FÜNF JAHREN NOCH KEINE MACKE MANIFESTIER-TE, WURDE ICH UNTERSUCHT. DIE DIAGNOSE WAR...
MACKEN-LOS...
GENAU WIE ICH!

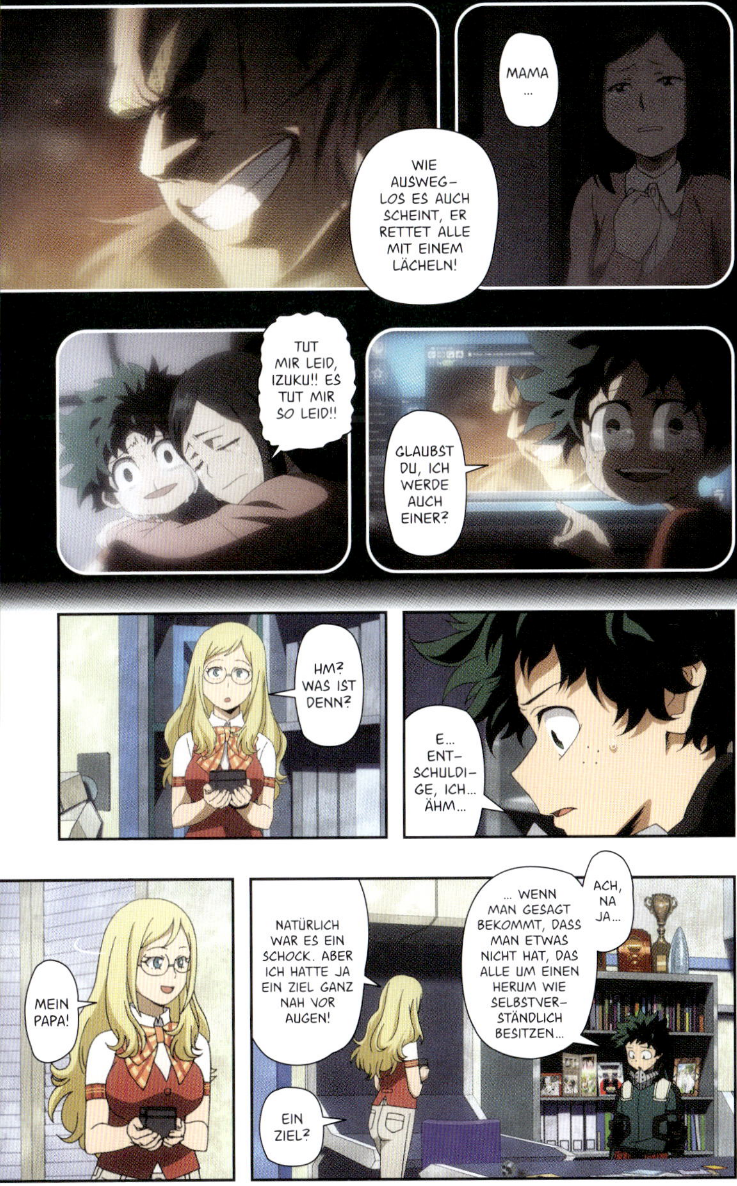
MAMA …
WIE AUSWEG-LOS ES AUCH SCHEINT, ER RETTET ALLE MIT EINEM LÄCHELN!
GLAUBST DU, ICH WERDE AUCH EINER?
TUT MIR LEID, IZUKU!! ES TUT MIR SO LEID!!
E… ENT-SCHULDI-GE, ICH… ÄHM…
HM? WAS IST DENN?
ACH, NA JA…
… WENN MAN GESAGT BEKOMMT, DASS MAN ETWAS NICHT HAT, DAS ALLE UM EINEN HERUM WIE SELBSTVER-STÄNDLICH BESITZEN…
NATÜRLICH WAR ES EIN SCHOCK. ABER ICH HATTE JA EIN ZIEL GANZ NAH VOR AUGEN!
EIN ZIEL?
MEIN PAPA!

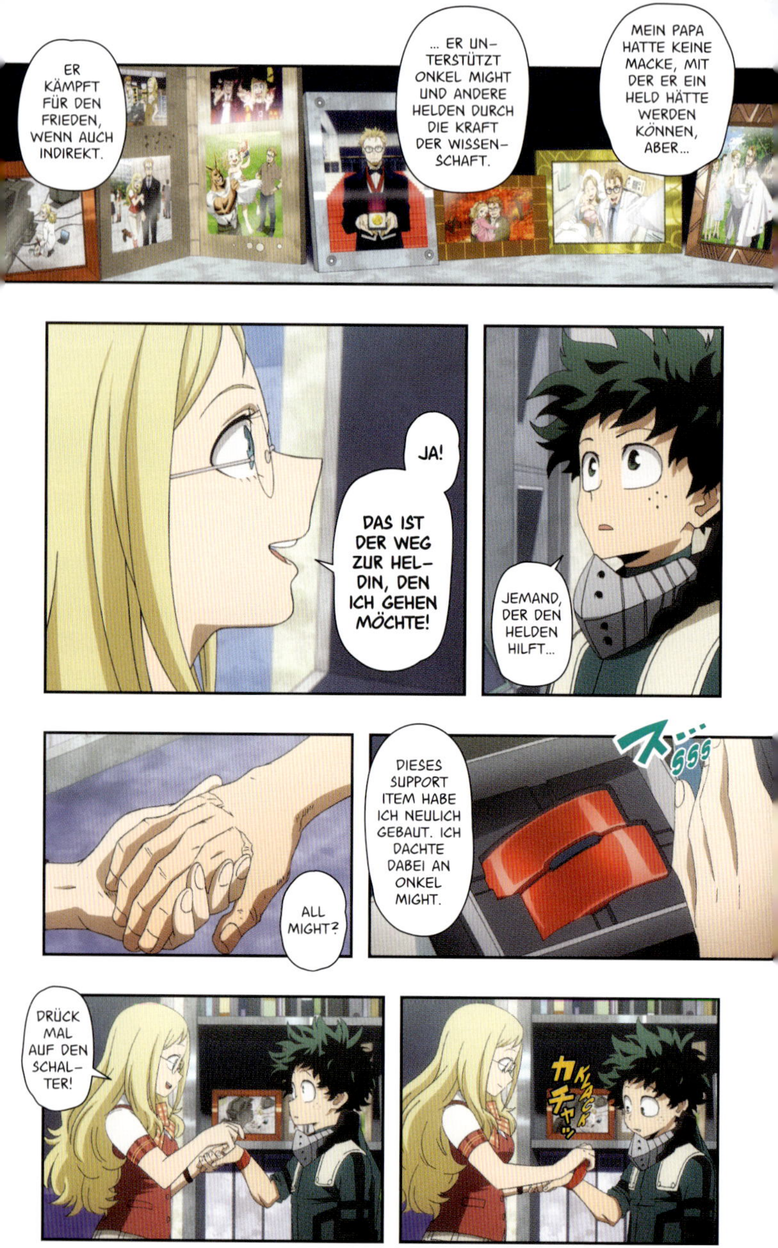
MEIN PAPA HATTE KEINE MACKE, MIT DER ER EIN HELD HÄTTE WERDEN KÖNNEN, ABER ...
... ER UNTERSTÜTZT ONKEL MIGHT UND ANDERE HELDEN DURCH DIE KRAFT DER WISSENSCHAFT.
ER KÄMPFT FÜR DEN FRIEDEN, WENN AUCH INDIREKT.
JEMAND, DER DEN HELDEN HILFT ...
JA!
DAS IST DER WEG ZUR HELDIN, DEN ICH GEHEN MÖCHTE!
スッ
SSS
DIESES SUPPORT ITEM HABE ICH NEULICH GEBAUT. ICH DACHTE DABEI AN ONKEL MIGHT.
ALL MIGHT?
カチャッ
KLACK
DRÜCK MAL AUF DEN SCHALTER!

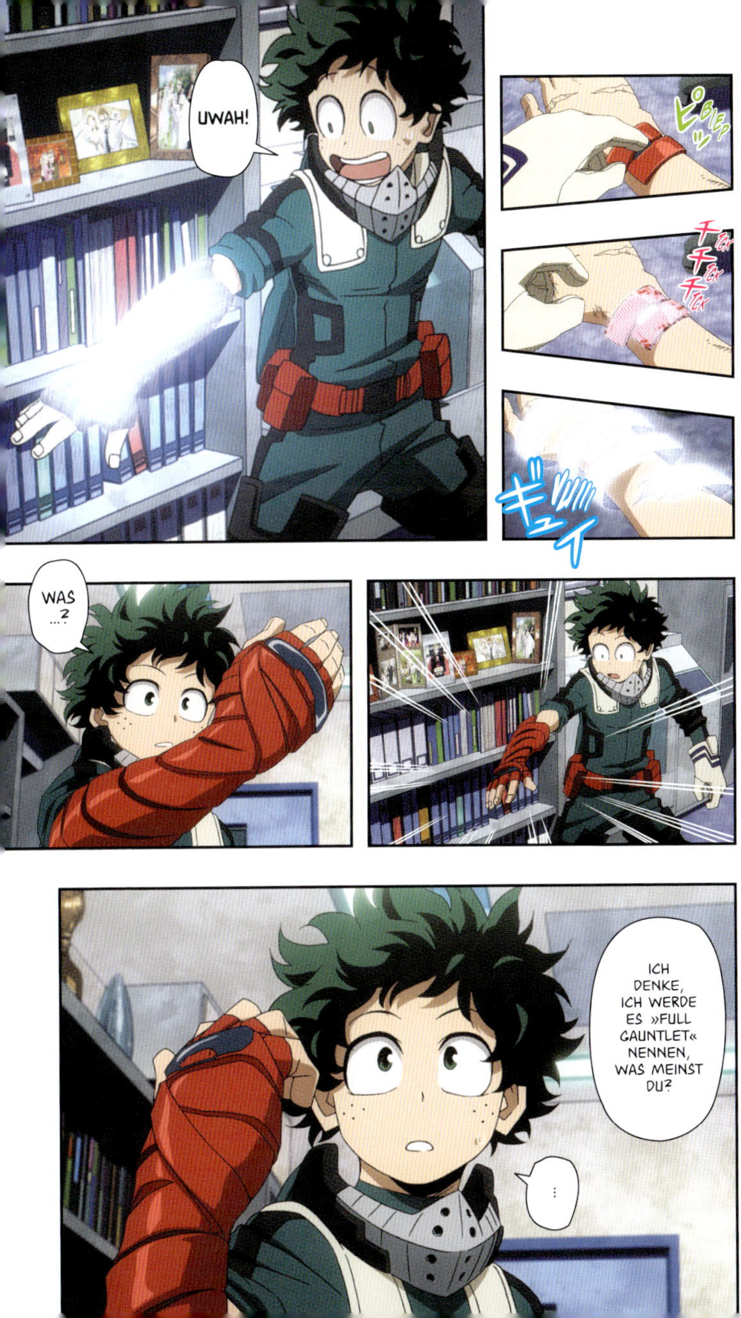
UWAH!
ピッ
BIEP
チ
TICK
チ
TICK
チ
TICK
ギュイ
WAS ...?
ICH DENKE, ICH WERDE ES »FULL GAUNTLET« NENNEN, WAS MEINST DU?
...

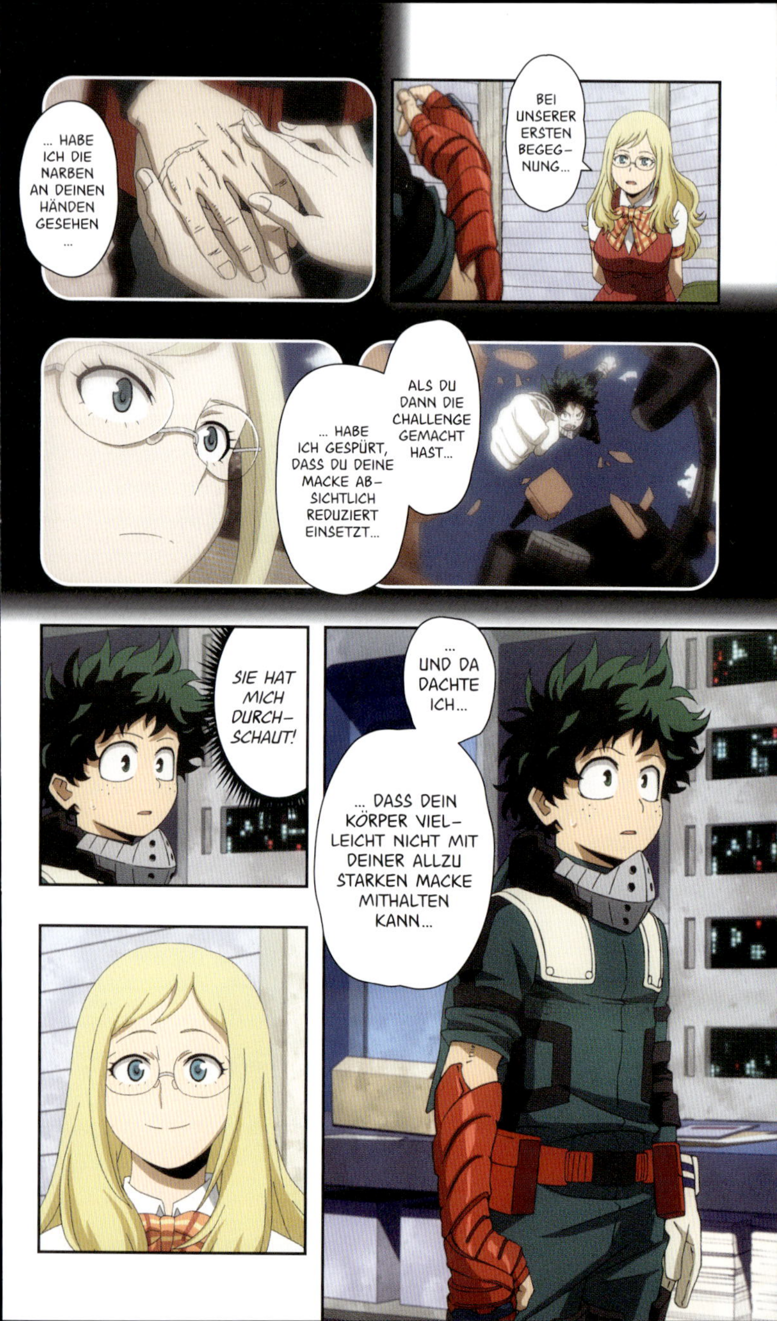
BEI UNSERER ERSTEN BEGEGNUNG...
... HABE ICH DIE NARBEN AN DEINEN HÄNDEN GESEHEN ...
ALS DU DANN DIE CHALLENGE GEMACHT HAST...
... HABE ICH GESPÜRT, DASS DU DEINE MACKE ABSICHTLICH REDUZIERT EINSETZT...
... UND DA DACHTE ICH...
... DASS DEIN KÖRPER VIELLEICHT NICHT MIT DEINER ALLZU STARKEN MACKE MITHALTEN KANN...
SIE HAT MICH DURCHSCHAUT!

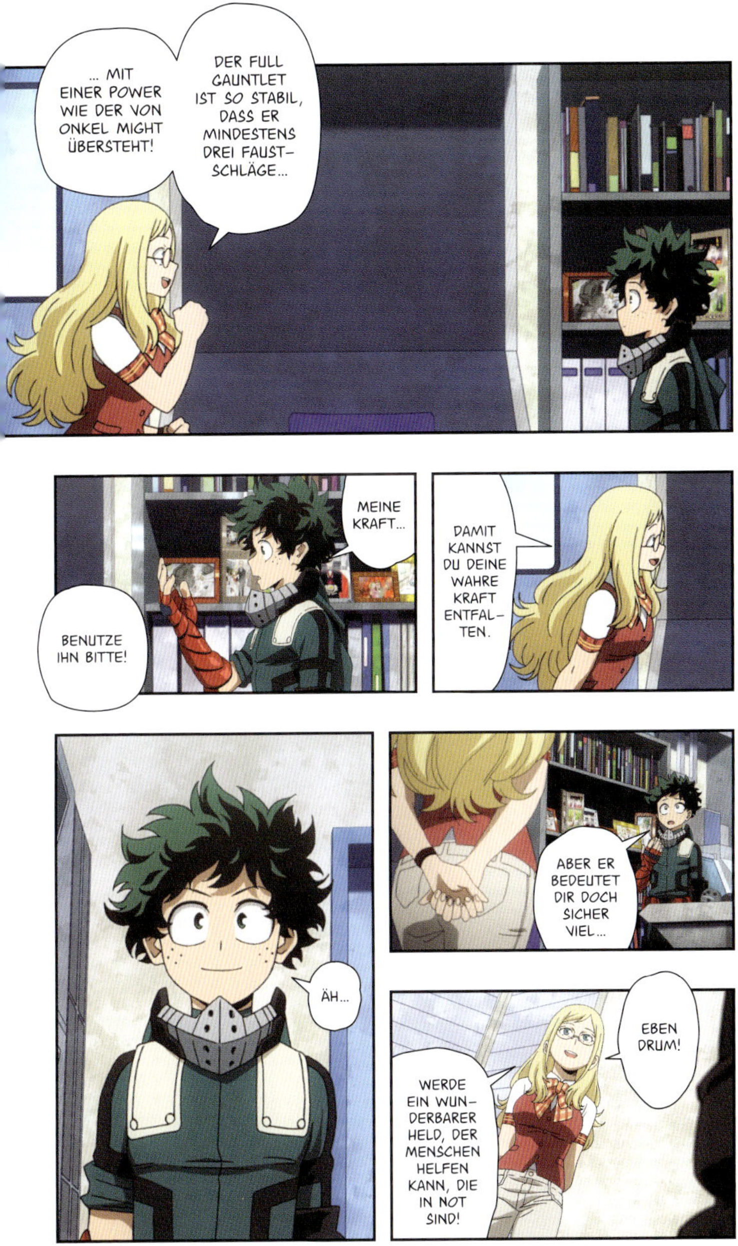
DER FULL GAUNTLET IST SO STABIL, DASS ER MINDESTENS DREI FAUST-SCHLÄGE...
... MIT EINER POWER WIE DER VON ONKEL MIGHT ÜBERSTEHT!
DAMIT KANNST DU DEINE WAHRE KRAFT ENTFAL-TEN.
MEINE KRAFT...
BENUTZE IHN BITTE!
ABER ER BEDEUTET DIR DOCH SICHER VIEL...
EBEN DRUM!
WERDE EIN WUN-DERBARER HELD, DER MENSCHEN HELFEN KANN, DIE IN NOT SIND!
ÄH...

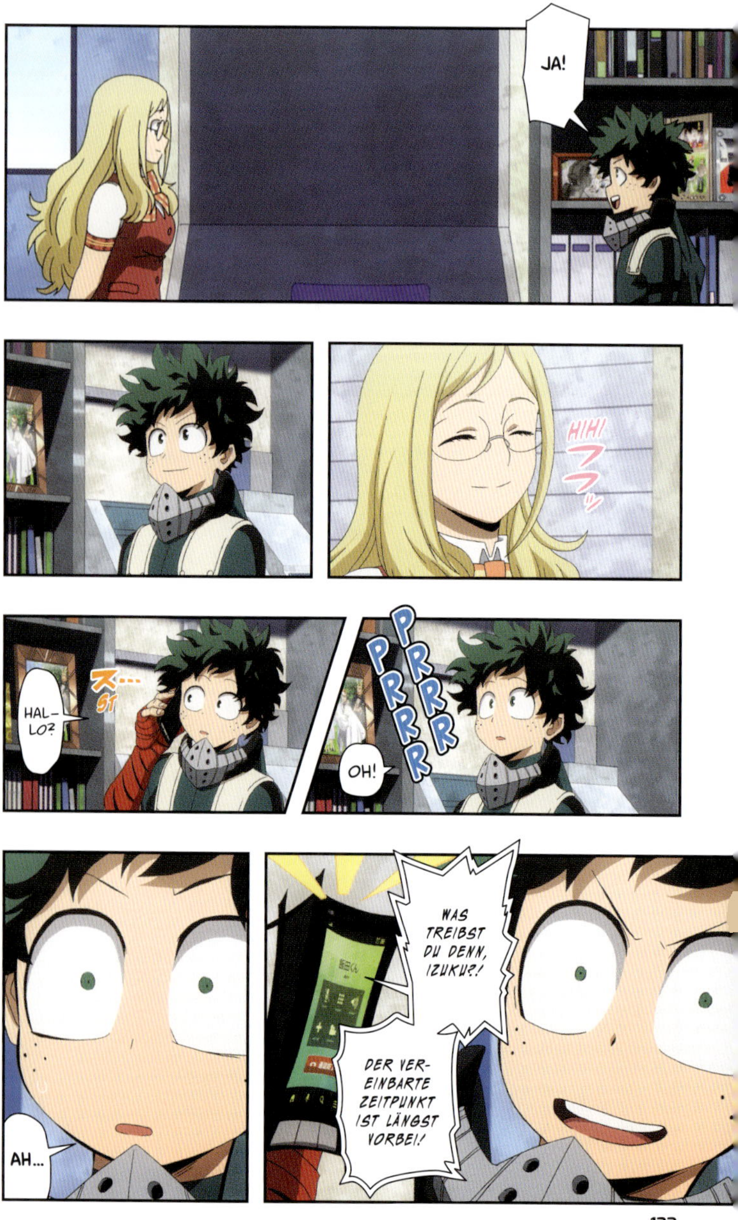
JA!
HIHI
フフッ
PRRRR
PRRRR
OH!
ス...
ST
HAL-LO?
WAS TREIBST DU DENN, IZUKU?!
DER VER-EINBARTE ZEITPUNKT IST LÄNGST VORBEI!
AH...

Chapter 3

DIE TURBULENTE EMPFANGSPARTY

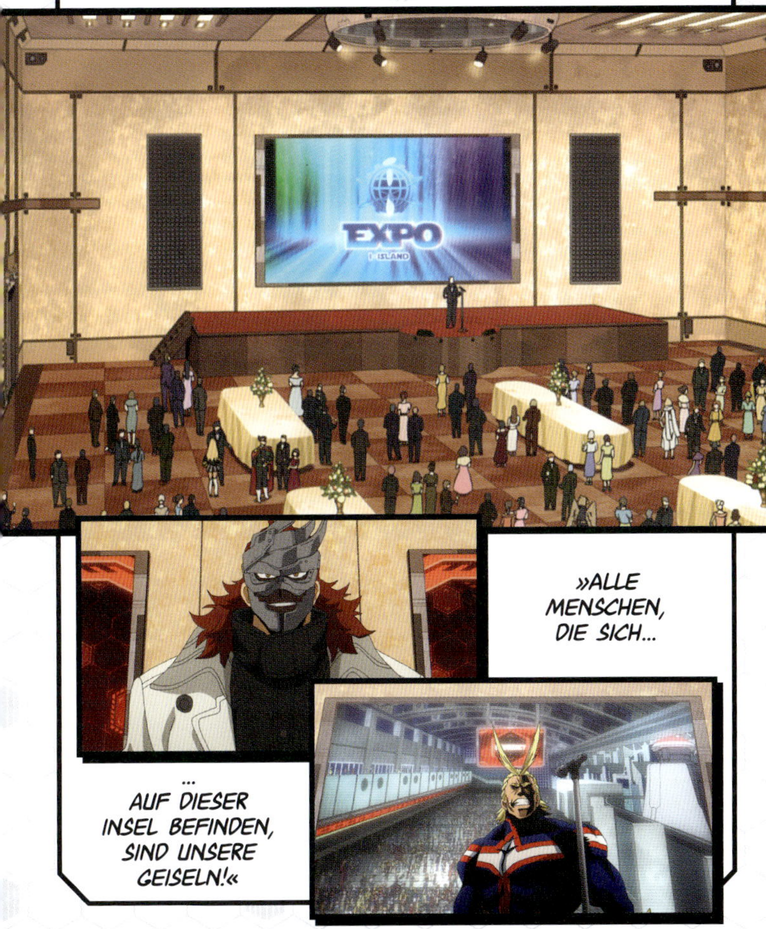

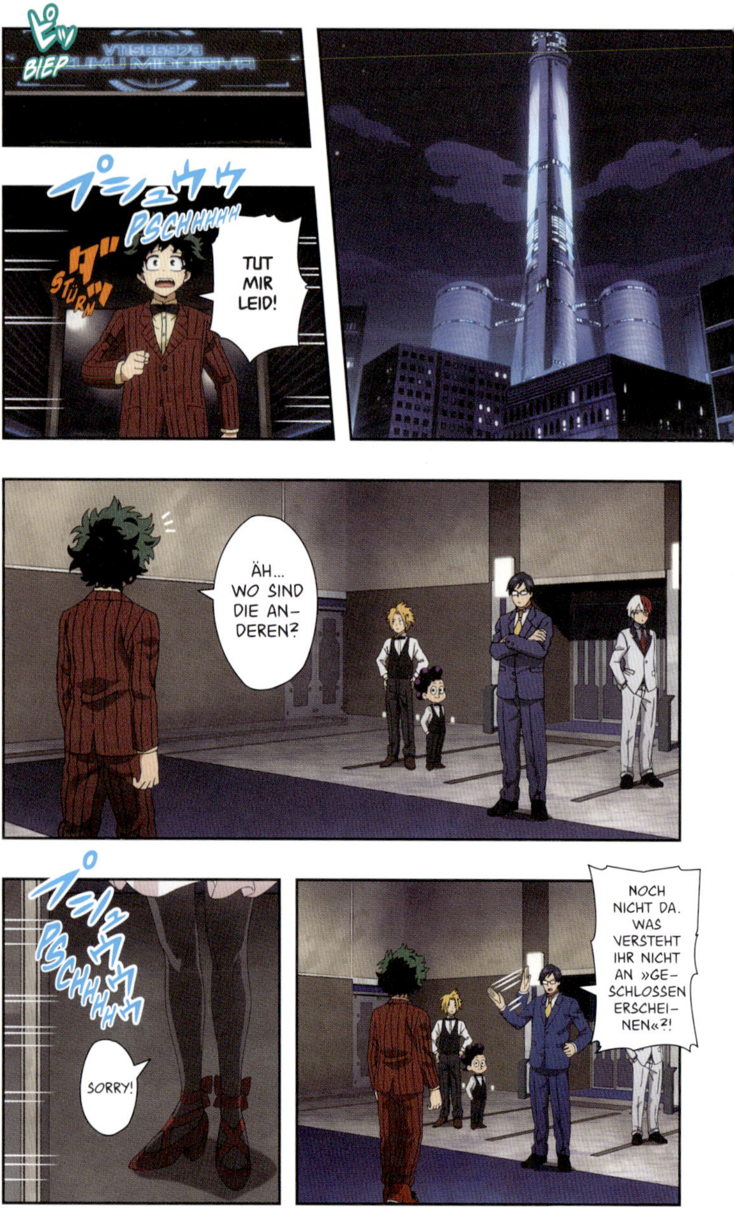
ピッ
BIEP
プシュウウ
PSCHHHHH
ダッ
STÜRM
TUT MIR LEID!
ÄH... WO SIND DIE AN-DEREN?
NOCH NICHT DA. WAS VERSTEHT IHR NICHT AN »GE-SCHLOSSEN ERSCHEI-NEN«?!
PSCHHHHHH
SORRY!

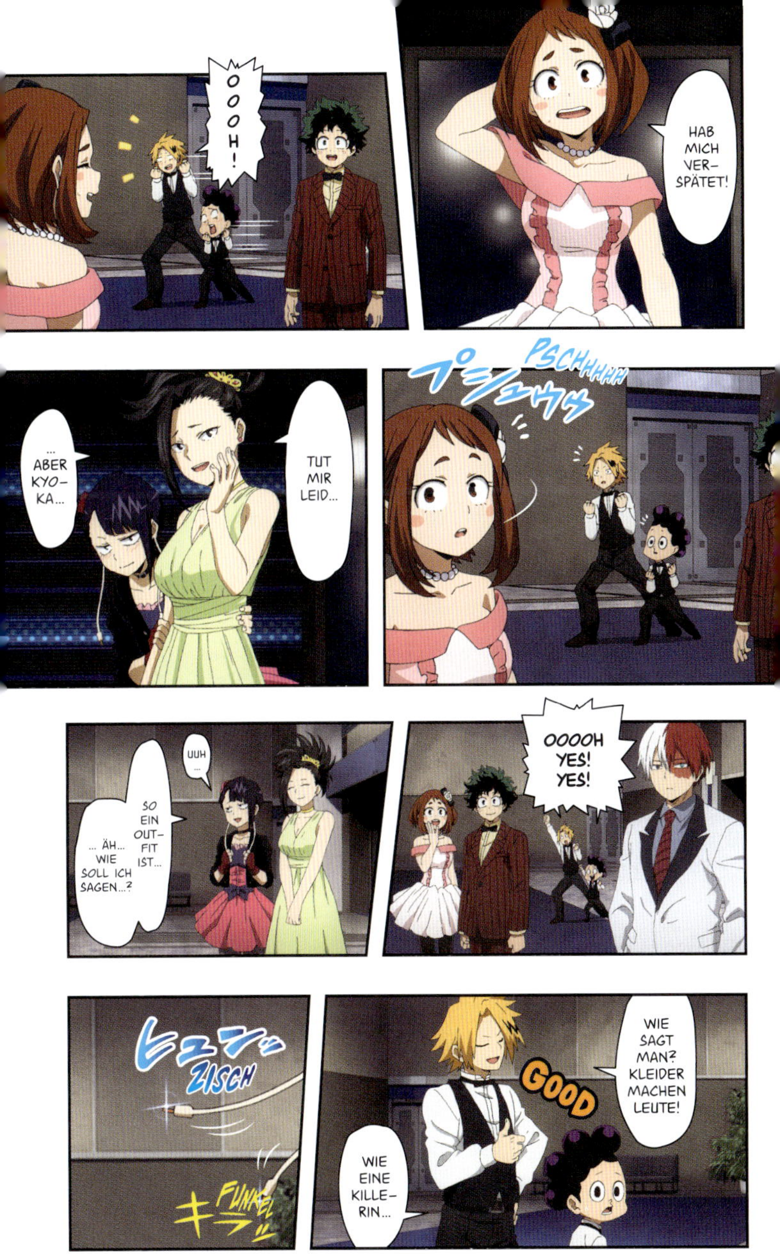
HAB MICH VER-SPÄTET!
OOOOH!
PSCHHHHH
TUT MIR LEID...
... ABER KYO-KA...
OOOOH YES! YES!
SO EIN OUT-FIT IST...
... ÄH... WIE SOLL ICH SAGEN...?
UUH ...
WIE SAGT MAN? KLEIDER MACHEN LEUTE!
GOOD
WIE EINE KILLE-RIN...
ZISCH
FUNKEL

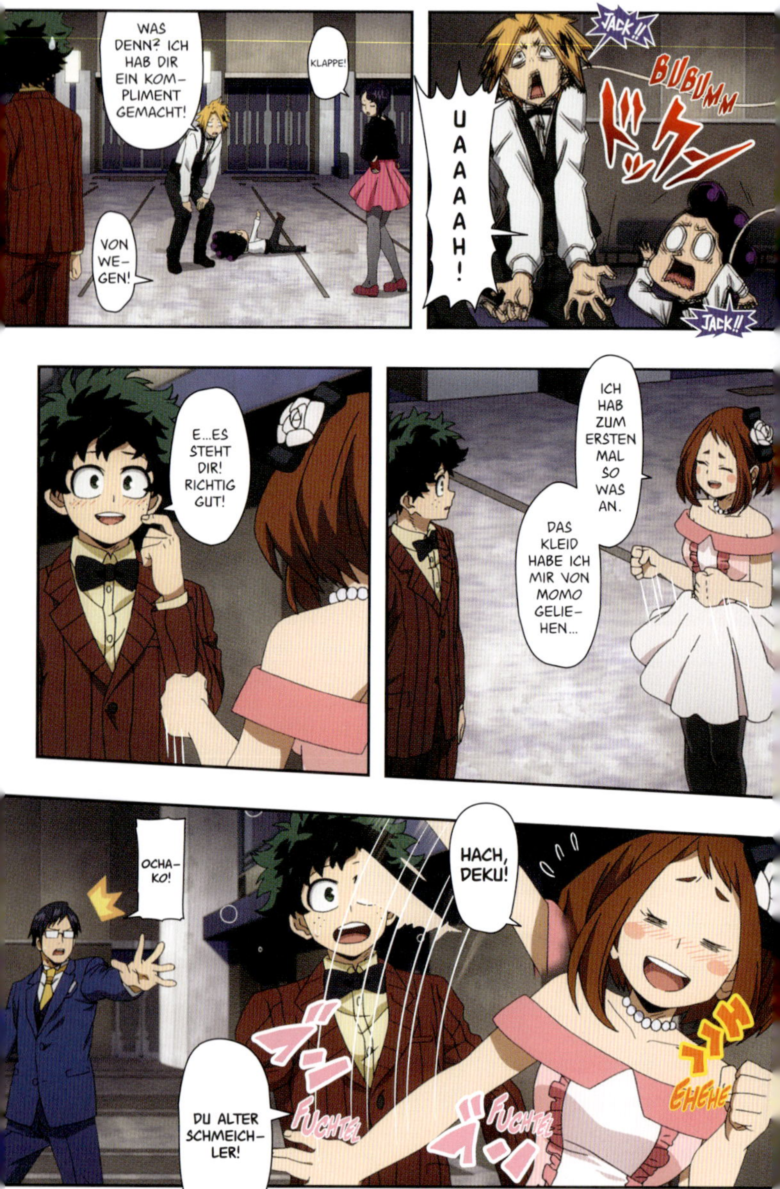
UAAAAAAH!
JACK!!
BUBUMM
JACK!!
WAS DENN? ICH HAB DIR EIN KOMPLIMENT GEMACHT!
KLAPPE!
VON WEGEN!
ICH HAB ZUM ERSTEN MAL SO WAS AN.
DAS KLEID HABE ICH MIR VON MOMO GELIEHEN...
E...ES STEHT DIR! RICHTIG GUT!
HACH, DEKU!
EHEHE
FUCHTEL
FUCHTEL
DU ALTER SCHMEICHLER!
OCHAKO!

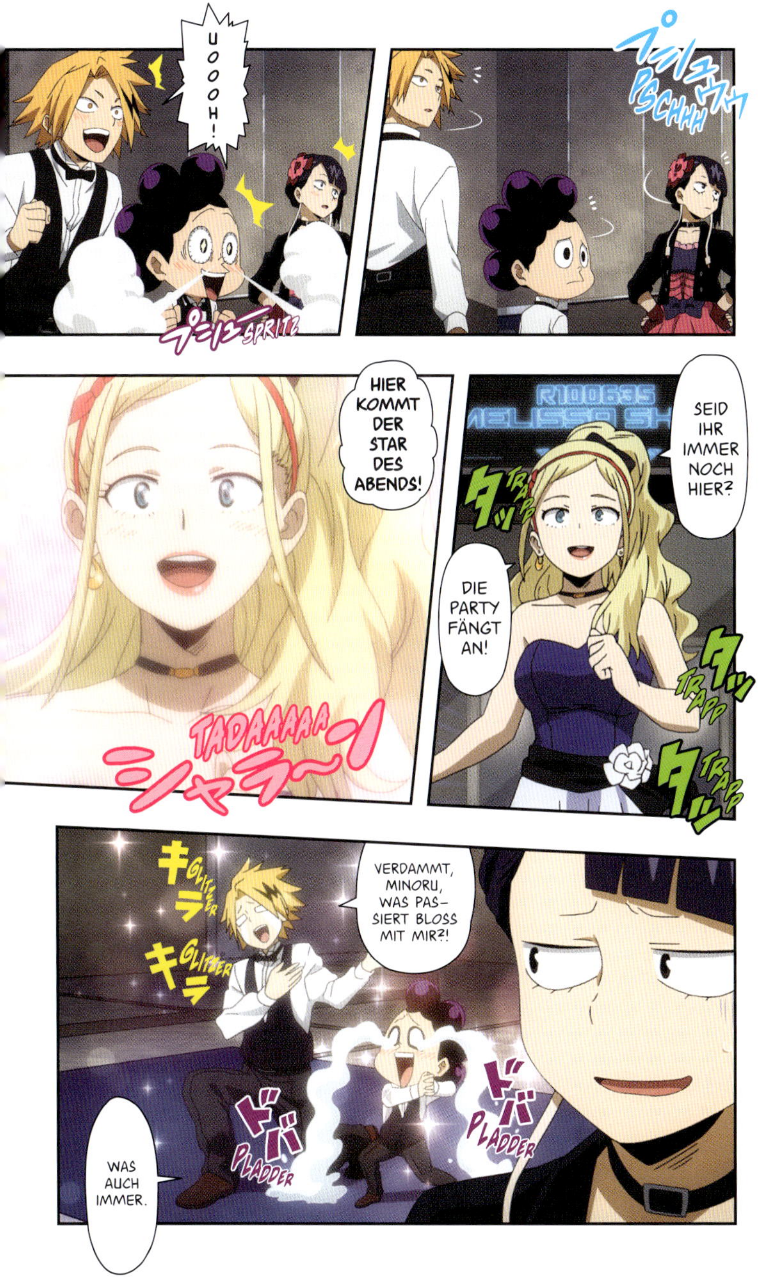
UOOOOH!
プシュ SPRITZ
プシュウウウ PSCHHH
HIER KOMMT DER STAR DES ABENDS!
シャラ～ TADAAAAA
R100635
SEID IHR IMMER NOCH HIER?
タッ TRAPP
DIE PARTY FÄNGT AN!
タッ TRAPP
タッ TRAPP
キラ GLITZER
キラ GLITZER
VERDAMMT, MINORU, WAS PAS-SIERT BLOSS MIT MIR?!
ドバ PLADDER
ドバ PLADDER
WAS AUCH IMMER.

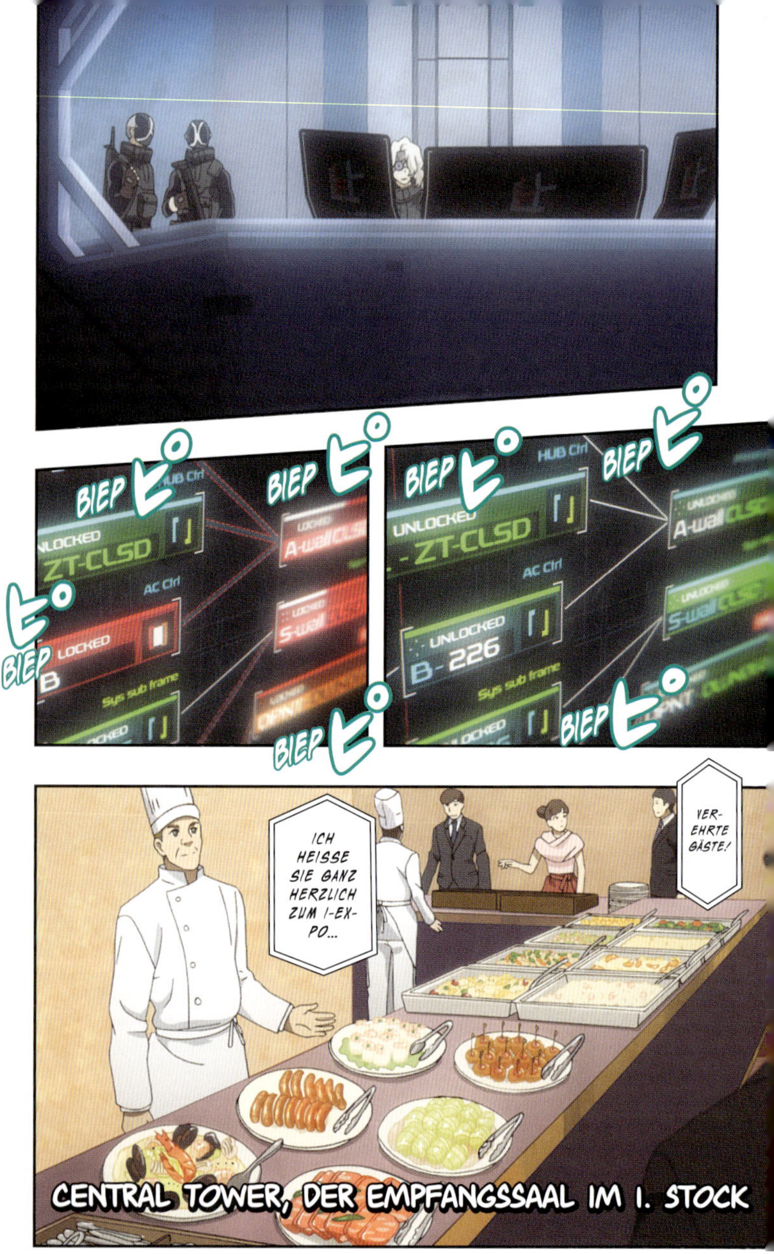
BIEP ピ
BIEP ピ
BIEP ピ
BIEP ピ
BIEP ピ
BIEP ピ
BIEP ピ
HUB Ctrl
UNLOCKED
ZT-CLSD
A-wall
AC Ctrl
LOCKED
B
S-wall
Sys sub frame
UNLOCKED
B-226
VER-EHRTE GÄSTE!
ICH HEISSE SIE GANZ HERZLICH ZUM I-EXPO...
CENTRAL TOWER, DER EMPFANGSSAAL IM 1. STOCK

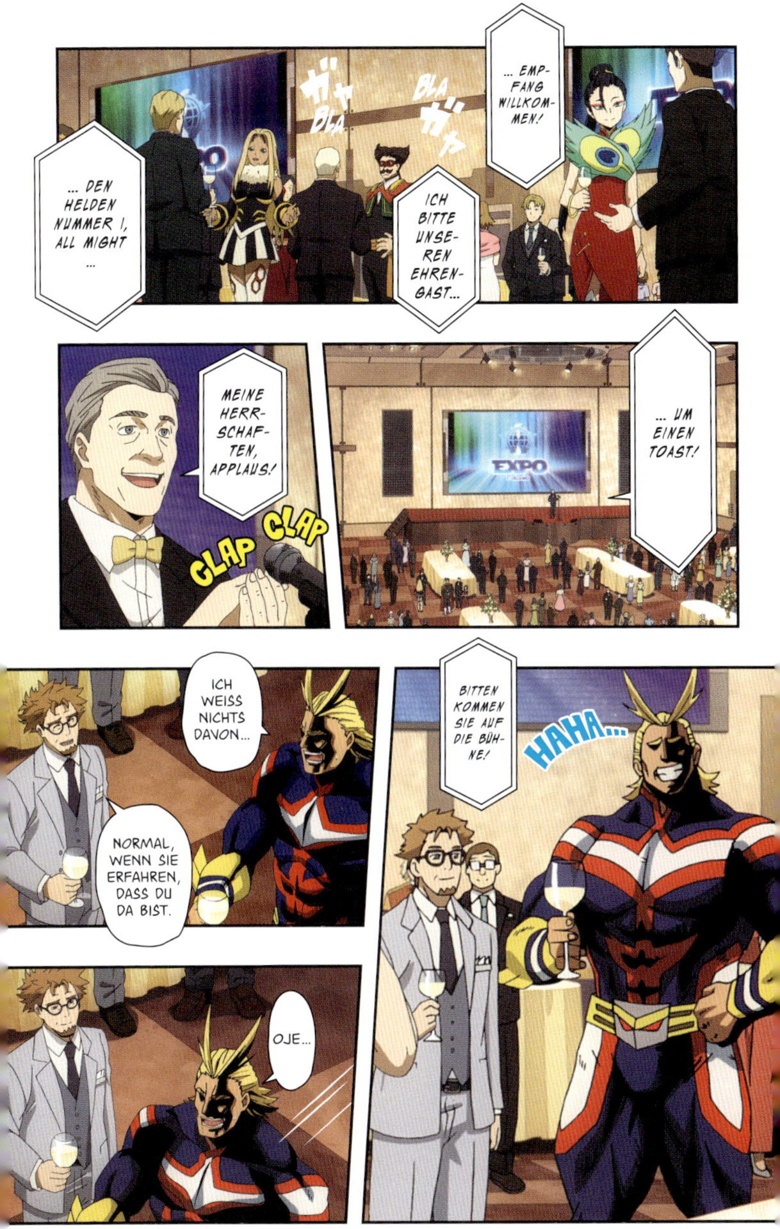
... EMP-FANG WILLKOM-MEN!
BLA BLA
ICH BITTE UNSE-REN EHREN-GAST...
... DEN HELDEN NUMMER 1, ALL MIGHT ...
... UM EINEN TOAST!
MEINE HERR-SCHAF-TEN, APPLAUS!
CLAP CLAP
BITTEN KOMMEN SIE AUF DIE BÜH-NE!
HAHA...
ICH WEISS NICHTS DAVON...
NORMAL, WENN SIE ERFAHREN, DASS DU DA BIST.
OJE...

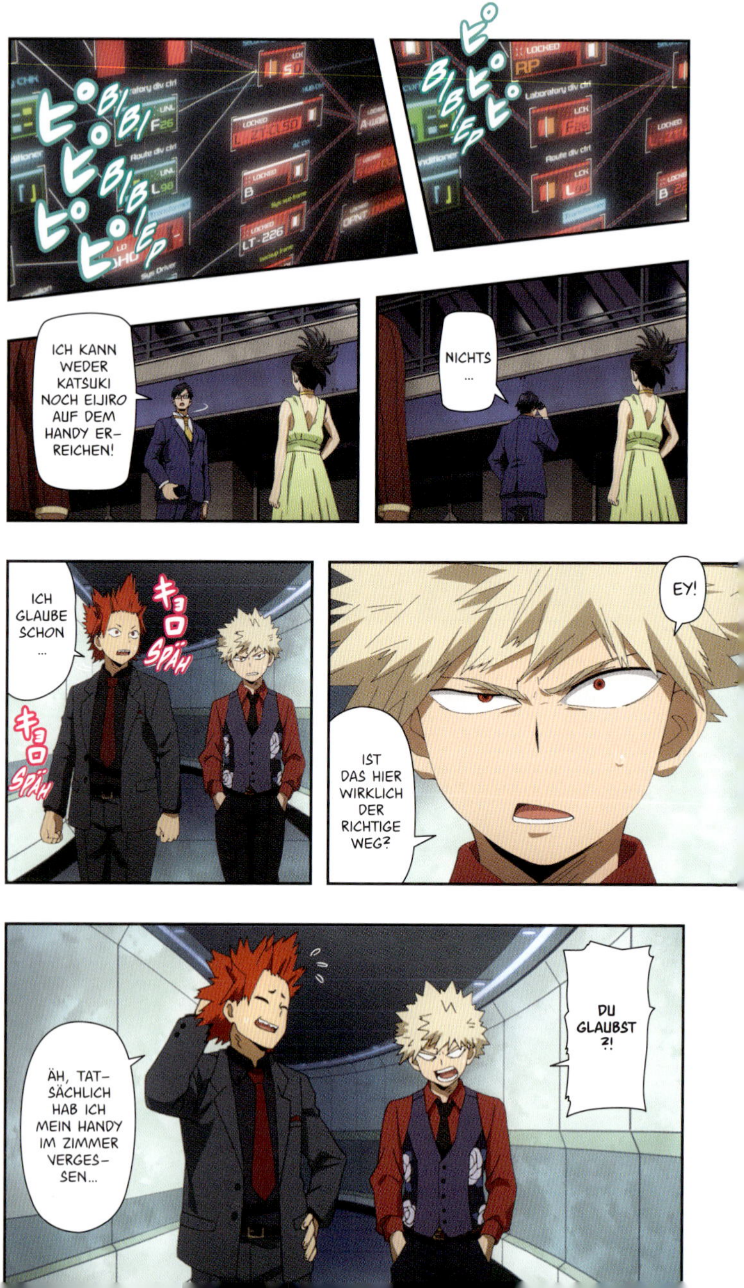

ピピピピピ
BI BI BI BI BIEP
ピピピ
BI BI BIEP
ICH KANN WEDER KATSUKI NOCH EIJIRO AUF DEM HANDY ER-REICHEN!
NICHTS ...
ICH GLAUBE SCHON ...
キョロ SPÄH
キョロ SPÄH
EY!
IST DAS HIER WIRKLICH DER RICHTIGE WEG?
ÄH, TAT-SÄCHLICH HAB ICH MEIN HANDY IM ZIMMER VERGES-SEN...
DU GLAUBST?!

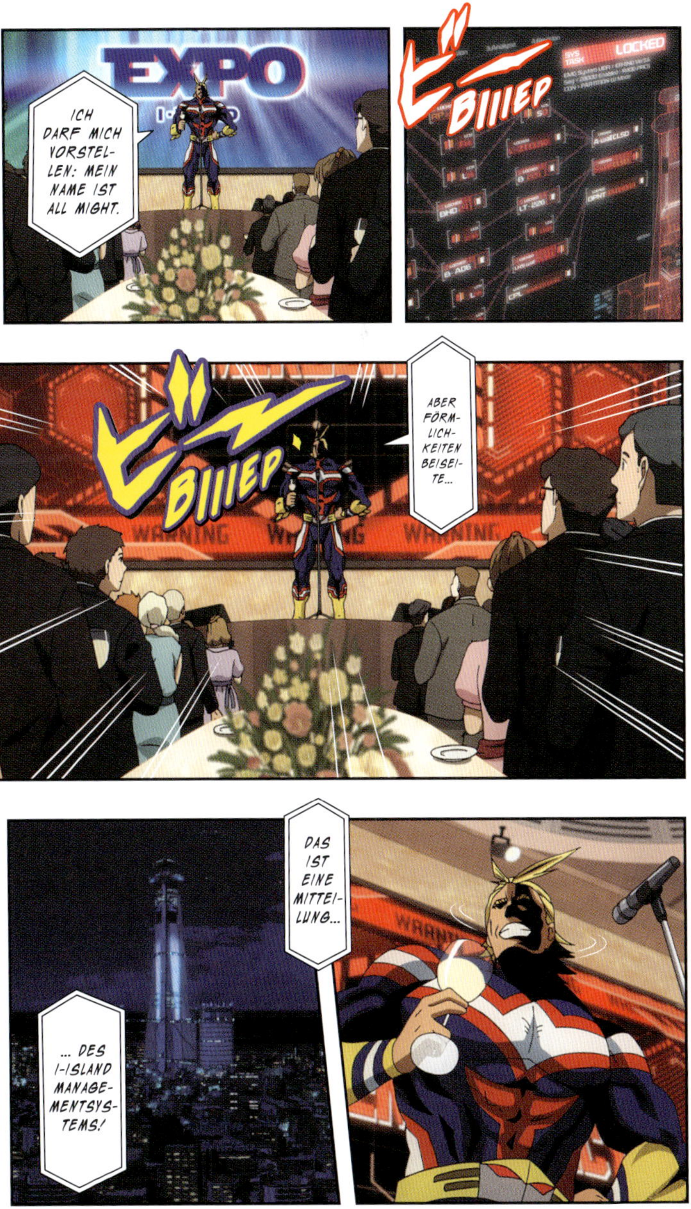
ICH DARF MICH VORSTELLEN: MEIN NAME IST ALL MIGHT.
ビー
BIIIEP
ビー
BIIIEP
ABER FÖRMLICHKEITEN BEISEITE ...
DAS IST EINE MITTEILUNG ...
... DES I-ISLAND MANAGEMENTSYSTEMS!

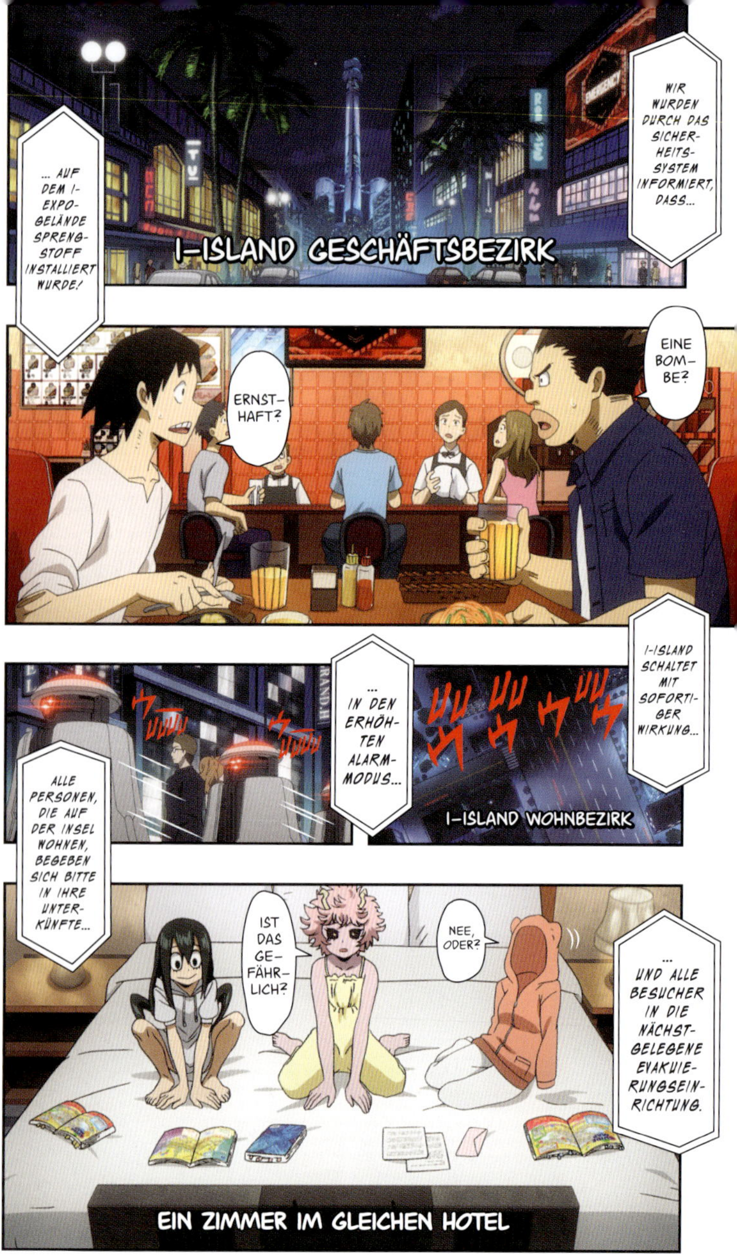
WIR WURDEN DURCH DAS SICHERHEITSSYSTEM INFORMIERT, DASS...
... AUF DEM I-EXPO-GELÄNDE SPRENGSTOFF INSTALLIERT WURDE!
I-ISLAND GESCHÄFTSBEZIRK
EINE BOMBE?
ERNSTHAFT?
I-ISLAND SCHALTET MIT SOFORTIGER WIRKUNG...
... IN DEN ERHÖHTEN ALARMMODUS...
I-ISLAND WOHNBEZIRK
ALLE PERSONEN, DIE AUF DER INSEL WOHNEN, BEGEBEN SICH BITTE IN IHRE UNTERKÜNFTE...
... UND ALLE BESUCHER IN DIE NÄCHSTGELEGENE EVAKUIERUNGSEINRICHTUNG.
NEE, ODER?
IST DAS GEFÄHRLICH?
EIN ZIMMER IM GLEICHEN HOTEL

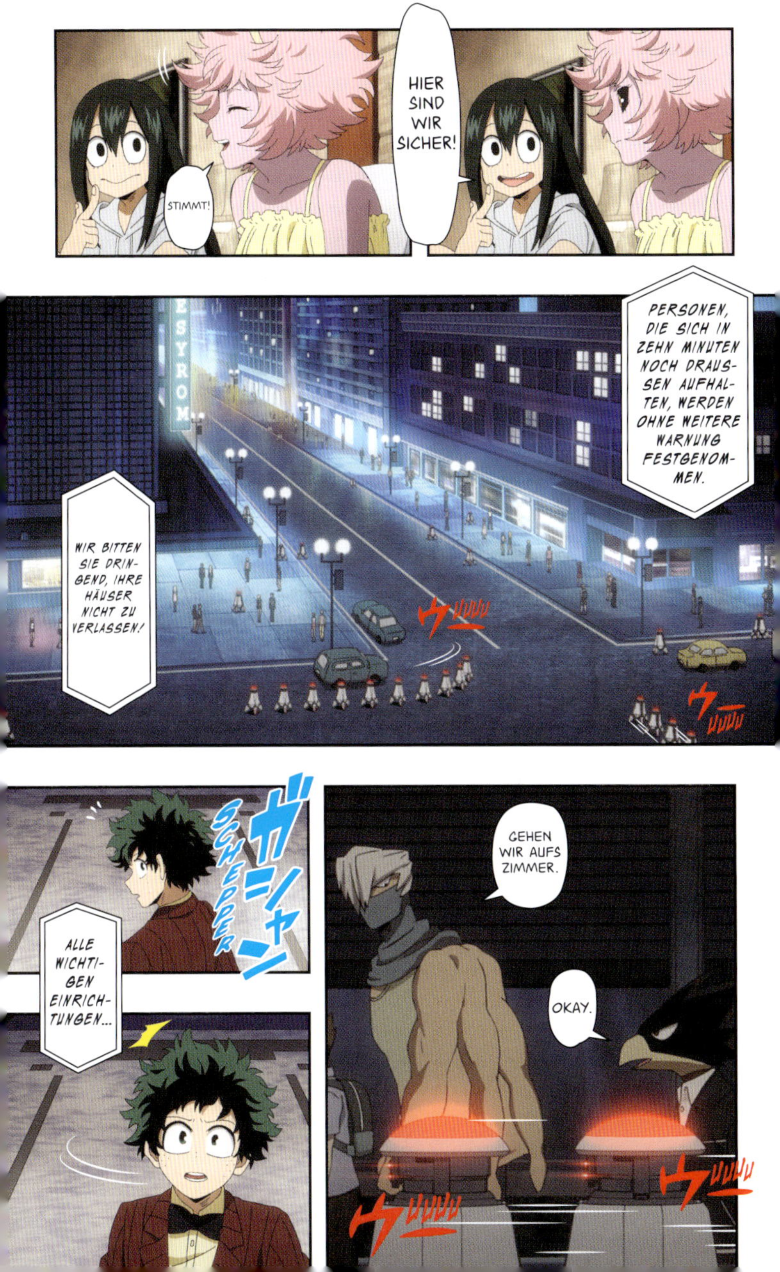

HIER SIND WIR SICHER!
STIMMT!
PERSONEN, DIE SICH IN ZEHN MINUTEN NOCH DRAUS-SEN AUFHAL-TEN, WERDEN OHNE WEITERE WARNUNG FESTGENOM-MEN.
WIR BITTEN SIE DRIN-GEND, IHRE HÄUSER NICHT ZU VERLASSEN!
GEHEN WIR AUFS ZIMMER.
OKAY.
SCHEPPER
ALLE WICHTI-GEN EINRICH-TUNGEN...

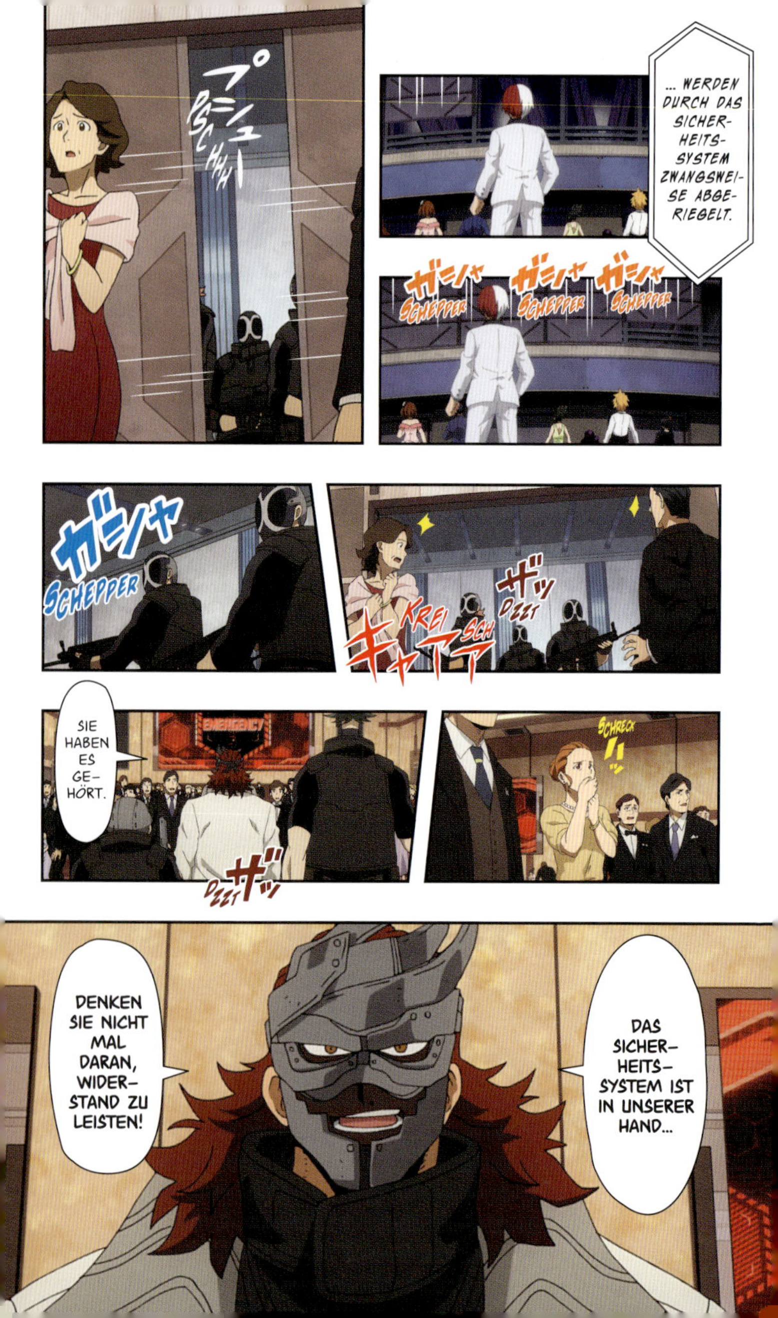
... WERDEN DURCH DAS SICHERHEITSSYSTEM ZWANGSWEISE ABGERIEGELT.
プシュー
PSCHHH
ガシャ
SCHEPPER
ガシャ
SCHEPPER
ガシャ
SCHEPPER
ザッ
DZZT
キャアア
KREISCH
ガシャ
SCHEPPER
SCHRECK
SIE HABEN ES GEHÖRT.
ザッ
DZZT
DAS SICHERHEITSSYSTEM IST IN UNSERER HAND...
DENKEN SIE NICHT MAL DARAN, WIDERSTAND ZU LEISTEN!

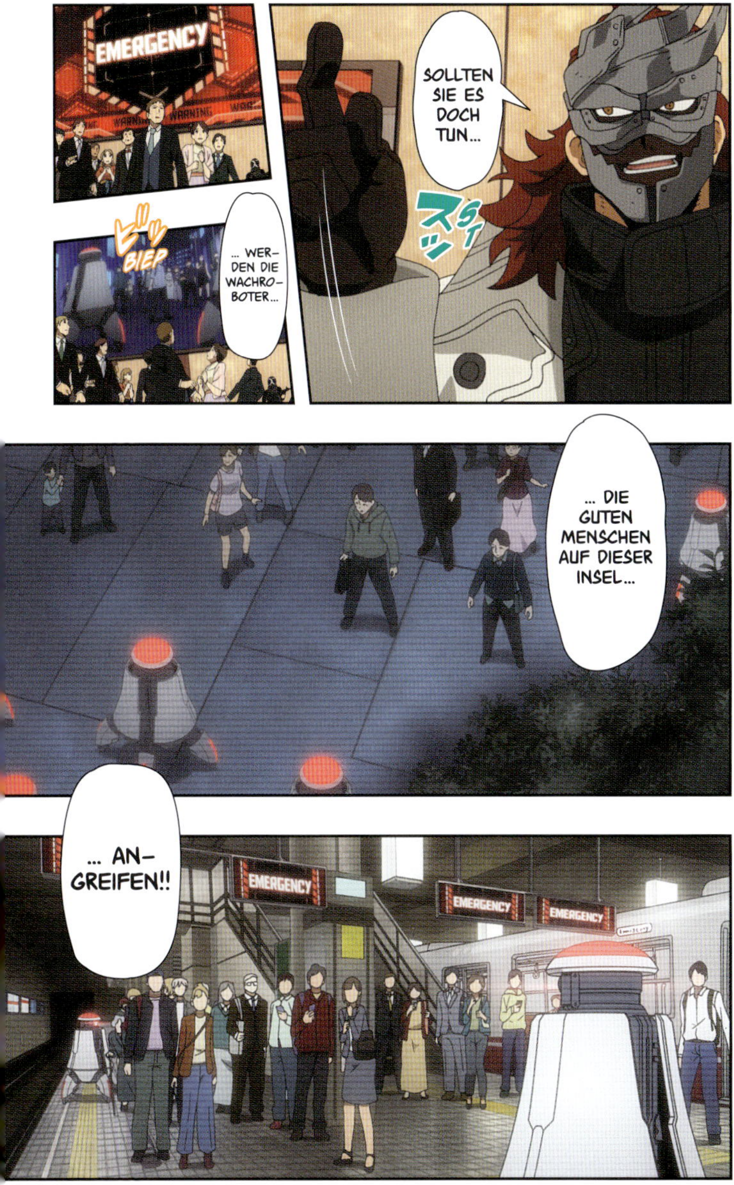
EMERGENCY
SOLLTEN SIE ES DOCH TUN...
ST
BIEP
... WER- DEN DIE WACHRO- BOTER...
... DIE GUTEN MENSCHEN AUF DIESER INSEL...
... AN- GREIFEN!!
EMERGENCY
EMERGENCY
EMERGENCY

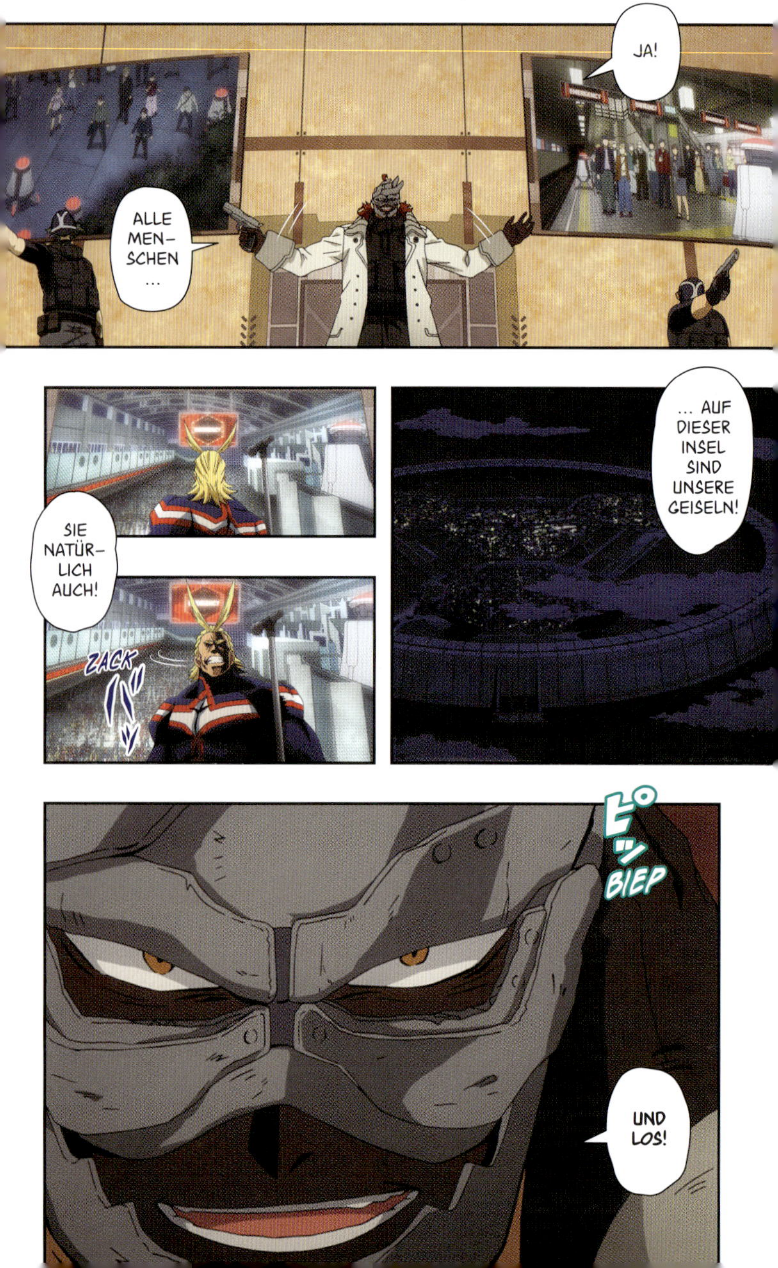
JA!
ALLE MEN-SCHEN …
… AUF DIESER INSEL SIND UNSERE GEISELN!
SIE NATÜR-LICH AUCH!
ZACK
ピッ
BIEP
UND LOS!

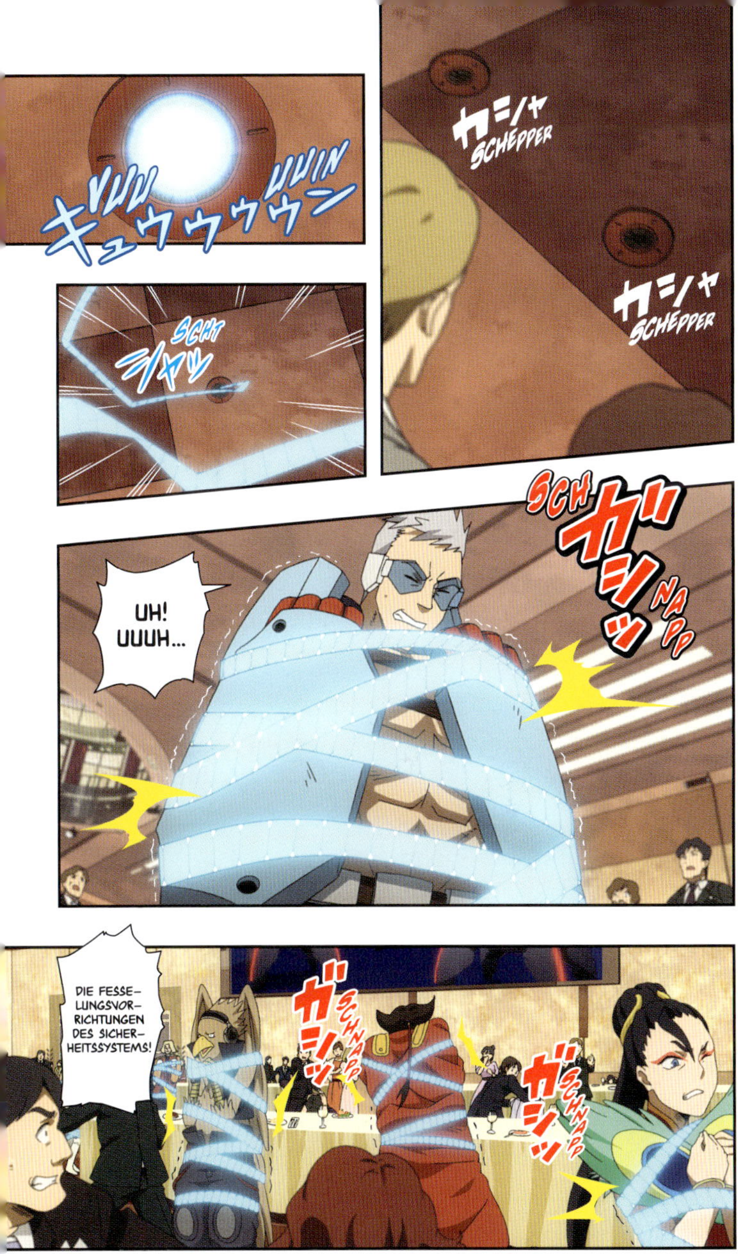
キュウウウウン
VUUUUUUIN
カシャ
SCHEPPER
カシャ
SCHEPPER
シャッ
SCHT
ガシッ
SCHNAPP
UH! UUUH...
DIE FESSE-LUNGSVOR-RICHTUNGEN DES SICHER-HEITSSYSTEMS!
ガシッ
SCHNAPP
ガシッ
SCHNAPP

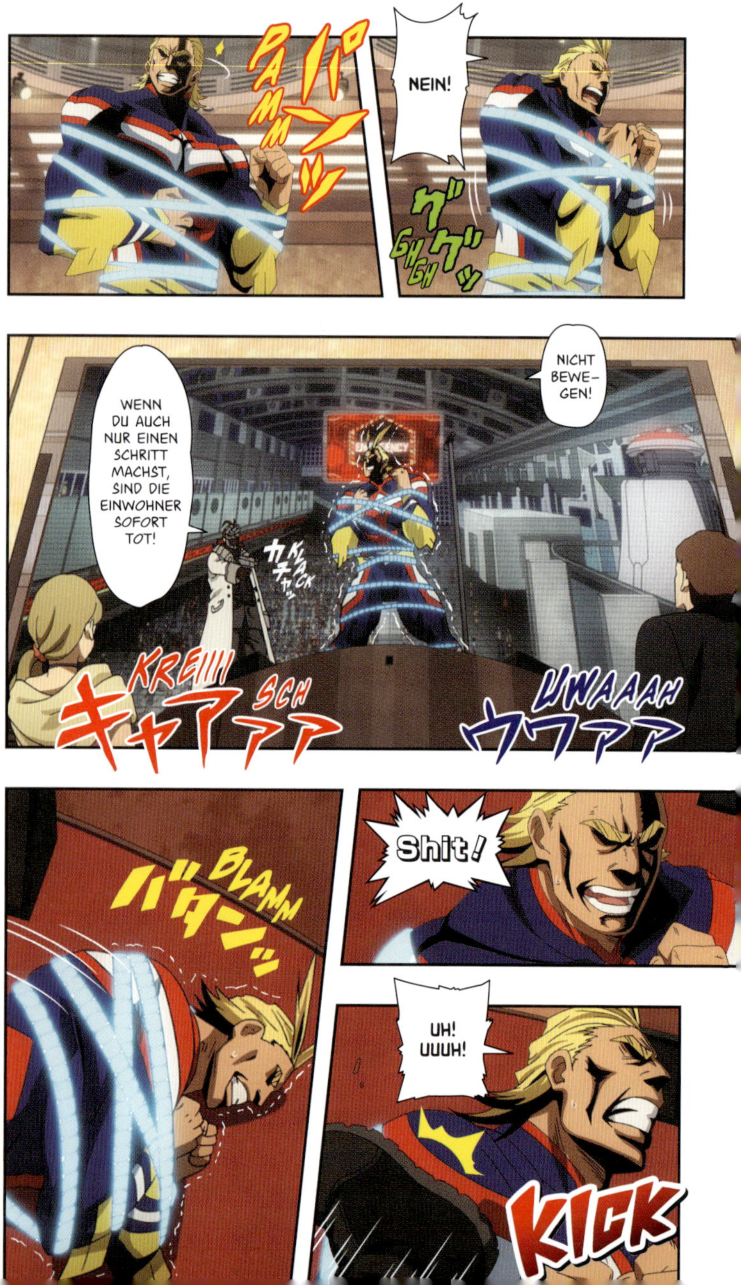

PAMM
NEIN!
GHGH
NICHT BEWEGEN!
WENN DU AUCH NUR EINEN SCHRITT MACHST, SIND DIE EINWOHNER SOFORT TOT!
KLACK
KREIIII SCH
UWAAAH
Shit!
BLAMM
UH! UUUH!
KICK

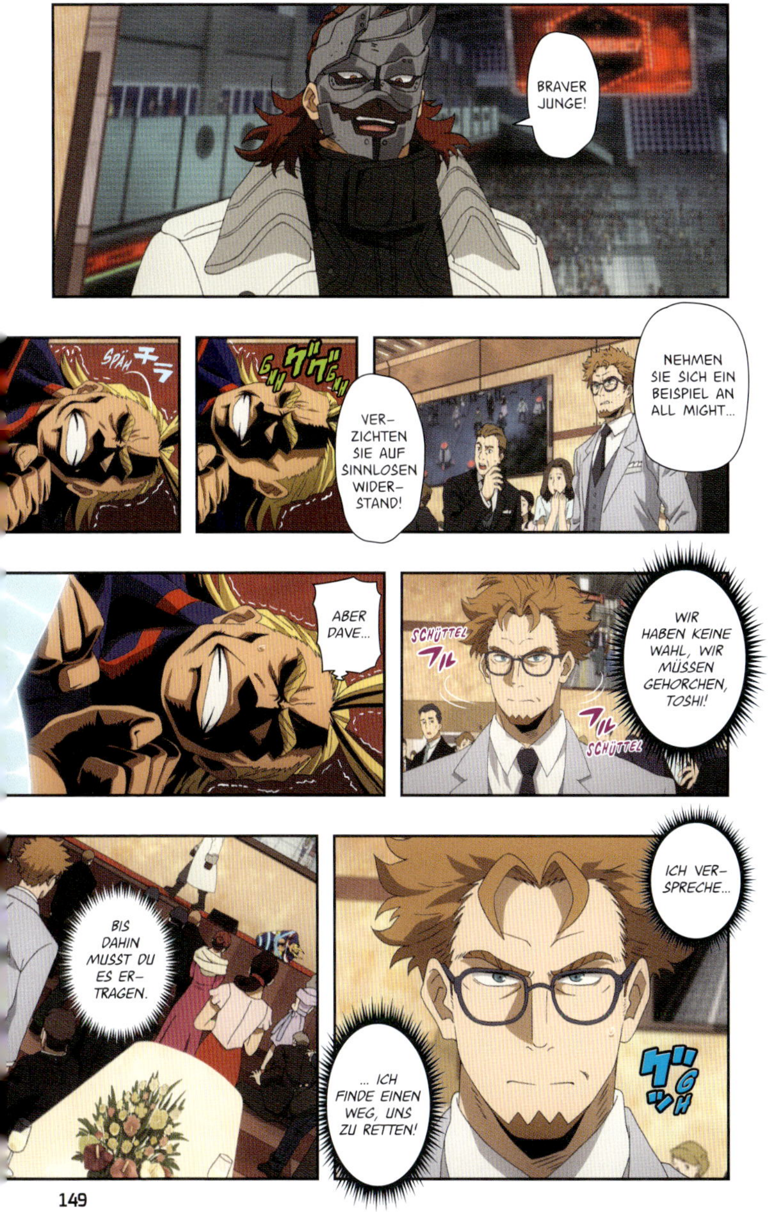
BRAVER JUNGE!
NEHMEN SIE SICH EIN BEISPIEL AN ALL MIGHT...
VER-ZICHTEN SIE AUF SINNLOSEN WIDER-STAND!
GNH GNH
SPÄH
WIR HABEN KEINE WAHL, WIR MÜSSEN GEHORCHEN, TOSHI!
SCHÜTTEL
SCHÜTTEL
ABER DAVE...
ICH VER-SPRECHE...
... ICH FINDE EINEN WEG, UNS ZU RETTEN!
GGH
BIS DAHIN MUSST DU ES ER-TRAGEN.

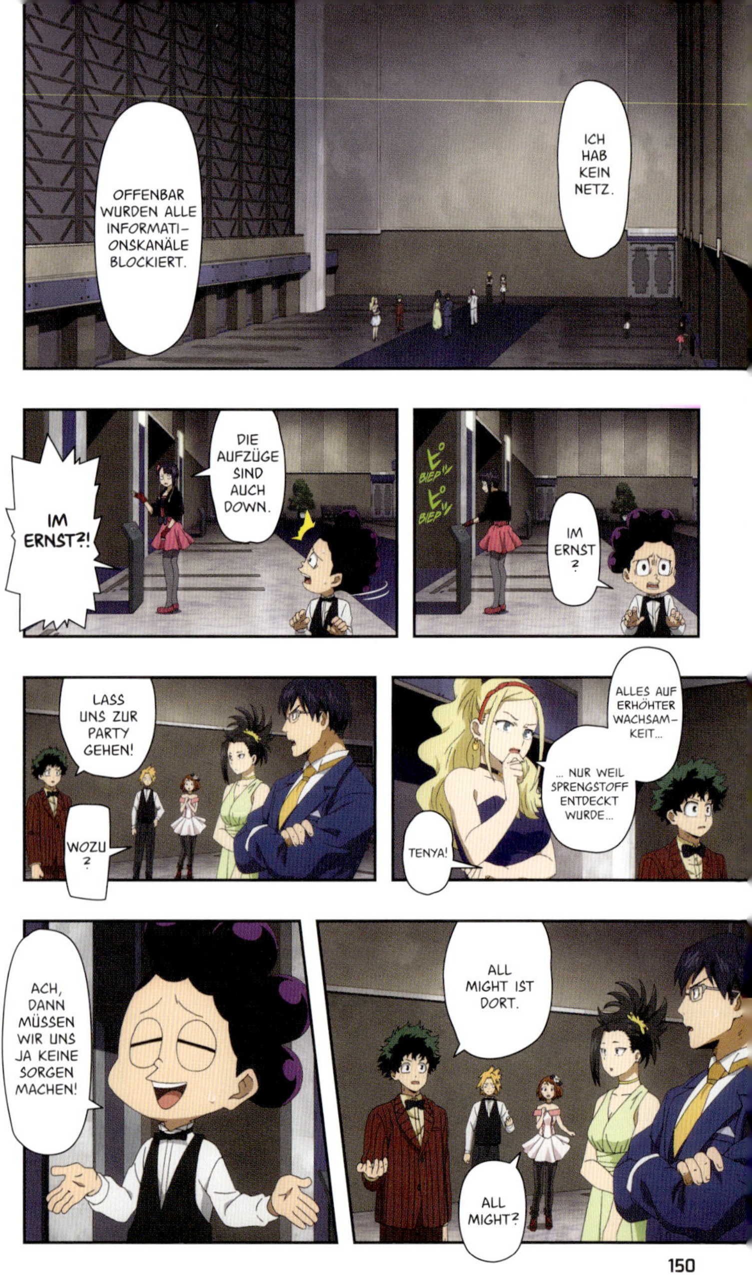
ICH HAB KEIN NETZ.
OFFENBAR WURDEN ALLE INFORMATI-ONSKANÄLE BLOCKIERT.
BIEP BIEP
IM ERNST?
DIE AUFZÜGE SIND AUCH DOWN.
IM ERNST?!
ALLES AUF ERHÖHTER WACHSAM-KEIT...
... NUR WEIL SPRENGSTOFF ENTDECKT WURDE...
TENYA!
LASS UNS ZUR PARTY GEHEN!
WOZU?
ALL MIGHT IST DORT.
ALL MIGHT?
ACH, DANN MÜSSEN WIR UNS JA KEINE SORGEN MACHEN!

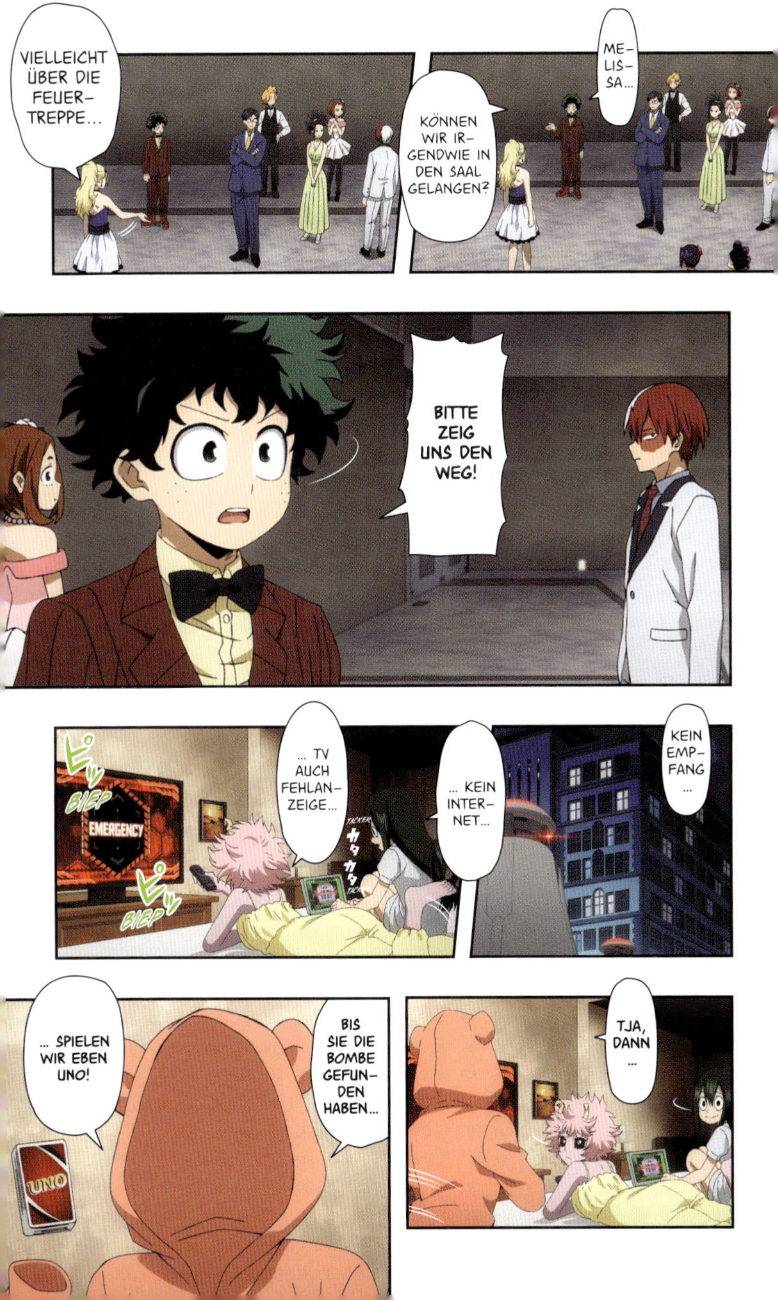
MELISSA...
KÖNNEN WIR IRGENDWIE IN DEN SAAL GELANGEN?
VIELLEICHT ÜBER DIE FEUERTREPPE...
BITTE ZEIG UNS DEN WEG!
KEIN EMPFANG ...
... KEIN INTERNET...
... TV AUCH FEHLANZEIGE...
TACKER
EMERGENCY
BIEP
BIEP
TJA, DANN ...
BIS SIE DIE BOMBE GEFUNDEN HABEN...
... SPIELEN WIR EBEN UNO!
UNO

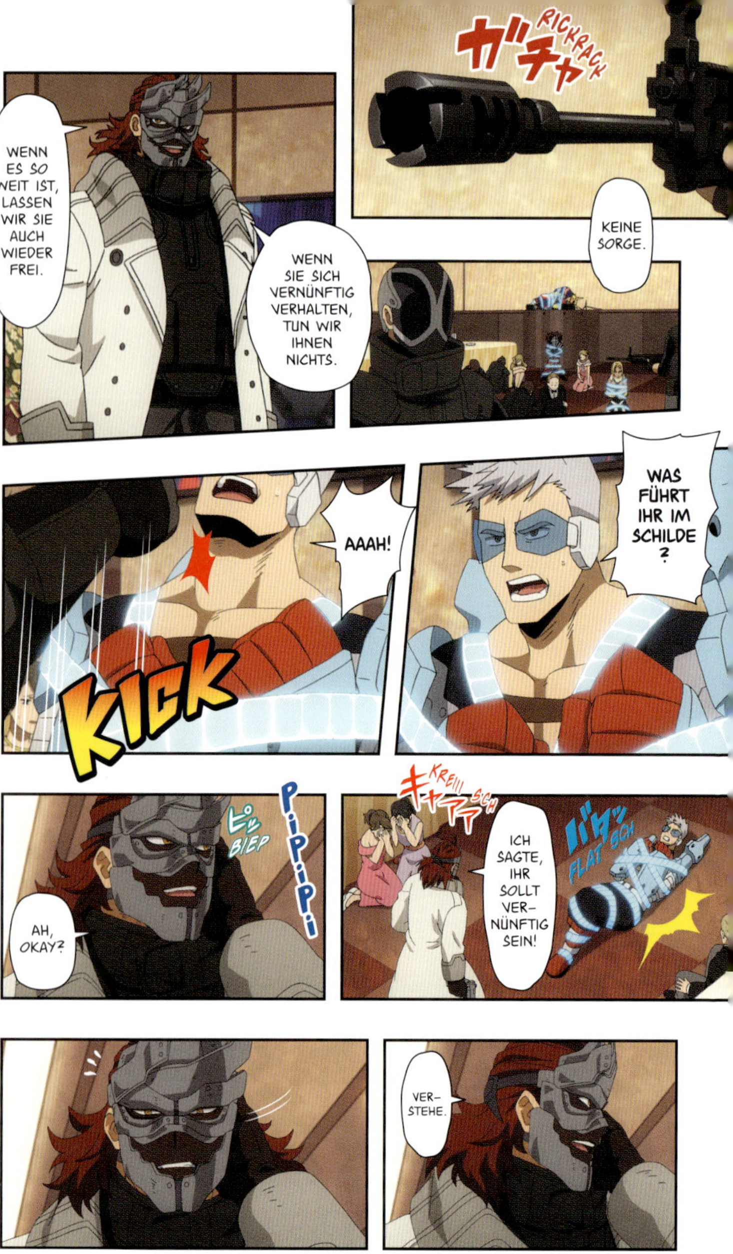
RICKRACK
KEINE SORGE.
WENN SIE SICH VERNÜNFTIG VERHALTEN, TUN WIR IHNEN NICHTS.
WENN ES SO WEIT IST, LASSEN WIR SIE AUCH WIEDER FREI.
WAS FÜHRT IHR IM SCHILDE?
AAAH!
KICK
KREIII SCH
FLATSCH
ICH SAGTE, IHR SOLLT VER-NÜNFTIG SEIN!
BIEP
PiPiPiPi
AH, OKAY?
VER-STEHE.

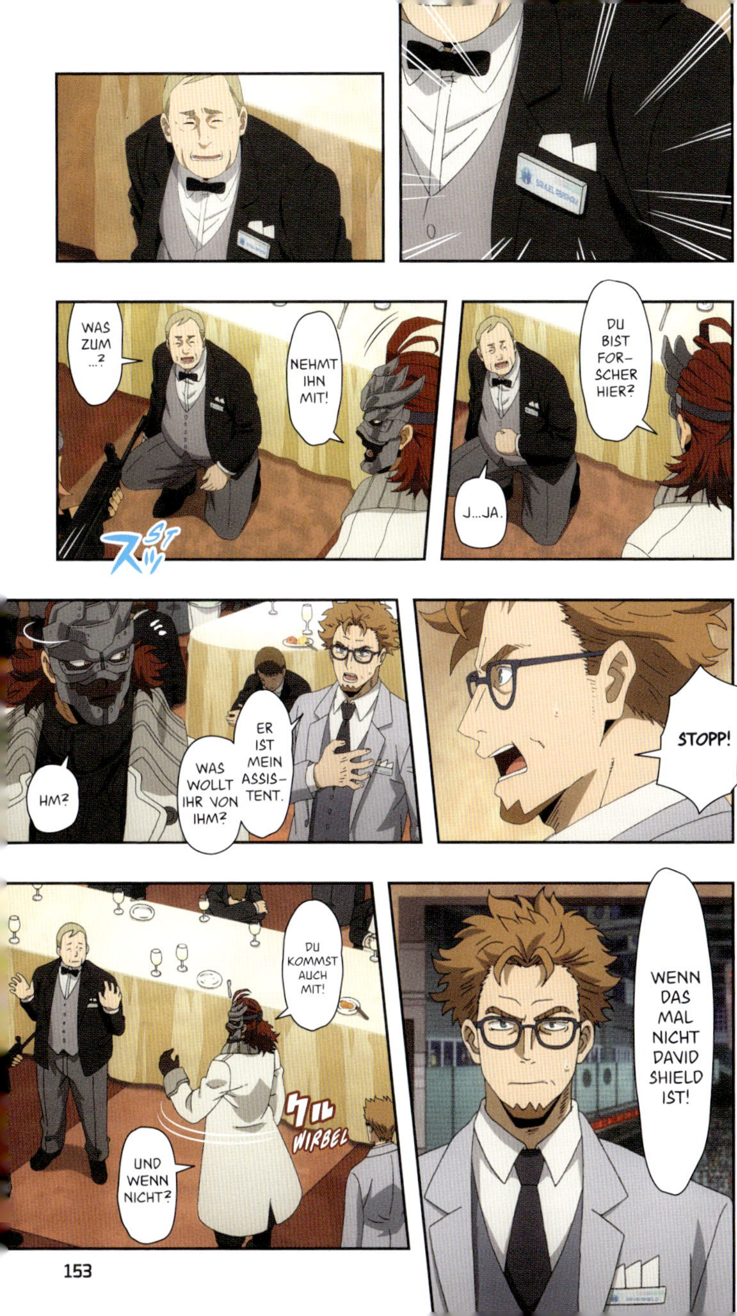
DU BIST FORSCHER HIER?
J...JA.
NEHMT IHN MIT!
WAS ZUM ...?
ST
STOPP!
ER IST MEIN ASSISTENT.
WAS WOLLT IHR VON IHM?
HM?
WENN DAS MAL NICHT DAVID SHIELD IST!
DU KOMMST AUCH MIT!
WIRBEL
UND WENN NICHT?

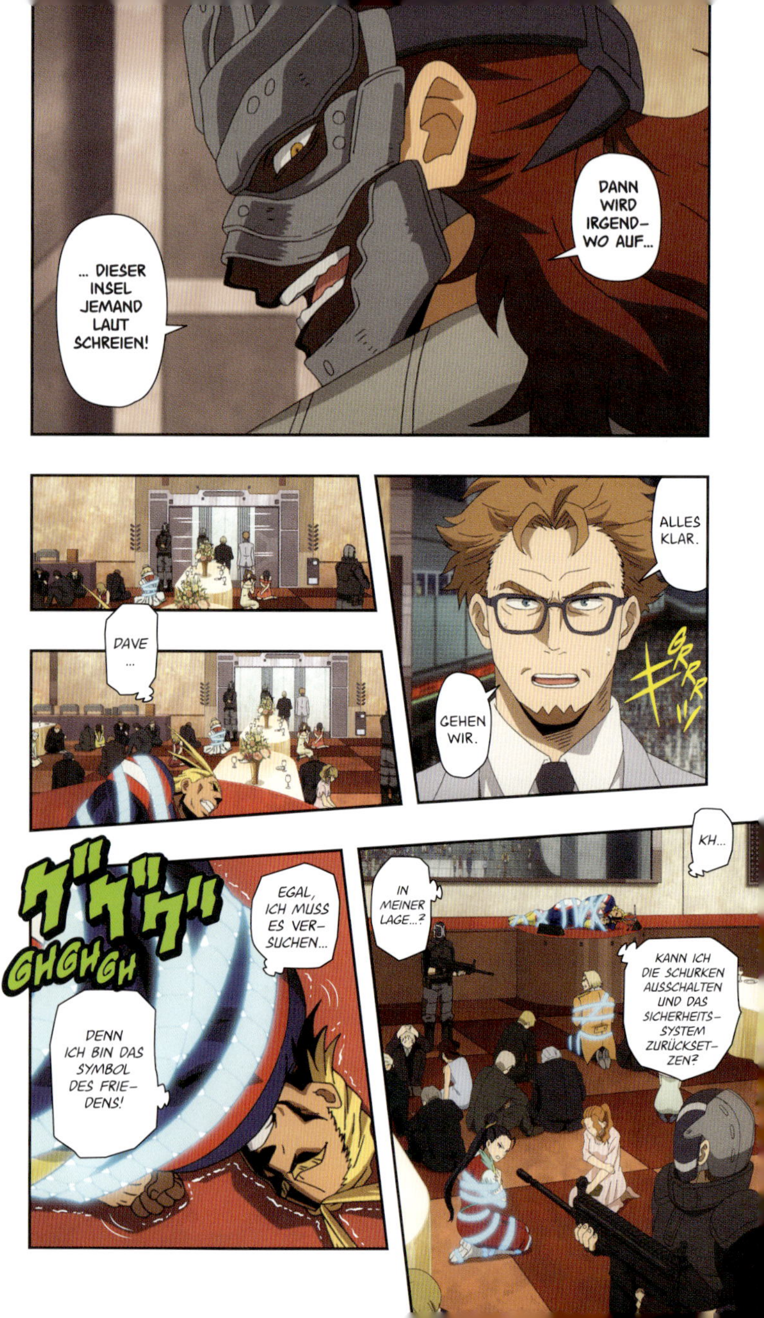
DANN WIRD IRGEND-WO AUF...
... DIESER INSEL JEMAND LAUT SCHREIEN!
ALLES KLAR.
GEHEN WIR.
GRRR
DAVE ...
KH...
KANN ICH DIE SCHURKEN AUSSCHALTEN UND DAS SICHERHEITS-SYSTEM ZURÜCKSET-ZEN?
IN MEINER LAGE...?
EGAL, ICH MUSS ES VER-SUCHEN...
DENN ICH BIN DAS SYMBOL DES FRIE-DENS!
GHGHGH

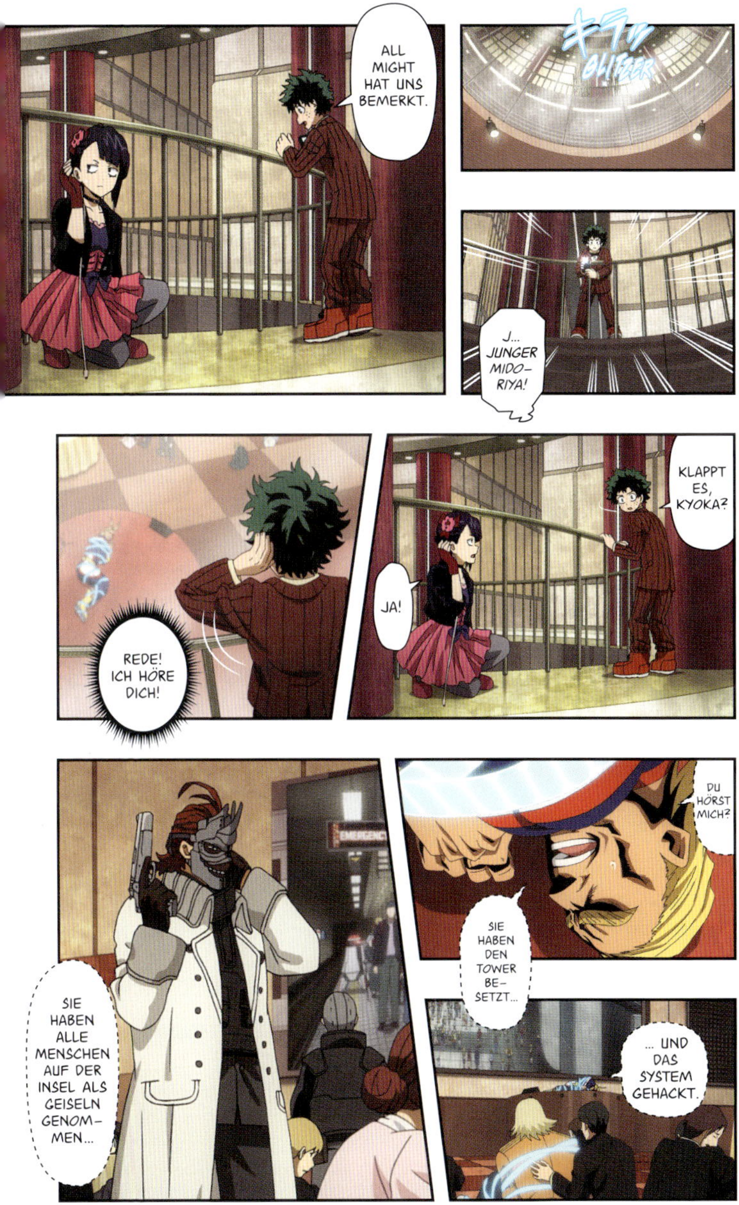

ALL MIGHT HAT UNS BEMERKT.
BLITZER
J... JUNGER MIDO-RIYA!
KLAPPT ES, KYOKA?
JA!
REDE! ICH HÖRE DICH!
DU HÖRST MICH?
EMERGENCY
SIE HABEN DEN TOWER BE-SETZT...
... UND DAS SYSTEM GEHACKT.
SIE HABEN ALLE MENSCHEN AUF DER INSEL ALS GEISELN GENOM-MEN...

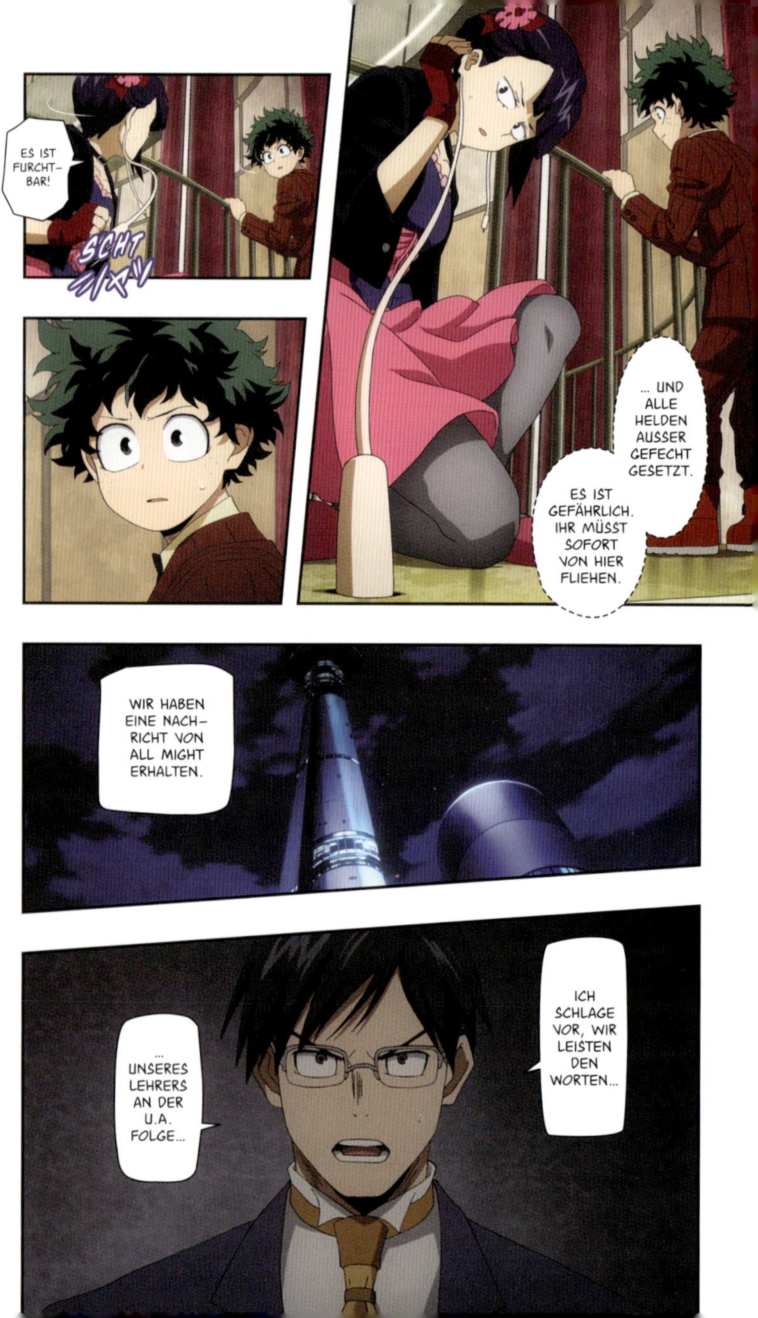
... UND ALLE HELDEN AUSSER GEFECHT GESETZT.
ES IST GEFÄHRLICH. IHR MÜSST SOFORT VON HIER FLIEHEN.
ES IST FURCHTBAR!
SCHT
WIR HABEN EINE NACHRICHT VON ALL MIGHT ERHALTEN.
ICH SCHLAGE VOR, WIR LEISTEN DEN WORTEN...
... UNSERES LEHRERS AN DER U.A. FOLGE...

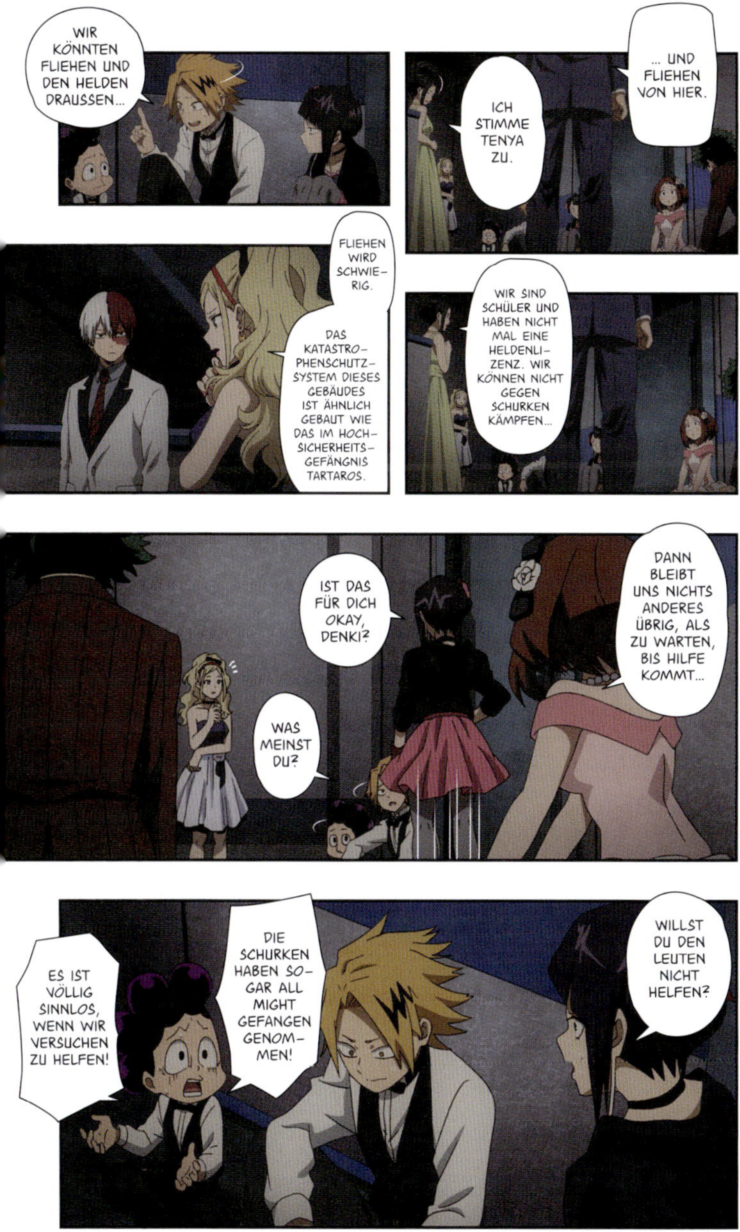
WIR KÖNNTEN FLIEHEN UND DEN HELDEN DRAUSSEN ...
... UND FLIEHEN VON HIER.
ICH STIMME TENYA ZU.
FLIEHEN WIRD SCHWIE-RIG.
DAS KATASTRO-PHENSCHUTZ-SYSTEM DIESES GEBÄUDES IST ÄHNLICH GEBAUT WIE DAS IM HOCH-SICHERHEITS-GEFÄNGNIS TARTAROS.
WIR SIND SCHÜLER UND HABEN NICHT MAL EINE HELDENLI-ZENZ. WIR KÖNNEN NICHT GEGEN SCHURKEN KÄMPFEN ...
DANN BLEIBT UNS NICHTS ANDERES ÜBRIG, ALS ZU WARTEN, BIS HILFE KOMMT ...
IST DAS FÜR DICH OKAY, DENKI?
WAS MEINST DU?
WILLST DU DEN LEUTEN NICHT HELFEN?
DIE SCHURKEN HABEN SO-GAR ALL MIGHT GEFANGEN GENOM-MEN!
ES IST VÖLLIG SINNLOS, WENN WIR VERSUCHEN ZU HELFEN!

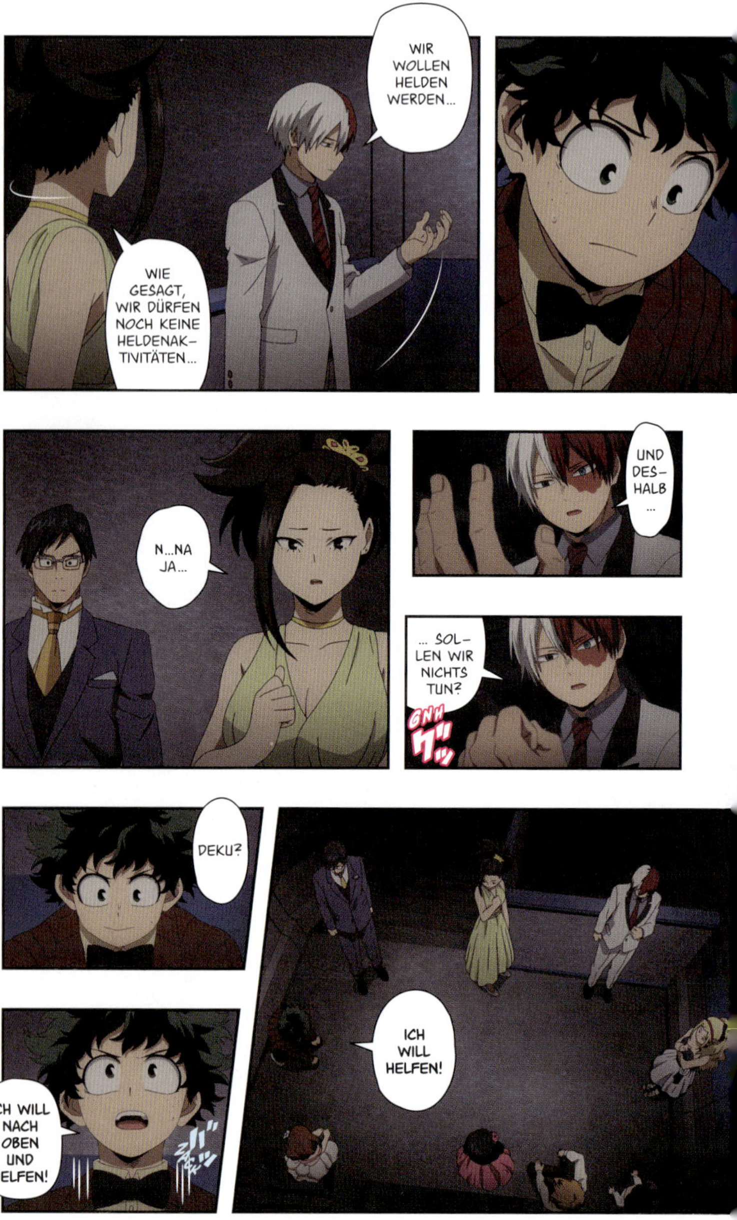
WIR WOLLEN HELDEN WERDEN...
WIE GESAGT, WIR DÜRFEN NOCH KEINE HELDENAK-TIVITÄTEN...
UND DES-HALB ...
... SOL-LEN WIR NICHTS TUN?
GNH
N...NA JA...
ICH WILL HELFEN!
DEKU?
ICH WILL NACH OBEN UND HELFEN!

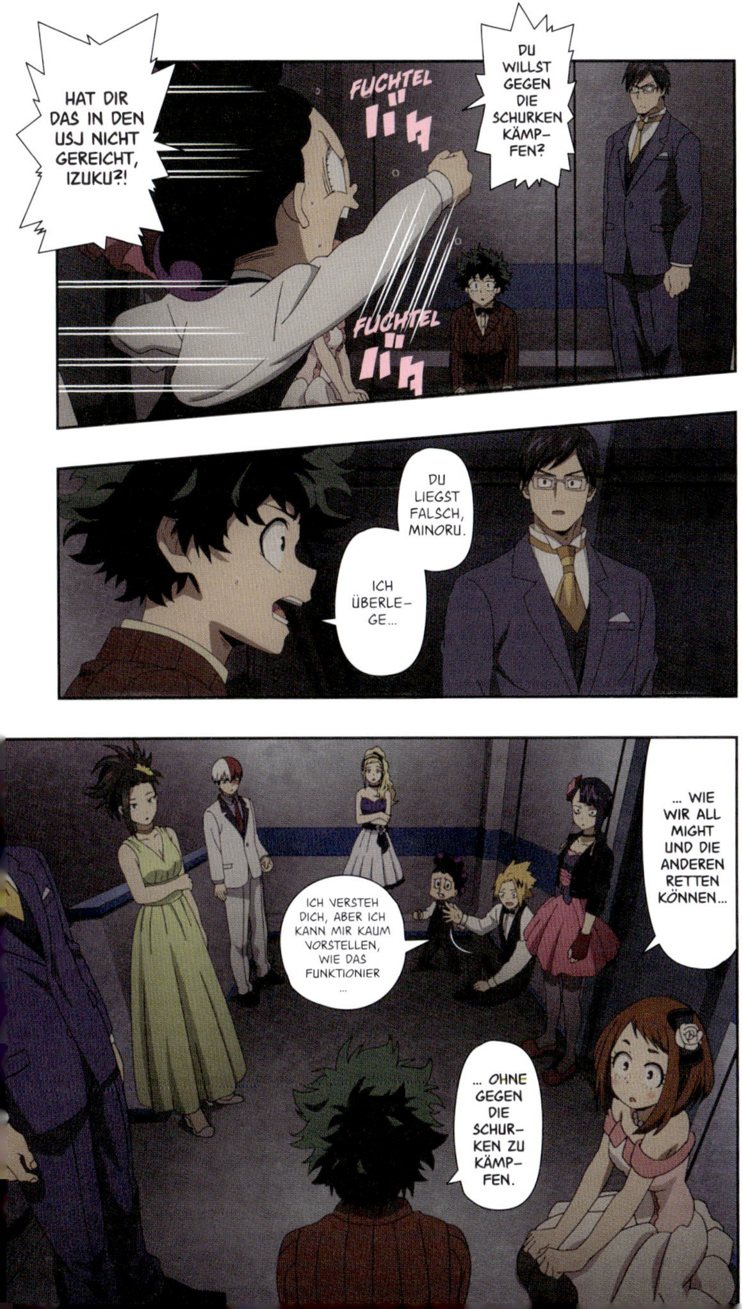
DU WILLST GEGEN DIE SCHURKEN KÄMPFEN?
FUCHTEL
HAT DIR DAS IN DEN USJ NICHT GEREICHT, IZUKU?!
FUCHTEL
DU LIEGST FALSCH, MINORU.
ICH ÜBERLEGE...
... WIE WIR ALL MIGHT UND DIE ANDEREN RETTEN KÖNNEN...
ICH VERSTEH DICH, ABER ICH KANN MIR KAUM VORSTELLEN, WIE DAS FUNKTIONIER...
... OHNE GEGEN DIE SCHURKEN ZU KÄMPFEN.

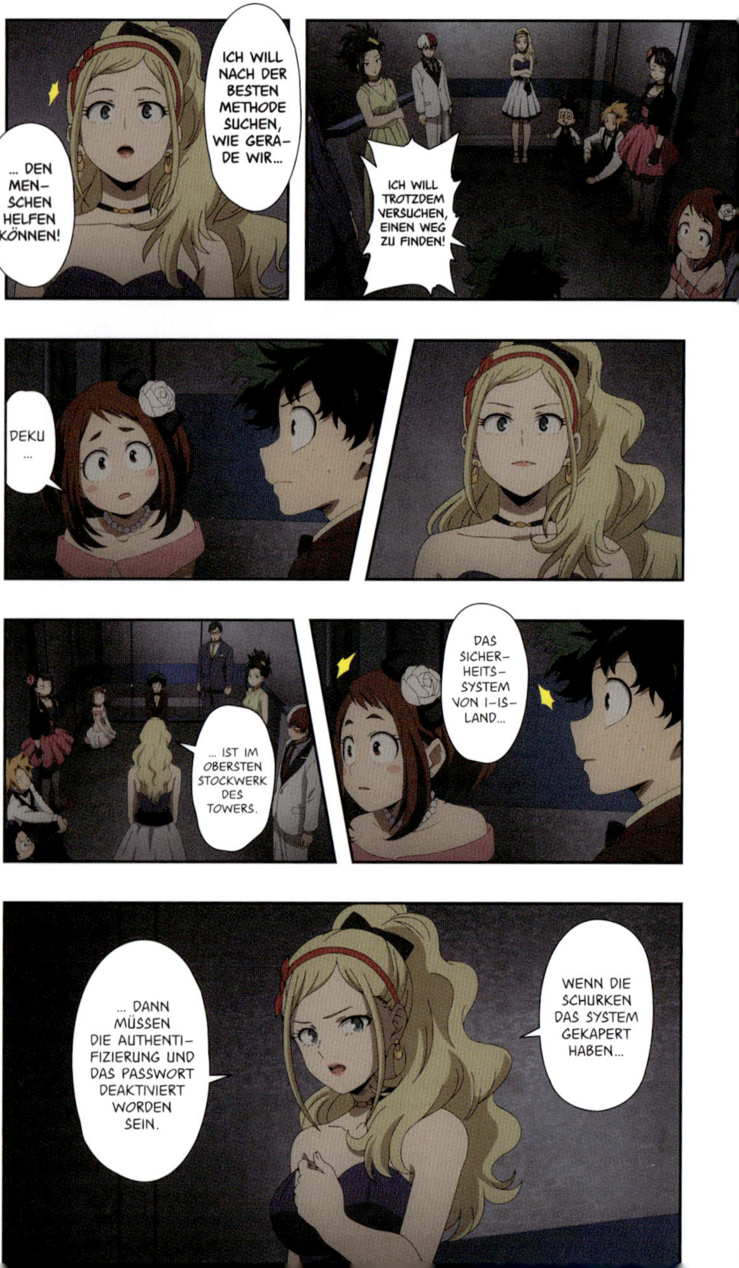
ICH WILL TROTZDEM VERSUCHEN, EINEN WEG ZU FINDEN!
ICH WILL NACH DER BESTEN METHODE SUCHEN, WIE GERADE WIR...
... DEN MENSCHEN HELFEN KÖNNEN!
DEKU ...
DAS SICHERHEITSSYSTEM VON I-ISLAND...
... IST IM OBERSTEN STOCKWERK DES TOWERS.
WENN DIE SCHURKEN DAS SYSTEM GEKAPERT HABEN...
... DANN MÜSSEN DIE AUTHENTIFIZIERUNG UND DAS PASSWORT DEAKTIVIERT WORDEN SEIN.

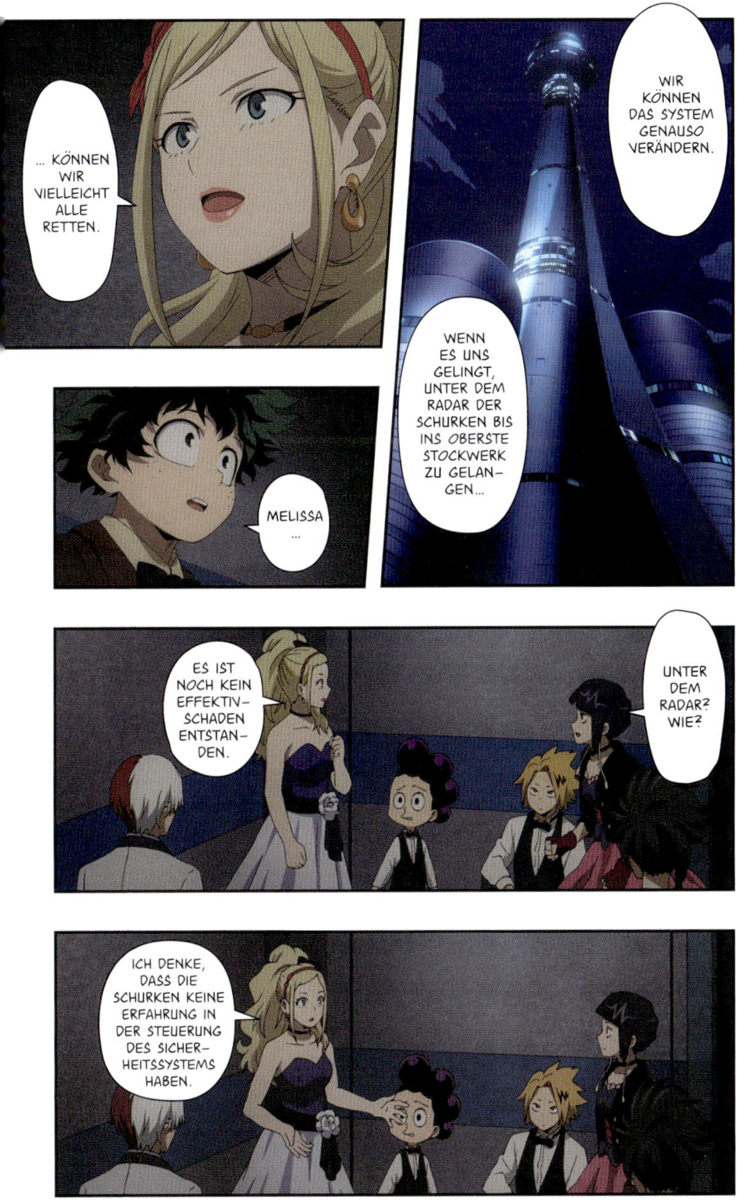
WIR KÖNNEN DAS SYSTEM GENAUSO VERÄNDERN.
WENN ES UNS GELINGT, UNTER DEM RADAR DER SCHURKEN BIS INS OBERSTE STOCKWERK ZU GELANGEN...
... KÖNNEN WIR VIELLEICHT ALLE RETTEN.
MELISSA ...
UNTER DEM RADAR? WIE?
ES IST NOCH KEIN EFFEKTIVSCHADEN ENTSTANDEN.
ICH DENKE, DASS DIE SCHURKEN KEINE ERFAHRUNG IN DER STEUERUNG DES SICHERHEITSSYSTEMS HABEN.

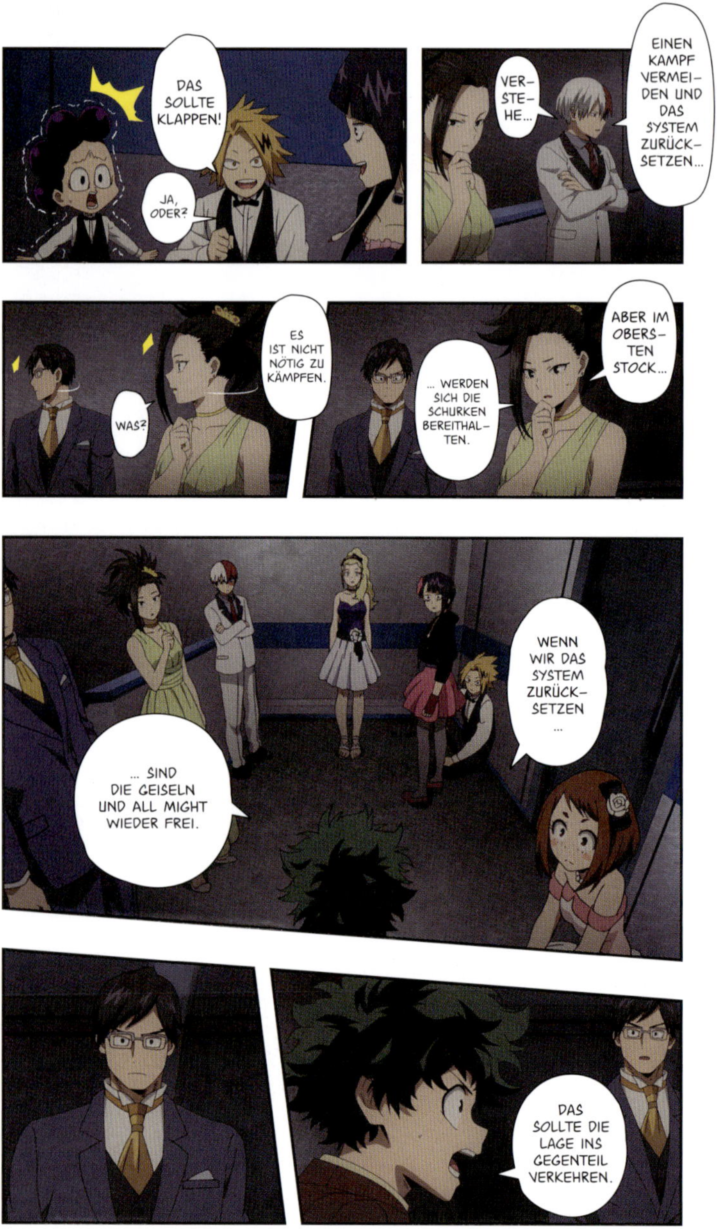
EINEN KAMPF VERMEIDEN UND DAS SYSTEM ZURÜCKSETZEN...
VERSTEHE...
DAS SOLLTE KLAPPEN!
JA, ODER?
ABER IM OBERSTEN STOCK...
... WERDEN SICH DIE SCHURKEN BEREITHALTEN.
ES IST NICHT NÖTIG ZU KÄMPFEN.
WAS?
WENN WIR DAS SYSTEM ZURÜCKSETZEN ...
... SIND DIE GEISELN UND ALL MIGHT WIEDER FREI.
DAS SOLLTE DIE LAGE INS GEGENTEIL VERKEHREN.

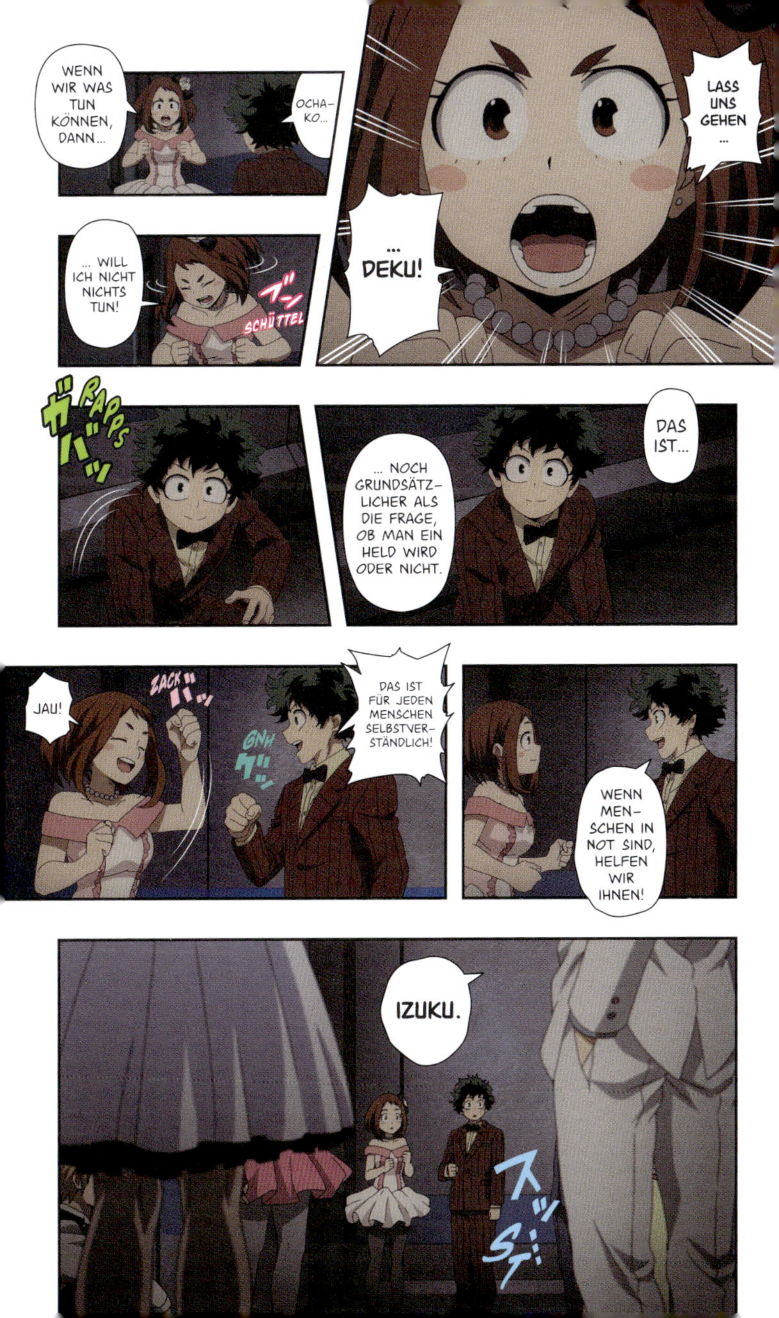
LASS UNS GEHEN ...
... DEKU!
OCHA-KO...
WENN WIR WAS TUN KÖNNEN, DANN...
... WILL ICH NICHT NICHTS TUN!
SCHÜTTEL
DAS IST...
... NOCH GRUNDSÄTZ-LICHER ALS DIE FRAGE, OB MAN EIN HELD WIRD ODER NICHT.
RAPPS
WENN MEN-SCHEN IN NOT SIND, HELFEN WIR IHNEN!
DAS IST FÜR JEDEN MENSCHEN SELBSTVER-STÄNDLICH!
GNH
ZACK
JAU!
IZUKU.
ST

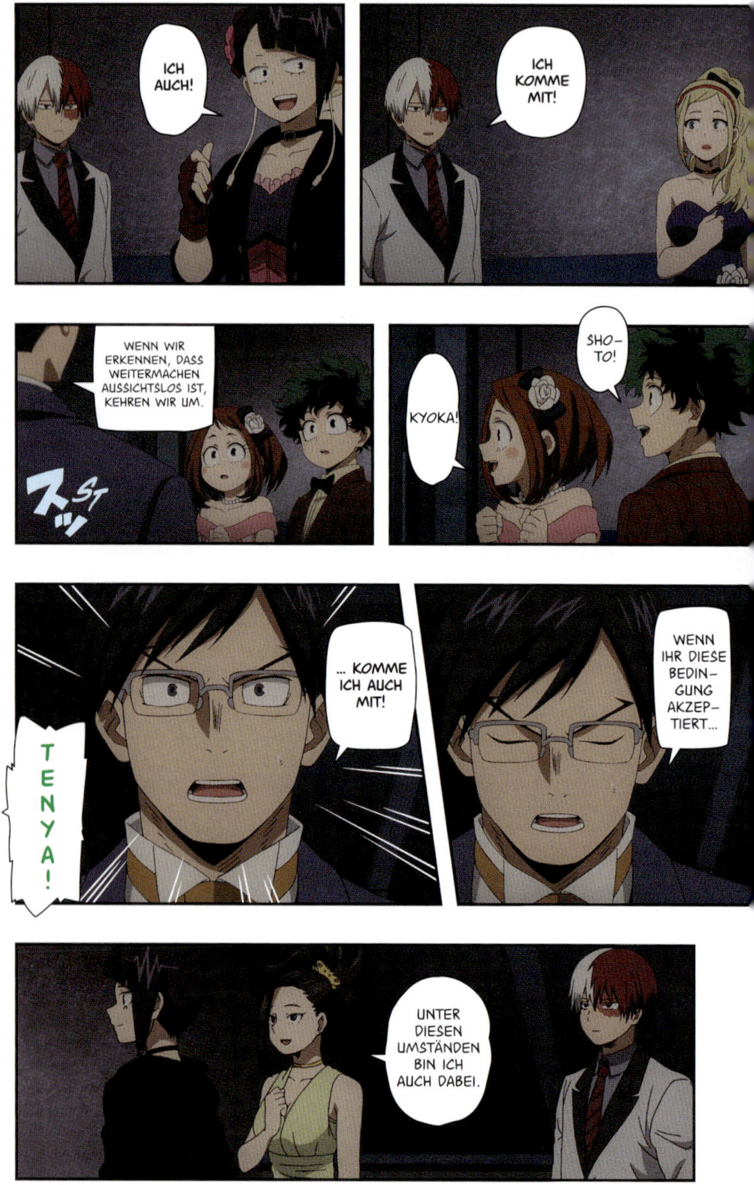
ICH KOMME MIT!
ICH AUCH!
SHO-TO!
KYOKA!
WENN WIR ERKENNEN, DASS WEITERMACHEN AUSSICHTSLOS IST, KEHREN WIR UM.
ST
WENN IHR DIESE BEDIN-GUNG AKZEP-TIERT ...
... KOMME ICH AUCH MIT!
TENYA!
UNTER DIESEN UMSTÄNDEN BIN ICH AUCH DABEI.

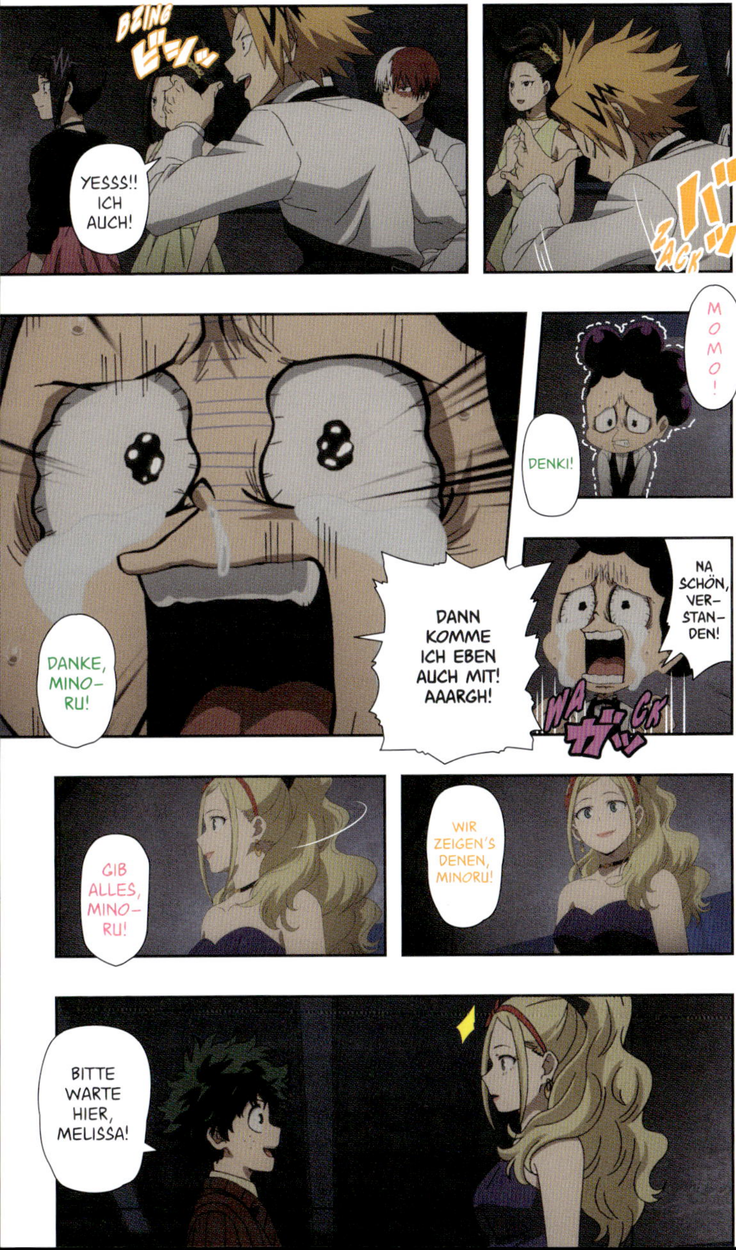
ZACK
BZING
YESSS!! ICH AUCH!
MOMO!
DENKI!
NA SCHÖN, VER-STAN-DEN!
WACK
DANN KOMME ICH EBEN AUCH MIT! AAARGH!
DANKE, MINO-RU!
WIR ZEIGEN'S DENEN, MINORU!
GIB ALLES, MINO-RU!
BITTE WARTE HIER, MELISSA!

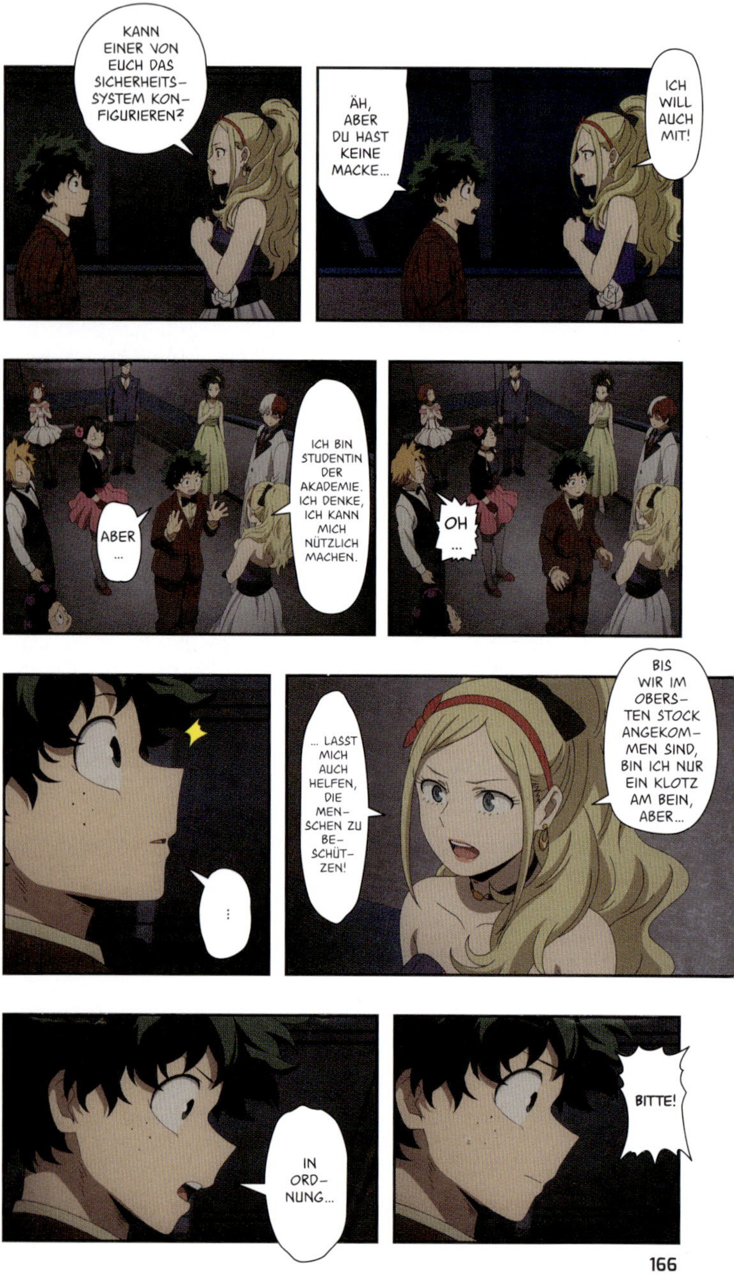
ICH WILL AUCH MIT!
ÄH, ABER DU HAST KEINE MACKE...
KANN EINER VON EUCH DAS SICHERHEITS-SYSTEM KON-FIGURIEREN?
OH ...
ICH BIN STUDENTIN DER AKADEMIE. ICH DENKE, ICH KANN MICH NÜTZLICH MACHEN.
ABER ...
BIS WIR IM OBERS-TEN STOCK ANGEKOM-MEN SIND, BIN ICH NUR EIN KLOTZ AM BEIN, ABER...
... LASST MICH AUCH HELFEN, DIE MEN-SCHEN ZU BE-SCHÜT-ZEN!
...
BITTE!
IN ORD-NUNG...

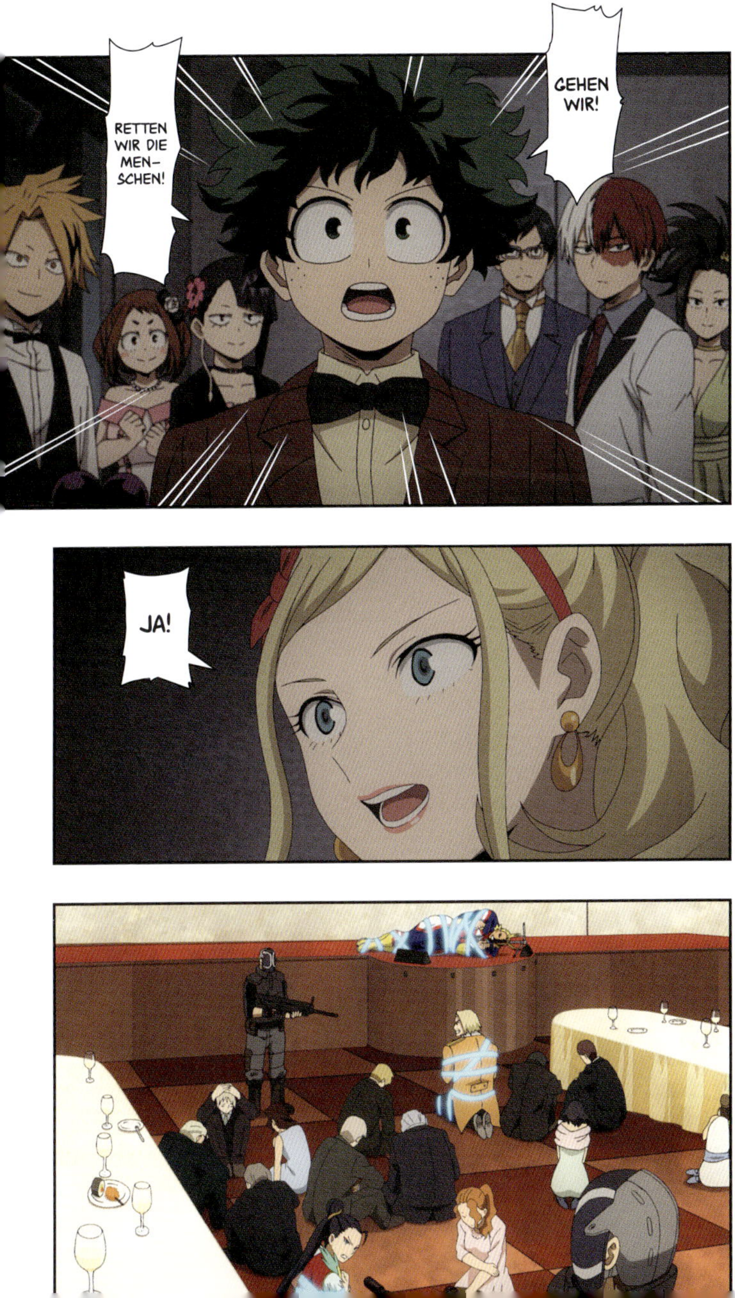
GEHEN WIR!
RETTEN WIR DIE MEN-SCHEN!
JA!

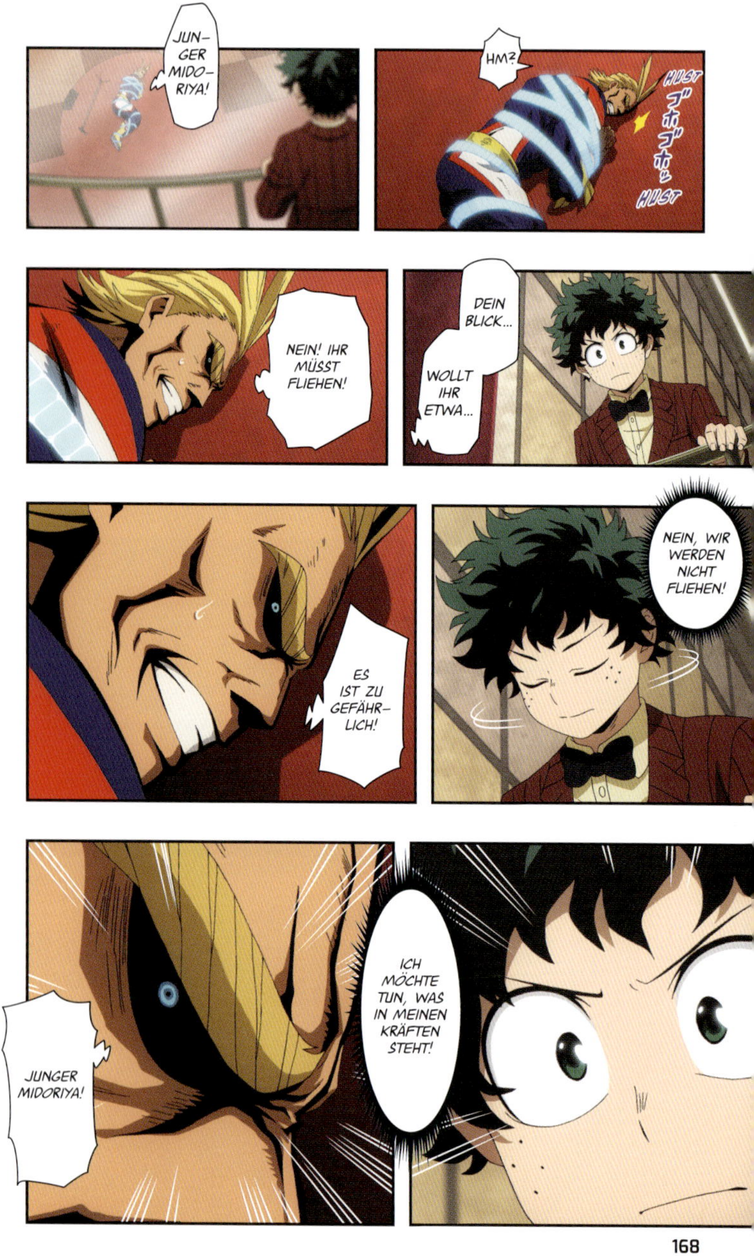
HM?
HUST
ゴホゴホッ
HUST
JUNGER MIDORIYA!
DEIN BLICK...
WOLLT IHR ETWA...
NEIN! IHR MÜSST FLIEHEN!
NEIN, WIR WERDEN NICHT FLIEHEN!
ES IST ZU GEFÄHRLICH!
ICH MÖCHTE TUN, WAS IN MEINEN KRÄFTEN STEHT!
JUNGER MIDORIYA!

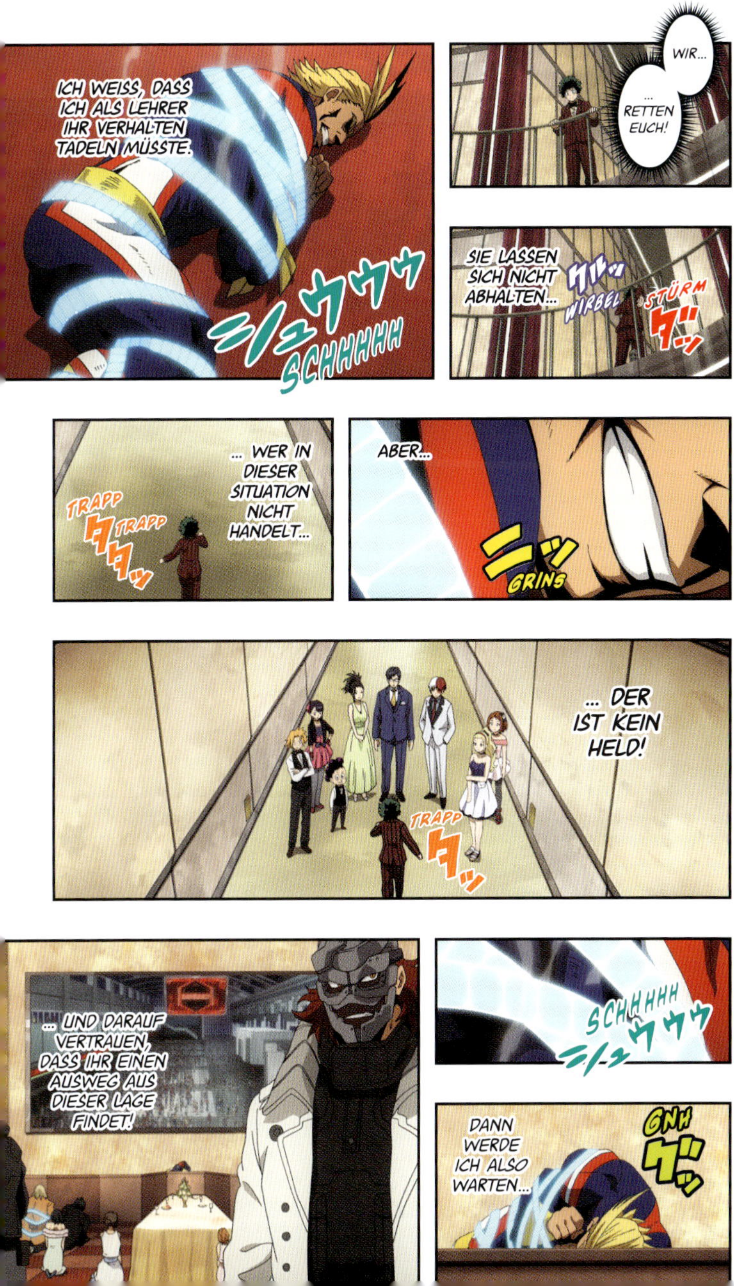
WIR...
... RETTEN EUCH!
SIE LASSEN SICH NICHT ABHALTEN...
WIRBEL
STÜRM
ICH WEISS, DASS ICH ALS LEHRER IHR VERHALTEN TADELN MÜSSTE.
SCHHHHH
ABER...
GRINS
... WER IN DIESER SITUATION NICHT HANDELT...
TRAPP TRAPP
... DER IST KEIN HELD!
TRAPP
SCHHHHH
DANN WERDE ICH ALSO WARTEN...
GNH
... UND DARAUF VERTRAUEN, DASS IHR EINEN AUSWEG AUS DIESER LAGE FINDET!

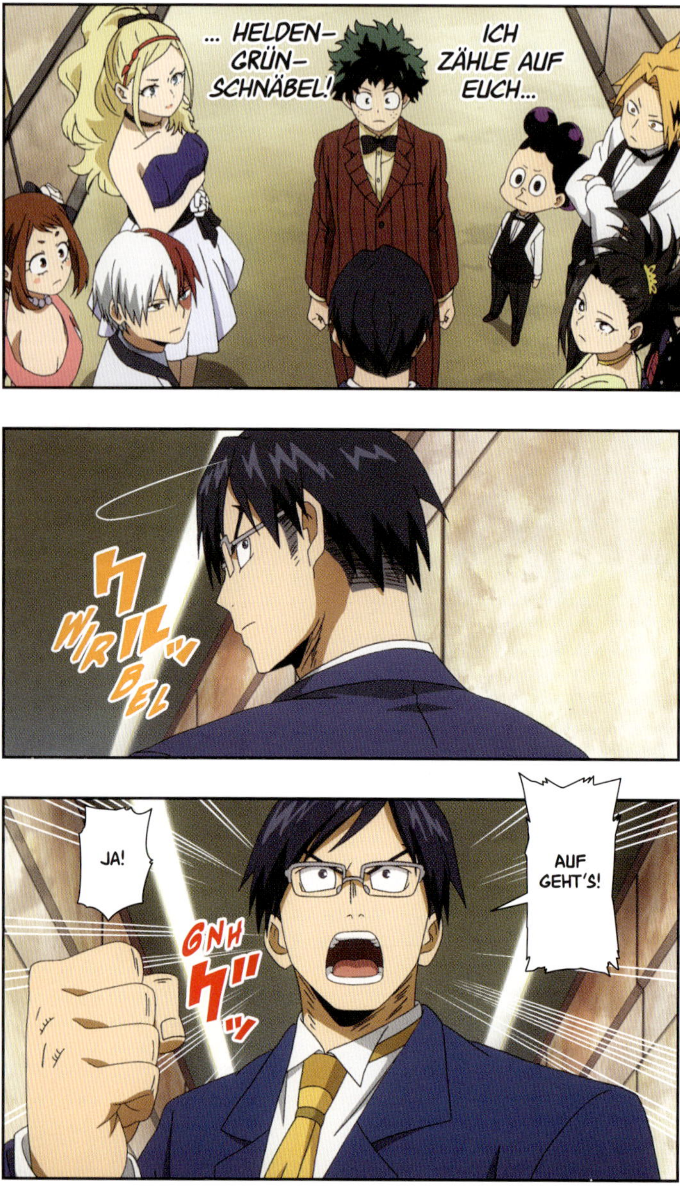
ICH ZÄHLE AUF EUCH...
... HELDEN-GRÜNSCHNÄBEL!
WIRBEL
AUF GEHT'S!
JA!
GNH

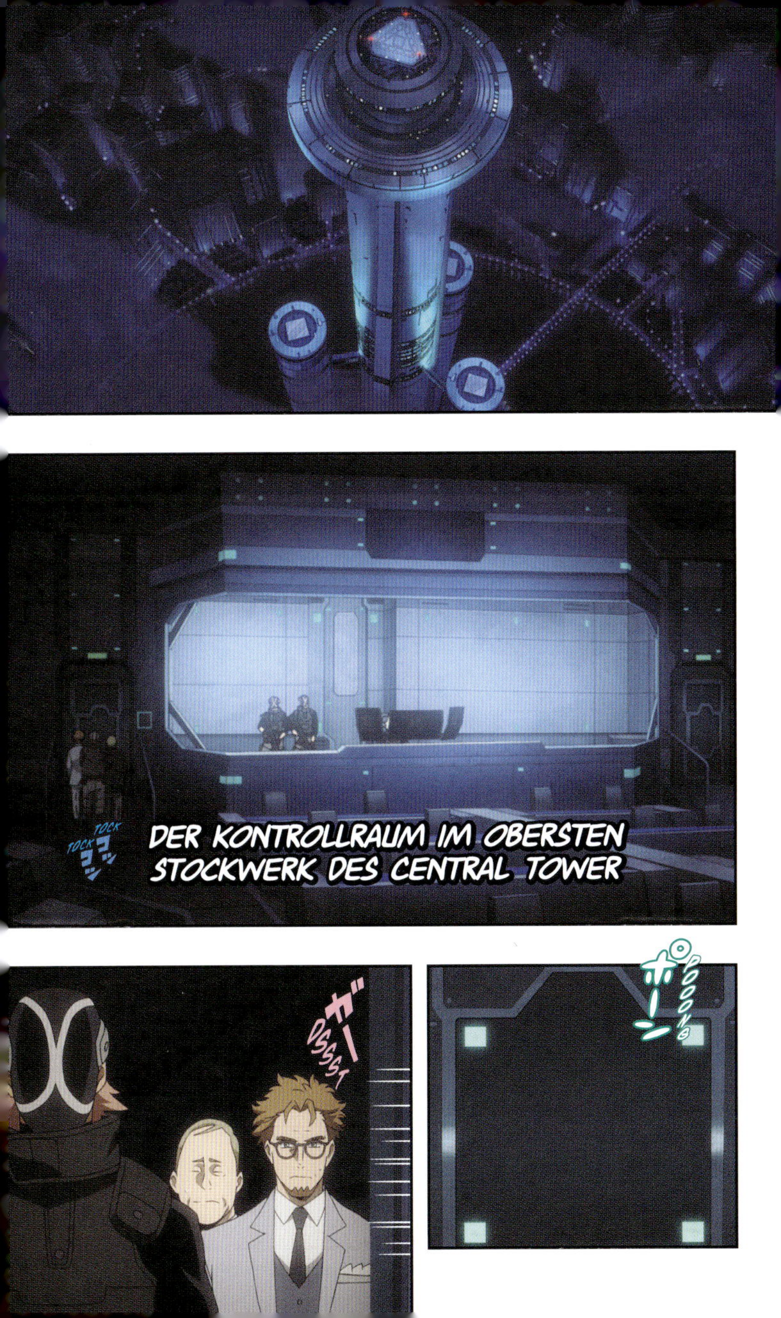

TOCK TOCK
コツコツ
DER KONTROLLRAUM IM OBERSTEN STOCKWERK DES CENTRAL TOWER
ポーン
POOOONG
ガー
DSSST

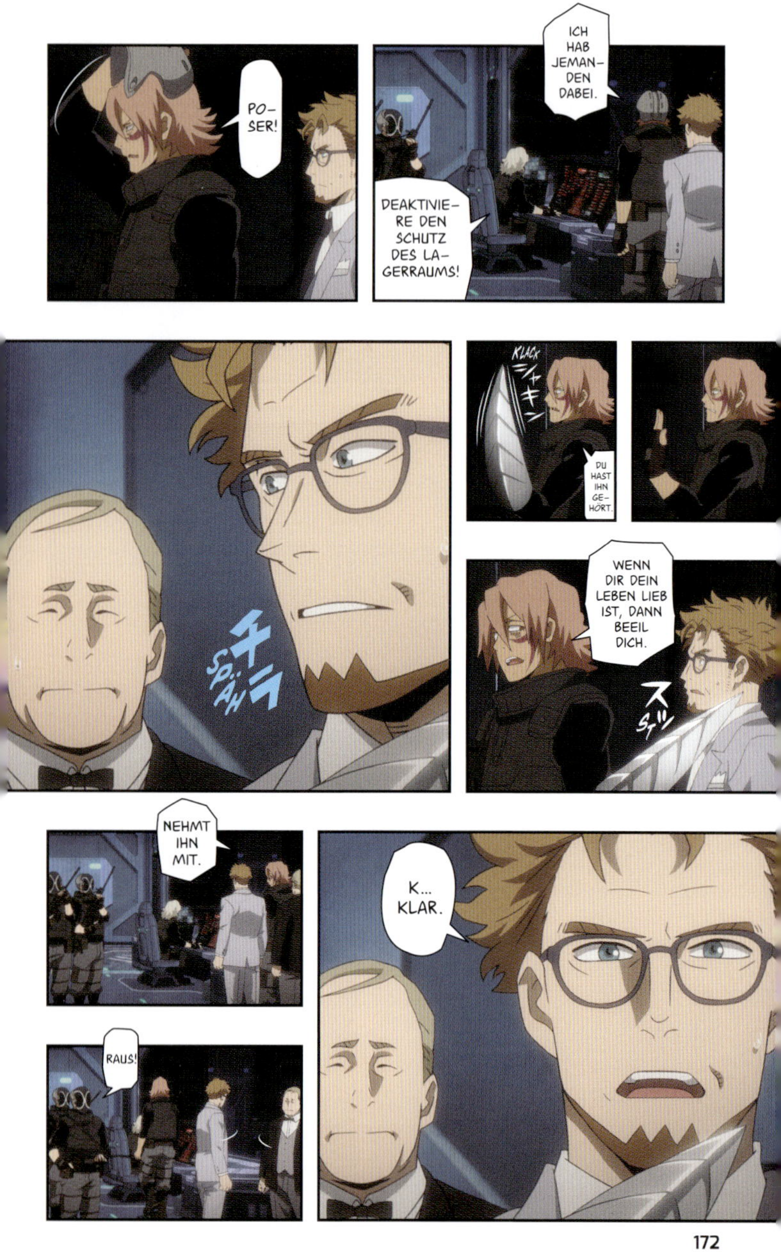
POSER!
ICH HAB JEMANDEN DABEI.
DEAKTIVIERE DEN SCHUTZ DES LAGERRAUMS!
SPÄH
KLACK
DU HAST IHN GEHÖRT.
WENN DIR DEIN LEBEN LIEB IST, DANN BEEIL DICH.
ST
NEHMT IHN MIT.
K... KLAR.
RAUS!

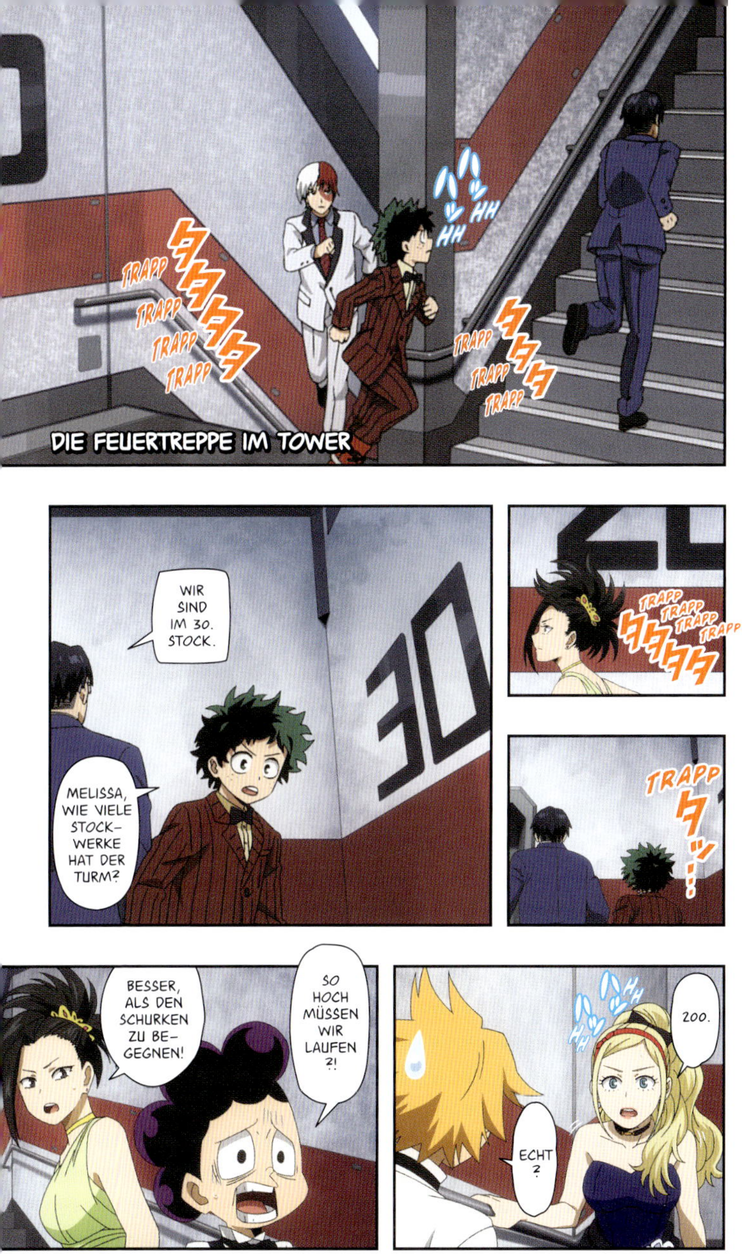

TRAPP TRAPP TRAPP TRAPP
HH HH
TRAPP TRAPP TRAPP
DIE FEUERTREPPE IM TOWER
WIR SIND IM 30. STOCK.
MELISSA, WIE VIELE STOCK-WERKE HAT DER TURM?
TRAPP TRAPP TRAPP TRAPP
TRAPP
200.
HH HH
ECHT?
SO HOCH MÜSSEN WIR LAUFEN?!
BESSER, ALS DEN SCHURKEN ZU BE-GEGNEN!

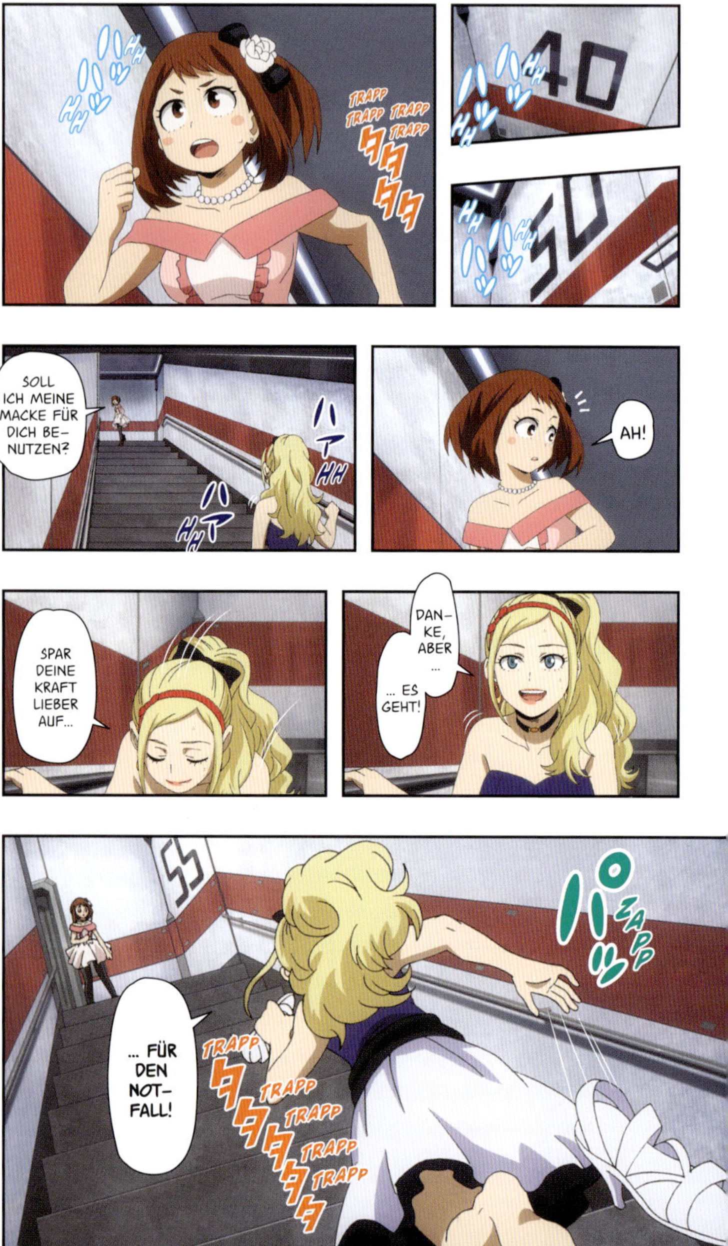
TRAPP TRAPP TRAPP TRAPP
AH!
SOLL ICH MEINE MACKE FÜR DICH BE-NUTZEN?
DAN-KE, ABER ...
... ES GEHT!
SPAR DEINE KRAFT LIEBER AUF...
ZAPP
... FÜR DEN NOT-FALL!
TRAPP TRAPP TRAPP TRAPP TRAPP

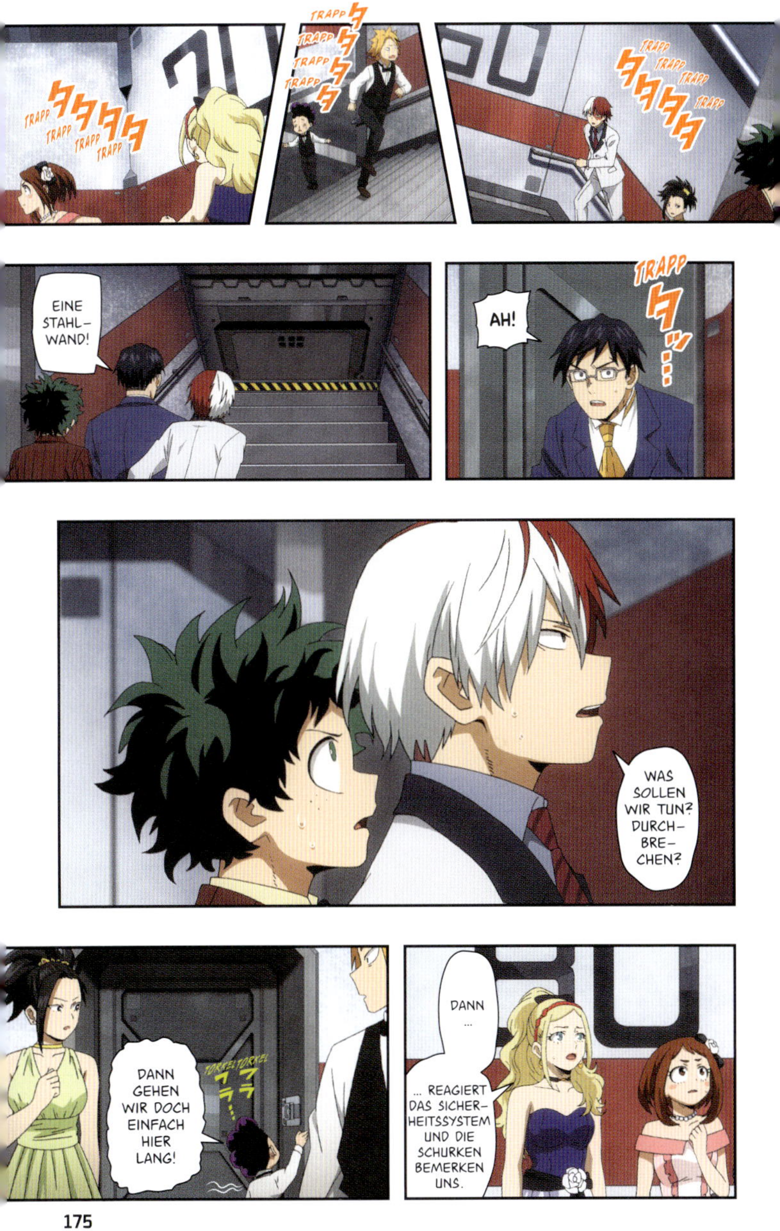
TRAPP TRAPP TRAPP TRAPP
TRAPP TRAPP TRAPP TRAPP
TRAPP TRAPP TRAPP TRAPP
TRAPP
AH!
EINE STAHL-WAND!
WAS SOLLEN WIR TUN? DURCH-BRE-CHEN?
DANN ...
... REAGIERT DAS SICHER-HEITSSYSTEM UND DIE SCHURKEN BEMERKEN UNS.
TORKELTORKEL
DANN GEHEN WIR DOCH EINFACH HIER LANG!

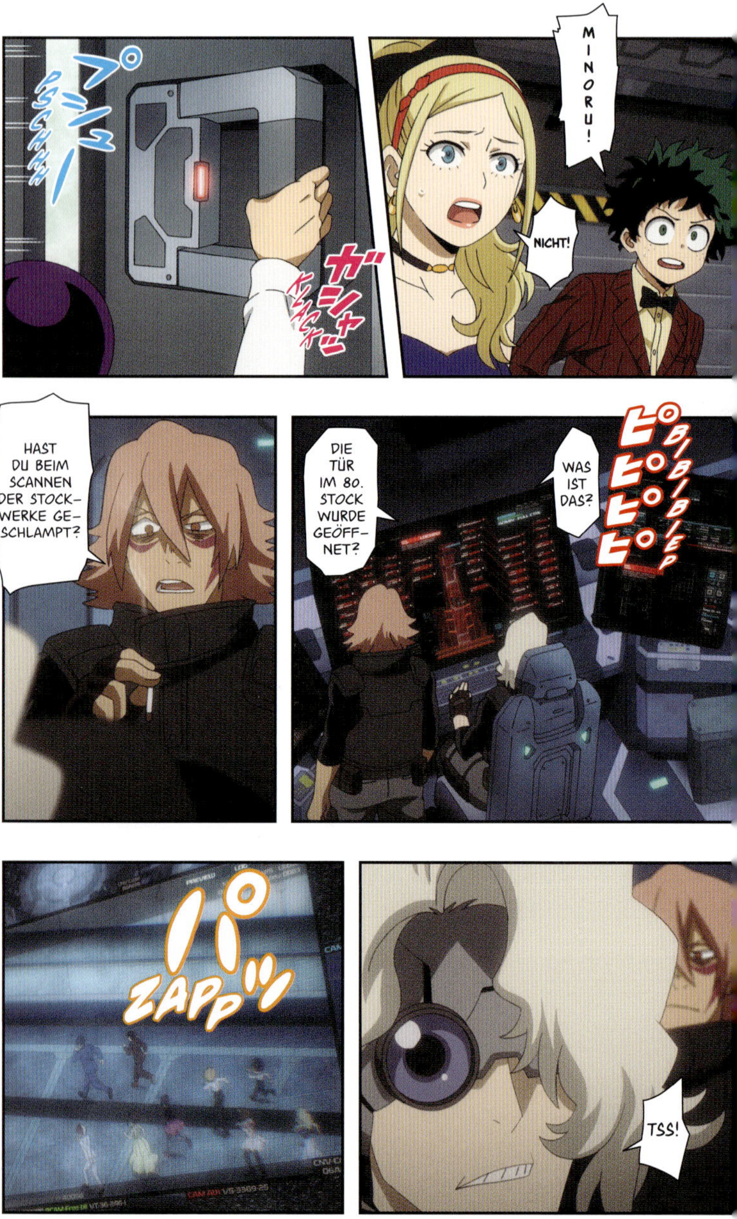

MINORU!
NICHT!
プシュー
PSCHHH
ガシャッ
KLACK
ピピピピ
BIBIBIEP
WAS IST DAS?
DIE TÜR IM 80. STOCK WURDE GEÖFFNET?
HAST DU BEIM SCANNEN DER STOCKWERKE GESCHLAMPT?
TSS!
パッ
ZAPP

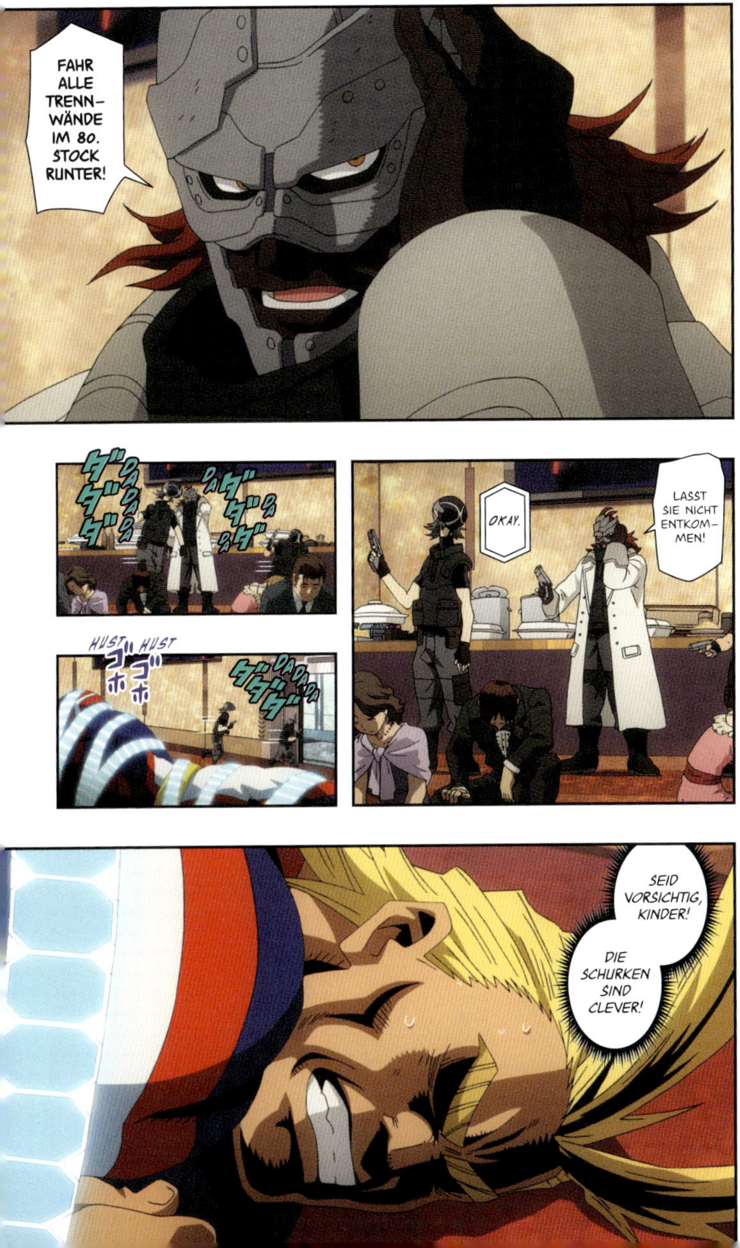
FAHR ALLE TRENN-WÄNDE IM 80. STOCK RUNTER!
LASST SIE NICHT ENTKOM-MEN!
OKAY.
HUST HUST
SEID VORSICHTIG, KINDER!
DIE SCHURKEN SIND CLEVER!

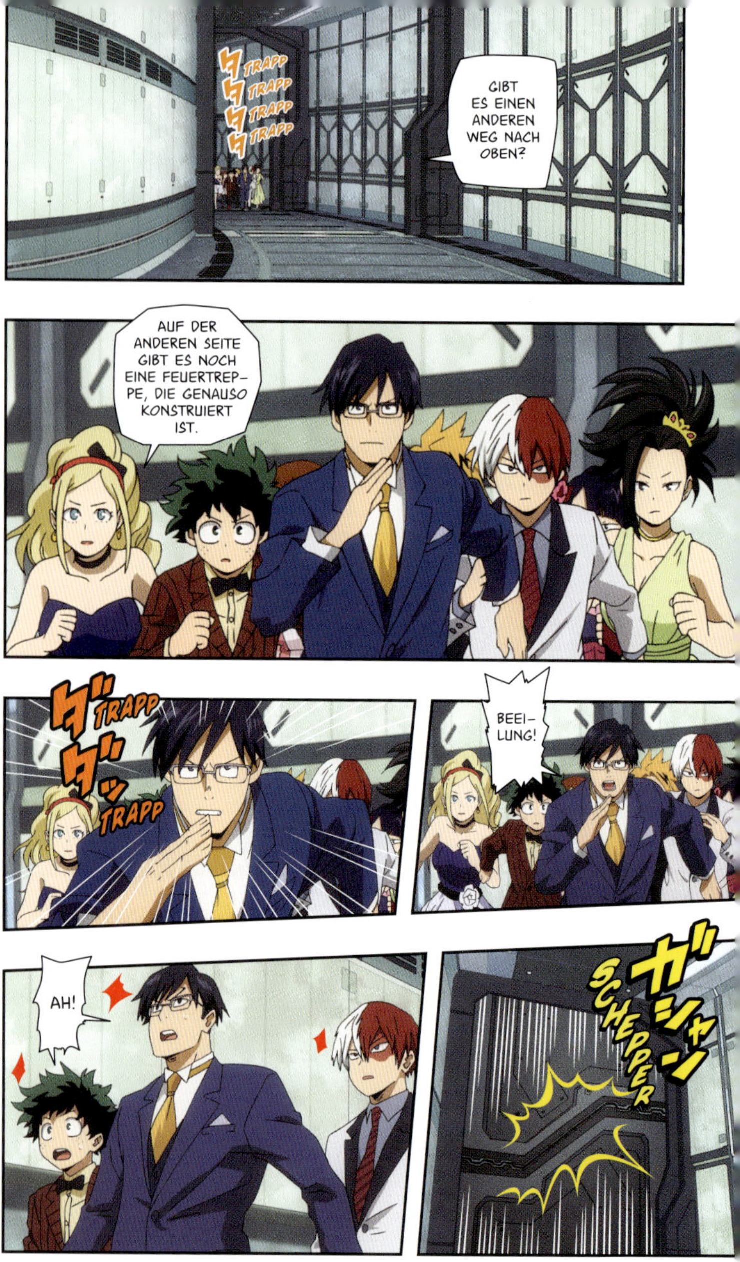
TRAPP
TRAPP
TRAPP
TRAPP
GIBT ES EINEN ANDEREN WEG NACH OBEN?
AUF DER ANDEREN SEITE GIBT ES NOCH EINE FEUERTREP-PE, DIE GENAUSO KONSTRUIERT IST.
BEEI-LUNG!
TRAPP
TRAPP
SCHEPPER
AH!

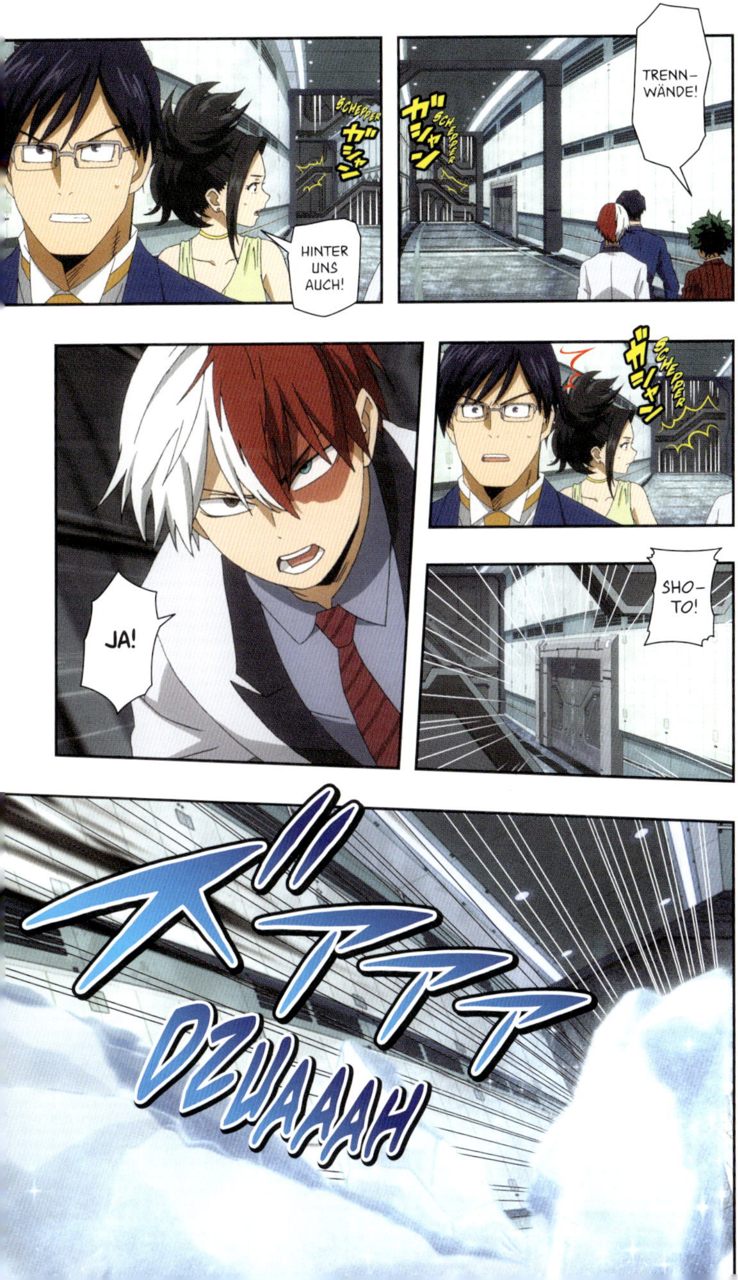
TRENN-WÄNDE!
ガシャン
SCHEPPER
ガシャン
SCHEPPER
HINTER UNS AUCH!
ガシャン
SCHEPPER
SHO-TO!
JA!
ズァァァ
DZUAAAH

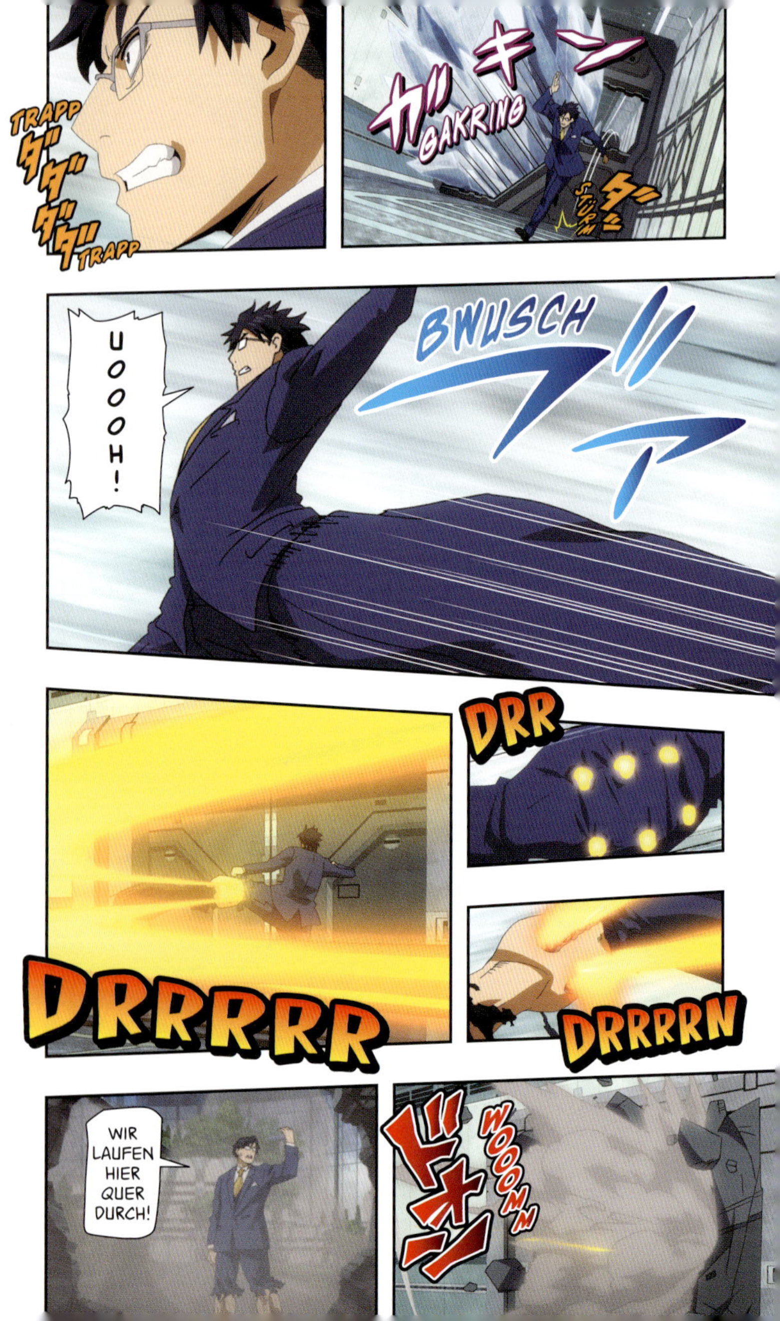

TRAPP
ダダダダ
TRAPP
ガキーン
GAKRING
ダッ
STÜRM
UOOOOH!
ブア
BWUSCH
DRR
DRRRRRR
DRRRRN
WIR LAUFEN HIER QUER DURCH!
ドオン
WOOOMM

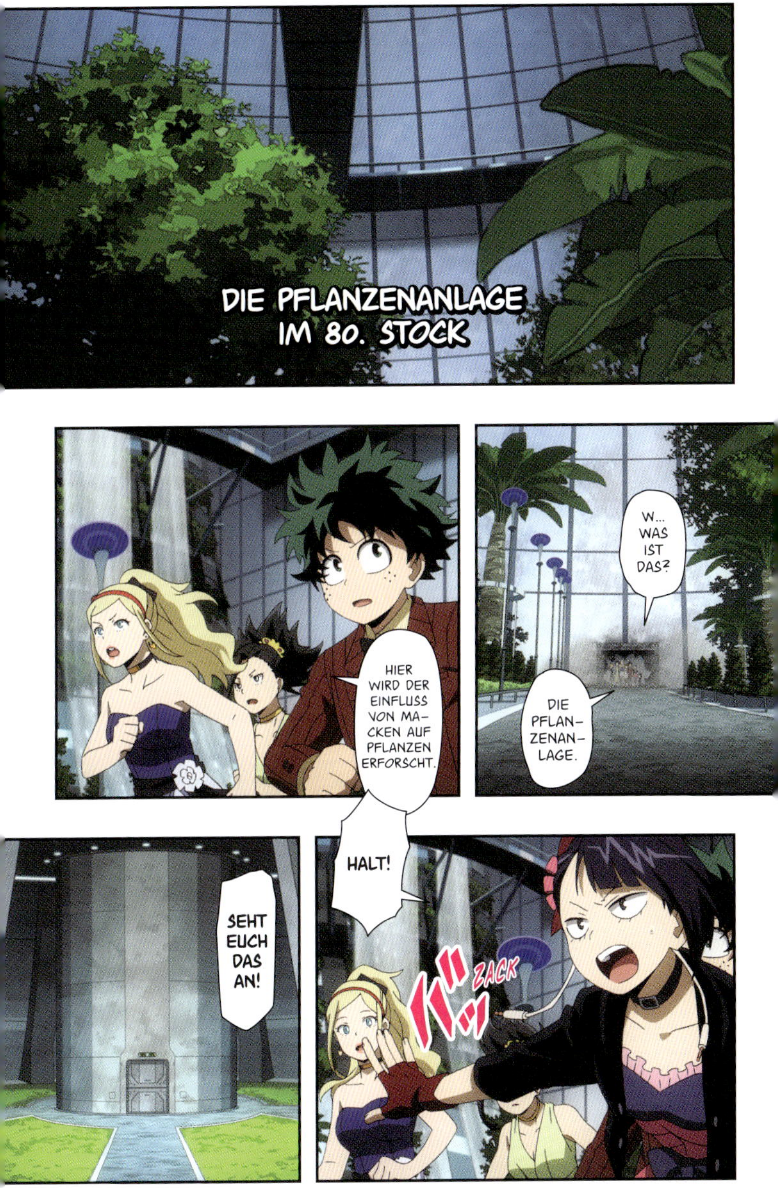
DIE PFLANZENANLAGE IM 80. STOCK
HIER WIRD DER EINFLUSS VON MACKEN AUF PFLANZEN ERFORSCHT.
W... WAS IST DAS?
DIE PFLANZENANLAGE.
SEHT EUCH DAS AN!
HALT!
ZACK

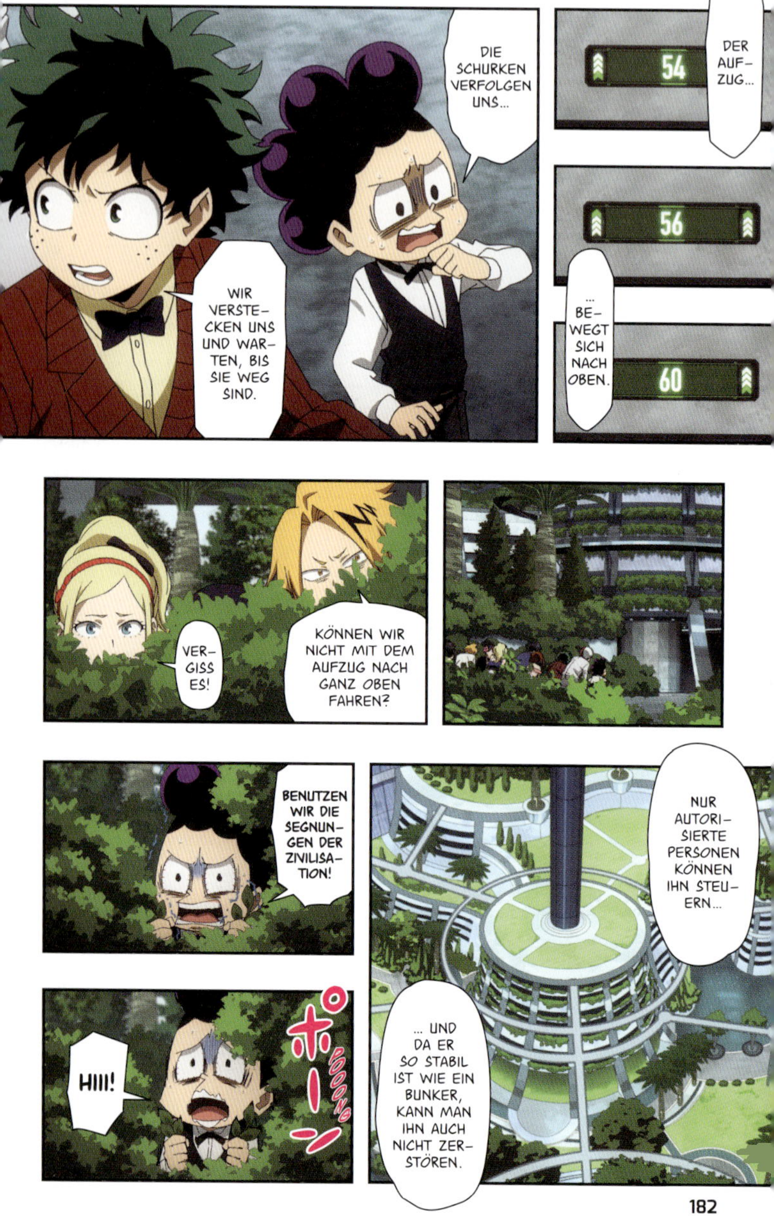
DER AUFZUG...
... BEWEGT SICH NACH OBEN.
DIE SCHURKEN VERFOLGEN UNS...
WIR VERSTECKEN UNS UND WARTEN, BIS SIE WEG SIND.
KÖNNEN WIR NICHT MIT DEM AUFZUG NACH GANZ OBEN FAHREN?
VERGISS ES!
NUR AUTORISIERTE PERSONEN KÖNNEN IHN STEUERN...
... UND DA ER SO STABIL IST WIE EIN BUNKER, KANN MAN IHN AUCH NICHT ZERSTÖREN.
BENUTZEN WIR DIE SEGNUNGEN DER ZIVILISATION!
ポーン
POOOONG
HIII!

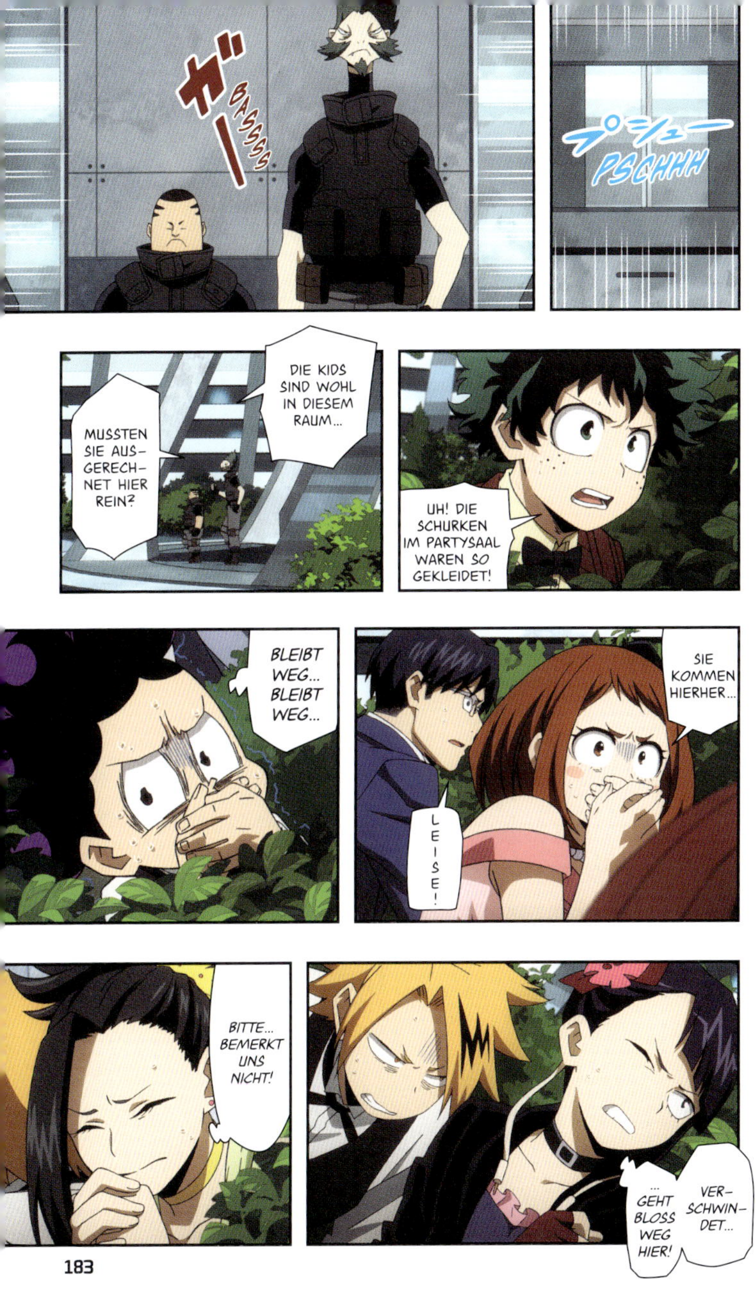

PSCHHH
BASSSS
UH! DIE SCHURKEN IM PARTYSAAL WAREN SO GEKLEIDET!
DIE KIDS SIND WOHL IN DIESEM RAUM...
MUSSTEN SIE AUS-GERECH-NET HIER REIN?
SIE KOMMEN HIERHER...
LEISE!
BLEIBT WEG... BLEIBT WEG...
VER-SCHWIN-DET...
...GEHT BLOSS WEG HIER!
BITTE... BEMERKT UNS NICHT!

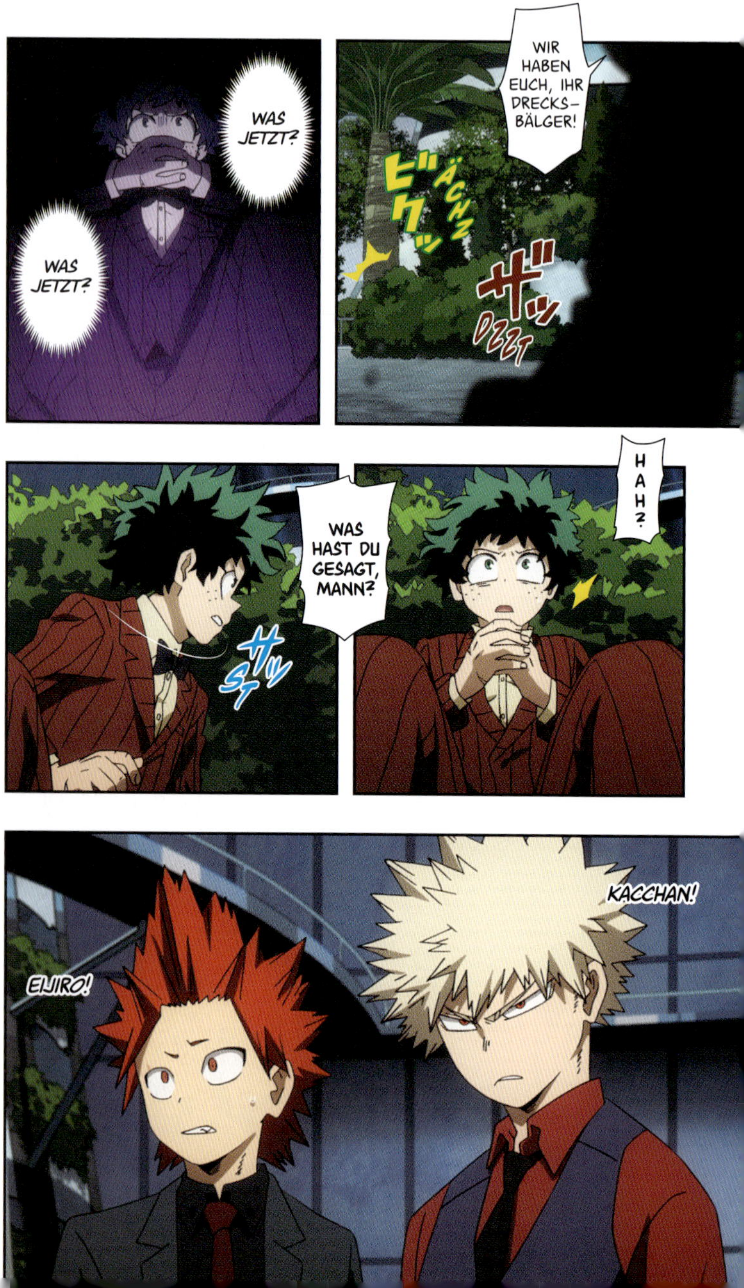
WIR HABEN EUCH, IHR DRECKS-BÄLGER!
ÄCHZ
DZZT
WAS JETZT?
WAS JETZT?
HAH?
WAS HAST DU GESAGT, MANN?
ST
KACCHAN!
EIJIRO!

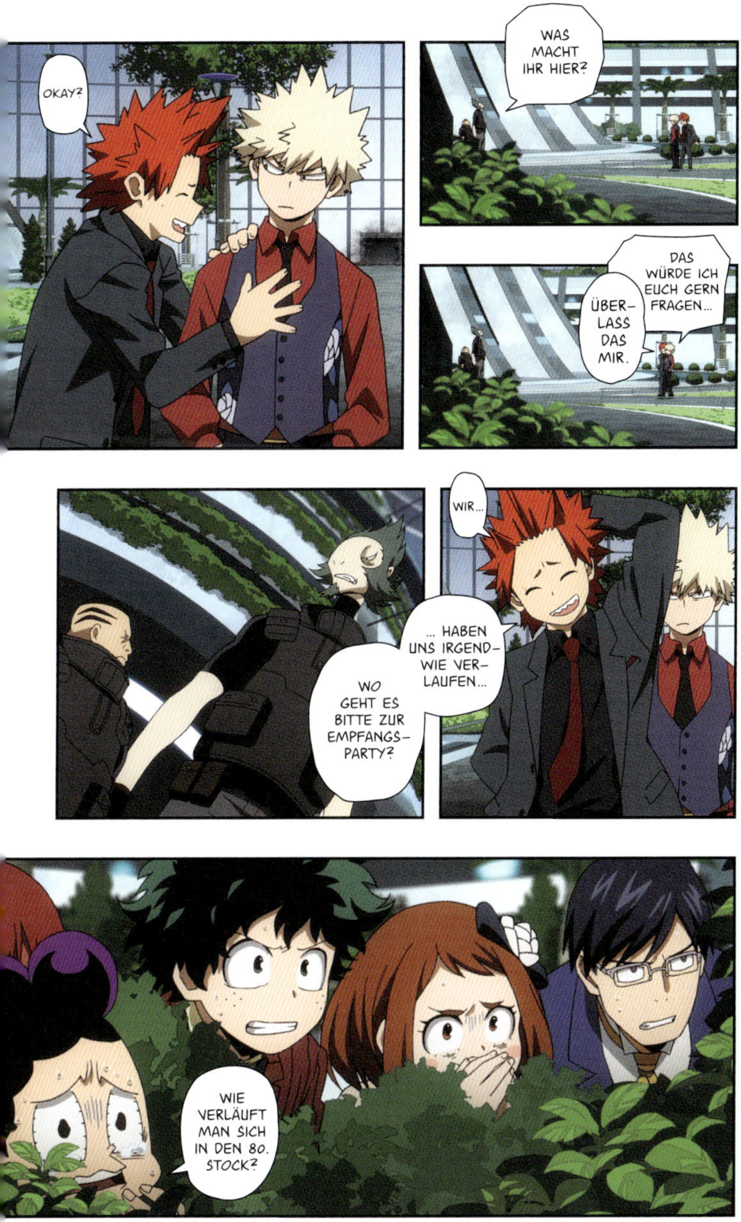
OKAY?
WAS MACHT IHR HIER?
DAS WÜRDE ICH EUCH GERN FRAGEN...
ÜBERLASS DAS MIR.
WIR...
... HABEN UNS IRGENDWIE VERLAUFEN...
WO GEHT ES BITTE ZUR EMPFANGSPARTY?
WIE VERLÄUFT MAN SICH IN DEN 80. STOCK?

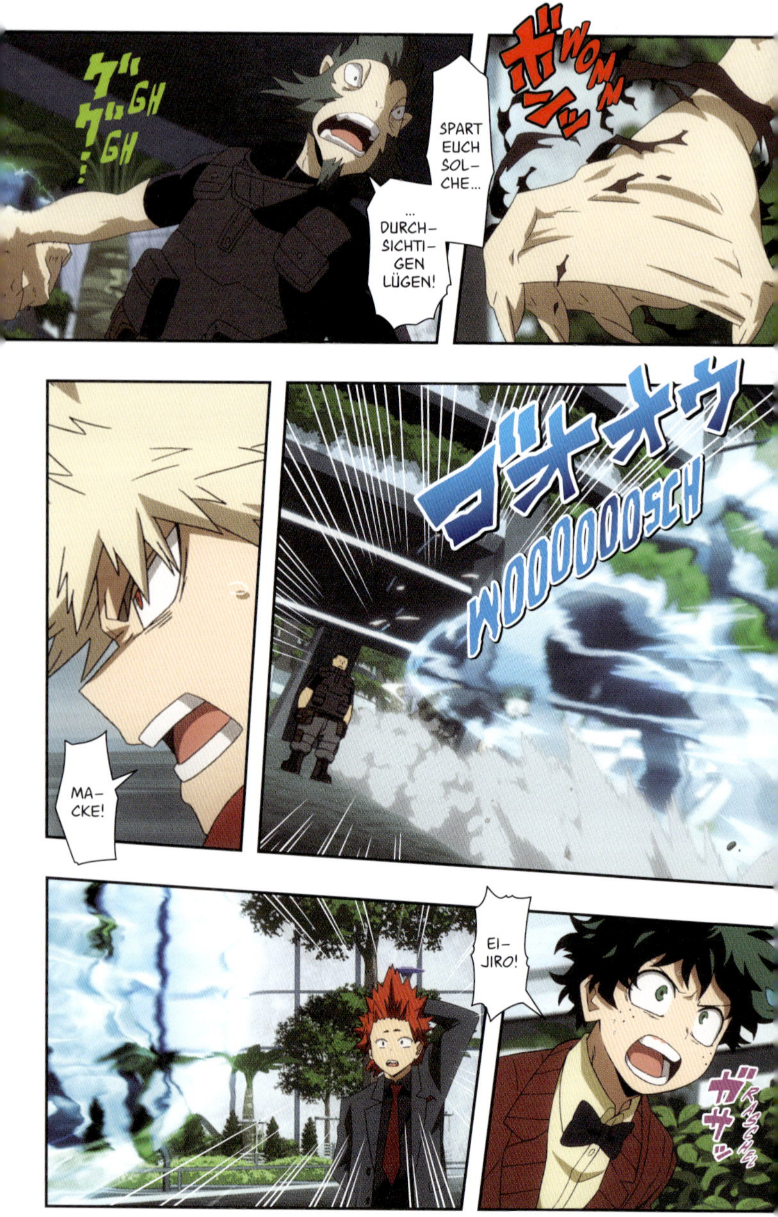
グッグッ
GH GH
ボン
WOMM
SPART EUCH SOL-CHE...
... DURCH-SICHTI-GEN LÜGEN!
ゴオオウ
WOOOOOOOSCH
MA-CKE!
EI-JIRO!
ガサッ

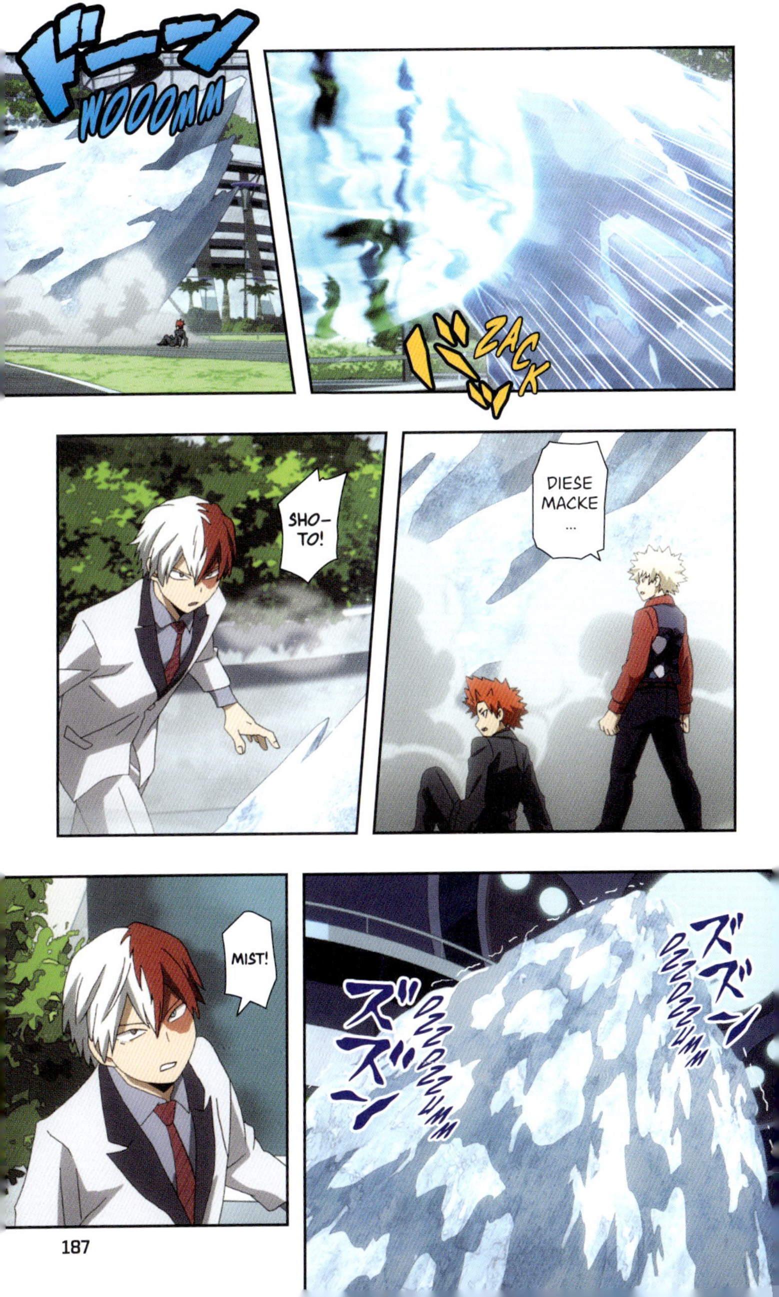
ドーン
WOOOMM
バ
ZACK
SHO-TO!
DIESE MACKE ...
MIST!
ズズーン
ZZZZZUMM
ズズーン
ZZZZZUMM

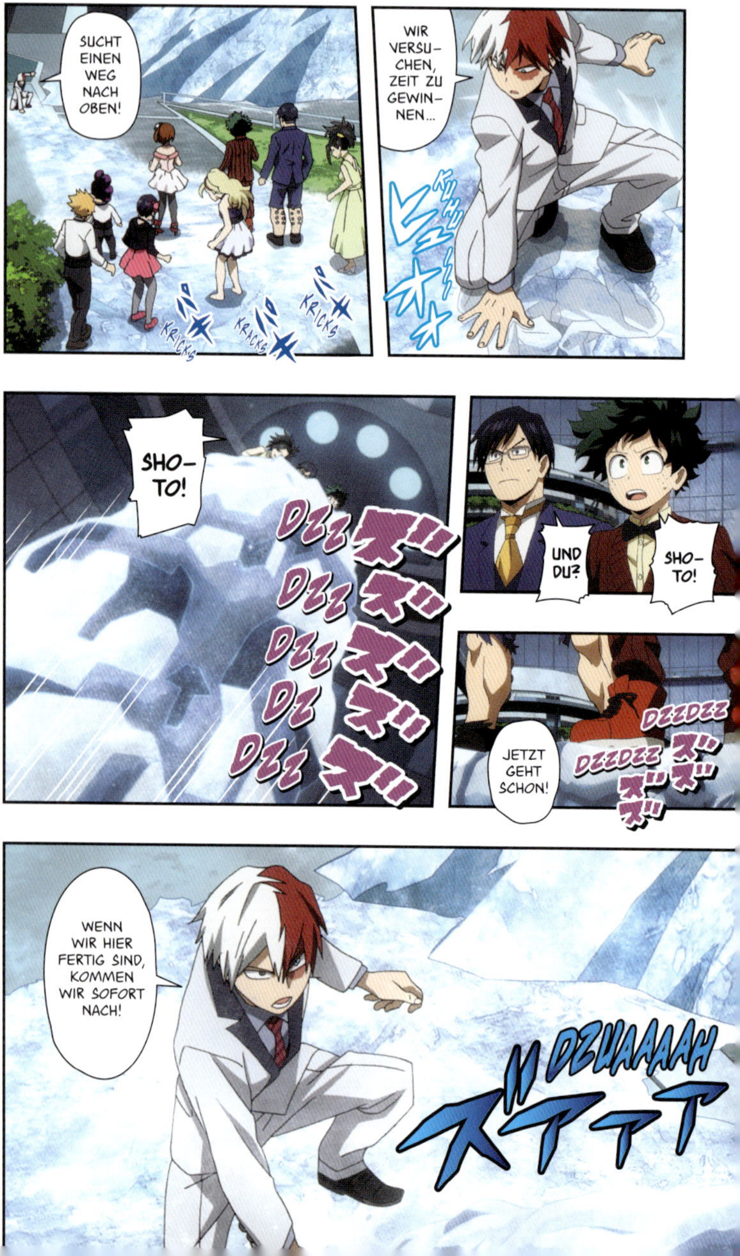
WIR VERSU-CHEN, ZEIT ZU GEWIN-NEN...
SUCHT EINEN WEG NACH OBEN!
KRICKS
KRACKS
KRICKS
SHO-TO!
UND DU?
SHO-TO!
DZZ DZZ DZZ DZ DZZ
JETZT GEHT SCHON!
DZZDZZ
DZZDZZ
WENN WIR HIER FERTIG SIND, KOMMEN WIR SOFORT NACH!
DZUAAAAH

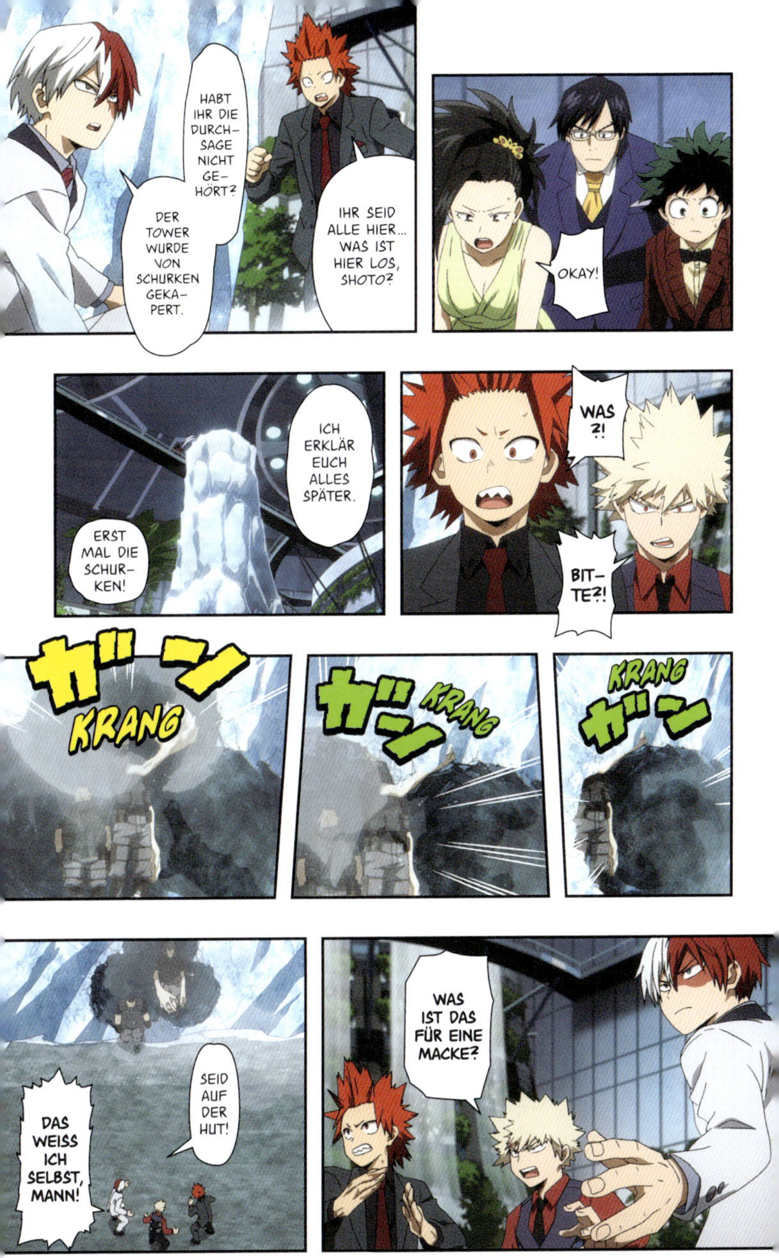
OKAY!
IHR SEID ALLE HIER... WAS IST HIER LOS, SHOTO?
HABT IHR DIE DURCHSAGE NICHT GEHÖRT?
DER TOWER WURDE VON SCHURKEN GEKAPERT.
WAS?!
BITTE?!
ICH ERKLÄR EUCH ALLES SPÄTER.
ERST MAL DIE SCHURKEN!
KRANG
KRANG
KRANG
WAS IST DAS FÜR EINE MACKE?
SEID AUF DER HUT!
DAS WEISS ICH SELBST, MANN!

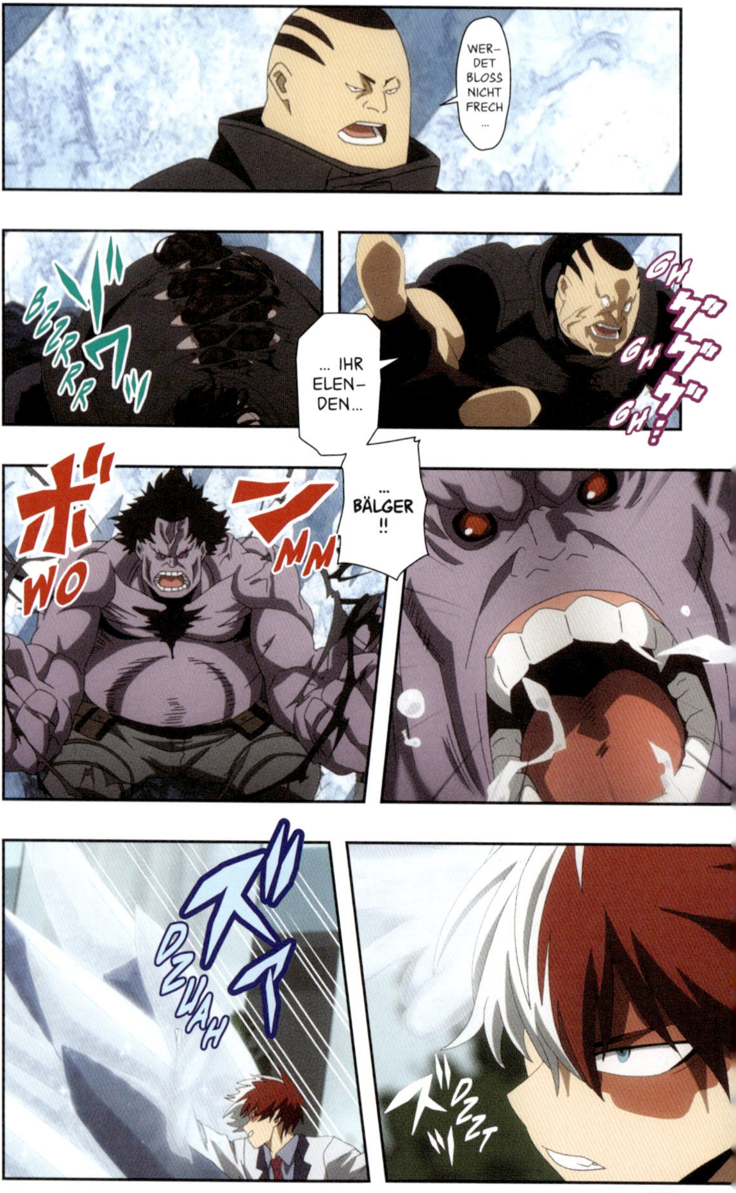
WER-
DET
BLOSS
NICHT
FRECH
...
BZZRRRR
GH
GH
GH!
... IHR
ELEN-
DEN...
... BÄLGER
!!
WO
MM
DZUAH
DZZT

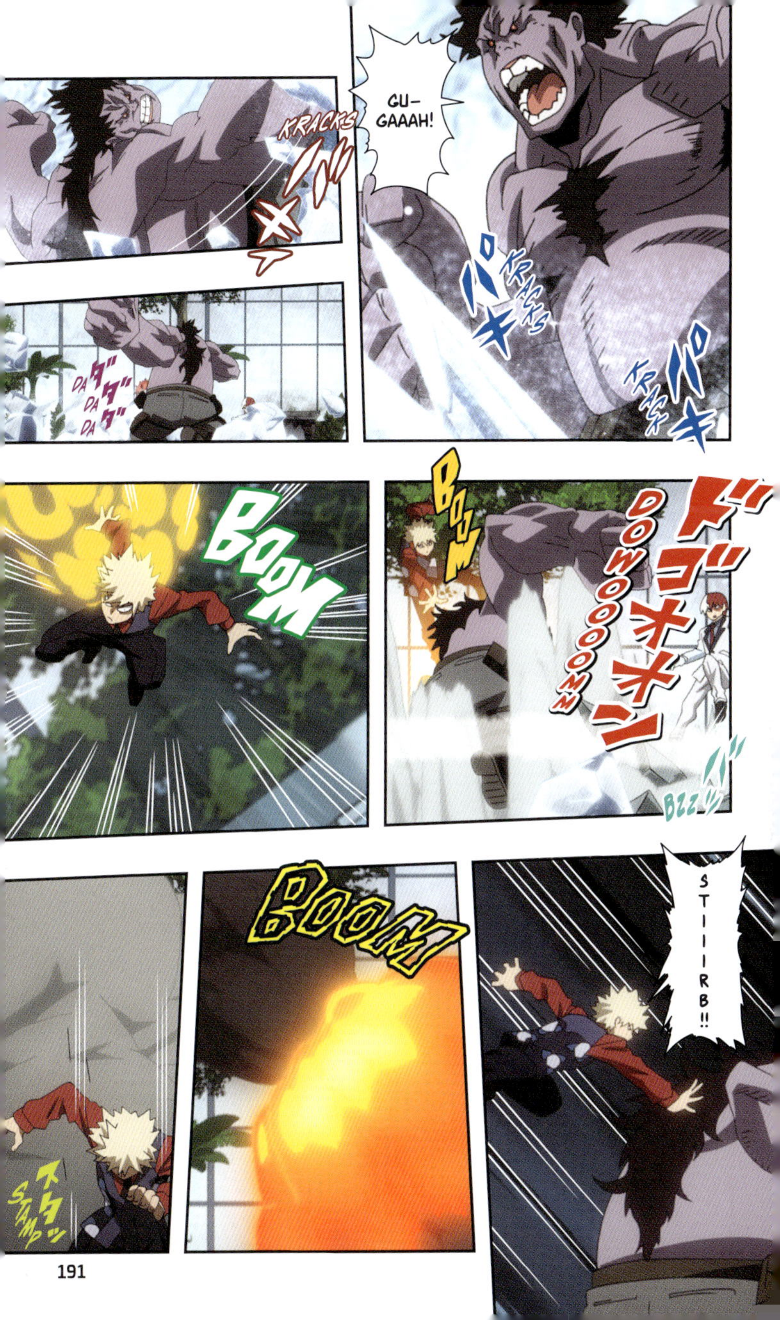
GU-
GAAAH!
KRACKS
KRACK
KRACKS
DA
DA
DA
DOWOOOOOOMM
BOOM
BZZ
BOOM
STIIIRB!!
BOOM
STAMP

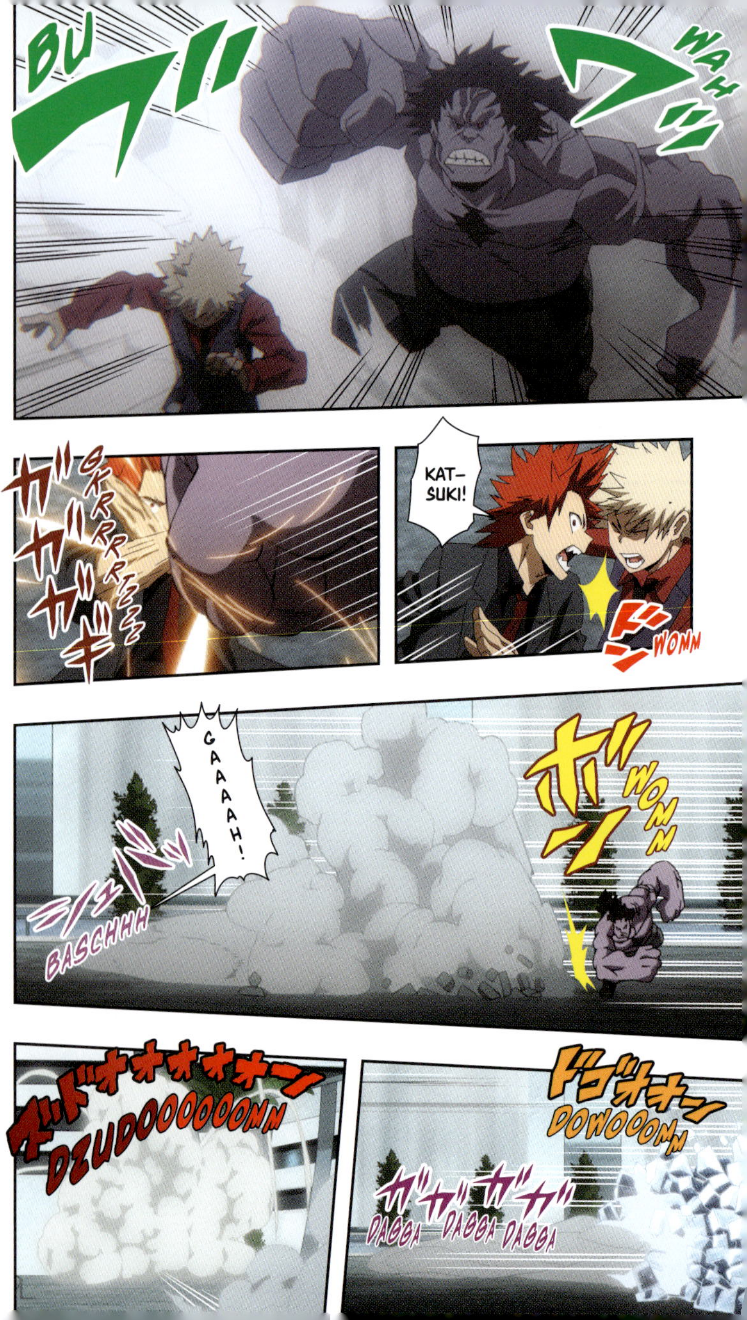

BU
WAH
GKRRRRRZZZ
KAT-SUKI!
WOMM
GAAAAAH!
WOMM
BASCHHH
DZUDOOOOOOOMM
DOWOOOMM
DAGGA DAGGA DAGGA

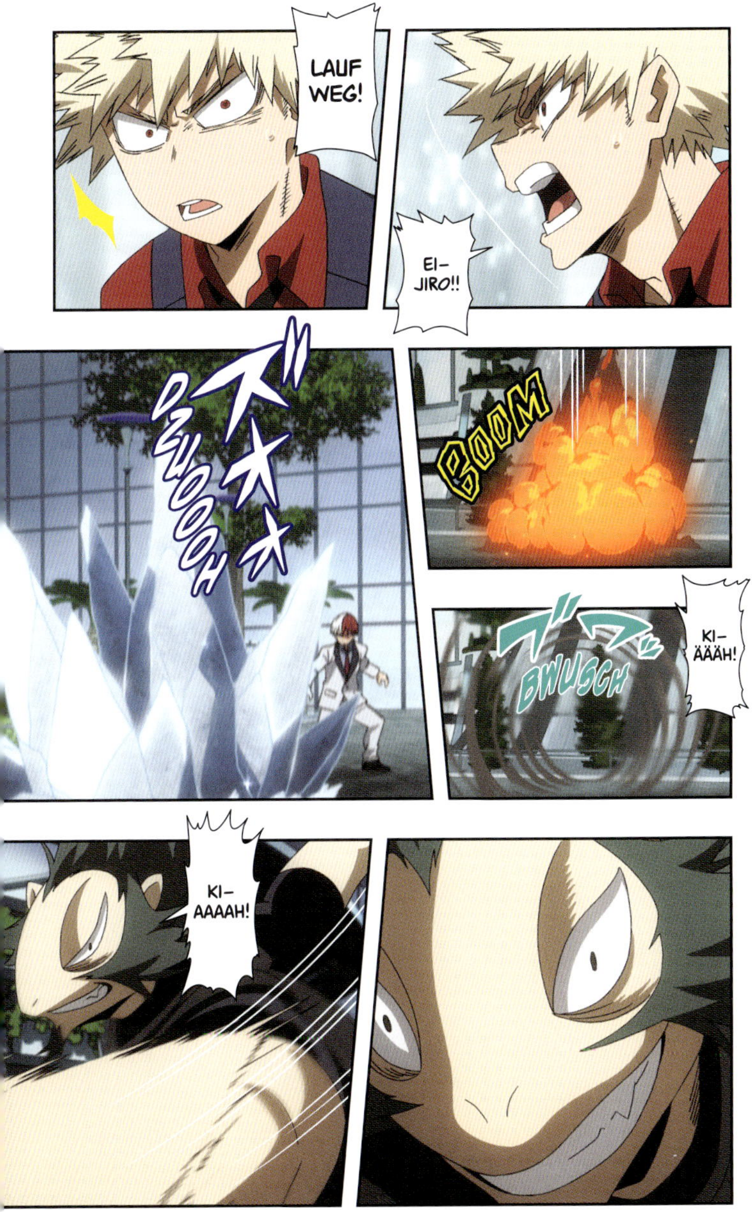
EI-
JIRO!!
LAUF
WEG!
BOOM
BWUSCH
KI-
ÄÄÄH!
DZUOOOOH
KI-
AAAAH!

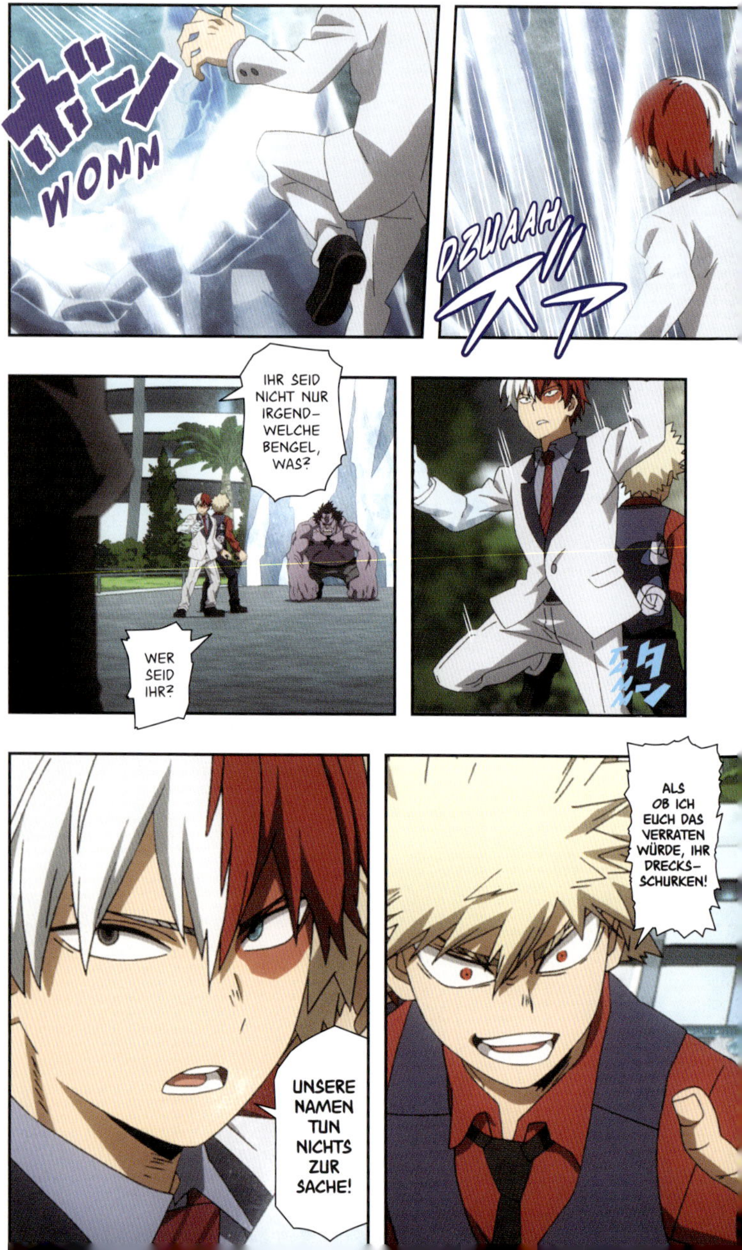

DZUAAH
WOMM
IHR SEID NICHT NUR IRGEND-WELCHE BENGEL, WAS?
TAN
WER SEID IHR?
ALS OB ICH EUCH DAS VERRATEN WÜRDE, IHR DRECKS-SCHURKEN!
UNSERE NAMEN TUN NICHTS ZUR SACHE!

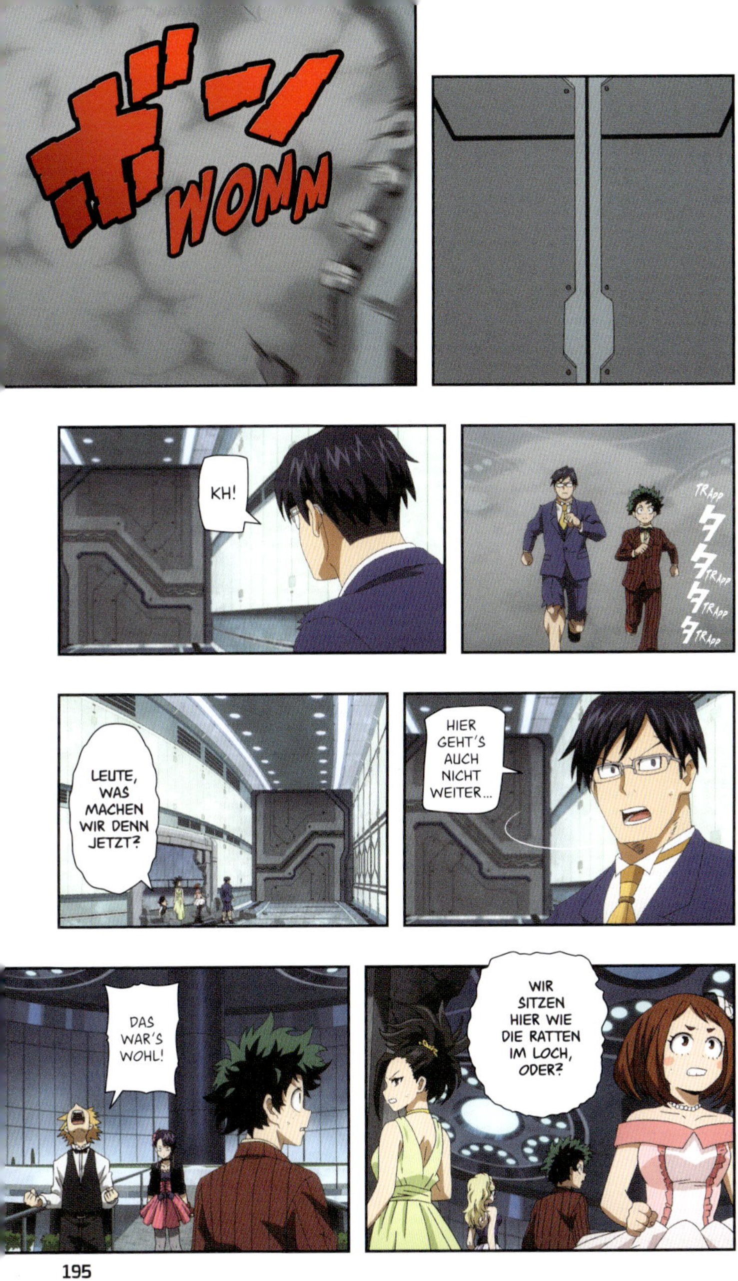
ボーン
WOMM
KH!
TRAPP
TRAPP
TRAPP
TRAPP
LEUTE, WAS MACHEN WIR DENN JETZT?
HIER GEHT'S AUCH NICHT WEITER...
DAS WAR'S WOHL!
WIR SITZEN HIER WIE DIE RATTEN IM LOCH, ODER?

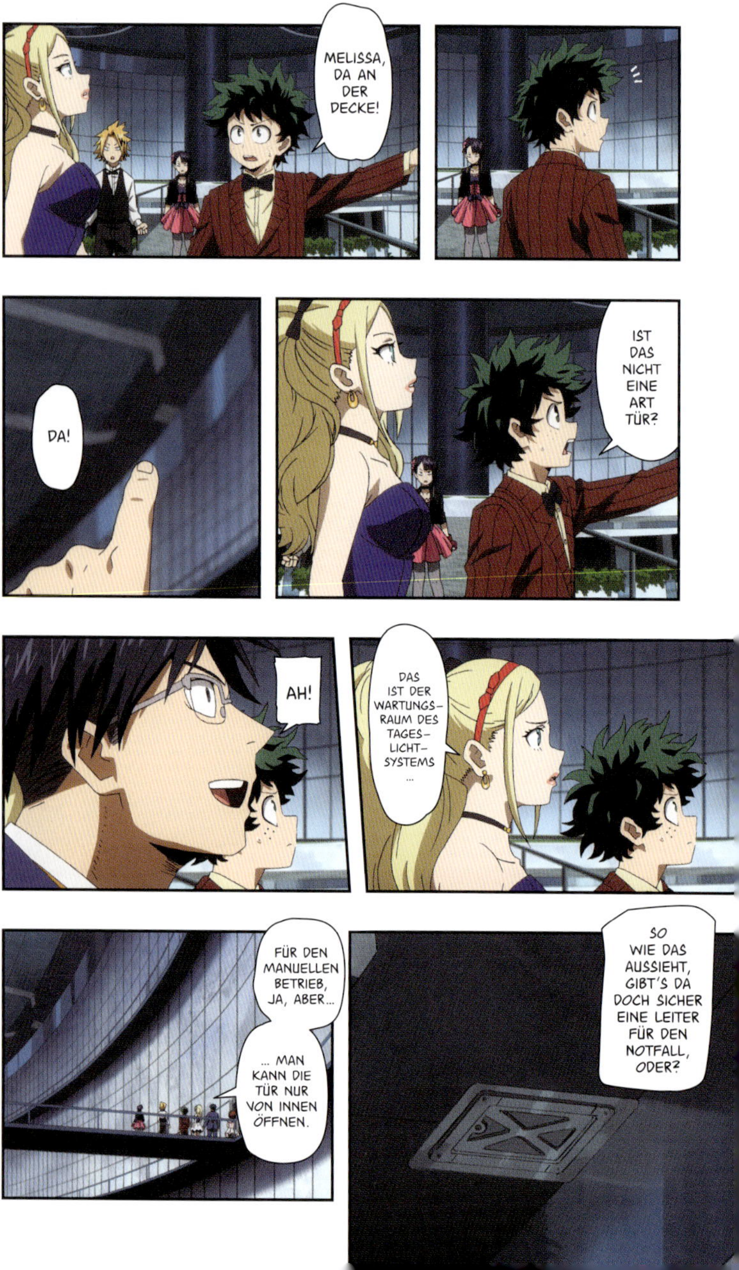
MELISSA, DA AN DER DECKE!
DA!
IST DAS NICHT EINE ART TÜR?
AH!
DAS IST DER WARTUNGSRAUM DES TAGESLICHTSYSTEMS ...
FÜR DEN MANUELLEN BETRIEB, JA, ABER ...
... MAN KANN DIE TÜR NUR VON INNEN ÖFFNEN.
SO WIE DAS AUSSIEHT, GIBT'S DA DOCH SICHER EINE LEITER FÜR DEN NOTFALL, ODER?

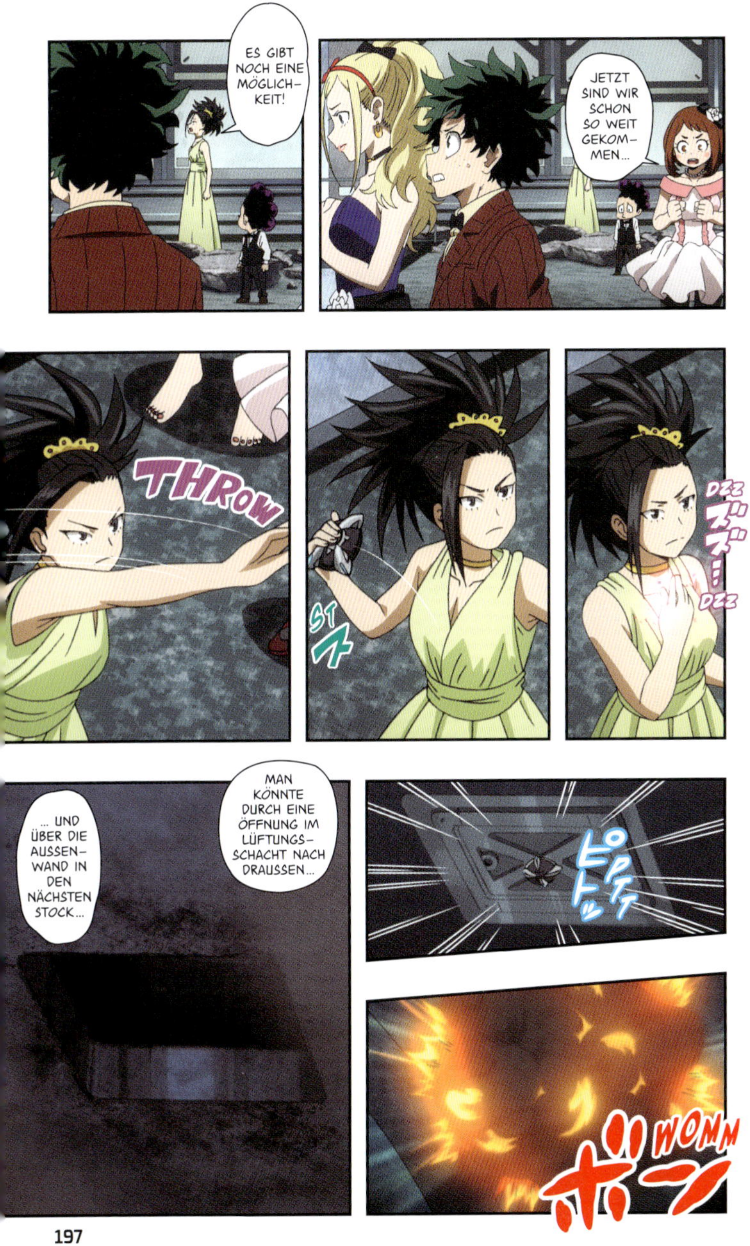

ES GIBT NOCH EINE MÖGLICH-KEIT!
JETZT SIND WIR SCHON SO WEIT GEKOM-MEN…
THROW
ST
DZZ
DZZ
MAN KÖNNTE DURCH EINE ÖFFNUNG IM LÜFTUNGS-SCHACHT NACH DRAUSSEN…
… UND ÜBER DIE AUSSEN-WAND IN DEN NÄCHSTEN STOCK…
PTT
WOMM

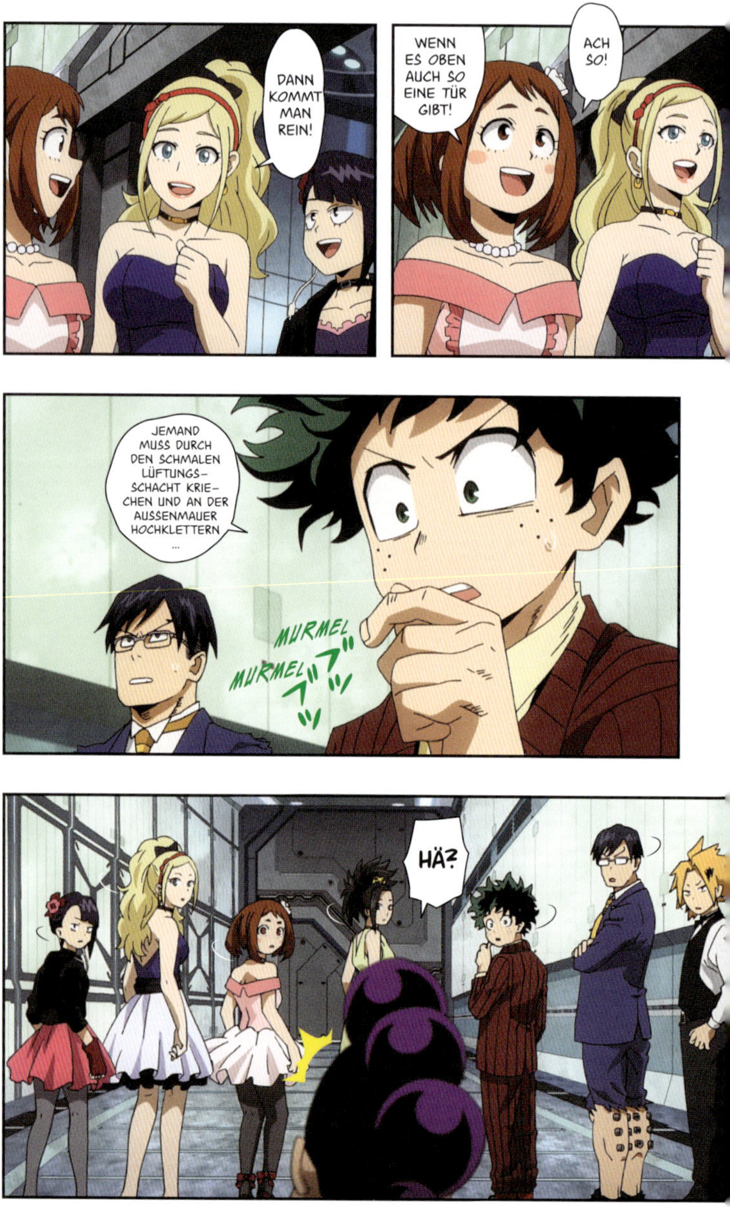
DANN KOMMT MAN REIN!
WENN ES OBEN AUCH SO EINE TÜR GIBT!
ACH SO!
JEMAND MUSS DURCH DEN SCHMALEN LÜFTUNGS-SCHACHT KRIE-CHEN UND AN DER AUSSENMAUER HOCHKLETTERN ...
MURMEL
MURMEL
HÄ?

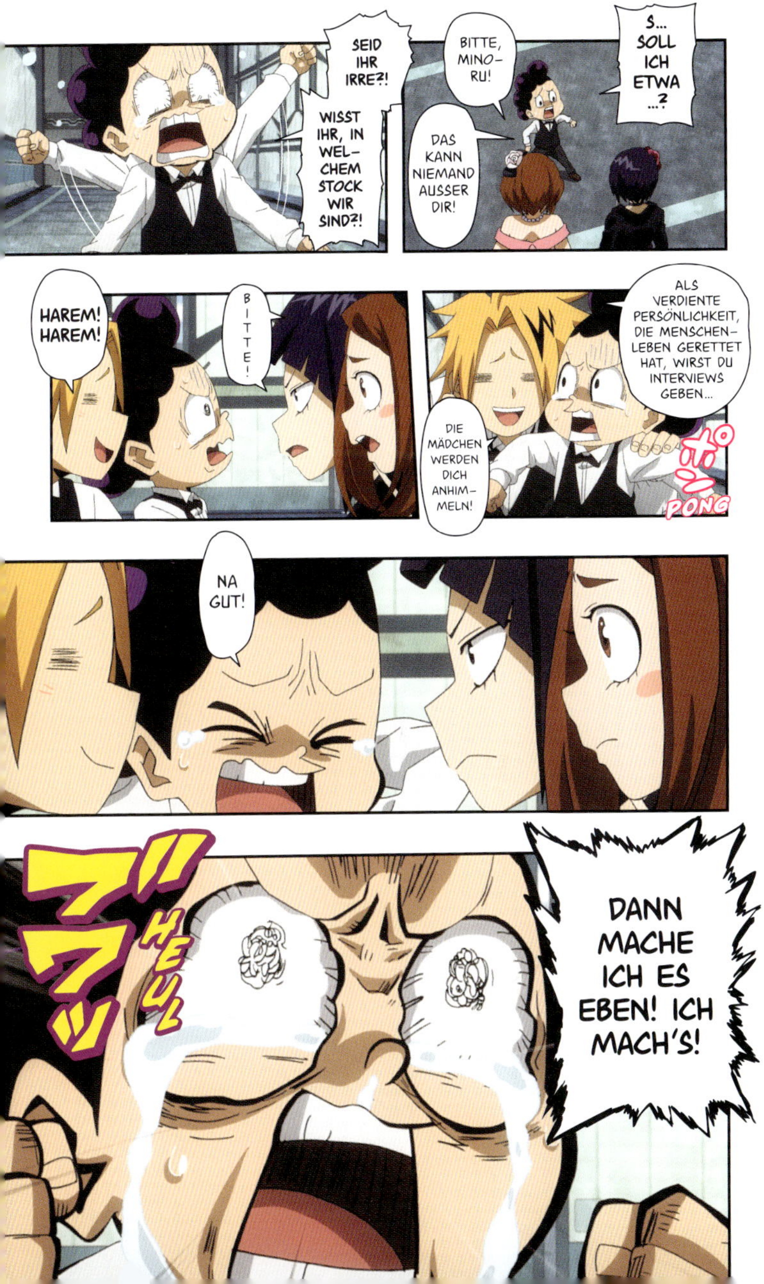
S... SOLL ICH ETWA ...?
BITTE, MINORU!
DAS KANN NIEMAND AUSSER DIR!
SEID IHR IRRE?!
WISST IHR, IN WELCHEM STOCK WIR SIND?!
ALS VERDIENTE PERSÖNLICHKEIT, DIE MENSCHENLEBEN GERETTET HAT, WIRST DU INTERVIEWS GEBEN...
DIE MÄDCHEN WERDEN DICH ANHIMMELN!
PONG
BITTE!
HAREM! HAREM!
NA GUT!
DANN MACHE ICH ES EBEN! ICH MACH'S!
HEUL

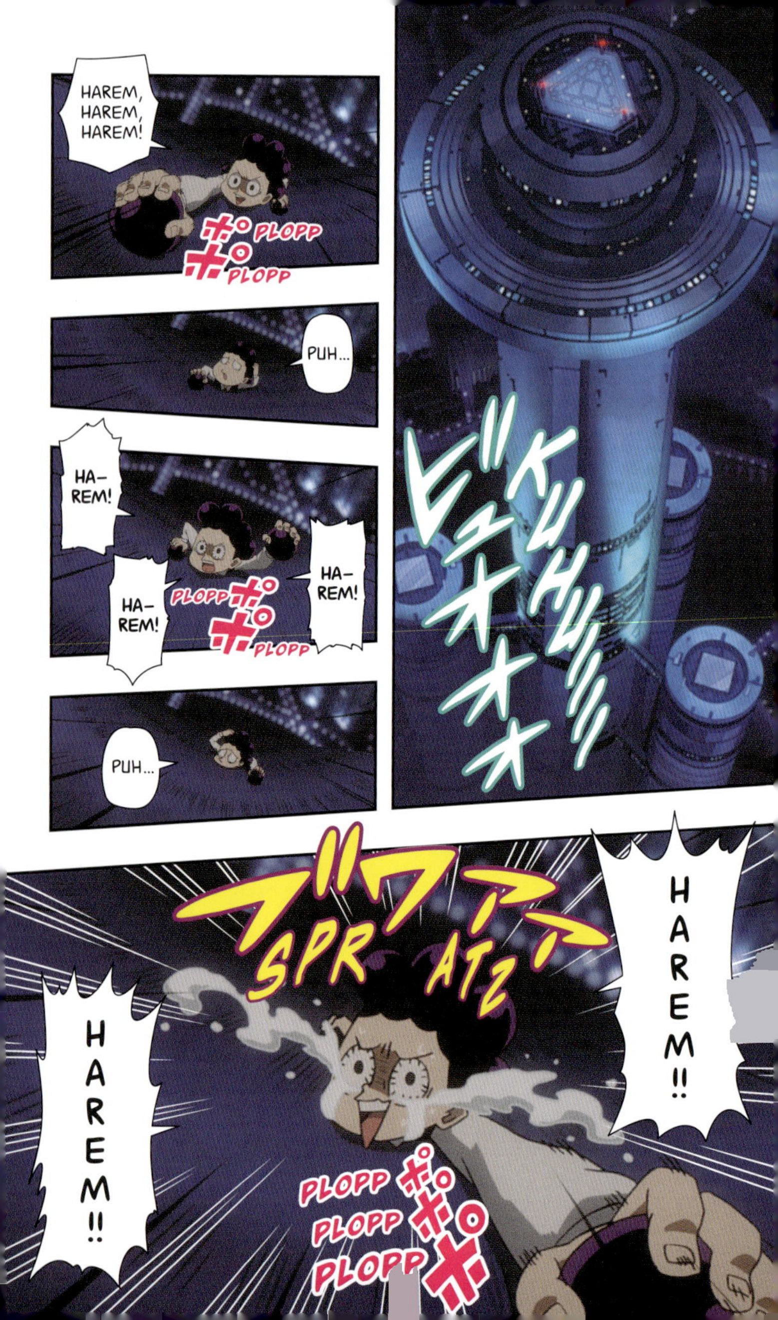

ビュオオオオ
KYUUU!!!
HAREM, HAREM, HAREM!
ポ PLOPP
ポ PLOPP
PUH...
HA-REM!
HA-REM!
HA-REM!
PLOPP ポ
ポ PLOPP
PUH...
HAREM!!
ブワァ
SPRATZ
HAREM!!
PLOPP ポ
PLOPP ポ
PLOPP ポ

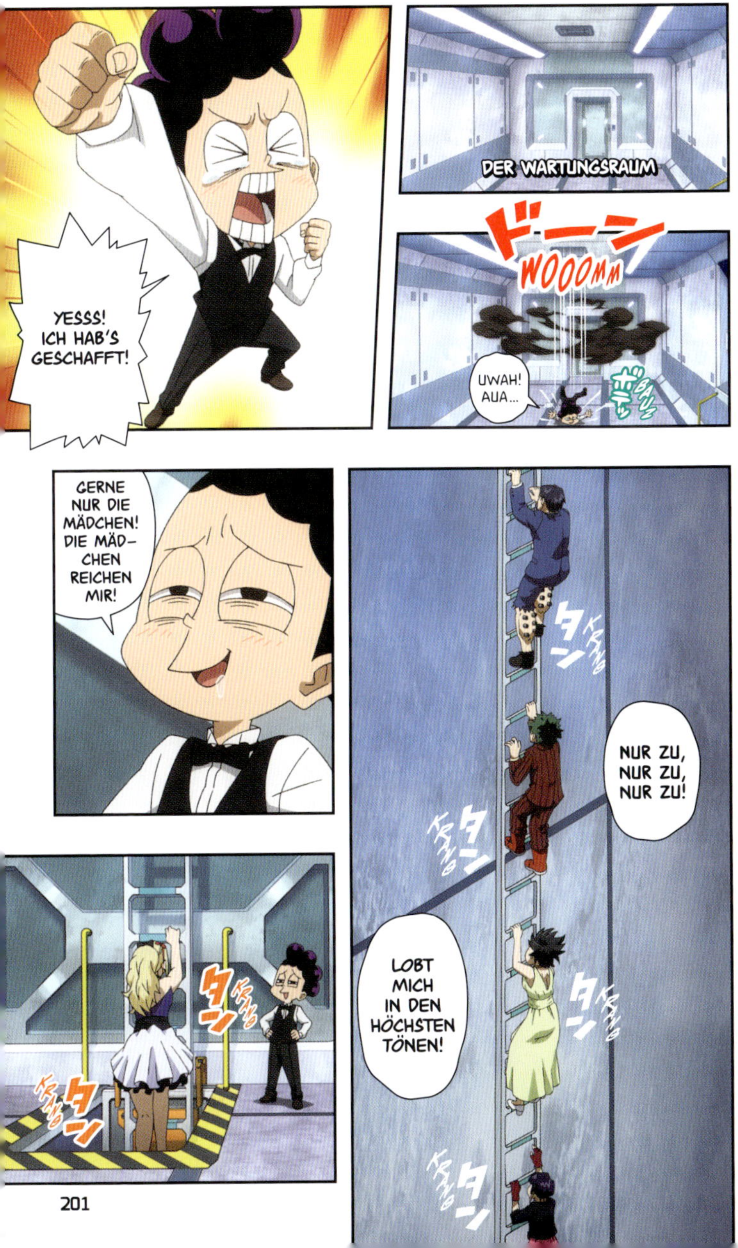
DER WARTUNGSRAUM
ドーン
WOOOMM
UWAH! AUA...
BAUZ
YESSS! ICH HAB'S GESCHAFFT!
KRANG
NUR ZU, NUR ZU, NUR ZU!
LOBT MICH IN DEN HÖCHSTEN TÖNEN!
GERNE NUR DIE MÄDCHEN! DIE MÄD-CHEN REICHEN MIR!
KRANG

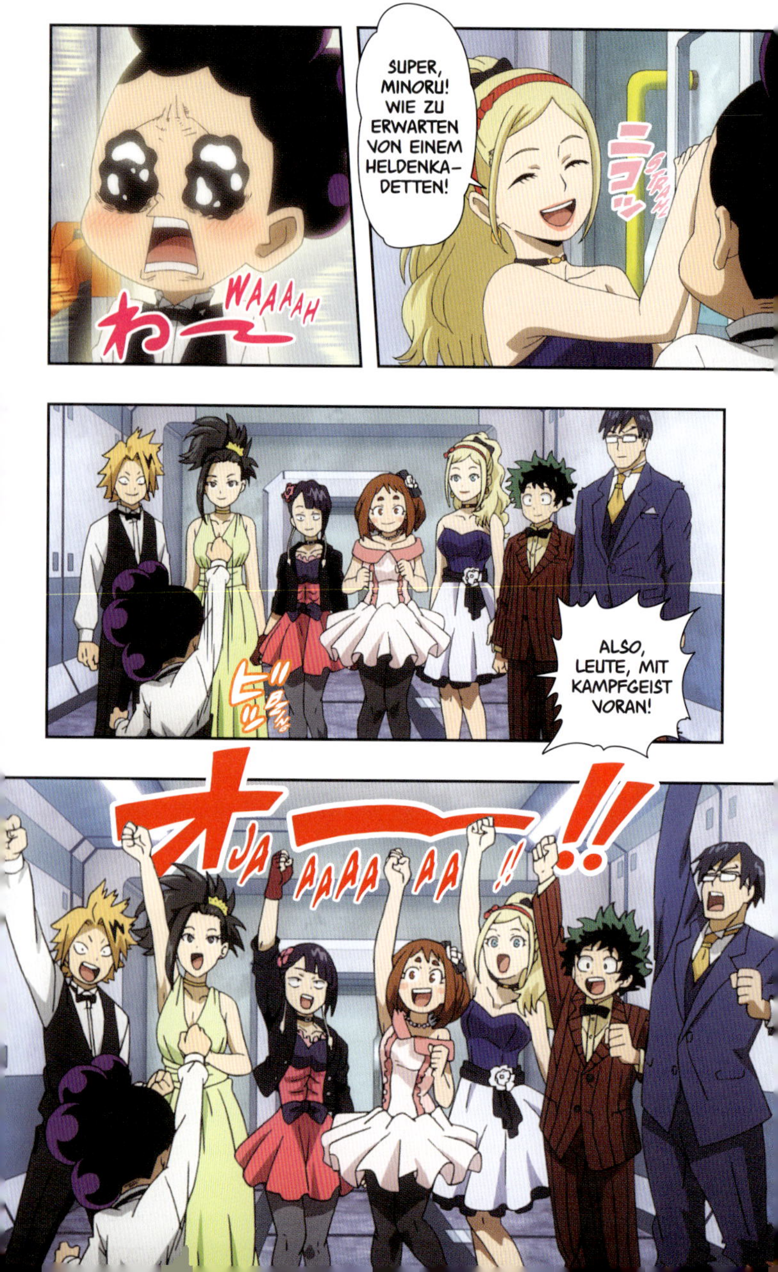
SUPER, MINORU! WIE ZU ERWARTEN VON EINEM HELDENKA-DETTEN!
STRAM
WAAAAH
ALSO, LEUTE, MIT KAMPFGEIST VORAN!
JAAAAAAAA!!

Chapter 4

START DER RETTUNGSMISSION

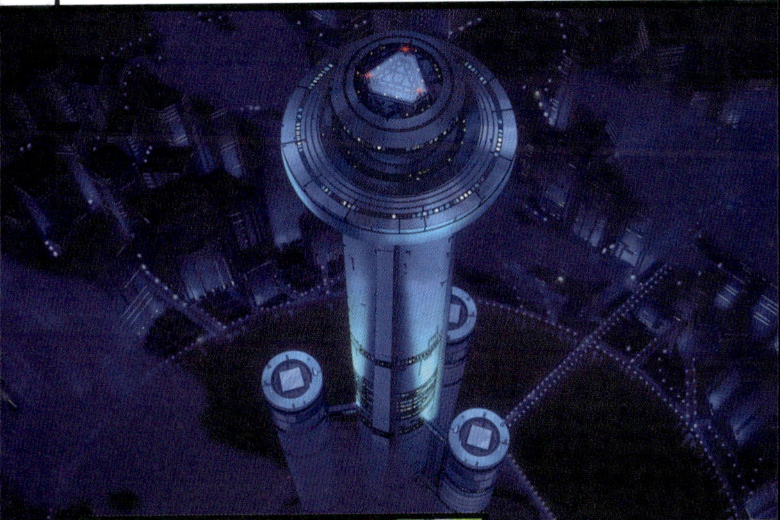

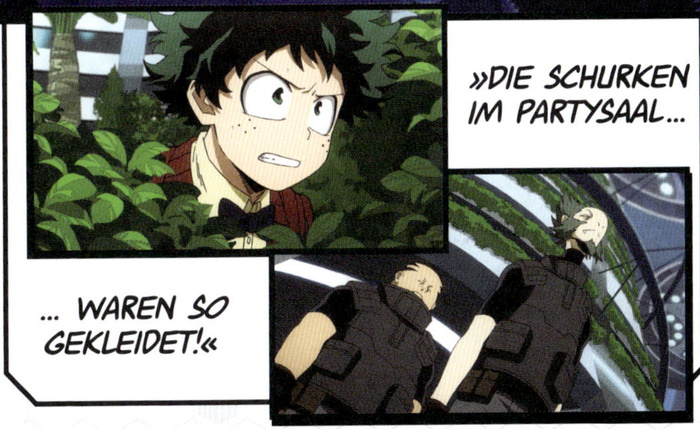

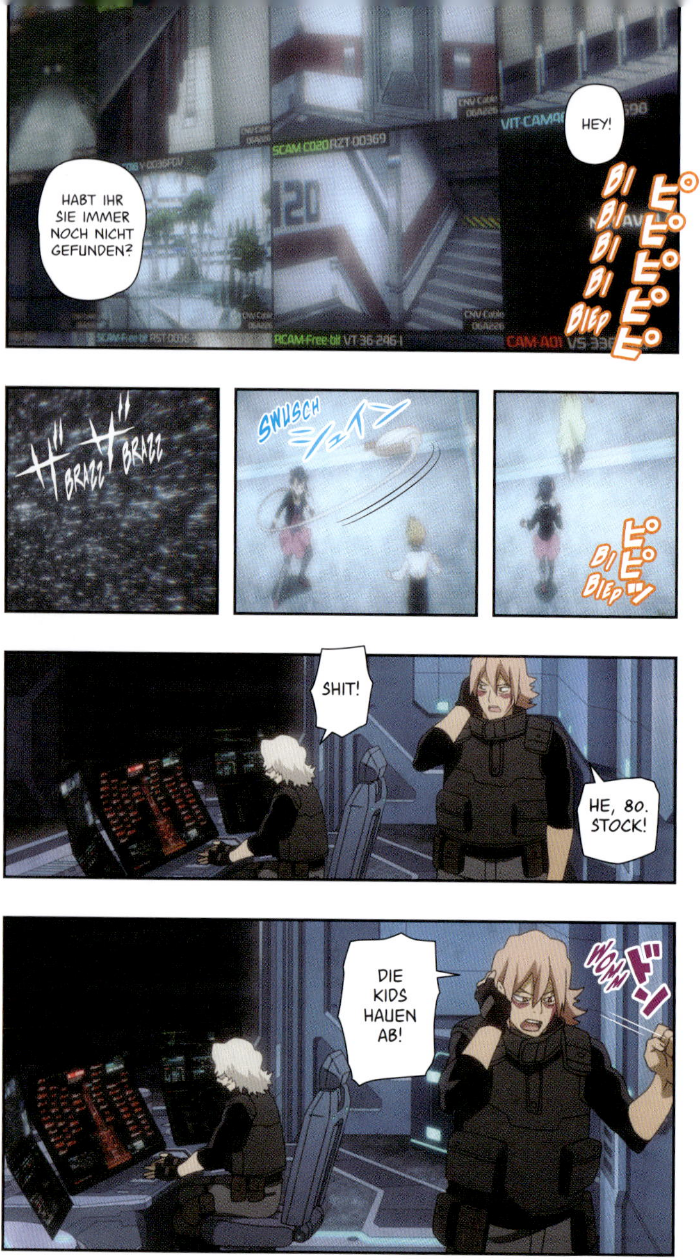

HEY!
HABT IHR SIE IMMER NOCH NICHT GEFUNDEN?
BI BI BI BI BIEP
SCAM C020 RZT-00369
RCAM-Free-bil VT-36-246-1
BRAZZ BRAZZ
SWUSCH
BI BIEP
SHIT!
HE, 80. STOCK!
DIE KIDS HAUEN AB!
WOMM

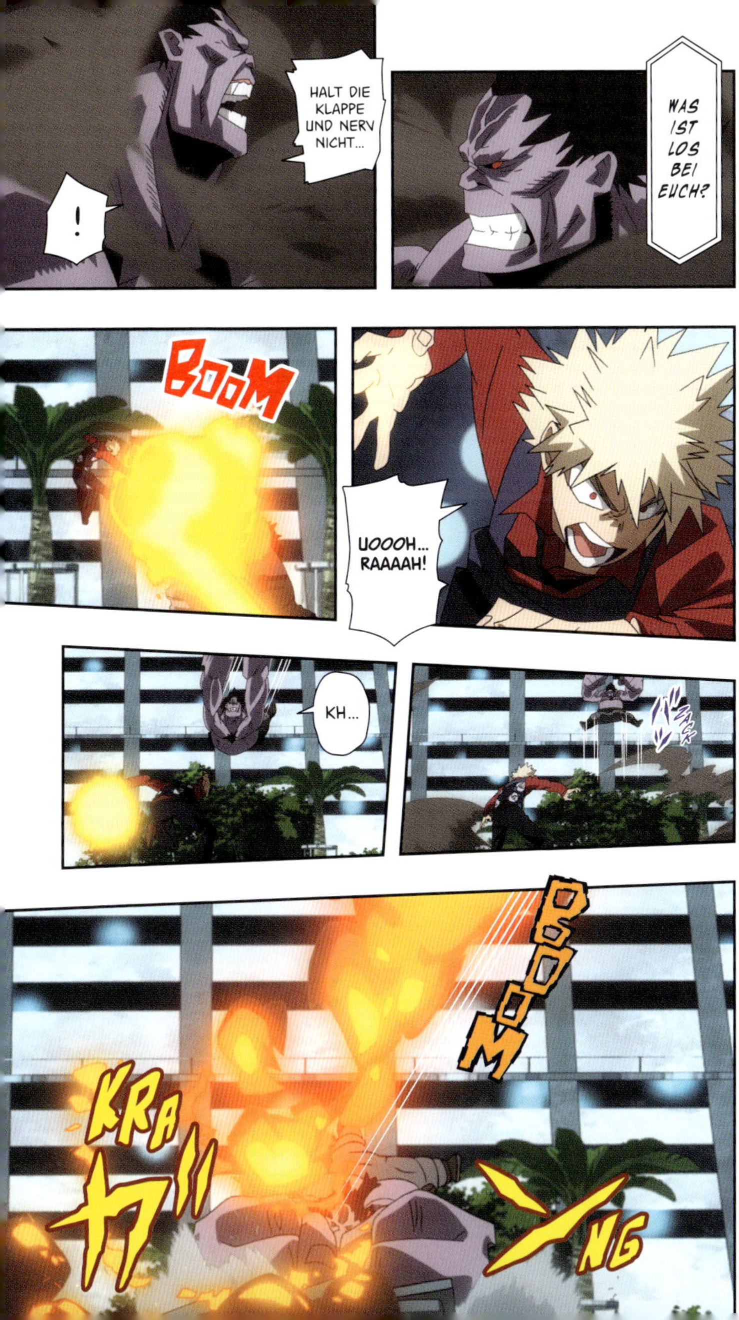
WAS IST LOS BEI EUCH?
HALT DIE KLAPPE UND NERV NICHT...
!
UOOOH... RAAAAH!
BOOM
ZACK
KH...
BOOOM
KRA
NG

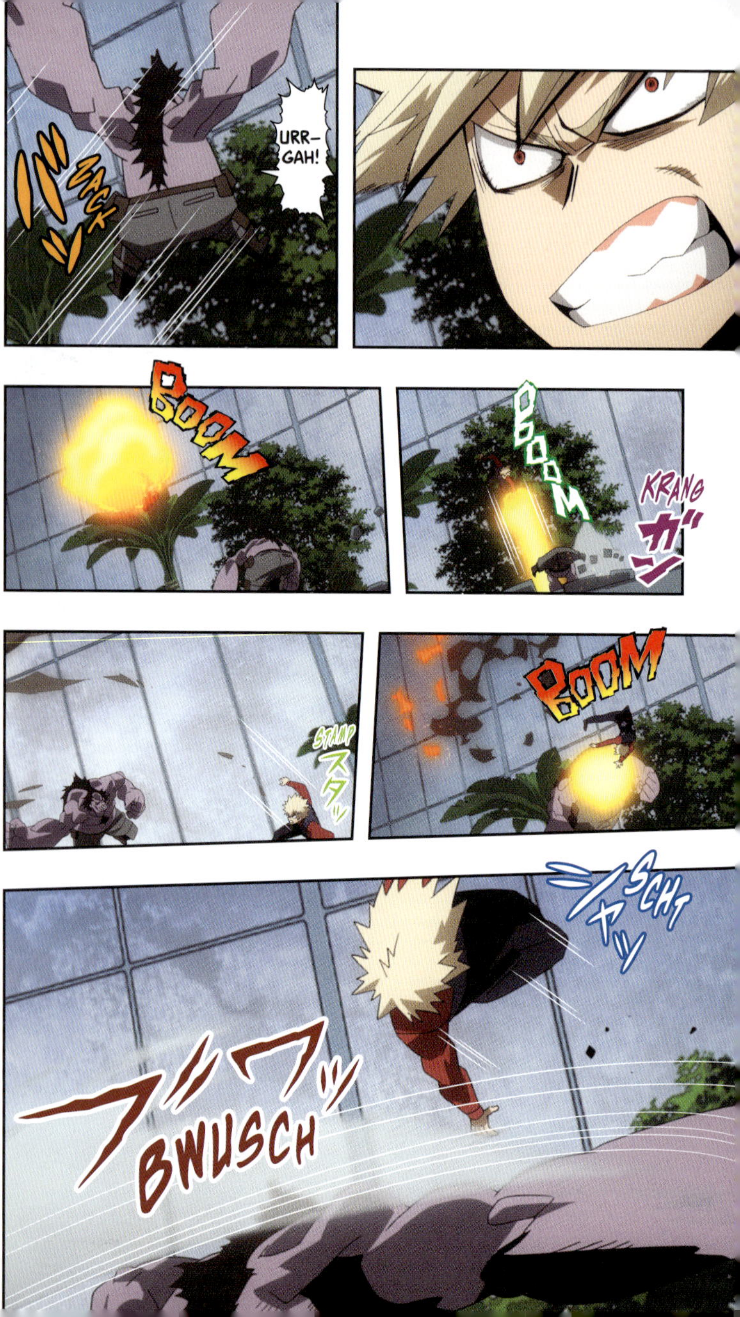

URR-GAH!
ZACK
KRANG
ガン
BOOOM
BOOM
BOOM
STAMP
スタッ
SCHT
シャッ
ブワッ
BWUSCH

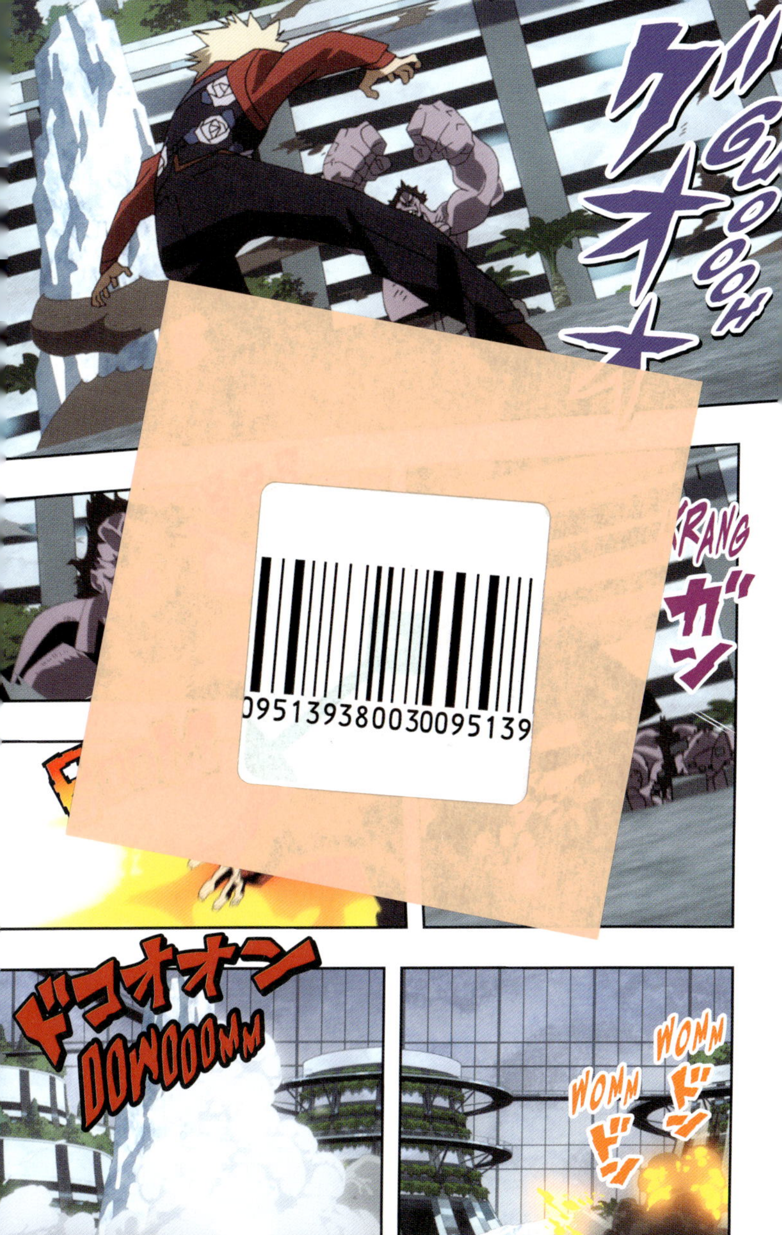

グオ
GUOOOOH
KRANG
ガン
ドコオオン
DOWOOOMM
WOMM
ドン
WOMM
ドン

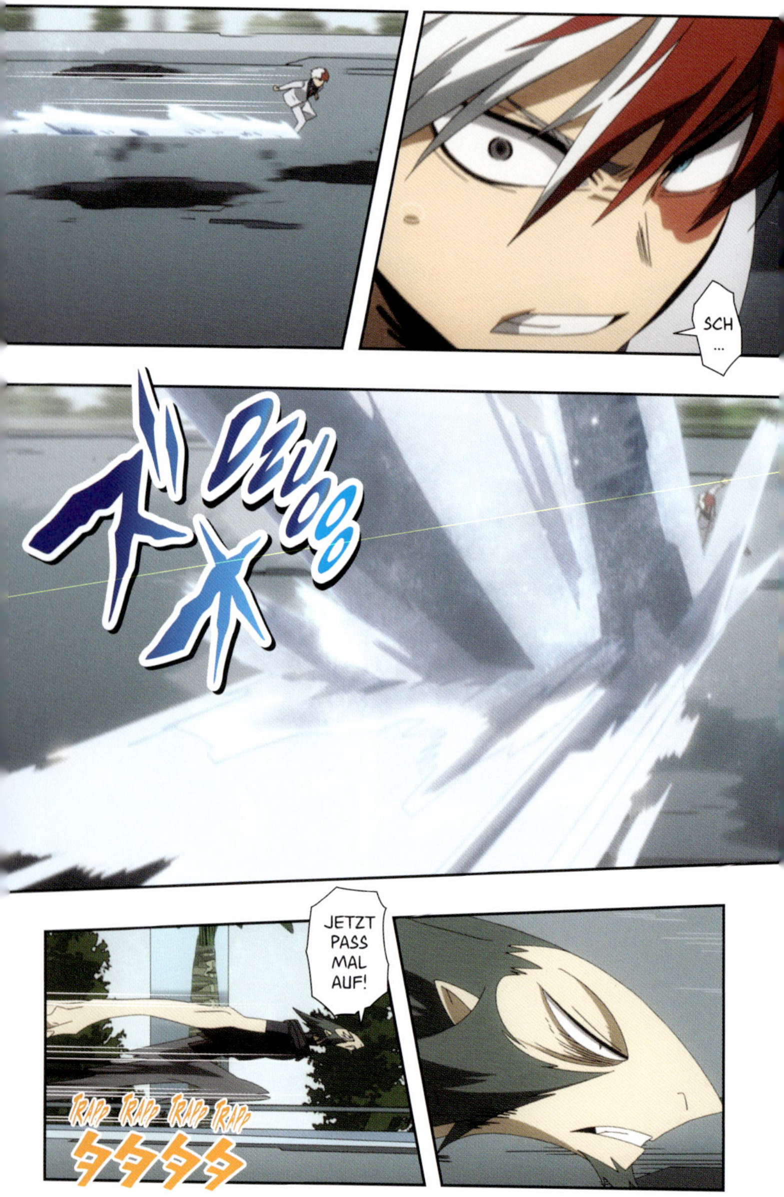
SCH ...
DZUOOO
JETZT PASS MAL AUF!
TRAPP TRAPP TRAPP TRAPP

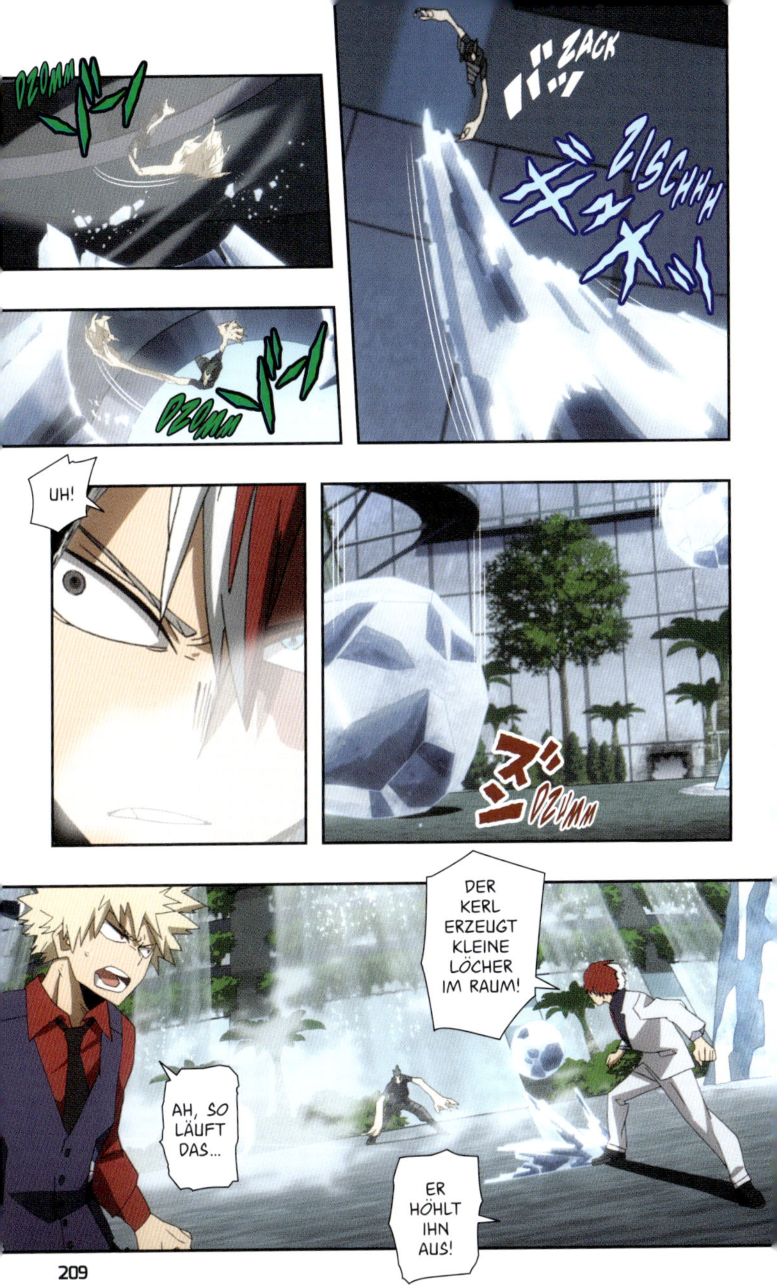
DZOMM
ZACK
ZISCHHH
DZOMM
UH!
DZOMM
DER KERL ERZEUGT KLEINE LÖCHER IM RAUM!
AH, SO LÄUFT DAS...
ER HÖHLT IHN AUS!

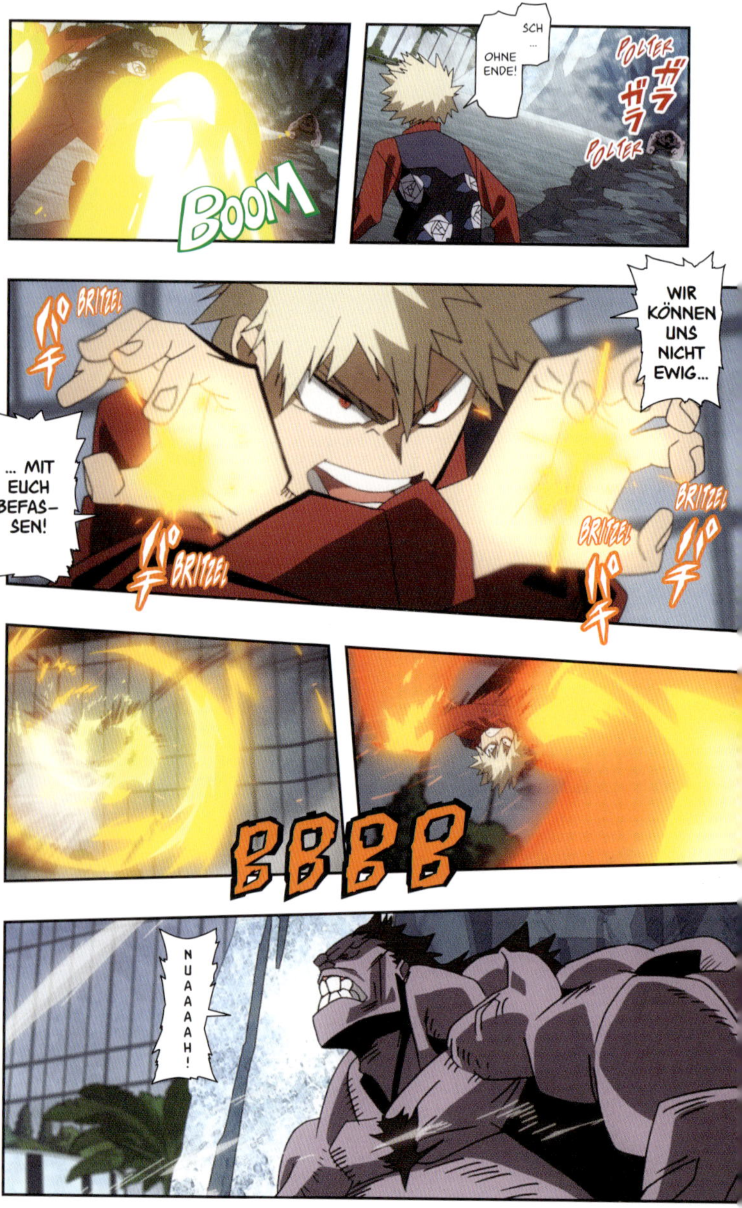
BOOM
SCH ... OHNE ENDE!
POLTER ガラ
ガラ POLTER
WIR KÖNNEN UNS NICHT EWIG ...
... MIT EUCH BEFASSEN!
パチ BRITZEL
パチ BRITZEL
BRITZEL パチ
BRITZEL パチ
BBBB
NUAAAAAH!

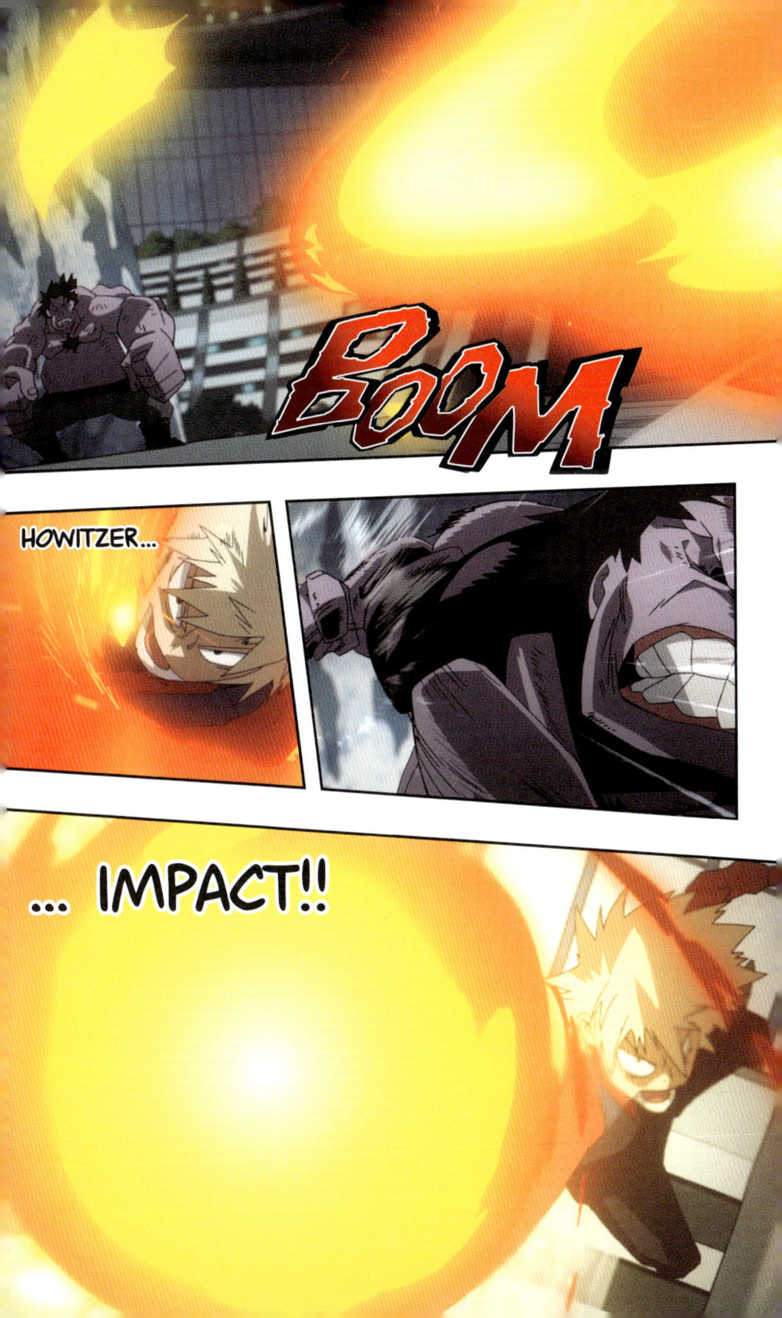
BOOM
HOWITZER...
... IMPACT!!

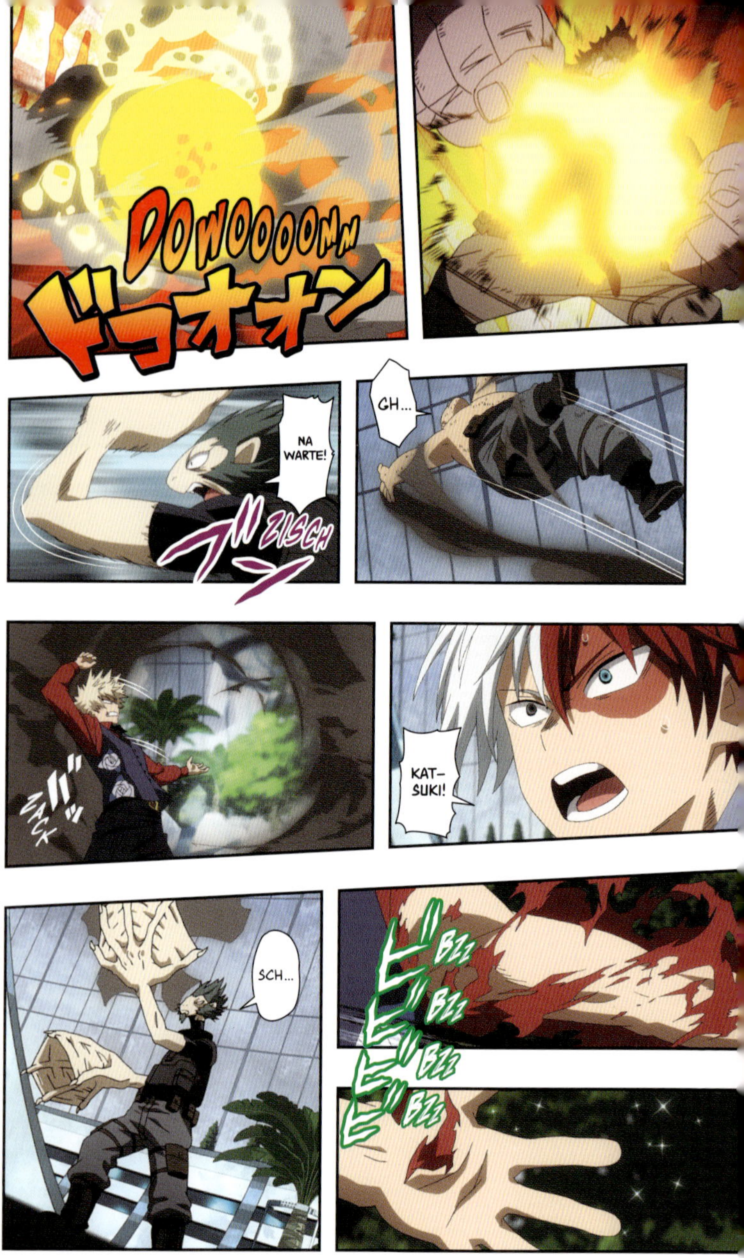
DOWOOOOMM
ドコオオン
GH...
NA WARTE!
ZISCH
ブン
KAT-SUKI!
ZACK
バッ
BZZ
BZZ
BZZ
BZZ
ビビビビ
SCH...

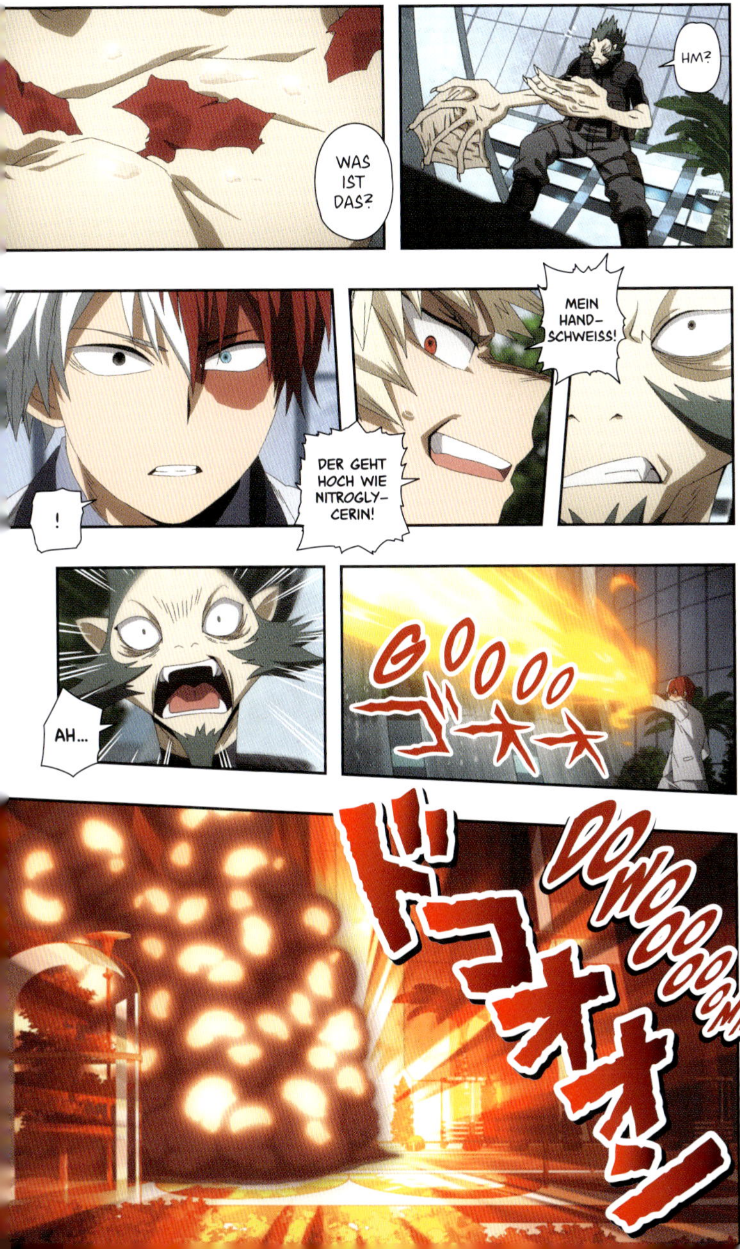

HM?
WAS IST DAS?
MEIN HAND-SCHWEISS!
DER GEHT HOCH WIE NITROGLY-CERIN!
!
GOOOOO
ゴオオオ
AH...
DOWOOOOOOMM
ドゴオオン

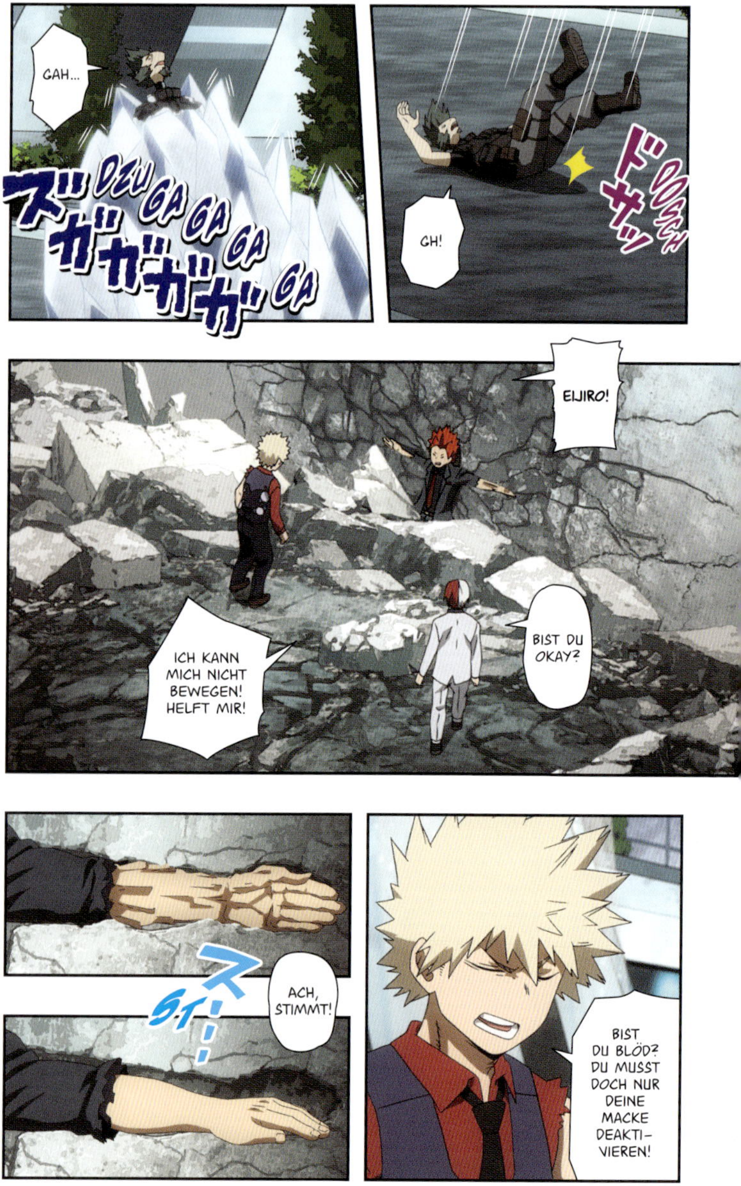

GH!
ドサッ
DOSCH
GAH...
ズガガガガ
DZU GA GA GA GA
EIJIRO!
BIST DU OKAY?
ICH KANN MICH NICHT BEWEGEN! HELFT MIR!
BIST DU BLÖD? DU MUSST DOCH NUR DEINE MACKE DEAKTI- VIEREN!
ACH, STIMMT!
スー
SI

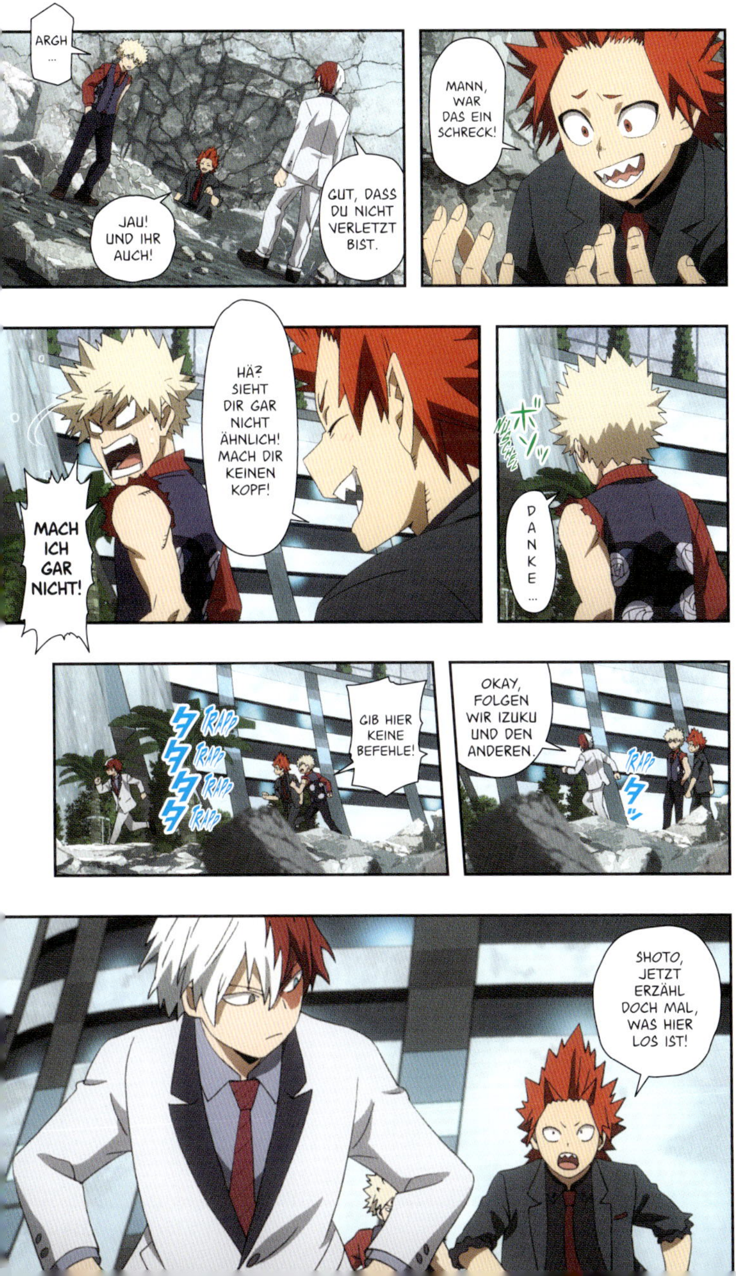
MANN, WAR DAS EIN SCHRECK!
GUT, DASS DU NICHT VERLETZT BIST.
JAU! UND IHR AUCH!
ARGH ...
DANKE ...
HÄ? SIEHT DIR GAR NICHT ÄHNLICH! MACH DIR KEINEN KOPF!
MACH ICH GAR NICHT!
OKAY, FOLGEN WIR IZUKU UND DEN ANDEREN.
TRAPP
GIB HIER KEINE BEFEHLE!
TRAPP
TRAPP
TRAPP
TRAPP
SHOTO, JETZT ERZÄHL DOCH MAL, WAS HIER LOS IST!

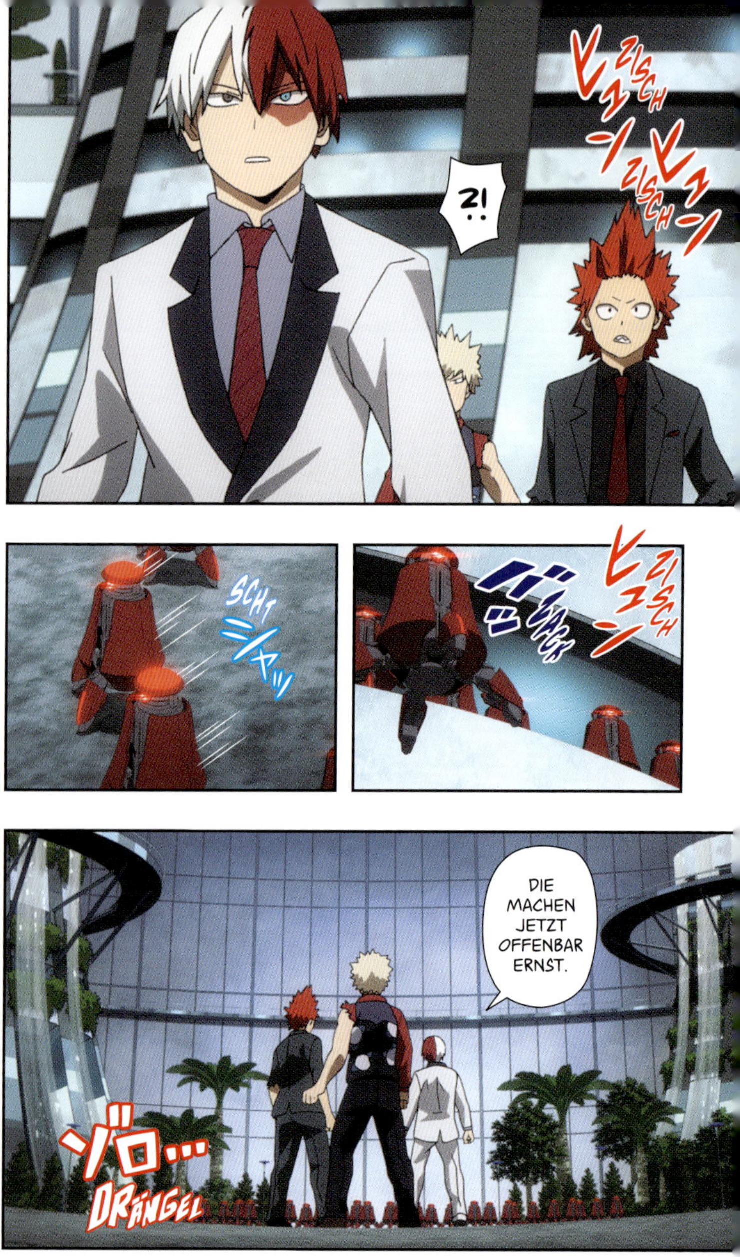
ZISCH
ZISCH
?!
SCHT
ZISCH
ZACK
DIE MACHEN JETZT OFFENBAR ERNST.
DRÄNGEL

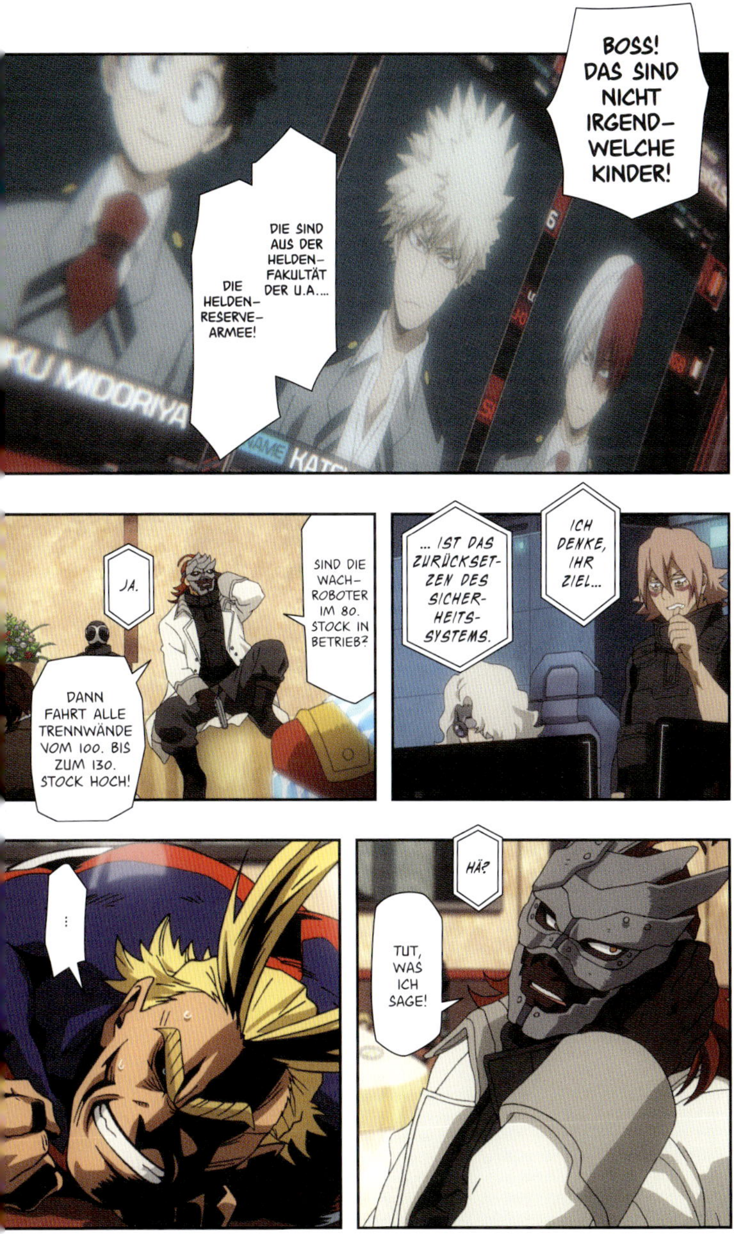
BOSS! DAS SIND NICHT IRGEND-WELCHE KINDER!
DIE SIND AUS DER HELDEN-FAKULTÄT DER U.A. ...
DIE HELDEN-RESERVE-ARMEE!
KU MIDORIYA
ICH DENKE, IHR ZIEL ...
... IST DAS ZURÜCKSETZEN DES SICHERHEITS-SYSTEMS.
SIND DIE WACH-ROBOTER IM 80. STOCK IN BETRIEB?
JA.
DANN FAHRT ALLE TRENNWÄNDE VOM 100. BIS ZUM 130. STOCK HOCH!
HÄ?
TUT, WAS ICH SAGE!
...

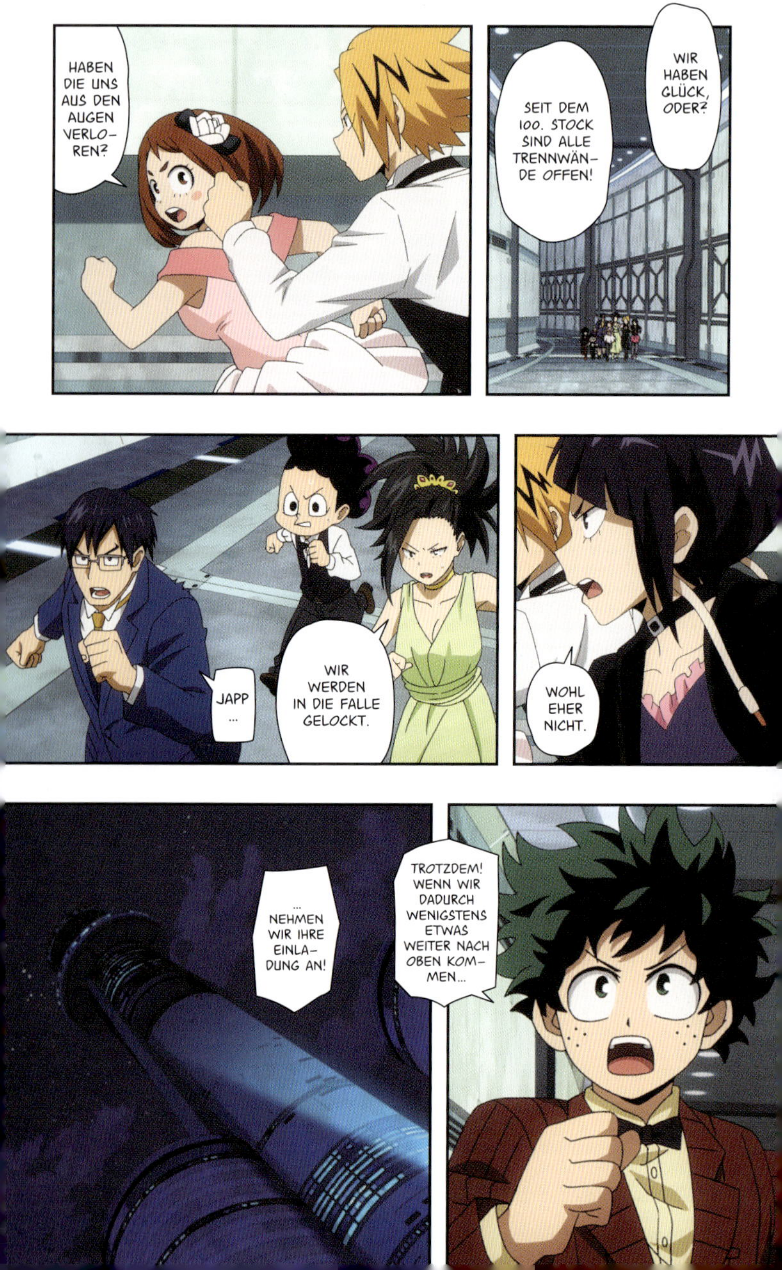

WIR HABEN GLÜCK, ODER?
SEIT DEM 100. STOCK SIND ALLE TRENNWÄNDE OFFEN!
HABEN DIE UNS AUS DEN AUGEN VERLOREN?
WOHL EHER NICHT.
WIR WERDEN IN DIE FALLE GELOCKT.
JAPP ...
TROTZDEM! WENN WIR DADURCH WENIGSTENS ETWAS WEITER NACH OBEN KOMMEN...
... NEHMEN WIR IHRE EINLADUNG AN!

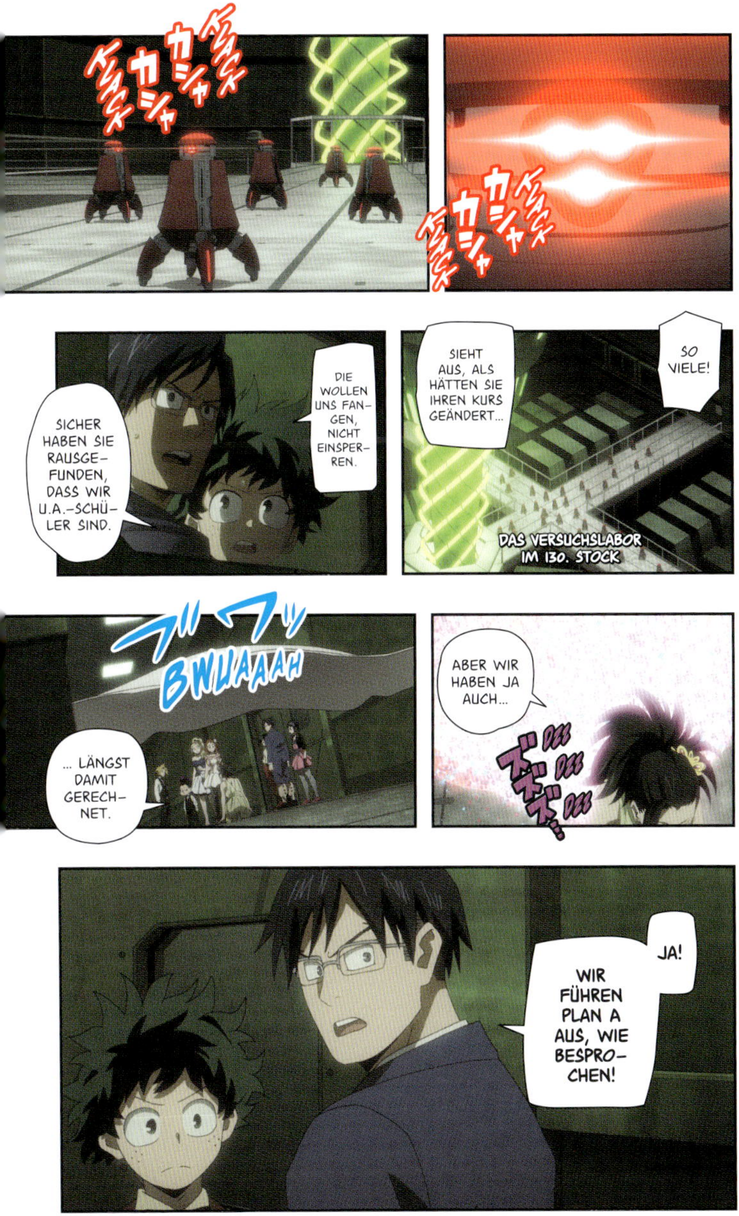

カシャカシャ
カシャカシャ
SIEHT AUS, ALS HÄTTEN SIE IHREN KURS GEÄNDERT…
SO VIELE!
DAS VERSUCHSLABOR IM 130. STOCK
DIE WOLLEN UNS FANGEN, NICHT EINSPERREN.
SICHER HABEN SIE RAUSGEFUNDEN, DASS WIR U.A.-SCHÜLER SIND.
ABER WIR HABEN JA AUCH…
ズズズ… DZZ DZZ DZZ
BWUAAAAH
… LÄNGST DAMIT GERECHNET.
JA!
WIR FÜHREN PLAN A AUS, WIE BESPROCHEN!

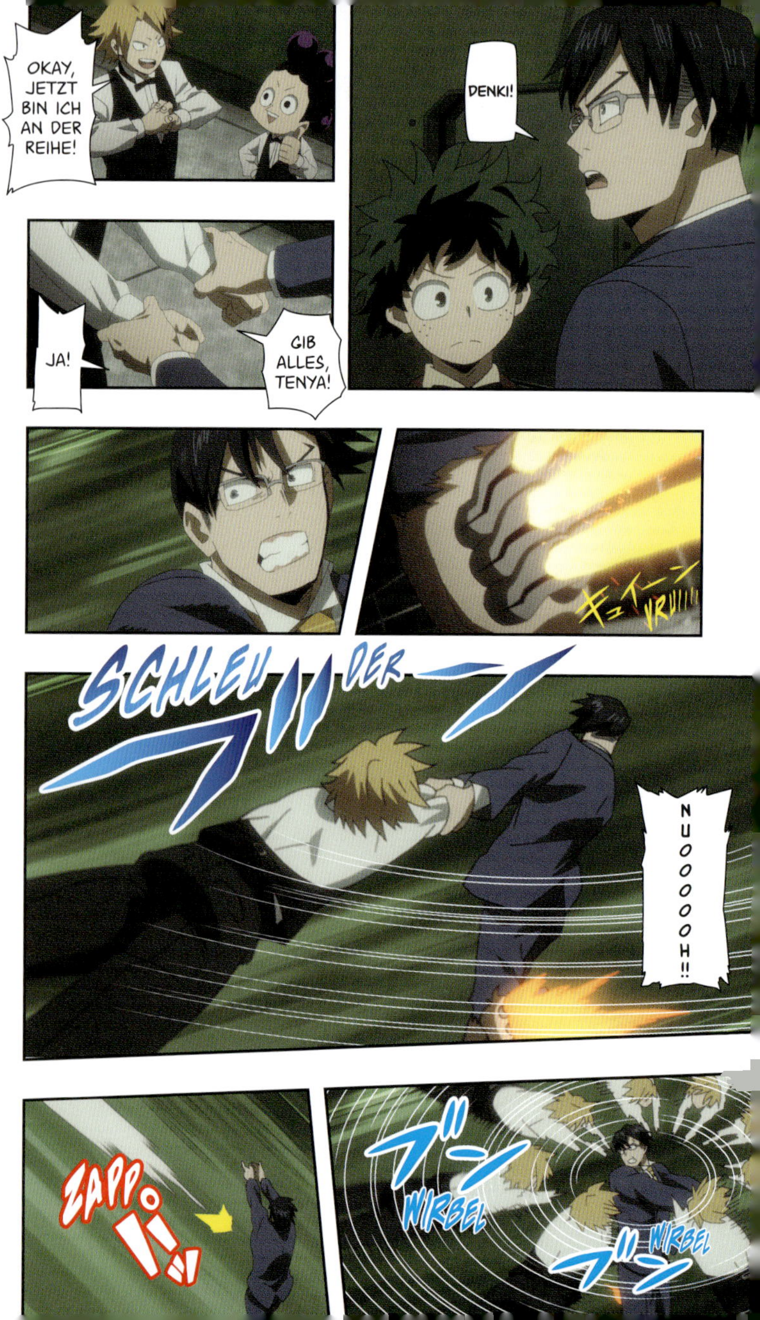
DENKI!
OKAY, JETZT BIN ICH AN DER REIHE!
GIB ALLES, TENYA!
JA!
キュイーン
VRUIIII
SCHLEUDER
NUOOOOOOH!!
ZAPP!!
WIRBEL
WIRBEL

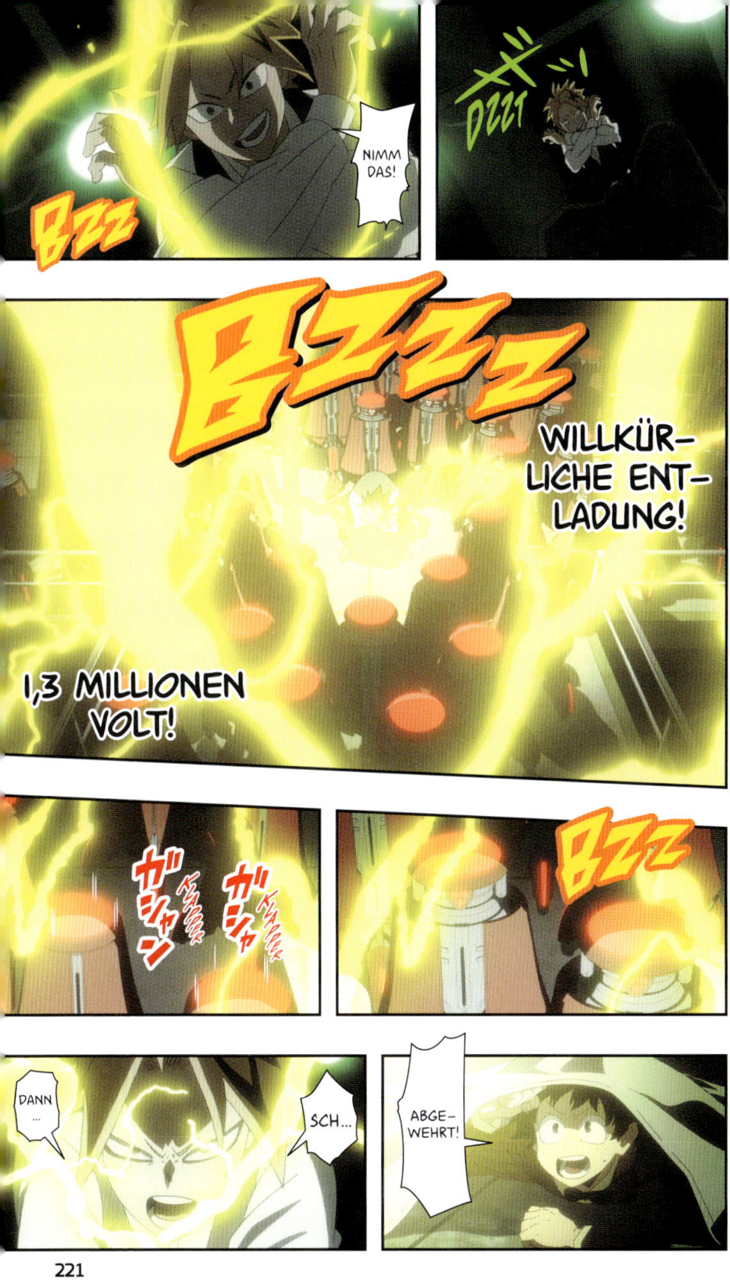
DZZT
NIMM DAS!
BZZ
BZZZZ
WILLKÜR-
LICHE ENT-
LADUNG!
1,3 MILLIONEN
VOLT!
BZZ
ガシャ
KLAPPER
ガシャン
KLAPPER
ABGE-
WEHRT!
SCH...
DANN
...

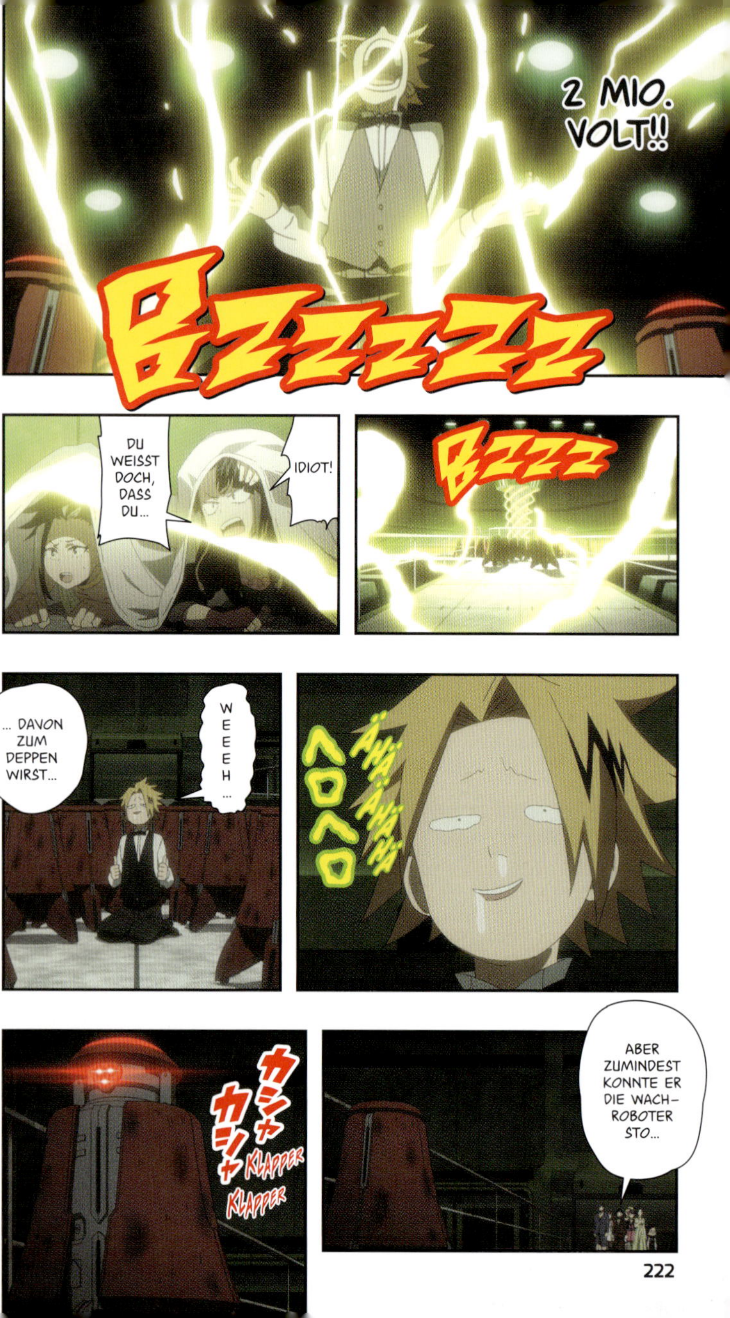
2 MIO. VOLT!!
BZZZZZZ
IDIOT!
DU WEISST DOCH, DASS DU...
BZZZ
WEEEH...
... DAVON ZUM DEPPEN WIRST...
ÄHÄÄHÄHÄ
へロへロ
カシャ カシャ
KLAPPER KLAPPER
ABER ZUMINDEST KONNTE ER DIE WACH-ROBOTER STO...

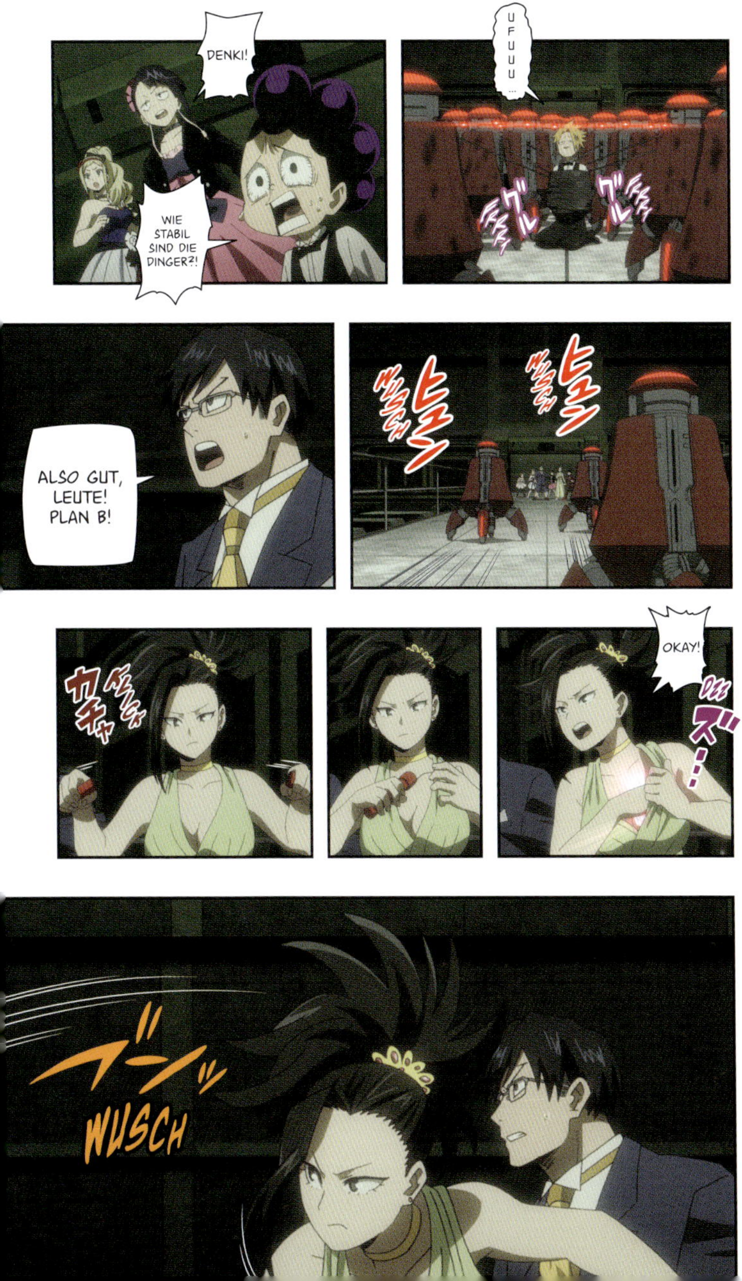
DENKI!
WIE STABIL SIND DIE DINGER?!
UFUUU ...
ALSO GUT, LEUTE! PLAN B!
OKAY!
WUSCH

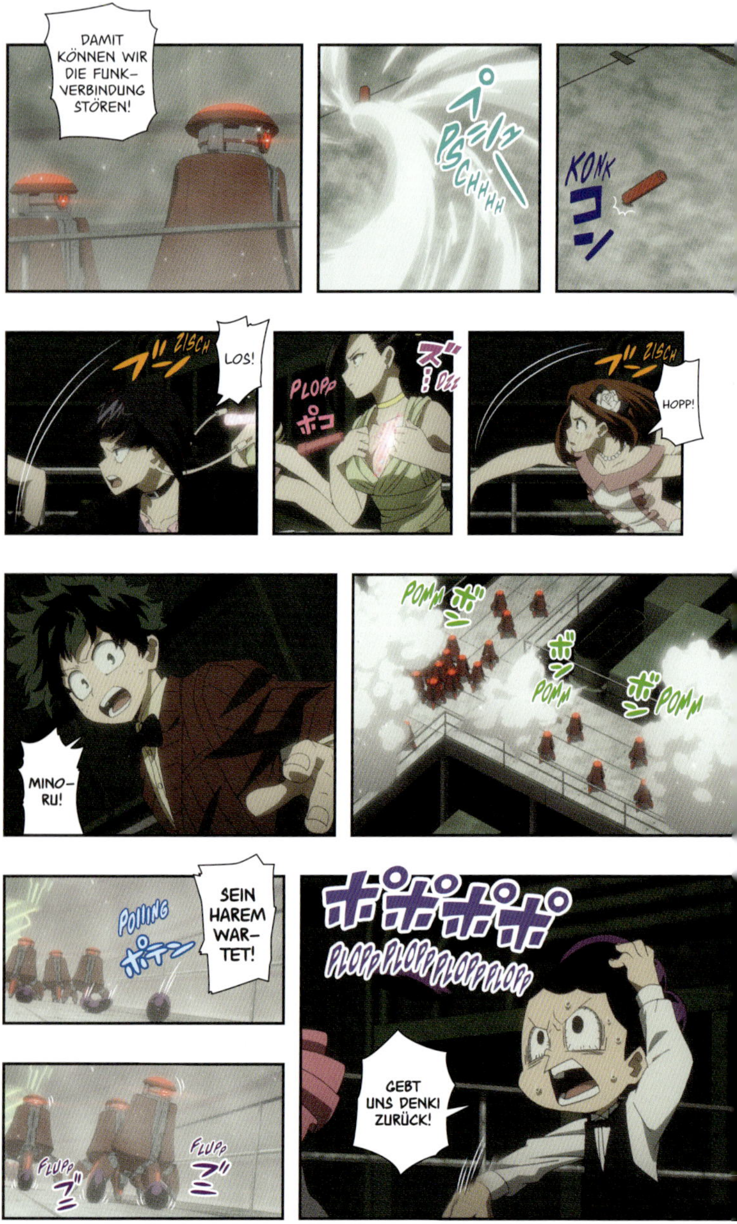
DAMIT KÖNNEN WIR DIE FUNK-VERBINDUNG STÖREN!
PSCHHHH
KONK
ZISCH
LOS!
PLOPP
ZISCH
HOPP!
MINO-RU!
POMM
POMM
POMM
POING
SEIN HAREM WAR-TET!
FLUPP
FLUPP
PLOPP PLOPP PLOPP PLOPP
GEBT UNS DENKI ZURÜCK!

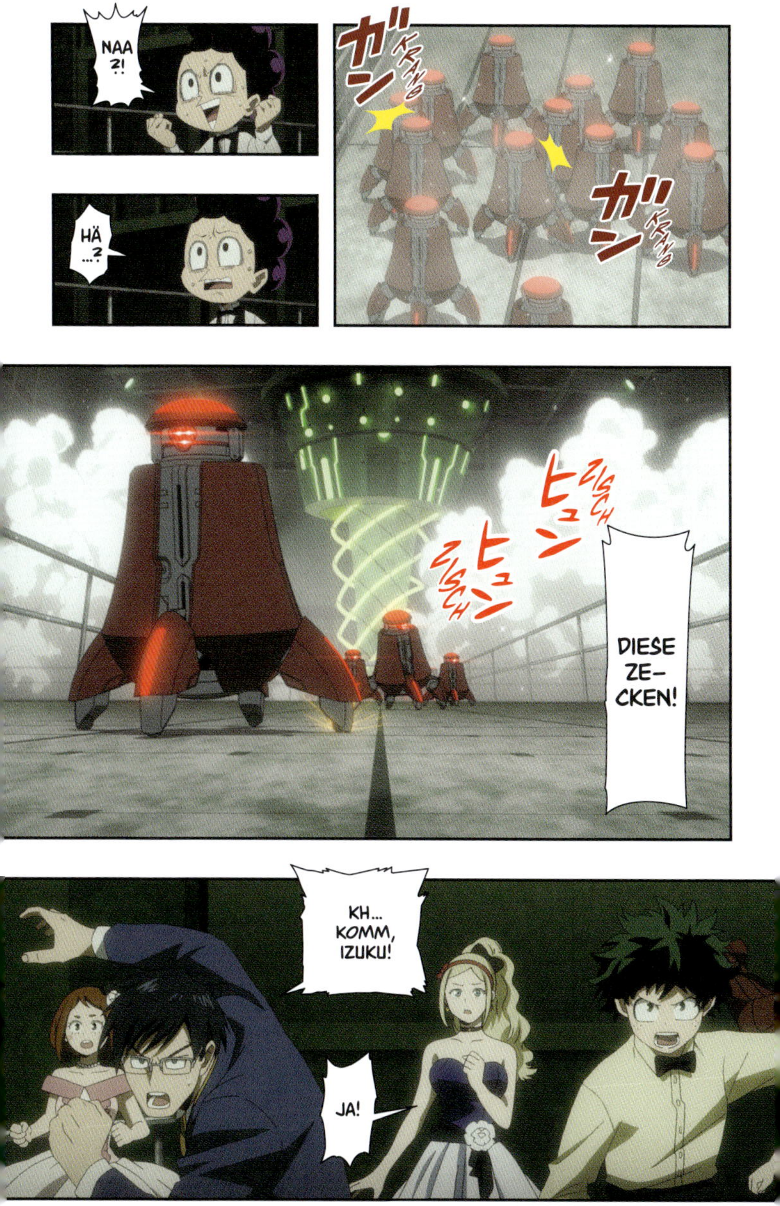
ガン
KRANG
ガン
KRANG
NAA?!
HÄ...?
ヒュン
ZISCH
ヒュン
ZISCH
DIESE ZE-CKEN!
KH... KOMM, IZUKU!
JA!

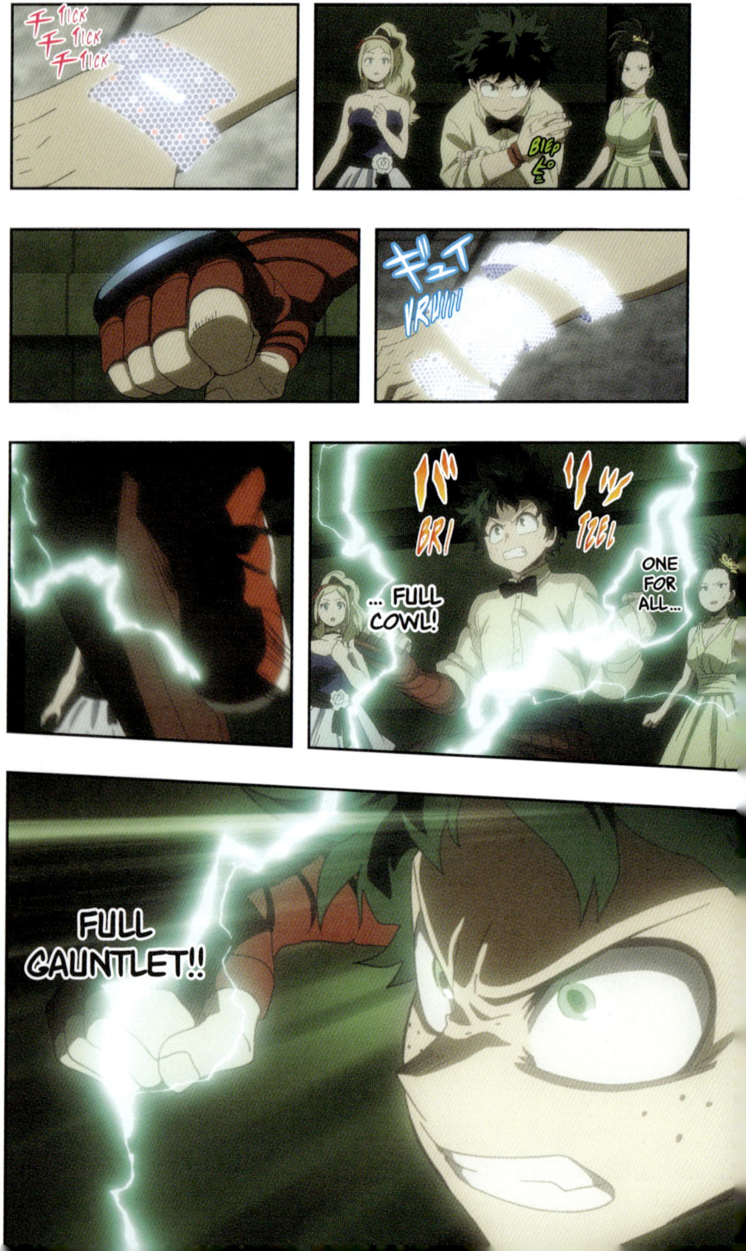

BIEP
チ TICK
チ TICK
チ TICK
ギュイ
VRUIII
バ BRI
リッ TZEL
ONE FOR ALL...
... FULL COWL!
FULL GAUNTLET!!

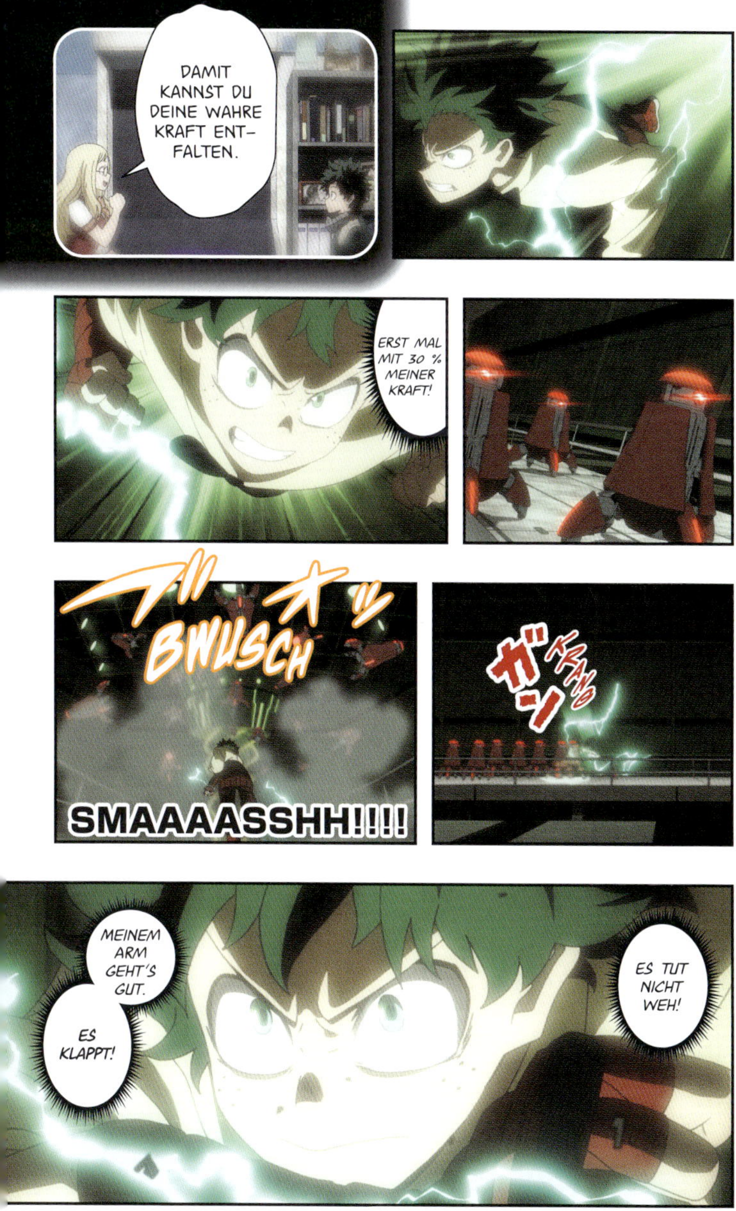
DAMIT KANNST DU DEINE WAHRE KRAFT ENT-FALTEN.
ERST MAL MIT 30 % MEINER KRAFT!
BWUSCH
SMAAAASSHH!!!!
KRANG
MEINEM ARM GEHT'S GUT.
ES KLAPPT!
ES TUT NICHT WEH!

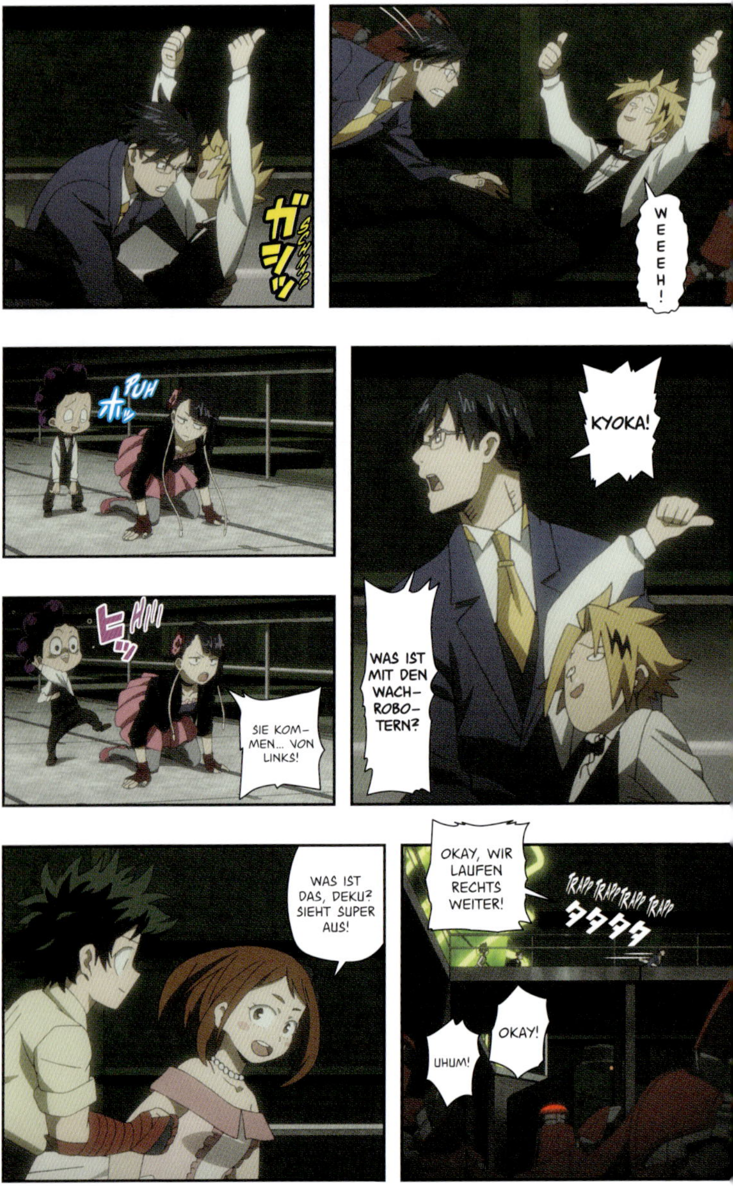
WEEEH!
ガシッ
SCHNAPP
KYOKA!
WAS IST MIT DEN WACH-ROBO-TERN?
ホッ
PUH
ヒッ
HII
SIE KOM-MEN... VON LINKS!
OKAY, WIR LAUFEN RECHTS WEITER!
タタタタ
TRAPP TRAPP TRAPP TRAPP
OKAY!
UHUM!
WAS IST DAS, DEKU? SIEHT SUPER AUS!

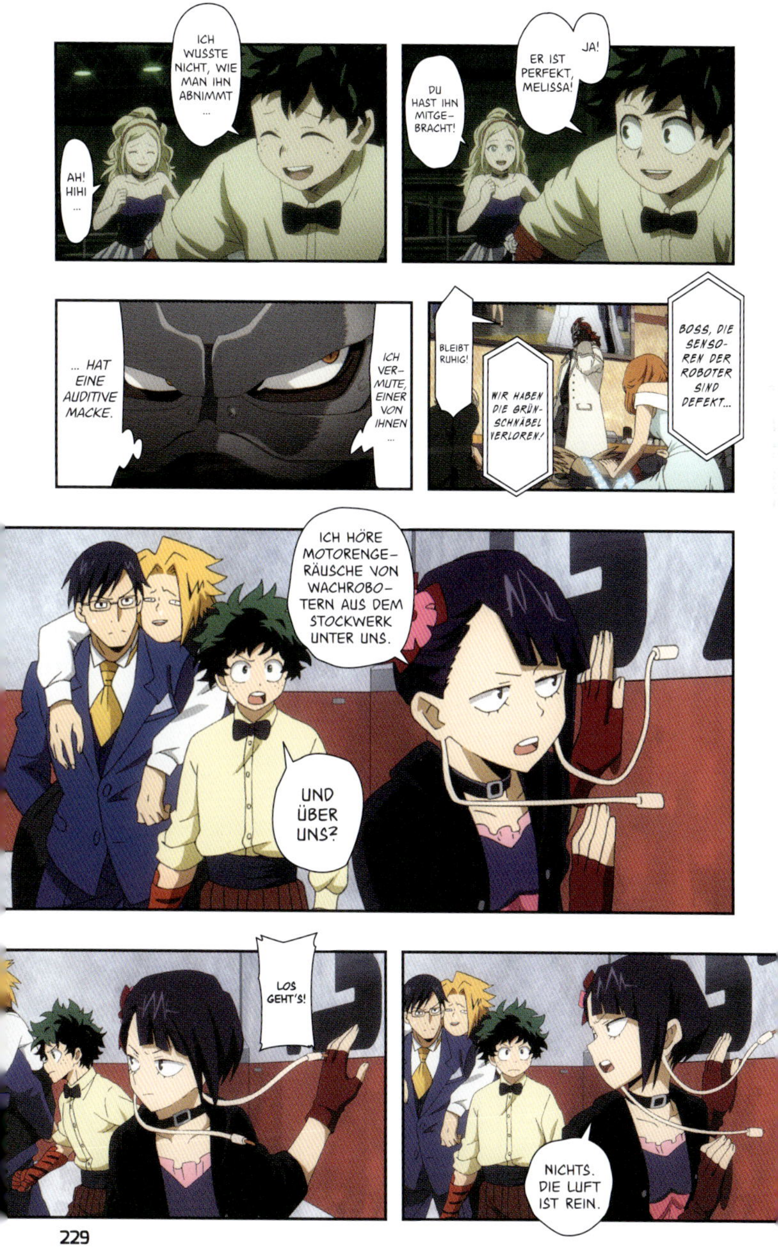
JA!
ER IST PERFEKT, MELISSA!
DU HAST IHN MITGEBRACHT!
ICH WUSSTE NICHT, WIE MAN IHN ABNIMMT ...
AH! HIHI ...
BOSS, DIE SENSOREN DER ROBOTER SIND DEFEKT...
WIR HABEN DIE GRÜNSCHNÄBEL VERLOREN!
BLEIBT RUHIG!
ICH VERMUTE, EINER VON IHNEN ...
... HAT EINE AUDITIVE MACKE.
ICH HÖRE MOTORENGERÄUSCHE VON WACHROBOTERN AUS DEM STOCKWERK UNTER UNS.
UND ÜBER UNS?
NICHTS. DIE LUFT IST REIN.
LOS GEHT'S!

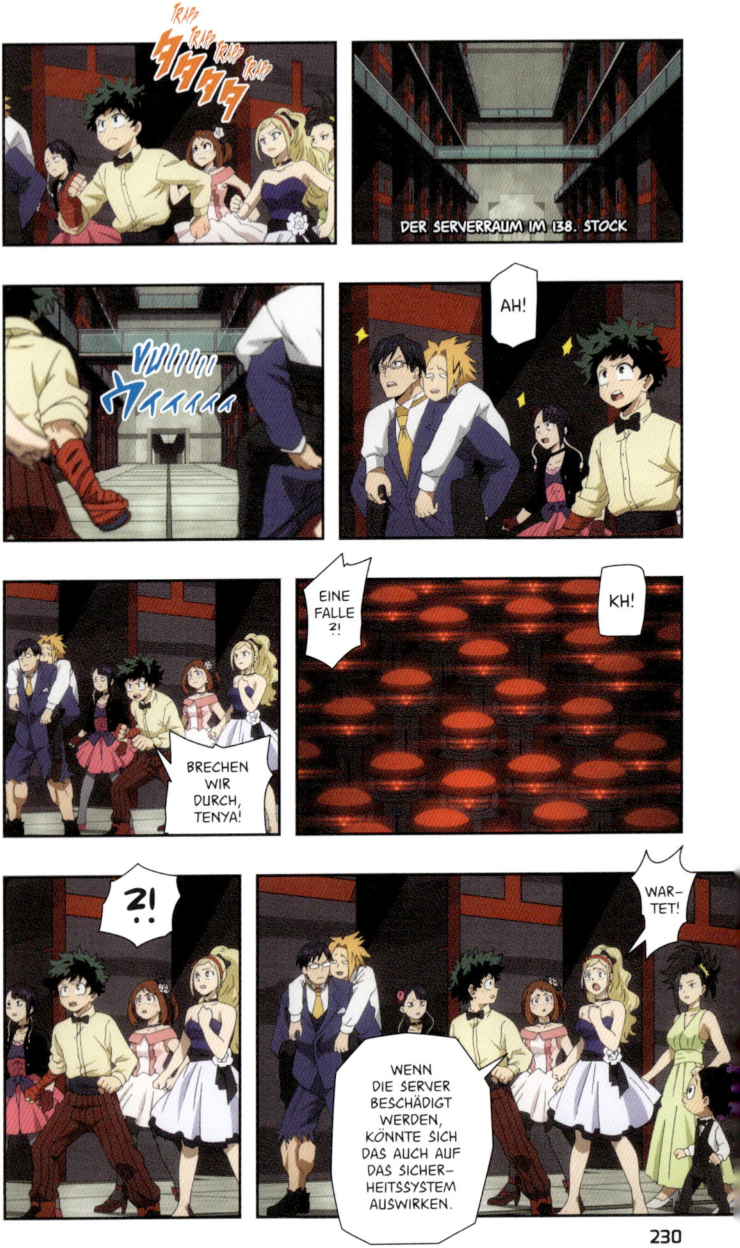
TRAPP
TRAPP
TRAPP
TRAPP
タタタタ
DER SERVERRAUM IM 138. STOCK
VUIIIIII
ウイイイイイ
AH!
BRECHEN WIR DURCH, TENYA!
EINE FALLE ?!
KH!
?!
WAR-TET!
WENN DIE SERVER BESCHÄDIGT WERDEN, KÖNNTE SICH DAS AUCH AUF DAS SICHER-HEITSSYSTEM AUSWIRKEN.

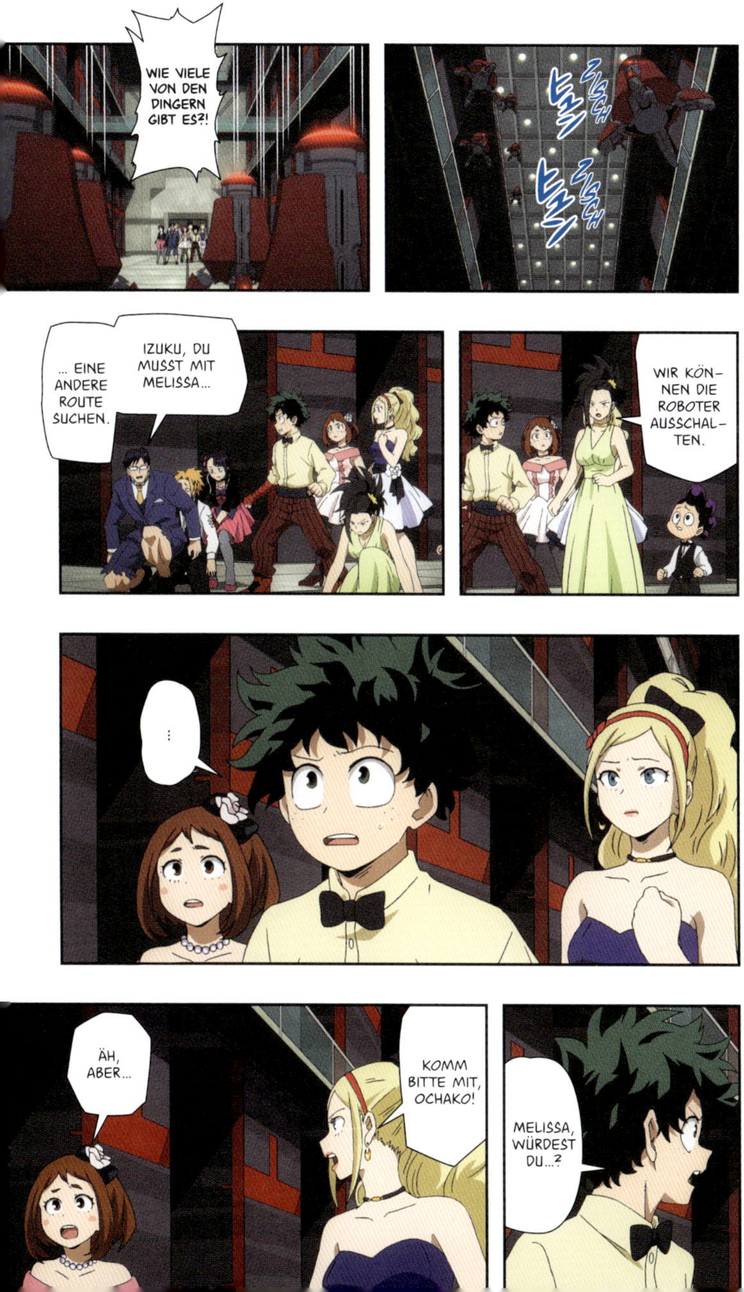
ZISCH
ZISCH
WIE VIELE VON DEN DINGERN GIBT ES?!
WIR KÖNNEN DIE ROBOTER AUSSCHALTEN.
IZUKU, DU MUSST MIT MELISSA...
... EINE ANDERE ROUTE SUCHEN.
...
MELISSA, WÜRDEST DU...?
KOMM BITTE MIT, OCHAKO!
ÄH, ABER...

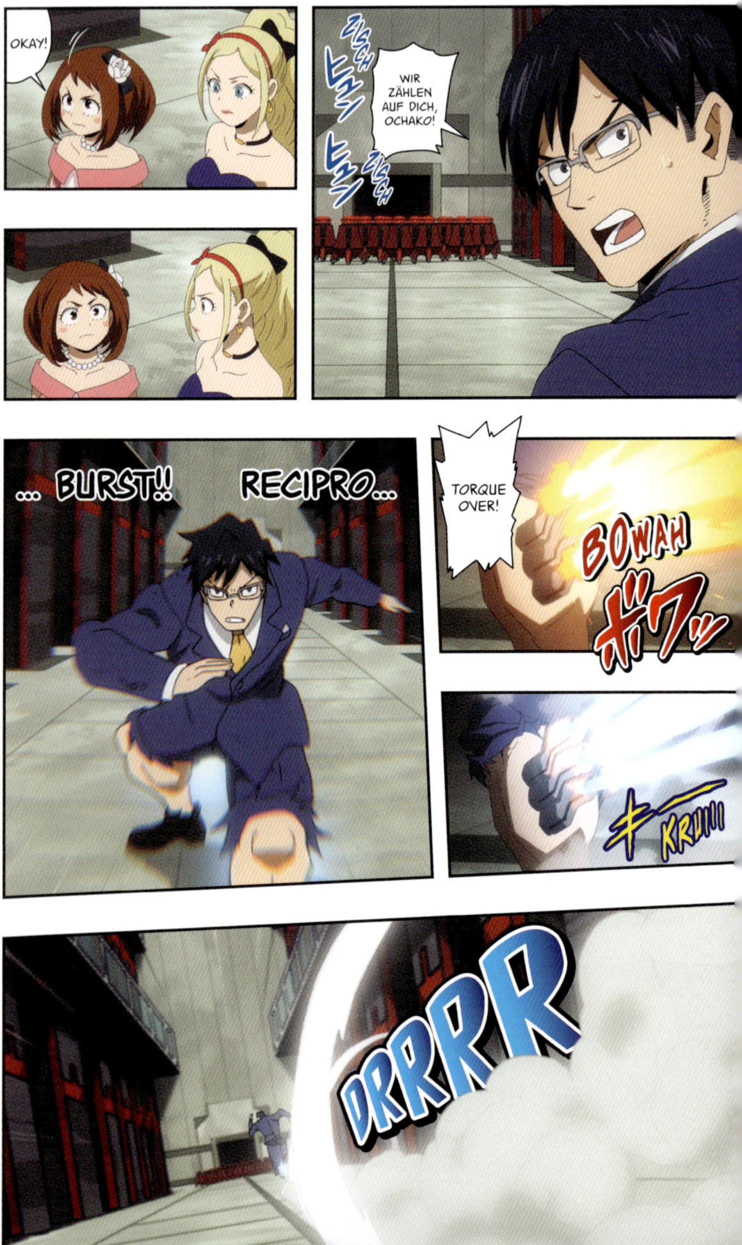

OKAY!
ZISCH
WIR ZÄHLEN AUF DICH, OCHAKO!
ZISCH
RECIPRO...
... BURST!!
TORQUE OVER!
BOWAH
KRIIII
DRRRR

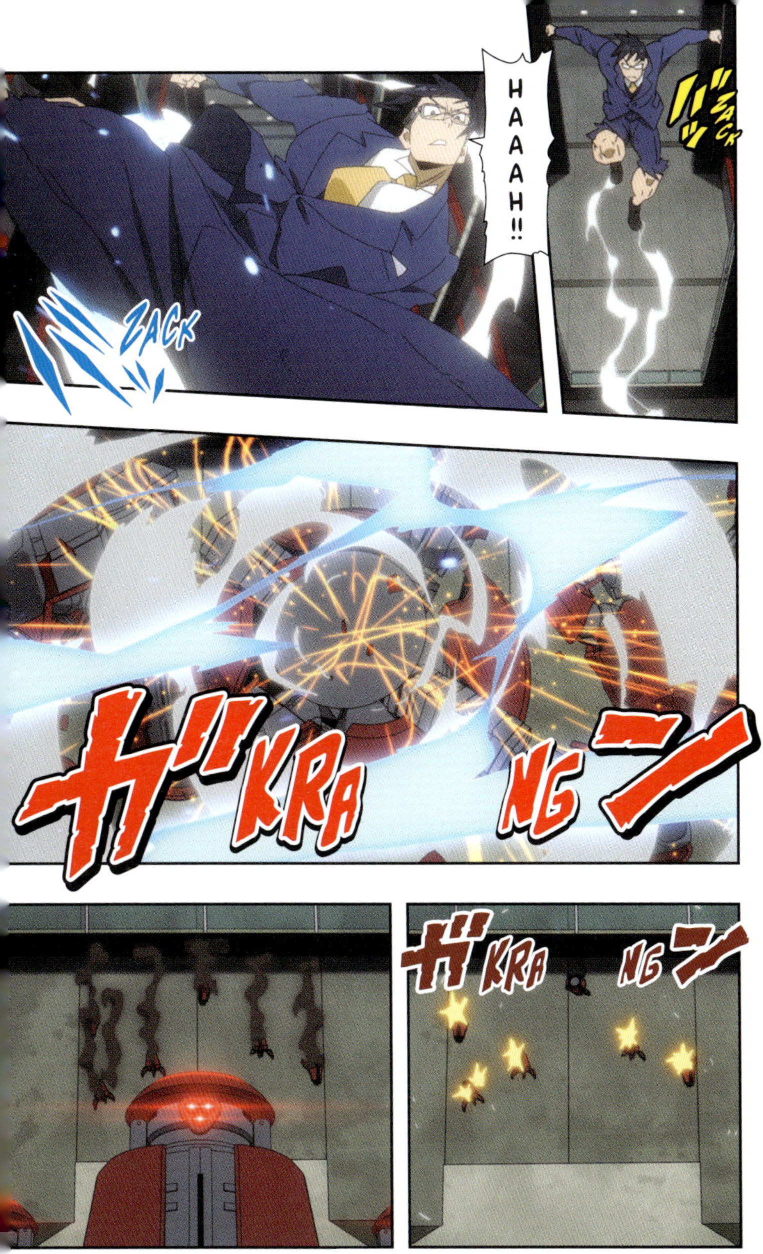
ZACK
HAAAAH!!
ZACK
KRA NG
KRA NG

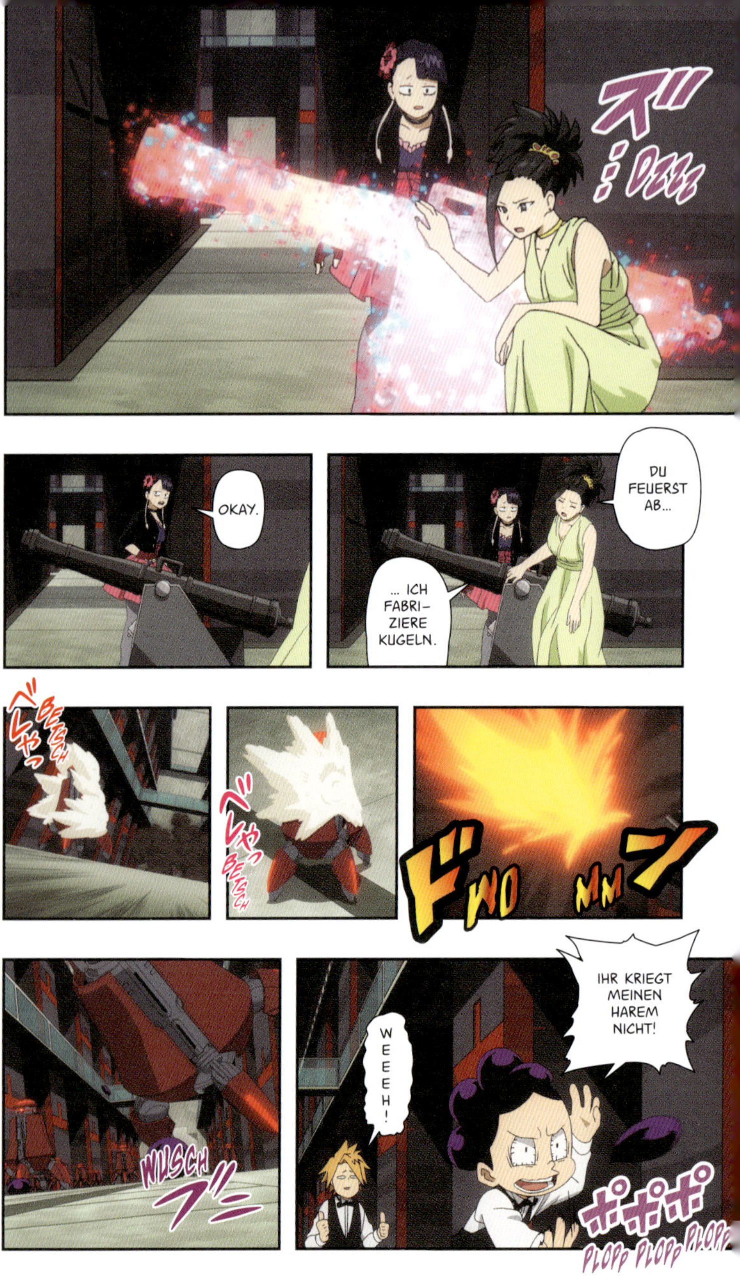
DZZZ
DU FEUERST AB...
... ICH FABRIZIERE KUGELN.
OKAY.
DWO MM
BETSCH
BETSCH
IHR KRIEGT MEINEN HAREM NICHT!
WEEEEH!
PLOPP PLOPP PLOPP
WUSCH

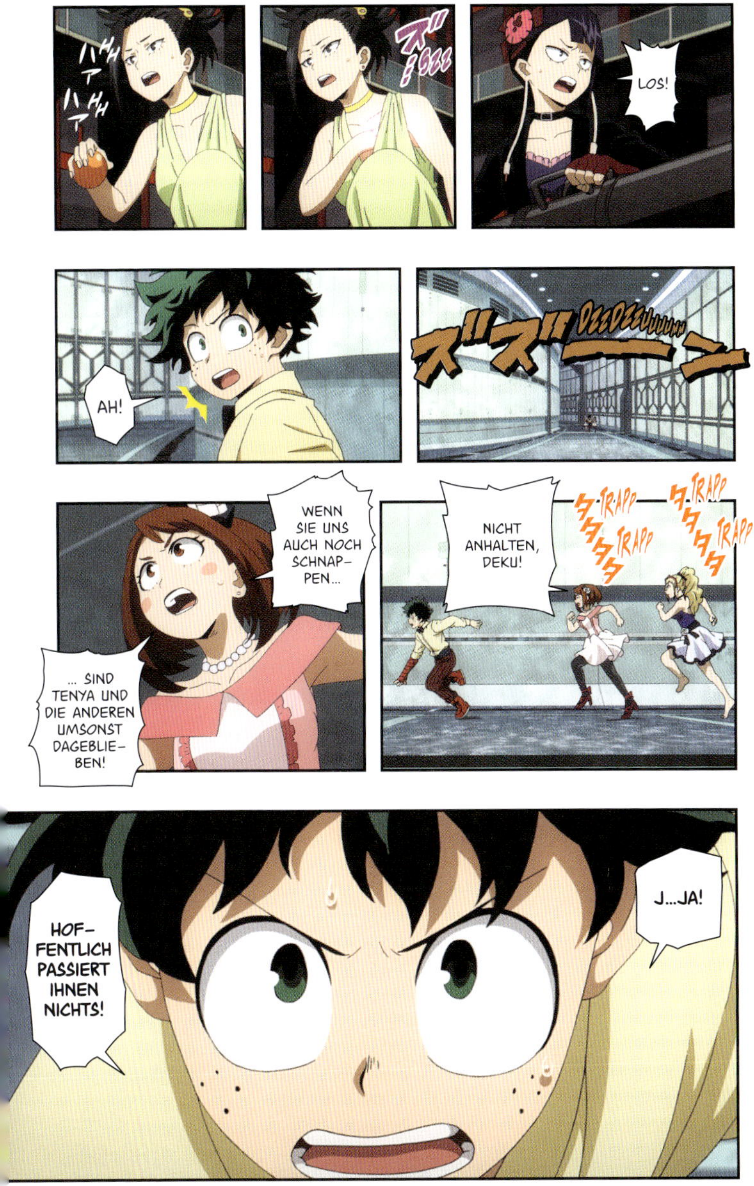
ハァハァ HH HH
ズ SSSS
LOS!
AH!
ズズーン DZZDZZUUUUMM
WENN SIE UNS AUCH NOCH SCHNAPPEN…
… SIND TENYA UND DIE ANDEREN UMSONST DAGEBLIEBEN!
NICHT ANHALTEN, DEKU!
タタタタ TRAPP TRAPP
タタタタ TRAPP TRAPP
J…JA!
HOFFENTLICH PASSIERT IHNEN NICHTS!

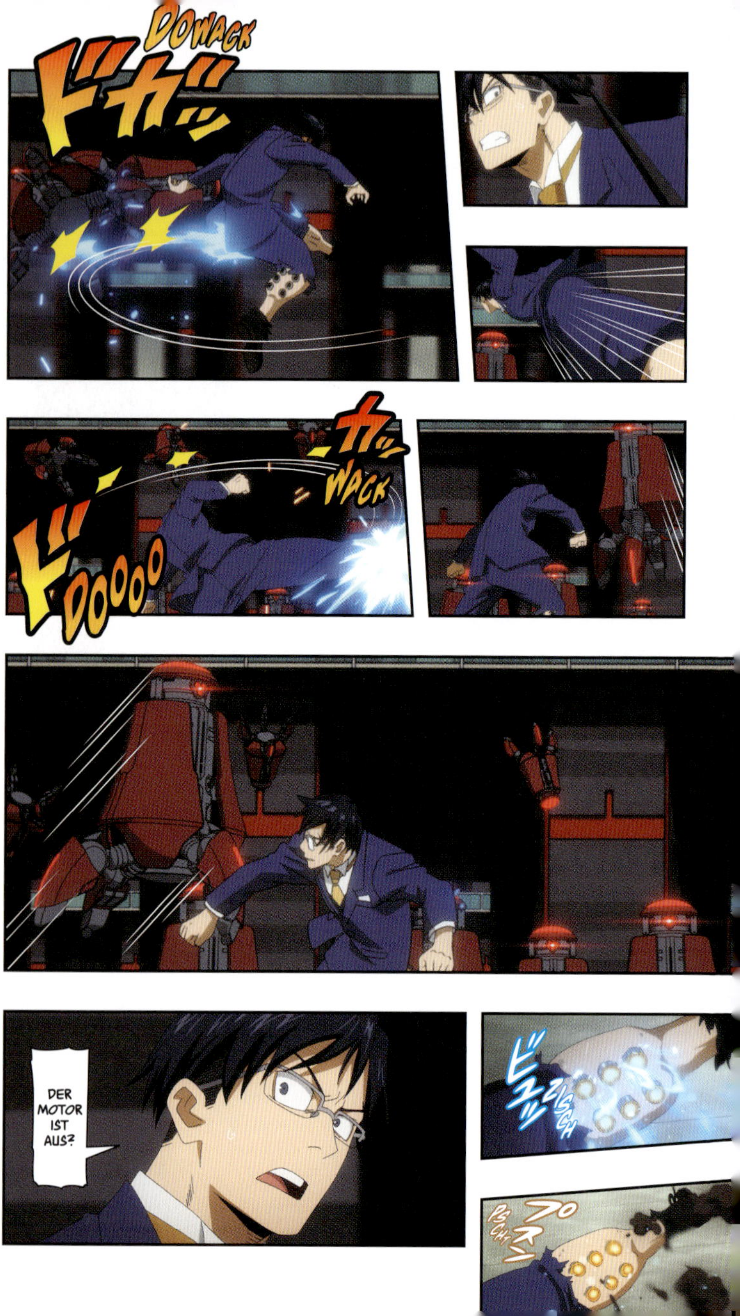
ドガッ
DOWACK
ドッ
DOOOO
カッ
WACK
DER MOTOR IST AUS?
ビュッ
ZISCH
プスン
PSCHT

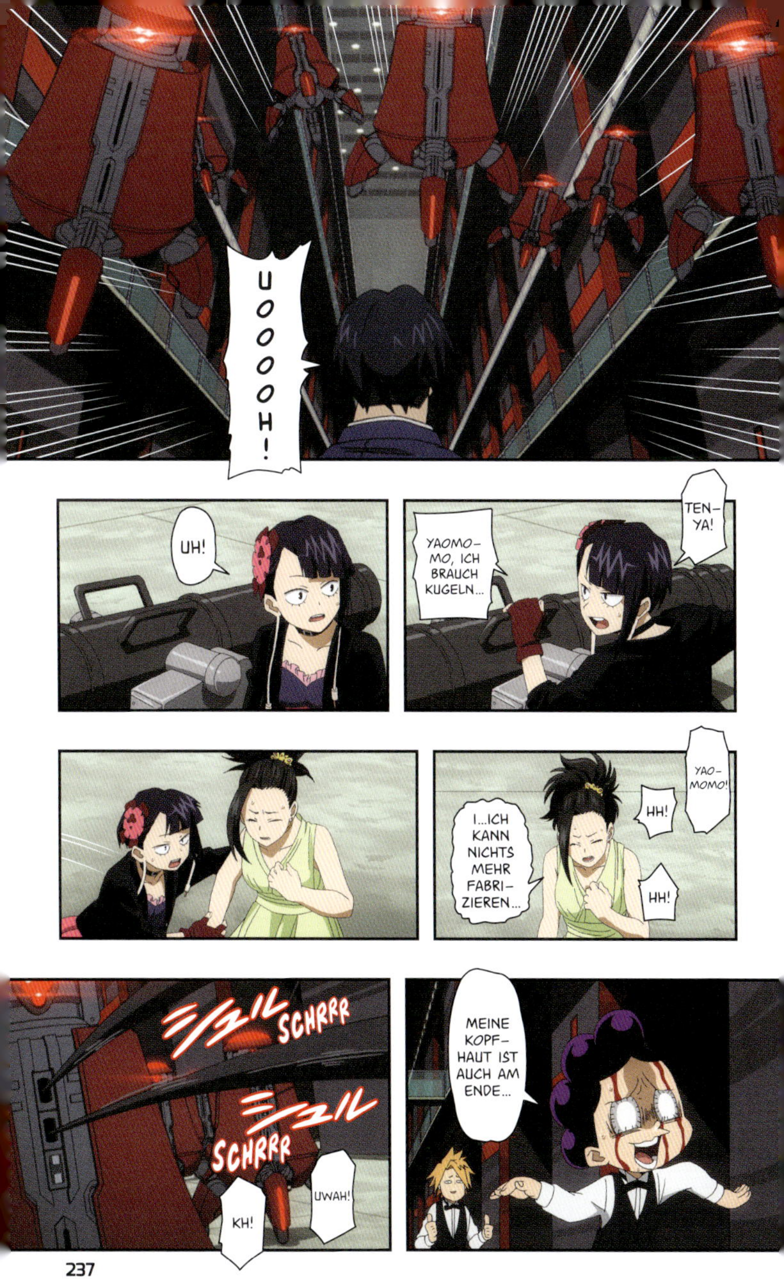
UOOOOOH!
UH!
TEN-YA!
YAOMO-MO, ICH BRAUCH KUGELN...
YAO-MOMO!
HH!
I...ICH KANN NICHTS MEHR FABRI-ZIEREN...
HH!
SCHRRR
SCHRRR
UWAH!
KH!
MEINE KOPF-HAUT IST AUCH AM ENDE...

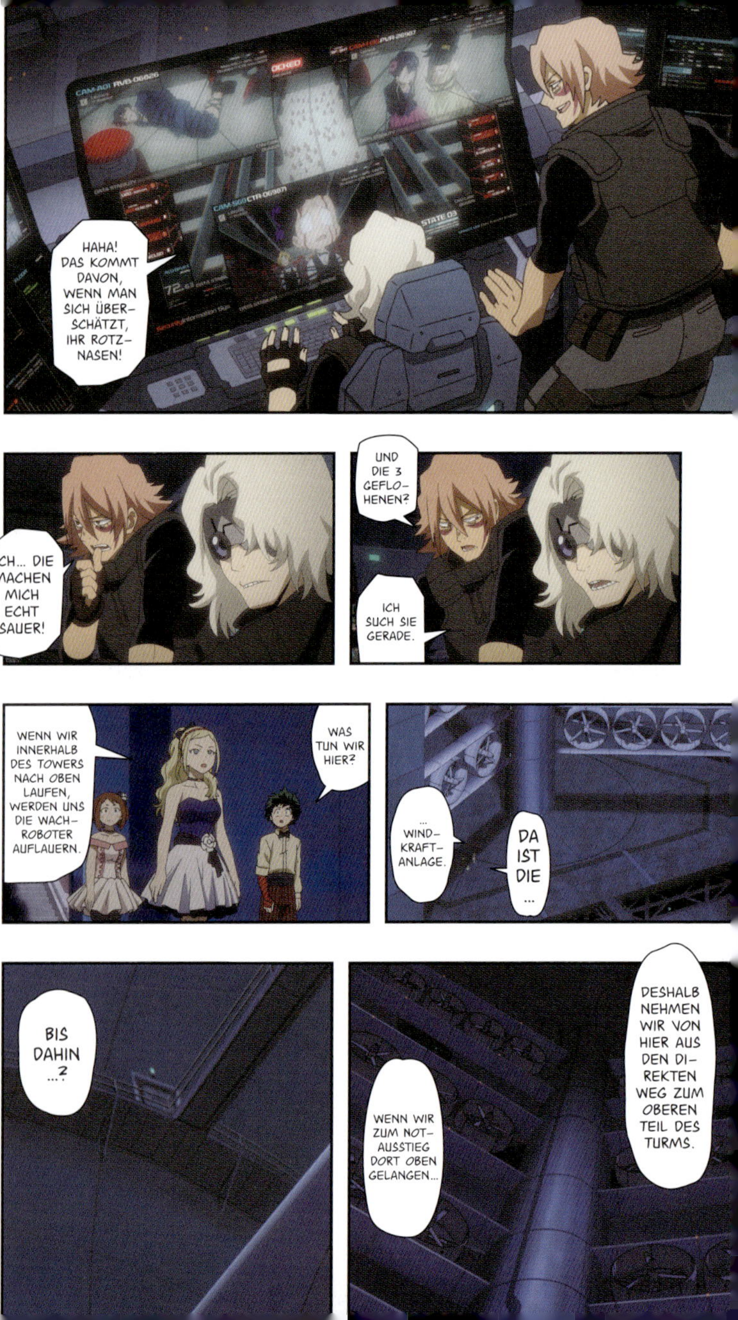
HAHA! DAS KOMMT DAVON, WENN MAN SICH ÜBERSCHÄTZT, IHR ROTZNASEN!
UND DIE 3 GEFLOHENEN?
ICH SUCH SIE GERADE.
SCH... DIE MACHEN MICH ECHT SAUER!
DA IST DIE ...
... WINDKRAFTANLAGE.
WAS TUN WIR HIER?
WENN WIR INNERHALB DES TOWERS NACH OBEN LAUFEN, WERDEN UNS DIE WACHROBOTER AUFLAUERN.
DESHALB NEHMEN WIR VON HIER AUS DEN DIREKTEN WEG ZUM OBEREN TEIL DES TURMS.
WENN WIR ZUM NOTAUSSTIEG DORT OBEN GELANGEN...
BIS DAHIN ...?

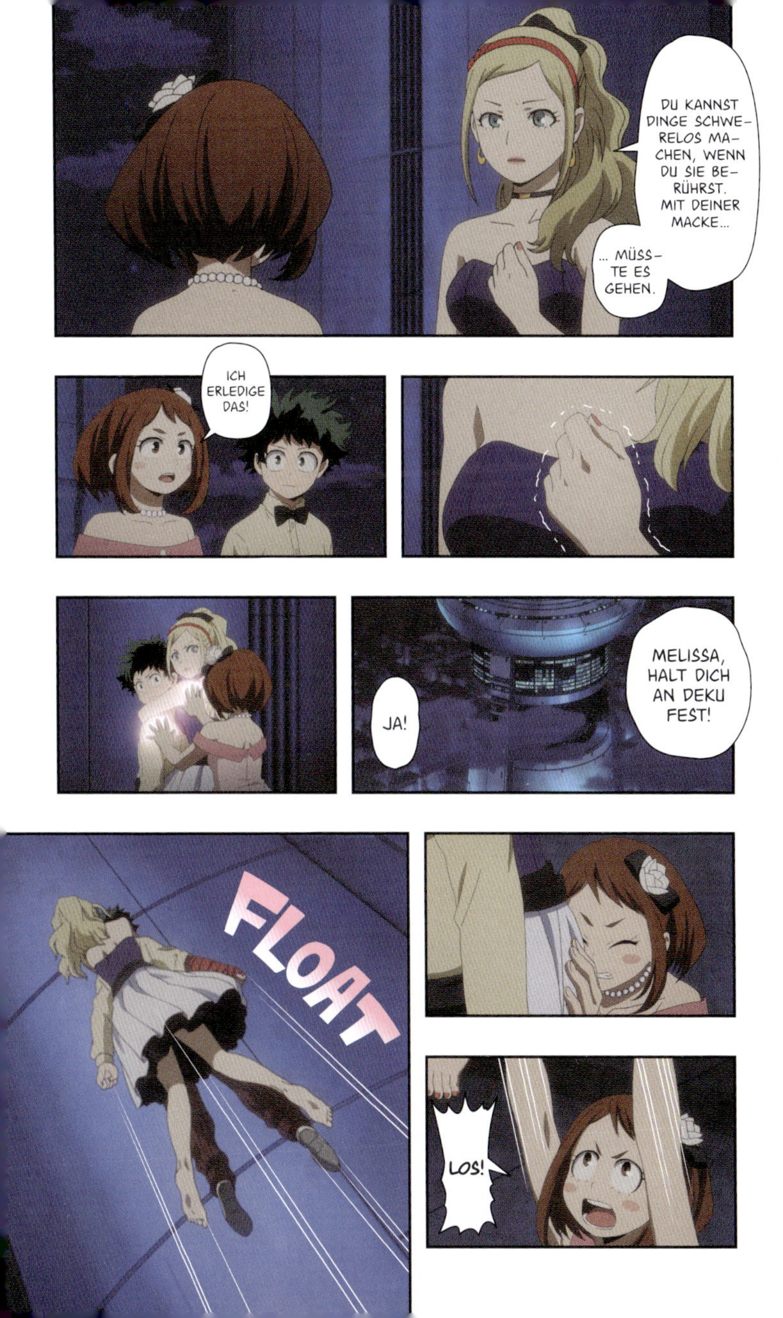
DU KANNST DINGE SCHWERELOS MACHEN, WENN DU SIE BERÜHRST. MIT DEINER MACKE ...
... MÜSSTE ES GEHEN.
ICH ERLEDIGE DAS!
MELISSA, HALT DICH AN DEKU FEST!
JA!
FLOAT
LOS!

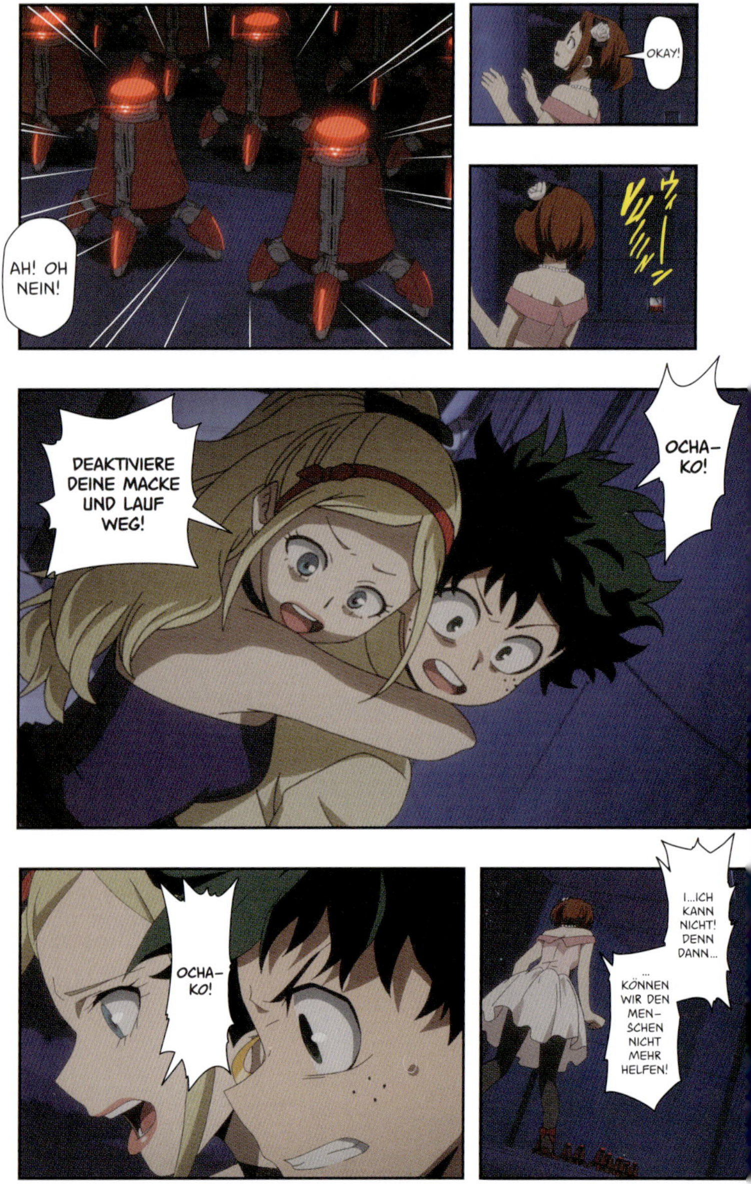
OKAY!
AH! OH NEIN!
OCHA-KO!
DEAKTIVIERE DEINE MACKE UND LAUF WEG!
I...ICH KANN NICHT! DENN DANN...
... KÖNNEN WIR DEN MEN-SCHEN NICHT MEHR HELFEN!
OCHA-KO!

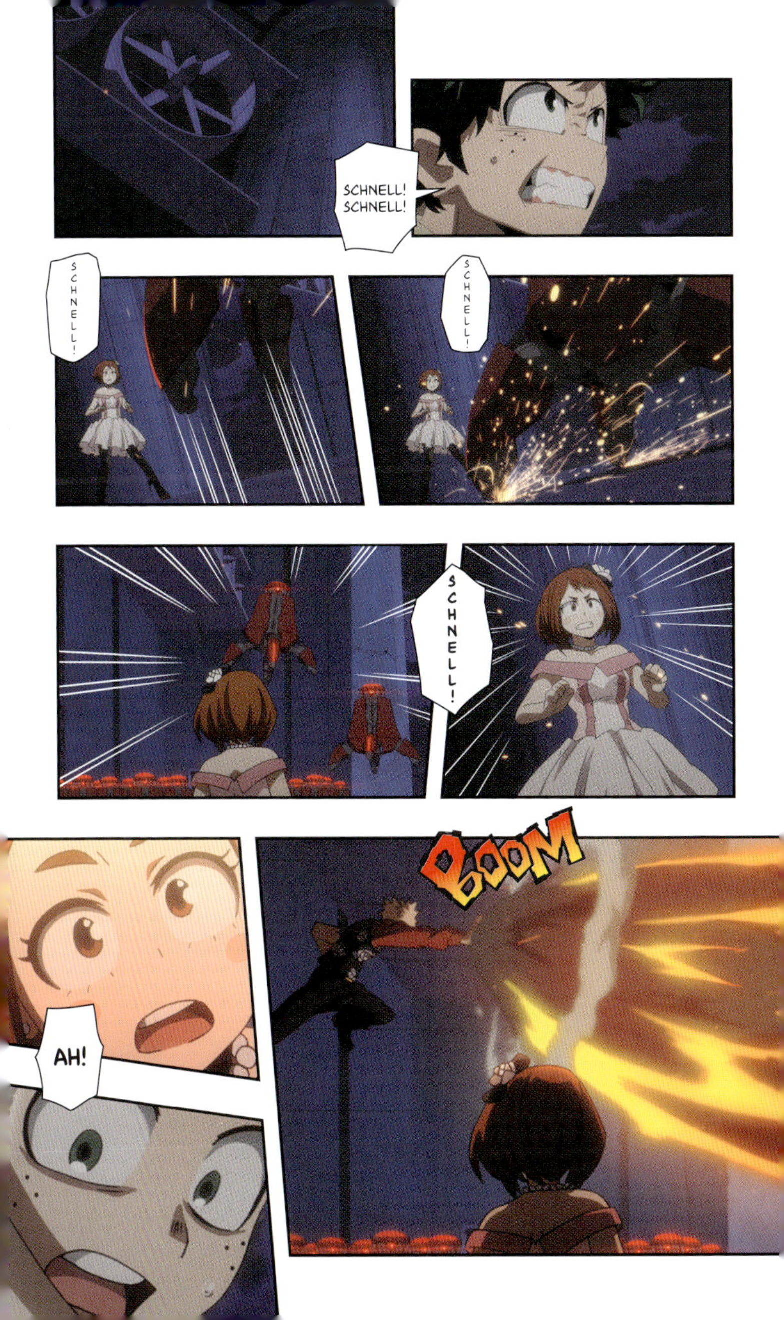
SCHNELL!
SCHNELL!
SCHNELL!
SCHNELL!
SCHNELL!
BOOM
AH!

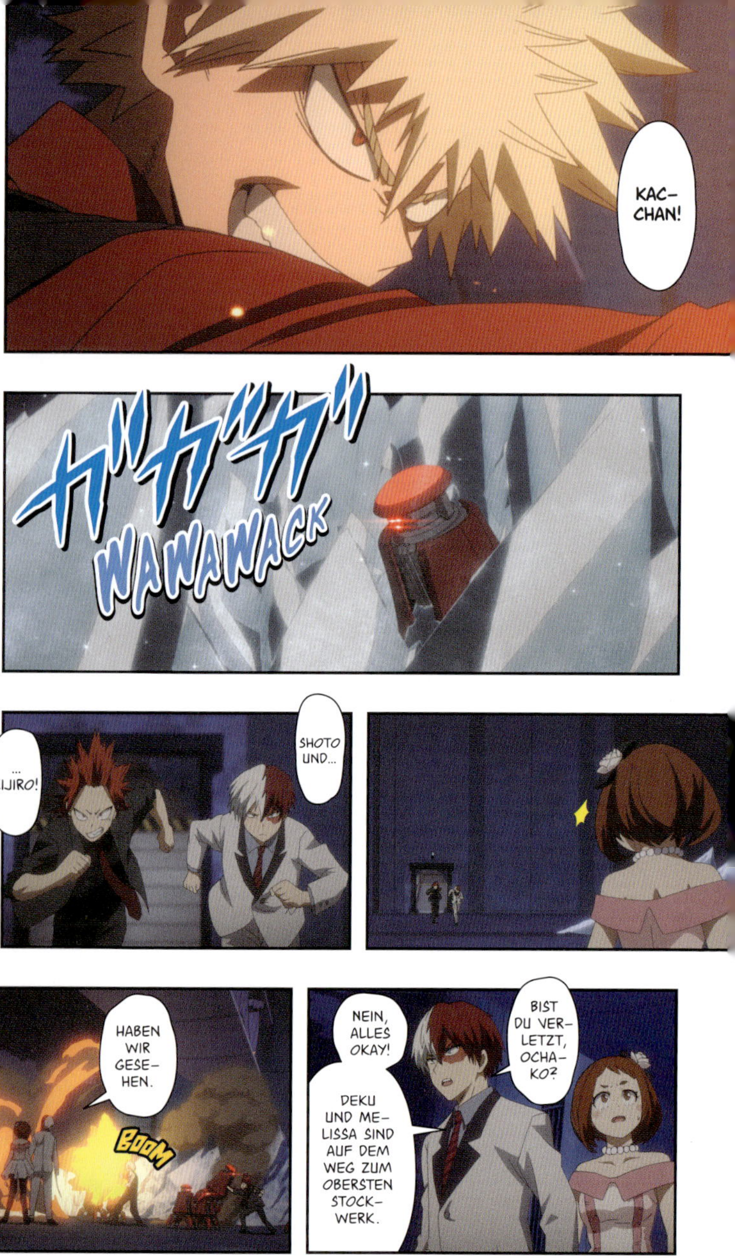
KAC-CHAN!
ガガガ
WAWAWACK
SHOTO UND...
... EIJIRO!
BIST DU VERLETZT, OCHAKO?
NEIN, ALLES OKAY!
DEKU UND MELISSA SIND AUF DEM WEG ZUM OBERSTEN STOCKWERK.
HABEN WIR GESEHEN.
BOOM

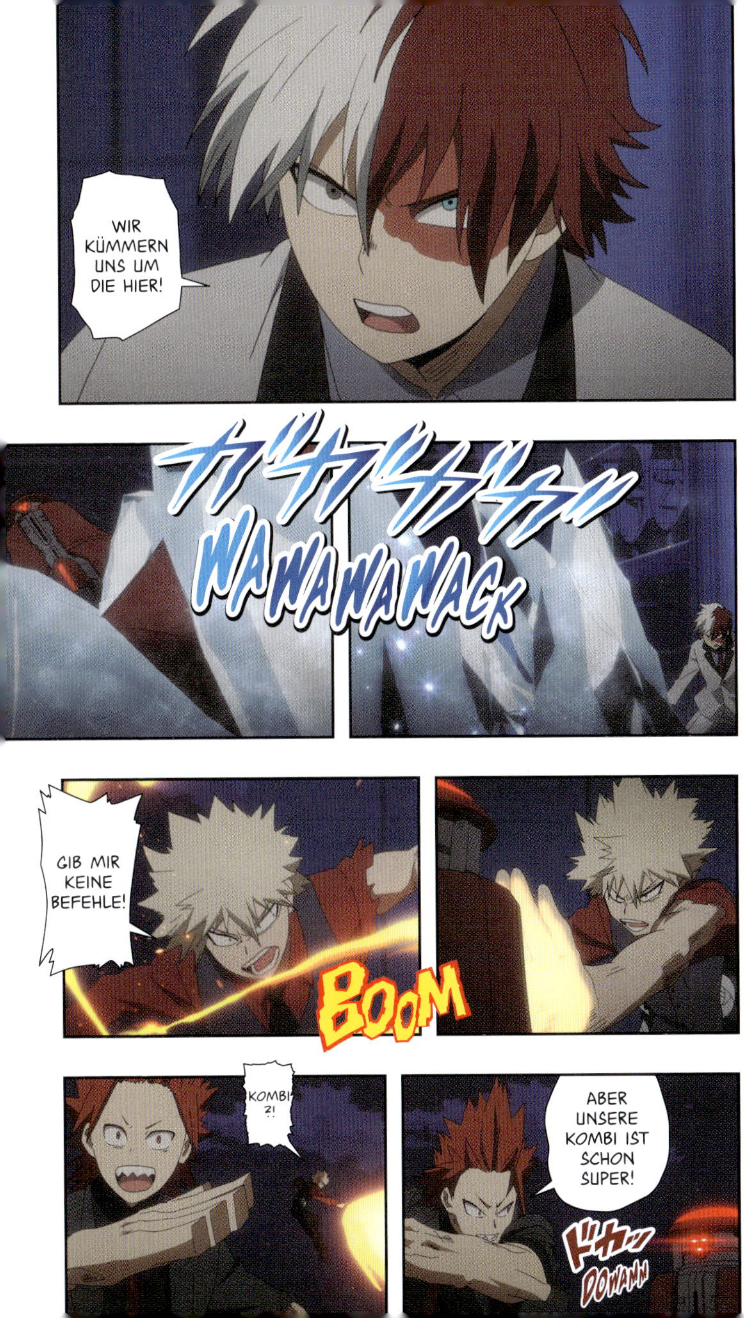
WIR KÜMMERN UNS UM DIE HIER!
WAWAWAWACK
GIB MIR KEINE BEFEHLE!
BOOM
ABER UNSERE KOMBI IST SCHON SUPER!
ドカッ
KOMBI?!

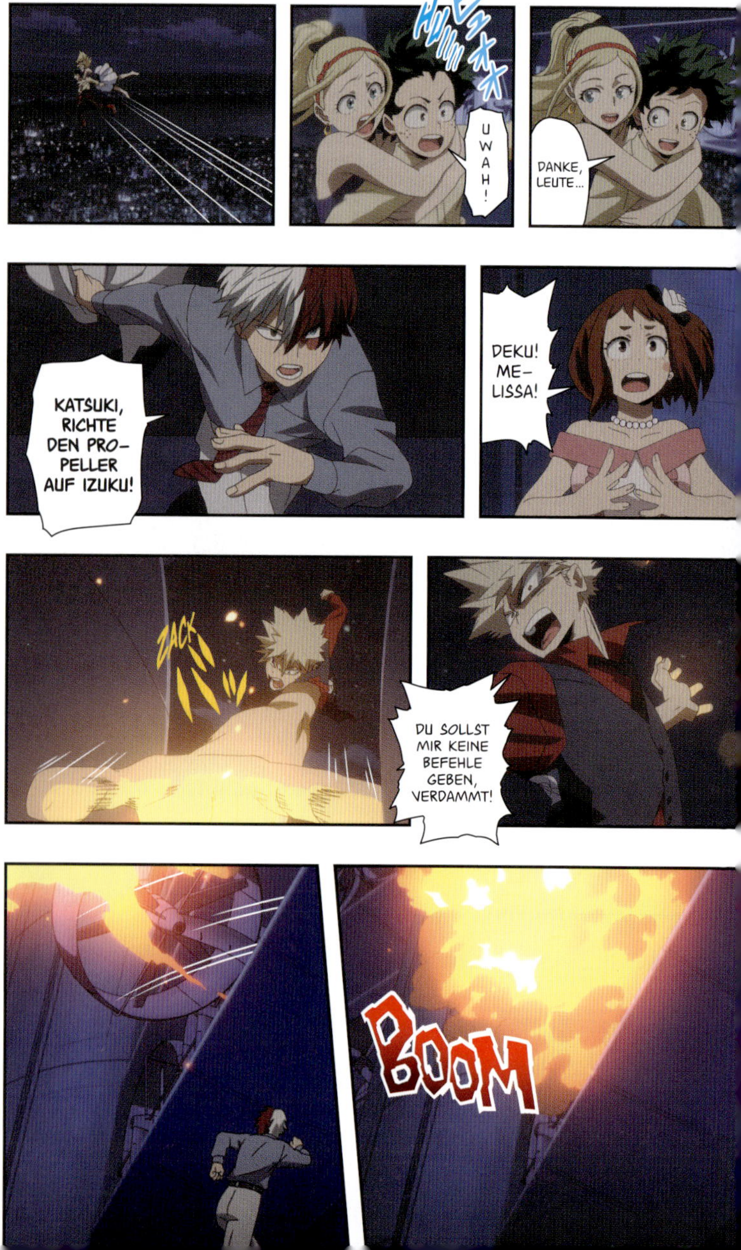
DANKE, LEUTE...
UWAH!
DEKU! MELISSA!
KATSUKI, RICHTE DEN PROPELLER AUF IZUKU!
DU SOLLST MIR KEINE BEFEHLE GEBEN, VERDAMMT!
ZACK
BOOM

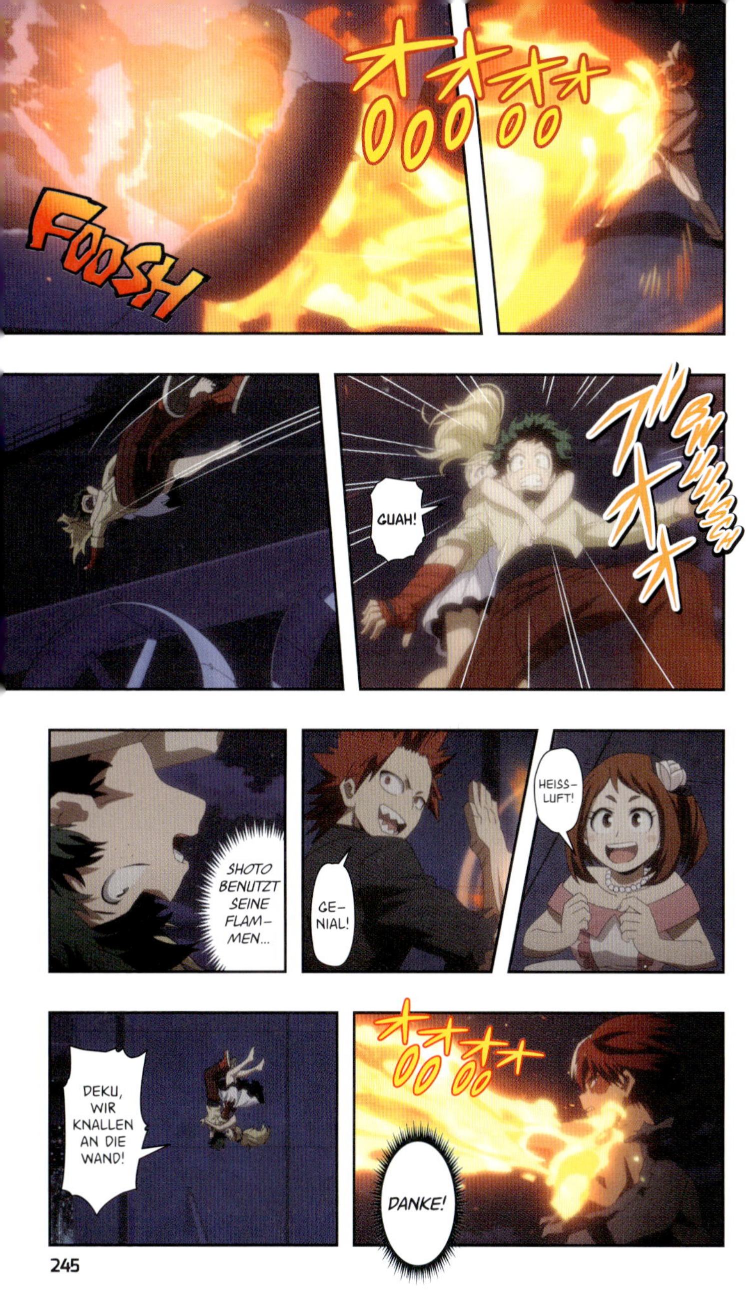
FOOSH
GUAH!
HEISS-LUFT!
GE-NIAL!
SHOTO BENUTZT SEINE FLAM-MEN...
DANKE!
DEKU, WIR KNALLEN AN DIE WAND!

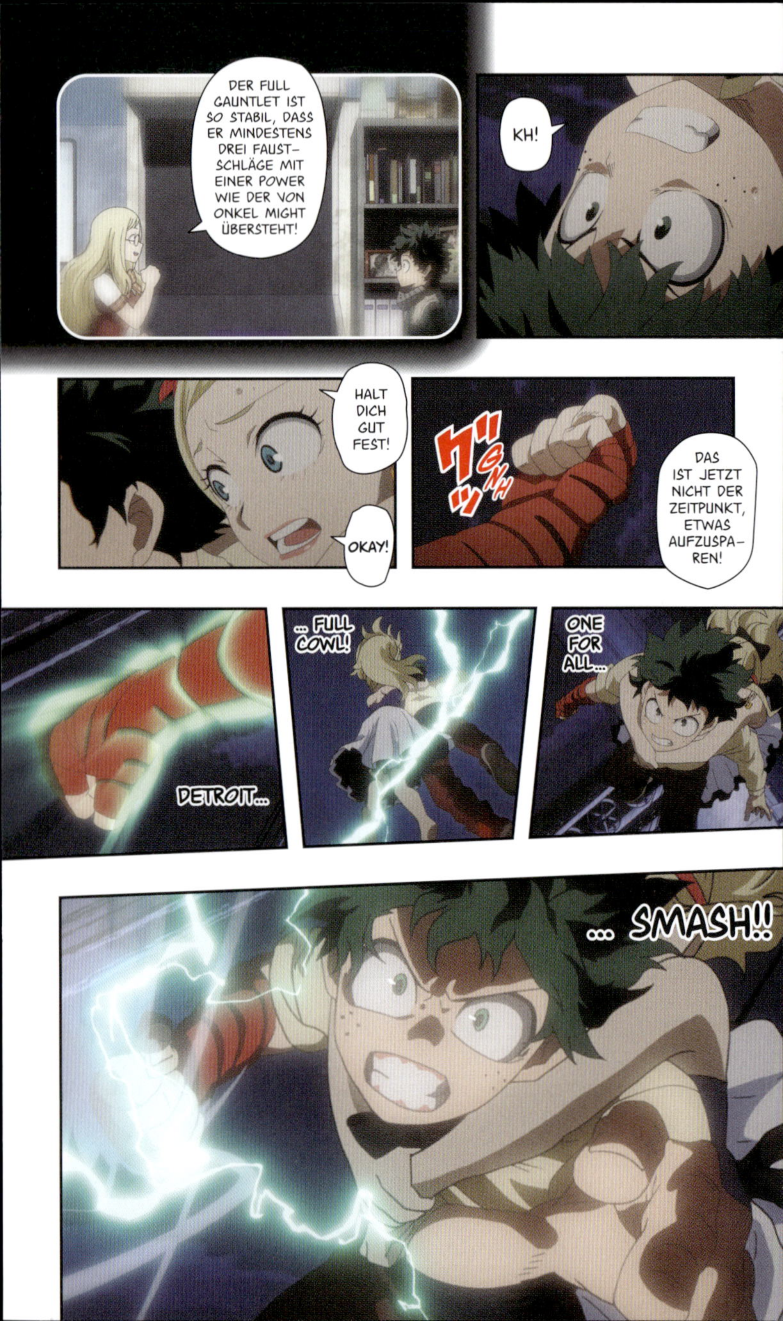
DER FULL GAUNTLET IST SO STABIL, DASS ER MINDESTENS DREI FAUST-SCHLÄGE MIT EINER POWER WIE DER VON ONKEL MIGHT ÜBERSTEHT!
KH!
HALT DICH GUT FEST!
OKAY!
GNH
DAS IST JETZT NICHT DER ZEITPUNKT, ETWAS AUFZUSPA-REN!
ONE FOR ALL...
... FULL COWL!
DETROIT...
... SMASH!!

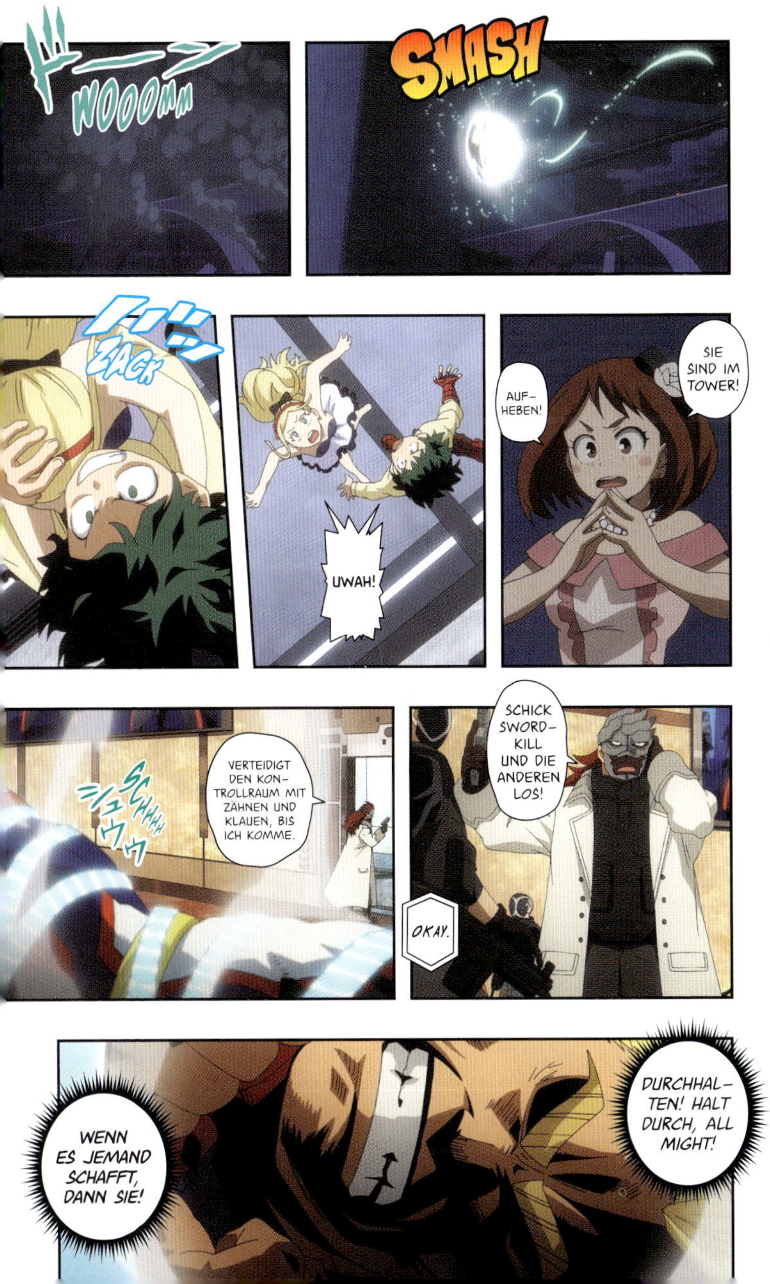
WOOOMM
SMASH
ZACK
UWAH!
AUF-
HEBEN!
SIE
SIND IM
TOWER!
VERTEIDIGT
DEN KON-
TROLLRAUM MIT
ZÄHNEN UND
KLAUEN, BIS
ICH KOMME.
SCHICK
SWORD-
KILL
UND DIE
ANDEREN
LOS!
OKAY.
DURCHHAL-
TEN! HALT
DURCH, ALL
MIGHT!
WENN
ES JEMAND
SCHAFFT,
DANN SIE!

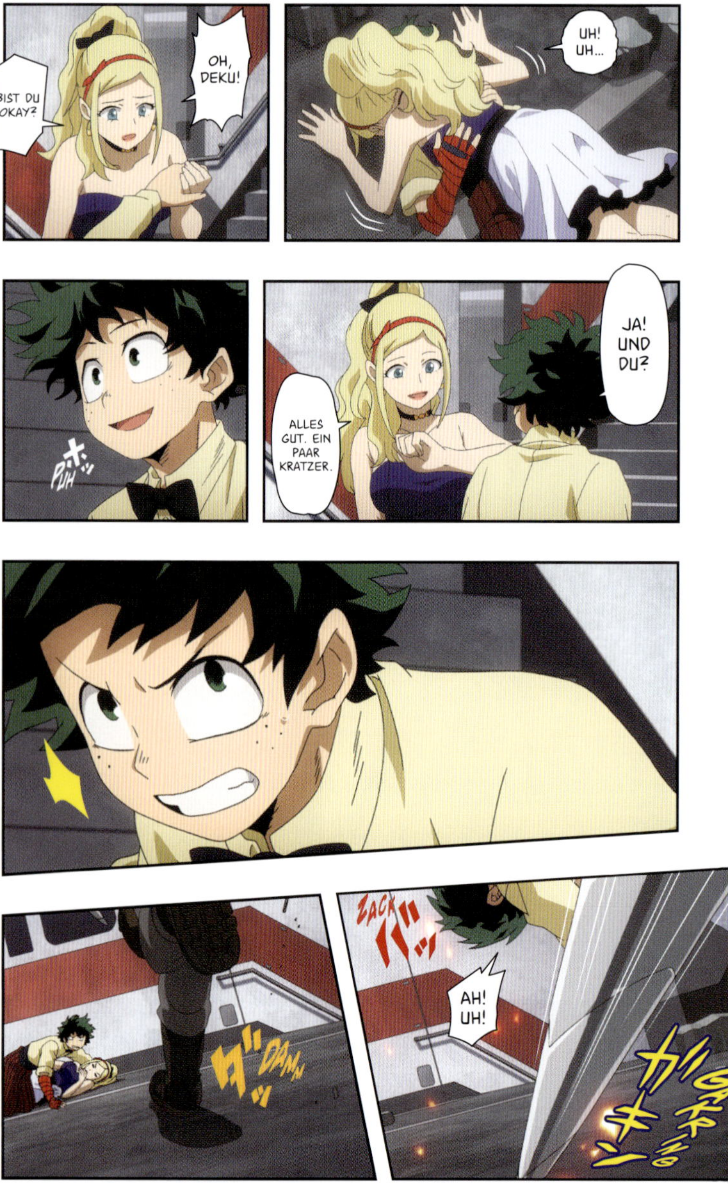
UH! UH...
OH, DEKU!
BIST DU OKAY?
JA! UND DU?
ALLES GUT. EIN PAAR KRATZER.
ホッ
PUH
ZACK
バッ
AH! UH!
カキン
ダッ
DAMM

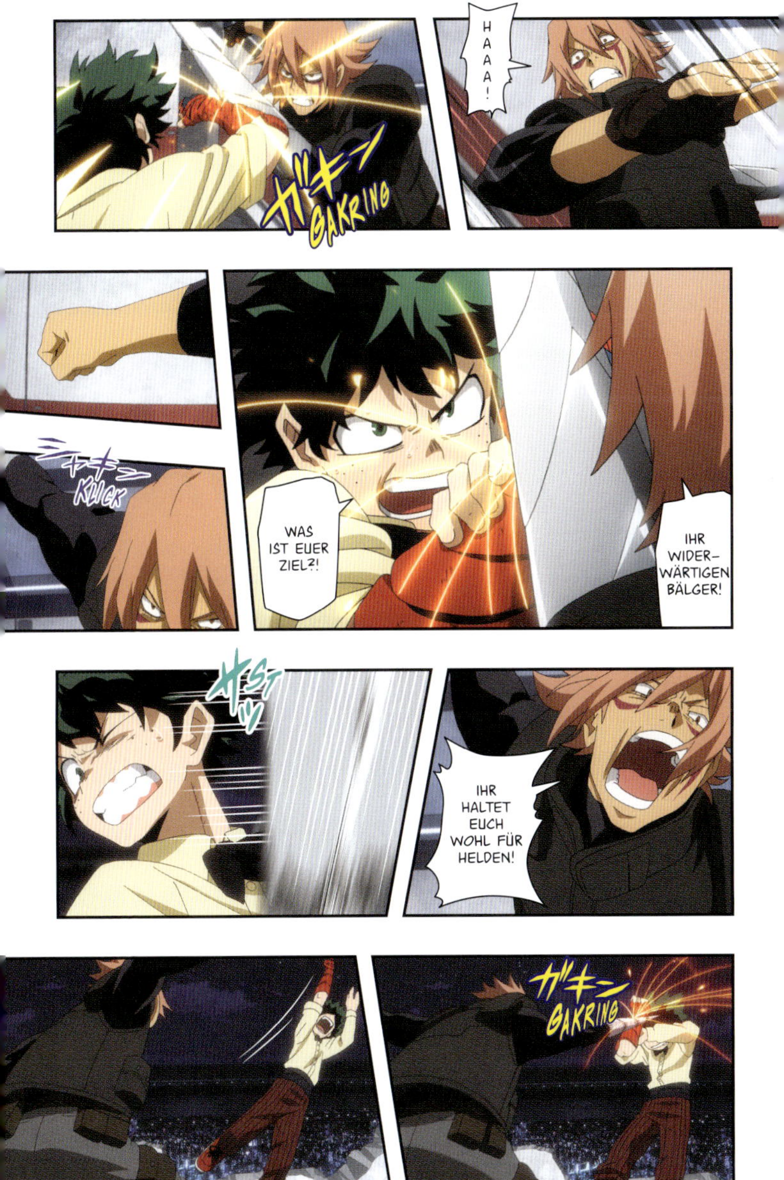
HAAAA!
GAKRING
IHR WIDER-WÄRTIGEN BÄLGER!
WAS IST EUER ZIEL?!
KLICK
IHR HALTET EUCH WOHL FÜR HELDEN!
ST
GAKRING

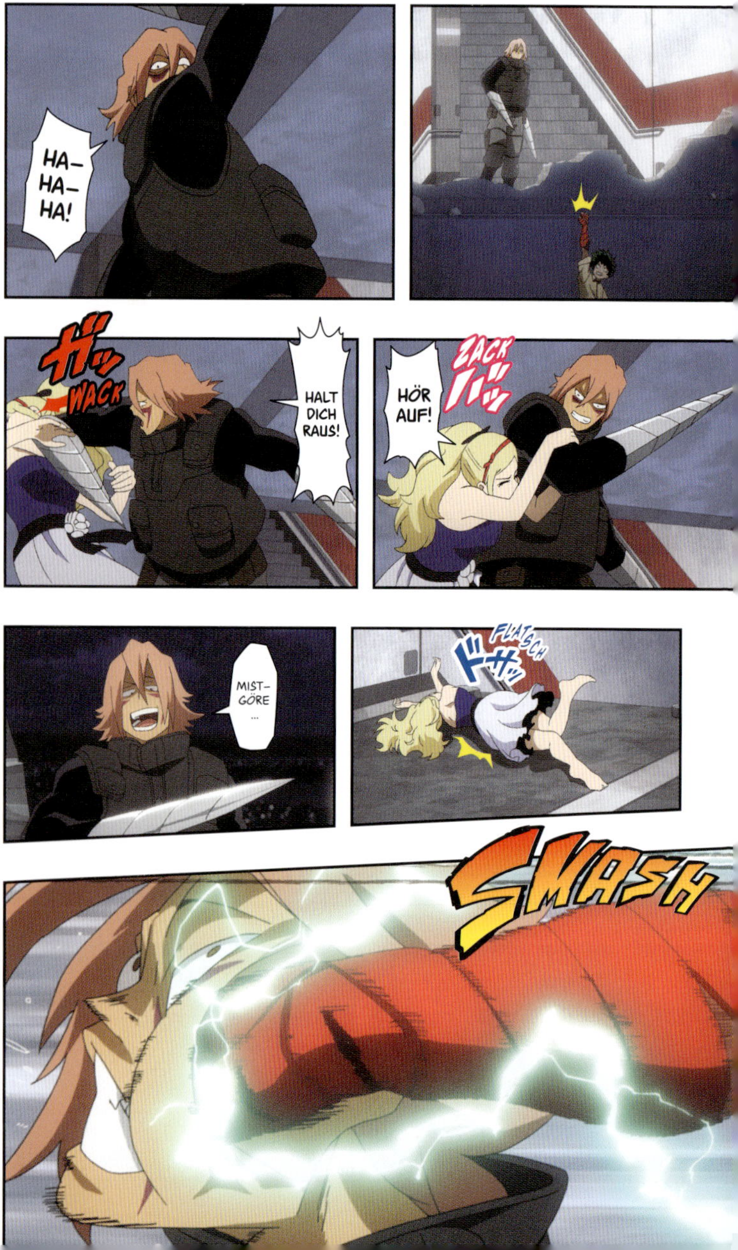
HA-
HA-
HA!
ガッ
WACK
HALT DICH RAUS!
ZACK
バッ
HÖR AUF!
MIST-
GÖRE
...
ドザッ
FLATSCH
SMASH

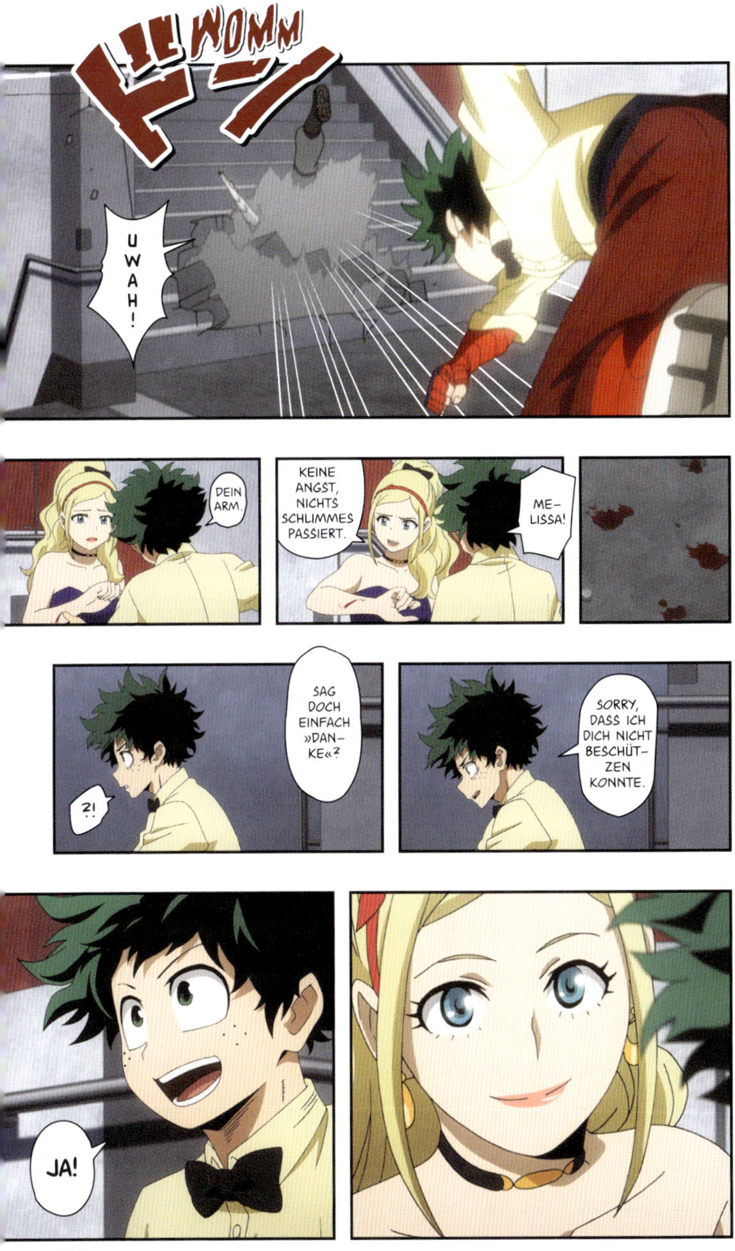
WOMM
UWAH!
DEIN ARM.
KEINE ANGST, NICHTS SCHLIMMES PASSIERT.
ME- LISSA!
SAG DOCH EINFACH »DAN- KE«?
SORRY, DASS ICH DICH NICHT BESCHÜT- ZEN KONNTE.
?!
JA!

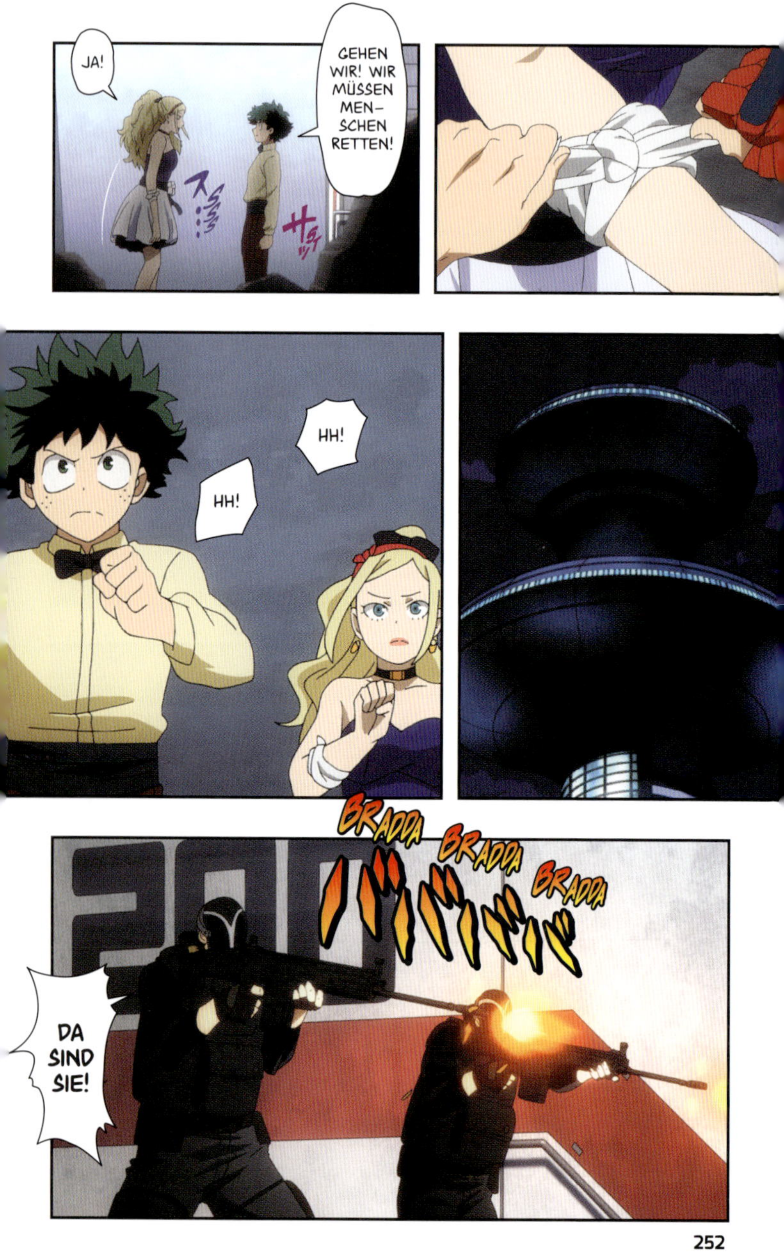
GEHEN WIR! WIR MÜSSEN MEN-SCHEN RETTEN!
JA!
HH!
HH!
BRADDA BRADDA BRADDA
DA SIND SIE!

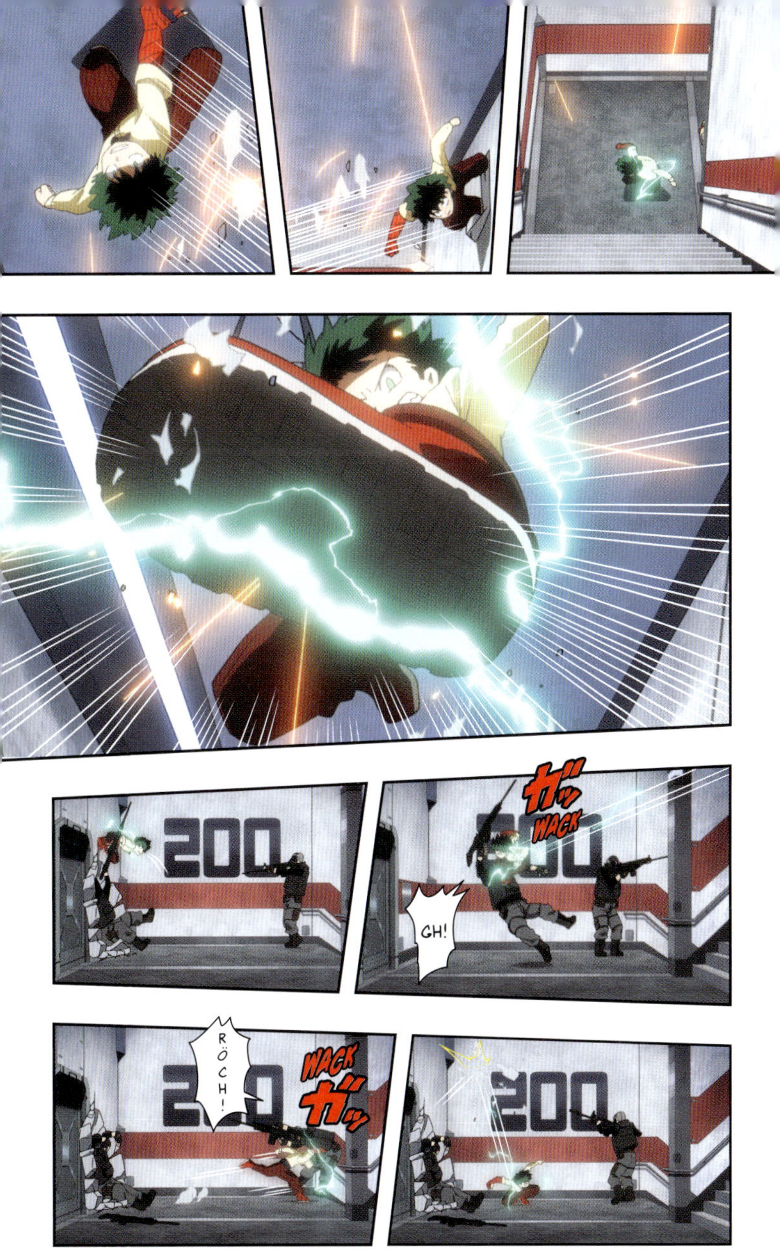
200
ガッ
WACK
GH!
RÖCH!
WACK
ガッ

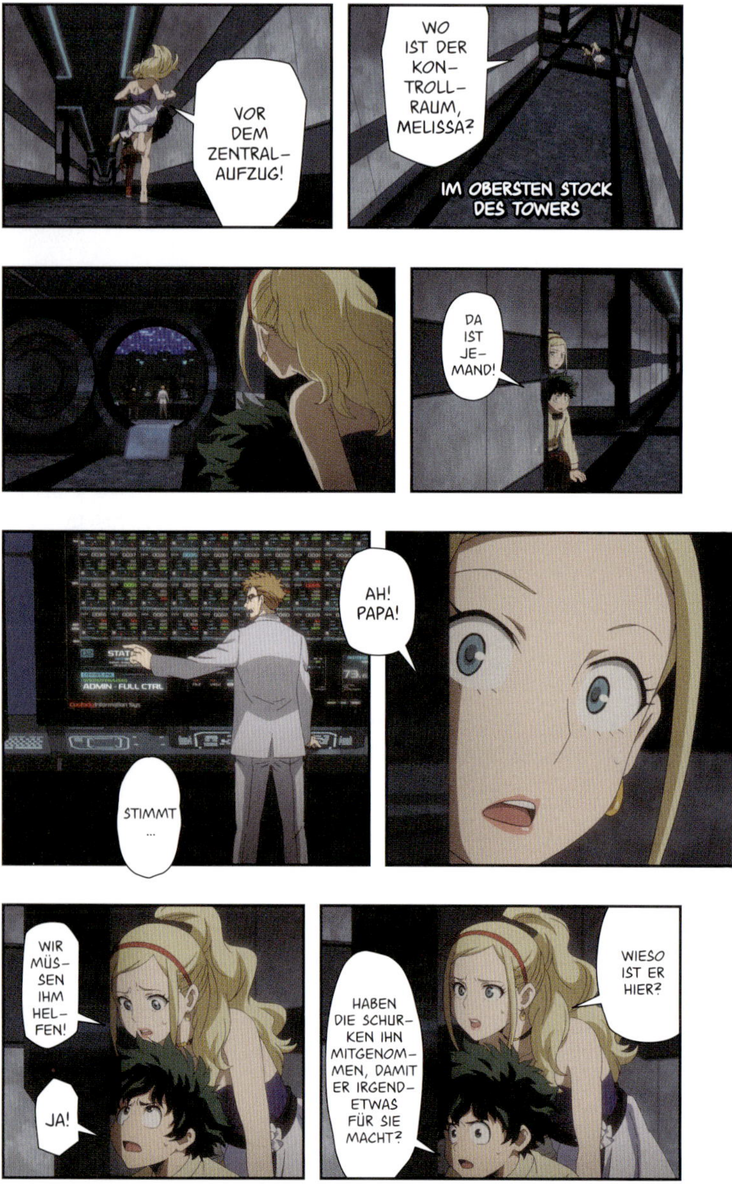
VOR DEM ZENTRAL-AUFZUG!
WO IST DER KON-TROLL-RAUM, MELISSA?
IM OBERSTEN STOCK DES TOWERS
DA IST JE-MAND!
STIMMT ...
AH! PAPA!
WIR MÜS-SEN IHM HEL-FEN!
JA!
WIESO IST ER HIER?
HABEN DIE SCHUR-KEN IHN MITGENOM-MEN, DAMIT ER IRGEND-ETWAS FÜR SIE MACHT?

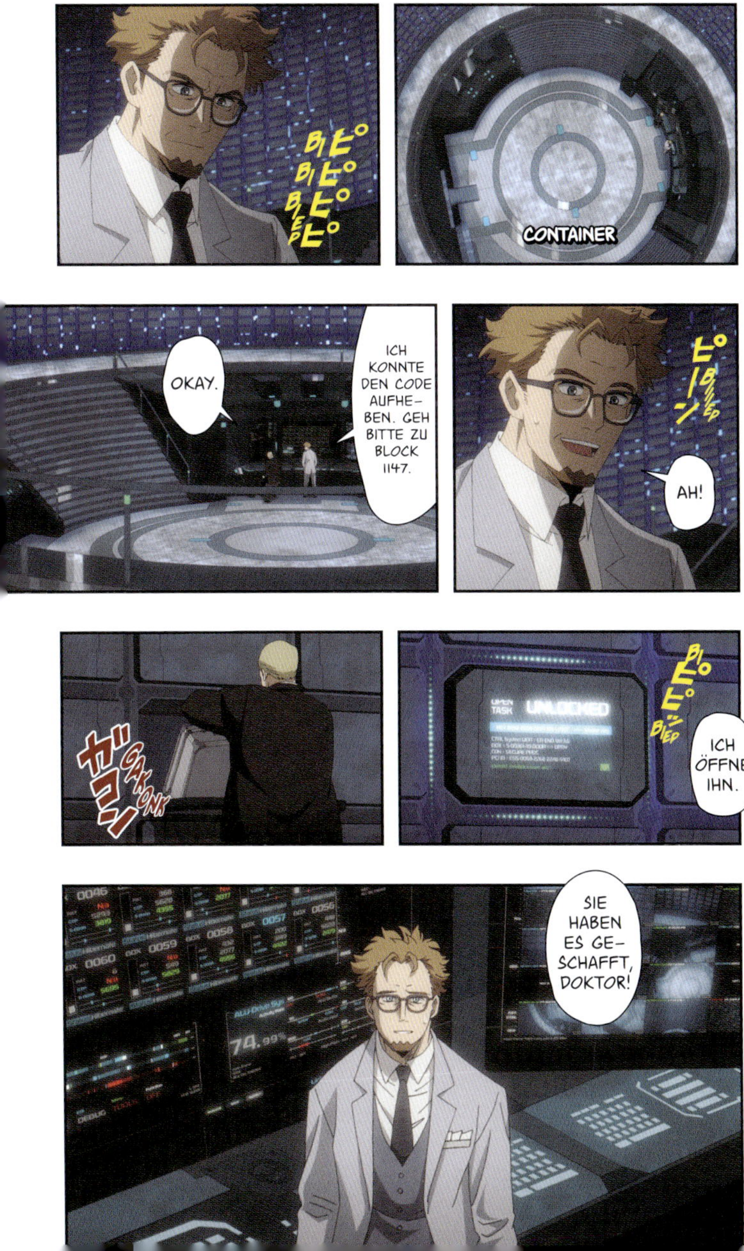
BIBIBIEP
CONTAINER
ICH KONNTE DEN CODE AUFHEBEN. GEH BITTE ZU BLOCK 1147.
OKAY.
BIEP
AH!
GAKONK
UNLOCKED
BIBIBIEP
ICH ÖFFNE IHN.
SIE HABEN ES GESCHAFFT, DOKTOR!

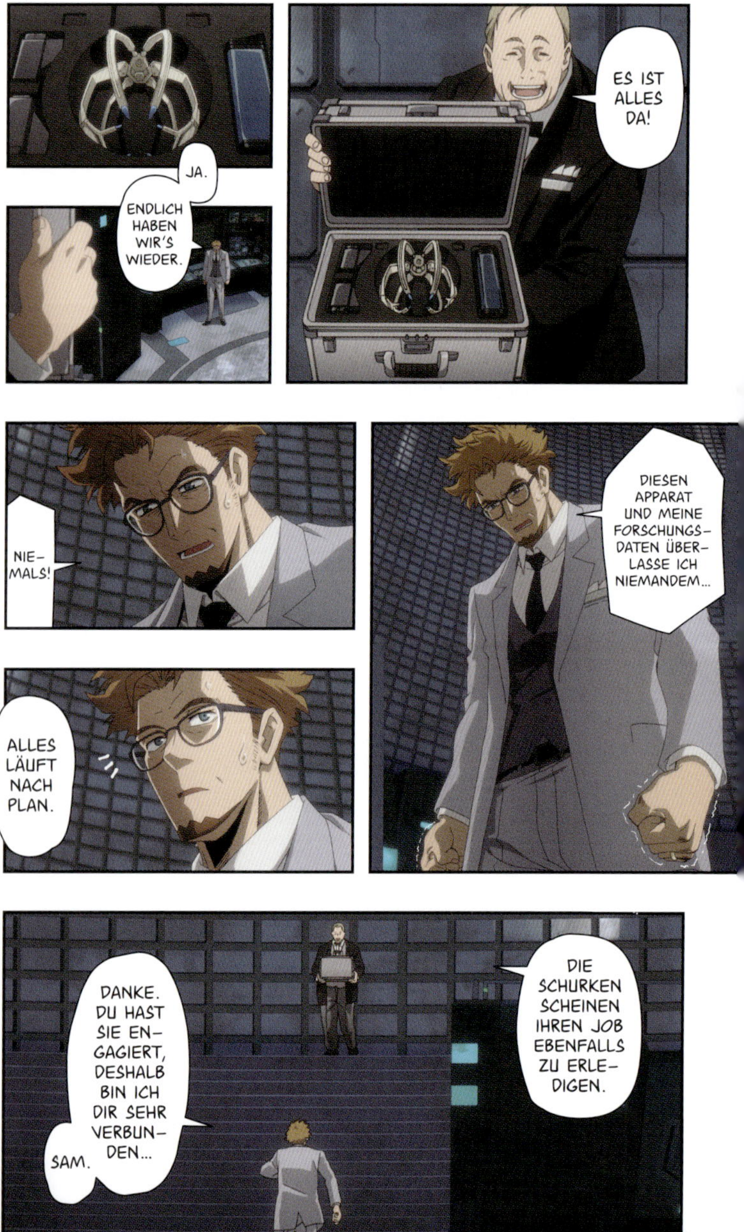
ES IST ALLES DA!
JA.
ENDLICH HABEN WIR'S WIEDER.
NIE-MALS!
DIESEN APPARAT UND MEINE FORSCHUNGS-DATEN ÜBER-LASSE ICH NIEMANDEM...
ALLES LÄUFT NACH PLAN.
DIE SCHURKEN SCHEINEN IHREN JOB EBENFALLS ZU ERLE-DIGEN.
DANKE. DU HAST SIE EN-GAGIERT, DESHALB BIN ICH DIR SEHR VERBUN-DEN...
SAM.

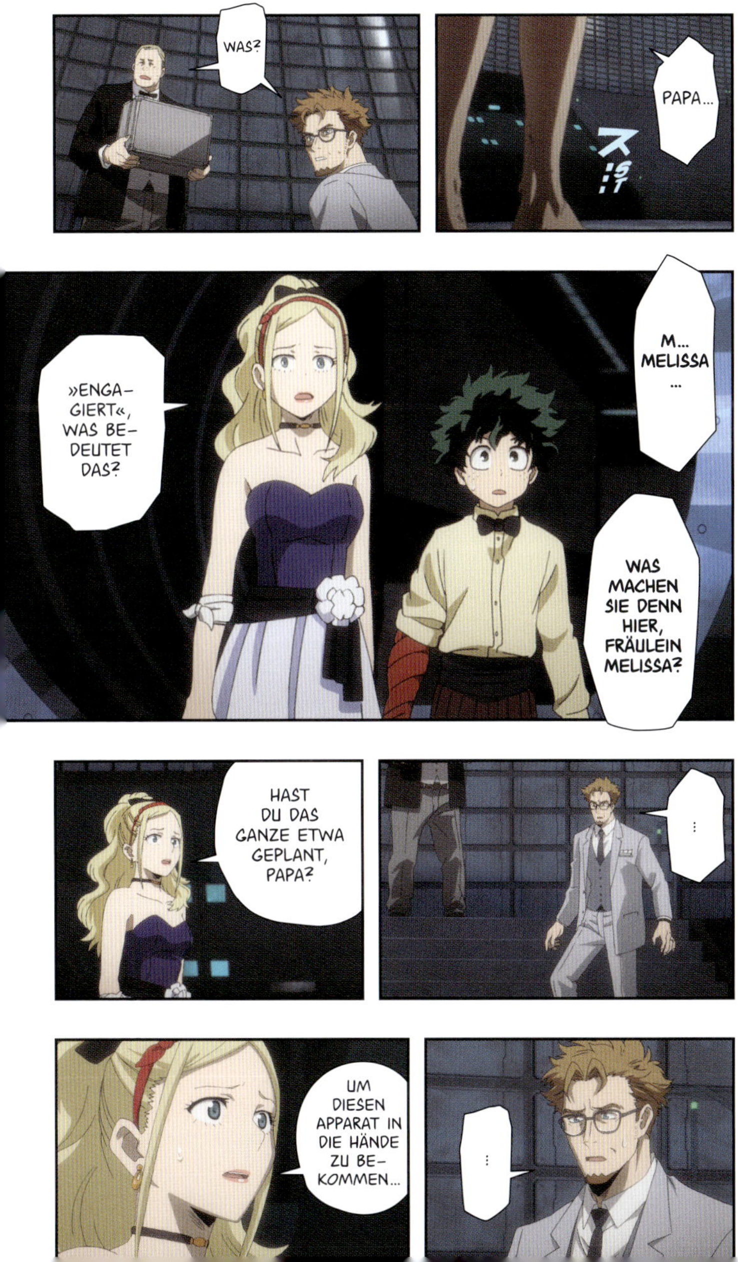
PAPA...
WAS?
M... MELISSA ...
WAS MACHEN SIE DENN HIER, FRÄULEIN MELISSA?
»ENGA-GIERT«, WAS BE-DEUTET DAS?
...
HAST DU DAS GANZE ETWA GEPLANT, PAPA?
...
UM DIESEN APPARAT IN DIE HÄNDE ZU BE-KOMMEN...

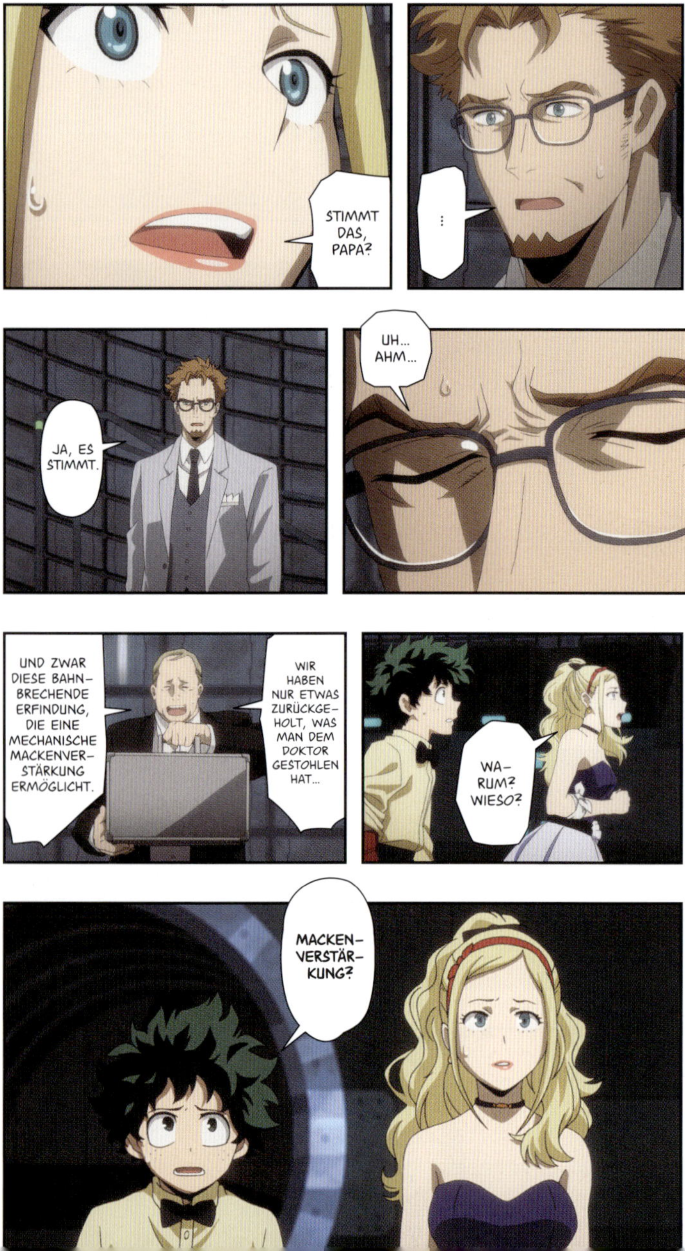
STIMMT DAS, PAPA?
...
JA, ES STIMMT.
UH... AHM...
UND ZWAR DIESE BAHN-BRECHENDE ERFINDUNG, DIE EINE MECHANISCHE MACKENVER-STÄRKUNG ERMÖGLICHT.
WIR HABEN NUR ETWAS ZURÜCKGE-HOLT, WAS MAN DEM DOKTOR GESTOHLEN HAT...
WA-RUM? WIESO?
MACKEN-VERSTÄR-KUNG?

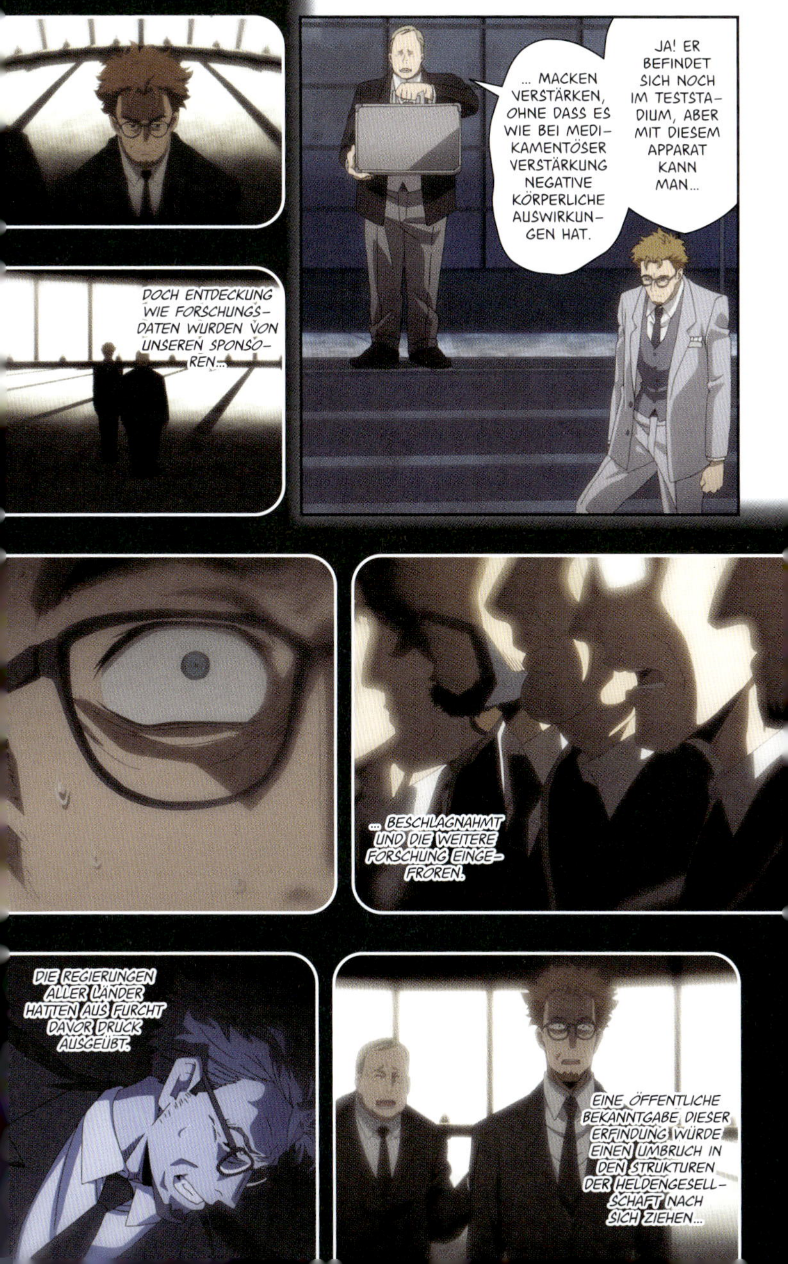
JA! ER BEFINDET SICH NOCH IM TESTSTADIUM, ABER MIT DIESEM APPARAT KANN MAN...
... MACKEN VERSTÄRKEN, OHNE DASS ES WIE BEI MEDIKAMENTÖSER VERSTÄRKUNG NEGATIVE KÖRPERLICHE AUSWIRKUNGEN HAT.
DOCH ENTDECKUNG WIE FORSCHUNGSDATEN WURDEN VON UNSEREN SPONSOREN...
... BESCHLAGNAHMT UND DIE WEITERE FORSCHUNG EINGEFROREN.
EINE ÖFFENTLICHE BEKANNTGABE DIESER ERFINDUNG WÜRDE EINEN UMBRUCH IN DEN STRUKTUREN DER HELDENGESELLSCHAFT NACH SICH ZIEHEN...
DIE REGIERUNGEN ALLER LÄNDER HATTEN AUS FURCHT DAVOR DRUCK AUSGEÜBT.

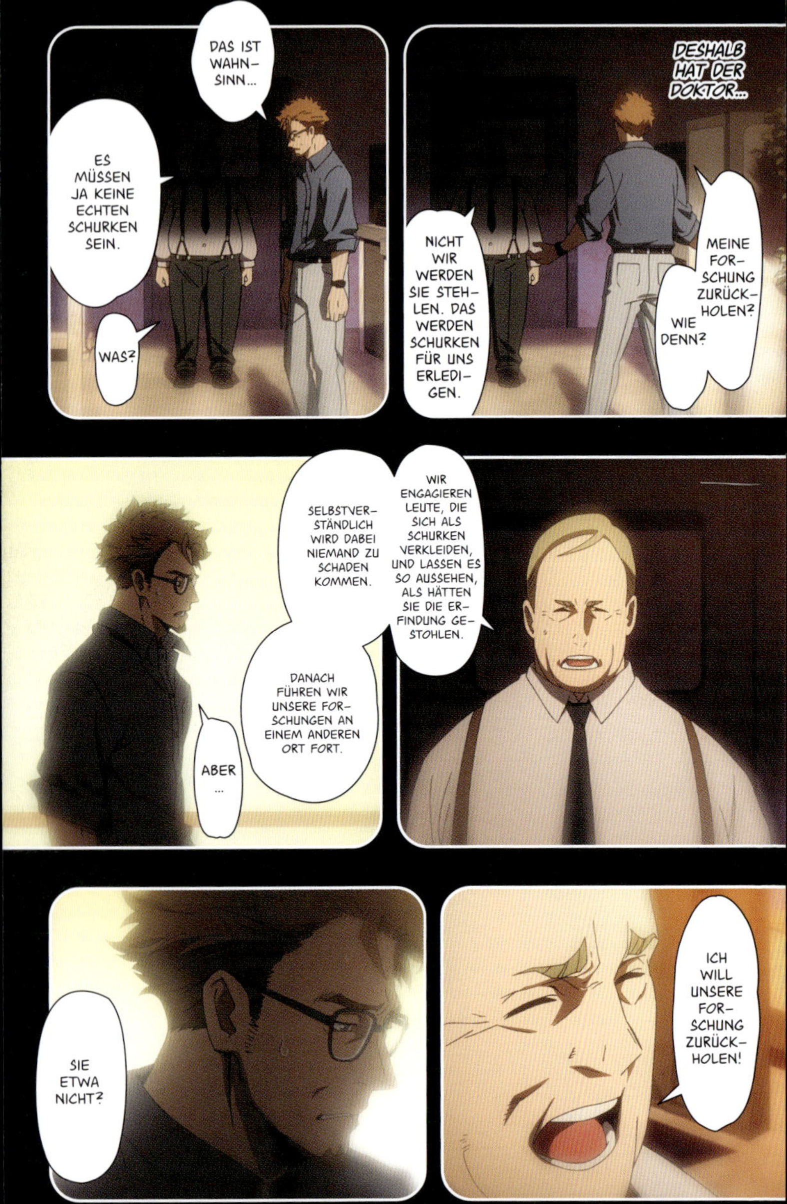
DESHALB HAT DER DOKTOR...
MEINE FOR-SCHUNG ZURÜCK-HOLEN?
WIE DENN?
NICHT WIR WERDEN SIE STEH-LEN. DAS WERDEN SCHURKEN FÜR UNS ERLEDI-GEN.
DAS IST WAHN-SINN...
ES MÜSSEN JA KEINE ECHTEN SCHURKEN SEIN.
WAS?
WIR ENGAGIEREN LEUTE, DIE SICH ALS SCHURKEN VERKLEIDEN, UND LASSEN ES SO AUSSEHEN, ALS HÄTTEN SIE DIE ER-FINDUNG GE-STOHLEN.
SELBSTVER-STÄNDLICH WIRD DABEI NIEMAND ZU SCHADEN KOMMEN.
DANACH FÜHREN WIR UNSERE FOR-SCHUNGEN AN EINEM ANDEREN ORT FORT.
ABER ...
ICH WILL UNSERE FOR-SCHUNG ZURÜCK-HOLEN!
SIE ETWA NICHT?

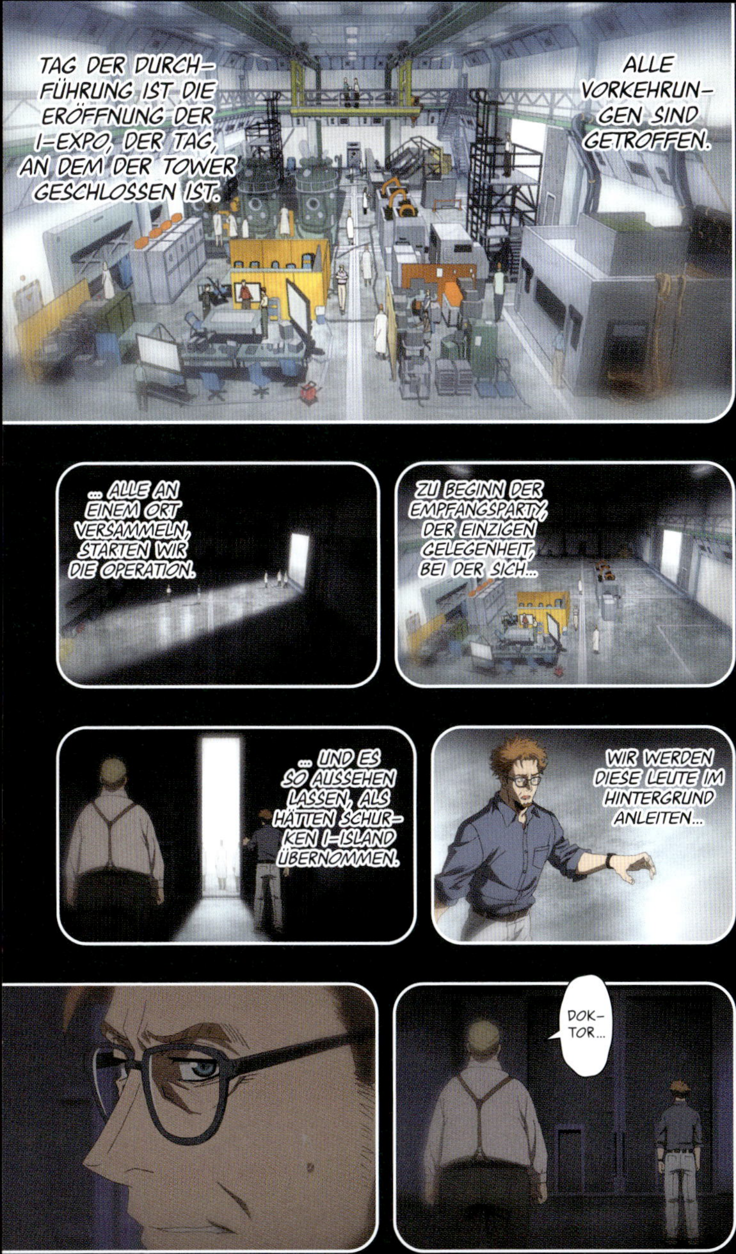

TAG DER DURCHFÜHRUNG IST DIE ERÖFFNUNG DER I-EXPO, DER TAG, AN DEM DER TOWER GESCHLOSSEN IST.
ALLE VORKEHRUNGEN SIND GETROFFEN.
ZU BEGINN DER EMPFANGSPARTY, DER EINZIGEN GELEGENHEIT, BEI DER SICH...
... ALLE AN EINEM ORT VERSAMMELN, STARTEN WIR DIE OPERATION.
... UND ES SO AUSSEHEN LASSEN, ALS HÄTTEN SCHURKEN I-ISLAND ÜBERNOMMEN.
WIR WERDEN DIESE LEUTE IM HINTERGRUND ANLEITEN...
DOKTOR...

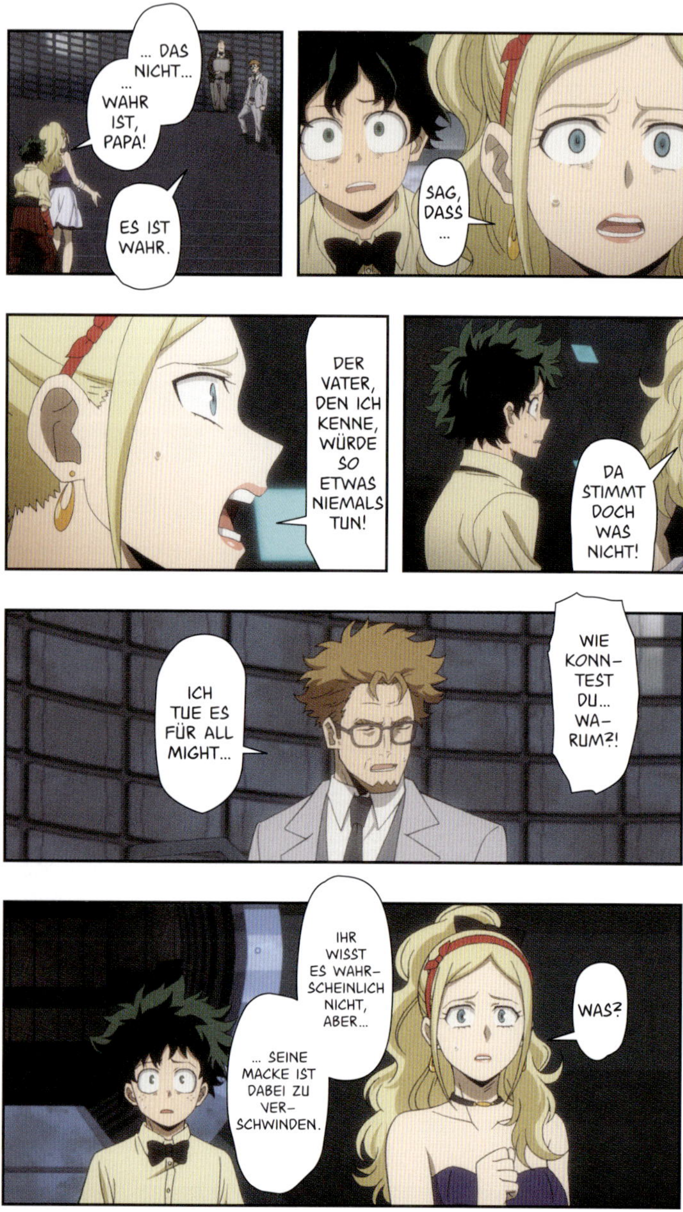
SAG, DASS ...
... DAS NICHT ...
... WAHR IST, PAPA!
ES IST WAHR.
DA STIMMT DOCH WAS NICHT!
DER VATER, DEN ICH KENNE, WÜRDE SO ETWAS NIEMALS TUN!
WIE KONNTEST DU ... WARUM?!
ICH TUE ES FÜR ALL MIGHT ...
WAS?
IHR WISST ES WAHRSCHEINLICH NICHT, ABER ...
... SEINE MACKE IST DABEI ZU VERSCHWINDEN.

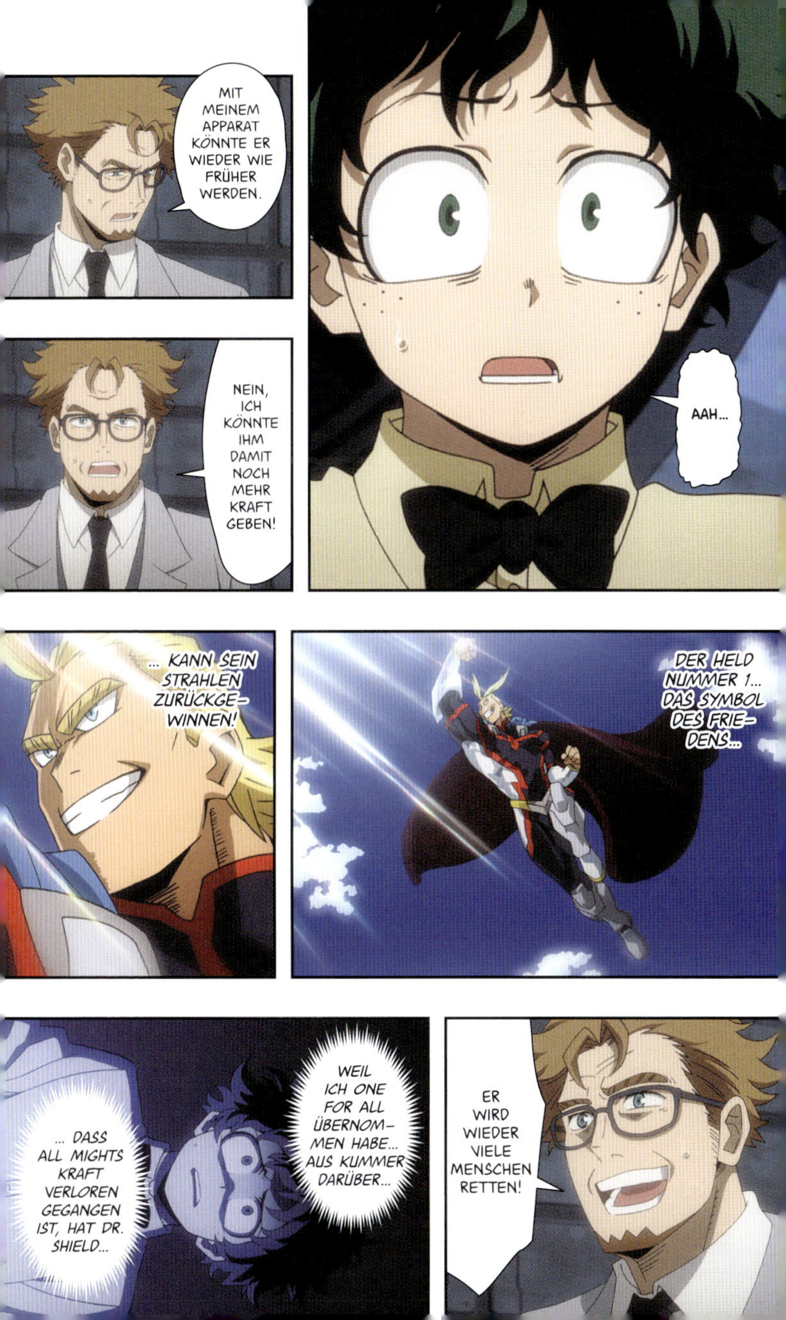
AAH...
MIT MEINEM APPARAT KÖNNTE ER WIEDER WIE FRÜHER WERDEN.
NEIN, ICH KÖNNTE IHM DAMIT NOCH MEHR KRAFT GEBEN!
DER HELD NUMMER 1... DAS SYMBOL DES FRIEDENS...
... KANN SEIN STRAHLEN ZURÜCKGEWINNEN!
ER WIRD WIEDER VIELE MENSCHEN RETTEN!
WEIL ICH ONE FOR ALL ÜBERNOMMEN HABE... AUS KUMMER DARÜBER...
... DASS ALL MIGHTS KRAFT VERLOREN GEGANGEN IST, HAT DR. SHIELD...

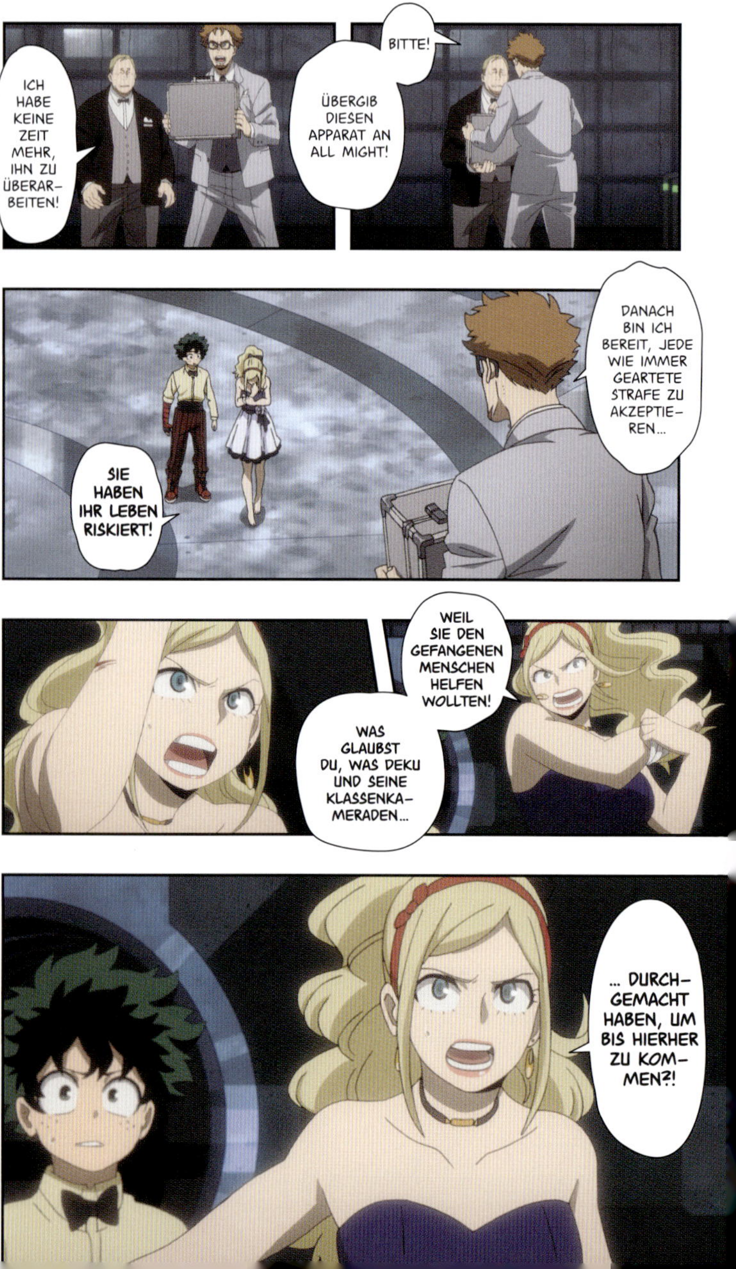
ICH HABE KEINE ZEIT MEHR, IHN ZU ÜBERARBEITEN!
BITTE!
ÜBERGIB DIESEN APPARAT AN ALL MIGHT!
DANACH BIN ICH BEREIT, JEDE WIE IMMER GEARTETE STRAFE ZU AKZEPTIEREN...
SIE HABEN IHR LEBEN RISKIERT!
WEIL SIE DEN GEFANGENEN MENSCHEN HELFEN WOLLTEN!
WAS GLAUBST DU, WAS DEKU UND SEINE KLASSENKAMERADEN...
... DURCHGEMACHT HABEN, UM BIS HIERHER ZU KOMMEN?!

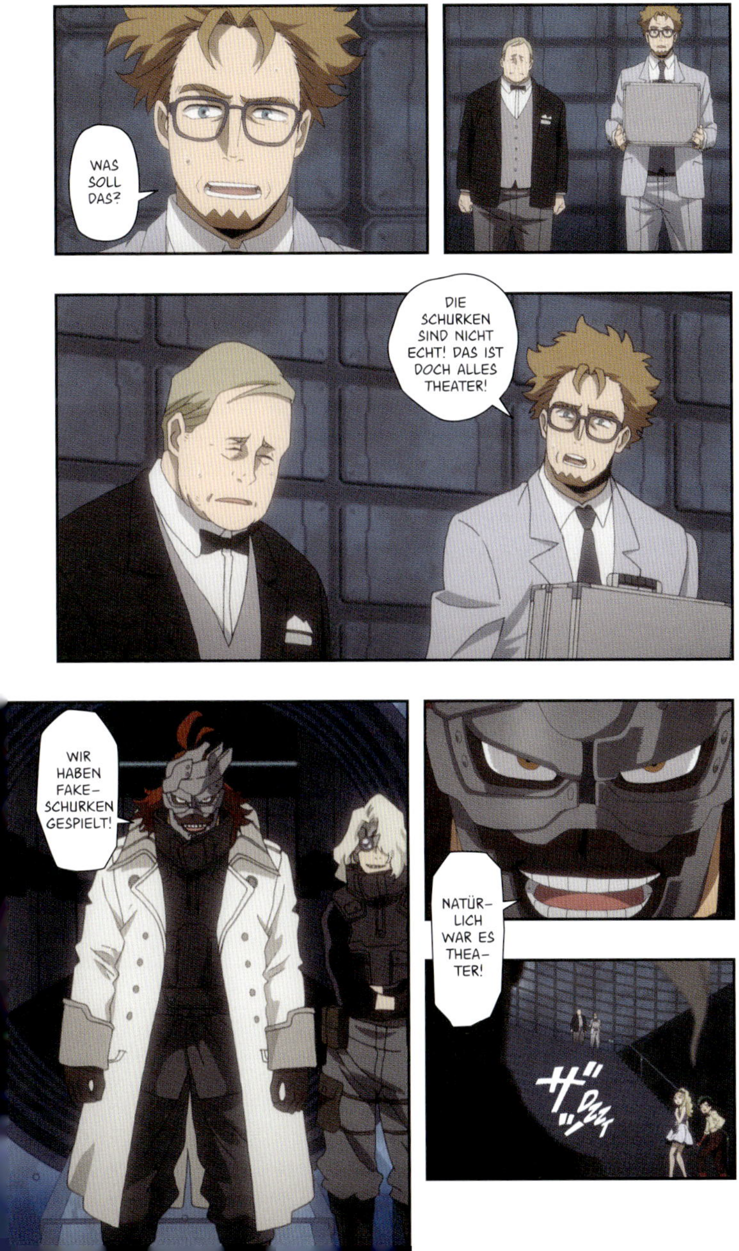
WAS SOLL DAS?
DIE SCHURKEN SIND NICHT ECHT! DAS IST DOCH ALLES THEATER!
NATÜR-LICH WAR ES THEA-TER!
WIR HABEN FAKE-SCHURKEN GESPIELT!
ザッ

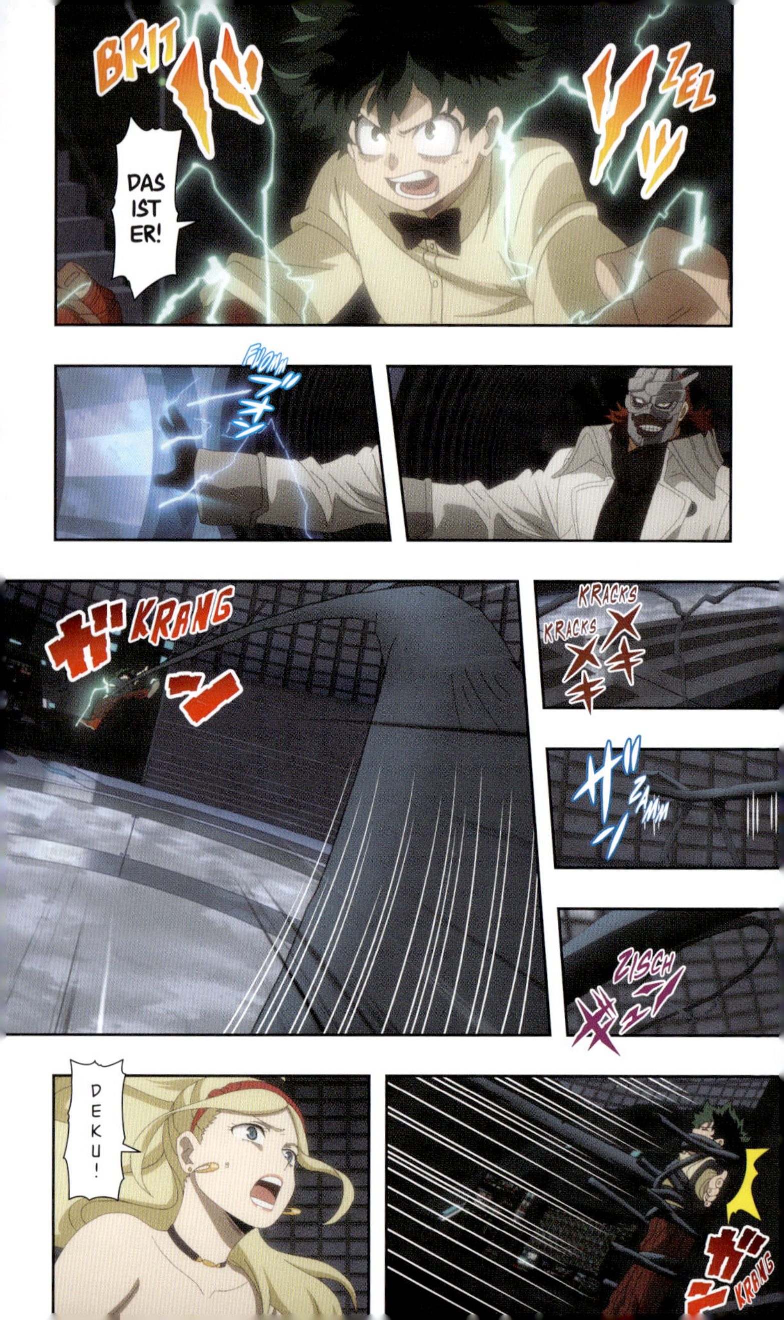
ZEL
BRIT
DAS IST ER!
FUOMM
KRACKS
KRACKS
KRANG
ZAMM
ZISCH
DEKU!
KRANG

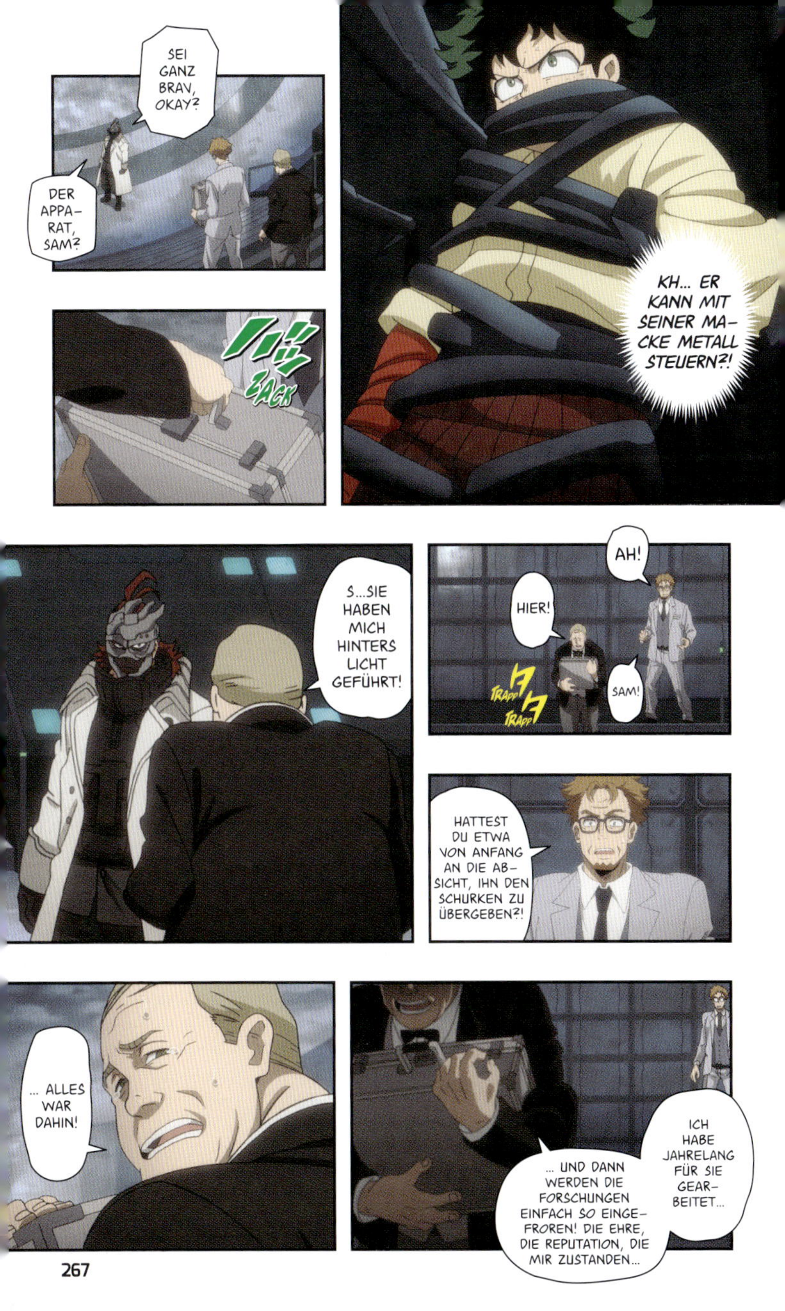
KH... ER KANN MIT SEINER MACKE METALL STEUERN?!
SEI GANZ BRAV, OKAY?
DER APPARAT, SAM?
ZACK
AH!
HIER!
SAM!
TRAPP TRAPP
HATTEST DU ETWA VON ANFANG AN DIE ABSICHT, IHN DEN SCHURKEN ZU ÜBERGEBEN?!
S...SIE HABEN MICH HINTERS LICHT GEFÜHRT!
ICH HABE JAHRELANG FÜR SIE GEARBEITET...
... UND DANN WERDEN DIE FORSCHUNGEN EINFACH SO EINGEFROREN! DIE EHRE, DIE REPUTATION, DIE MIR ZUSTANDEN...
... ALLES WAR DAHIN!

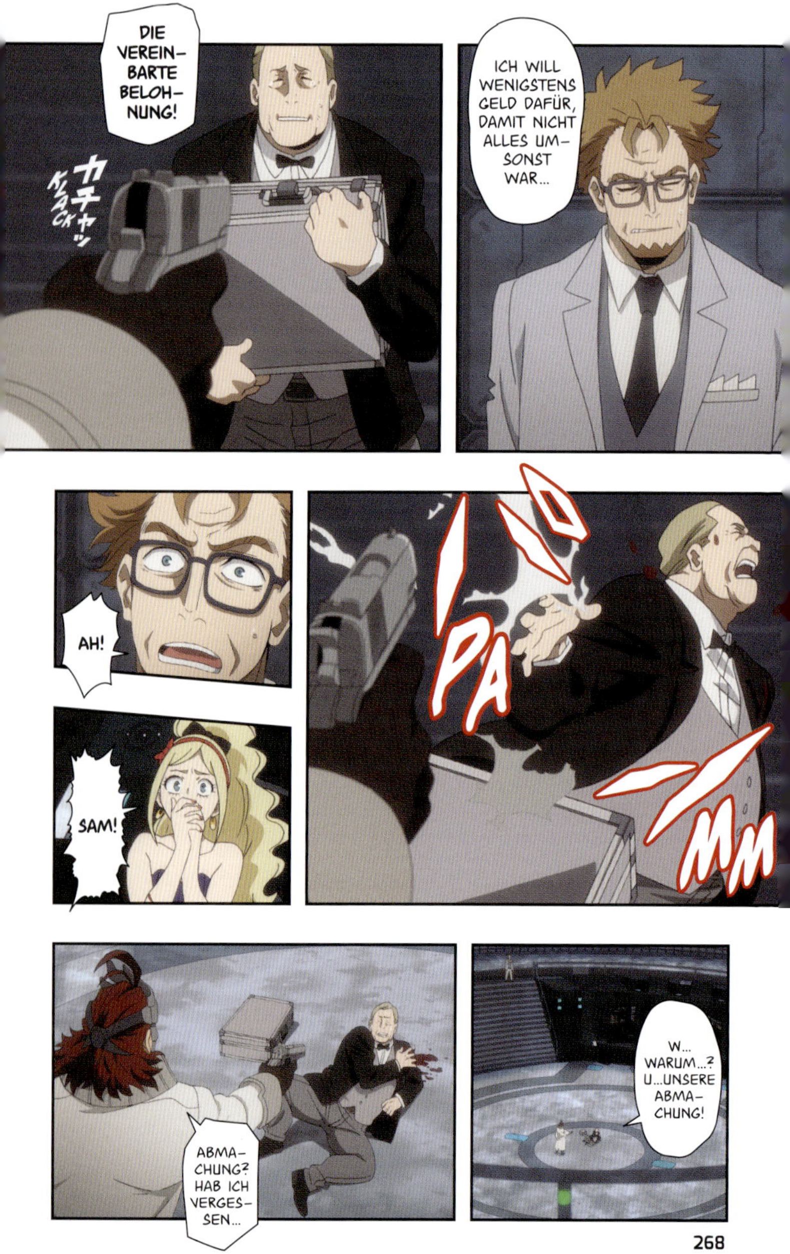
ICH WILL WENIGSTENS GELD DAFÜR, DAMIT NICHT ALLES UMSONST WAR...
DIE VEREINBARTE BELOHNUNG!
KLACK
カチャッ
PAAAMM
AH!
SAM!
W... WARUM...? U...UNSERE ABMACHUNG!
ABMACHUNG? HAB ICH VERGESSEN...

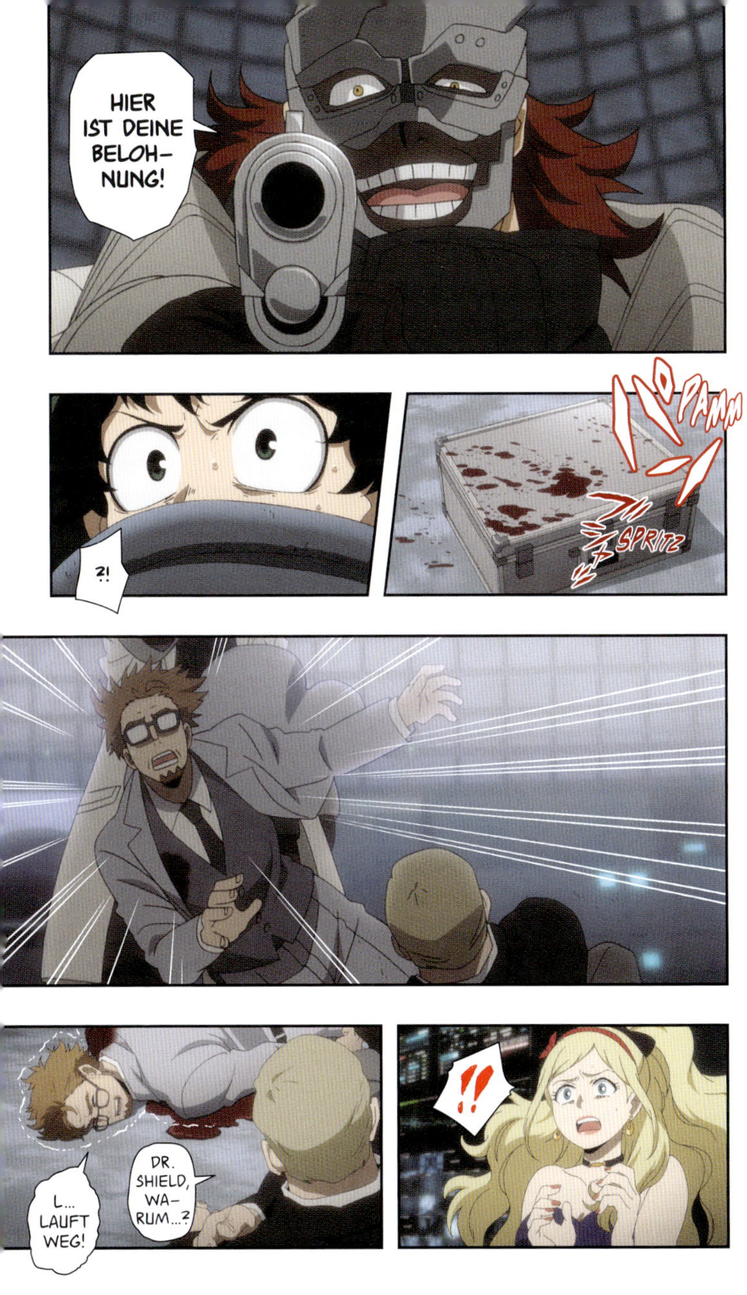
HIER IST DEINE BELOH-NUNG!
?!
PAMM
SPRITZ
L... LAUFT WEG!
DR. SHIELD, WA-RUM...?
!!

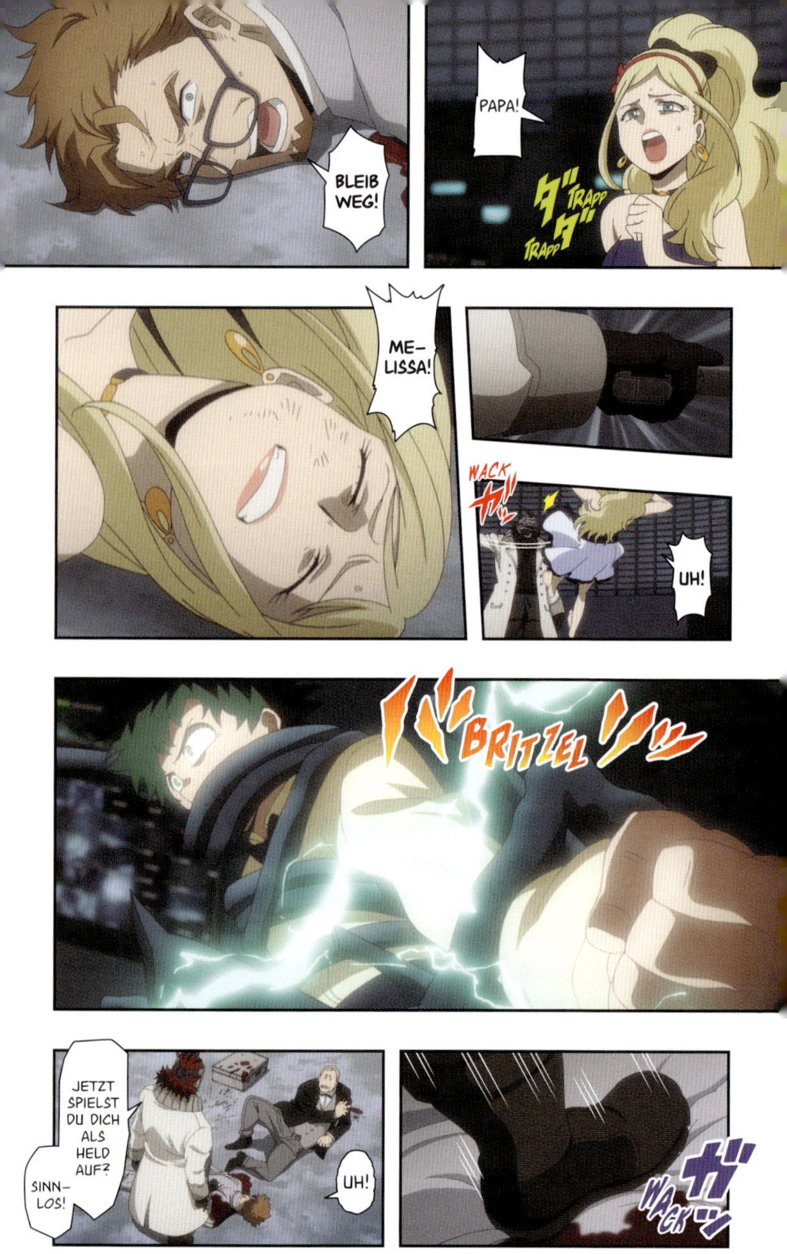

PAPA!
TRAPP TRAPP
BLEIB WEG!
ME-LISSA!
WACK
UH!
BRITZEL
WACK
UH!
JETZT SPIELST DU DICH ALS HELD AUF?
SINN-LOS!

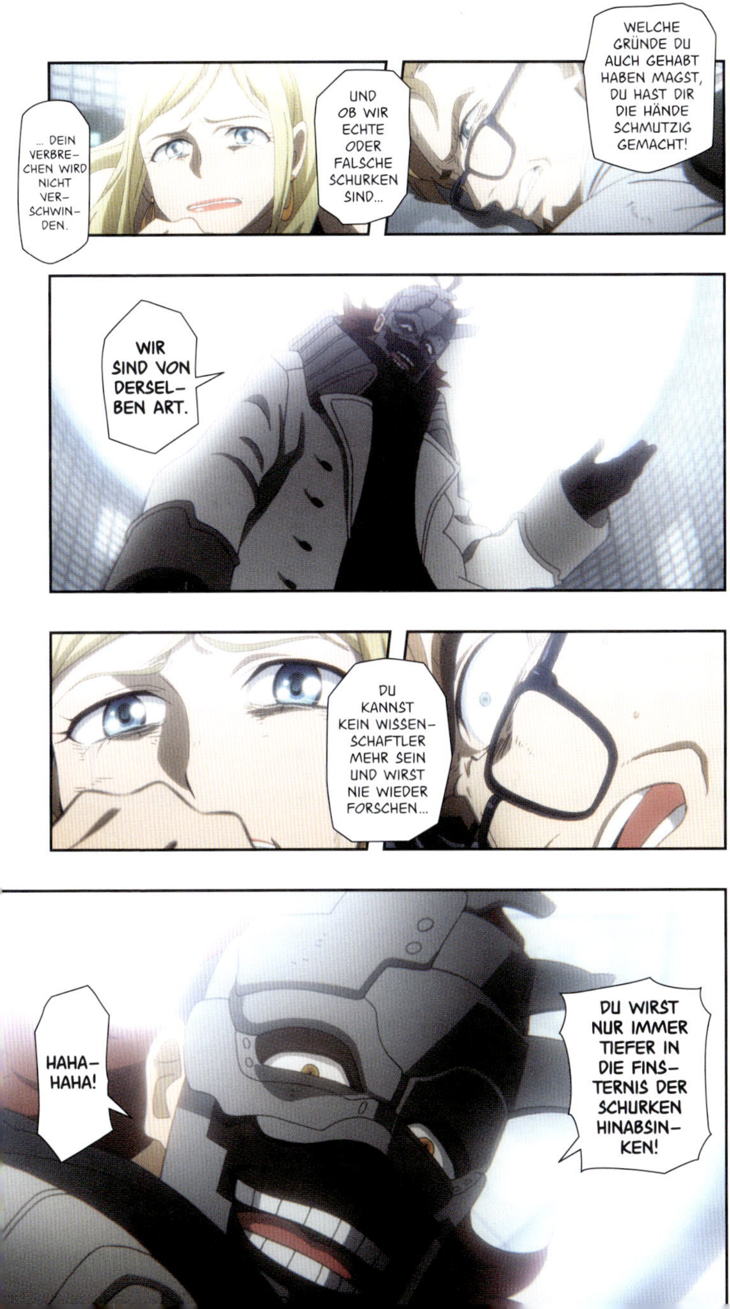
WELCHE GRÜNDE DU AUCH GEHABT HABEN MAGST, DU HAST DIR DIE HÄNDE SCHMUTZIG GEMACHT!
UND OB WIR ECHTE ODER FALSCHE SCHURKEN SIND...
... DEIN VERBRECHEN WIRD NICHT VERSCHWINDEN.
WIR SIND VON DERSELBEN ART.
DU KANNST KEIN WISSENSCHAFTLER MEHR SEIN UND WIRST NIE WIEDER FORSCHEN...
DU WIRST NUR IMMER TIEFER IN DIE FINSTERNIS DER SCHURKEN HINABSINKEN!
HAHAHAHA!

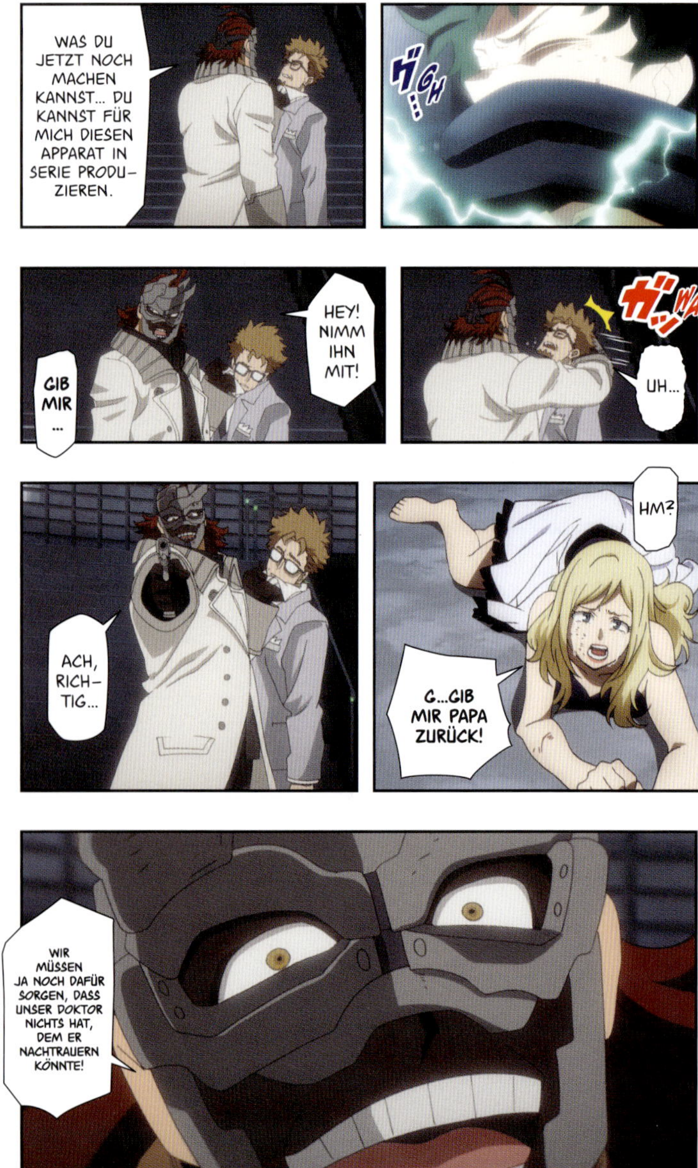
GH...
WAS DU JETZT NOCH MACHEN KANNST... DU KANNST FÜR MICH DIESEN APPARAT IN SERIE PRODUZIEREN.
WACK
UH...
HEY! NIMM IHN MIT!
GIB MIR ...
HM?
G...GIB MIR PAPA ZURÜCK!
ACH, RICHTIG...
WIR MÜSSEN JA NOCH DAFÜR SORGEN, DASS UNSER DOKTOR NICHTS HAT, DEM ER NACHTRAUERN KÖNNTE!

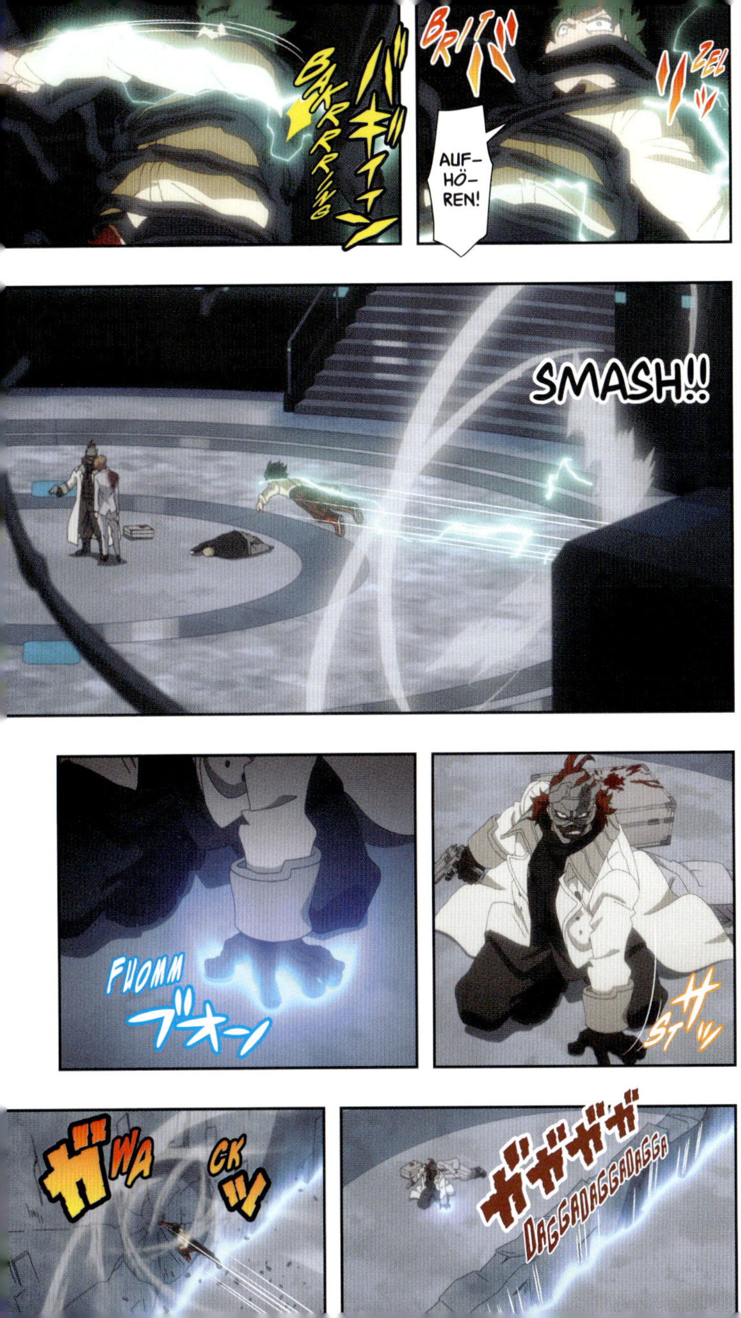

バキィイン
BAKRRRING
BRITバ
AUF-HÖ-REN!
リッ
ZEL
SMASH!!
FUOMM
ブオーン
STサッ
ガWA
CKッ
ガガガガ
DAGGADAGGADAGGA

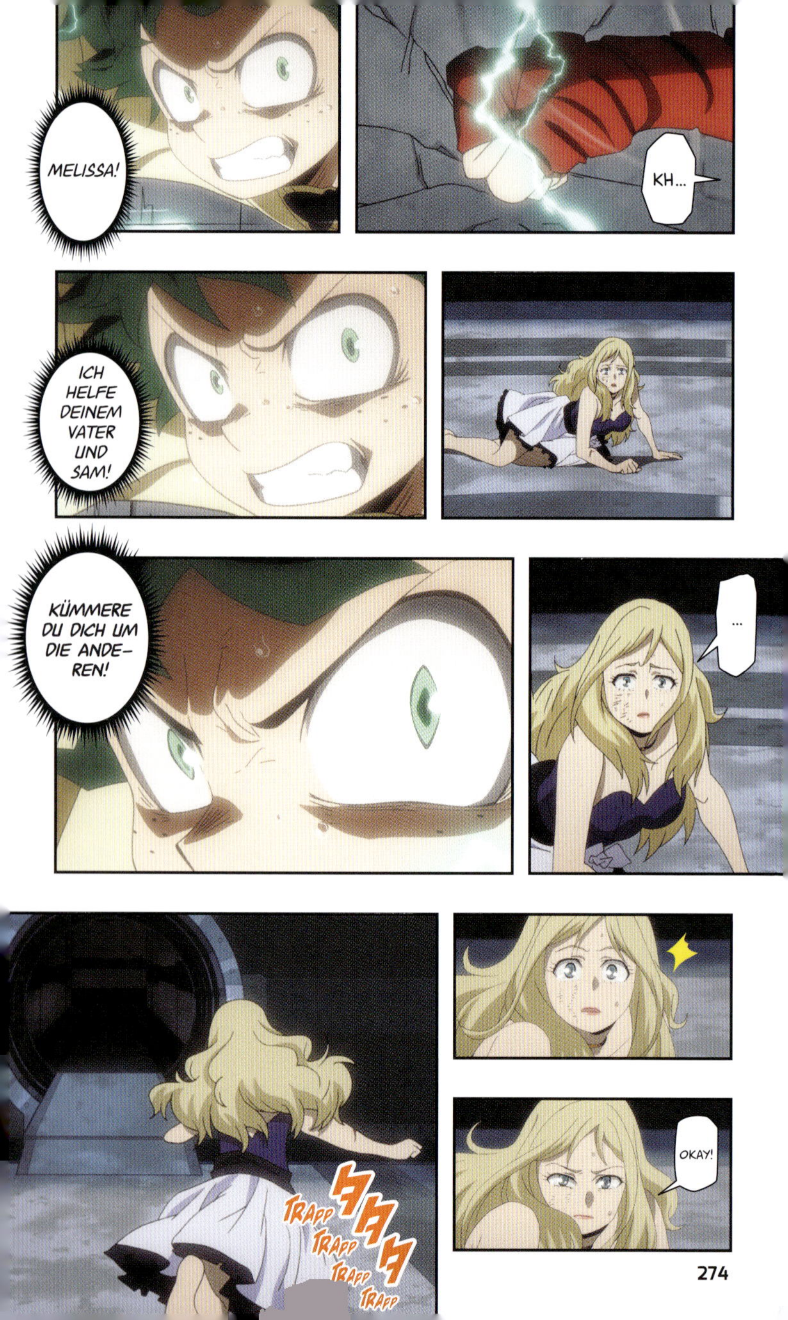
MELISSA!
KH...
ICH HELFE DEINEM VATER UND SAM!
KÜMMERE DU DICH UM DIE ANDE-REN!
...
OKAY!
TRAPP TRAPP TRAPP TRAPP

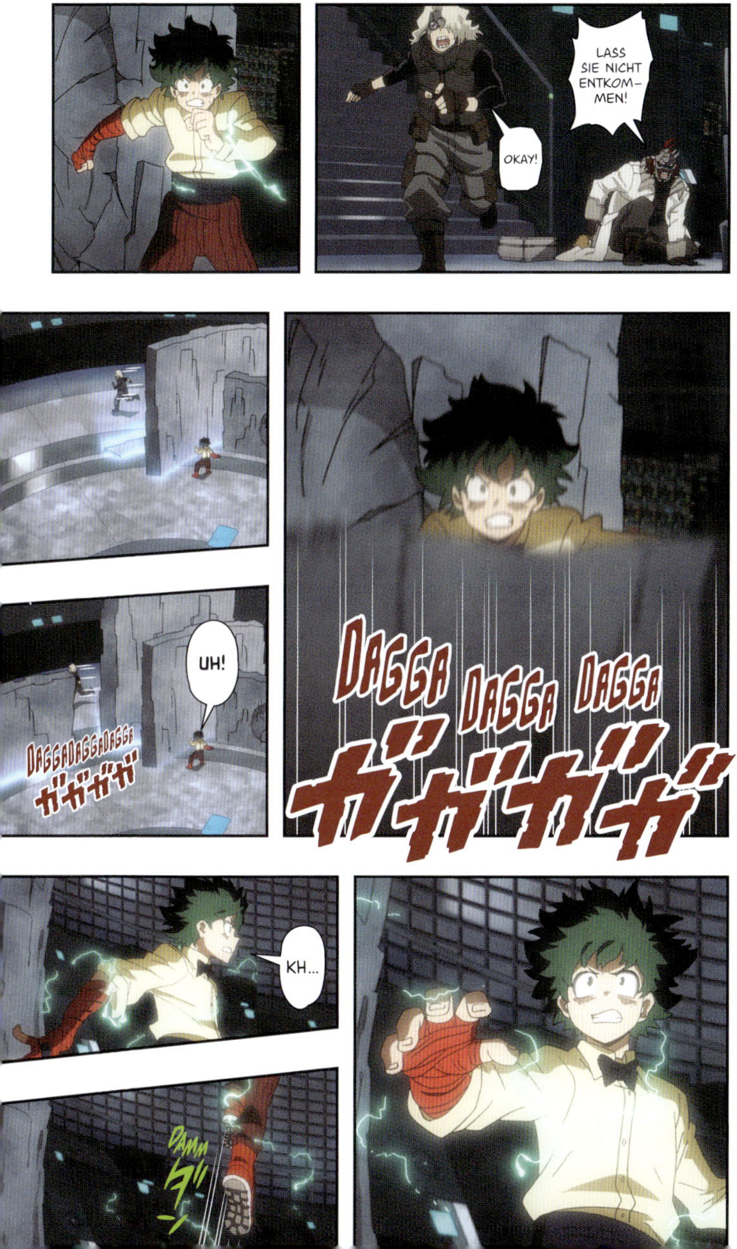
LASS SIE NICHT ENTKOM-MEN!
OKAY!
UH!
DAGGADAGGADAGGA
ガガガガ
DAGGA DAGGA DAGGA
ガガガガ
KH...
DAMM

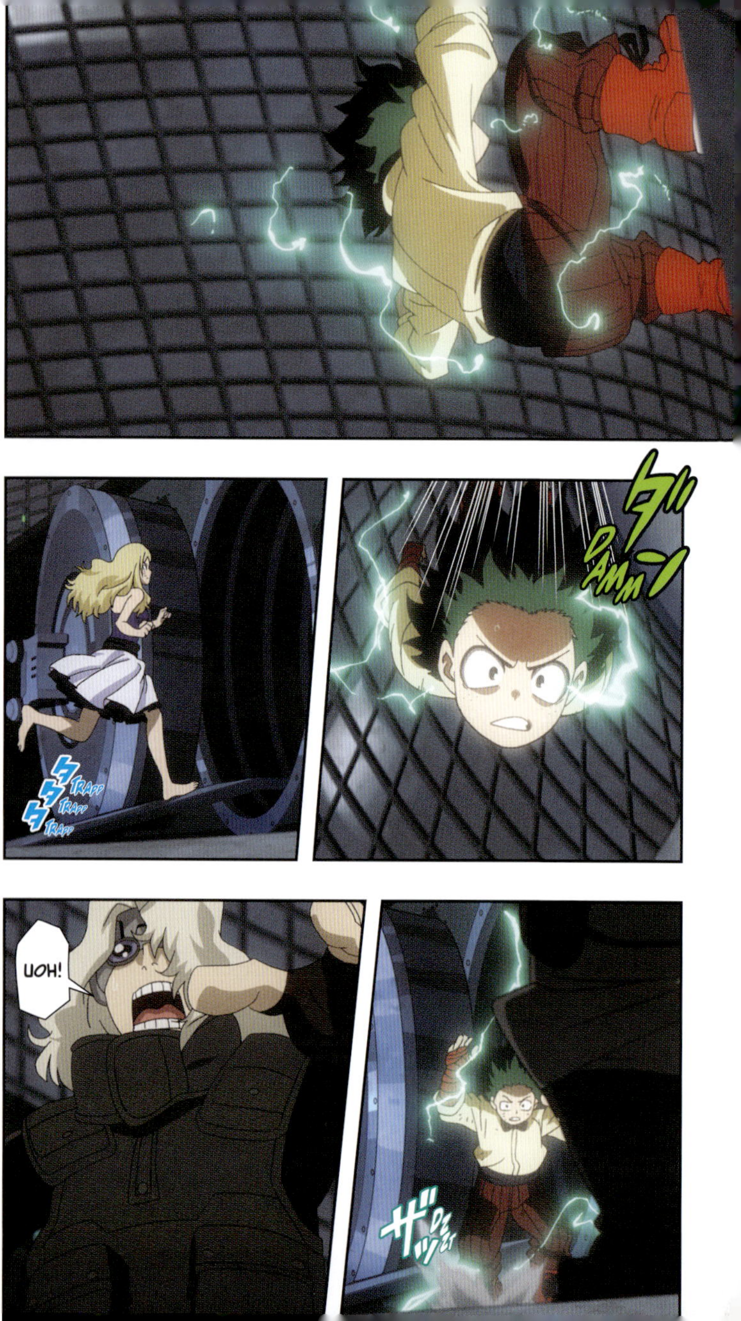
ダッ
DAMM
タタタ
TRAPP
TRAPP
TRAPP
ザッ
DZZT
UOH!

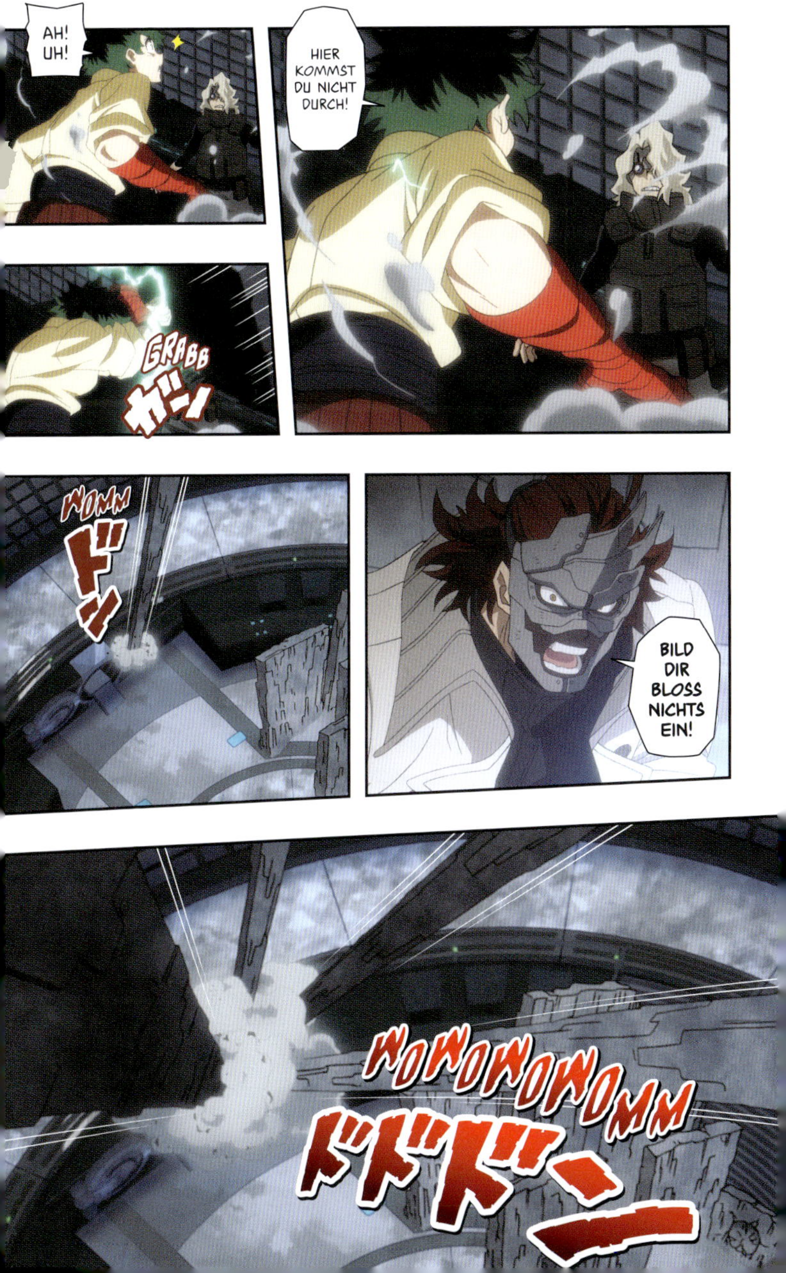
HIER KOMMST DU NICHT DURCH!
AH! UH!
GRABB
ガッ
WOMM
ドッ
BILD DIR BLOSS NICHTS EIN!
WOWOWOWOWOMM
ドドドーン

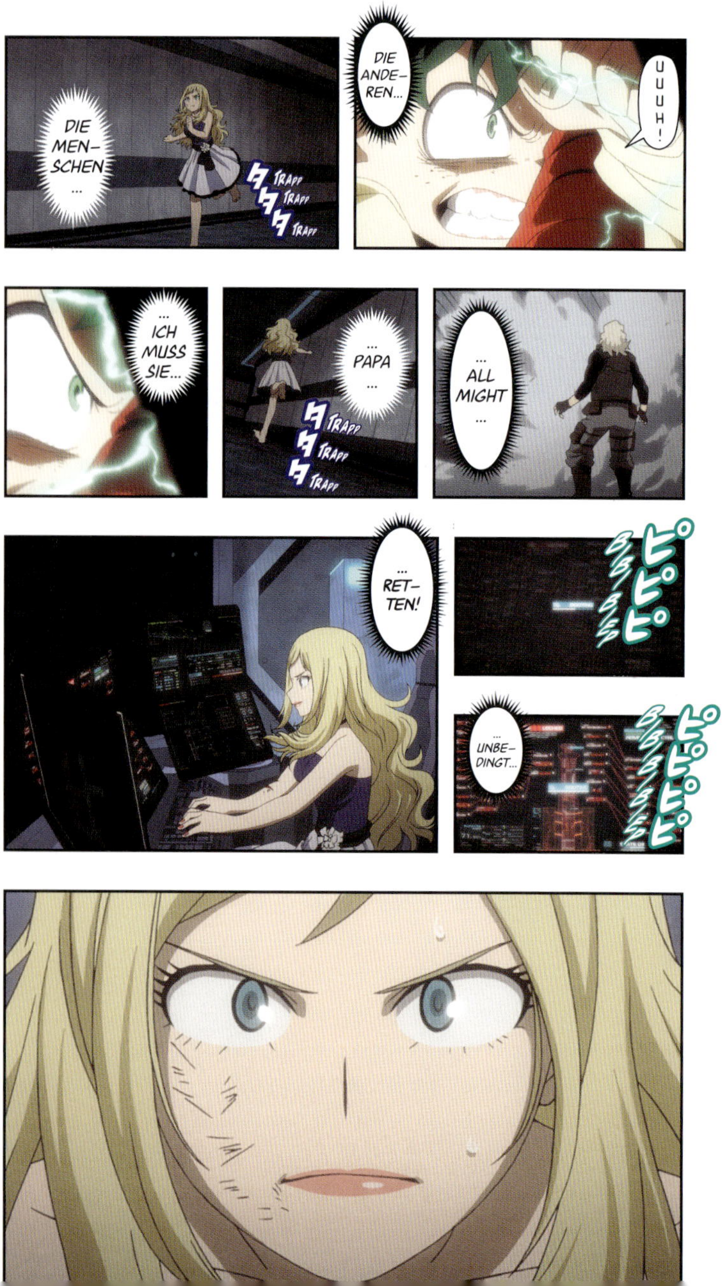
UUUH!
DIE ANDE-REN...
DIE MEN-SCHEN ...
TRAPP TRAPP TRAPP
... ALL MIGHT ...
... PAPA ...
TRAPP TRAPP TRAPP
... ICH MUSS SIE...
... UNBE-DINGT...
... RET-TEN!

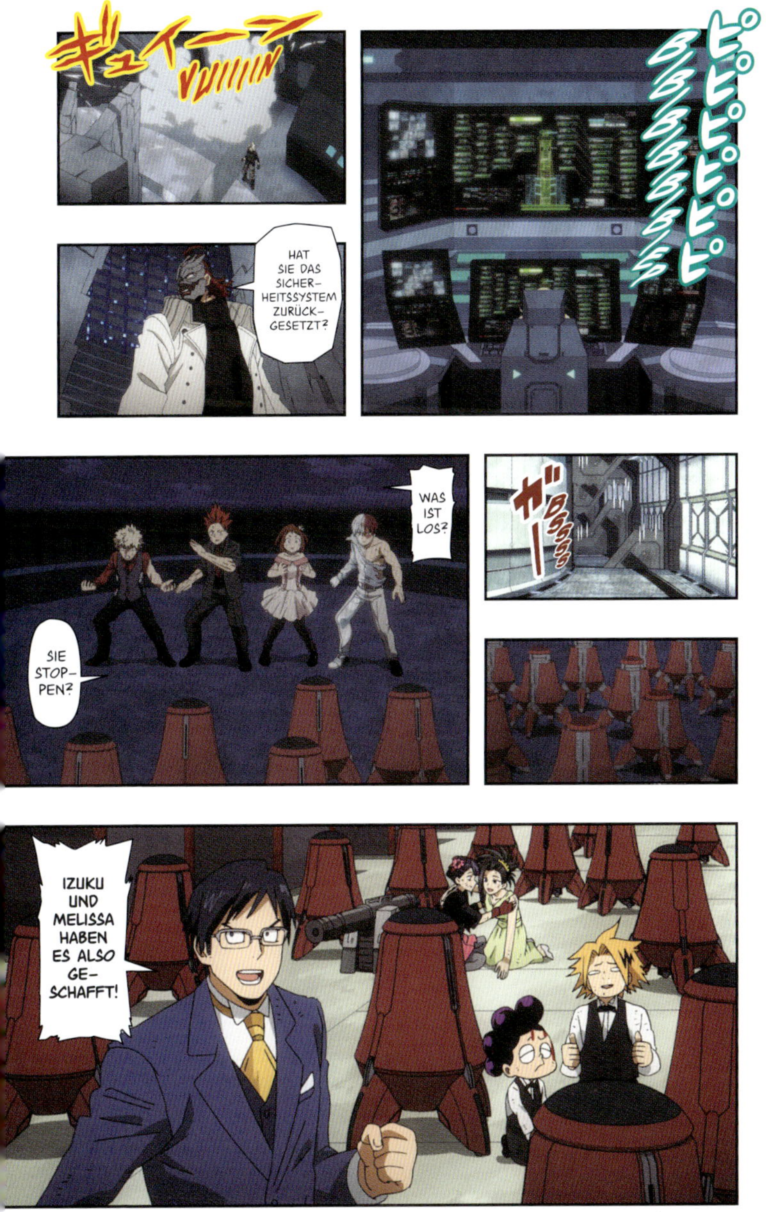
ピピピピピピピ
BEBEBEBEBEBEP
ギュイーン
VUIIIIN
HAT SIE DAS SICHERHEITSSYSTEM ZURÜCKGESETZT?
ガー
BSSSSS
WAS IST LOS?
SIE STOPPEN?
IZUKU UND MELISSA HABEN ES ALSO GESCHAFFT!

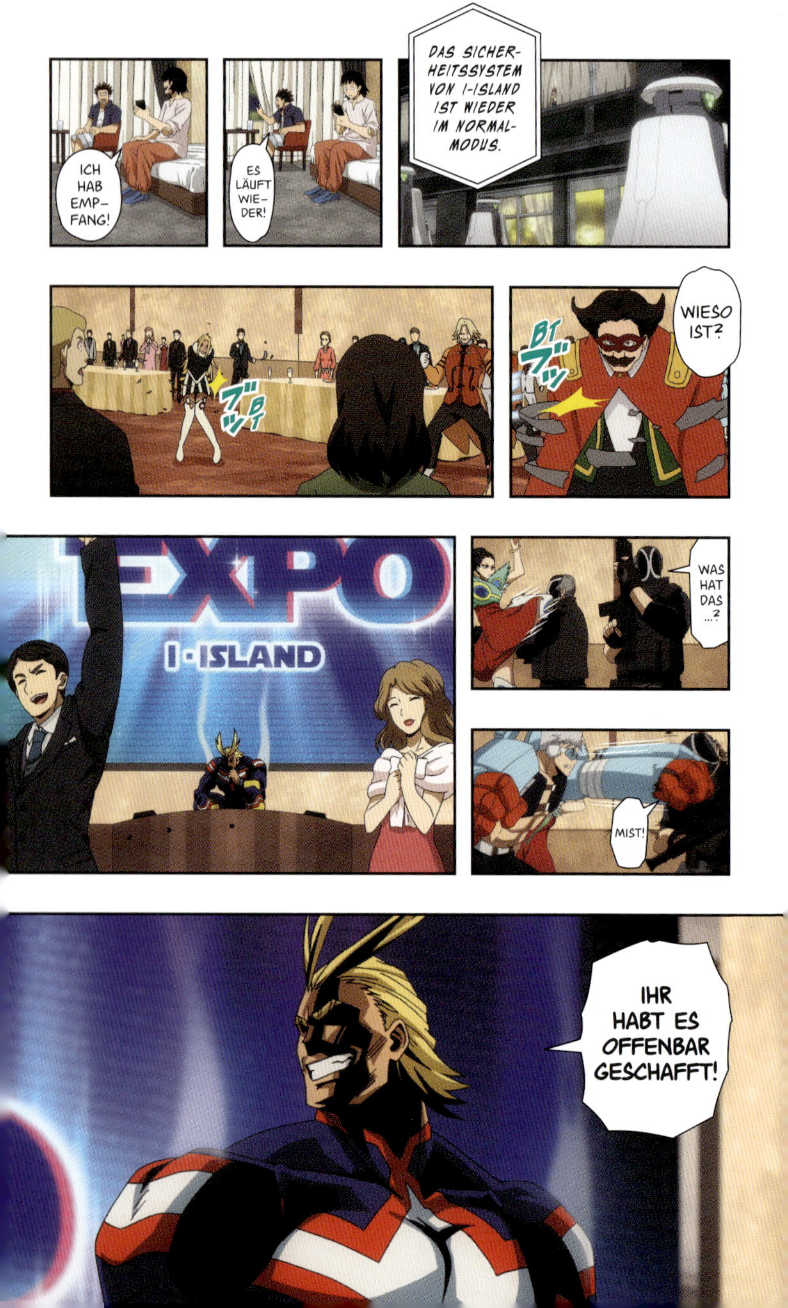
ICH HAB EMP-FANG!
ES LÄUFT WIE-DER!
DAS SICHER-HEITSSYSTEM VON I-ISLAND IST WIEDER IM NORMAL-MODUS.
BT
ブツ
BT
ブツ
WIESO IST?
EXPO
I-ISLAND
WAS HAT DAS ...?
MIST!
IHR HABT ES OFFENBAR GESCHAFFT!

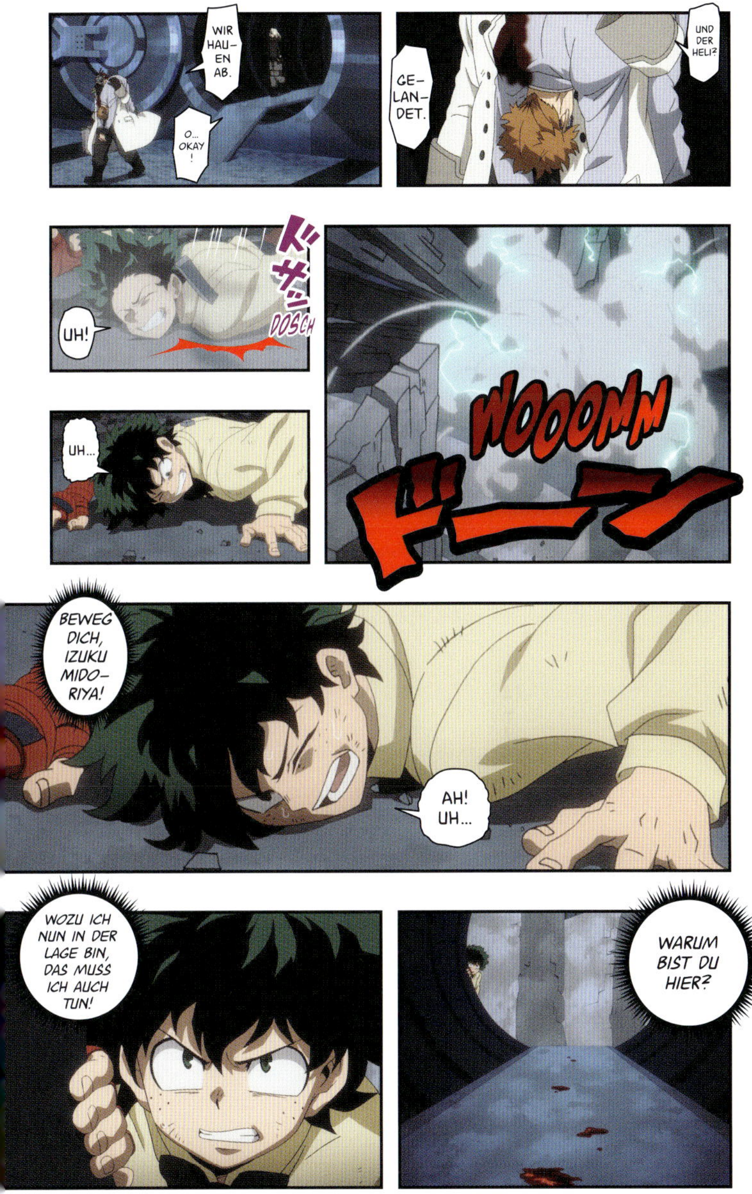
UND DER HELI?
GE-LAN-DET.
WIR HAU-EN AB.
O... OKAY!
WOOOMM
ドーン
ドザッ
DOSCH
UH!
UH...
BEWEG DICH, IZUKU MIDO-RIYA!
AH! UH...
WARUM BIST DU HIER?
WOZU ICH NUN IN DER LAGE BIN, DAS MUSS ICH AUCH TUN!

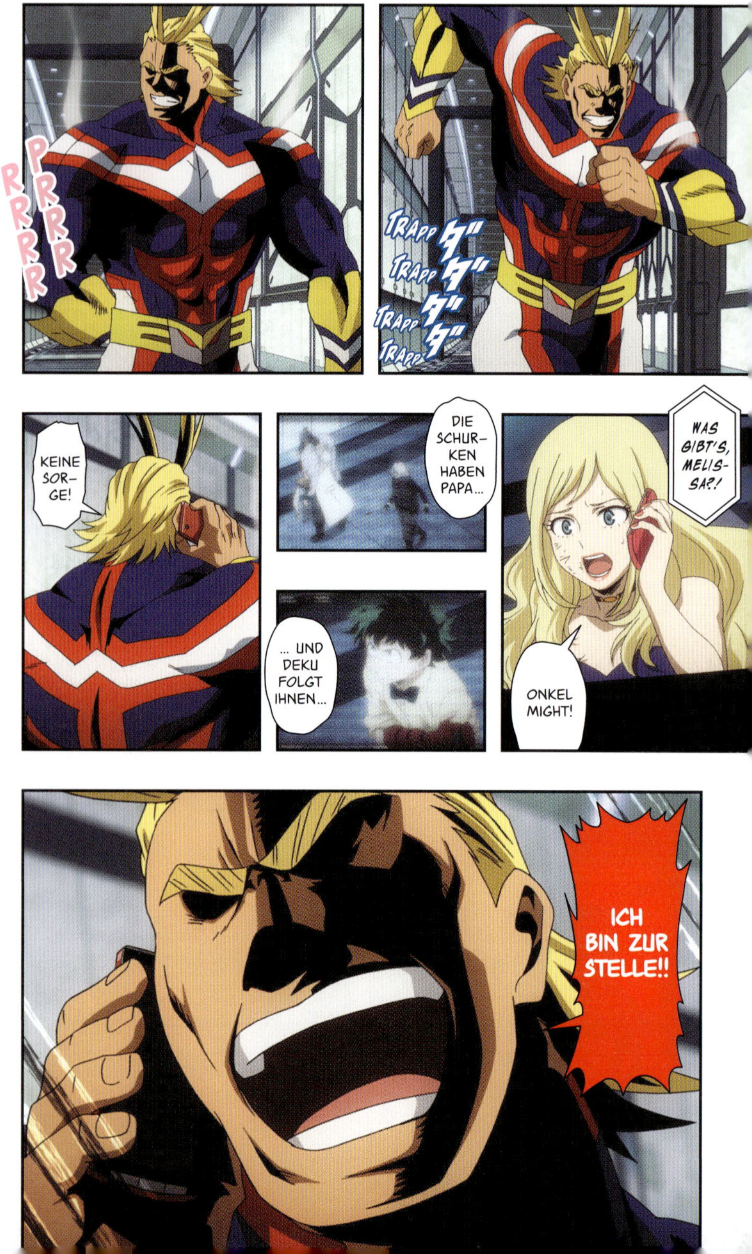
TRAPP
TRAPP
TRAPP
TRAPP
ダダダダ
RRRR
PRRRR
WAS GIBT'S, MELIS-SA?!
ONKEL MIGHT!
DIE SCHUR-KEN HABEN PAPA...
... UND DEKU FOLGT IHNEN...
KEINE SOR-GE!
ICH BIN ZUR STELLE!!

Chapter 5

ZWEI HELDEN

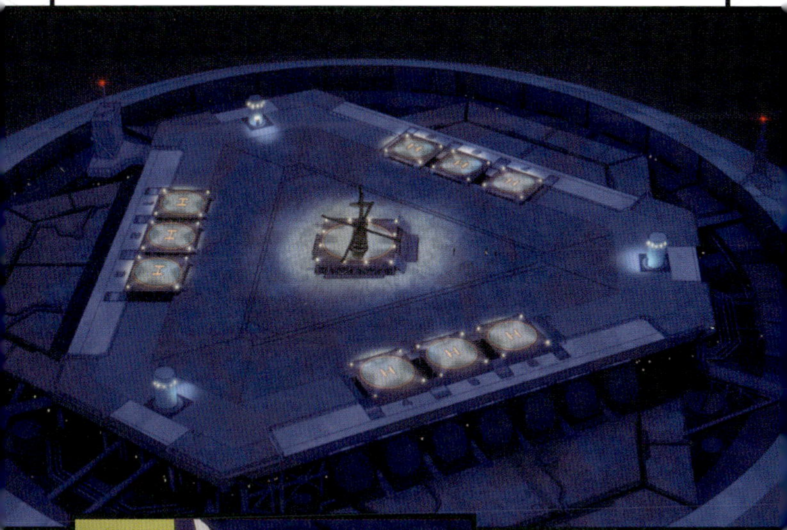

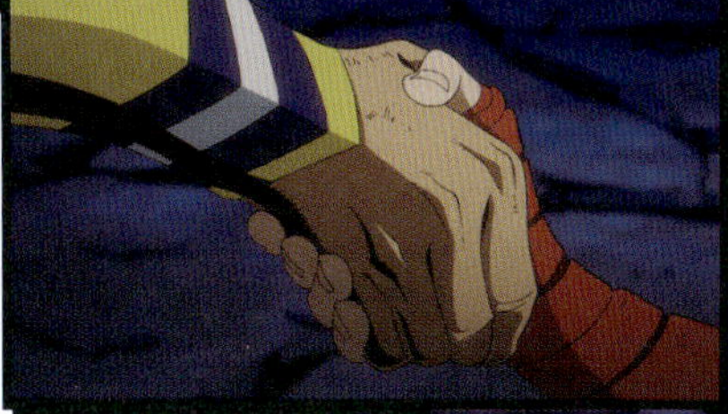

»GEHST DU MIR ZUR HAND, JUNGER MIDORIYA?«

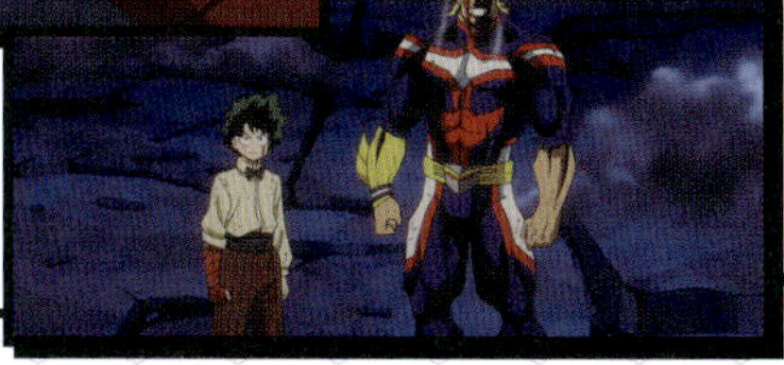

»JA!«

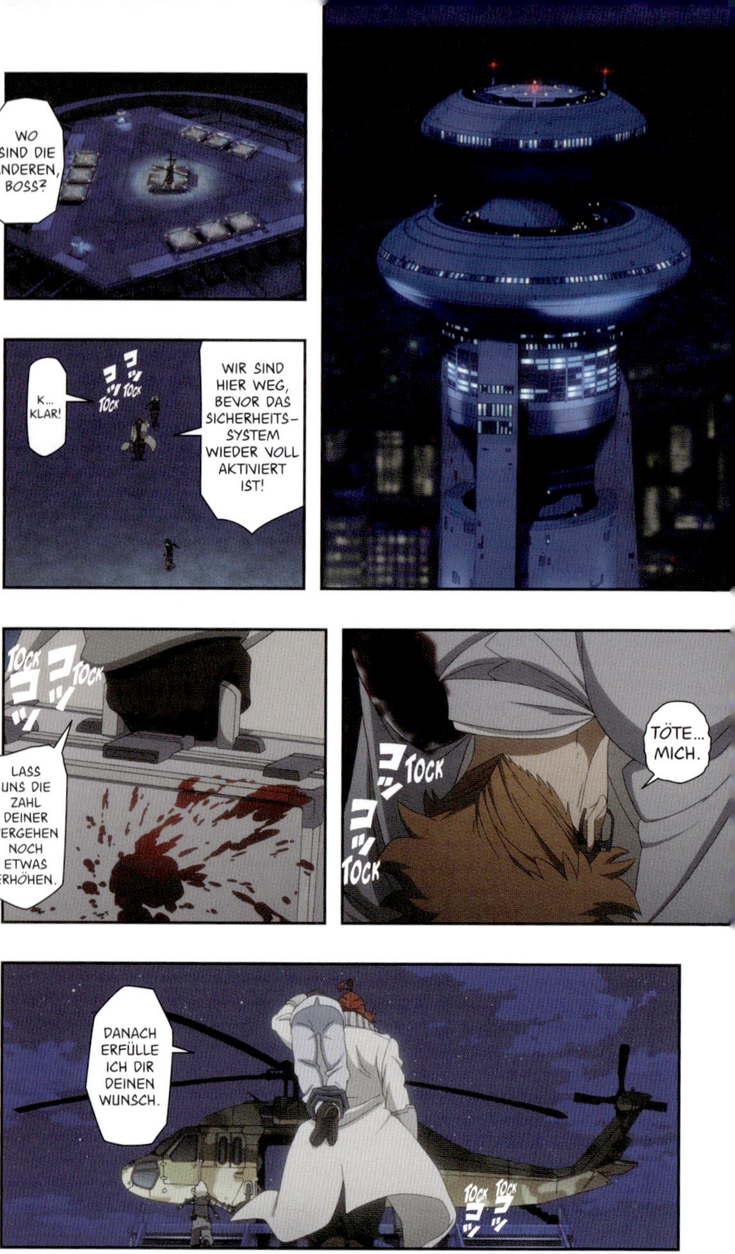
WO SIND DIE ANDEREN, BOSS?
WIR SIND HIER WEG, BEVOR DAS SICHERHEITS-SYSTEM WIEDER VOLL AKTIVIERT IST!
TOCK TOCK
K... KLAR!
TÖTE... MICH.
TOCK TOCK
TOCK TOCK
LASS UNS DIE ZAHL DEINER VERGEHEN NOCH ETWAS ERHÖHEN.
DANACH ERFÜLLE ICH DIR DEINEN WUNSCH.
TOCK TOCK

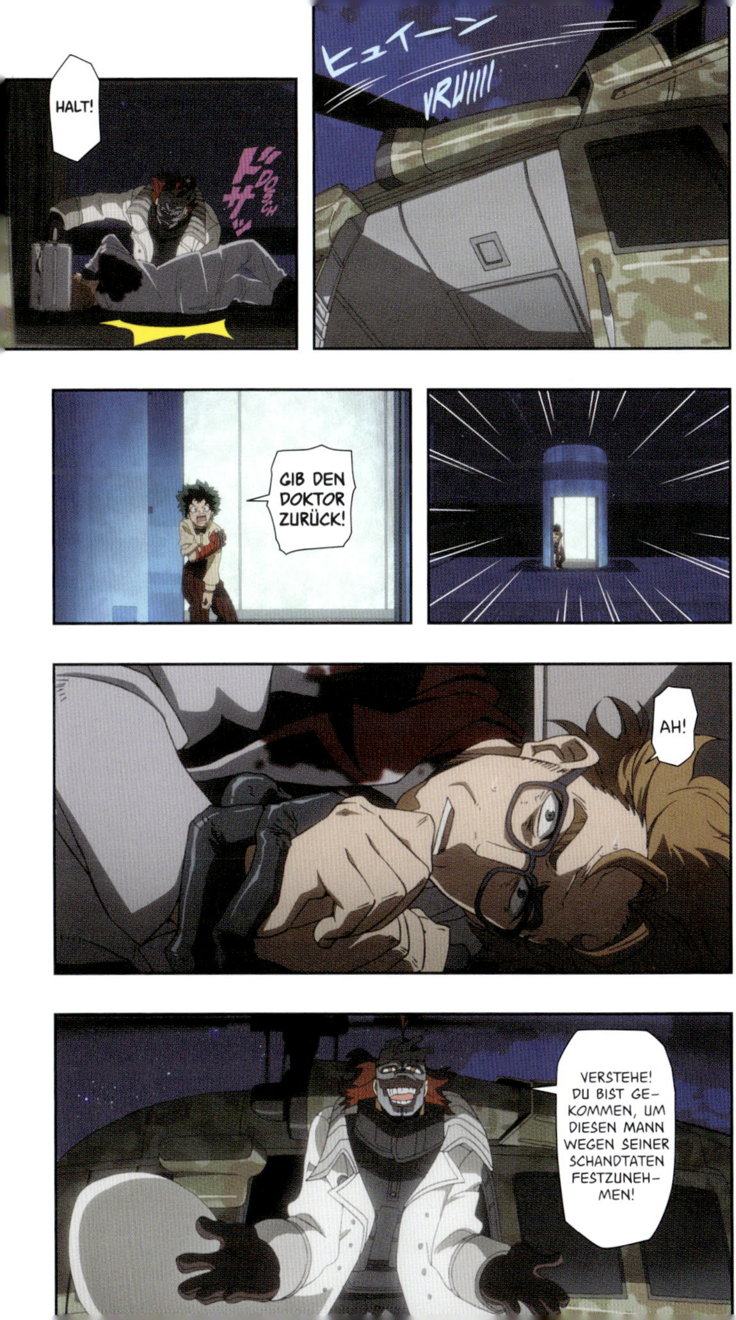

ヒュイーン
VRUIIII
HALT!
DOSCH
GIB DEN DOKTOR ZURÜCK!
AH!
VERSTEHE! DU BIST GEKOMMEN, UM DIESEN MANN WEGEN SEINER SCHANDTATEN FESTZUNEHMEN!

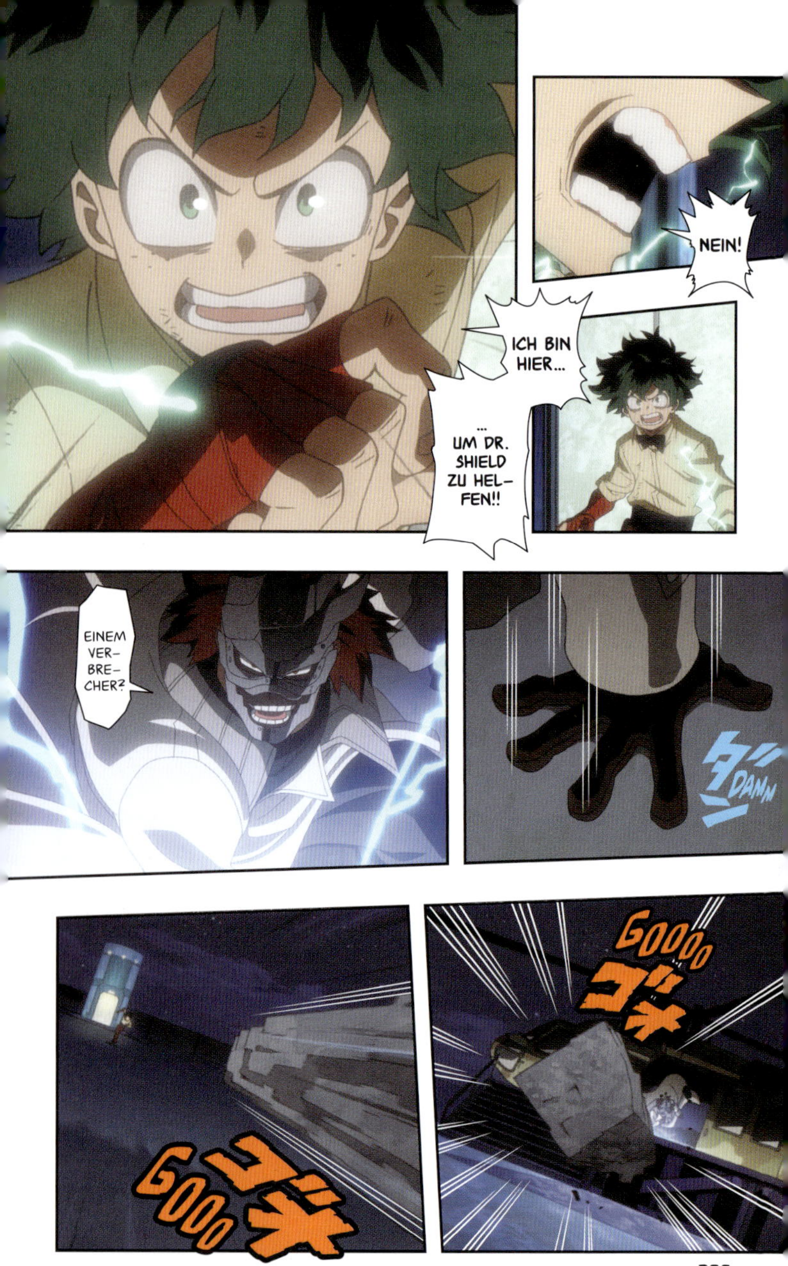
NEIN!
ICH BIN HIER...
... UM DR. SHIELD ZU HEL-FEN!!
EINEM VER-BRE-CHER?
DAMM
GOOOO
GOOO

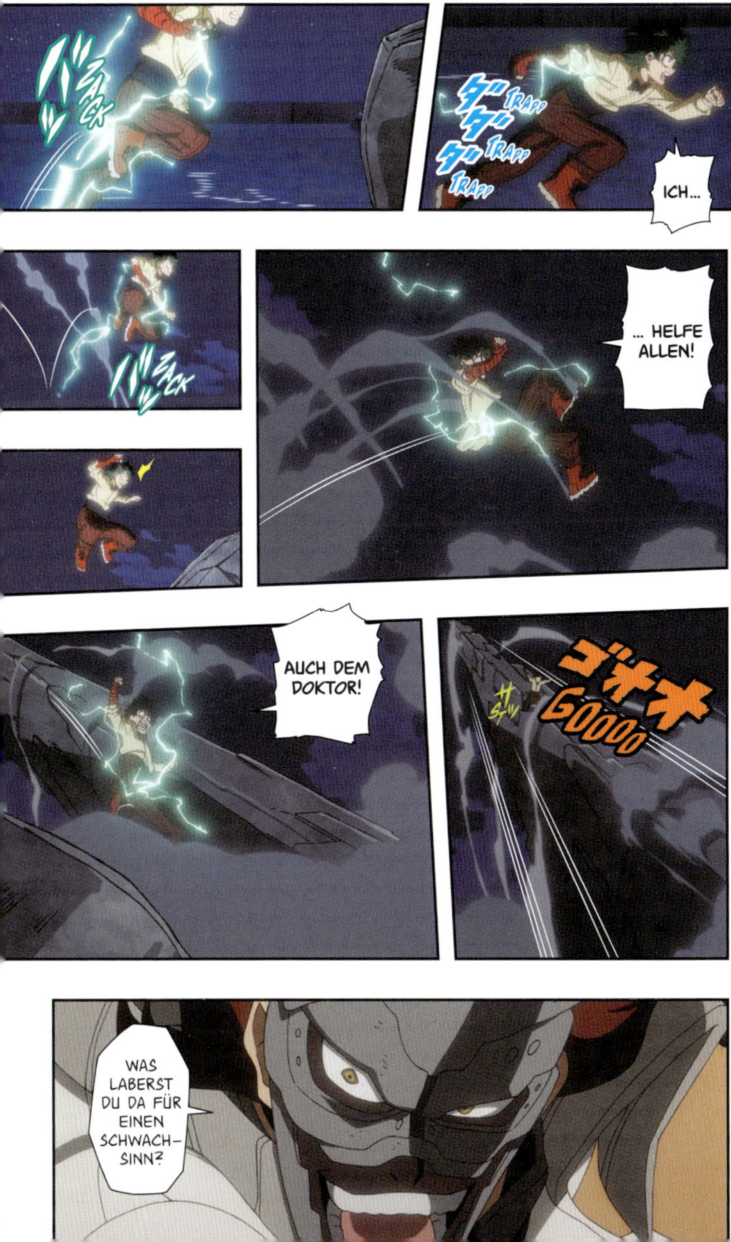
TRAPP
TRAPP
TRAPP
ICH...
ZACK
... HELFE ALLEN!
ZACK
GOOOO
AUCH DEM DOKTOR!
WAS LABERST DU DA FÜR EINEN SCHWACHSINN?

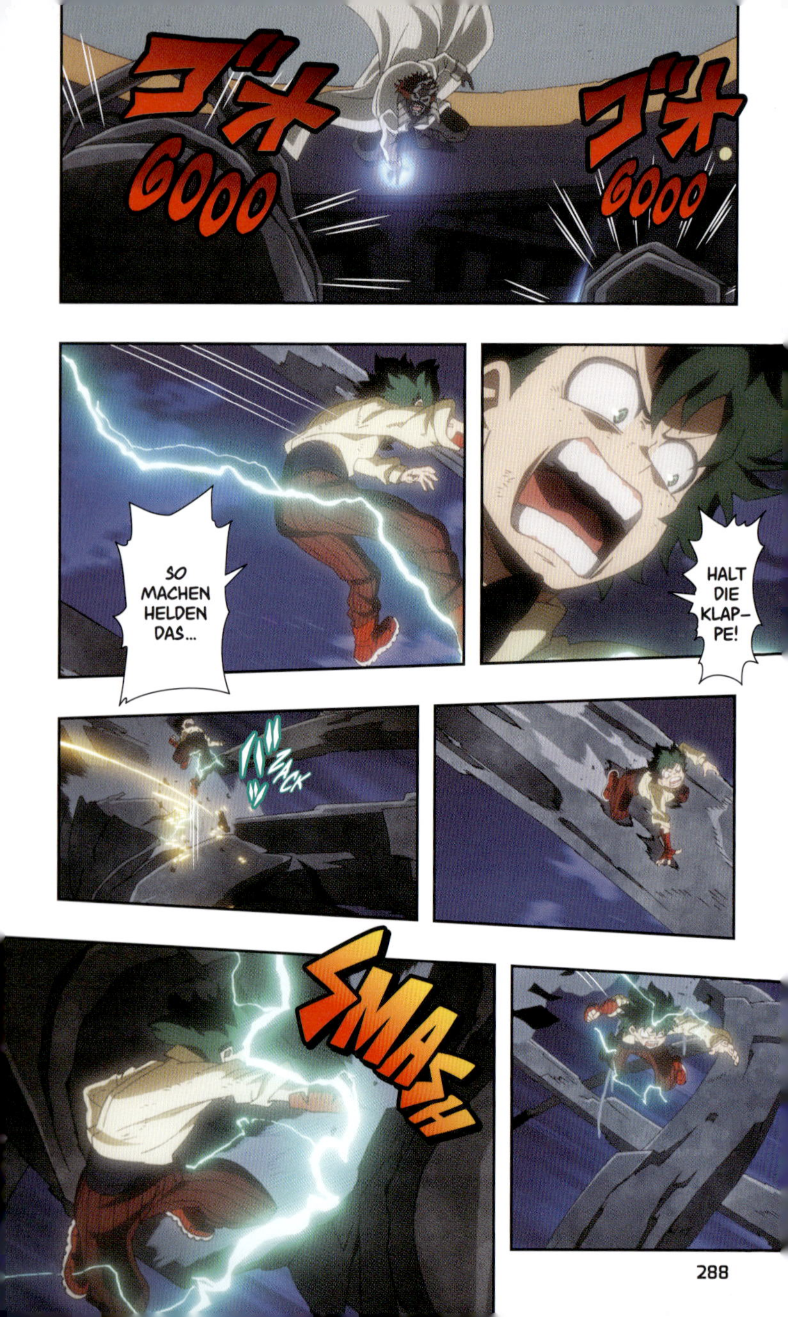
ゴオ
GOOO
ゴオ
GOOO
SO MACHEN HELDEN DAS...
HALT DIE KLAP-PE!
ZACK
SMASH

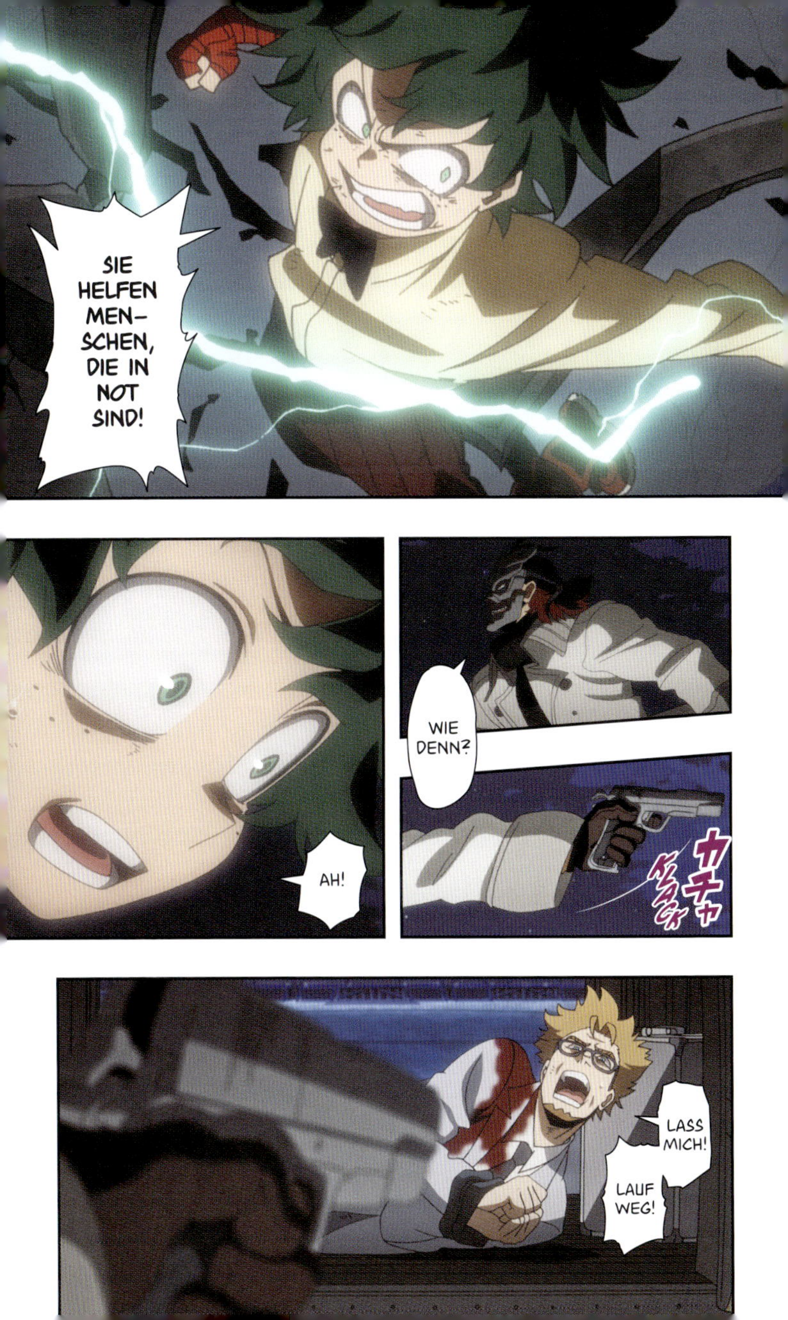
SIE HELFEN MEN-SCHEN, DIE IN NOT SIND!
WIE DENN?
カチャ
AH!
LASS MICH!
LAUF WEG!

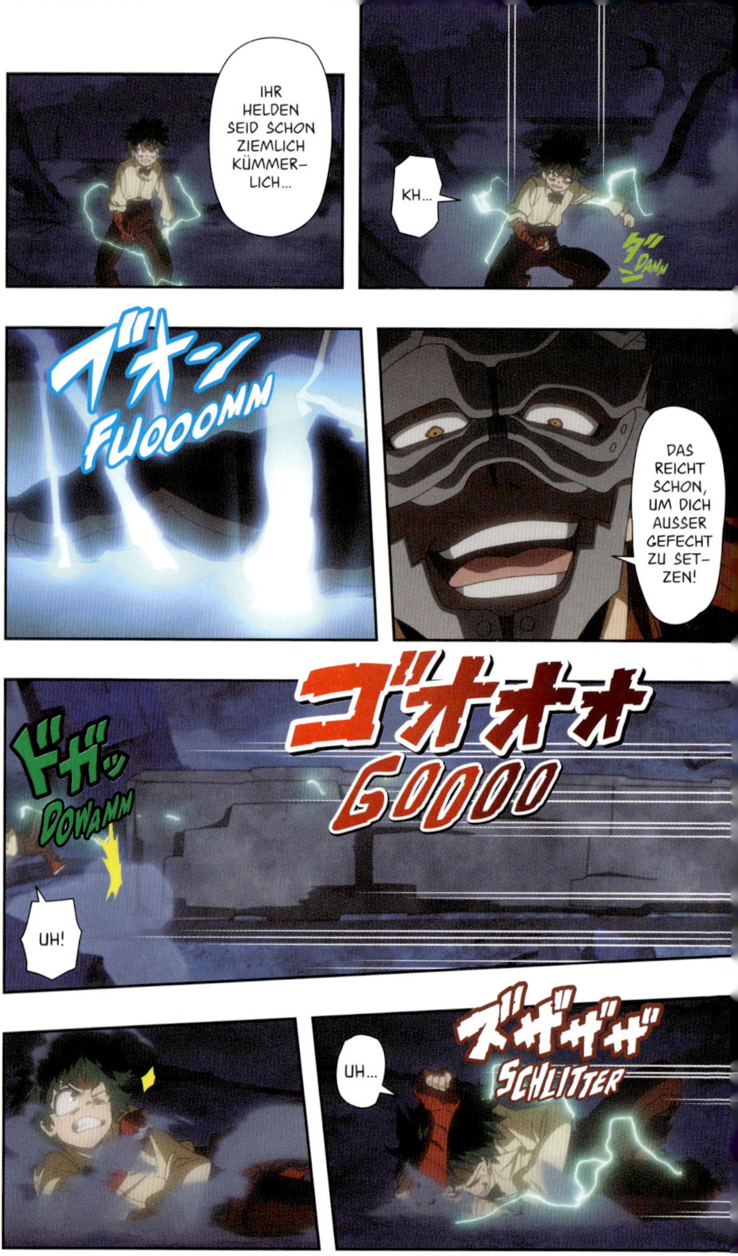
KH...
ダン
DANN
IHR HELDEN SEID SCHON ZIEMLICH KÜMMERLICH...
DAS REICHT SCHON, UM DICH AUSSER GEFECHT ZU SETZEN!
ブオン
FUOOOMM
ゴオオオ
GOOOO
ドガッ
DOWAMM
UH!
ズザザザ
SCHLITTER
UH...

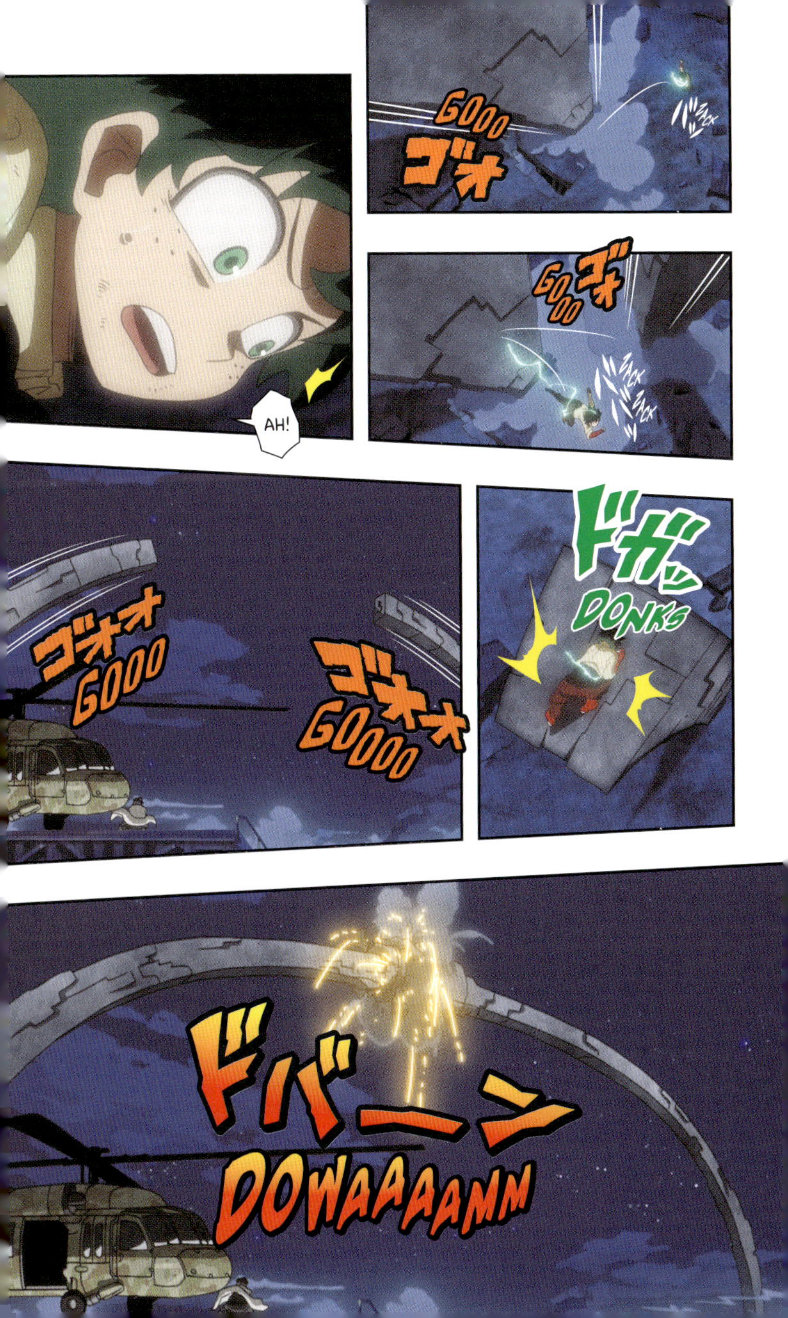

GOOO
ゴオ
ZACK
ゴオ
GOOO
ZACK
ZACK
AH!
ドガッ
DONKS
ゴオオ
GOOOO
ゴオオ
GOOO
ドバーン
DOWAAAAMM

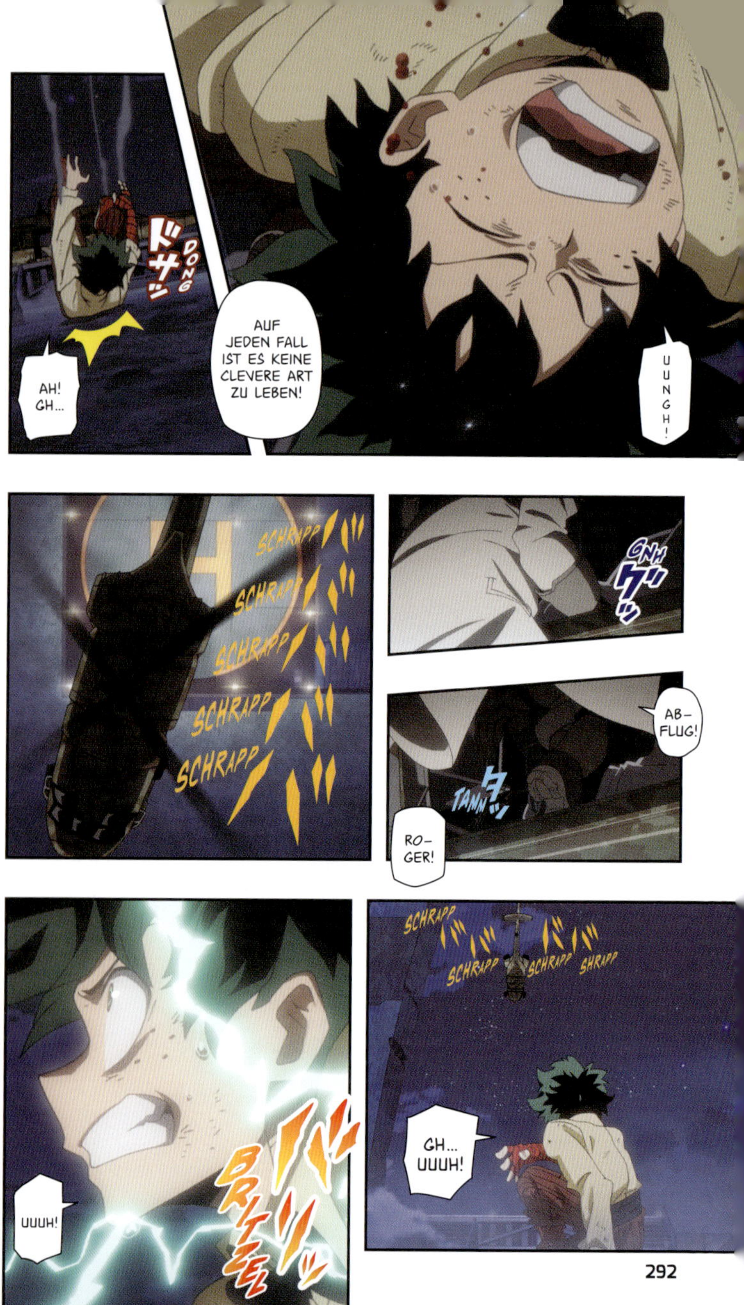
UUNGH!
AUF JEDEN FALL IST ES KEINE CLEVERE ART ZU LEBEN!
DONG
AH! GH...
GNH
AB-FLUG!
TANN
RO-GER!
SCHRAPP
SCHRAPP
SCHRAPP
SCHRAPP
SCHRAPP
SHRAPP
SCHRAPP
SCHRAPP
SCHRAPP
GH... UUUH!
BRITZEL
UUUH!

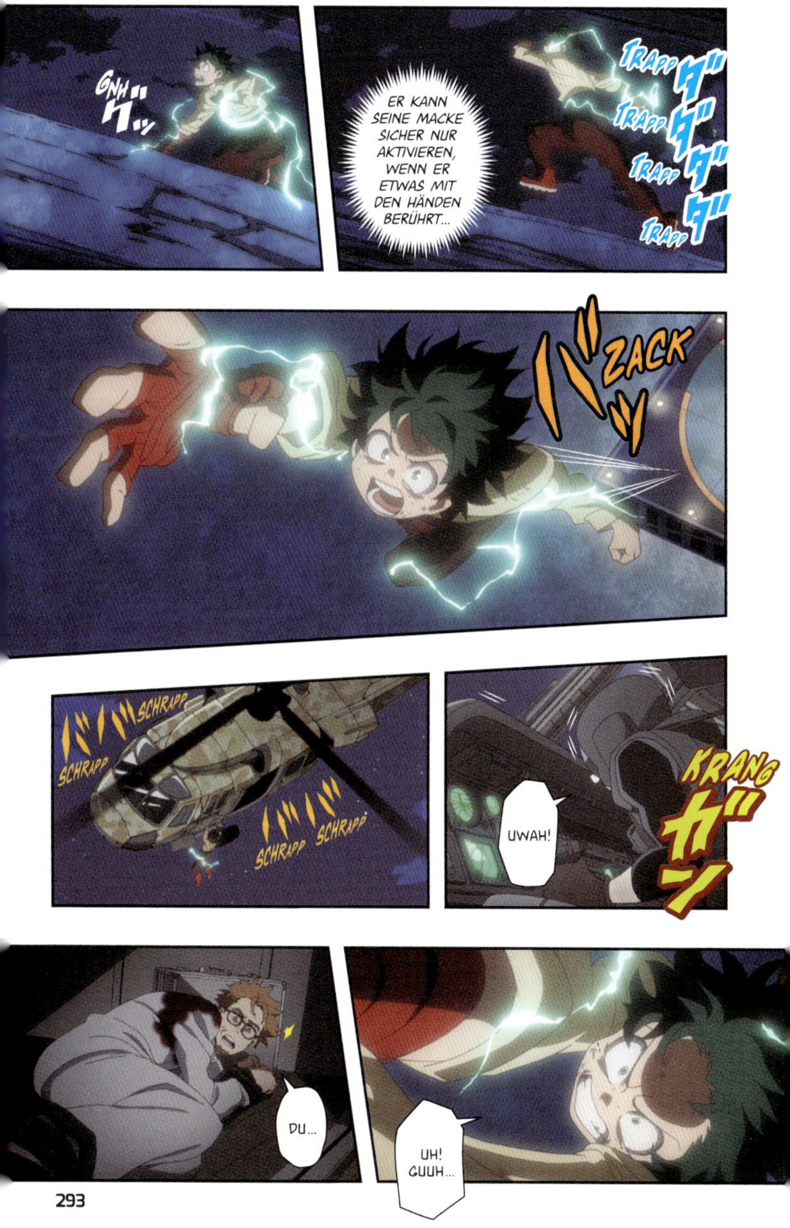
TRAPP
TRAPP
TRAPP
TRAPP
ER KANN SEINE MACKE SICHER NUR AKTIVIEREN, WENN ER ETWAS MIT DEN HÄNDEN BERÜHRT...
GNH
ZACK
KRANG
UWAH!
SCHRAPP
SCHRAPP
SCHRAPP
SCHRAPP
UH! GUUH...
DU...

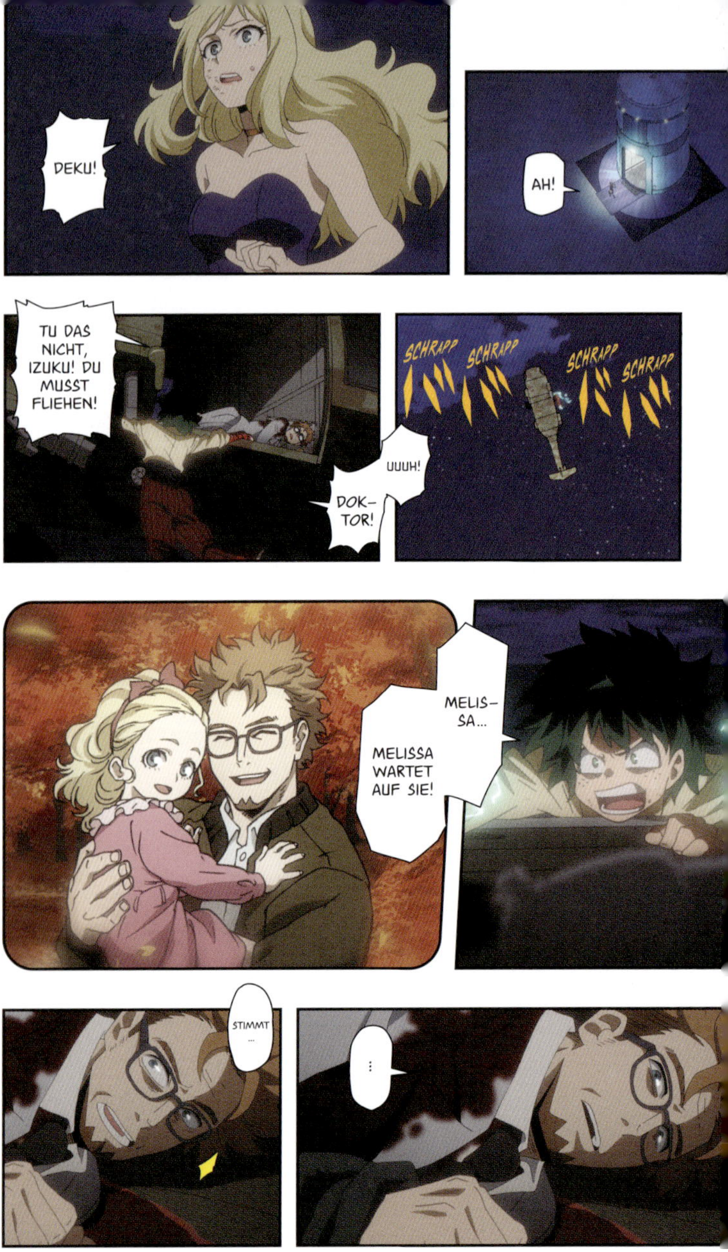
DEKU!
AH!
TU DAS NICHT, IZUKU! DU MUSST FLIEHEN!
SCHRAPP
SCHRAPP
SCHRAPP
SCHRAPP
UUUH!
DOK-TOR!
MELIS-SA...
MELISSA WARTET AUF SIE!
STIMMT ...
...

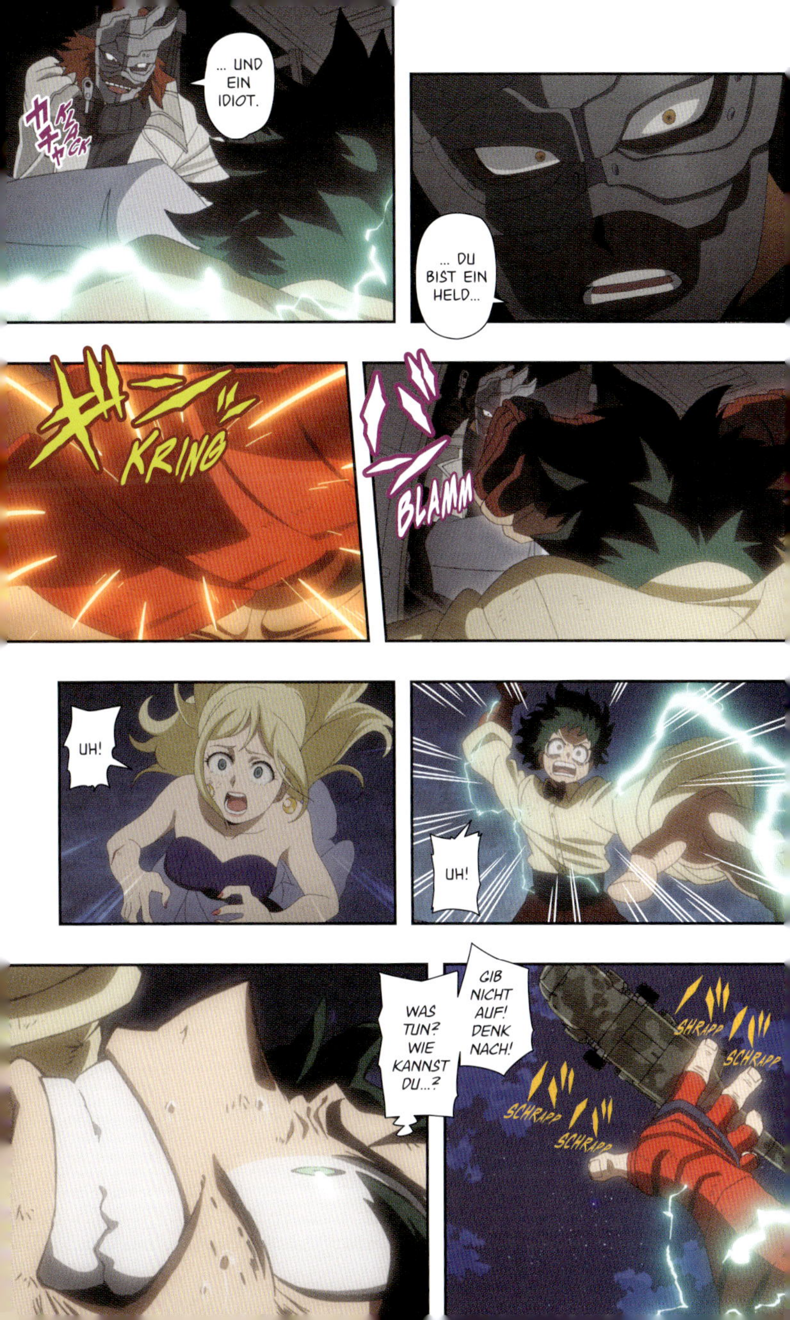

... DU BIST EIN HELD...
... UND EIN IDIOT.
KLACK
BLAMM
KRING
UH!
UH!
SCHRAPP
SCHRAPP
SCHRAPP
SCHRAPP
GIB NICHT AUF! DENK NACH!
WAS TUN? WIE KANNST DU...?

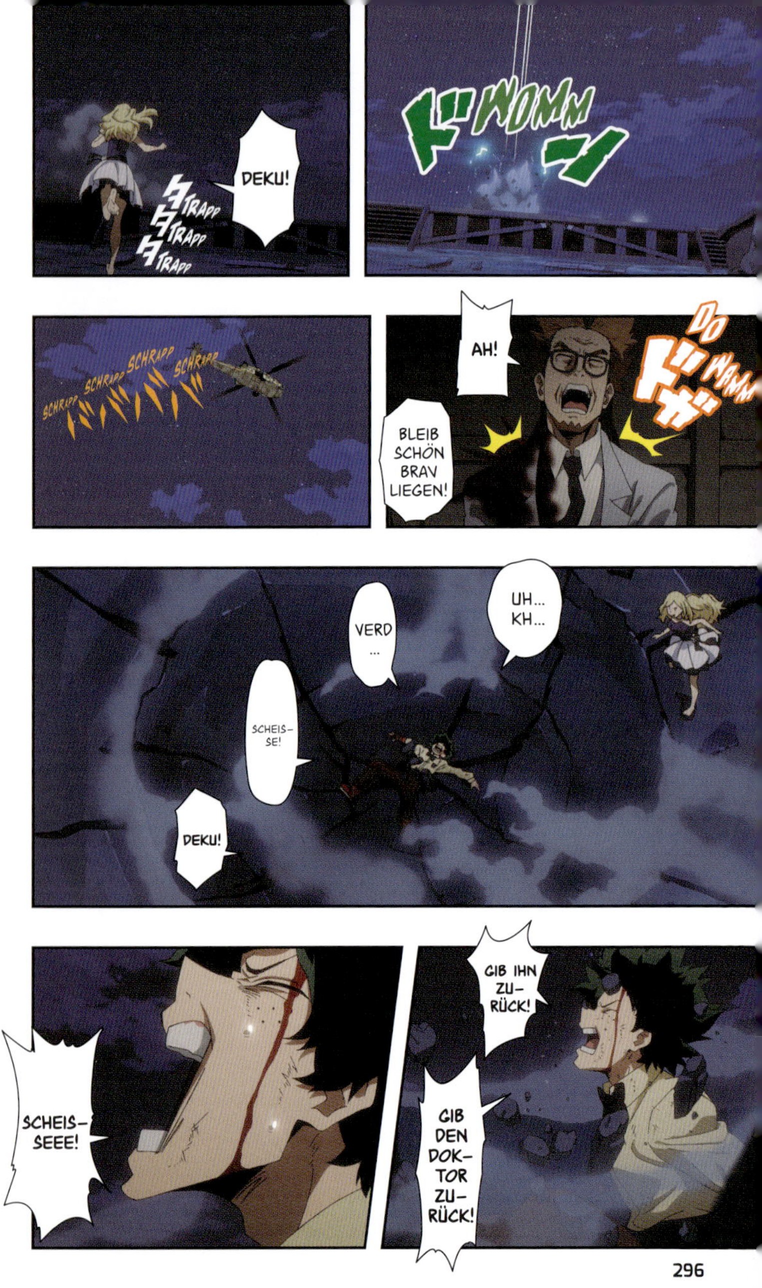
DEKU!
TRAPP
TRAPP
TRAPP
WOMM
SCHRAPP
SCHRAPP
SCHRAPP
SCHRAPP
AH!
DOWAMM
BLEIB SCHÖN BRAV LIEGEN!
UH... KH...
VERD ...
SCHEIS-SE!
DEKU!
GIB IHN ZU-RÜCK!
SCHEIS-SEEE!
GIB DEN DOK-TOR ZU-RÜCK!

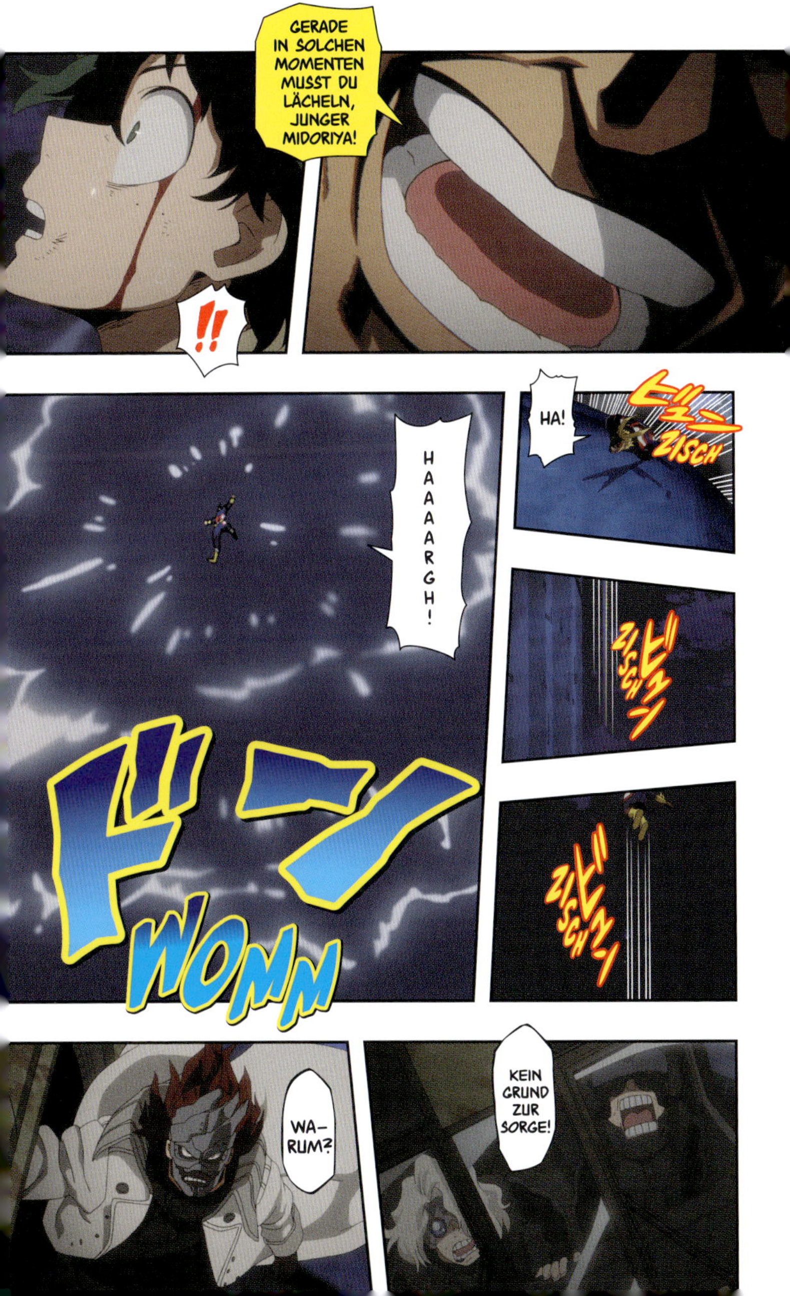
GERADE IN SOLCHEN MOMENTEN MUSST DU LÄCHELN, JUNGER MIDORIYA!
!!
ZISCH
HA!
HAAAAARGH!
ZISCH
ZISCH
WOMM
KEIN GRUND ZUR SORGE!
WA-RUM?

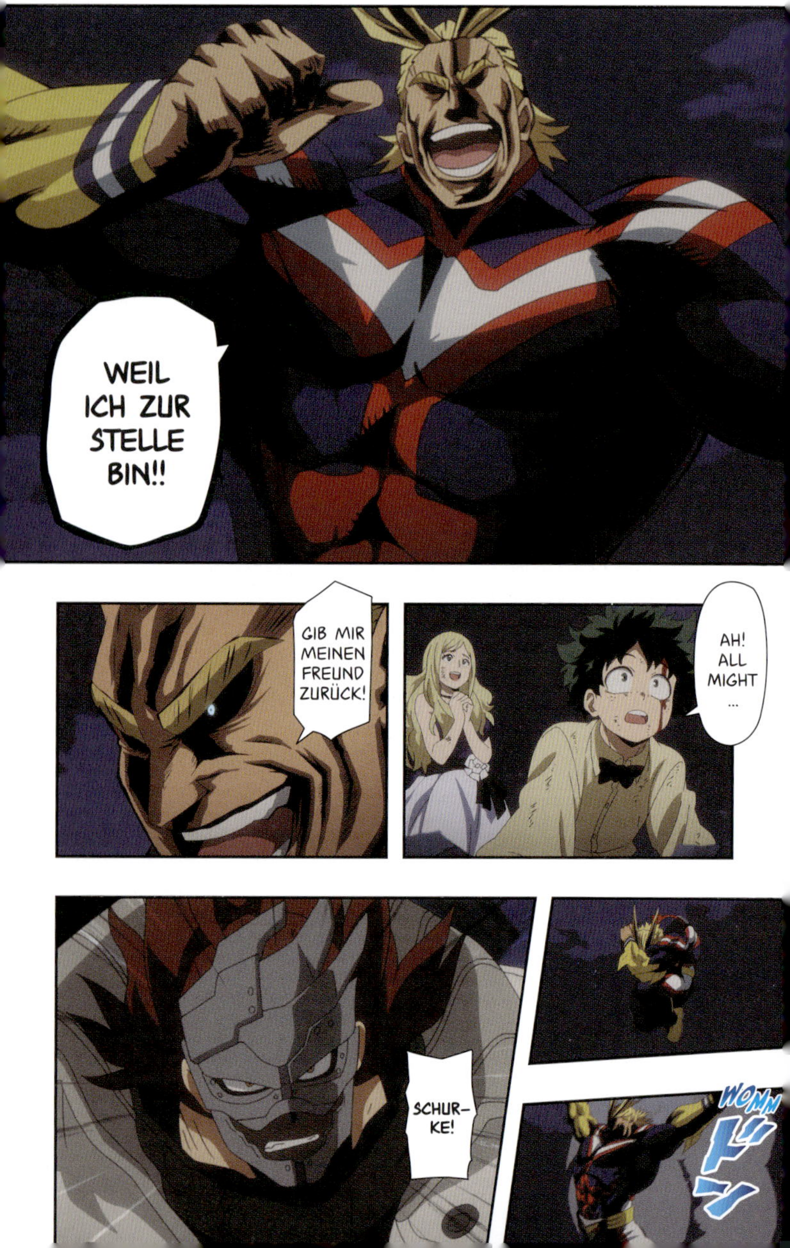
WEIL ICH ZUR STELLE BIN!!
AH! ALL MIGHT ...
GIB MIR MEINEN FREUND ZURÜCK!
SCHUR-KE!
WOMM

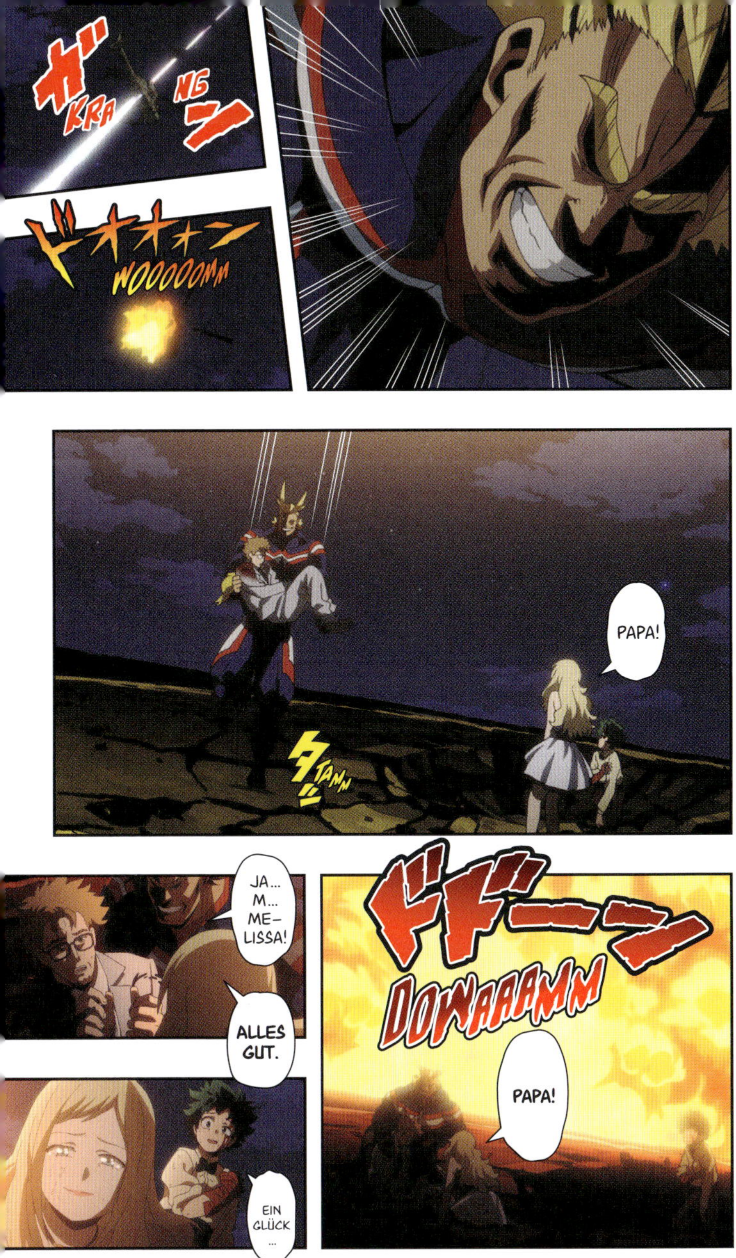

ガ
KRANG
ン
ドオオォン
WOOOOOMM
PAPA!
タ
TAMM
ッ
ドドーン
DOWAAAMM
JA... M... ME-LISSA!
ALLES GUT.
PAPA!
EIN GLÜCK ...

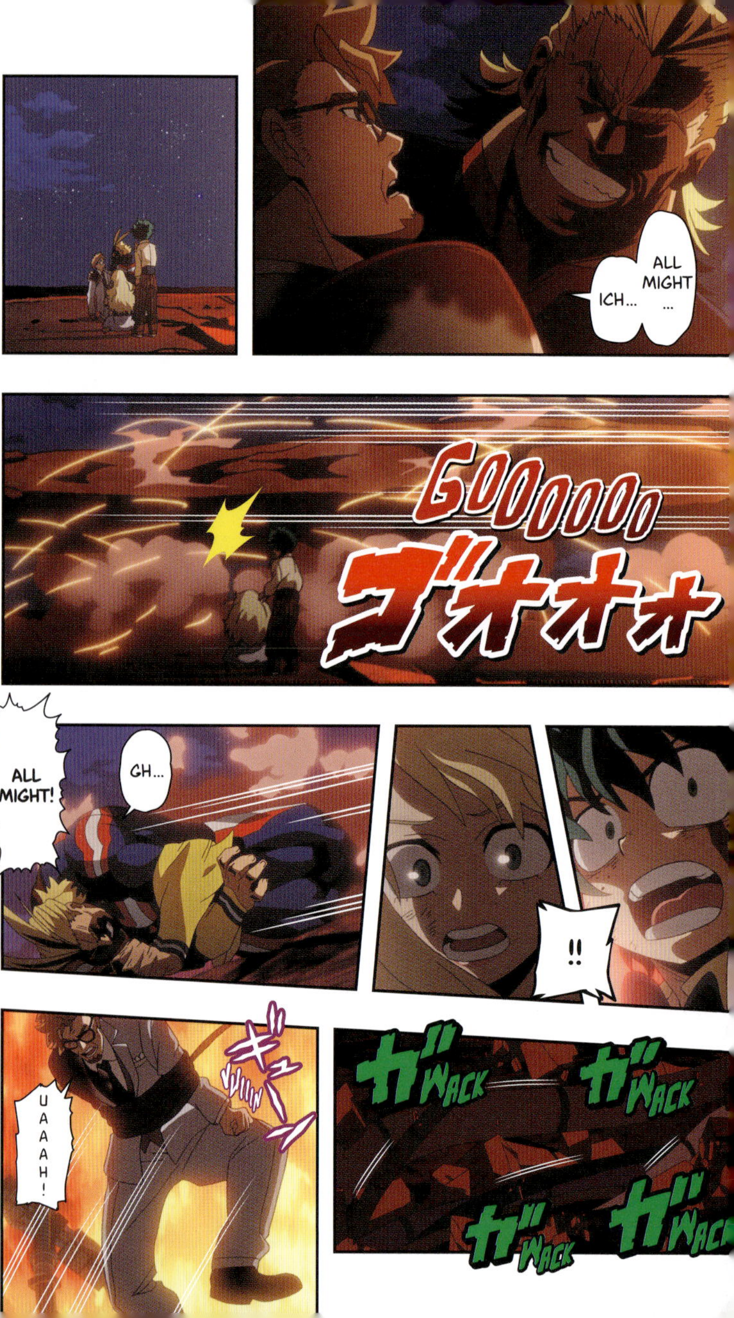
ALL MIGHT ...
ICH...
GOOOOOO
ゴオオオ
GH...
ALL MIGHT!
!!
ギューン
UAAAAH!
VUIIIN
ガWACK
ガWACK
ガWACK
ガWACK

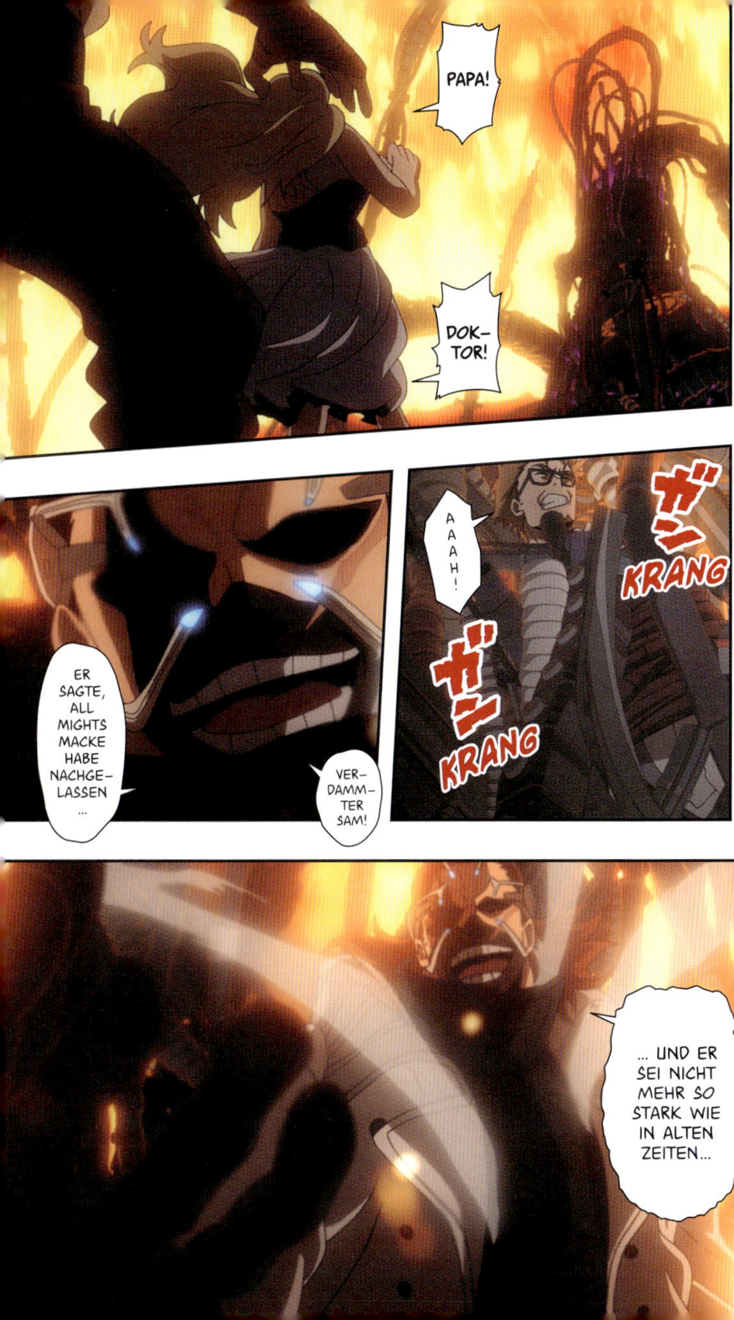
PAPA!
DOKTOR!
AAAH!
ガン
KRANG
ガン
KRANG
VERDAMMTER SAM!
ER SAGTE, ALL MIGHTS MACKE HABE NACHGELASSEN ...
... UND ER SEI NICHT MEHR SO STARK WIE IN ALTEN ZEITEN...

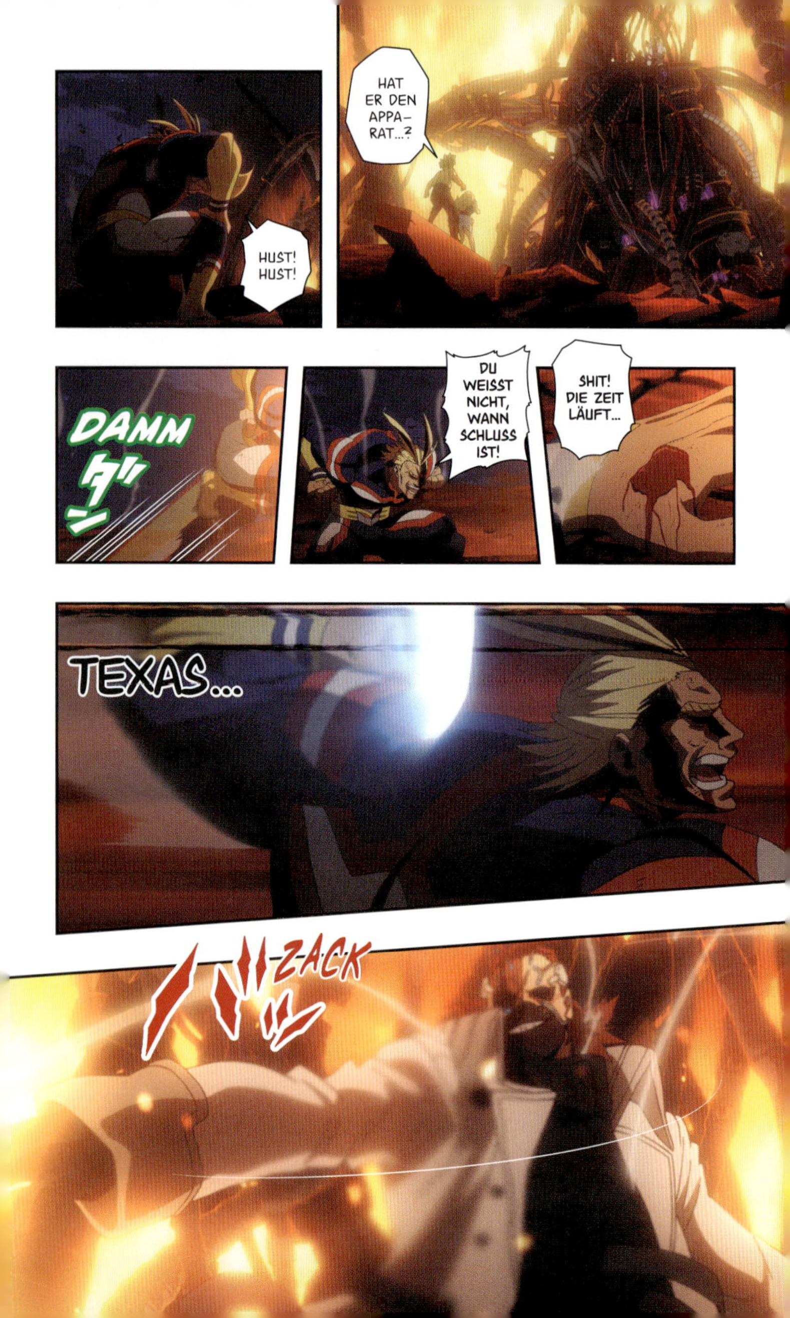
HUST! HUST!
HAT ER DEN APPA-RAT...?
DAMM
DU WEISST NICHT, WANN SCHLUSS IST!
SHIT! DIE ZEIT LÄUFT...
TEXAS...
ZACK

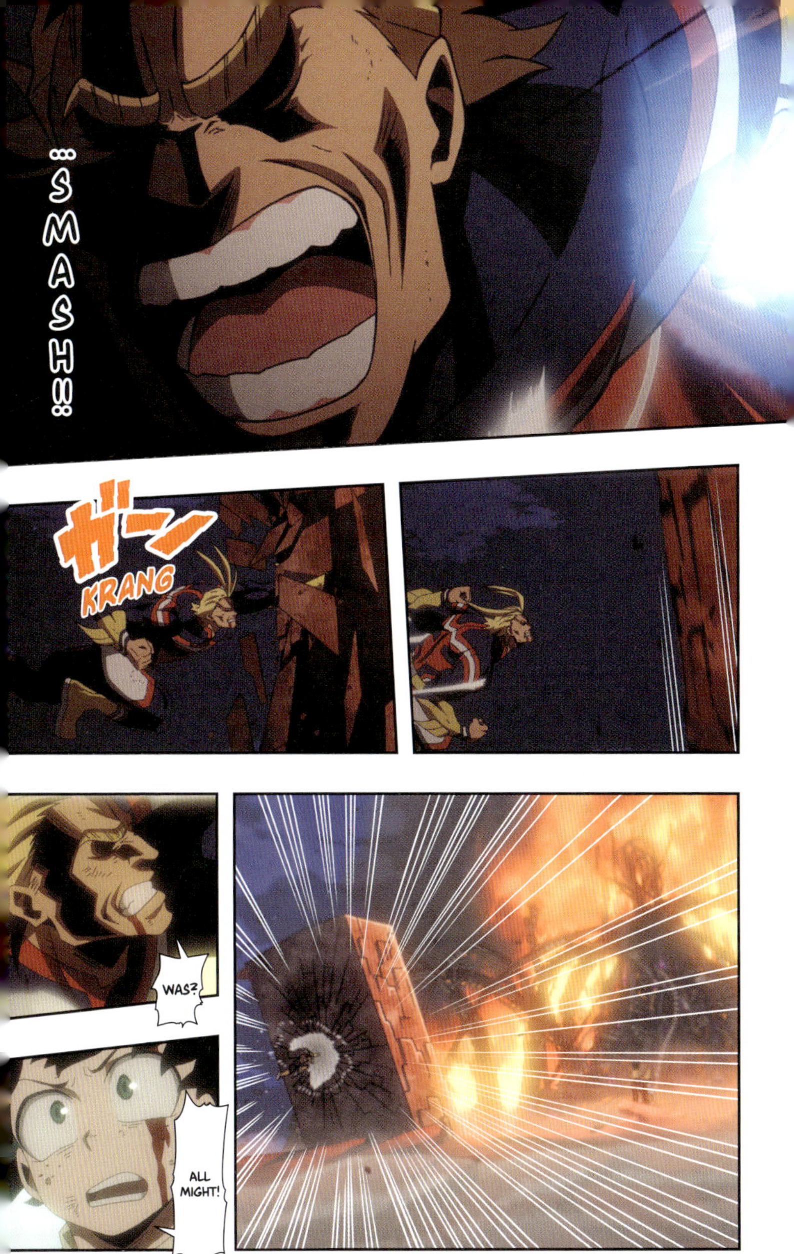
...SMASH!!
ガーン
KRANG
WAS?
ALL MIGHT!

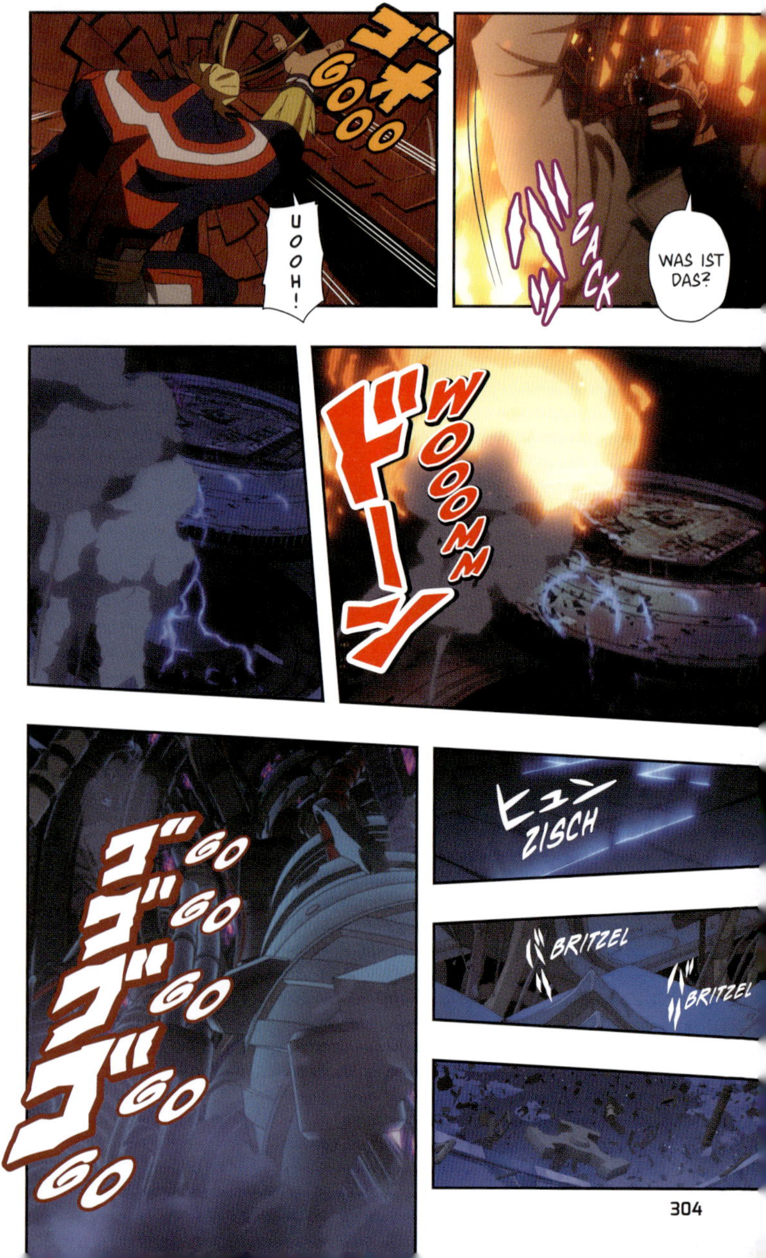
ゴオ
GOOOO
UOOOH!
WAS IST DAS?
ZACK
ドーン
WOOOOMM
ゴゴゴゴゴ
GO GO GO GO GO
ヒュン
ZISCH
BRITZEL
BRITZEL

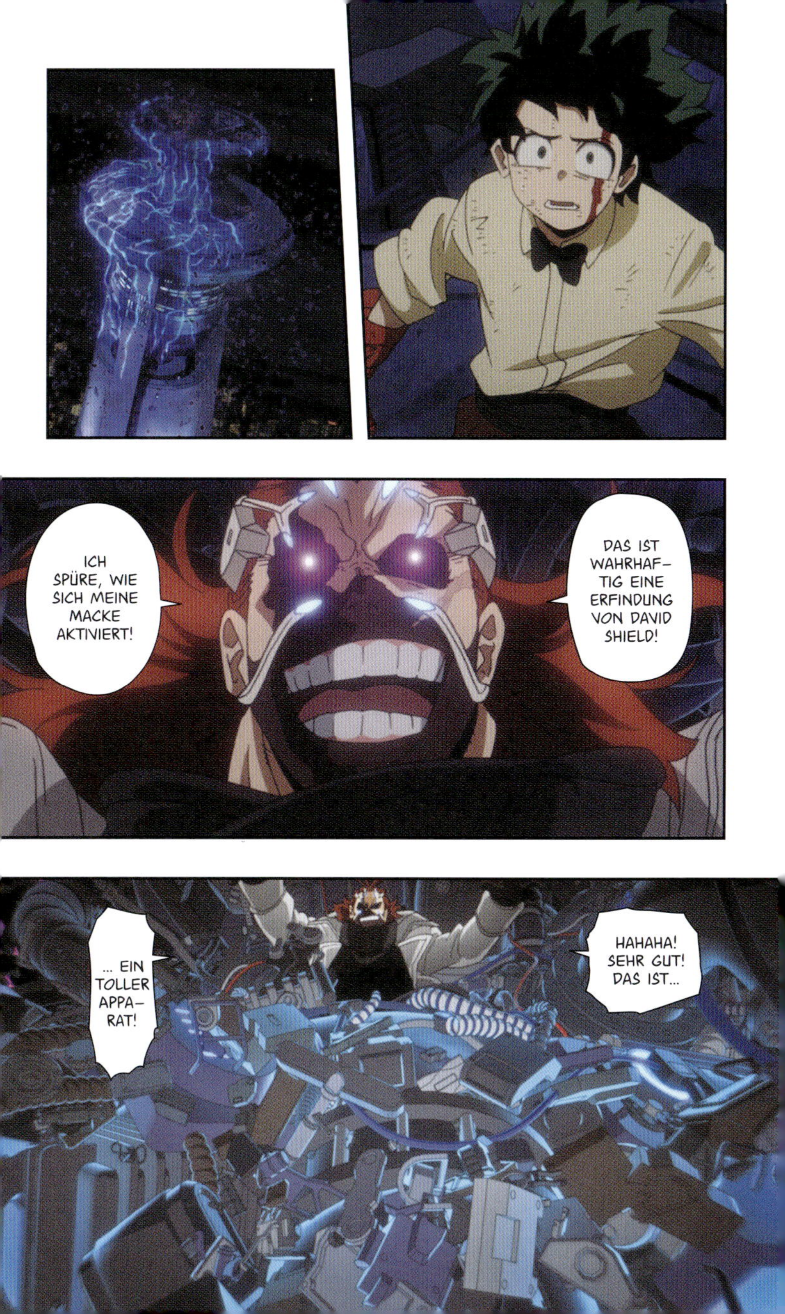
DAS IST WAHRHAFTIG EINE ERFINDUNG VON DAVID SHIELD!
ICH SPÜRE, WIE SICH MEINE MACKE AKTIVIERT!
HAHAHA! SEHR GUT! DAS IST...
... EIN TOLLER APPARAT!

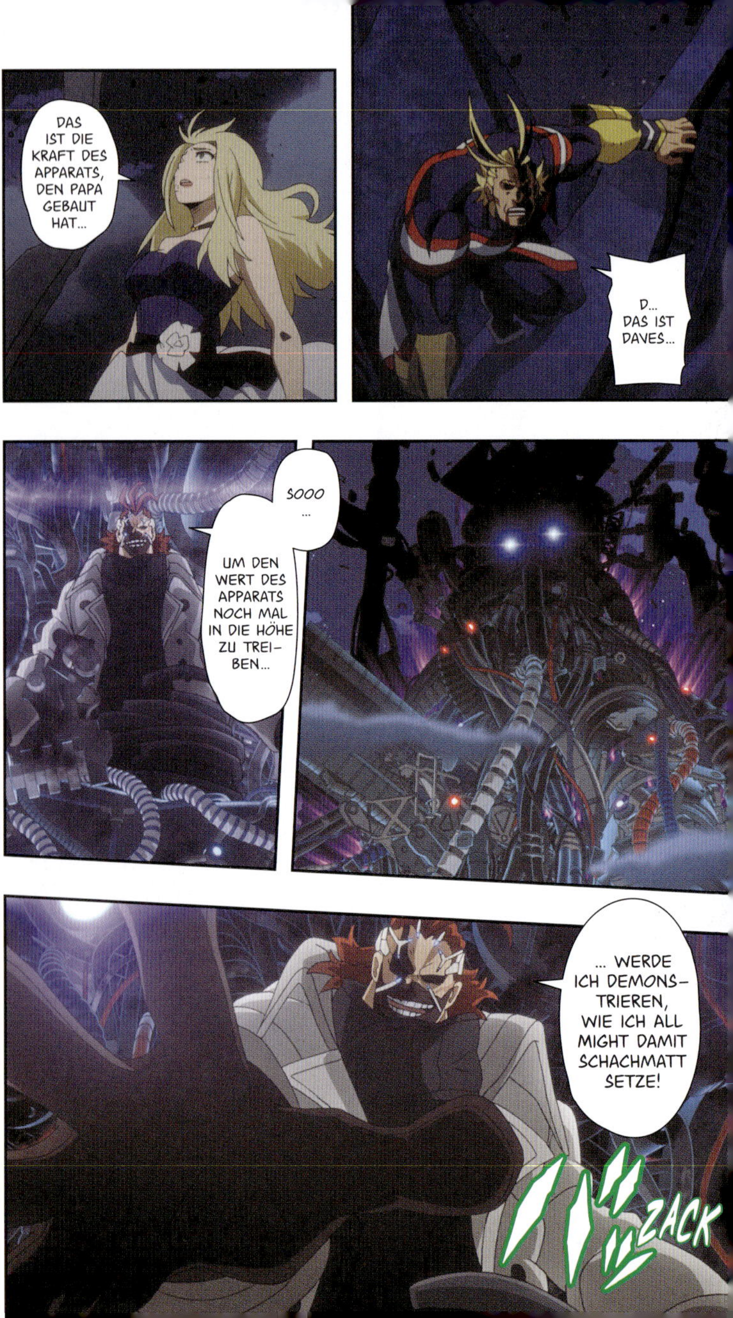

DAS IST DIE KRAFT DES APPARATS, DEN PAPA GEBAUT HAT...
D... DAS IST DAVES...
SOOO ...
UM DEN WERT DES APPARATS NOCH MAL IN DIE HÖHE ZU TREI-BEN...
... WERDE ICH DEMONS-TRIEREN, WIE ICH ALL MIGHT DAMIT SCHACHMATT SETZE!
ZACK

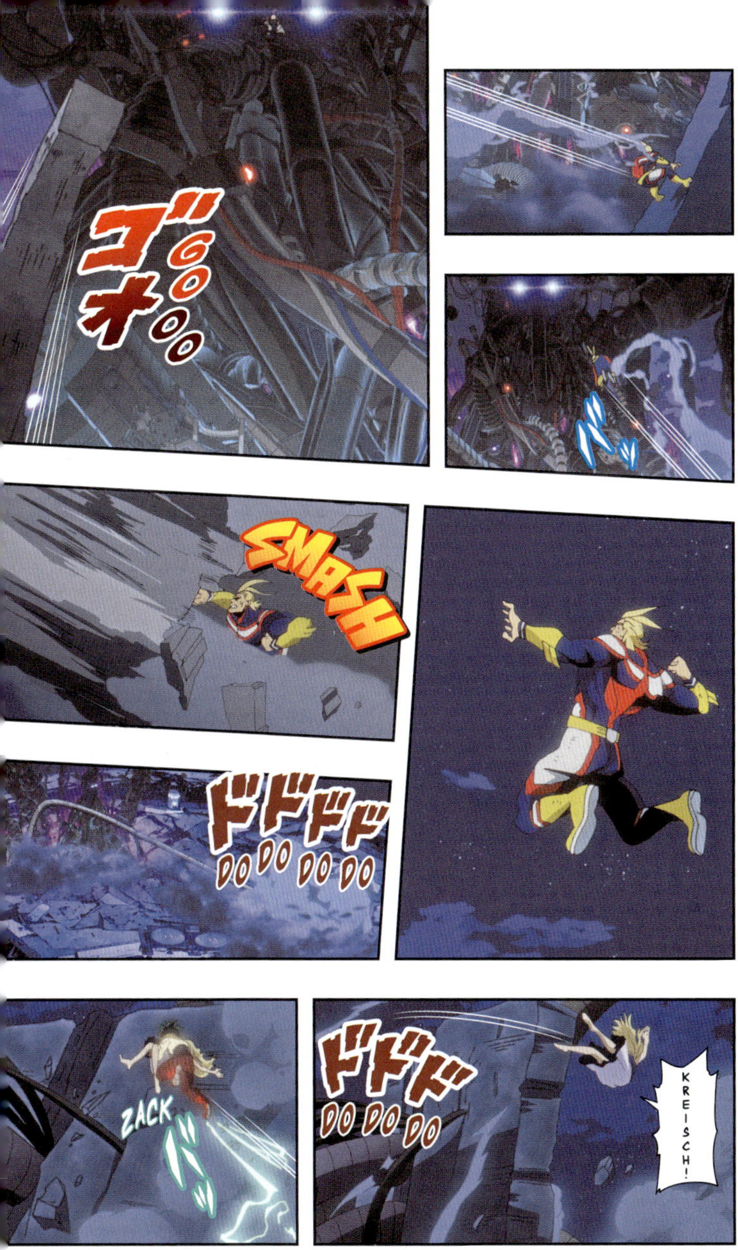
ゴオ
GOOO
ドドドドド
DO DO DO DO
SMASH
ZACK
ドドド
DO DO DO
KREISCH!

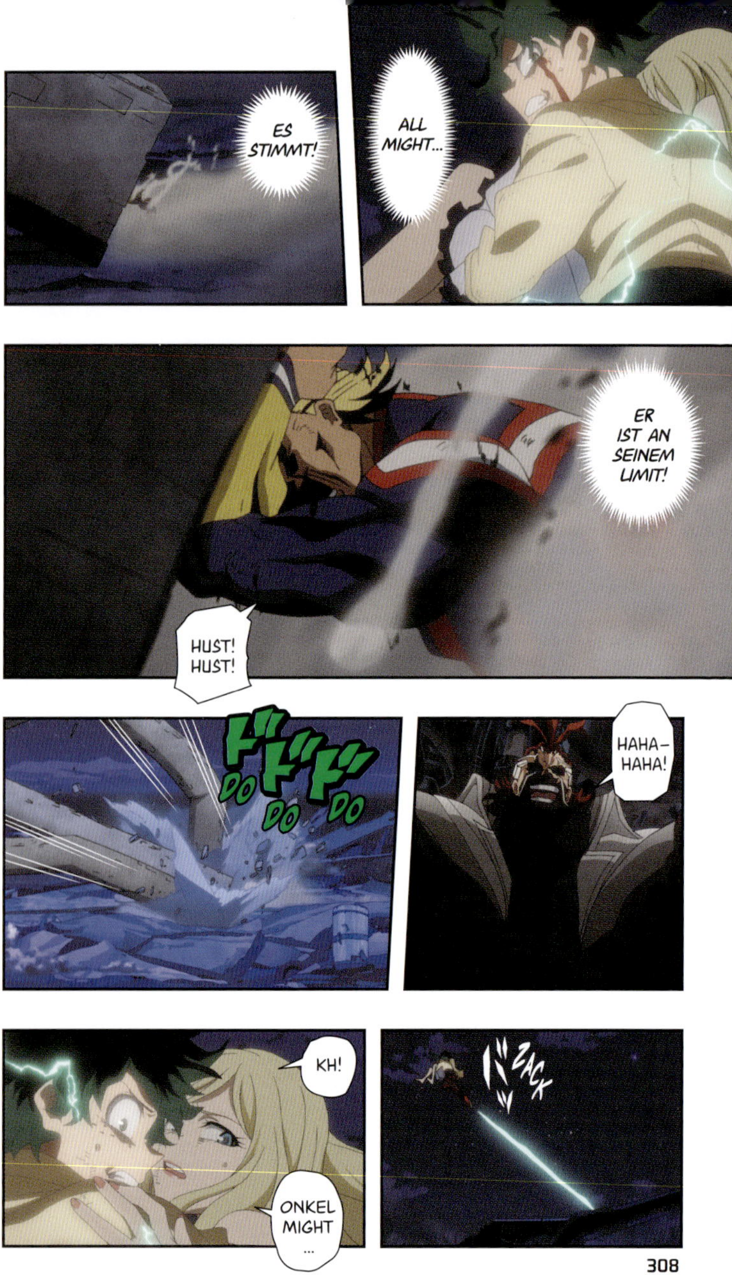
ALL MIGHT...
ES STIMMT!
ER IST AN SEINEM LIMIT!
HUST! HUST!
HAHA-HAHA!
DO DO DO
ZACK
KH!
ONKEL MIGHT ...

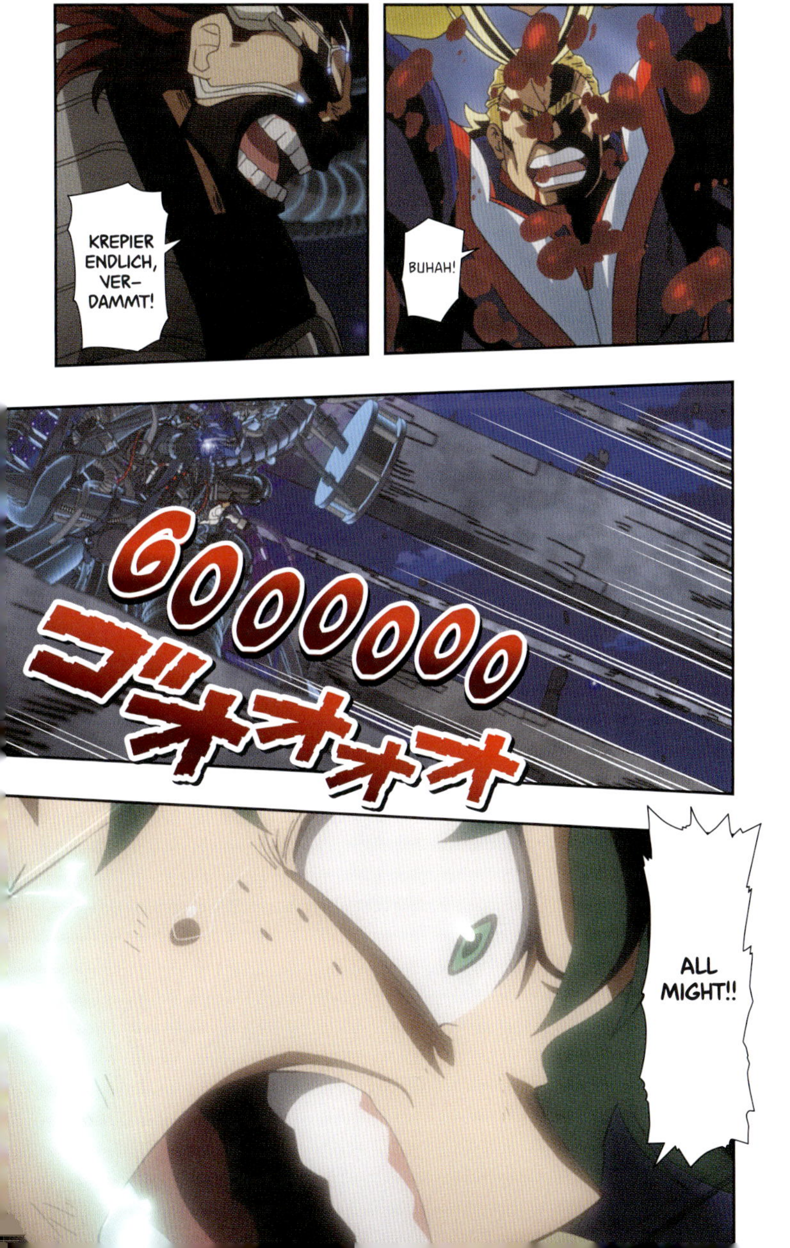
KREPIER ENDLICH, VER-DAMMT!
BUHAH!
GOOOOOOO
ゴオオオオ
ALL MIGHT!!

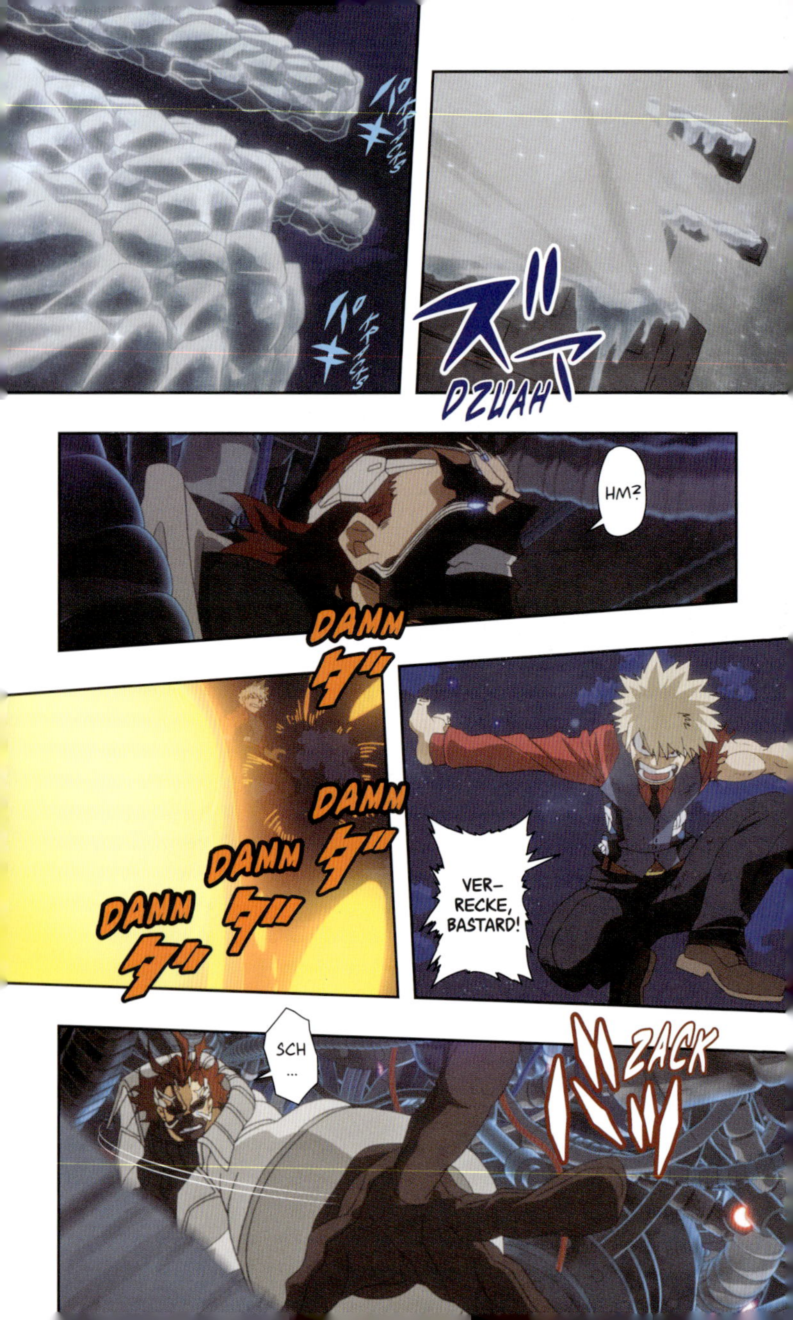
ズア
DZUAH
パキ
KRACKS
パキ
KRACKS
HM?
ダ
DAMM
ダ
DAMM
ダ
DAMM
ダ
DAMM
VER-
RECKE,
BASTARD!
ZACK
SCH
...

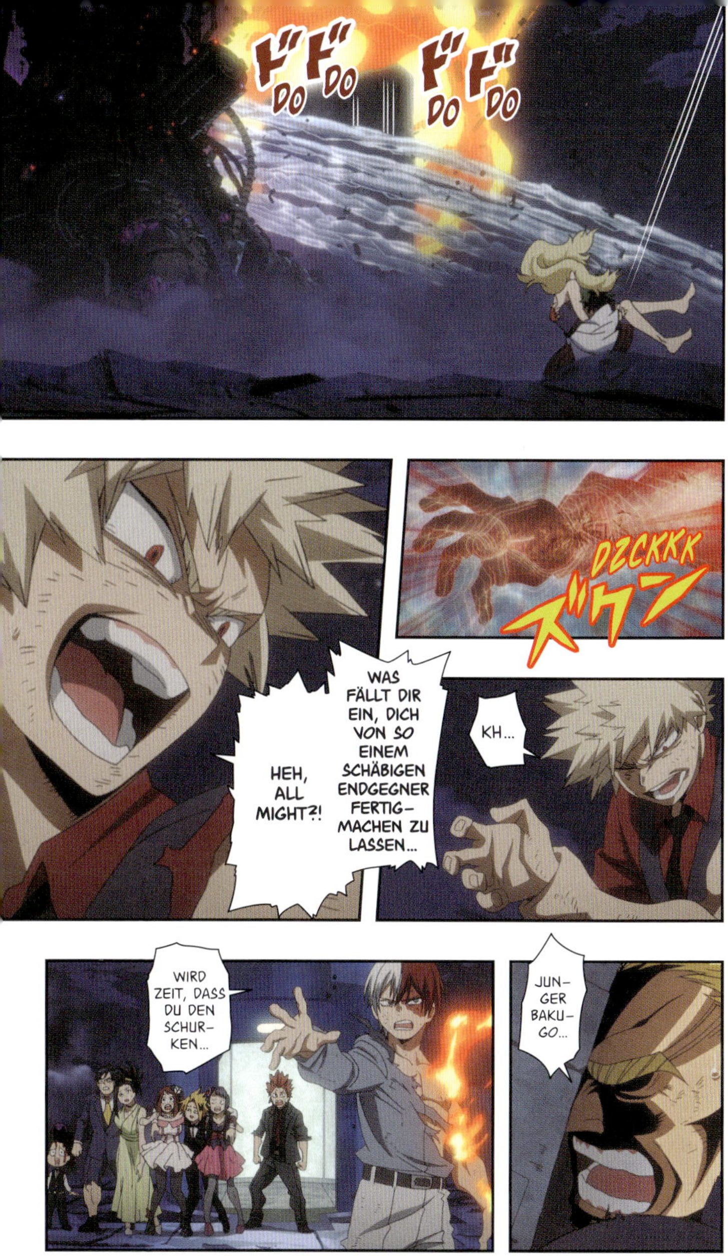
DO DO
DO DO
DZCKKK
KH...
WAS FÄLLT DIR EIN, DICH VON SO EINEM SCHÄBIGEN ENDGEGNER FERTIG-MACHEN ZU LASSEN...
HEH, ALL MIGHT?!
JUN-GER BAKU-GO...
WIRD ZEIT, DASS DU DEN SCHUR-KEN...

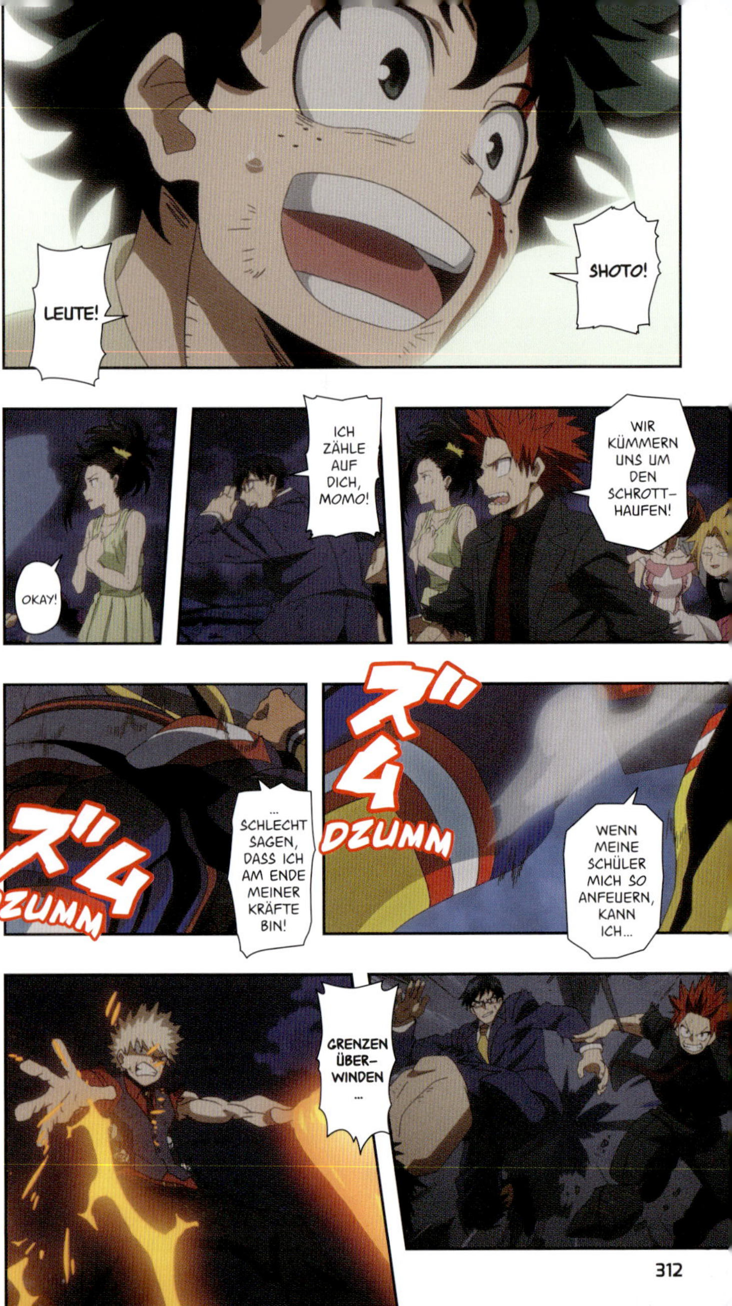
SHOTO!
LEUTE!
WIR KÜMMERN UNS UM DEN SCHROTT-HAUFEN!
ICH ZÄHLE AUF DICH, MOMO!
OKAY!
DZUMM
WENN MEINE SCHÜLER MICH SO ANFEUERN, KANN ICH...
... SCHLECHT SAGEN, DASS ICH AM ENDE MEINER KRÄFTE BIN!
DZUMM
GRENZEN ÜBER-WINDEN ...

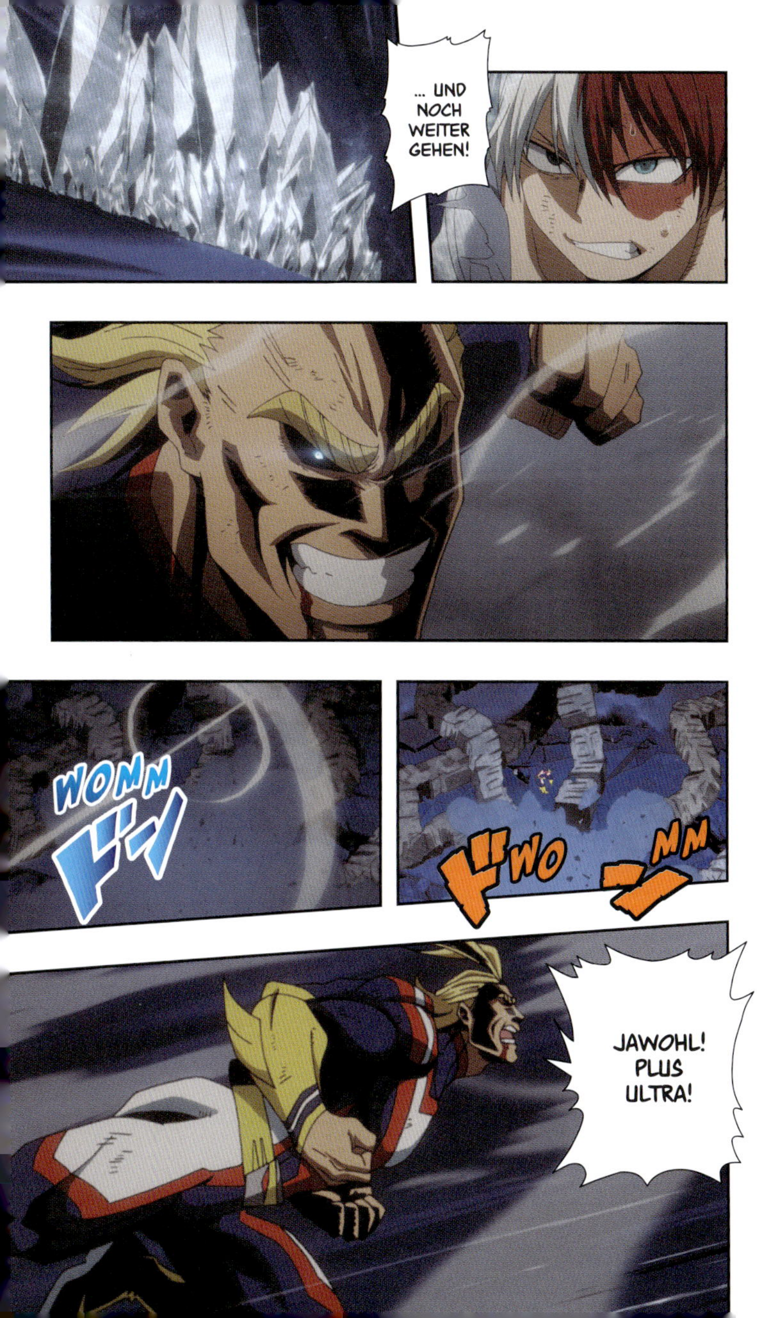

... UND NOCH WEITER GEHEN!
WOMM
ドーン
ドWO MM
JAWOHL! PLUS ULTRA!

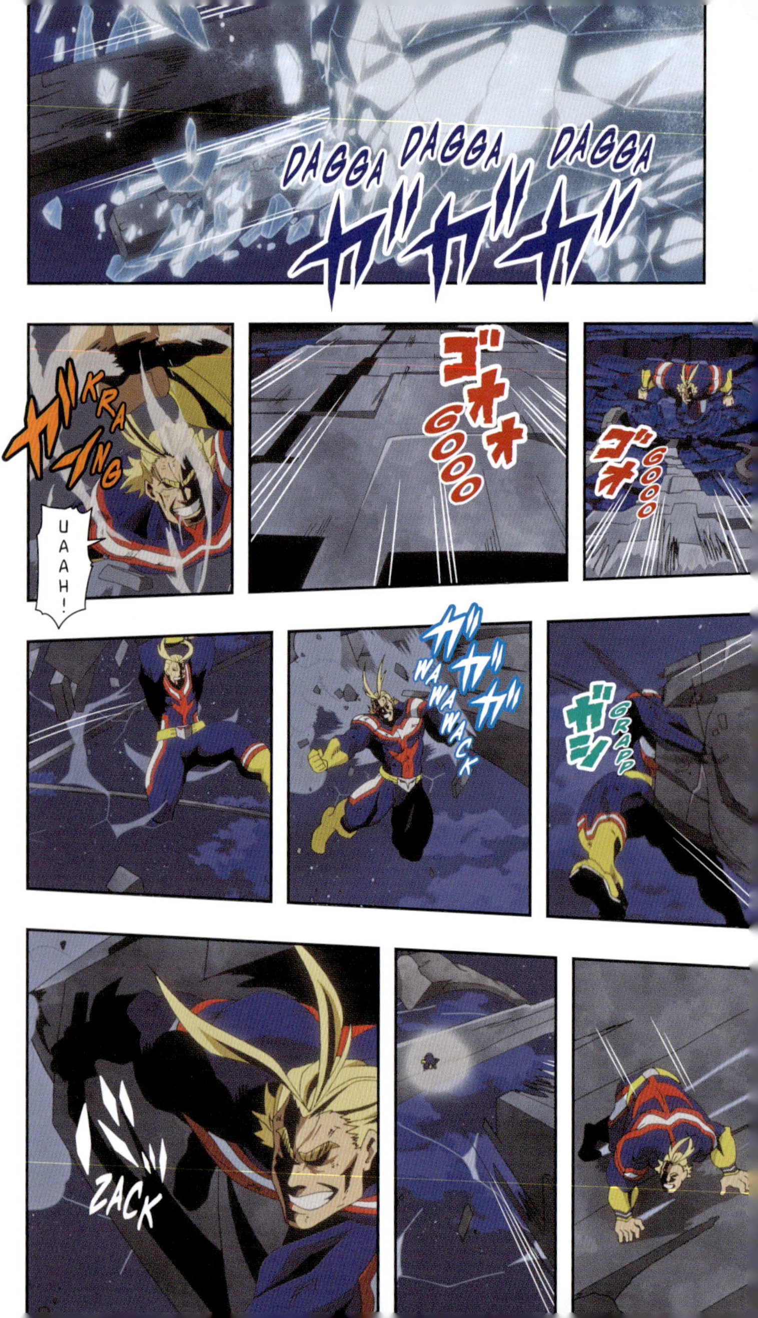
DAGGA DAGGA DAGGA
GOOO
GOOO
KRANG
UAAH!
WAWAWACK
GRAPP
ZACK

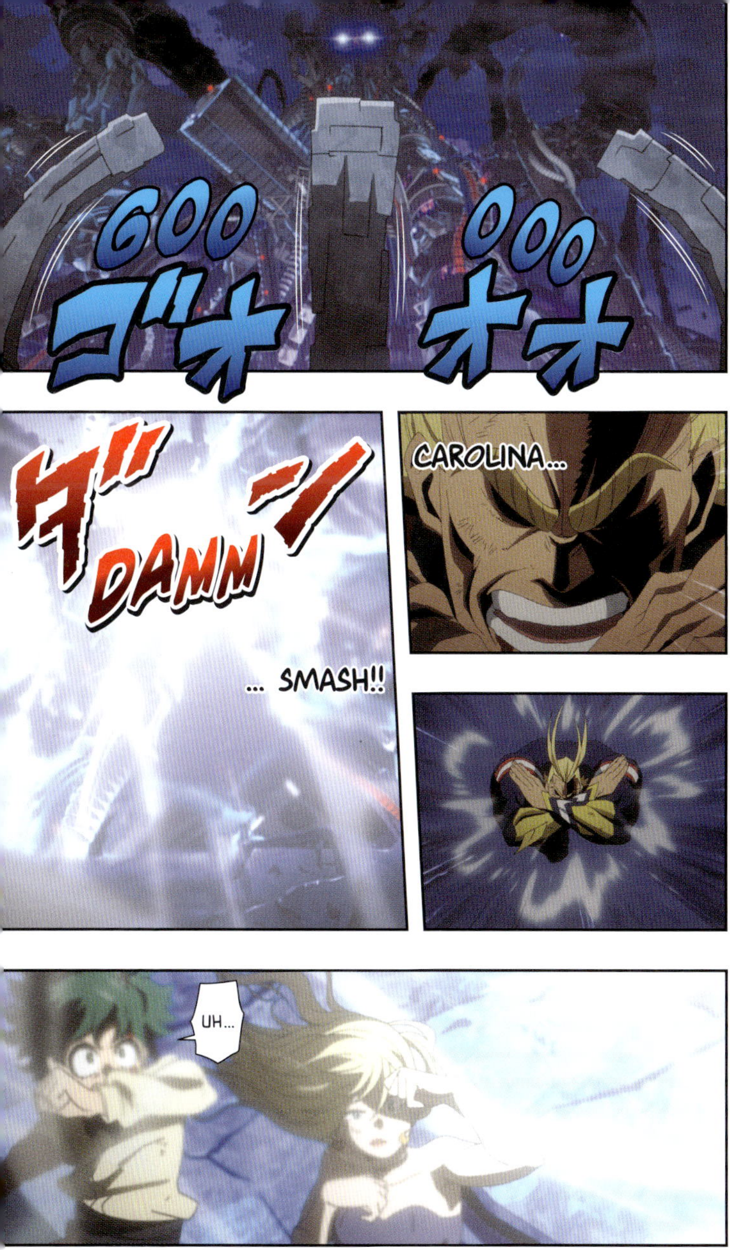

GOO
ゴオオ
OOO
CAROLINA...
ザーン
DAMN
... SMASH!!
UH...

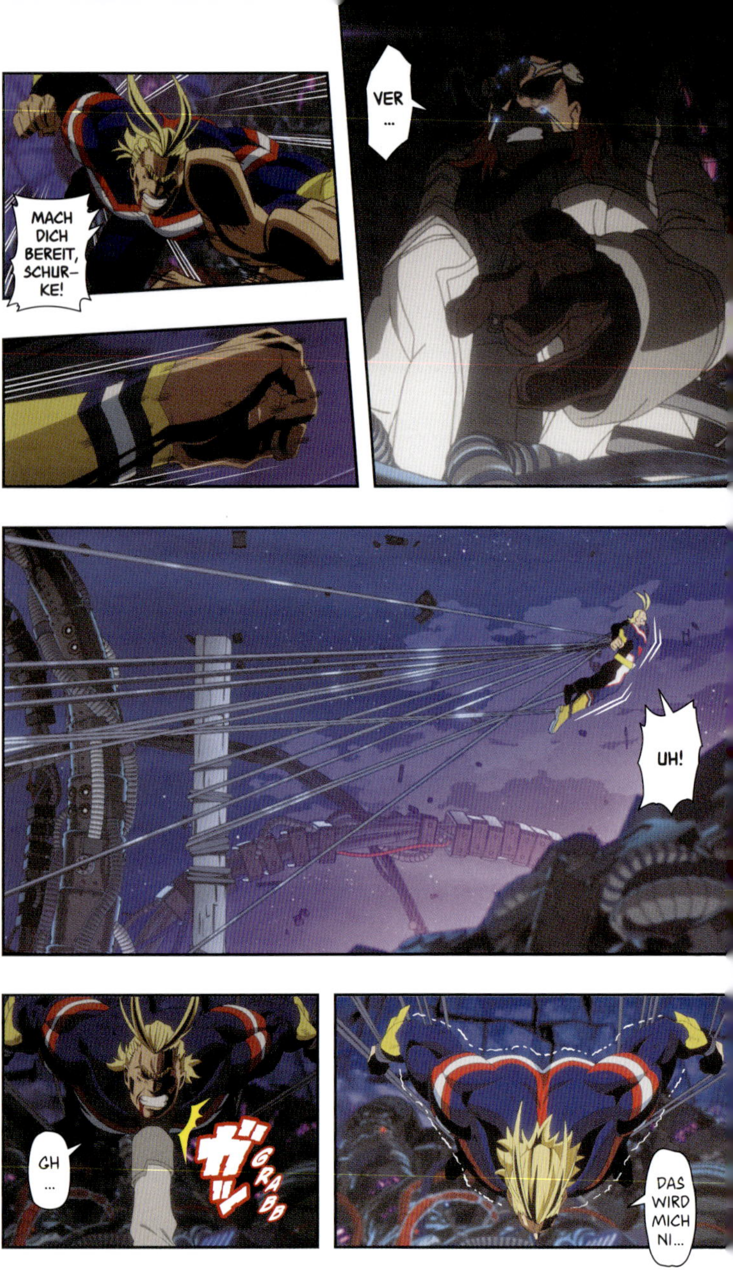
VER ...
MACH DICH BEREIT, SCHURKE!
UH!
DAS WIRD MICH NI...
GH ...
GRABB

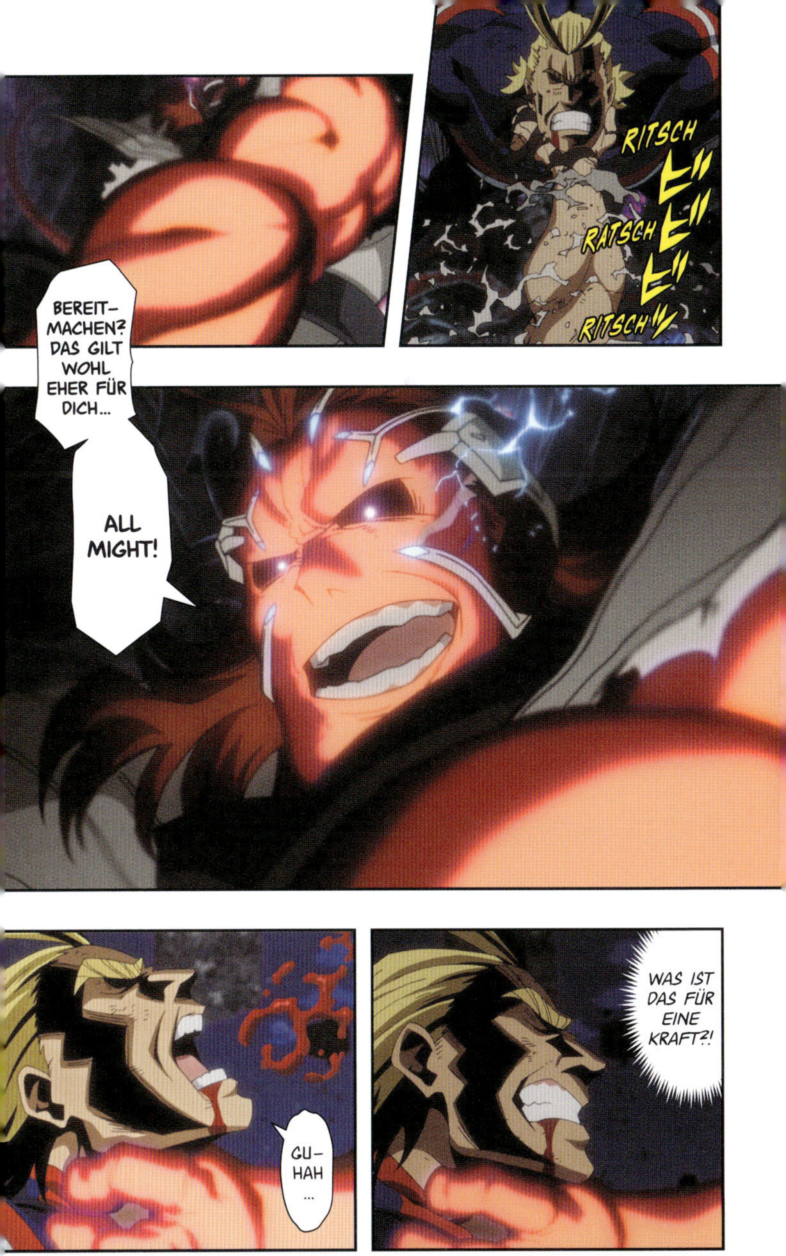
RITSCH
ビ
RATSCH
ビ
ビ
RITSCH
BEREIT-MACHEN? DAS GILT WOHL EHER FÜR DICH...
ALL MIGHT!
GU-HAH ...
WAS IST DAS FÜR EINE KRAFT?!

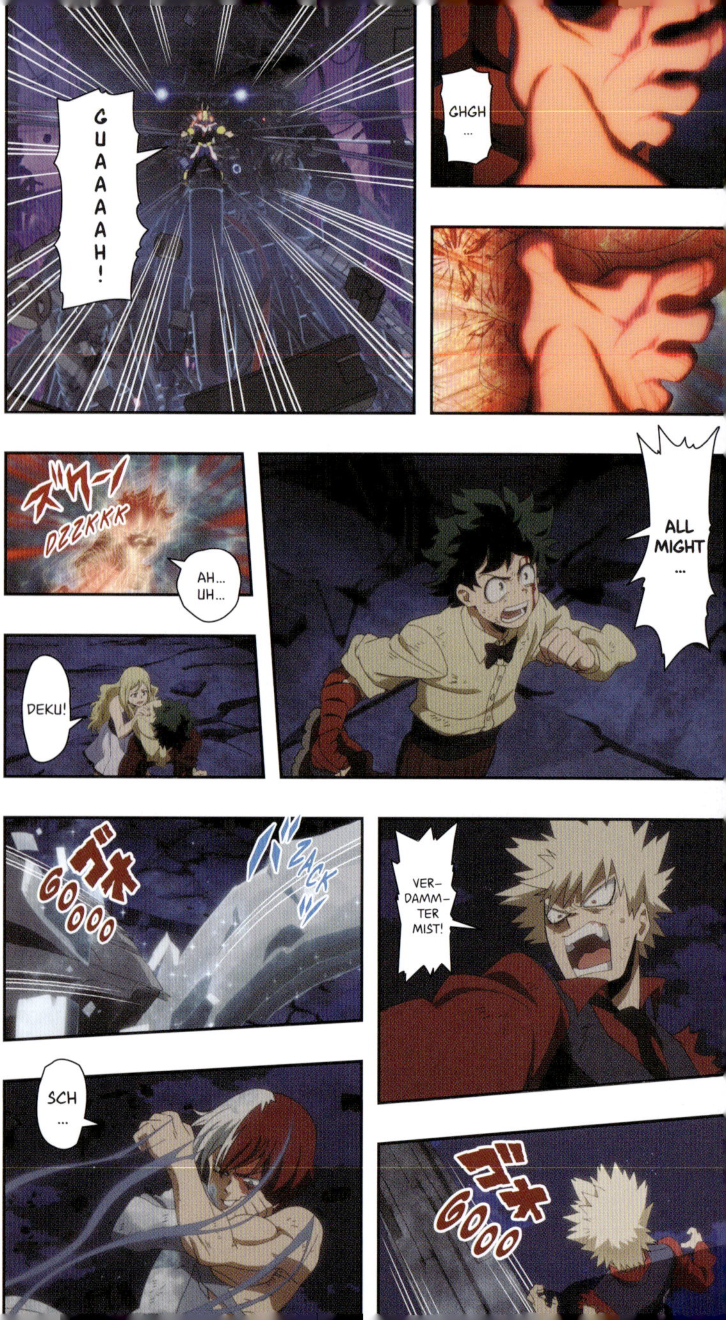
GHGH ...
GUAAAAAAH!
ALL MIGHT ...
DZZKKK
AH... UH...
DEKU!
VER-DAMM-TER MIST!
GOOOO
ZACK
SCH ...
GOOO

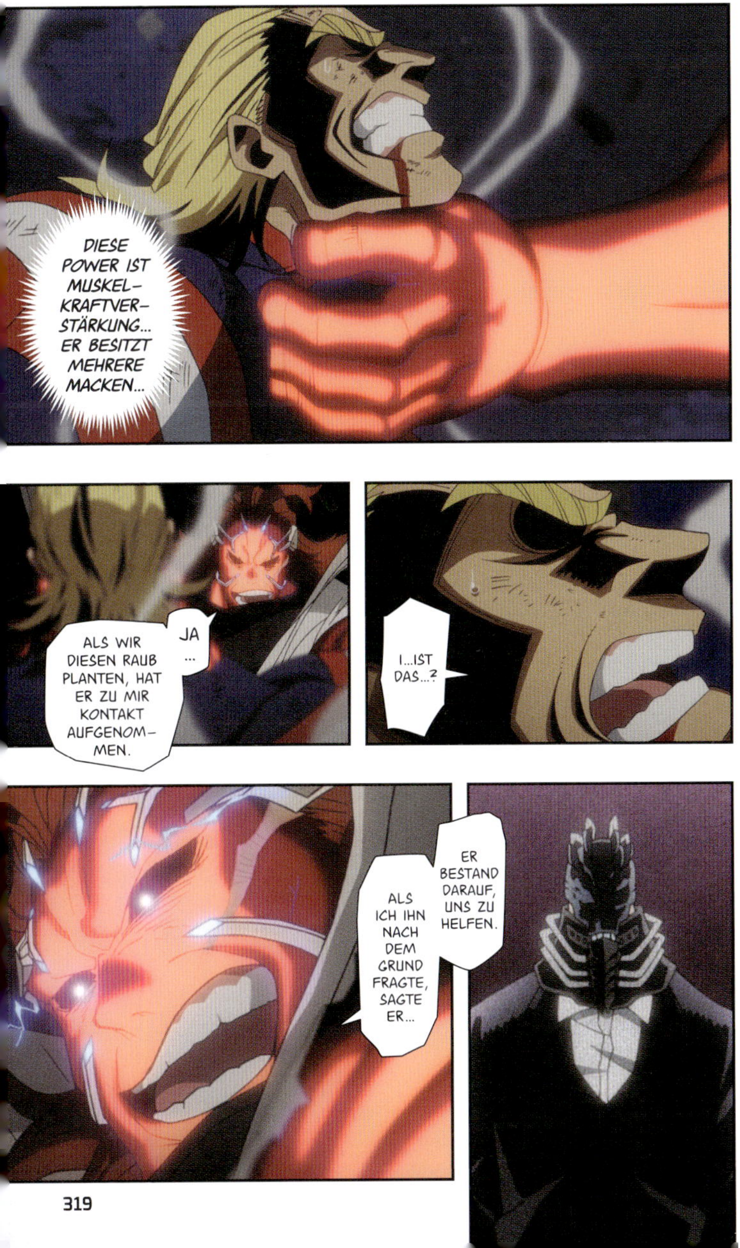

DIESE POWER IST MUSKEL-KRAFTVER-STÄRKUNG... ER BESITZT MEHRERE MACKEN...
I...IST DAS...?
JA ...
ALS WIR DIESEN RAUB PLANTEN, HAT ER ZU MIR KONTAKT AUFGENOM-MEN.
ER BESTAND DARAUF, UNS ZU HELFEN.
ALS ICH IHN NACH DEM GRUND FRAGTE, SAGTE ER...

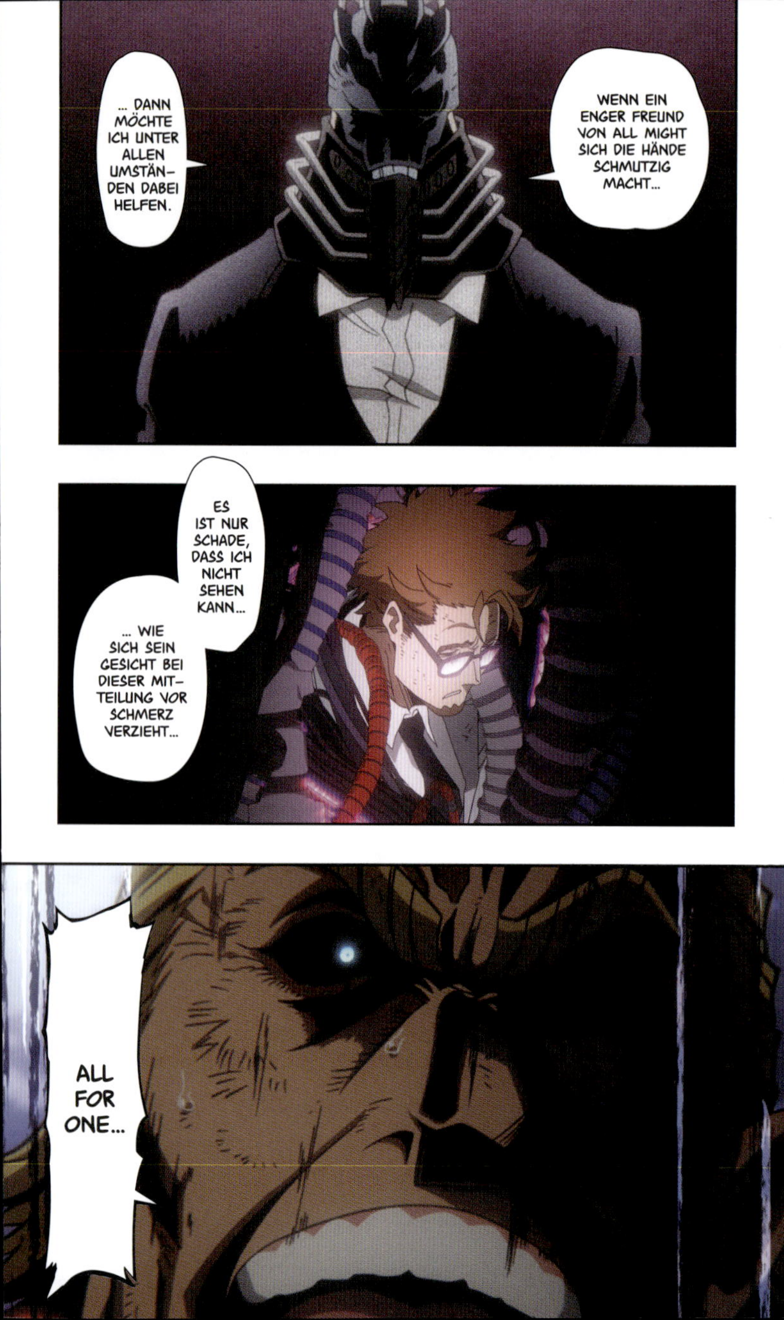
WENN EIN ENGER FREUND VON ALL MIGHT SICH DIE HÄNDE SCHMUTZIG MACHT...
... DANN MÖCHTE ICH UNTER ALLEN UMSTÄNDEN DABEI HELFEN.
ES IST NUR SCHADE, DASS ICH NICHT SEHEN KANN...
... WIE SICH SEIN GESICHT BEI DIESER MITTEILUNG VOR SCHMERZ VERZIEHT...
ALL FOR ONE...

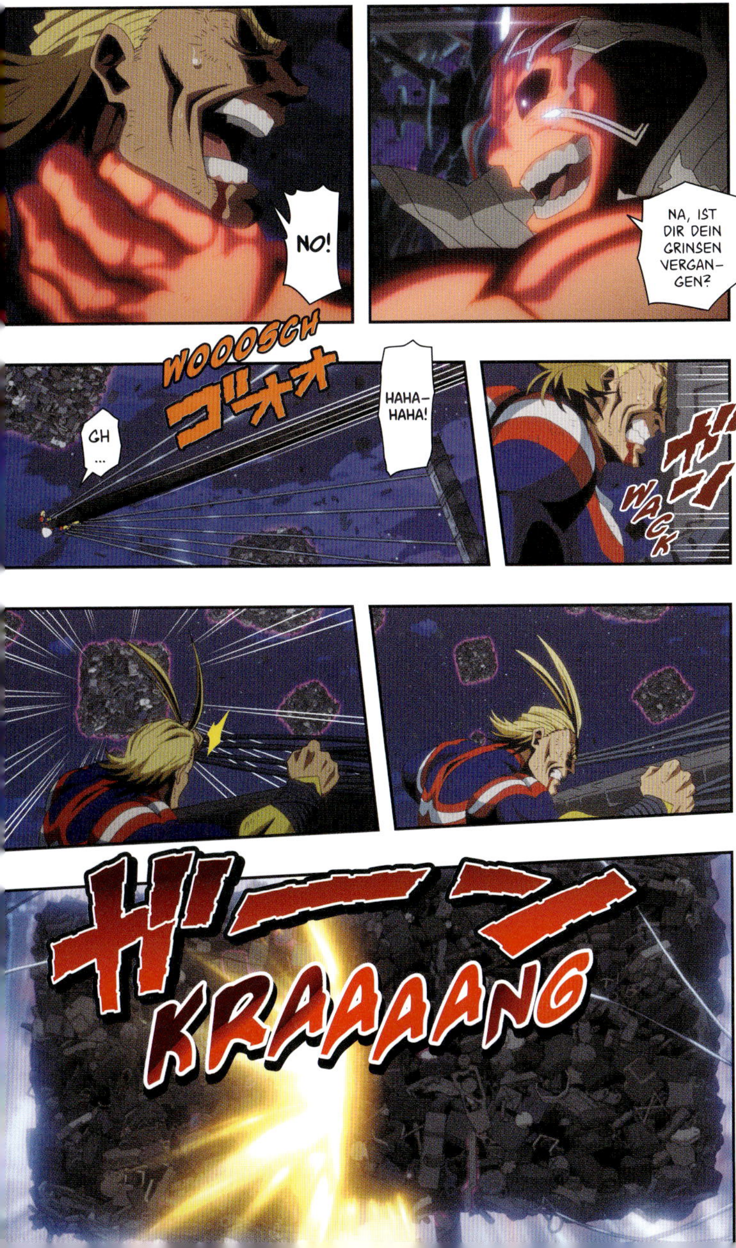
NA, IST DIR DEIN GRINSEN VERGAN-GEN?
NO!
WOOOSCH
ゴォオ
HAHA-HAHA!
GH ...
ガン
WACK
ガーン
KRAAAANG

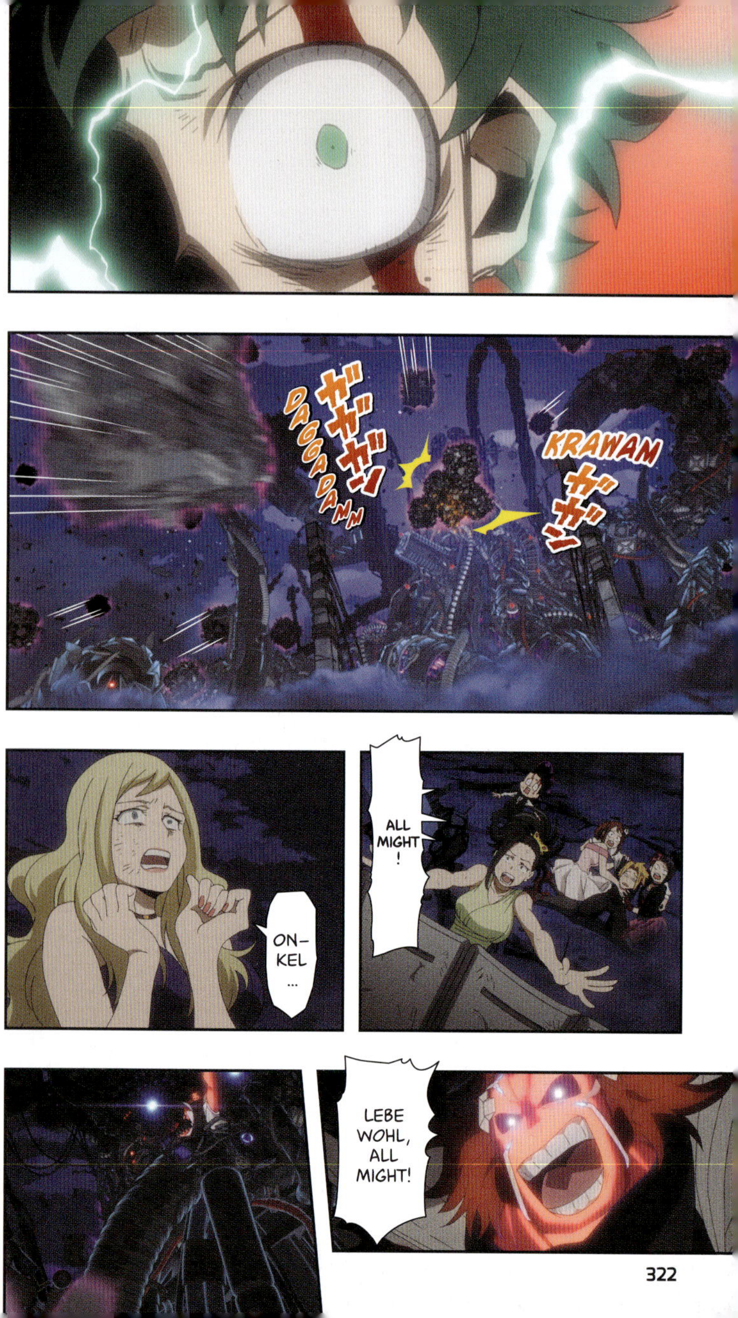
ガガガン
DAGGADAMM
KRAWAM
ガガン
ON-
KEL
...
ALL
MIGHT
!
LEBE
WOHL,
ALL
MIGHT!

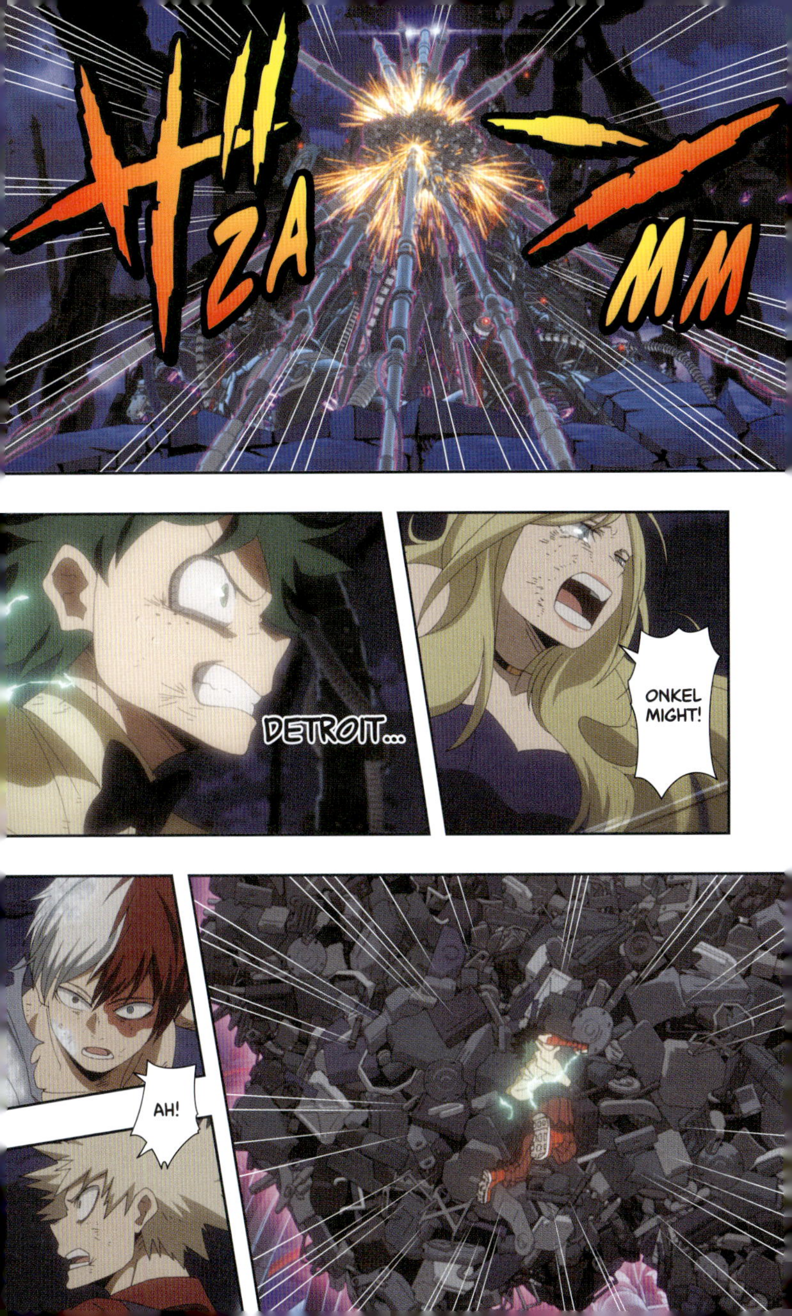
ZA
MM
ONKEL MIGHT!
DETROIT...
AH!

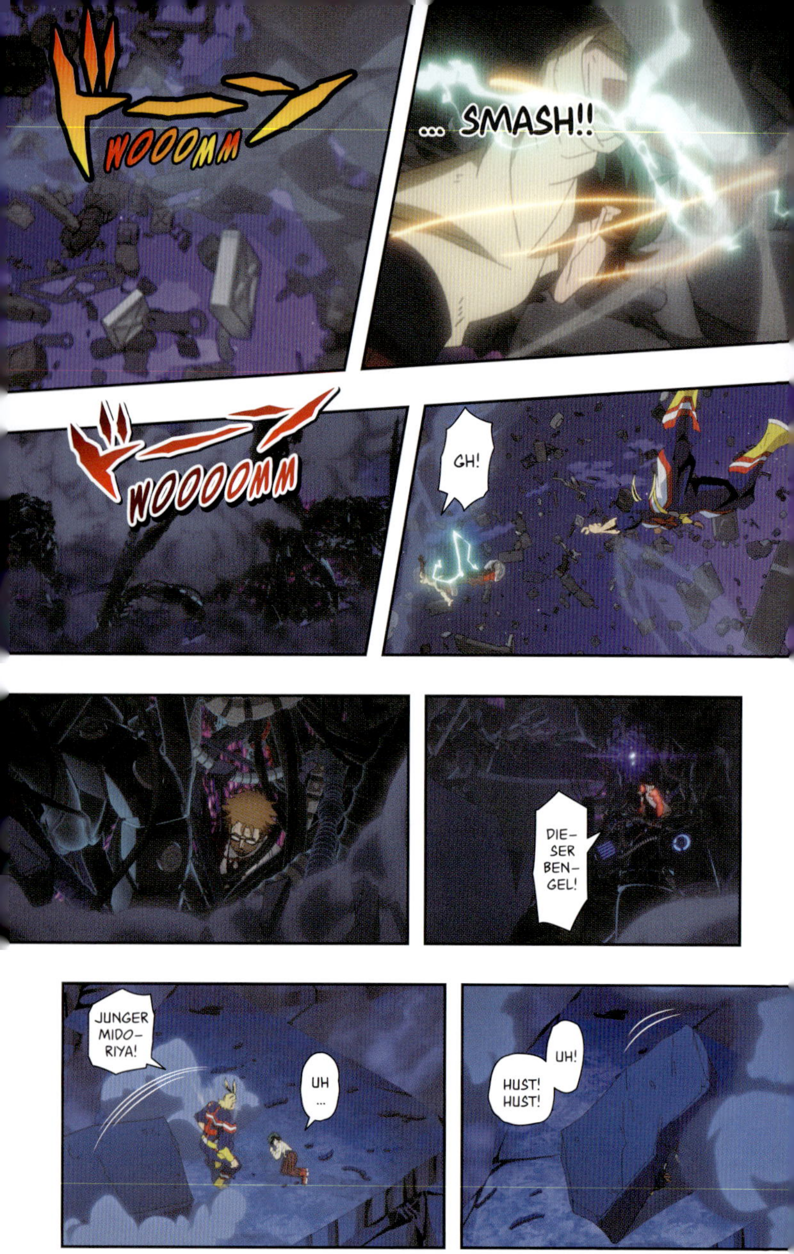
WOOOMM
... SMASH!!
WOOOOMM
GH!
DIE-SER BEN-GEL!
JUNGER MIDO-RIYA!
UH ...
UH!
HUST! HUST!

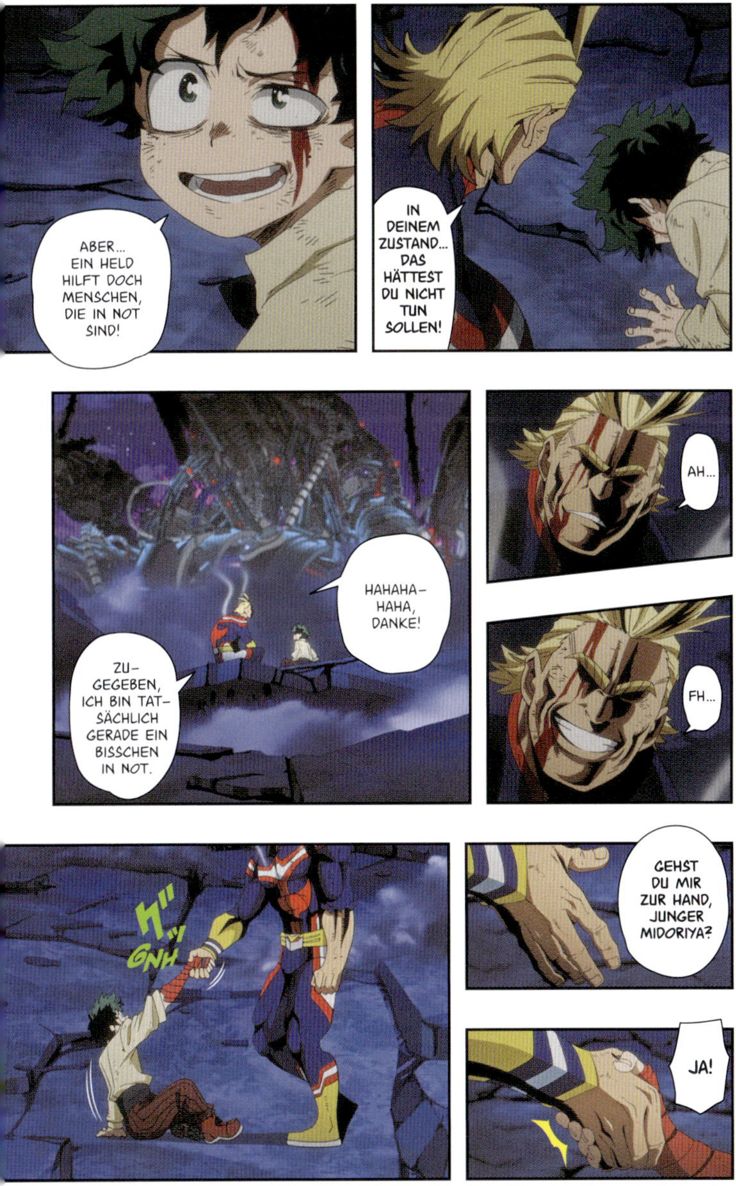
IN DEINEM ZUSTAND... DAS HÄTTEST DU NICHT TUN SOLLEN!
ABER... EIN HELD HILFT DOCH MENSCHEN, DIE IN NOT SIND!
AH...
FH...
HAHAHA-HAHA, DANKE!
ZU-GEGEBEN, ICH BIN TAT-SÄCHLICH GERADE EIN BISSCHEN IN NOT.
GEHST DU MIR ZUR HAND, JUNGER MIDORIYA?
JA!
GNH

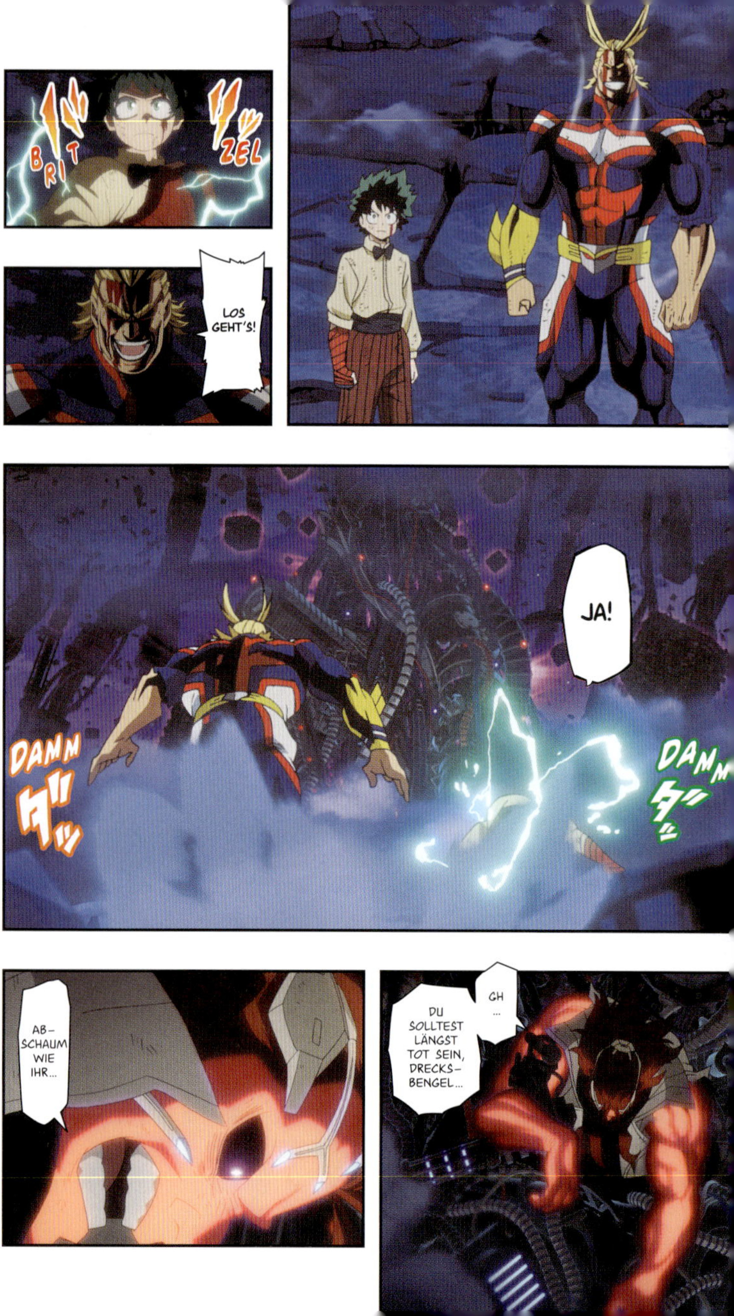
BRITZEL
LOS GEHT'S!
JA!
DAMM
DAMM
GH …
DU SOLLTEST LÄNGST TOT SEIN, DRECKS-BENGEL …
AB-SCHAUM WIE IHR …

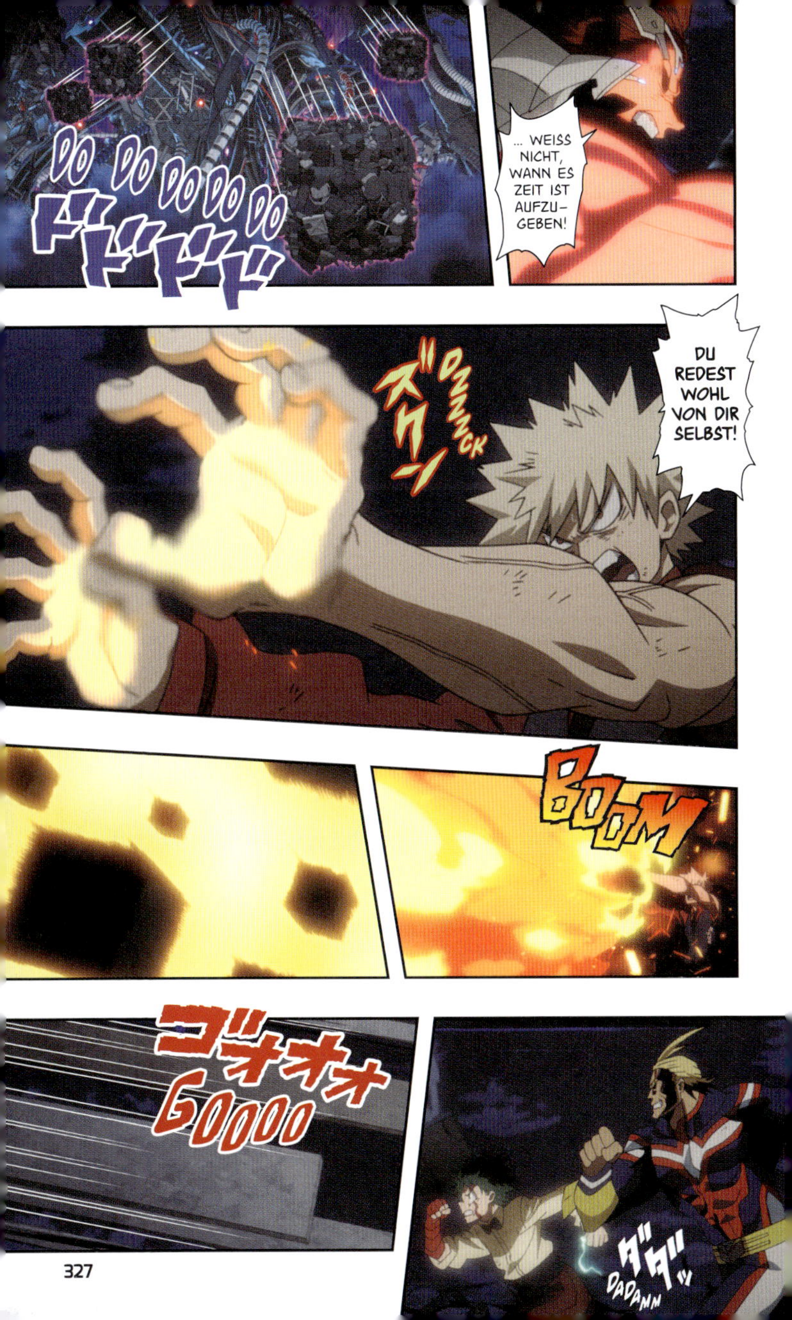

... WEISS NICHT, WANN ES ZEIT IST AUFZU-GEBEN!
DO DO DO DO DO
ドドドドド
DU REDEST WOHL VON DIR SELBST!
ズグン
DZZZZCK
BOOM
ダダッ
DADAMM
ゴォオオ
GOOOO

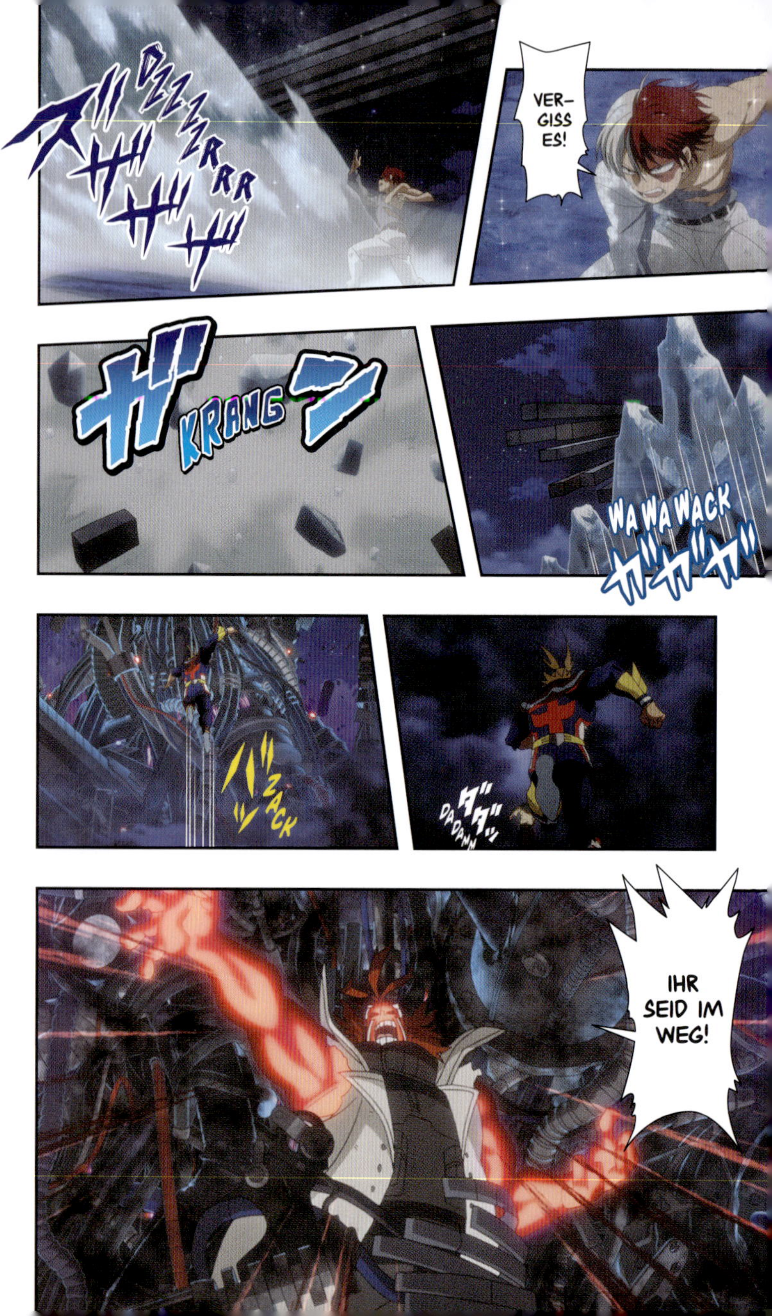
VER-
GISS
ES!
DZZZZRRR
KRANG
WA WA WACK
ZACK
DADAMM
IHR
SEID IM
WEG!

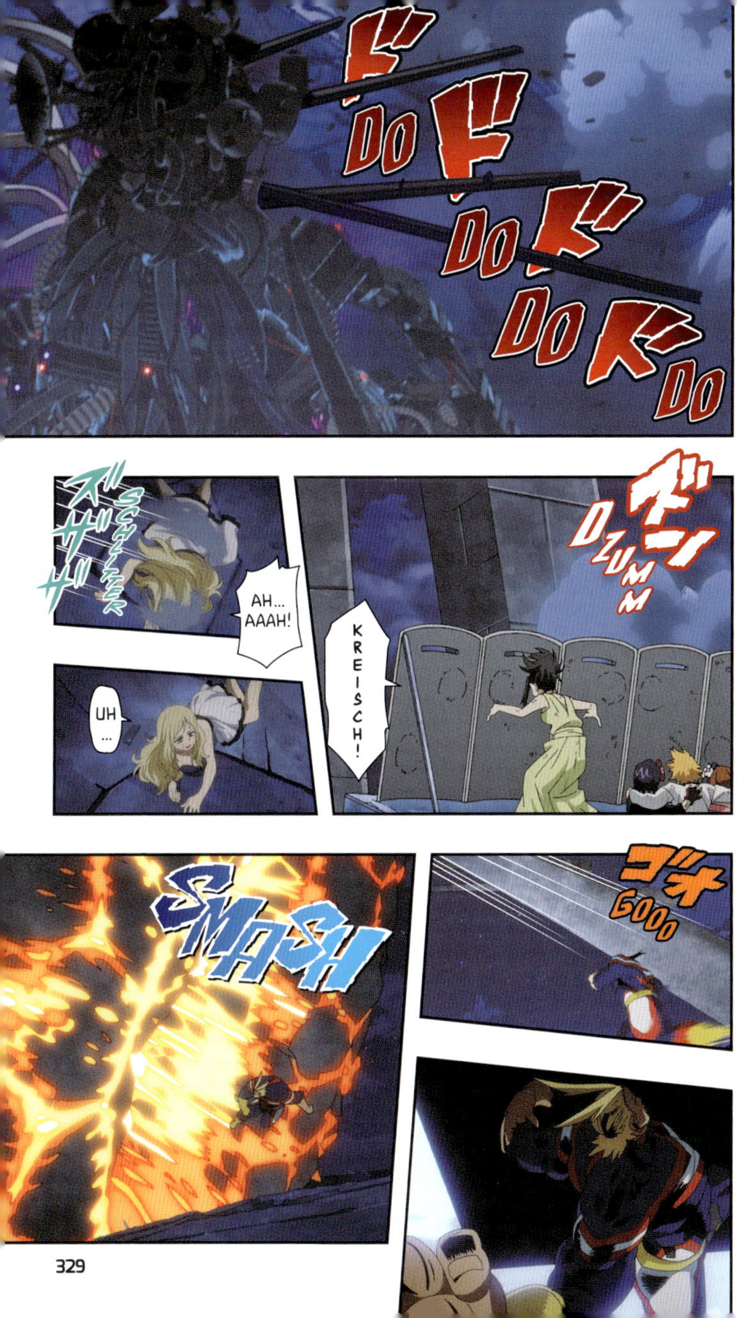

ドドドドDO DO DO DO
ズザザザ SCHLITTER
AH... AAAH!
UH ...
ズーン DZUMM
KREISCH!
SMASH
ゴォ GOOO

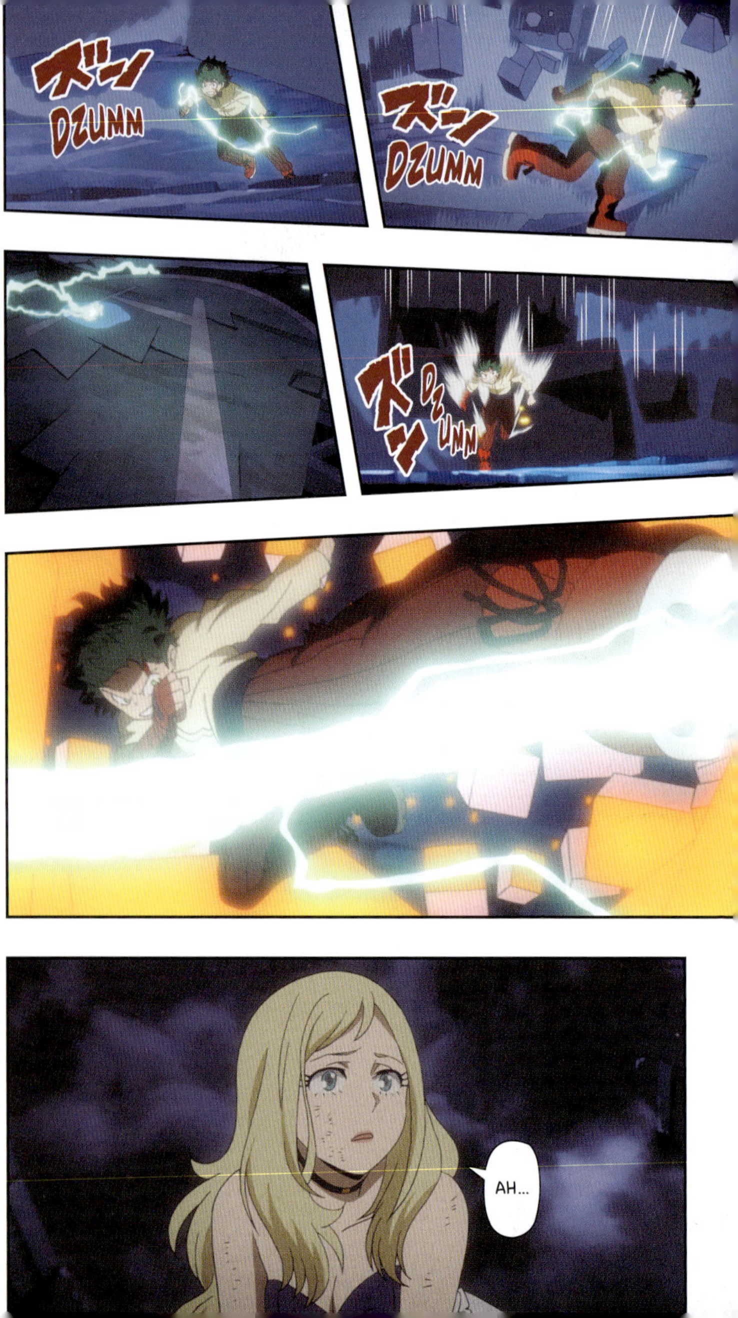
ズーン
DZUMN
ズーン
DZUNN
ズーン
DZUNN
AH...

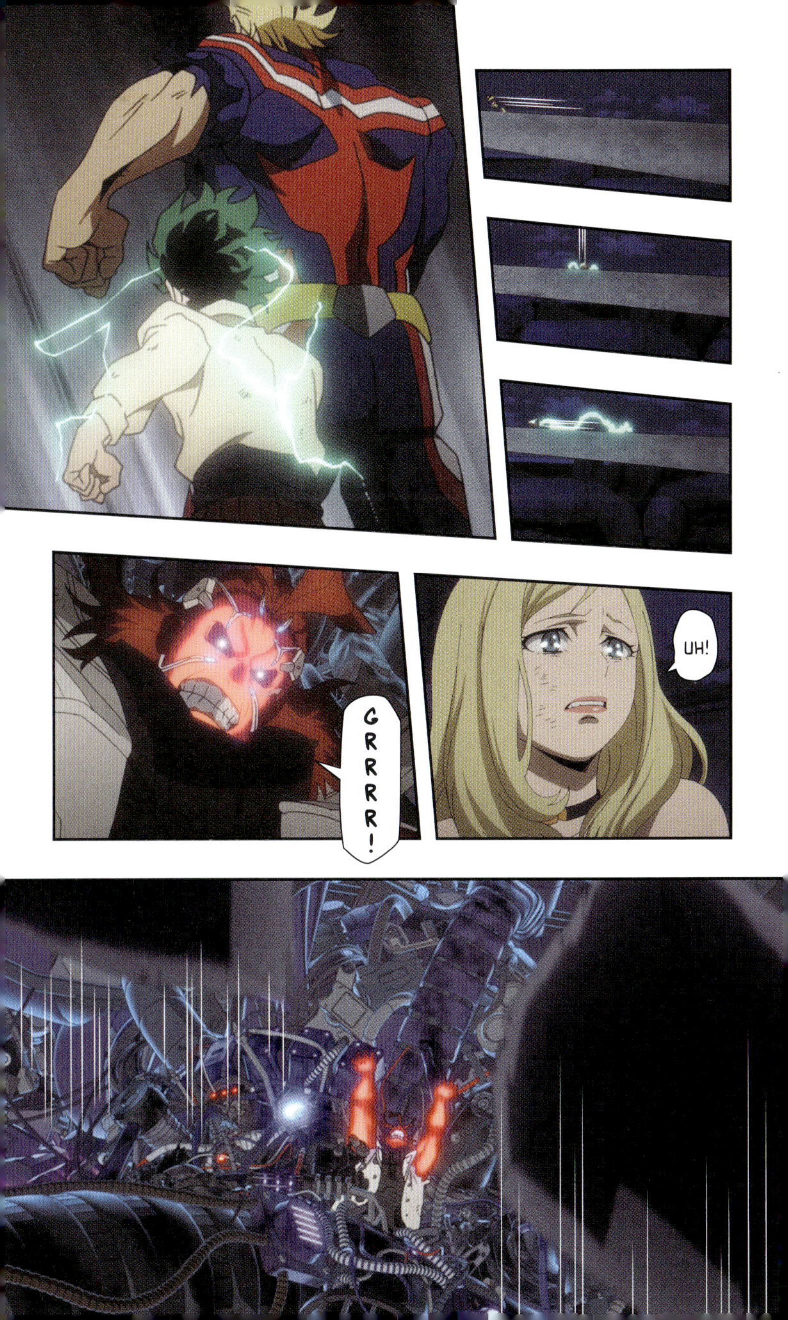
GRRRR!
UH!

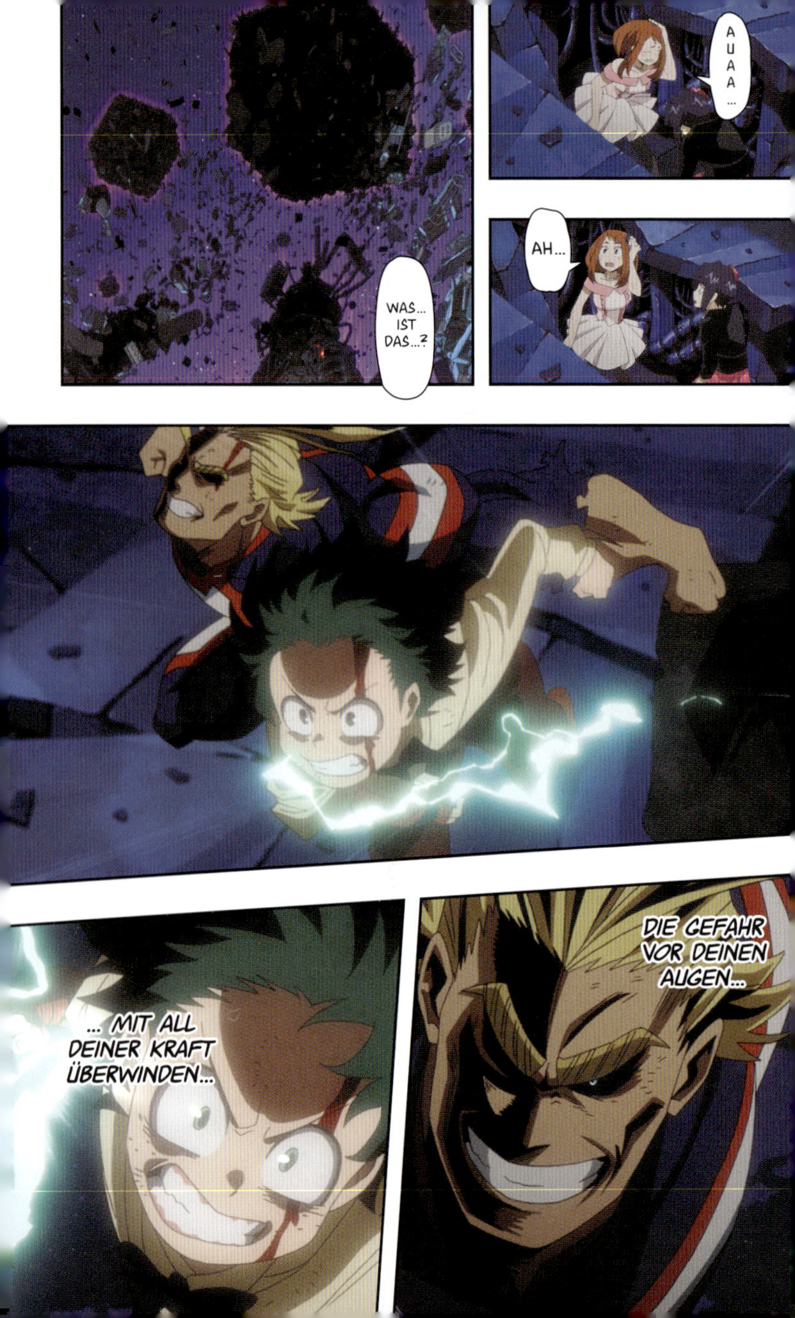
AUAA...
AH...
WAS... IST DAS...?
DIE GEFAHR VOR DEINEN AUGEN...
... MIT ALL DEINER KRAFT ÜBERWINDEN...

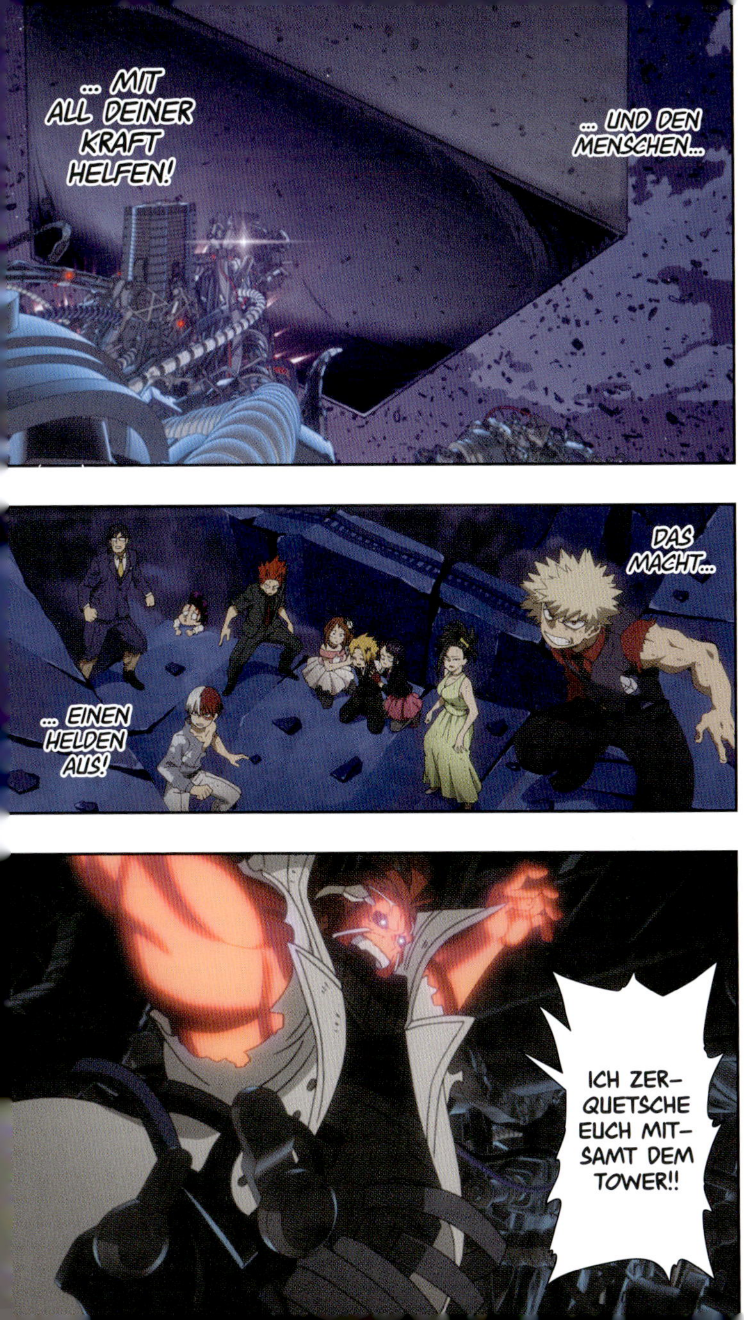
... UND DEN MENSCHEN...
... MIT ALL DEINER KRAFT HELFEN!
DAS MACHT...
... EINEN HELDEN AUS!
ICH ZER-QUETSCHE EUCH MIT-SAMT DEM TOWER!!

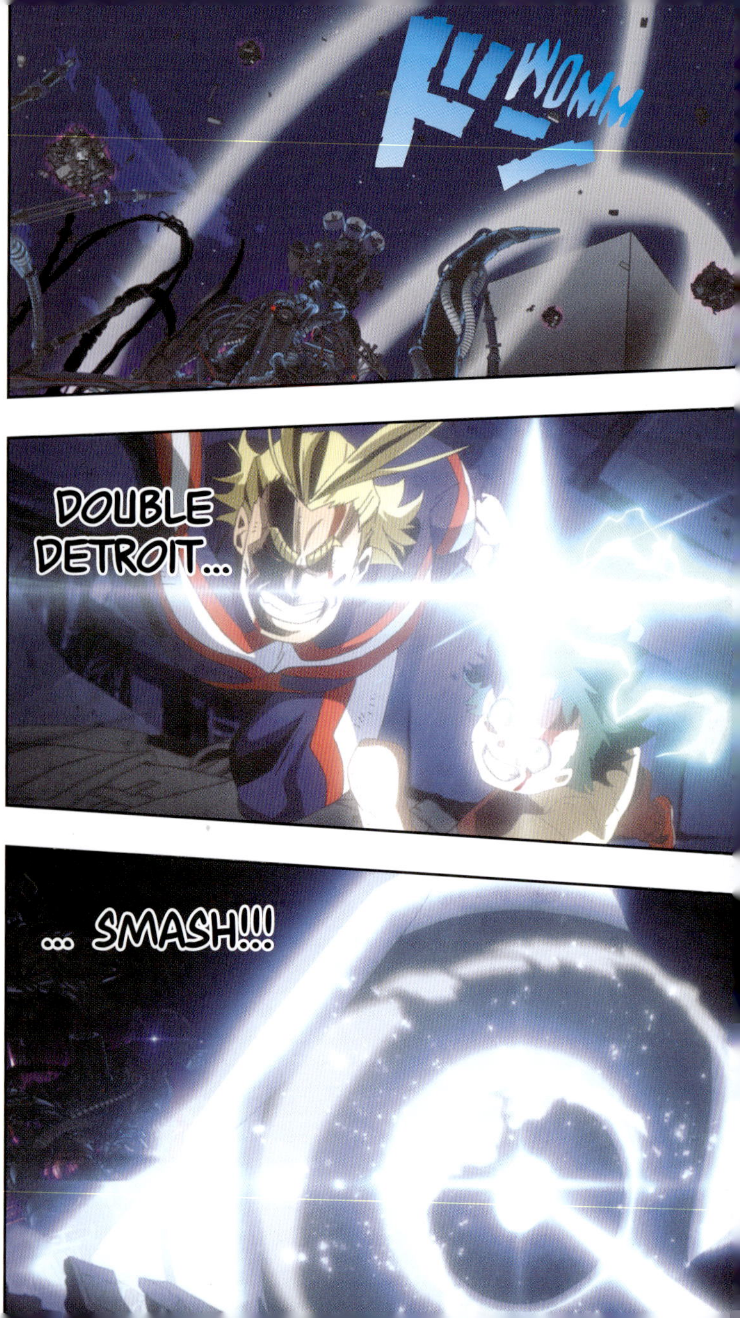
WOMM
DOUBLE DETROIT...
... SMASH!!!

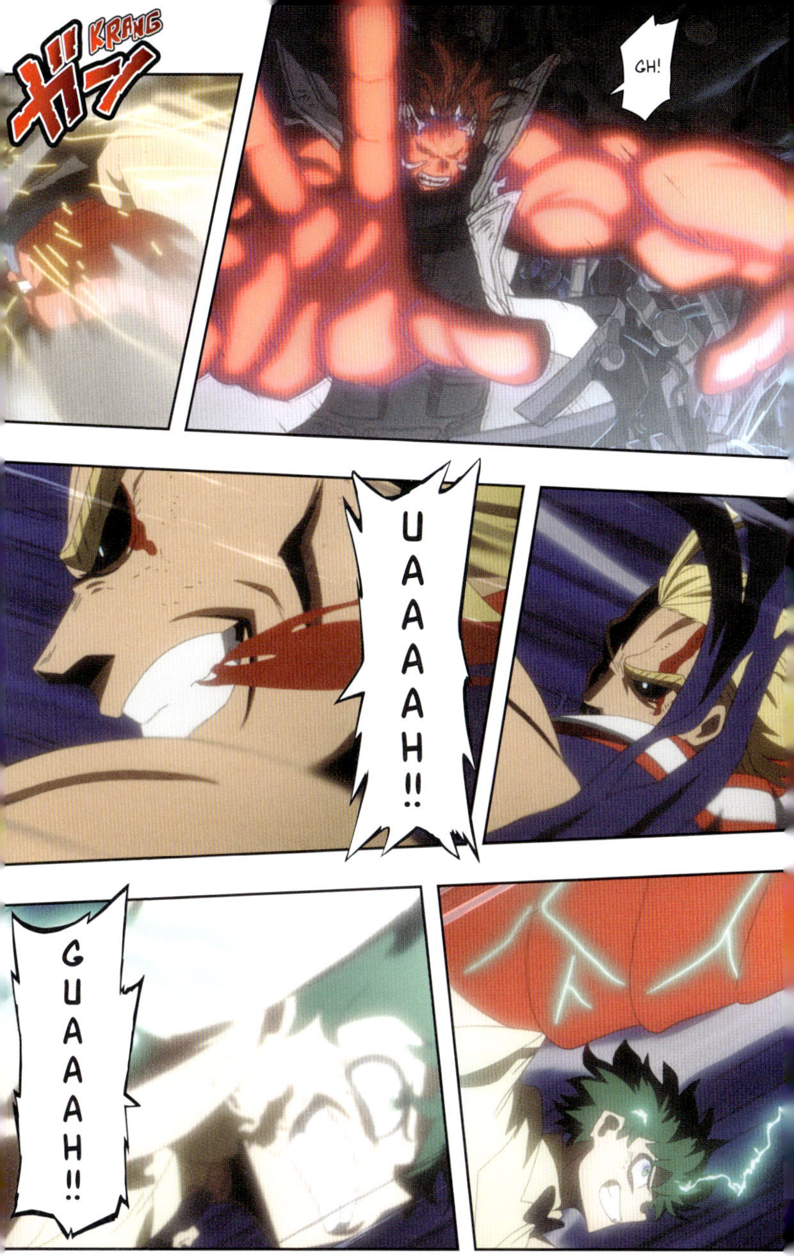
KRANG
GH!
UAAAAAH!!
GUAAAAH!!

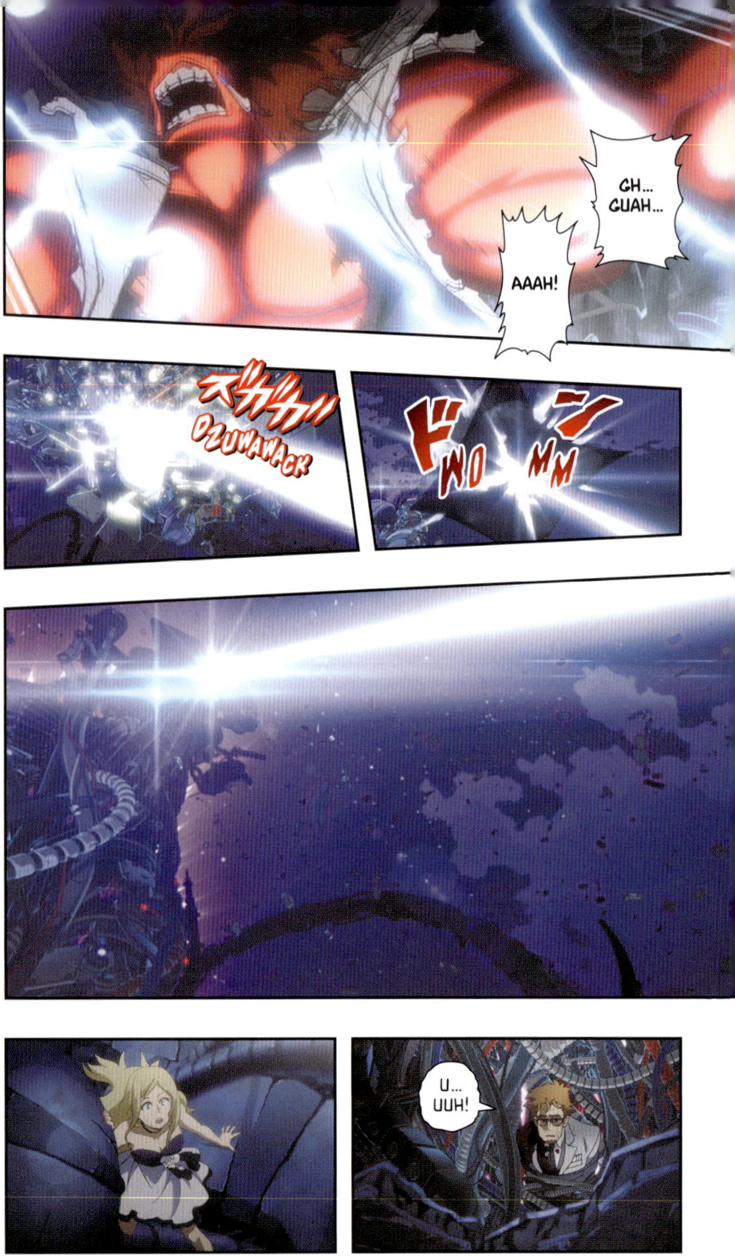
GH... GUAH...
AAAH!
ズワワッ
DZUWAWACK
ドン
WOMM
U... UUH!

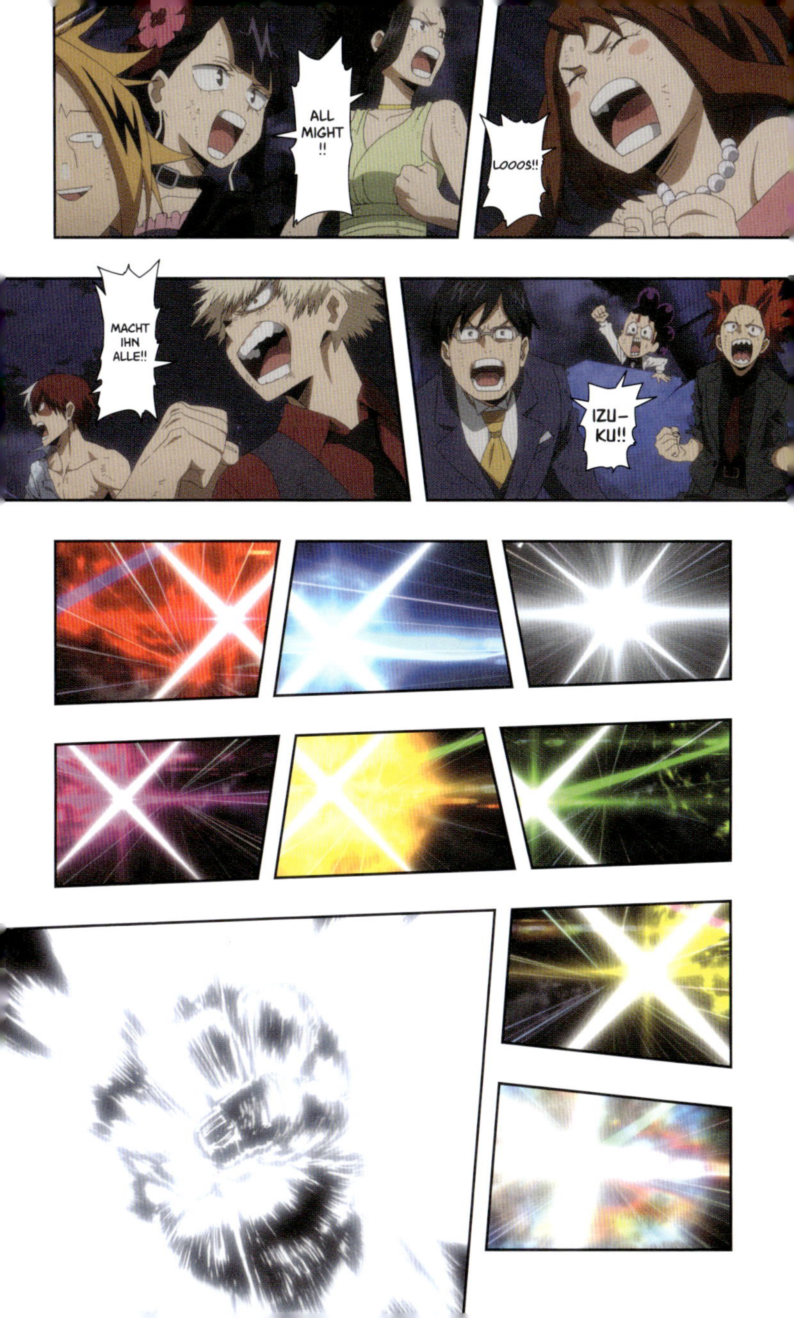

LOOOS!!
ALL MIGHT !!
IZU-KU!!
MACHT IHN ALLE!!

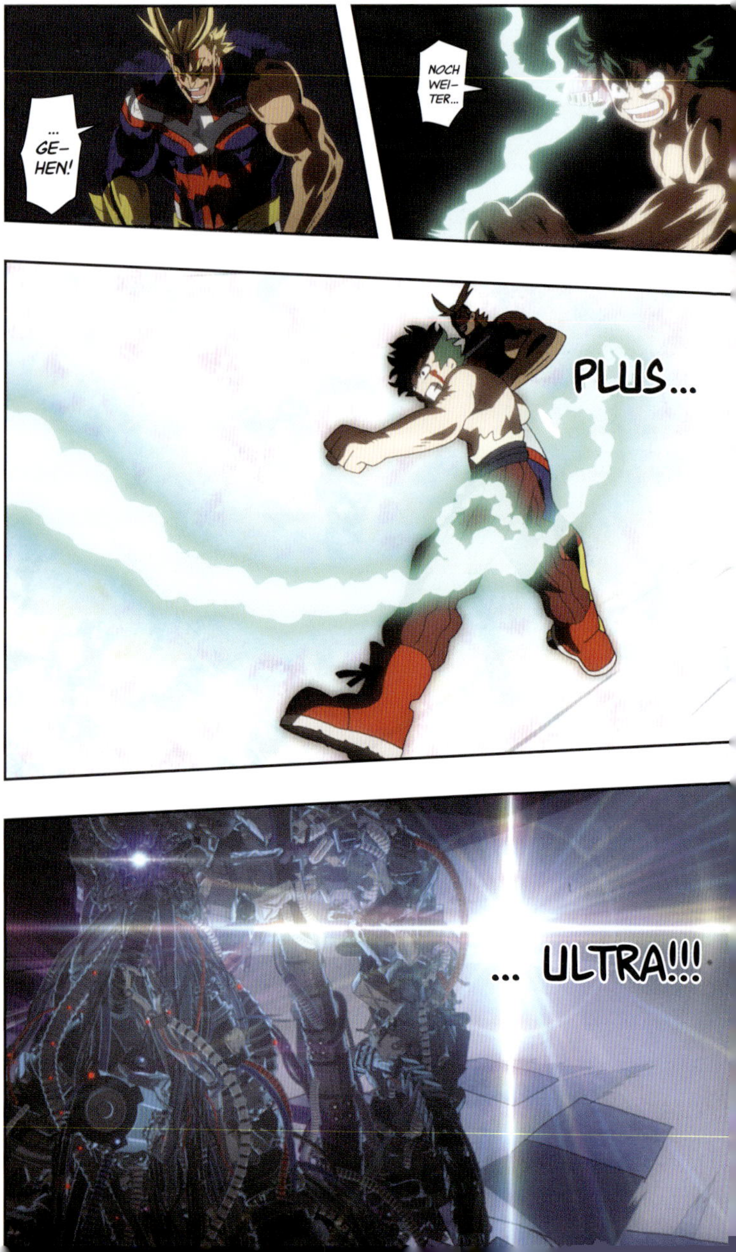
... GE-HEN!
NOCH WEI-TER...
PLUS...
... ULTRA!!!

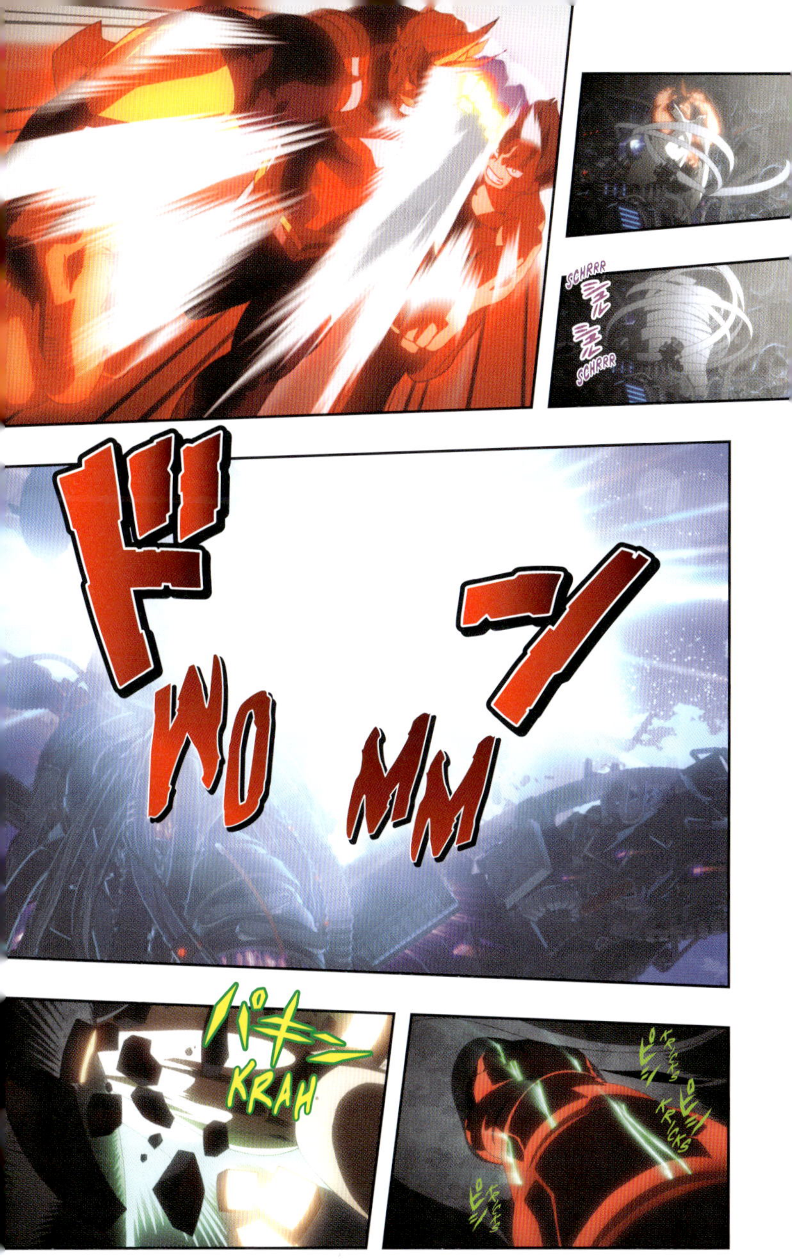
SCHRRR
シュル
シュル
SCHRRR
ドーン
WOMM
ピシ
KRICKS
ピシ
KRICKS
ピシ
KRICKS
KRAH

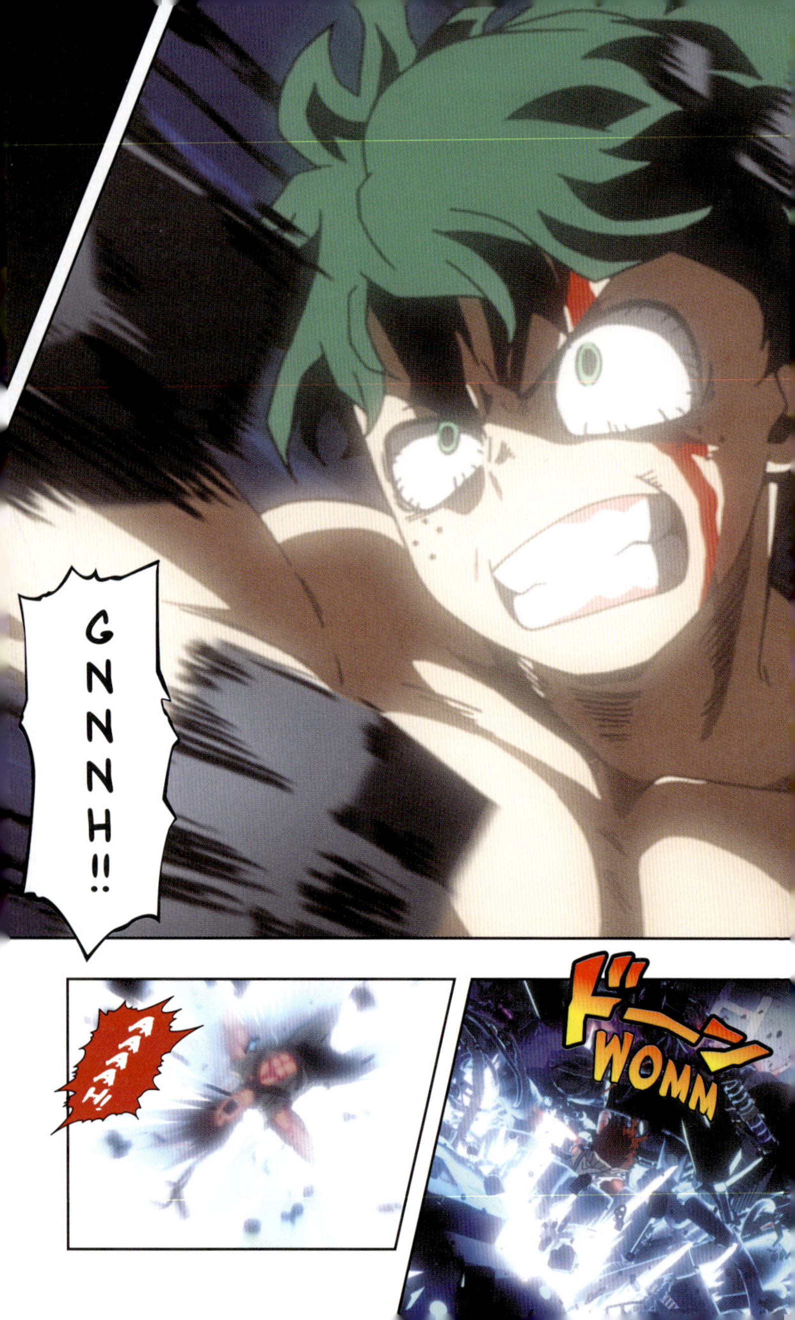
GNNNH!!
AAAAAH!
ドーン
WOMM

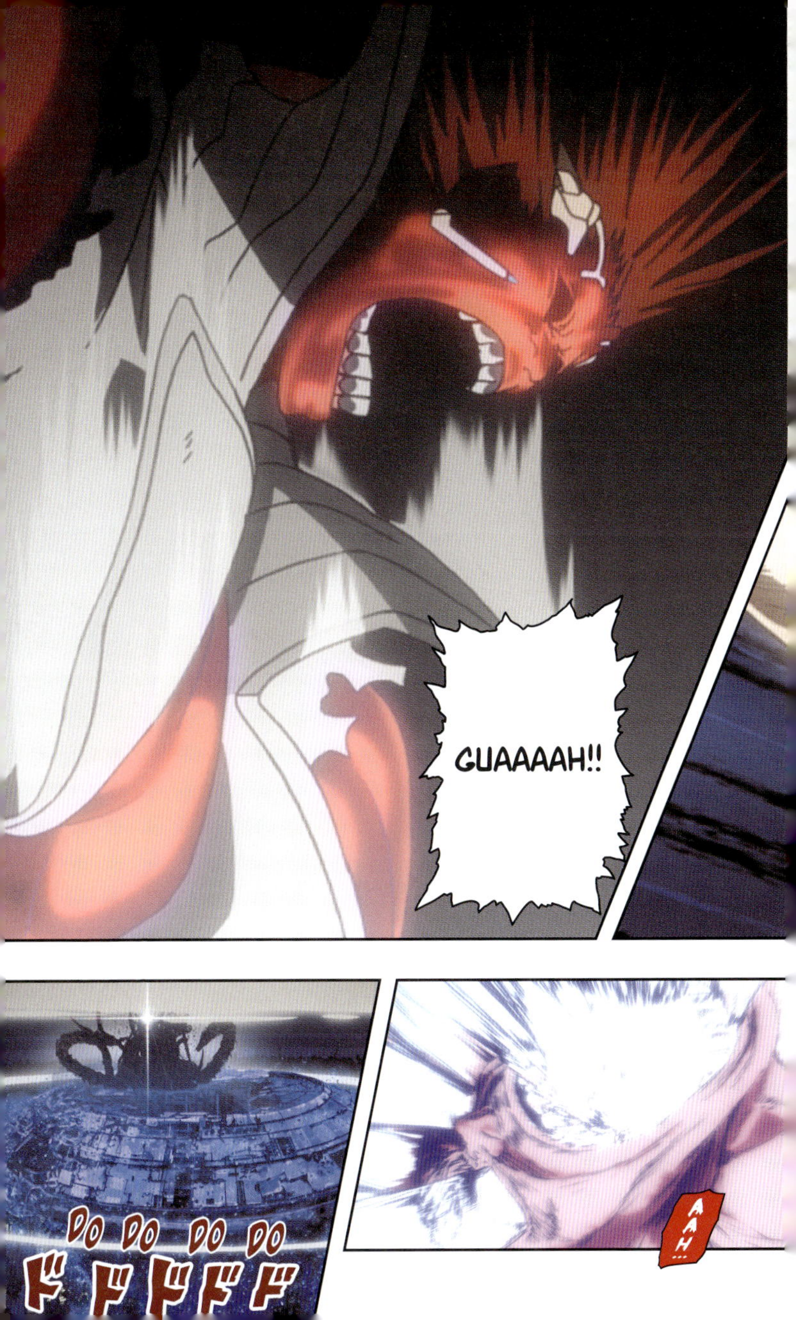
GUAAAAH!!
AAH...
DO DO DO DO
ドドドドド

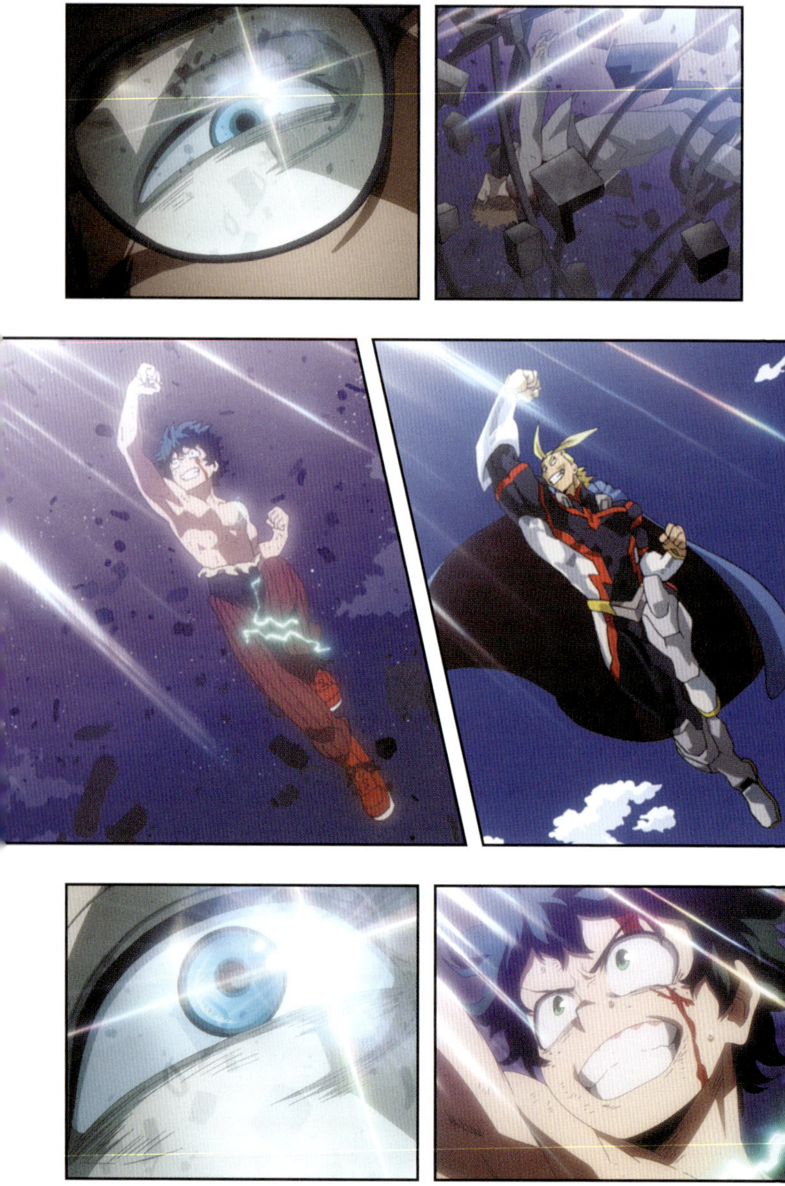

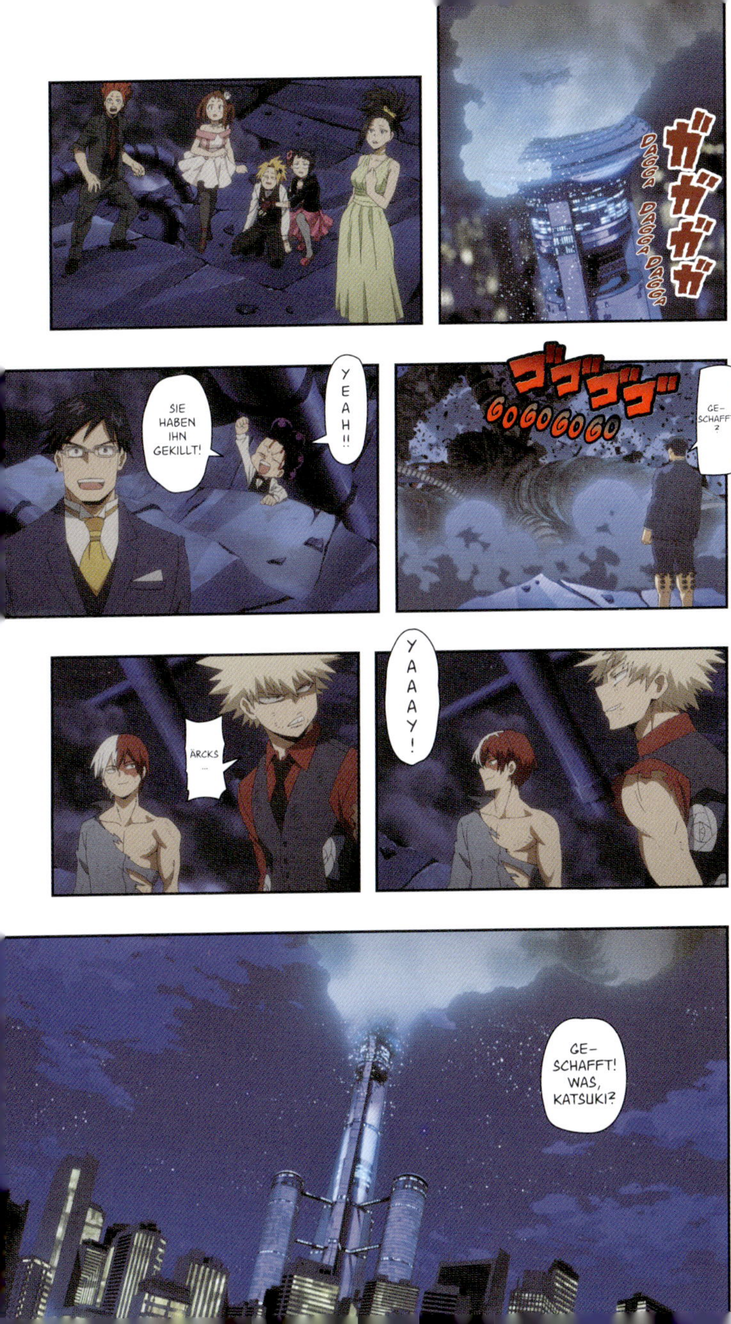
ガガガガ
DAGGA DAGGA DAGGA
ゴゴゴゴ
GOGOGOGOGO
GE-SCHAFFT?
YEAH!!
SIE HABEN IHN GEKILLT!
YAAAY!
ÄRCKS ...
GE-SCHAFFT! WAS, KATSUKI?

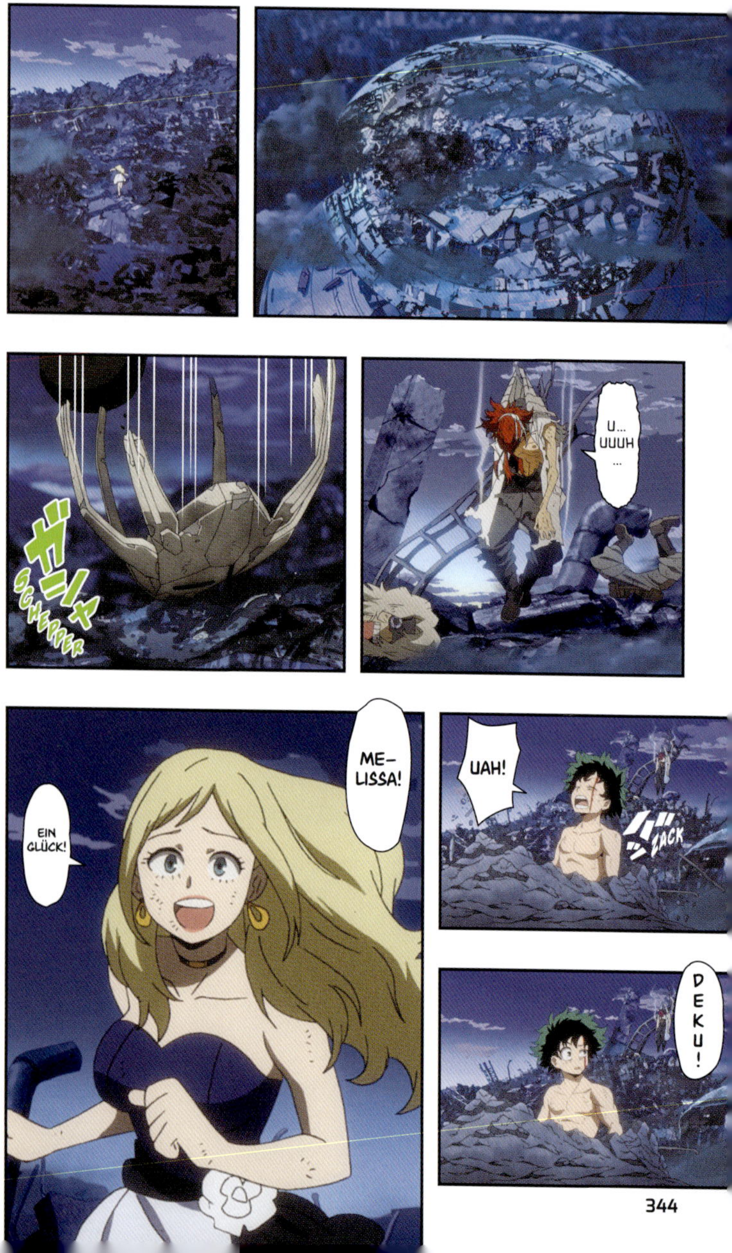
U... UUUH ...
SCHEPPER
UAH!
ZACK
DEKU!
ME- LISSA!
EIN GLÜCK!

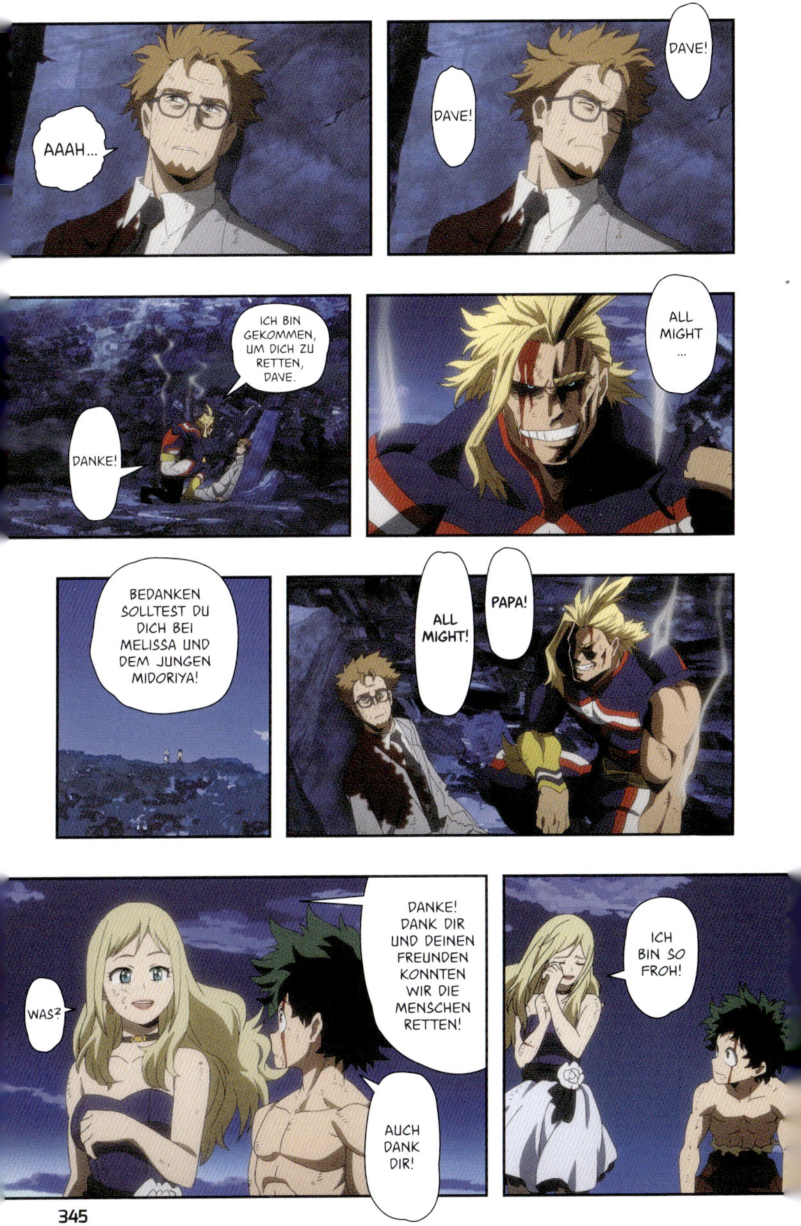
AAAH...
DAVE!
DAVE!
ICH BIN GEKOMMEN, UM DICH ZU RETTEN, DAVE.
DANKE!
ALL MIGHT ...
BEDANKEN SOLLTEST DU DICH BEI MELISSA UND DEM JUNGEN MIDORIYA!
PAPA!
ALL MIGHT!
DANKE! DANK DIR UND DEINEN FREUNDEN KONNTEN WIR DIE MENSCHEN RETTEN!
WAS?
AUCH DANK DIR!
ICH BIN SO FROH!

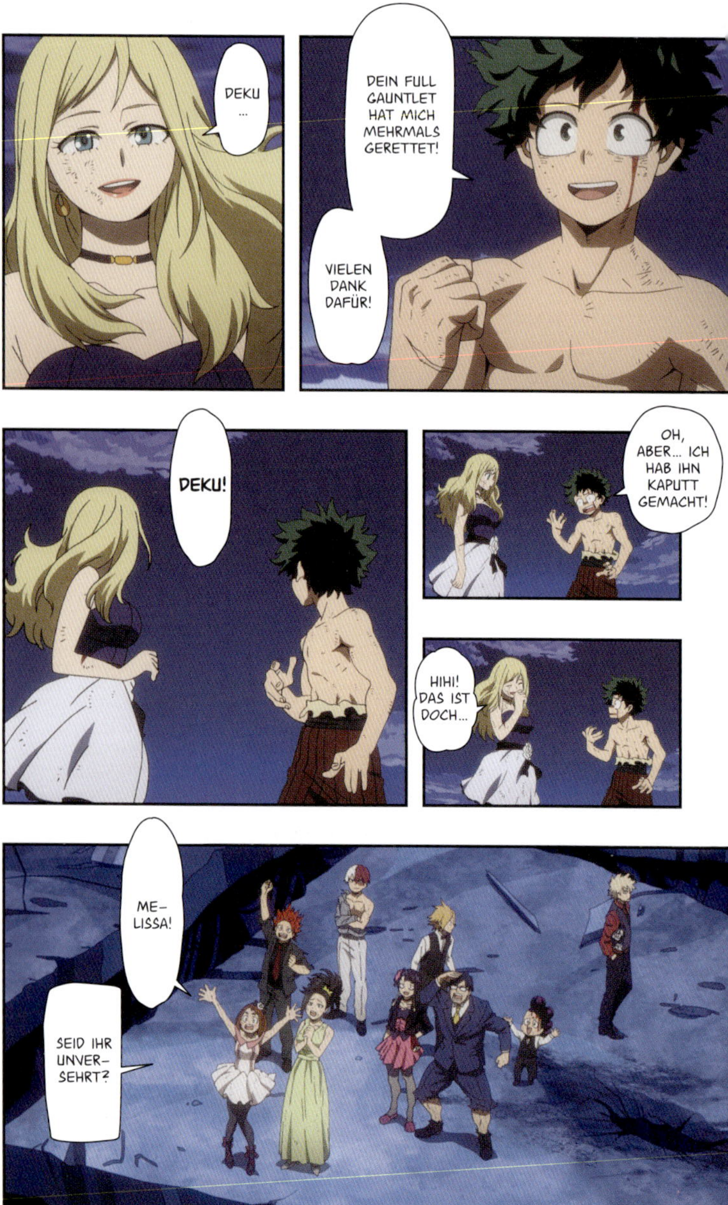
DEIN FULL GAUNTLET HAT MICH MEHRMALS GERETTET!
VIELEN DANK DAFÜR!
DEKU ...
OH, ABER... ICH HAB IHN KAPUTT GEMACHT!
HIHI! DAS IST DOCH...
DEKU!
MELISSA!
SEID IHR UNVERSEHRT?

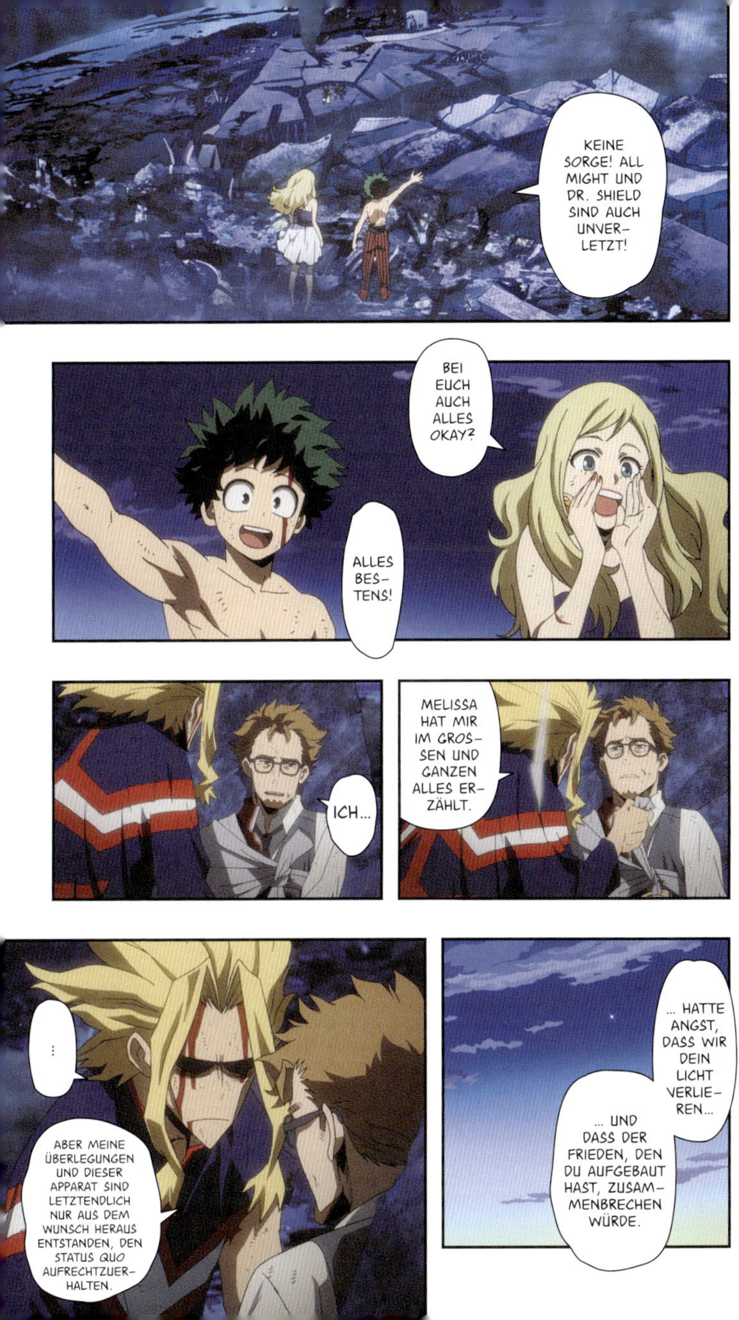
KEINE SORGE! ALL MIGHT UND DR. SHIELD SIND AUCH UNVER-LETZT!
BEI EUCH AUCH ALLES OKAY?
ALLES BES-TENS!
ICH...
MELISSA HAT MIR IM GROS-SEN UND GANZEN ALLES ER-ZÄHLT.
...
ABER MEINE ÜBERLEGUNGEN UND DIESER APPARAT SIND LETZTENDLICH NUR AUS DEM WUNSCH HERAUS ENTSTANDEN, DEN STATUS QUO AUFRECHTZUER-HALTEN.
... HATTE ANGST, DASS WIR DEIN LICHT VERLIE-REN...
... UND DASS DER FRIEDEN, DEN DU AUFGEBAUT HAST, ZUSAM-MENBRECHEN WÜRDE.

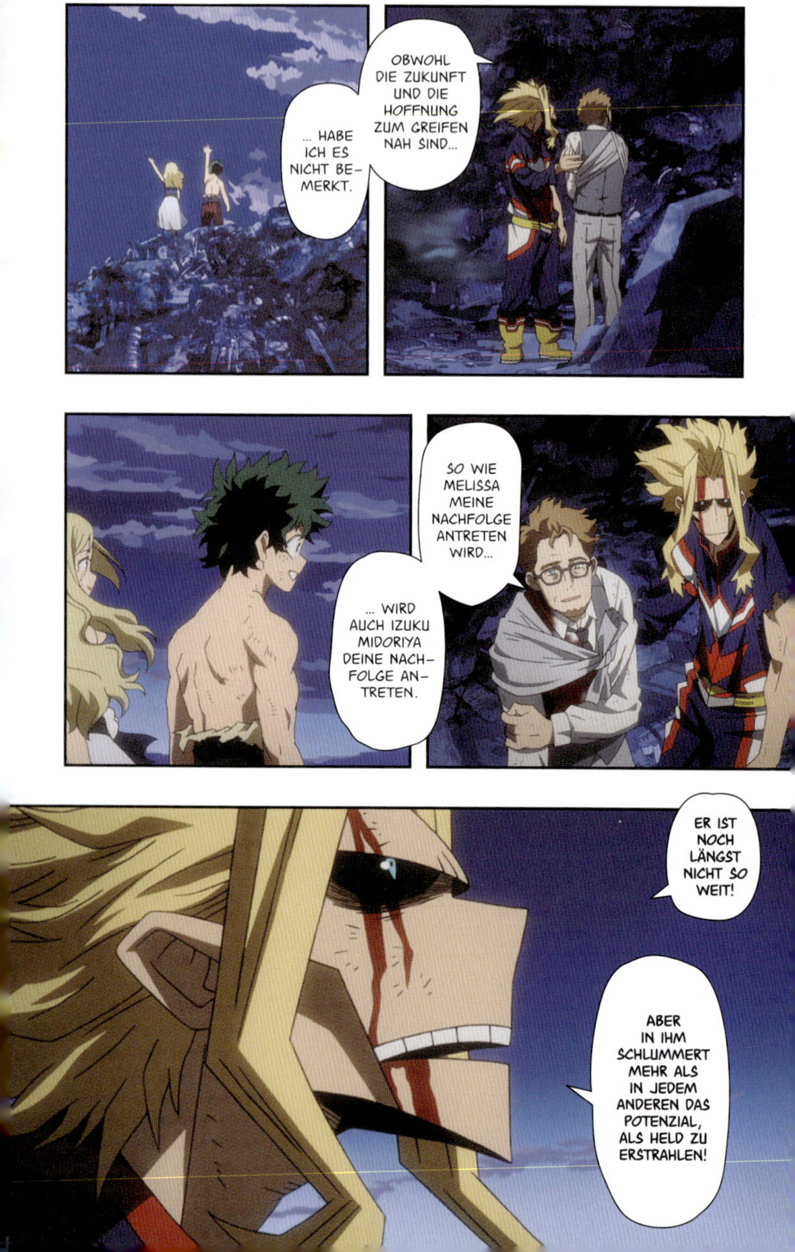
OBWOHL DIE ZUKUNFT UND DIE HOFFNUNG ZUM GREIFEN NAH SIND...
... HABE ICH ES NICHT BE-MERKT.
SO WIE MELISSA MEINE NACHFOLGE ANTRETEN WIRD...
... WIRD AUCH IZUKU MIDORIYA DEINE NACH-FOLGE AN-TRETEN.
ER IST NOCH LÄNGST NICHT SO WEIT!
ABER IN IHM SCHLUMMERT MEHR ALS IN JEDEM ANDEREN DAS POTENZIAL, ALS HELD ZU ERSTRAHLEN!

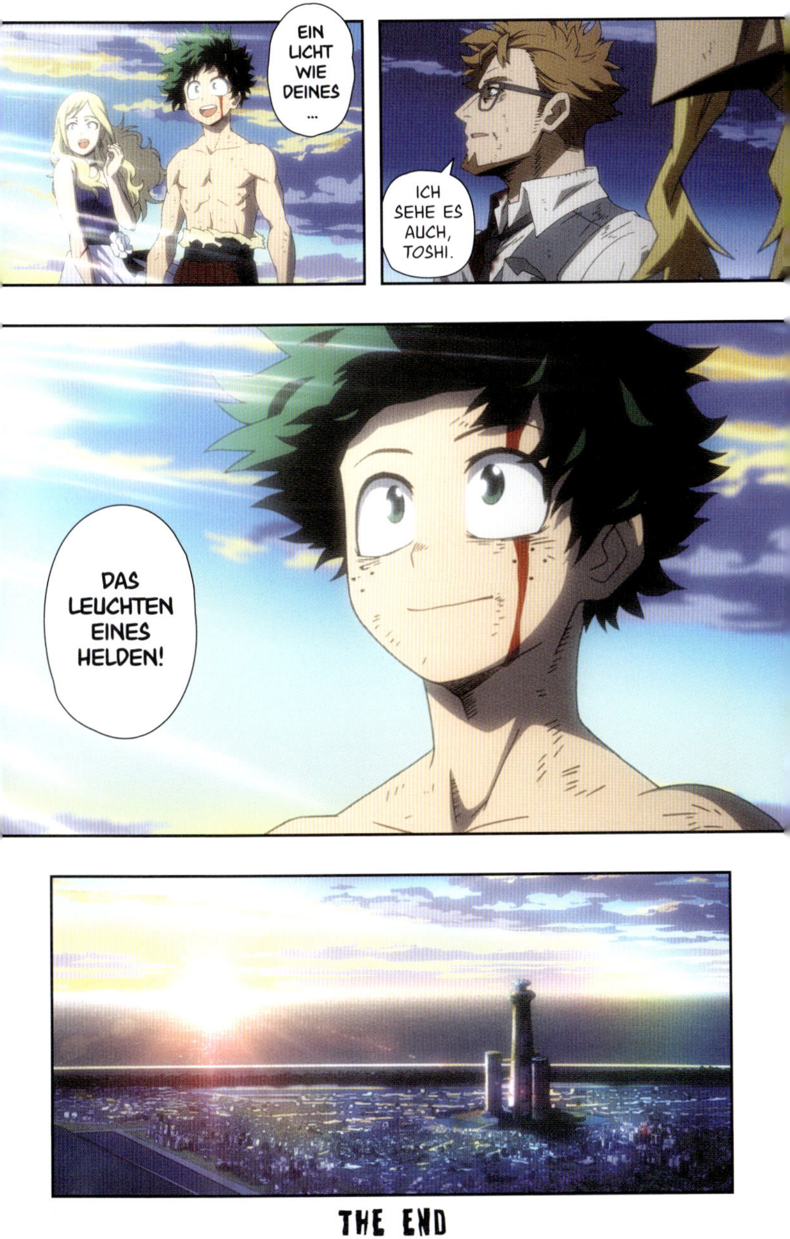
EIN LICHT WIE DEINES ...
ICH SEHE ES AUCH, TOSHI.
DAS LEUCHTEN EINES HELDEN!
THE END

MY HERO ACADEMIA TWO HEROES

CAST & STAFF LIST

ZHOU JI XIN

SMARTILE
KOJI OKAMOTO
KAORI FUJII
WAKAKO SHIMIZU
TAKUYA EBISAWA
MAYUKO ROKURO
RIE ODA
TAKESHI SATO
TAKASHI AOI

ST'BLUE
HAN AH-REUM
LEE MI-JIN
KIM JI-HEE
PARK JUNG-AH

STUDIO NAYA
NORIFUMI NAKAMURA
BEJING GOLDEN PINE FOREST ANIMATION COMPANY
QIQIHAR ZHENHUAN ANIMATION DESIGN COMPANY
SONG ZHEN HUAN

ART TEAM CONVOY
OSAMU TAYAMA
SHIORI IWASHIGE
YUYA KUSUMOTO
MIKI KATO
AKIKO KAZATO

ANIMATION REGIE
IKURI KAMEYAMA
NAOMI SAEKI
KOICHI IWANAGA

ANIMATION
BONES ANIMATION TEAM
FUMIKA ARAKAKI
AKARI ITO
MAMI HORIMOTO
YUZUKI SANO
FUKA SHINOTO
SAKIHO ISOGIMI
MOMOKA IZUMI
ICHIRO UMEHARA
TOMOKA TAMATANI
KAREN NAGATOMO
SHUNSUKE SHISHIDO

SNOWDROP
NATSUKO HARANO
TAKUTO NOGUCHI
FUMIAKI FUKUOKA
RIKA OTSU
SHOHEI KUROIWA
AI HONTANI
MANAMI MORISHITA
HIROMI TAKADA
HAYATO SAKAI
SHIHOMI MATSUBAYASHI
NAOMI SAEKI
HIROAKI KURIHARA
YUKI NAKANO
TETSURO UETAKE

YU BANDO
MISATO KOBAYASHI
IKUKO AKIYOSHI
HARUMI OZEKI
MIKIE MATSUYAM
YU FURUKI
SACHIYO TAKADA
KEIKO ANNO
IZUMI KODAMA
ATSUMI SAKAI
TOMOKO TOMITA
DAIJIRO KANAI
TAIGA SAKAKIBARA
CHIORI HANEDA

ACCA EFFE
ANIMATION PRODUKTION
YOSHIYUKI KAWAHARA
YUKINA ORII
RIKO MATSUO
HARUMI MIYAMOTO
KANA YAMAMOTO
MOMO YAMAMOTO

PINE JAM
ANIMATION PRODUKTION
MOTOKI NAKANISHI
AIRI SAKAI
SHIHO NAKAZAWA
KURUMI KISHIDA
KOKORO IGARASHI

STUDIO CANDY BOX
ANIMATION PRODUKTION
CHONG YU HUANG
CHAN YAN
TOMOMI IGARASHI
KAITO MOGI
NATSUMI SEKI
WANG MEI YUE

PIERROT
STUDIO TAKURANKE
GONZO
STUDIO GIMLET
STUDIO KAHRA
BRAIN'S-BASE
STUDIO 4°C
STUDIO HIBARI
ANITUS-KOBE
STUDIO MU
SATELIGHT
SILVER LINK
STUDIO PALETTE
PRODUCTION REED

MSJ
B.S.P
TAIKAN ANIME
TAP
XENLON

COLOR DESIGN
KAZUKO KIKUCHI

COLOR COORDINATION CHECKS
TOMOKO TAKAHASHI

AIKO SONOBE
WAN YI
NATSUKI SHIMABUKURO
TSUNENORI SAITO
MASATO KUDO
AYUMI ABE
KOTA SUGAWA
MIKI OGINO
YUKA HIRATA
TAKUJI MIYAMOTO
YUKI SATO
TAKUYA YOSHIHARA

HIRONORI TANAKA
KAZUHIRO OKI
HIROMI TANBA
KAZUMI INADOME
SAORI NAKASHIKI
YUKA KOISO
EMIKO ONO
KANAKO TAKEUCHI
KYOKO KOTANI
MIHO NAGISA
TAKASHI HYODO
SAKI HASEGAWA
YOSHIE KIMOTO
YUKARI WATANABE
KOICHI NAKAYA
IKUMI OKA
MITSUHIRO IIDA
NORIE KANEKUBO
KANAKO BABA
YUKINO NAKAMATA
NAOKO IKEUCHI
AKIKO SEKI
YUKI KINOSHITA
SATOSHI SHIMADA
TAMAKO HORIUCHI
MASAYUKI OZAKI
KAIKO TAKANO
DAISUKE TAKEMOTO
YUSUKA SHINGU
TOMOMI ISHII
YUKI IWAI
MINORU MORITA
MAI TODA
NOBUTAKA MASUDA
KOKI FUJIMOTO
YUKINA KOSAKA

SNOWDROP
TETSURO UETAKE
HIROAKI KURIHARA
CHIZUKO KUSAKABE
HAYATO SAKAI
TOMOKI NAKANO
SHIHOMI MATSUBAYASHI
NAOMI SAEKI

WASHIO
OSAMU MURATA
SHUHEI YASUDA
KENICHI TAKASE
TOSHIYUKI SATO
YURIKO ISHII

SEKUNDÄRE SCHLÜSSELBILDANIMATION
BONES ANIMATION TEAM
TAKUMA NAKAMURA
ARISA HOSHINA

MINAMI SAKURA
ASAHI TAKEUCHI
KEICHIRO HONJO
IN SEON JEONG
NAYUMI OGASHIWA
AKIKO OTSUKA

SNOWDROP
MANAMI MORISHITA
KOKI ANDO
RIKA OTSU
AI HONTANI
HIROMI TAKADA
SHOHEI KUROIWA
KIYOMI TORII

HATSUNE HOSHINO
YUKI ITO
YOKO KIKUCHI
ATSUMI SAKAI
MASANORI YASAKA
YU BANDO
ION HISATAKE
TAMAKI ISHII
AYAKA KAWAI
AIKA SATO
AKARI ABE
HARUKI SAKAMOTO
CHIORI HANEDA
TOMOKI YOSHIKAWA
HIROKO KASUGA
YUKIE KAWAKAMI

ANIMATION PLANET
TOMOMI MARUYAMA
LIU XIN
CHENG YUI HING
DAN YI YANG

STUDIO 4°C
STUDIO ELLE
ZERO-G

TAP
MSJ
TRIPLE A
XENLON
REVIVAL
SEVEN SEAS
ASAHI PRODUCTION

KÜNSTLERISCHE LEITUNG
SHIGEMI IKEDA
YUKIKO MANUYAMA

ART BOARDS
YUKIKO MARUYAMA
HACHIDAI TAKAYAMA

LEITUNG BACKGROUND
YOSHIMI MINETA

BACKGROUND ART
ATELIER MUSA
SHIZUKO KOJIMA
MASAMI OTA
MAI HAMAKO
TERUKO TAKEKOSHI
EN KUMITAKE
KEIGO YANAGITA
AMI TAKASUSUKI
N KAI GHI
SHOTARO YOSHINO
ASUKA KAWAI

KEIICHI YOSHIZAKI
MICHINORI MIZUNO
SHINGO KUNIEDA

PRODUKTIONSLEITUNG
YOSHIHIRO FURUSAWA
AKITO TAKAHASHI

PRODUZENTEN
WAKANA OKAMURA
YOSHIHIRO OZABU
KOJI NAGAI
KAZUMASA SANJOBA

DREHBUCH
YOSUKE KURODA

CHARAKTERDESIGN
YOSHIHIKO UMAKOSHI

ASSISTENZ CHARAKTERDESIGN
AYANA NISHINO

KÜNSTLERISCHES DESIGN
SHIGEMI IKEDA
SHUICHI OKUBO
KAYOKO TOMONO
MIHO NORISUE

INDUSTRIEDESIGN
KANETAKE EBIKAWA
TOSHIAKI IHARA
HIDEYUKI MATSUMOTO
YASUYOSHI UETSU
MASAHIRO SATO (H-E-D WORKS)

VISUELLES KONZEPT
TOMOAKI OKADA

REQUISITEN DESIGN
TAKAHIRO ISHIMOTO

STORYBOARDS
KENJI NAGASAKI
IWAO TERAOKA
SHINJI SATO
SHINJI ISHIHIRA
KOTARO TAMURA

LEITUNG REGIE
TOMO OKUBO

REGIE
IKURO SATO
TORU YOSHIDA

LEITUNG ANIMATIONSREGIE
YOSHIHIKO UMAKOSHI

ANIMATIONSREGIE
YUKI HAYASHI
AYANA NISHINO
ATSUSHI HASEBE
HIROKI KANNO
TETSURO UETAKE

TOSHIRO KAWAMOTO
SATOSHI HATTORI
MIKI OGINO
SHUHEI HOSOKAWA
TATSURO NAGAI
MIWA SASAKI
TAKAFUMI MITANI

ASSISTENZ ANIMATIONSREGIE
YOSHIYUKI ITO
KOICHI HORIKAWA
EIICHI AKIYAMA
KOHEI TOKUOKA
KENICHI ONUKI
KONOMI SATO
TAKAFUMI HINO
SATOMI KANI
YOKO UCHIDA

SCHLÜSSELBILDANIMATION
YUTAKA NAKAMURA
YUTA KISO
HIROFUMI OKITA
KOJI SUGIURA
YOKO UCHIDA
SATOMI KANI
HIDEAKI ABE
HIDENORI FUKUOKA
MIWA SASAKI
ATSUSHI HASEBE
AYANA NISHINO
YUKI HAYASHI
TETSURO NIRAGI
HARUKA IIDA
AIKO OURA
NORIKO MORISHIMA

CAST

IZUKU MIDORIYA	DAIO YAMASHITA
ALL MIGHT	KENTA MIYAKE
MELISSA SHIELD	MIRAI SHIDA
KATSUKI BAKUGO	NOBUHIKO OKAMOTO
SHOTO TODOROKI	YUKI KAJI
OCHAKO URARAKA	AYANE SAKURA
TENYA IIDA	KAITO ISHIKAWA
EIRIRO KIRISHIMA	TOSHIKI MASUDA
MINORU MINETA	RYO HIROHASHI
DENKI KAMINARI	TASUKU HATANAKA
MOMO YAOYOROZU	MARINA INOUE
KYOKA JIRO	KEI SHINDO
HANTA SERO	KIYOTAKA FURUSHIMA
RIKUDO SATO	TORU NARA
MEZO SHOJI	MASAKAZU NISHIDA
FUMIKAGE TOKOYAMI	YOSHIMASA HOSOTANI
MINA ASHIDO	ERI KITAMURA
TSUYU ASUI	AOI YUKI
TORU HAGAKURE	KAORI NAZUKA
WOLFRAM	RIKIYA KOYAMA
SAMUEL ABRAHAM	MITSURU OGATA
YOUNGER DAVID	RYOHEI KIMURA
ALL FOR ONE	AKIO OTSUKA
DAIGO	DAIGO (CHIDORI)
NOBU	NOBU (CHIDORI)
PILOT	GENTA AOKI (NTV SPRECHER)
REPORTERIN	MAMI SUGINO (NTV SPRECHERIN)
MISTER PLASTIC	KENSUKE SATO
ELEPHANT	KEIJI HIRAI
COW LADY	TOMOMI KAWAMURA
KENICHI MOCHIZUKI	MISUZU TOGASHI
TAKAYUKI MASUDA	AYA KAWAKAMI
MASAYA FUKURUSHI	WAKANA KINGYO
RYOTA IWASAKI	HARUKA SHAMOTO
TAKAHIRO SUMI	HIROAKI OKUDA
RIKO KAMEGAI	AISUN KOCHU
AI KOBAYASHI	ATSUHIRO SAITO
RISA JYOJI	NOBUKO TANIGUCHI
YUYA TABATA	HINOKA TSUMITA
ASAMI NAMIKI	YUKA HOJO
YUKIKO YAMASHITA	
DAVID SHIELD	KATSUHISA NAMASE

ORIGINAL STORY, GESAMTPLANUNG, CHARAKTERDESIGN
KOHEI HORIKOSHI
(SHUEISHA WEEKLY SHONEN JUMP SERIE)

PRODUKTION
MINAMI ICHIKAWA
KAJI OTA

MITARBEIT
SOICHI SUMIDA

NOBUOKI KINOSHITA
MASAHIKO MINAMI
TSUKASA IMAMURA